마포삼열 자료집 제1권

마포삼열 자료집 제1권

옥성득 책임편역 | 숭실대학교 가치와윤리연구소 간행

간행사

이 땅에 장로교 신앙을 전하고 근대 대학교육의 문을 연 마포삼열 선교사의 자료집이 드디어 빛을 보게 되었습니다. 마포삼열 선교사는 1890년 1월 20일, 자신의 26세 생일에 인천에 도착했고, 이후 한반도의 북한 지역 선교에 헌신했습니다. 또한 윌리엄 베어드를 통해 한국 최초의 대학인 숭실대학이 평양에 설립될 수 있도록 돕고, 평양신학교를 직접 만들어 개신교 신학교육의 토양을 마련했습니다.

마포삼열 선교사는 저술이나 일기를 남기지 않고 대신 엄청난 양의 편지를 남겨놓습니다. 이는 선교보고서와 몇 편의 잡지 기고문과 함께 그의 사역을 연구하기 위한 중요한 자료가 됩니다. 우리는 마포삼열 선교사의 선교 열정뿐만 아니라 부인 앨리스 피시와의 아름다운 사랑과 그녀의 이른 죽음에 대한 안타까움, 그리고 재혼한 루시아 피시와 그 자녀들에 대한 사랑의 마음도 잘 읽을 수 있습니다. 이 편지들은 위대한 신앙인의 스토리만이 아니라 따뜻한 한 인간의 이야기를 우리에게 전달해줍니다.

마포삼열 선교사는 일제의 교육정책에 맞서 기독교 교육을 지키기 위해 전력을 다했고, 또 1918년부터 10여 년간 숭실대학 학장으로 지내면서 대학교육의 발전을 위해 많은 노력을 기울였습니다. 1934년 1월에 한국선교 44주년이자 선교사로서의 정년을 맞았는데, 이는 그의 헌신의 마침점이 아니라 마지막 고난의 시작이었습니다. 이때 일제의 신사참배 요구가 본격적으로 시작되었기 때문입니다. 그는 대학이 신사참배를 하지 않고 존속할 수 있도록 필사의 노력을 기울이지만 결실을 보지 못한 채 1936년 여름에 몸의 일부가 마비되는 병을 얻어 치료차 미국으로 갑니다. 몸이 회복되자 그는 한국으로 돌아오려고 노력했지만 한국은 그를 다시 불러오지 못했습니다. 그 와중에 평양에 남아 있던 부인마저 급작스런 병으로 아들과 함께 미국으로 급히 귀국한 탓에 마포삼열 선교사는 자신의 '진짜 고향'인 한국으로 다시 돌아오지 못하고 몇 년 후 캘리포니아에서 쓸쓸히 별세하게 됩니다. 이즈음의 편지들은 눈물과 탄식 없이 읽기가 어렵습니다. 한참의 시간이 지난 뒤 장로회신학대학은 그 유해를 모셔와 학교 캠퍼스 가운데 안장했습니다.

이 자료집은 숭실대학교 가치와윤리연구소와 강북제일교회의 협력으로 만들어졌습니다. 수년간의 작업 끝에 총 10권으로 기획된 이 자료집 가운데 처음 네 권이 숭실대학교 창립 120주년을 맞는 해에 이렇게 출간이 됩니다. 이를 위해 강북제일교회는 재정지원을 하고 가치와윤리연구소는 원문 편지의 편집과 번역을 UCLA에 있는 옥성득 교수에게 의뢰하는 등 자료집 발간과 관련된 일체의 작업을 수행했습니다. 옥성득 교수는 제1권으로 발간이 중단된 『마포삼열 서한집』의 편역자이기도 합니다. 가치와윤리연구소는 그 책을 출간한 두란노아카데미로부터 편집 및 제작권을 모두 인수하여 이 사업을 진행했습니다. 나머지도 서둘러 준비하겠습니다.

이 일을 위해 많은 도움을 주신 숭실대학교 한헌수 총장님과 직원 선생님들, 어려운 여건 가운데에서도 재정적 지원을 감내해주신 강북제일교회의 황형택 목사님과 당회원 및 성도 여러분, 편역으로 수고해주신 옥성득 교수님, 영문으로 된 서문 번역에 도움을 주신 박신순 박사님, 이 책의 편집 및 제작권을 기꺼이 넘겨준 두란노아카데미, 그리고 어려운 출판계 사정에도 불구하고 흔쾌히 출판을 담당해주신 새물결플러스 대표 김요한 목사님, 선구매 방식으로 지원해주신 많은 분께 진심으로 감사드립니다. 아울러 이 책을 준비하는 과정에 많은 자문과 도움을 주신 곽신환 교수님과 김인섭 교수님께도 깊은 감사를 드립니다.

이 책을 통해 마포삼열 선교사의 선교 열정과 한민족에 대한 사랑, 특히 오늘날 북녘의 민중에 대한 사랑이 이 땅의 신앙인들 마음에 다시 샘솟기를 간절히 바랍니다.

2017년 1월

숭실대학교 가치와윤리연구소 소장

김선욱

기념사

한 사람의 인생 이야기가 그 사람 개인의 역사로 그치지 않고, 한 국가나 어느 시대의 역사의 흐름을 주도하는 거대한 물줄기가 되는 경우가 있습니다. 마포삼열 선교사의 인생이 그러했습니다. 그의 인생은 한 개인의 역사로 끝나버린 것이 아니라, 한국 초기 기독교 역사와 근대 교육을 용솟음치게 만드는 거대한 소용돌이가 되었습니다.

역사는 명징하고 엄정한 기록으로 남아 있을 때, 그리고 기록된 역사를 되새김질하는 맑은 역사의식에 근거한 탁월한 해석이 있을 때 그 가치가 더욱 빛이 납니다. 이번에 숭실대학교 가치와윤리연구소의 뜨거움으로 마포삼열 선교사를 작금의 역사 속으로 불러오게 된 것은 참으로 소중한 발걸음이었습니다. 강북제일교회가 그 발걸음에 맞춰 함께 걸어갈 수 있게 된 것을 영광이라 생각하며 감사합니다. 함께 협력해주신 당회와 교인들에게도 감사의 마음 남기고 싶습니다.

2017년 1월

강북제일교회 담임목사

황형택

Editor's Remarks

The Duranno Academy gave up publishing the Letters of Samuel Austin Moffett series after the publication of its first volume in October 2011 and the decease of its chair Rev. Yongjo Ha. Now I am grateful for the publication of the first two volumes of the new series by the Holy Wave Plus Press in January, 2017 and volumes 3 and 4 in the first half of 2017. These volumes are the results of multiple cooperation—Mrs. Eileen F. Moffett's transcription of the English texts, my translation and editorial works, financial support of the Kangbuk Leading Church (senior pastor Hyung-Taek Hwang), planning of the project by the Institute of Values and Ethics of Soongsil University (chair Prof. Seon-Wook Kim), and the publication by the Holy Wave Plus Press (chair Rev. John Kim).

The Korean title of the new series adopted "Sources" of Samuel Austin Moffett instead of "Letters." Even though most primary materials are letters, the volumes have many reports and articles of newspapers and magazines. As the new series need to be edited in a unified format, the first volume was revised and redesigned.

My special thanks should go to Rev. Hyung-Taek Hwang who has been leading the church notwithstanding its painful events; Prof. Seon-Wook Kim whose valuable service made the project possible; Rev. John Kim who volunteered to take up the publication despite the expecting loss. They put the yoke of this costly project for the reformation of the Korean churches, who would recover the sacrificial and missional spirit and deeds by remembering the early missionary couple. I am specially grateful for the readers who supported the publication by ordering the volumes in advance.

November 26, 2016

Sung-Deuk Oak

편역자 글

2011년 10월 두란노아카데미(대표 하용조 목사)에서 『마포삼열 서한집 제1권』을 출판한 후, 두란노아카데미가 여러 가지 사정으로 제2권 이후의 출간을 포기했다. 이제 새 기획과 편집으로 2017년 1월에 개정판 1권과 함께 2권을 출판하고, 2017년 상반기에 제3-4권을 출판하게 되어 기쁘다. 이 책은 아일린 마페트 여사의 영어 원문 작업, 필자의 편역 작업, 강북제일교회(담임 황형택 목사)의 재정 후원, 숭실대학교 가치와윤리연구소(소장 김선욱 교수)의 기획, 그리고 새물결플러스(대표 김요한 목사)의 출판이 협력하여 이루어졌다.

새 시리즈는 제목에서 "서한집" 대신 "자료집"을 사용하여 『마포삼열 자료집 제0권』 등으로 출판한다. 대부분의 원사료가 서신이지만, 편지 외에도 보고서나 신문 잡지의 기사들이 있기 때문에 자료집이라는 더 적절한 용어를 사용한다. 새물결플러스가 시리즈를 맡아 발간하면서 전집을 통일적으로 편집하기 위해서 제1권 개정판을 발간한다. 숭실대학교 가치와윤리연구소가 두란노아카데미로부터 출판권을 이양받았을 때 1권의 판권과 재고도 넘겨받았다. 그러나 새물결플러스에서는 재고 초판본을 모두 파기하고 2-4권과 동일한 편집 형태로 만들기 위해 새로 1권을 편집하고 인쇄했다.

교회의 어려움 속에서도 묵묵히 목회자의 길을 걸어가는 황형택 목사님과, 책을 만들기 위해 봉사를 아끼지 않은 김선욱 교수님, 악화되는 출판 환경 속에서 적자가 예상되는 자료집이지만 출판을 떠맡은 김요한 목사님은, 헌신한 선교사들에 대한 바른 기억과 계승을 통해 한국 교회가 역사의식을 회복하고 개혁될 수 있도록 충성스럽게 수고했다. 선주문으로 출판을 격려해준 여러 독자들께도 고마움을 표한다.

2016년 11월 26일

옥성득

Foreword 1

"The true leader can be recognized because somehow his people consistently turn in superior performances. ··· Moffett ··· was a leader from the time he set foot on Korean soil," wrote Martha Huntley in her impressive book on the early Korea missionaries, To Start a Work (Korea edition, 1987).

That is very true, but I want to add a few words from an even closer perspective. Samuel Austin Moffett was my father. I am Samuel Hugh Moffett, the third of his five sons. And to me he was the best father a son could ever have. Father married twice. His first wife, Alice Fish bore him two sons, James and Charles. She died in 1912 and in 1915 he married Lucia Hester Fish and three more sons were born; Samuel H., Howard, and Thomas. The five boys always considered themselves three-quarter brothers because their mothers were first cousins.

As one by one of us five boys left Korea for college, father told us among other sound advice, "Don't be a minister unless you have to be." It sounds negative. But it was wise. He knew that a call to the ministry was not to be taken lightly. It must be such a certain call from God that one could not resist it. Father himself majored in chemistry in college and was strongly urged to pursue a promising career as a scientist, but the call of God in his life to prepare for the ministry was so unmistakable that he surrendered to it. I am sure he was pleased and thankful when four of his five sons did feel a strong call to the ordained ministry. Only one had a different call, and that surely would please his father, also. Howard became a medical missionary and his brothers good-naturedly teased him, calling him a "heathen" because he was not an ordained clergyman.

서언과 감사 1

"자신을 따르는 사람들이 지속적으로 뛰어난 역할을 수행하도록 만드는 사람이 바로 진정한 지도자다.…마포삼열 목사는…한국 땅에 첫발을 디딜 때부터 그런 지도자였다"라고 마르다 헌틀리는 초기 내한 선교사들에 대한 저서 『사역의 시작: 한국 개신교 선교의 기초, 1884-1919』(서울: 대한예수교장로회, 1987)에서 썼다.

그녀의 말은 정말 사실인데, 나는 좀 더 가까이에서 살펴본 입장에서 몇 마디 추가하고 싶다. 마포삼열(馬布三悅) 선교사는 내 부친으로, 나는 그분의 다섯 아들 중 셋째인 새뮤얼 휴 마페트(馬三樂)다. 나에게 그분은 최고의 아버지셨다. 아버지는 두 번 결혼하셨다. 아버지의 첫 아내 앨리스 피시는 두 아들 제임스와 찰스를 낳고 1912년에 돌아가셨다. 1915년 아버지와 결혼한 루시아 헤스터 피시는 세 아들, 나와 하워드와 토머스를 낳으셨다. 우리 다섯 형제는 서로를 3/4 형제라고 했는데 이는 어머니들이 사촌 간이었기 때문이다.

한 명씩 차례로 아들들이 대학을 다니기 위해 한국을 떠날 때, 아버지는 유익한 충고와 함께 "반드시 되어야 할 경우가 아니면 목사가 되지 말라"라고 말씀해주셨다. 이는 부정적으로 들리나, 실은 현명한 조언이었다. 아버지는 목회자라는 소명을 가볍게 여겨서는 안 된다는 것을 아셨다. 결코 거부할 수 없도록 반드시, 그리고 분명히 그 소명은 하나님께로부터 오는 것이어야 했다. 아버지는 대학에서 화학을 전공하셨는데, 주변에서 과학자의 길을 가라고 강하게 권면할 만큼 촉망받는 인재셨다. 그러나 일생을 목회자로 살기 위해 준비하라는 하나님의 소명은 확실했고 그래서 그 부르심에 순종하셨다. 아버지의 다섯 아들 중 4명이 강한 소명을 느끼고 안수 목사가 되었을 때 아버지가 기뻐하며 감사하셨으리라 확신한다. 다른 소명을 받은 한 명에 대해서도 아버지가 기뻐하셨음은 분명하다. 하워드는 의료 선교사가 되었는

His second son, Charles, was the only one Dr. Moffett saw leave for missionary service. The year was 1938 and Charlie, Marion, and little Alice, named for Charlie's mother, said Goodbye to their father and embarked for India. Dr. Moffett had been forced out of Korea in 1936 by the Japanese over the Shinto Shrine controversy, and was living in retirement in California. He had become so identified with his life in Korea that it was said he went to the post office in Monrovia, California and asked for stamps, using the Korean language.

I was in my first year at Princeton Theological Seminary when my father died in 1939 and my younger brother, Howard, was just beginning medical school. Jim, the oldest son, had just finished his theological education at the Biblical Seminary in New York City. Our youngest brother, Tom, was still in High School.

There are many incidents in our family life with father which are clearly etched in my memory. One day some of us boys were playing soccer in our yard in Pyongyang with friends. Father was sitting in a committee meeting on our porch. Suddenly my brother Charlie, going after the ball, crashed into one of father's favorite flowering bushes and broke several branches. We looked toward the porch to see what kind of punishment might be forthcoming. But when one of his colleagues asked, "Dr. Moffett, aren't you going to punish your son for damaging that beautiful bush?" Father, knowing it was an accident, gently said, "I am even more interested in growing boys than in growing bushes and in time I will know where to place the bushes so I can have both."

Father never brought the business of controversial church and mission affairs into discussions at home. He was often away, of course, but when he was home we enjoyed delightful conversations at mealtime, frequently with guests present. I never heard him speak unkindly about any colleague. If he had serious disagreements with missionary or Korean colleagues on policy issues, we boys never knew about it.

Visitors came to our home in droves. How well I remember many

데, 안수 목사가 아닌 그를 우리는 "이교도"라고 부르며 놀려대곤 했다.

아버지는 1938년에 둘째 아들 찰스가 선교사로 출발하는 모습만을 직접 보실 수 있었다. 그해에 찰리, 마리온, 그리고 찰리의 어머니의 이름을 받은 어린 앨리스가 아버지에게 작별 인사를 고하고 인도를 향해 떠났다. 아버지는 1936년 신사참배 논쟁 때문에 일본인에 의해 한국을 떠나실 수밖에 없었고, 은퇴한 후에는 캘리포니아에서 사셨다. 한국 문화에 너무 오랫동안 적응하셨기 때문에, 아버지는 캘리포니아 몬로비아 우체국에 가서 우표를 살 때 한국어로 말씀하셨다고 한다.

아버지가 1939년에 돌아가셨을 때 나는 프린스턴 신학교 1학년에 재학 중이었고, 동생 하워드는 의대를 다니기 시작했다. 큰형 짐은 뉴욕 시에 있는 성경신학교에서 신학 교육을 막 마쳤고, 막내 동생 톰은 아직 고등학생이었다.

아버지에 대한 여러 가지 기억이 내 마음에 새겨져 있다. 하루는 우리 형제들이 평양 사택의 마당에서 친구들과 축구를 하고 있었다. 아버지는 마루에서 위원들과 회의를 하고 계셨다. 갑자기 형 찰리가 공을 따라가다가 아버지가 가장 아끼는 꽃나무에 부딪히며 가지들을 부러뜨렸다. 우리는 어떤 벌이 내려질지 알 수 없어 마루를 쳐다보았다. 그때 동료 선교사가 "마페트 박사, 아름다운 나무들을 망가뜨렸다고 아들을 벌하지는 않겠지요?"라고 물었고, 아버지는 그것이 어쩔 수 없이 벌어진 일인 것을 아시기에 부드럽게 말씀하셨다. "꽃나무 키우는 것보다 아들 키우는 데 더 관심이 많지요. 꽃나무를 어디에 옮겨 심어야 할지는 곧 알 수 있을 것이고, 그래서 둘 다 잘 키울 수 있을 것입니다."

아버지는 교회에서 벌어지는 논쟁이나 선교회 사업 문제를 집으로 가져와서 논의하신 적이 없다. 물론 자주 집을 비우셨으나, 집에 계실 때면 손님들과 함께 유쾌한 대화를 즐기며 식사할 때가 많았다. 나는 아버지가 동료들에 대해 안 좋게 말씀하시는 것을 들은 적이 없다. 다른 선교사나 한국인 동료와 정책 문제로 심각한 의견 차이가 있었겠지만, 우리는 이런 것을 전혀 알 수 없었다.

of them. Famous names in Korean Church history were simply good friends to us boys. I was fascinated by the big thick glasses of Rev. Kil Sun-Ju. He had spent many months in prison following the Independence Movement of 1919. After his release and undoubtedly before that, also, he was a frequent visitor in our home consulting with my father. I used to climb up on his lap when I was four or five years old, look up into his face and ask him in Korean to recite a certain verse or passage of the New Testament. I knew he had memorized huge portions of the Bible, especially from the Book of Revelation, while in prison. He would always quote whatever chapter and verse I might ask of him.

A Korean friend in Taegu once told us a story which had become dear to his family. He said that when his father was a student at Soongsil College in P'yŏngyang, Dr. Moffett, who at that time was the president of Soongsil, asked this young man to take care of his home while he and his family were away for a week or two. He said, "I am making you the Master of my home while I am away." One day Dr. Moffett returned unexpectedly for a short time. This young man had climbed up into the apricot tree in the yard and picked some of the ripe fruit. He was startled and greatly embarrassed by what he had done. But when he began to apologize, Dr. Moffett said to him, "You have absolutely nothing for which to apologize. Didn't I tell you that while I am away you are the master(주인) of this house? As master you have a perfect right to do what you have done." Our friend said that story had become a family treasure.

Prayer was a natural part of our family life. In the evenings, usually after dinner, we listened to father read a brief passage of Scripture and then we would kneel by a chair or a bed and hear him pray. His prayers were simple but profound. He prayed as though he personally knew the Father to whom he was praying. What a deep impact that had on all our lives! On summer vacations when we had a thatched-roof house built on a Korean boat and spent several weeks traveling up the Taedong river while father visited churches in villages along the river, we boys had

우리 집에는 방문객이 끊이지 않았다. 나는 그들 가운데 많은 사람을 생생히 기억한다. 그들은 한국 교회 역사에서는 유명한 사람들이었지만 우리에게는 단지 좋은 친구들이었다. 나는 길선주 목사의 크고 두꺼운 안경에 반했다. 그는 1919년 3·1운동 후 감옥에서 여러 달을 보냈고 석방된 후에는, 의심할 여지없이 그전에도, 아버지와 상의하기 위해 자주 우리 집을 방문했다. 네다섯 살 때 나는 늘 그의 무릎에 올라가서 그의 얼굴을 바라보며 한국어로 신약성경의 특정 구절이나 문단을 암송해달라고 부탁하곤 했다. 나는 그가 성경의 수많은 부분을 암기하고, 특히 감옥에서 요한계시록을 암기했다는 것을 알고 있었다. 내가 어떤 장, 어떤 절을 부탁하든지 그는 항상 척척 암송했다.

대구에 살던 한국인 친구가 한번은 자신의 가족이 소중히 간직하는 한 이야기를 들려주었다. 그의 부친이 평양 숭실대학 학생일 때의 일이다. 당시 숭실대 학장이던 아버지는 가족과 함께 한두 주일 집을 비우게 되었다. 그러자 내 친구의 부친에게 집을 잘 돌봐줄 것을 부탁하면서 다음과 같이 말씀하셨다고 한다. "내가 없을 때는 자네가 이 집의 주인이네." 어느 날 아버지가 일정보다 빨리 잠깐 집에 들르셨다. 그때 이 청년은 마당에 있는 살구나무에 올라가서 익은 살구를 몇 개 따고 있었다. 그는 놀랐고 자신의 행동으로 인해 크게 당황했다. 그러나 그가 사과하려고 했을 때 아버지는 그에게 말씀하셨다. "자네는 사과할 것이 전혀 없다네. 내가 없을 때는 자네가 이 집의 주인이라고 말하지 않았던가? 주인은 그런 일을 할 충분한 권리가 있는 거야." 내 친구는 그 이야기가 자신들의 가보(家寶)가 되었다고 말했다.

기도는 우리 가족에게 자연스러운 생활의 일부였다. 저녁마다 아버지는, 대개는 식사 후에 간단히 성경 구절을 읽으신 후 의자 옆이나 침대 옆에서 무릎 꿇고 기도하셨다. 아버지의 기도는 단순하고 심오했다. 아버지는, 기도를 드리는 아버지 하나님과 개인적으로 알고 있는 사이인 것처럼 기도하셨다. 그 기도가 우리 모두의 삶에 얼마나 깊은 영향을 주었던가! 여름 휴가철에는 한국식 배 위에 지은 초가집에 살면서 여러 주 동안 대동강을 따라 올라갔다. 아버지가 강 주변의 교회들을 방문하시는 동안 우리 형제는 수영하

great fun swimming and playing on the sand banks where we parked. But each morning before we were allowed to play, we had to memorize two or three of the questions from the Presbyterian shorter catechism. Although we sometimes grumbled about that, it gave us a solid theological and biblical world view which we recognized as a great gift later in our lives.

Just a year before he died my father wrote the following note to me. I had graduated from Wheaton College earlier that year and was spending several months in three small rural churches in North Dakota which my brother Charles had been serving when he was called to India. At the urging of Charlie to give temporary pastoral care to these churches, even though I had not yet had any formal theological education, I was writing and preaching some of the first sermons I had ever prepared. I was careful to send copies of them to my father. This is the letter he wrote to me: "··· I want to hear from you as to whether you are holding the Gospel door open for new decisions. Your sermons are fine and are holding to the Gospel message but are you giving an appeal from time to time for decision on the part of those who hear you that they may decide to follow Christ?"

And, finally, I want to emphasize how important to my father was the principle which the early Presbyterian missionaries in Korea had adopted as their guide for planting a solid, indigenous Christian church in Korea. A few months after father arrived in Seoul in 1890, Dr. John L. Nevius, a seasoned Presbyterian missionary in China visited Korea. After unsuccessfully trying to persuade his fellow missionary colleagues in China to adopt the three-self plan of missions, his arguments in favor of it did take root in the minds of these young pioneers in Korea. Self-support, self-propagation, and self-government proved to be a solid foundation on which the fledgling Korean Presbyterian Church came to life in Christ and has grown into a tree whose branches spread nourishment throughout the world.

고 모래사장에서 놀기도 하며 재미있게 보냈다. 그러나 이렇게 놀기 전, 매일 아침마다 장로회 소요리문답에서 두세 가지 질문을 외워야 했다. 비록 당시에는 가끔 불평하기도 했지만, 뒷날 우리는 마음 깊은 곳에 튼튼한 신학적·성경적 세계관을 심어주었던 이 일이 우리 삶에 주어진 위대한 선물인 것을 깨달았다.

아버지는 돌아가시기 1년 전쯤 내게 짧은 편지를 보내주셨다. 그해 초 내가 휘튼 대학을 졸업하고 형 찰리가 사역하다가 인도로 가면서 목회자가 부재하던 노스다코타 주의 작은 시골 교회 세 곳에서 여러 달을 보내고 있을 때였다. 비록 그때까지 공식적인 신학 교육을 받은 적은 없지만, 형이 내게 임시로 이 교회들에서 목회해줄 것을 강권했기 때문에 나는 생애 처음으로 설교문을 써서 설교하고 있었다. 나는 조심스럽게 그 사본들을 아버지에게 보내고 있었는데, 아버지는 다음과 같은 답장을 써서 보내주셨다. "…나는 네가 사람들이 새로운 결단을 하도록 복음의 문을 열고 있는지 듣고 싶었는데, 너는 복음의 메시지를 붙잡는 좋은 설교를 하고 있구나. 그러나 설교를 듣는 사람들이 그리스도를 따르기로 결정할 수 있도록 때때로 결단의 시간을 요청하고 있는지 궁금하다."

끝으로 나는 초기 한국 장로교회 선교사들이 탄탄하고 토착적인 한국 교회를 설립하기 위한 지침으로 채택한 원리가 아버지에게 얼마나 중요했는지 강조하고 싶다. 아버지가 1890년 서울에 도착하고 몇 개월이 지난 후, 중국에서 오랫동안 선교한 존 네비우스 박사가 방한했다. 그는 선교를 위한 삼자(三自) 계획을 세워 중국에 있는 동료 선교사들이 채택하도록 설득하다가 실패했는데, 그 후 그 계획은 한국에 있는 젊은 선교사들의 마음에 뿌리를 내렸다. 자급, 자전, 자치는 신생 한국 장로교회가 그리스도 안에서 생명을 얻고 큰 나무로 자라 그 가지가 전 세계에 양식을 전하게 하는 튼튼한 기초가 되었다.

"오, 주님! 당신의 나라가 임하시며 당신의 뜻이 하늘에서 이루어진 것처럼 땅에서도 이루어지이다."

"Thy Kingdom come, O Lord, Thy will be done on earth as it is in Heaven."

July 25, 2011
Princeton, New Jersey
Samuel Hugh Moffett

프린스턴에서

2011년 7월 25일

새뮤얼 휴 마페트(馬三樂)

●

새뮤얼 휴 마페트(馬三樂)

이 글을 쓴 후 2015년 2월 9일에 별세했다.

Foreword 2

I never met Samuel Austin Moffett, my husband's father. He died in 1939. But when I arrived in Korea in 1956 to marry his third son, Samuel Hugh Moffett, shortly after the hostilities of the Korean War had ended, I quickly discovered that I was marrying into a family that was greatly beloved, especially by the thousands of refugees who had fled the Communist–controlled northern half of the country. It seemed to me that they all knew Ma Moksa(마 목사) and had tears in their eyes when they spoke of him. It also seemed to me that they were almost all Christians. And living and serving among those Christians of Korea for the next twenty-five years had an immeasurably positive impact on my own life as a Christian.

It was after we left Korea in 1981 when Sam was sixty-five years old, the retirement age for Presbyterian missionaries in Korea, and was called to the faculty of a new "mission field," as President James McCord of Princeton Theological Seminary called it, that I began asking the Lord to show me a new mission for myself.

When we began unpacking boxes of papers which we had brought from Korea and boxes which had been in storage here in the United States, I realized that there was a treasure trove of material which, as an historian, Sam had collected on the history of the Korean Church and on the missionary families who had served there, including a vast number of letters and writings of his own father, one of the pioneers. I became more and more convinced that since we were almost next door to the great Princeton Theological Seminary library and within an hour's drive of the Presbyterian Historical Society archives in Philadelphia, I was in a unique location to do something with all this primary source material.

서언과 감사 2

나는 남편의 부친인 마포삼열 선교사를 만난 적이 없다. 그분은 1939년에 사망하셨다. 그러나 내가 1956년에 새뮤얼 휴 마페트와 결혼하기 위해 동족상잔의 전쟁이 끝난 지 얼마 되지 않은 한국에 도착했을 때, 곧 한국인, 특히 공산주의자들이 지배하는 북한에서 내려온 수만 명의 피난민들이 무척이나 사랑하는 가족에게 시집온 것을 깨닫게 되었다. 그들 모두가 '마 목사'를 알고 있는 것처럼 보였고, 그에 대해 말할 때 그들의 눈에는 눈물이 고여 있었다. 또한 피난민들은 거의 모두 기독교인인 것처럼 보였다. 이후 25년간 한국의 기독교인들과 함께 살면서 섬긴 시간은 기독교인으로서의 내 삶에 측량할 수 없는 긍정적인 영향을 미쳤다.

남편 샘이 한국에서 장로회 선교사가 은퇴하는 나이인 65세가 된 1981년에 한국을 떠나 프린스턴 신학교의 총장 제임스 맥코드가 지칭한 대로 새로운 '선교지'의 교수로 부름을 받았을 때, 나는 내게도 새로운 선교지를 보여달라고 주님께 간구하기 시작했다.

우리 부부가 한국에서 가져온 서류 박스와 미국의 창고에 넣어두었던 박스를 정리하기 시작했을 때, 역사가인 샘이 한국 교회 역사와 한국에서 봉사한 선교사 가족들에 대해 수집해둔 보물 같은 자료를 발견했다. 거기에는 개척 선교사로 활동하던 마포삼열 선교사의 수많은 편지와 글도 있었다. 우리가 프린스턴 신학교의 큰 도서관 근처에 살았고, 한 시간만 차를 타고 가면 필라델피아에 장로회역사협회 고문서실이 있었기에 이 모든 일차 사료를 가지고 무엇인가를 할 수 있는 독특한 위치에 내가 있음을 점점 더 확신하게 되었다.

우리가 미국으로 돌아온 1981년은 교수진과 학생들이 개인 컴퓨터를 학문적인 작업에 사용하기 시작하던 때였다. 나는 지체하지 않고 바로 컴퓨터에 손을 대기 시작했고 사용법을 배웠다. 이 일은 재미있었고 나는 하나님

We had returned to the United States in 1981 and this was just the time when personal computers were beginning to be used by faculty and a few students for academic work. I could hardly wait to get my hands on one and learn how to use it. For me that was fun. And I soon discovered what became a real calling of God.

Many hours were spent in the Speer library at the microfilm machines transcribing all the hand-written letters of S. A. Moffett and a few other of his missionary colleagues, whose correspondence with the Board of Foreign Missions extended over fifty years. The technology available when the letters were microfilmed was not up to today's standards but for the most part they were readable with squinting and pondering at times. I am thankful that S. A. Moffett's handwriting was quite legible. In later years some of the letters were typewritten, which is not surprising since the Underwood typewriter was showing up more and more frequently in Korea. The great pioneer Presbyterian missionary, Horace G. Underwood was a brother of Mr. John Underwood, founder of the Underwood Typewriter Company.

One of our great disappointments was the fact that all of Samuel A. Moffett's personal letters to his family in Madison, Indiana from his earliest days in Korea through the next forty-six years were destroyed when his brother Howard S. Moffett's home burned to the ground in 1944. Those precious letters had all been kept by S. A. Moffett's mother until she died in 1912 and then by his brother Howard in his home. Shortly before the tragic fire, Aunt Susie, who was living at that time with Uncle Howard had gathered those letters together and was preparing to send them all to my husband, Samuel Hugh Moffett, who was even then becoming the family historian.

Fortunately, in spite of that great loss, we did have many other letters, as you will see in this collection. Pulling together and transcribing these letters from the files of the Presbyterian Historical Society, from our own rather vast collection and from a few other

이 내게 주신 진정한 소명을 곧 발견했다.

나는 스피어 도서관에서 마이크로필름 판독기로 마포삼열 선교사와 그의 동료들이 50년 넘게 북장로회 선교본부에 보낸 편지들을 보면서 컴퓨터로 타이핑하는 작업에 많은 시간을 보냈다. 마이크로필름을 만들 당시의 기술은 오늘날의 수준에는 미치지 못했지만, 대부분의 편지는 눈을 가늘게 뜨고 보거나 한참 생각하면 어느 정도 읽을 수 있었다. 나는 마포삼열 선교사의 필적이 상당히 또렷해서 감사했다. 후대에 가면 일부 편지는 타자기로 친 것도 있었다. 이것은 놀라운 일이 아닌데, 한국에서 언더우드 타자기가 점점 더 빈번하게 사용되고 있었기 때문이다. 사실 위대한 개척 선교사 언더우드[元杜尤] 목사의 형 존 언더우드는 언더우드 타자기회사의 설립자였다.

가장 아쉬운 점은 마포삼열 선교사가 한국에 도착한 이후 46년간 인디애나 주 매디슨에 있는 가족에게 보낸 개인 편지가 1944년 마포삼열 선교사의 형 하워드의 집이 화재로 전소될 때 모두 사라진 것이다. 그 소중한 편지들은 모두 마포삼열 선교사의 어머니가 1912년에 돌아가실 때까지 간직해 둔 것인데, 이어서 하워드 삼촌이 보관하게 되었다. 그 불행한 화재가 발생하기 직전, 당시 하워드 삼촌과 함께 살던 수시 고모가 모든 편지를 모아 그때 벌써 가족사를 담당하고 있던 남편에게 보내려고 준비하고 있었다.

큰 손실에도 불구하고, 다행히 이 시리즈에서 보듯이 다른 많은 편지가 남아 있었다. 미국 장로회역사협회의 파일, 더 많은 우리의 수집 자료철, 그리고 다른 자료에서 이 편지들을 다 찾아내어 컴퓨터에 타이핑하는 일은 많은 시간과 날과 해가 걸렸다. 그러나 이 작업은 개인적으로 내게 커다란 복이었다. 그리고 이제 나는 다른 많은 사람들도 진실로 위대한 한 인물의 개인적인 글을 읽고 복을 누리기를 희망한다. 왜냐하면 그분이 내 시아버님이기 때문이 아니라, 직접 펜으로 쓴 글과 정신과 마음을 통해 그분이 얼마나 온전히 주 예수 그리스도께 복종했고 얼마나 진지하고 지혜롭고 일관되게 그 놀라운 자유의 복음을 그분이 무척이나 사랑한 한국인들에게 전하려고 했는지를 배웠기 때문이다.

마포삼열 선교사는 1889년 말 한국을 향해 출발할 때 다음과 같이 썼

sources has taken hours, days and many years of work. But it has been a great blessing to me personally and I now hope it may be a blessing to many others who will benefit from the personal writings of a truly great man. I can say that, not because he was my father-in-law, but because I have learned from his own pen and his own mind and heart how fully he had surrendered himself to the Lord Jesus Christ and how earnestly, wisely and unfailingly he sought to present that wonderful liberating good news to the much-beloved Korean people.

As he was leaving for Korea he wrote, "I am resolved to know Jesus Christ, and Him alone." He knew that he was not going to Korea to civilize its people. He realized that they were a people of an ancient cultural heritage far more civilized than his own. But he also knew that they were a people who desperately needed the liberating power of the Lord Jesus Christ to deliver them from fear, from hopelessness and from bondage to sin and evil. It was to that purpose that he sailed for Korea in the last month of 1889, arriving at the dawn of a new year, a new decade and the early years of a new life for the people of Korea.

I hope you will come to know something of the character of this young man who stepped on the soil of Korea on his 26th birthday. He was purposeful and serious, yet he had a great sense of humor. He could forcefully argue a point when he thought an important principle was at stake. But he respected colleagues with whom he sometimes differed and knew they were Brothers and Sisters in Christ.

Some of his Korean colleagues labeled him "the Looking Up the Road Man." He was always looking ahead and planning ahead and his plans were directed to planting a church of disciplined, educated, mature and witnessing believers. He was a strong proponent of Christian Education at all levels and sought when planting a church to plant a school beside it. Samuel A. Moffett was a mission strategist. A careful reading of the published material in these books will give abundant illustration to this claim. But when a visitor at the fiftieth anniversary

다. "나는 예수 그리스도 그분만 알기로 결심했습니다." 시아버님은 한국인을 문명화하기 위해 한국에 가는 것이 아님을 아셨다. 시아버님은 한국인들이 고대 문명의 유산을 가진 민족이며 미국인보다 더 문명화된 민족인 것을 아셨다. 그러나 동시에 한국인들에게 불안, 절망, 죄와 악의 굴레로부터 자유롭게 하는 주 예수 그리스도의 능력이 간절히 필요한 것도 아셨다. 그분이 1889년 12월 한국을 향해 떠난 것은 바로 그 목적 때문이었다. 1890년대는 한국 민족에게 새로운 10년이었고 새 생명이 주어진 초창기였다.

나는 독자들이 26세 되던 생일날 한국 땅을 밟은 이 청년의 인격이 어떠했는지를 알기 원한다. 그는 목적이 분명하고 진지하면서도 유머 감각이 뛰어났다. 그는 중요한 원칙이 걸려 있는 문제라고 생각하면 핵심을 강력하게 논증할 수 있었다. 그러나 때로 의견이 다를지라도 동료들을 존중했고, 그들이 그리스도 안에서 형제자매임을 기억했다.

그의 동료들은 그를 '길 앞을 내다보는 사람'이라고 불렀다. 그는 항상 앞을 바라보며 미리 계획했는데 그 계획은 훈련된, 교육받은, 성숙한, 전도하는 교인으로 이루어진 교회를 설립하는 방향으로 나아갔다. 그는 모든 수준의 기독교 교육을 강하게 옹호했으며, 교회를 설립할 때 바로 옆에 학교를 설립하려고 노력했다. 그는 선교 전략가였다. 이 시리즈들을 주의 깊게 읽어보면 이 주장에 대한 사례들을 넘치도록 찾을 수 있을 것이다. 그러나 한국 장로회 선교 희년 때 방문한 어떤 사람이 한국 교회의 성장을 어떻게 설명할 수 있는지 질문했을 때, 그는 단순히 이렇게 대답했다. "50년간 우리는 이 사람들에게 하나님의 말씀을 제시했고 성령께서 그 나머지를 행하셨습니다."

1904년 미국의 젊은 작가 잭 런던이 러일전쟁을 취재하기 위해 신문사 종군기자로 한국에 파견되었을 때, 그는 마페트 선교사의 한국어 이름이 길에서 만난 사람들에게 마술처럼 효력을 발휘하는 것을 보았다. 잭 런던은 전쟁 지역까지 가기 위해 북쪽으로 먼 길을 여행하지 않을 수 없었다. 온갖 손짓 몸짓을 다 하면서 의사소통을 여러 번 시도한 후, 그는 호주머니에 있는 종이 한 장을 기억했다. 그것은 새 친구 마페트의 한국어 이름이 쓰여 있는 종이였다. 그는 천천히 "마-목-사"라고 발음했다. 그러면 기적처럼 사람들의

celebration of the Korea Presbyterian Mission asked him how to account for the growth of the Korean Church, he answered simply, "For fifty years we have held up the Word of God to these people and the Holy Spirit has done the rest."

As early as 1904 when a young American writer, Jack London, was sent to Korea to cover the Russo-Japanese War as a Correspondent for his newspaper, he found that Moffett's Korean name worked like magic among people he met on the road. London had to travel long distances through the north on his way up to the war zone. After many attempts to be understood, by wildly waving his arms or trying other agonizing contortions, he remembered a piece of paper he carried in his pocket. It was the Korean name of his new friend, Moffett. Slowly he pronounced that name, "Ma Mōk sa." Miraculously, he watched faces light up with joy and infinite comprehension. Almost immediately doors swung open to this young stranger eager to meet any need he might have. Jack London was later to become a well-known author in America, who wrote a story about his friend, Dr. Moffett, in Korea.

Samuel Austin Moffett has left behind a memorable legacy in Korea. Among the fruit of his work are the great Presbyterian theological seminaries which claim him as their founder. He would be intensely saddened by the divisions in the Church and in the nation, but very thankful to know how the Korean churches have shouldered the responsibility of World Mission outreach. It is our hope and prayer that the written records left by our father, Samuel Austin Moffett, will turn the eyes of the reader not primarily to the Moffett legacy but that they will serve as an extended witness of his life to the Great Light of the World, the Lord Jesus Christ.

Addendum:

When Dr. Oak Sung-Deuk contacted me to ask whether I might be interested in working with him on the publication of the letters and

얼굴이 기쁨과 무한한 이해로 밝아지는 것을 보았다. 바로 즉시 사람들은 이 낯선 이방인에게 문을 활짝 열고 그가 필요한 것이라면 무엇이든지 열심히 도와주려고 했다. 잭 런던은 뒷날 미국에서 유명한 작가가 되었는데 그는 한국에서 사귄 친구인 마페트, 즉 마포삼열 선교사에 대한 이야기도 썼다.

마포삼열 선교사는 한국에 기념할 만한 유산을 남겼다. 그 열매 가운데 하나는 그가 설립한 여러 장로회신학교다. 그는 교회와 나라가 분열된 것에 크게 상심할 것이지만 동시에 한국 교회들이 세계 선교의 책임을 어깨에 메고 나아가고 있는 것으로 인해 깊이 감사할 것이다. 우리는 마포삼열 선교사가 남긴 기록을 통해 독자들이 그의 유산에만 눈을 고정하지 말고, 세계의 위대한 빛이신 주 예수 그리스도를 섬긴 그의 생애를 통해 더 폭넓은 그분의 증인으로 섬기기를 바라고 기도한다.

감사의 글

옥성득 교수가 내게 마포삼열 선교사의 편지와 기사를 출판하기 위해 함께 일하는 데 관심이 있는지 문의했을 때 나는 지체하지 않고 긍정적으로 대답했다. 남편과 나는 그가 만든 양질의 책들과 그의 성실한 인격을 알고 있었다. 그는 이미 『언더우드 자료집』 5권의 편집을 책임졌고 다른 번역과 출판 프로젝트를 완성했기 때문에 우리는 그의 관심에 기뻤다. 우리는 이 프로젝트를 착수해준 그에게 감사의 빚을 졌기에 이 자리를 빌려서 고마움을 표한다.

마포삼열 선교사 가족은 윌리엄 베어드 박사가 숭실대학을 설립할 때부터 그 대학의 운명과 함께했다. 베어드 목사는 마포삼열 선교사와 인디애나의 하노버 대학과 맥코믹 신학교 시절부터 친한 친구였다. 그들은 나중에 평양에서 장로회 선교사로서 동역자와 동료가 되었다. 마포삼열은 모든 수준의 교육을 옹호하는 사람이었고 베어드의 노력을 강력하게 지원했다. 베어드가 숭실대학 학장직을 사임하고 몇 년 후인 1918년부터 마포삼열은 10년간 학장으로 봉직했다. 당시 평양에서 성장한 남편 샘은 지금도 간혹 숭실대학 교가를 부르곤 한다. 1925년 동아시아 축구 시합에서 숭실대학 축구팀

articles of Samuel Austin Moffett, I had no hesitation in giving him a positive answer. My husband and I knew the quality of his work and the integrity of his character. He had already presided over the publication of the Underwood Papers in several volumes, among a number of other translation and publishing projects, and we were pleased that he was interested. We wish to acknowledge our debt of gratitude to him for undertaking this project.

The Moffett family has followed the fortunes of Soongsil College (now University) from the time of its founding by Dr. William Baird. Baird was a close friend and companion of Samuel A. Moffett while they were both students at Hanover College in Indiana and at McCormick Theological Seminary. They were later partners and colleagues as Presbyterian missionaries in Pyengyang, Korea. Moffett was a great advocate for education at all levels for Korea and strongly supported Dr. Baird's efforts. A few years after his friend Baird resigned as president of Soongsil, Moffett stepped in as president for about ten years in the 1920s. His son, young Sam Moffett, growing up in Pyengyang during those years still breaks out singing the Soongsil song once in a while. He remembers how proud all the Soongsil fans were in 1925 when the college soccer team took first place in the major East Asia tournament that year. Another thing our family cannot forget was the time in 1919 when the Japanese occupying government demanded that the Korean flag be removed from the Soongsil flag pole. Dr. Moffett, who was president at the time, with a downcast heart asked his fourteen year-old son, James, to climb up the flagpole and take it down. Moffett then sent it to America by James when he went to school in the U.S. a short time later. More than fifty years later, in 1974, that young boy, now 65 years old, following his late father's instructions, brought the flag back to Korea and proudly presented it to Soongsil. It was widely reported in local newspapers.

We are pleased that the Institute for Values and Ethics of Soongsil

이 1등을 차지했을 때 그가 모든 숭실 팬들과 함께 얼마나 자랑스러워했는지 지금도 기억한다. 우리 가족이 잊을 수 없는 또 다른 일은 1919년 한국을 다스리던 일본 총독부가 태극기를 숭실 게양대에서 제거하라고 요구했던 때다. 당시 학장이던 마포삼열 선교사는 무거운 마음으로 14세 된 아들 제임스에게 게양대에 올라가 태극기를 내리라고 부탁했다. 곧 제임스가 미국에 있는 학교에 진학하게 되자 마포삼열은 그 국기를 미국으로 보냈다. 50년 후인 1974년 65세가 된 그 소년은 돌아가신 부친의 지시를 따라 그 태극기를 한국으로 가져가서 자랑스럽게 숭실대학교에 기증했다. 한국의 여러 신문이 이를 대대적으로 보도했다.

우리는 『마포삼열 자료집』을 숭실대학교 가치와윤리연구소가 간행하게 되어 기쁘게 생각하며 소장인 김선욱 교수께 특별히 감사드린다. 또한 이 프로젝트를 후원하는 강북제일교회와, 숭실대학교를 졸업한 황형택 담임목사께 깊이 감사드린다.

나는 필라델피아에 있는 장로회역사협회의 프레드릭 하우저 박사와 직원들께 감사한다. 그들은 마이크로필름에 담긴 문서들에서 마포삼열의 편지를 출판하도록 허락하고 도와주었다. 또한 나는 프린스턴 신학교 루스 도서관의 직원들과 특별자료실의 클리퍼드 앤더슨 박사와 케네스 헨크 고문서 사서께 감사한다. 그리고 지난 여러 해 동안 우리의 한국 자료를 정리하는 일을 도와준 내 여동생 조앤 플라워 해케트에게 마음으로부터 깊이 고마움을 표한다.

무엇보다 고마운 사람은 나를 지속적으로 격려하고 사랑으로 도와준 남편이자 동반자이고 마포삼열의 아들인 새뮤얼 휴 마페트다. 그는 오랫동안 아버지의 수많은 편지를 수집하고 보관해온 장본인이다. 한국에서 어릴 때부터, 그리고 아시아 선교사로서 아버지의 삶을 뒤따르기 위해 프린스턴 신학교에서 목회 훈련을 받고 있던 당시 아버지가 돌아가시기까지 그분을 알았던 사람이 결국 그였다. 아들이 아버지에게 할 수 있는 이보다 더 큰 헌사가 어디 있겠는가?

University facilitated the publication of the series and specially grateful for the service of Prof. Seon-Wook Kim, chair of the institute. We would like to express our deep gratitude for the financial support for the series from the Kangbuk Leading Church and its senior pastor Hyung-Taek Hwang, an alumnus of Soongsil University.

I wish to acknowledge and thank Dr Frederick J. Heuser and the staff of the Presbyterian Historical Society of Philadelphia also for their cooperation and helpfulness in allowing us to publish the Moffett letters from their microfilmed document collection. My gratitude also goes to the staff members of Princeton Theological Seminary's Luce Library, Dr. Clifford Anderson, Director of Special Collections and Mr. Kenneth Henke, Archivist. And to my own sister, Joanne Flower Hackett, who has given hours, days, weeks and years to helping me with our Korea collection I owe heartfelt thanks.

Most of all, it is to my husband, Samuel Hugh Moffett, my dearest life companion and son of Samuel Austin Moffett, that I am most grateful for his constant encouragement and loving assistance. He was the one who collected and kept so many of his father's letters through the years. After all, he knew this man from his youngest days as a babe in Korea until the death of his father while Sam was training for the ministry himself at Princeton Theological Seminary to follow in his father's footsteps as a missionary in Asia. What greater tribute can a son give to his father.

December 3, 2016
Princeton, New Jersey
Eileen Flower Moffett

2016년 12월 3일

프린스턴에서

아일린 플라워 마페트(馬愛隣)

차례 CONTENTS

간행사 Preface

김선욱 Prof. Seon-Wook Kim *005*

기념사 Commemoration

황형택 Rev. Hyung-Taek Hwang *007*

편역자 글 Editor's Remarks

옥성득 Dr. Sung-Deuk Oak *008*

서언과 감사 1 Foreword 1

사무엘 휴 마페트 Dr. Samuel Hugh Moffett *010*

서언과 감사 2 Foreword 2

아일린 플라워 마페트 Mrs. Eileen Flower Moffett *020*

서문 Introduction

옥성득 Dr. Sung-Deuk Oak *034*

일러두기 Explanatory Remarks *054*

약어표 Abbreviations *055*

서신 Letters

1868-1888 *057*

1889 *089*

1890 *105*

1891 *193*

1892 *267*

1893 *353*

1894 *463*

보고서 Reports *589*

기사 Articles *665*

가계도 Family Trees *736*

연대표 Chronology *738*

색인 Index *744*

Introduction

The first volume covers the first five years of Rev. Samuel Austin Moffett (1864-1939)'s missionary work in Korea from 1890 to 1894 as well as some of his earlier life before coming to Korea. As the preface outlines his life and early mission work, this introduction describes a general picture of the early Protestant missions before 1890 for readers to understand the background of his missionary work in Seoul from 1890 to 1893 and Pyongyang from 1894.

Protestant Missionaries' Visitations to Korea, 1866-1883

The Neo-Confucian Chosŏn government strictly prohibited Roman Catholicism and executed Korean Christians from 1791 and French missionaries from 1839 to 1866. At the 1866 great persecution, about 8,000 Koreans and nine French missionaries shed their blood for their Christian faith, which the government condemned a malicious and unorthodox Western teaching. In the same year of 1866, an American schooner the General Sherman was destroyed in Pyongyang, and the people of the city killed a Welsh missionary Robert J. Thomas (1840-1866), believing that he was sent by the imperialist Catholic Church. In October 1866, Rear Admiral Roze, commander of the French Far Eastern Squadron, made a punitive expedition and plundered the royal archives at Kanghwa Island (Pyŏngin Yangyo).

As Americans had less military power in the waters of the Far East, they made several investigations and then invaded Kanghwa Island in 1871 (Sinmi Yangyo). In January 1867, Admiral Robert W. Shufeldt of USS Wachusett left Chefoo and investigated the fate of the General Sherman at the northwestern coast of Korea accompanied with Rev.

서문

제1권은 사무엘 오스틴 마페트(이후 마포삼열로 칭함) 목사(1864-1939)가 내한하기 전의 학생 시절과 한국에 파송된 직후인 1890년에서 1894년까지 5년간의 사역과 관련된 자료를 담고 있다. 그의 생애와 선교 사역은 감사의 글에서 개괄했으므로, 이 개정판 서문에서는 독자들이 1890년에서 1893년까지 서울에서, 그리고 1894년부터 평양에서 이루어진 마포삼열 목사의 선교 사역을 이해하는 데 도움을 줄 수 있도록 초기 개신교 선교의 일반적인 상황을 설명하려고 한다.

개신교 선교사들의 한국 방문: 1866년에서 1883년까지

성리학 이념을 고수하면서 제사를 중심으로 한 의례로 사회를 통제하던 조선 왕조는 제사를 금한 로마 가톨릭을 이단 사교로 규정하고 그 포교를 엄격히 금지했다. 정부는 1791년부터 한국인 신자들을 처형하기 시작했으며, 1839년에서 1866년에 이르는 기간에는 프랑스 선교사들도 처형했다. 1866년 병인박해 때에는 약 8천명에 달하는 한국인과 9명의 프랑스 선교사들이 기독교 신앙을 지키기 위해 순교의 피를 흘렸다. 그해 여름 미국의 상선 제너럴셔먼호가 평양에서 화공으로 파괴될 때 웨일즈 출신의 로버트 토마스(1840-1866) 목사가 평양 시민들에 의해 타살되었는데, 평양 주민들은 그를 천주교 신부로 여겼다. 이어서 1866년 10월 프랑스 극동 함대의 로즈 제독은 프랑스 신부들과 천주교인의 대학살에 대한 징벌적인 조사를 실행한 후 강화도를 공격하고 약탈했다.

극동 지역에서 상대적으로 해군력이 미미했던 미국은 몇 차례 제너럴셔먼호에 대한 조사를 시행한 후 1871년 강화도를 침공하는 신미양요를 일으켰다. 1867년 1월 미국 함대 와슈세트호의 로버트 슈펠트 제독은 지푸를 떠나 황해도 해안에서 장로교 선교사인 헌터 코베르트 목사(1835-1920)와 함

Hunter Corbett (1835-1920), a Presbyterian missionary. In April of 1868 USS Shenandoah visited northwestern coast of Korea and the entrance to the Taedong River to find more information about the General Sherman. Rev. Calvin W. Mateer (1836-1908), a colleague of Mr. Corbett, and a Chinese Christian colporteur distributed some Chinese Scriptures to Koreans.

Meiji Japan enforced Korea open its three ports from 1876 to 1883 after the unequal Kanghwa Island Treaty in 1876. The Korean government made treaties with western countries starting with the USA and UK in 1882. A group of dissatisfied soldiers and conservative party made a reactionary military mutiny (Imo Kullan) in July 1882 and many urban poor people joined it. The Chinese government dispatched the Beiyang Naval Units and quelled the rebellion. Consequently China controlled internal affairs of Korea for a decade.

A Chinese soldier who received some Chinese scriptures from Dr. Arthur W. Douthwaite (1848-1899), a temporary agent of the National Bible Society of Scotland in Chefoo, distributed them among Koreans in Chemulpo and Seoul.It was Dr. Douthwaite of the China Inland Mission that visited to the open ports for the first time as a Protestant missionary. He left Chefoo in October 1883 and visited Pusan, Wonsan, Incheon, and Seoul for six weeks and distributed many Chinese Scriptures and tracts among Koreans. He published Notes on Corea in early 1884 and urged the starting of the Korea missions immediately.

In the meantime, some Korean young merchants visited Scottish missionaries (John Ross and John MacIntyre) in Manchuria and studied forbidden Christian books. Before American missionaries began to work in Seoul in 1884-85, Koreans encountered Scottish Chinese Presbyterianism in Newchwang (Yinkou) and Mukden (Shenyang) in Manchuria beginning in 1874 and American Japanese Presbyterianism and Methodism in Yokohama and Tokyo in Japan from 1882. The former was carried out through merchants (e.g. Yi Ŭngch'an, Paek Hongjun, and Sŏ

께 제너럴셔먼호의 최후를 조사했다. 1868년 4월 미함대 세난도어호가 황해도와 평안도의 해안과 대동강 어구를 방문하고 그 상선에 대한 정보를 수집했을 때, 동행한 통역자 캘빈 마티어(1836-1908) 목사와 중국인 권서는 한국인들에게 한문 성경을 반포했다.

메이지 일본은 1876년 강화도 불평등 조약을 체결한 이후 1876년부터 1883년까지 부산과 원산과 제물포의 세 항구를 개방했다. 조선 정부는 1882년 미국과 영국과의 조약을 시작으로 서방 제국들과 조약을 통해 국제법 질서에 편입되었다. 신식 군대와의 차별 대우에 불만을 품은 구식 군인들과 보수 집단은 1882년 7월에 임오군란을 일으켰는데 도시 빈민들도 여기에 가담했다. 중국 정부는 북양 함대를 급파하여 반란을 진압하고, 이후 10년간 조선의 내정과 외교를 간섭하며 각종 이권을 차지했다.

그 당시 지푸에 주둔한 스코틀랜드 성서공회의 임시총무였던 아서 다우스웨이트(1848-1899) 의사는 서울에 파송되는 중국인 병사에게 성경을 공급했다. 그 병사는 제물포와 서울에서 한국인들에게 성경을 배포했다.[1] 개항장들을 처음 방문하고 한국 선교의 가능성을 탐사한 선교사는 바로 중국내지선교회의 다우스웨이트로, 그는 주일 영국공사의 부탁으로 1883년 10월 지푸를 떠나서 6주간 부산, 원산, 인천, 서울을 방문하고, 많은 한문 성경과 기독교 전도문서들을 한국인들에게 반포했다. 그의 방문기는 1884년 초 『한국에 대한 노트』로 출판되어 한국 선교를 즉시 개시해야 한다는 그의 주장에 많은 선교사가 동조했다.[2]

그즈음 몇 명의 젊은 한국인 상인이 만주에 있는 스코틀랜드 연합장로회 소속 선교사들(존 로스와 존 매킨타이어)을 찾아가서 기독교 서적을 공부했다. 따라서 미국 선교사들이 1884-85년 서울에 도착하기 전에, 한국인들은 이미 1874년에 시작된 만주의 뉴창(영구)과 선양(봉천)에 자리 잡은 스코틀랜드 선교사들을 만났다. 또한 일본으로 유학을 간 한국인 양반 자제들은

1 Henry Loomis to Dr. E. W. Gilman, August 29, 1884; Alexander Kenmure, "An Early Colporteur in Korea," *Bible Society Monthly Report* (March 1896): 60.

2 Arthur W. Douthwaite, *Notes on Corea* (Shanghai: Shanghai Mercury Office, 1884).

Sangnyun) and the latter through intellectual yangban (e.g. Yi Sujŏng) and government students (e.g. Son Punggu).

Koreans' Initial Encounters in Manchuria, 1876-1885

The trans-Yalu-River encounters between Koreans and Protestantism and its expansion along the Beijing-Seoul Road reveal the features and fundamental issues of the rise of the Protestant churches in Northern Korea. The first Christian groups along the Yalu River were either border-crossing peddlers or displaced migrant peasants. As their sociopolitical status was precarious, their religious searches were mixed with secular motivations. Merchants had been despised by Neo-Confucian intellectuals as the lowest class among the commoners. However, as Ross found, they were a newly rising "middle class" that had potentiality to become the backbone of the future church. They had bilingual literacy and cultural liminality; accumulated wealth by international trade, hard-work, and frugality; were largely free from Neo-Confucian ideology and open-minded enough to accept Western culture and Protestantism, though they were most interested in imported textiles, a British commodity. They welcomed the "Nevius-Ross Method" of the three-self (self-support, self-propagation, and self-government) principles because it gave them the merit-based space where they could attain upward mobility by becoming colporteurs, helpers, leaders, deacons, or elders. They tried to overcame status inconsistency by acquiring such titles of the church or the "heavenly kingdom," which they regarded a spiritual equivalence to the titles of yangban of the Chosŏn kingdom.

Some of the merchants (including the first four baptized Koreans in Newchwang in 1879) were literary enough to understand the classical Chinese texts or translate them into colloquial Korean. Thus all their initial activities were related to the Bible—reading and studying the Chinese Scriptures and then translating them into the vernacular Korean, and distributing the printed copies. They were a community committed

1882년부터 도쿄-요코하마에 있던 미국 장로회와 미국 감리회 선교사들과 도 교제했다. 해외에서 개신교와의 만남은 전자의 경우 상인들(이응찬, 백홍준, 서상륜 등)을 통해, 후자는 양반(이수정 등)과 정부 파견 유학생들(손봉구 등)을 통해 이루어졌다.[3]

만주에서 이루어진 첫 만남, 1876-1885년

압록강을 건너 하룻길 거리에 있는 만주의 고려문에서 시작된 한국인과 개신교의 만남은 서울-베이징을 잇는 북경로와 압록강 양안을 따라 확장된다. 이런 발전 경로는 북한 지역 개신교회의 설립 과정과 특징을 명확하게 보여준다. 압록강 양안을 따라 형성된 최초의 한국인 개신교 집단은 국경을 넘나들며 장사하는 행상이거나 기근과 중과세에 쫓겨 강을 건너 이주한 농민들이었다. 조선 사회에서 장사를 해서 이익을 남기는 상인은 주자학의 의리와 명분으로 무장한 양반들로부터 멸시를 받는 평민이었다. 그러나 로스가 파악했듯이 그들은 새로 부상하는 자립적인 중산층으로서 미래 교회의 중추가 될 수 있는 잠재력을 소유하고 있었다.[4] 두 개의 언어를 구사할 수 있었던 그들은 문화적 경계인의 위치에서 국제 무역과 성실한 노동과 근검절약을 토대로 부를 축적한 계층이었다. 비록 생업을 위해 영국산 양목에 최대 관심을 보였지만, 정신적으로는 신유학 이념으로부터 자유로웠으며 서양 문화와 개신교를 수용할 만큼 개방된 사고를 가지고 있었다. 그들은 네비우스-로스 방법의 3자(자급, 자전, 자치) 원칙을 환영했는데, 개인의 능력에 바탕을 둔 그 원칙들이 새로운 신분 질서를 획득하는 데 유리한 방식이었기 때문이다. 그들은 교회에서 서리집사나 영수로 자원하여 지도력을 인정받고 장로나 목사

---

3 만주와 일본에 거주하던 한국인들의 개종, 성서 사역, 1984년에 의주와 소래에서 있었던 최초의 한국인 회중의 형성, 그리고 1887년 서울에 일어난 최초의 장로교회의 조직 등에 대한 자세한 이야기는 옥성득, 이만열 공저 『대한성서공회사』 제1권 (서울: 대한성서공회, 1994) 30-176; Sung-Deuk Oak, *Historical Sources of the Korean Bible Society* Vol. 1: Correspondence of John Ross and Henry Loomis (Seoul: KBS, 1999); Sung-Deuk Oak, *Sources of Korean Christianity*, 14-36을 참조하라.

4 Sung-Deuk Oak, *The Making of Korean Christianity* (Waco, TX: Baylor University Press, 2013), 224-231; Hwag Kyung Moon, *Beyond Birth: Social Status in the Emergency of Modern Korean* (Cambridge, Mass.: Harvard University Press, 2004), 161-289.

to biblical texts in order to find purpose and a new "social imagery" and a new moral order. Early Korean Christians continued this quest; they were called "Bible-centered Christians" and their religion "Bible Christianity." Positively speaking, this promoted vernacularism of the missions and literacy among uneducated people and women. Adopting the people's language for the sacred texts contributed to the awakening of the people and eventually the democratization of the society. Yet, "Bible Christianity" as a distorted form of sola-scriptura Protestantism could also fall into anti-intellectualism and a rejection of secular thought. When American fundamentalism began to exert its influence in the late 1910s, the institutionalized Presbyterian Church fell into its rigid ideology. They fought against new theology and socialism in the 1920s, and in doing so they lost missional and social relevancy among the intellectuals and younger generation as well as tenant farmers and urban laborers.

The other group, migrant peasants in the Corean Valley in 1880s, who fled from heavy taxation and famines, by contrast, wanted to protect their lives and properties from corrupted officials or landowners through the power of western missionaries. They thought that their membership of the church would guarantee a financial and political aid from missionaries. The danger was producing "rice Christians" whose main concern was survival or monetary benefit. In his trip to Manchuria in 1891, Rev. Samuel A. Moffett found most of the Christians in the Corean Valley were rice Christians. Thus he examined the applicants for baptism carefully and created the classes of catechumens as a probationer system in Pyongyang from 1894. The tension between the sociopolitical desire for power and protection and the religious–textual quest was one of the main issues among Korean Christians and it affected the mission policy.

Koreans' Encounter with Protestantism in Yokohama and Tokyo, 1883-1885

The Yokohama-Tokyo area was the other setting where Korean

로 신분 상승을 이룰 수 있었다. 그들은 교회나 '천국'에서 조선 왕국의 양반 지위에 준하는 영적인 지위와 호칭을 획득함으로써 신분 차별을 극복하려고 했다.[5] 1811년에 일어난 홍경래의 난에서 보듯이 서북인은 서울 경기 양반들로부터 차별을 받고 있었다. 따라서 서북 상인들의 종교적 모색은 세속적인 동기와 혼합되어 있었다.

1879년 만주의 영구장로교회에서 최초로 세례를 받은 네 명의 의주 청년을 포함한 서북 상인들은 한문 고전 서적을 이해하거나 그것을 일상 한국어로 번역할 수 있을 정도로 유식했다. 따라서 그들의 초기 활동은 성경과 기독교 문서를 중심으로 이루어졌다. 그들은 한문 신약전서와 전도책자들을 읽고 공부하고 이를 일상적인 한국어로 번역하고 인쇄하여 배포하는 일까지 담당했다. 그들은 새로운 '사회적 상상력'을 가지고 새로운 도덕적 질서를 구현하기 위해 성경 공부와 문서 작업과 전도와 예배를 아우른 하나의 공동체를 지향했다.[6] 초기 한국인 기독교인들이 이러한 분투를 지속했으므로 그들은 '성경 중심의 기독교인'이라 불렸고, 그들의 종교는 '성경 기독교'라고 일컬어졌다. 긍정적으로 말하면, 이런 성경 기독교는 교육을 받지 못한 문맹 상태의 평민과 여성에게 읽을 수 있는 능력과 문서를 주었으며, 선교 정책에서 본토어 사용을 증대시켰다. 성스러운 경전에 서민들의 일상어를 채택함으로써 평민의 각성을 일으켰고 궁극적으로 사회의 민주화에 동력을 제공했다. 그러나 '성경 기독교'는 '오직 말씀'이라는 개신교의 교리가 왜곡된 형태로 타락하여 반지성주의와 현실 도피주의를 조장할 수도 있었다. 미국의 근본주의가 1910년대 후반부터 한반도에 영향을 줄 때, 제도화된 한국 장로교회는 식민지 상황을 구실로 그런 유혹을 강하게 받았다. 그들은 1920년에 등장한 신신학과 사회주의에 대항하여 싸우는 동안, 지식인층과 청년 세대뿐만 아니라 소작농과 도시 노동자들과의 사회 선교적 접점을 상실하는 위험에 직면했다.

---

5 이에 대한 사회학과 인류학적 분석을 위해 막스 베버의 『프로테스탄트 윤리와 자본주의 정신』의 주제와 빅터 터너의 경계성(liminality)의 개념을 사용할 수 있을 것이다.

6 찰스 테일러의 *Modern Social Imageries* (Durham Duke University Press, 2004), 23-25 참조.

government students encountered Protestantism. Yi Sujŏng (1842-1886), who rescued Queen Min in the Military Revolt in July 1882, went to Tokyo to study advanced civilization in September 1882. His high scholarship was respected among Japanese elites. His interactions with Japanese Christians, studying of the Bible, and reflection on the superiority of Protestant Christianity over Confucianism, Buddhism, and Roman Catholicism, led him to accept baptism by a Presbyterian missionary Rev. George W. Knox in 1883. He was hired as a Korean language teacher at the Government Foreign Language School. He did three things for the future of Korean Protestantism–Bible translation, founding a Korean church, and calling American missionaries to Korea. With the support of Rev. Henry Loomis, agent of the American Bible Society, Yi translated the Scriptures first from Chinese into Sino-Korean and then into Korean. Six thousand copies of the Korean Gospel of Mark were published in February 1885. Meanwhile, Yi converted some Korean students and organized a church in Tokyo. Yi sent a letter to American Christians, requesting that they send missionaries to Korea. With pride of a Korean yangban scholar, he did not want "a secondhand civilization" from Japan, but preferred Americans' leading in the elevation of his people. He worried about the preoccupation of the country with French Roman Catholicism. His "Macedonian call" published in the mission magazines pressed the Presbyterian Church to send Rev. Horace G. Underwood (1959-1916) and Dr. John W. Heron (1858-1890) to Korea. Mr. Underwood and Rev. Henry G. Appenzeller (1858-1902), the first two resident clerical missionaries, brought some copies of Yi's Mark when they arrived at Chemulpo on April 5, 1885.

On September 14, 1883, Dr. John F. Goucher, president of Baltimore Women's College, met Min Young-ik and the Korean envoy to the US government on the train from Chicago to New York. Becoming interested in Korea, Goucher donated the seed money to start the Korea mission to the Foreign Mission Society of the Methodist Episcopal

다른 집단은 1880년대에 압록강 대안 28개 마을로 구성된 한인촌에 거주하던 이주 농민이었는데, 이들은 과도한 세금 징수와 기근을 피해 강을 건넌 빈민이었다. 이들은 서양 선교사들의 힘에 의지해 타락한 관리나 중국인 지주로부터 생명과 재산을 보호하기를 원했다. 그들은 교회에 입교하여 회원이 되면 선교사로부터 경제적·정치적 지원을 보장받을 것으로 기대했다. 이런 세속적 입교 동기는 '쌀 신자'의 양산이라는 거품을 만들었는데, 이들의 개종 동기는 생존과 금전적 이익에 있었다. 마포삼열 목사는 1891년 만주를 여행했을 때 한인촌에 거주하는 대부분의 교인이 이러한 '쌀 신자'라는 것을 발견했다.[7] 이런 연유로 그는 세례 신청자들을 면밀히 문답하고, 1894년부터 평양에서 세례를 위한 준비 과정인 학습교인 교육과정을 별도의 프로그램으로 만들어 운영했다. 이러한 힘과 보호를 목적으로 하는 사회정치적 욕구와 종교와 성서 중심적 신앙 사이에 존재하는 긴장은 한국 기독교의 주된 문제로 지속되었으며, 이것이 선교 정책의 수립과 발전에 영향을 주었다.

요코하마와 도쿄에서 이루어진 만남, 1883-1885년

한국인과 개신교의 또 하나의 만남의 장소는 1880년대 초 요코하마-도쿄 지역으로 조선 정부의 국비 유학생 가운데 개종자들이 출현했다. 이수정(1842-1886)은 1882년 7월 발생한 임오군란에서 민 왕비의 생명을 구하는 데 공을 세워, 1882년 9월 도쿄로 건너가 근대 문명을 공부하게 되었다. 그는 높은 학식과 한시로 일본 엘리트들 사이에서 존경받게 되었다. 그는 일본 정부가 운영하는 도쿄외국인학교의 한국어 교사로 고용되었다. 그는 일본인 기독교인들과 교제하면서 성경을 공부하고 개신교 교리가 유교와 불교와 천주교보다 우월하다는 것을 믿게 되었다. 마침내 1883년 4월 29일 노월정교회에서 장로교 선교사 조지 녹스 목사로부터 세례를 받았다. 그는 한국 개신교의 미래를 위해 세 가지 일을 수행했는데, 신약의 번역과 동경한인교회의 설립과 미국 교회에 선교사를 파송해줄 것을 요청하는 편지를 보낸 것이었

7 Samuel A. Moffet to F. F. Ellinwood, September 6, 1892; May 4, 1896.

Church in New York. He asked Rev. Robert S. Maclay (1824-1907) in Tokyo to make a scout visit to Korea. Maclay had been acquainted with Kim Okkyun (1851-1894), a leader of the progressive party, in Japan. As Kim needed Americans' help for his modernization project, he induced Rev. Robert S. Maclay a Methodist veteran missionary, to visit Korea. Mr. and Mrs. Maclay visited Seoul in June 1884 and through the help of Kim Ok-kyun got a verbal permission from King Kojong to establish a mission school and a mission hospital in Seoul. Kim Ok-kyun and his radical party's aborted Coup in December 1884 (Kapsin Chŏngbyŏn), however, made the project precarious.

King Kojong permitted Maclay to establish a mission school and a hospital when he made a scout trip to Seoul in July 1884. After the failure of the Coup of December 1884, Kim fled to Japan with Park Yŏnghyo, Sŏ Kwangbŏm, and Sŏ Chaep'il. They taught the Korean language to Dr. William B. Scranton, Underwood, and Appenzeller in Yokohama in early 1885. Kim Okkyun studied Christian books and temporarily helped Loomis revise Yi Sujŏng's translation, but never became a Christian.

These two cases of Korean encounters with Protestantism in Japan show the dominant motivation of the conversion was the project of "civilization," though both the civilization motivation and the religious one coexisted. The Methodist mission in Korea started with the idea of "Christian civilization" to build the Kingdom of God through the combination of evangelistic, educational, medical and literary works. It was a sociological mission theory for the Christianization of Korea, not just for planting the indigenous national church. But potential pitfalls lay in the opportunism and institutionalization of the mission enterprises, which could produce short-term rapid growth followed by long-term stagnation.

다. 미국 성서공회 일본지부 총무인 헨리 루미스 목사의 지원을 받은 이수정은 먼저 한문에 이두식 토를 단 현토한한신약성서를 번역한 후 국한문으로 마가복음을 번역했다. 그의 국한문 「신약마가젼복음셔언히」는 1885년 2월 출판되었다. 이 번역 작업을 수행하면서 이수정은 한국 유학생 가운데 몇 사람을 개종시키고 도쿄에 한인교회를 조직했다. 이수정은 미국 기독교인들에게 한국으로 선교사를 파송해줄 것을 요청하는 편지를 보냈는데, 루미스 목사가 영어로 번역한 그의 편지가 1884년 한국 선교에 대한 관심을 불러일으켰다. 이수정은 한국 양반이라는 자부심을 가지고 있었기 때문에, 일본을 통해 근대 문명과 기독교를 간접적으로 수용하는 것이 아니라 미국으로부터 직접 수용하기를 원했다.[8] 그는 조선이 프랑스의 천주교회에 의해 선점되는 것을 우려했다. 선교 잡지들에 소개된 그의 선교사 요청 편지는 '마게도니아인의 부름'이 되어 미국 북장로교회가 존 헤론(1858-1890) 의사와 호러스 언더우드 목사(1959-1916)를 한국의 첫 선교사로 임명하도록 만들었다. 언더우드 목사와 아펜젤러(1858-1902) 목사가 요코하마를 거쳐 1885년 4월 5일 제물포에 도착하였을 때, 이수정이 만든 마가복음 몇 권을 가지고 왔는데, 선교 역사상 처음 도착하는 선교사가 그 지역어로 번역된 성서를 들고 입국하는 경우는 전례가 없었다.

1883년 9월 14일 볼티모어 여자대학의 학장인 가우처 박사는 시카고에서 뉴욕으로 가는 침대 기차 안에서 민영익과 한국인 사절단을 만났다. 한국에 관심을 갖게 된 가우처는 뉴욕에 있는 북감리회 해외선교부에 한국 선교를 시작하도록 기부금을 보냈다. 이어서 그는 도쿄에서 한국인 개화파와 친분을 쌓고 있던 매클레이(1824-1907) 목사에게 한국에 가서 선교 가능성을 탐사해줄 것을 요청했다. 매클레이와 친분이 있던 김옥균(1851-1894)은 자신의 한국 근대화 프로젝트에 미국인의 도움이 필요하다고 판단하고, 매클레이의 한국행을 지지했다. 매클레이 부부는 1884년 6월 서울을 방문하고 김옥균의 도움을 받아 고종으로부터 서울에 기독교 학교와 기독교 병원을

8 Henry Loomis to Dr. E. W. Gilman, June 11, 1883.

The Trans-Korean Strait Activities

There were two non-western missionary groups—Chinese evangelists and Japanese colporteurs—who were sent to Korea in the 1880s. When the National Bible Society of Scotland published the first Korean gospels of the Ross Version in Manchuria in 1882, they sent thousands copies to J. Austin Thomson, an agent in Tokyo. He sent a Japanese colporteur to Pusan which was rapidly changing into a Japanese open port city. In April 1884, Thomson visited Pusan with two Japanese colporteurs (Miura and Sugano) and opened a depot. Mr. Sugano worked in Pusan, visited Taegu, and distributed 10,000 copies of Scriptures until his death in January 1887. Thomson visited Chemulpo with another Japanese colporteur Seino and opened a depot there. Mr. Seino worked in Chemulpo and Seoul until 1887. Even though these Japanese colporteurs distributed the Korean Scriptures of the Ross Version, their evangelistic work failed because they did not know the Korean language and the Ross Version was translated in a northwestern dialect that was unintelligible in Pusan, Chemulpo and Seoul.

On the other hand, Anglicans in Fuzhou of China started their mission in Korea in 1885. Archdeacon J. C. Wolfe of the Church Mission Society visited Seoul accompanied by Dr. Allen in October 1884. His church in Fuzhou organized the first Protestant "Mission to Corea" in China and sent two Chinese catechists with their wives to Pusan, an open port in Southern Korea that was connected through the steamship lines from Fuzhou and Nagasaki, in the fall of 1885. Wolfe helped them settle down and visited them again in 1887. However, as the Chinese evangelists failed to learn the Korean language, they did not succeed in converting anyone for several years. With their health failing, they withdrew from Korea in 1890. These Japanese and Chinese missionaries' activities failed mainly because of the language gap and the lack of sufficient support. Their experience influenced the Korea Mission of the Church of England, led by Rev. John Corfe from 1890. Bishop Corfe

설립해도 좋다는 허가를 구두로 받았다. 그러나 1884년 12월 김옥균과 그의 급진 개화파의 갑신정변이 실패로 돌아가자 감리회의 계획은 불확실한 상태가 되었다.

매클레이가 1884년 7월 서울로 정찰 여행을 했을 때 고종이 매클레이로 하여금 기독교 학교와 병원을 설립하도록 허락했다. 1884년 12월 삼일천하로 실패한 정변 이후 김옥균은 박영효, 서광범, 서재필 등과 함께 일본으로 망명했다. 그들은 1885년 초 요코하마에서 스크랜턴 의사와 언더우드 목사와 아펜젤러 목사에게 한국어를 가르치고 영어를 배웠다. 김옥균은 기독교 서적을 공부하고 잠시 루미스를 도와 이수정의 번역을 수정했지만, 기독교인이 되는 단계까지는 나아가지 않았다.

일본에서 이루어진 한국인과 개신교의 만남을 볼 때 비록 종교적 동기가 존재했음에도 불구하고, 개종의 주된 동기는 '개화'(근대화) 프로젝트에 있었음을 알 수 있다. 감리회 선교회는 '기독교 문명론'이라는 선교 방법에서 출발하여 전도, 교육, 의료, 문서 사업의 조합을 통해 하나님 나라를 건설하려고 했다. 그것은 한국의 기독교화를 위한 사회학적 선교 이론에 입각한 것으로, 토착 교회 설립을 우선순위에 둔 장로회의 네비우스 방법과는 다른 선교론이었다. 그러나 이런 간접적·기회주의적 입장과 기관을 중심으로 하는 선교 기획에는 잠재적인 함정이 도사리고 있었는데, 곧 단기적인 급성장 후에 장기적인 정체를 초래할 수 있었다.

대한해협을 가로질러 이루어진 활동

서양인 선교사 집단에 속하지 않은 두 그룹이 있었는데, 1880년대에 한국의 개항장으로 파견된 중국인 전도인과 일본인 권서들이었다. 스코틀랜드 성서공회는 1882년 만주에서 로스가 번역한 최초의 한국어 복음서들을 출판하면서 도쿄 지부 총무인 톰슨에게 수천 권을 발송했다. 톰슨은 일본인 권서(매서인)를 부산에 파견했는데 당시 부산은 급속도로 일본인 상인에게 개방되고 있었다. 1884년 4월 톰슨은 두 명의 일본인 권서 미우라와 수가노와 함께 부산을 방문하고 보급소를 개설했다. 수가노는 부산에서 주로 사역하면

formed a few missionary compounds in the open port areas with single missionaries and concentrated on the study of the Korean language and culture without direct evangelism for seven years.

The above two paths, the Northern route (Newchwang/Shenyang-Ŭiju-P'yŏngyang-[Chefoo-Chemulpo]-Seoul-Sorae) and the Southern route (Tokyo/Yokohama or Fuzhou-Nagasaki-Pusan-Chemulpo-Seoul), became the pipelines through which Protestantism was introduced to Korea in the 1880s. The coexistence of these dual routes revealed different motives of Koreans in accepting Christianity. They were 1) searching for the spiritual meaning of life (a personal religious motive) and upgrading social status (a personal social motive) among the merchant group; 2) protecting lives and properties (a personal monetary motive) among the oppressed peasant group; 3) accepting western civilization for the building of a modern nation state (a national political motive) and 4) the enlightenment of the people (a national cultural motive) among the yangban group. Protestant missions had to tackle these non-religious needs of the people and satisfy their spiritual hunger through certain policies and regulations.

First Resident Protestant Missionaries, 1884-1889

Dr. Horace G. Allen was transferred from Shanghai to Seoul in September 1884 and settled down there with his family in October. The Kapsin Coup provided the only western physician to cure Min Young-ik who was severely wounded by swords. King Kojong appointed Dr. Allen the head doctor of Chejungwon, the first modern royal hospital in Korea, established in April 1885, which became the foothold for American missionaries to work in Seoul.

The Board of Foreign Missions of the Presbyterian Church in USA sent 12 missionaries to Seoul from 1884 to 1889: H. G. Underwood (1859-1916) arrived as the first clerical Protestant missionary in Seoul on April 5, 1885; Dr. and Mrs. John W. Heron in June 1885; Nurse Miss Annie Ellers in July 1886 (married Mr. Bunker in July 1886); Dr. Lillias S.

서 대구를 방문하기도 했는데, 1887년 1월 사망하기 전까지 1만 부 이상의 성경을 반포했다. 톰슨은 다른 일본인 권서 세이노와 함께 제물포를 방문하고 보급소를 개설했다. 세이노는 1887년까지 제물포와 서울에서 일했다. 이 일본인 권서들은 로스 역본의 한글 복음서는 반포했으나, 한국어를 구사할 수 없어 전도 사역에는 실패했다. 또 로스 역본이 부산과 제물포와 서울 사람들이 이해하기 어려운 서북 방언으로 번역되어 있어 보급에 애로를 겪었기 때문이었다.

한편 중국 푸조우(福州)의 영국성공회 교회는 1885년 중국인 선교사를 부산에 파송하기 시작했다. 성공회 부제인 울프는 1884년 가을 서울에 파송되는 알렌 의사와 함께 부산과 서울을 방문했다. 푸조우에 있는 그의 교회는 중국에서 최초의 개신교 한국 선교회를 조직하고, 1885년 가을 두 명의 중국인 전도사를 그 아내들과 함께 부산으로 파송했다. 이 당시 부산은 한국 남부 지역으로 진입하는 개항장으로, 푸조우와 나가사키에서 증기선으로 연결되어 있었다. 그러나 중국인 전도인들도 한국어를 배우는 데 실패하면서, 몇 년간에 걸친 사역 기간 동안 단 한 명의 한국인도 개종시키지 못했다. 더욱이 낯선 환경에서 건강이 악화되면서 1890년에 한국에서 철수할 수밖에 없었다. 일본인과 중국인 전도인들의 선교가 실패한 이유는 언어 문제가 주요인이었고, 충분한 지원이 뒷받침되지 못한 점도 원인이 되었다. 이들의 경험은 영국국교회(성공회)의 한국 선교에 영향을 주어 1890년부터 코르프 주교가 한국 선교를 개시할 때 교훈이 되었다. 그는 제물포와 서울의 개항장에서 독신 선교사들이 공동으로 거주하는 선교구역을 조성하고, 파송 후 7년 동안 직접적인 전도 활동은 하지 않고 한국어 학습과 한국 문화를 배우는 데 집중하도록 했다.

위의 두 경로, 즉 북로(뉴촹/선양-의주-평양-[지푸-제물포]-서울-소래)와 남로(도쿄/요코하마/푸조우-나가사키-부산-제물포-서울)는 1880년대 개신교가 한국으로 수용되는 경로가 되었다. 이 두 노선의 공존은 한국인들이 기독교를 받아들이는 동기의 다양함을 보여준다. 그 동기는 다음과 같다. (1) 삶의 영적 의미 추구(사적 차원의 종교적 동기)와 상인 계층 집단의 사회적 신분 향상

Horton in March 1888 (married Mr. Underwood in March 1889); Rev. Daniel L. Gifford in October 1888; Dr. Charles Power in September 1888; and Rev. William Gardner and his sister Miss Sarah Gardner in February 1889 yet both resigned in eight months.

The Society of Foreign Missions and WFMS (Women's Foreign Mission Society) of the Methodist Episcopal Church in USA sent 12 missionaries to Korea from 1885 to 1889: Dr. William B. Scranton arrived in Seoul on May 6, 1885; Mrs. Mary F. Scranton and Mrs. L. A. Scranton on June 21, 1885; Mr. Appenzeller and Mrs. Ella D. Appenzeller in July 1885; Rev. George Heber Jones in May 1887; Miss Louisa C. Rothweiler and Dr. Meta Howard in October 1887 (Miss Howard resigned in 1889); Rev. Franklin Ohlinger and Mrs. Bertha S. Ohlinger in December 1887; and Dr. and Mrs. William B. McGill in August 1889.

These two dozens of young missionaries started mission schools and hospitals in Seoul to get favor from the government and the people. They planned to evangelize the whole peninsula by establishing mission stations in major cities or capital of the eight provinces.

Early Missionary Visits to Pyongyang, 1887-1889

As Pyongyang was the second largest city in Korea and the center of the Northern Korea, pioneer missionaries made scout trips to see the possibility to establish a mission station. As it was not a treaty port, it was illegal for foreigners and missionaries to purchase a property there. They could just visit the inner city with passport for tour and sightseeing. Thus before establishing a mission station in Pyongyang in 1893-1894, missionaries visited the strategic city annually. The first visitor was Rev. H. G. Appenzeller who went to Pyongyang in April 1887. Then Rev. H. G. Underwood went to Sorae, Pyongyang, and Uiju in the fall of 1887. Appenzeller and Underwood visited together Soare and Pyongyang in April 1888, but had to return to Seoul by the edict of King Kojong who got angry to the construction of the Myongdong Cathedral overlooking

도모(사적 차원의 사회적 동기), (2) 억압받던 농민 계층의 생명과 재산 보호 욕구(사적 차원의 경제적 동기), (3) 근대화된 국가를 만들기 위한 서양 문명의 수용(국가 차원의 정치적 동기), (4) 양반 지식인의 백성 계몽(국가 차원의 문화적 동기). 개신교 선교회들은 한국인들의 이런 비종교적인 욕구와 영적 기갈을 어느 정도 만족시킬지를 정책과 규정들을 통해 대응해나가야 했다.

첫 주재 선교사들, 1884-1889년

알렌 의사는 1884년 9월 상하이에서 서울로 전임되었고, 10월에 가족과 함께 정착했다. 갑신정변 당시 민영익이 중상을 입었을 때 서울에 있던 유일한 서양인 외과 의사 알렌은 그를 치료할 기회를 잡았다. 고종은 알렌을 제중원의 의사로 임명했는데, 제중원은 1885년 4월에 개원한 최초의 근대 왕실 병원이었으며, 이후 미국 선교사들이 서울에 정착하고 사역할 수 있는 발판이 되었다.

미국 북장로회 해외선교부가 1884년에서 1889년까지 12명의 선교사를 서울에 파송했는데 다음과 같다. 언더우드(1859-1916)는 첫 목회 선교사로서 1885년 4월 서울에 도착했다. 존 헤론 부부는 1885년 6월, 간호사인 애니 엘러즈 양은 1886년 7월(1886년 7월 벙커와 결혼), 릴리어스 호턴 의사는 1888년 3월(1889년 언더우드와 결혼), 윌리엄 가드너 목사와 여동생 새러 가드너 양은 1889년 2월 도착했으나 8개월 후에 사임했다.

미국 북감리회 해외선교부와 여성해외교부는 1885년에서 1889년까지 12명의 선교사를 한국에 파송했다. 윌리엄 스크랜턴은 1885년 5월 6일에 서울에 도착했다. 메리 스크랜턴 부인과 루이자 스크랜턴 부인은 1885년 6월 21일, 헨리 아펜젤러 목사와 엘라 아펜젤러 부인은 1885년 7월, 조지 존스는 1887년 5월, 루이자 로스와일러 양과 메타 하워드 의사는 1887년 10월(하워드 양은 1889년 사임), 프랭클린 올링거 목사와 베르사 올링거 부인은 1887년 12월, 윌리엄 맥길 의사 부부는 1889년 8월에 도착했다.

이 24명의 젊은 선교사들은 서울에 선교 학교와 병원을 설립하고 한국 정부와 인민에게 호감을 얻었다. 그들은 한반도 전체를 복음화하려는 계획을

the palace. Mr. Underwood visited Pyongyang in October 1888 and then he made a honeymoon trip to Pyongyang and Ŭiju in March 1889 with his wife, Mrs. Lillias H. Underwood. Mrs. Underwood was the first American woman who visited Pyongyang and Ŭiju. After these pioneer trips and preparations to open Pyongyang, Mr. Moffett decided to make the city a mission station for his future work.

January, 2017

UCLA

Sung-Deuk Oak

세우고 이를 위해 한국의 주요 도시와 팔도의 수도에 선교지부를 설립했다.

초기 선교사의 평양 방문, 1887-1889년

평양은 한국에서 두 번째로 큰 도시이자 북부 지방의 중심지였으므로 초기 개척 선교사들은 이곳에 선교지부를 설립할 가능성을 타진하기 위해 일찍부터 탐사 여행을 실시했다. 평양은 조약상의 개항장이 아니었으므로 외국인과 선교사들이 그곳에서 부동산을 구매하는 것은 불법이었다. 그들은 여행과 관광 목적으로 여권인 호조를 발부받아 내륙 지방을 방문할 수 있었다. 따라서 1893-1894년 어간 평양에 선교지부가 설립되기 이전에 선교사들은 전략적으로 중요한 이 도시를 1년에 한 번씩 방문했다. 가장 먼저 방문한 선교사가 아펜젤러 목사였는데, 그는 1887년 4월 평양에 갔다. 이후 1887년 가을에 언더우드 목사가 소래와 평양, 의주를 방문했다. 아펜젤러 목사와 언더우드 목사는 1888년 4월 함께 소래와 평양을 방문했으나, 신축 중인 명동성당이 왕궁을 내려다보는 언덕에 건축되는 데 분노한 고종이 내린 반기독교 칙령 때문에 여행을 중단하고 서울로 돌아오지 않을 수 없었다. 언더우드는 1888년 10월 평양을 방문했고, 1889년 3월에는 아내와 함께 평양과 의주로 신혼여행을 떠났다. 언더우드 부인은 평양과 의주를 방문한 최초의 미국 여성이 되었다. 평양을 개방하기 위한 이들의 개척 여행과 준비 사역 후에, 마포삼열 목사는 이 도시를 자신의 미래 사역을 위한 선교지부를 설립할 도시로 결정하게 된다.

2017년 1월

UCLA에서

옥성득

일러두기 Explanatory Remarks

1. 맞춤법 및 부호 사용 원칙

- 맞춤법의 경우, 기본적으로 국립국어원의 원칙을 따랐다.
- 성경 인용의 경우, 개역개정을 기본으로 하고 그 외에는 인용 출처를 밝혔다.
- 국내 단행본에는 『 』, 정기간행물에는 「 」, 외서의 경우에는 이탤릭체, 논문에는 " "(큰따옴표)로 표시했다.
- 라틴어의 경우, 이탤릭체로 표시했다.

2. 구성

- 이 책에서는 마포삼열 선교사와 그 가족, 동료의 서신, 보고서, 신문과 잡지 기사 등을 연대순으로 배열했다.
- 각 자료마다 첫 부분에 그 출처를 밝혔다. 제일 위에는 자료의 출처를, 그다음 위쪽 왼편에는 글쓴이를, 오른편에는 글이 기록된 장소와 시간을 표시했다.
- 약자, 판독이 불확실한 단어, 생략된 부분의 경우, [ ]로 표시했다.
- 선교 편지의 대부분을, 장로회역사연구소(the Presbyterian Historical Society)가 발행한 마이크로필름에서 입력하고 번역했다. *The Correspondence and Reports of the Board of Foreign Missions of the Presbyterian Church of the USA, 1833-1911, Korea Missions* (Philadelphia: Presbyterian Historical Society, 1957).
- 가족 편지는 프린스턴 신학교의 '마포삼열 자료'에서 선별했다.
- 각주의 경우, 원본의 각주 외에 편역자가 추가한 각주가 있기에 한글 번역본의 각주가 영문 원본의 각주와 동일하지 않은 경우가 대부분이다.

3. 용어 통일

- 중국의 지명은 당시 통용하던 한자 지명을, 일본 지명은 발음대로 한 것이 많다.

  예. 만주의 봉천[심양], 산동의 지푸, 일본의 요코하마

- 다음의 지명은 현재 사용하는 용어로 통일한다.
  - Korea: '조선'이나 '대한제국' 대신 '한국'으로 번역했다.
  - Seoul: '한성'이나 '경성' 대신 '서울'로 번역했다.
  - 북한: 오늘날의 북한이 아니라 서울 이북의 지리적인 북한을 말한다.
    북부 지방, 북한 지방으로 번역하기도 했다.
  - 선교부, 선교회, 선교지부, 선교지회
    각 교단의 해외선교 이사회 'Board'는 '선교부'로,
    그 산하에 있는 한국 전체 'Mission'은 '선교회'로,
    선교사가 거주하는 여러 도시의 'station'은 '선교지부'로
    선교지부 내의 'sub-station'은 '선교지회'로 번역했다.

- 각 도의 감영(현재의 도청)이 있던 도시(capital)는 '주도'(主都)로 번역한다.

  예. 황해도의 주도인 해주

약어표 Abbreviations

BFBS	The British and Foreign Bible Society
Church at H & A	*The Church at Home and Abroad* (New York: PCUSA)
MEC	The Methodist Episcopal Church
MECS	The Methodist Episcopal Church South
PCUS	The Presbyterian Church of the United States
PCUSA	The Presbyterian Church in the United States of America
PHS	The Presbyterian Historical Society, Philadelphia, PA
PTS	The Princeton Theological Seminary
SHMC	The Samuel Hugh Moffett Collection
SPG	The Society for the Propagation of the Gospel
SVM	The Student Volunteer Movement for Foreign Missions
YMCA	The Young Men's Christian Association

사진 및 그림 제공 IMAGE COURTESY

[MOF] Image courtesy of Samuel Austin Moffett Collection, Special Collections of Princeton Theological Seminary Library, Princeton, New Jersey

[OAK] Sung-Deuk Oak's Collection

서신 LETTERS
1868–1888

●
6세 소년 시절의 마포삼열, 1870년 [MOF]
남아 있는 사진 중 가장 오래된 것이다. 그는 1864년 1월 25일 인디애나 주 매디슨에서 태어나 그해 10월 1일 제일장로교회에서 유아 세례를 받았다.

Samuel Austin Moffett, six years old, 1870
Born in Madison, Indiana on January 25, 1864
and baptized at the First Presbyterian Church on October 1, 1864.

17세의 마포삼열, 1881년 [MOF]

Samuel Austin Moffett,
eating watermelon, 1881

하노버 대학에 입학한 마포삼열, 1884년 [MOF]

Samuel Austin Moffett
at Hanover College, 1884

하노버 대학 파이감마델타클럽, 1880년대 초 [MOF]
마포삼열은 가장 뒷줄 왼쪽에 서 있다.

Phi Gamma Delta Brothers at Honover College, early 1880s
S. A. Moffett stading top left

●
하노버 대학 파이감마델타클럽, 1880년대 초 [MOF]
마포삼열은 셋째 줄 오른쪽 두 번째에 있다.

Phi Gamma Delta Fraternity, Hanover College, early 1880s
S. A. Moffett second from right in third row down

Samuel Shuman Moffett

New York

Saturday morning

March 28, 1868

My Dear Son,[2]

I received your letter Thursday evening and would have answered it immediately but I went to see Mr. Pogue that evening. Last night I was up at Mr. Wilson's, and during the day I have always so much to attend to that there is but little chance to write letters.

Mr. Pogue started for home yesterday morning. I went to the depot over in Jersey City with him. I hope he will have arrived at home all right by the time you get this.

I would like to have you with me here. You would see a great deal to wonder at and admire. I have been so often that I go about without seeing or caring much for anything—and rejoice when the time comes for starting home.

I have not seen Mr. Archibald's folks yet. I may go to hear him preach tomorrow. But don't think I will have time to call at the house this time.

I suppose you have your carpenter shop fixed up so nice that I will hardly know it. I am glad to hear that you boys have all been at work cleaning up the yard. I suppose the trees and grass begin to look quite like summer. Here it is all winter yet. The trees show scarcely any signs of life yet.

It is time for me to go down town. I will write you a longer letter next time. I expect to be kept busy writing, now that I have so many

---

1 From the Samuel Hugh Moffett Collection of Samuel Austin Moffett Papers [Hereafter SHMC].

2 Written to his oldest son, William McKee Moffett, born in 1853.

사무엘 슈만 마페트[1]

뉴욕

1868년 3월 28일

토요일 아침

아들에게,[2]

목요일 저녁에 네 편지를 받고 바로 답장하려 했단다. 그런데 그날 저녁에는 포그 씨를 만나러 나가야 했고, 어제 저녁에는 내내 윌슨 씨 집에 머물렀으며, 낮 동안에는 편지 쓸 여유가 없이 언제나 그랬던 것처럼 해야 할 일이 많았단다.

포그 씨는 어제 아침 자신의 집으로 떠났다. 나는 그와 함께 저지 시의 역까지 갔다 왔다.[3] 네가 이 편지를 받을 때까지 그가 별고 없이 집에 도착했으면 좋겠다.

네가 나와 함께 여기에[뉴욕에] 왔으면 좋았을 것이다. 네가 놀라고 찬탄할 만한 많은 것을 볼 수 있었을 것이다. 나는 이곳에 자주 와서 볼거리에 별로 신경 쓰지 않고 다니다가 집에 갈 때가 되면 기쁘단다.

나는 아키볼드 목사 가족을 아직 만나지 못했다. 내일 그가 설교하는 것을 들으러 갈지도 모르겠다. 하지만 이번에는 그의 집을 방문할 시간이 없구나.

네가 목공실을 멋있게 수리해서 알아보지 못할 정도가 되었을 것이라고 짐작한다. 너희 아들들이 마당을 치우고 정리했다는 말을 들어서 기쁘구나. 나무와 풀은 이제 여름처럼 보이기 시작하겠지. 여기는 아직 한창 겨울이란

---

1 사무엘 슈만 마페트(Samuel Shuman Moffett, 1823-1892)는 마포삼열(다른 마페트 가족과 구별하기 위해 마포삼열로 칭함)의 아버지다. 그는 인디애나 주 매디슨 제일장로교회의 장로였으며 포목상을 경영했다. 아내 마리아 제인 맥키와 함께 다섯 아들(윌리엄, 로버트, 하워드, 사무엘, 토머스)과 두 딸(수전, 낸시)을 낳아 길렀다.

2 사무엘 슈만 마페트가 1853년생인 큰아들 윌리엄 맥키(William McKee Moffett)에게 쓴 편지다.

3 뉴욕 맨해튼에서 허드슨 강을 건너면 저지 시가 나온다. 1840년에 뉴저지 주 허드슨 카운티로 편입되었다. 뉴욕 시와 가까운 교통과 산업의 중심지로, 이민 노동자들의 도시였다.

correspondents at home.

Tell Ma that I expect to start home Tuesday or Wednesday next. I will write to her tomorrow if I can find time. I promised to take dinner at Mr. Wilson's tomorrow.

I don't think I will stop at Bucyrus this time [he has one or two sisters' families in Bucyrus, Ohio], but go right on home when I get started. I expect to get a letter from Nannie[3] tonight.

With much love to Ma, all the children and Uncle Tom [his brother, Thomas W. Moffett]

Your affectionate,

Father[4]

●
마포삼열의 부모님, 1890년경 [MOF]
마포삼열이 한국에 올 무렵, 그의 아버지 사무엘 슈만 마페트와 어머니 마리아 제인 맥키 마페트.

Samuel Shuman Moffett (1823-1892) and Maria Jane McKee Moffett (1831-1912), ca. 1890. Parents of S. A. Moffett
He was an elder of the First Presbyterian Church in Madison, and was a dry goods merchant.

---

3 His daughter, Nancy McKee Moffett, born in 1855.

4 Samuel Shuman Moffett, father of Samuel Austin Moffett.

다. 나무에서 전혀 생명의 표시를 볼 수 없단다.

이제 시내로 갈 시간이다. 다음번에 긴 편지를 쓰마. 이제는 집에 편지를 쓸 수 있는 '편지 제조기'들이 많으니 내가 계속 편지를 쓰느라 바쁘겠구나.

다음 주 수요일에 내가 이곳을 떠나 집으로 갈 예정이라고 엄마에게 말씀드려주렴. 시간이 나면 내일 엄마에게 편지하마. 내일은 윌슨 씨 집에서 저녁을 먹기로 약속했단다.

이번에 부시루스에는 가지 못할 듯하다.[4] 대신, 출발하면 곧장 집으로 갈 것이다. 오늘 밤 낸니[5]에게서 편지가 오기를 기대한다.

엄마와 모든 아이들, 삼촌 톰[6]에게 사랑을 전한다.

사랑하는,

아빠가

---

4 오하이오 주 부시루스에는 사무엘 슈만 마페트의 여동생이 살고 있었다.

5 낸니는 1855년생인 딸 낸시 맥키 마페트다. 그녀는 1873년 대학생 때 사망했다.

6 삼촌 톰은 사무엘 슈만 마페트의 남동생 토머스 마페트다.

Samuel A. Moffett

Madison, Indiana

Sunday, March 27, 1870

Dear Papa,
It is a bad damp day
some of them are getting ready for
church we got $10 for the calf we get
so much nice milk and cream
I wish you were at home to get some
Papa try to get a name for baby
and bring it home with you
Robbie is most well and has been
going to School baby is a very
sweet little boy Mr. Van Doren
from NJ is going to preach to
night baby is getting to squeal
just like a mule and it wont
be long before he will have
teeth mama is going to church
I went to Sunday school
this afternoon and Susie
taught me a verse I will
tell you what it was
grow in grace
please answer my letter
Good bye

From your son Sammie[1]

1 Samuel Austin Moffett, at 6 years old.

마포삼열

인디애나 주, 매디슨

1870년 3월 27일 일요일

아빠에게[1]

오늘은 축축한 나쁜 날씨지만

사람들은 교회에 가려고 준비를 해요

우리는 송아지를 10달러에 샀는데

좋은 우유와 크림을 많이 얻었답니다

아빠가 여기 계시면 먹을 수 있을 텐데요

아빠, 애기 이름을 지어주세요[2]

집에 올 때 지어 가지고 오세요

로비는 건강하게 학교에 잘 다니고 있으며

애기는 사내아이인데 아주 귀여워요

뉴저지 주에서 오신 벤 도렌 목사님이 오늘 밤 설교할 예정이랍니다

애기는 노새처럼 소리를 꽥꽥 지르고 곧 이가 날 것 같아요

엄마는 지금 교회에 계시고, 나는 오후 교회 학교에 다녀왔어요

수지 선생님이 "은혜 속에 자라가라"[3]는 성경 구절을 가르쳐주셨는데

아빠가 오시면 알려드릴게요 제 편지에 답장해주세요 안녕히 계세요

아들 새미 올림

---

1 마포삼열 선교사가 6세 때 쓴 편지다. 현재 남아 있는 그의 첫 글이다. 편지 마지막 부분에 나오는 성경 구절처럼, 은혜 속에 자라가는 모습이다. 어릴 때 쓴 글이라 구두점이 없다.

2 바로 아래 남동생인 토머스(Thomas Clinton Moffett, 1869-1945)다. 마포삼열은 7남매 가운데 4남이었다.

3 베드로후서 3:18 "오직 우리 주 곧 구주 예수 그리스도의 은혜와 그를 아는 지식에서 자라 가라."

Lute Hull Fish

Angelica, New York

January [?], 1878

My Dear little Mary Alice,[1]

You don't know how pleased I was with my beautiful chromo[2] "A Happy New Year," for which I thank you ever so much, but I was still more delighted with that sweet little letter. I have shown it to people as much as I used to your papa's. To think that a little girl seven years old that has never been to school should write a better letter than I can, makes me very much ashamed. I thought a great deal of Mary Benham's letters, and have bragged on her considerable, but she is only six months younger than you and she has to print all her letters and some of them are so large and the others so small, it takes me a long time to read them.

Your last picture with your drop & locket on stands on a brackett in my room where I see it the first thing every morning. All the rest of your photos are in my handsome album down in the parlor. Cousin Mary Elliott wants one of you so much I guess I shall have to give it to her, tho I do hate to part with any of them, but it seems real stingy in me to keep them all when she hasn't any.

Tell papa his last letter frightened me dreadfully. I thought it must be some bad news about mama and was afraid to open it—and then all the time it was such good news about that dear little new baby at Uncle Tom's. My heart has been down to Carpenteria ever since I heard about it and I wish my body was. I'm a tip top baby tender and I know that little "Peggy Ann Mehitable Higginfluter"[3] would be tickled almost to pieces to see her Auntie Lute. Kiss your dear mama for me and tell her

1 Written to her brother Charles's daughter.

2 Colored photograph.

3 A name she made up — the baby's name was really Lucia Hester Fish.

루트 헐 피시

뉴욕 주, 앤젤리카

1878년 1월

귀여운 메리 앨리스에게,[1]

천연색 사진의 신년 연하장을 받고 얼마나 기뻤는지 모르겠다. 보내주어서 정말 고맙구나. 게다가 사랑스럽고 멋진 편지를 읽고 더 기뻤다. 옛날 네 아빠의 편지를 보여주었듯이 네 편지도 사람들에게 보여주었다. 학교에 다니지도 않는 일곱 살짜리 어린 소녀가 나보다도 편지를 더 잘 쓰다니, 내가 정말 부끄러웠다. 나는 메리 벤함의 편지를 읽고 많이 생각했고 그 아이가 자랑스러웠다. 그러나 자신의 모든 편지를 출판했던 그녀는 당시 너보다 6개월밖에 어리지 않았단다. 일부 편지는 활자가 너무 크고 다른 편지들은 너무 작아서 읽는 데 많은 시간이 걸렸단다.[2]

사진 갑이 달린 목걸이를 한 네 사진을 내 방 액자에 넣어 받침대 위에 올려놓았는데 매일 아침 일어나면 제일 먼저 그 사진을 보게 되는구나. 네 다른 사진들은 거실에 있는 멋진 앨범에 보관하고 있단다. 사촌 메리 엘리엇이 사진 한 장을 몹시 갖고 싶어 해서, 나는 어느 사진도 내 손을 떠나게 하고 싶지 않지만, 한 장을 주지 않을 수는 없을 거야. 그녀는 한 장도 없는데 내가 모두 간직하고 있다면 정말 인색한 사람이 될 듯하구나.

아빠에게 지난번 편지를 받고 끔찍하게 놀랐다고 전해주렴. 엄마에 대한 나쁜 소식이 왔음이 틀림없다고 생각했고, 편지 봉투를 여는 게 두려웠다. 그런데 항상 그렇듯이 그렇게 좋은 소식—삼촌 톰에게 새로 귀여운 아이가 태

---

1 루트 헐 피시가 7세 조카 메리 앨리스(Mary Alice Fish 1870. 4. 8-1912. 7. 12)에게 보낸 편지. 뒷날 메리는 마포삼열의 첫 아내가 되었다.

2 메리 벤함 부인이 쓴 *Memoirs: of Mary Louise Slacum Benham*(회고록, 1870)에는 버지니아 주 알렉산드리아에서 보낸 어린 시절과 청년기에 대한 회고, 성인이 되어 미시시피 강과 오하이오 강을 따라 여행한 내용, 가족과 친척에 대한 글이 들어 있다. 알렉산드리아 편에는 6살 때 쓴 편지들이 포함되어 있고, 당시의 유명한 가문, 사회상, 학교와 극장 등을 언급했다.

how sorry I am she is so sick again, and that I wish she would get well enough to come to Angelica next summer and bring you. I would show you the calf—he is white with lovely black eyes—and the chickens and the horses (their names are Billy and Snip) and our dog "Shep." He is old and cross and chases his tail and bites it awfully, but I like him & feed him and pat him a good deal. You ask Uncle Morse and Willie to tell you about "Shep." I wish I could come & ride after "Litty" with mama & you and read "Romane" with you nights—for I suppose you are in that now. I'm glad that Uncle Edward is going to see you. Then you will have seen all the Fish uncles and aunts but me.

Write to me again some day, darling,

With lots of love to Papa, Mama and cousin Teddie [?], I am

Your affectionate,

Auntie Lute[4]

4 Lucia Hull Fish. born on December 23, 1877, was the second wife of Samuel Austin Moffett, stepmother of James McKee and Charles Hull Moffett and mother of Samuel Hugh, Howard Fergus, and Thomas Fish Moffett. She was probably five or six years old when this letter was written. Her own mother died in November of 1884.

어났다는 소식이 담겨 있었지.[3] 그 소식을 들은 후 내 마음은 언제나 카펜테리어에 내려가 있었고, 내 몸도 거기에 가 있었으면 했단다.[4] 나는 최고의 보모고, "페기 앤 메히타벨 히긴플투터"[5]는 이 고모를 보면 간지러워서 못 참을 거야. 내 대신 네 엄마에게 키스해주고, 다시 아파서 내가 얼마나 걱정하는지, 그리고 내년 여름에는 앤젤리카에 너를 데리고 올 수 있을 정도로 건강을 회복하기 바란다고 말해주기 바란다. 네게 송아지를 보여줄게. 흰 털에 사랑스러운 검은 눈을 가진 송아지야. 그리고 병아리와 말들(이름은 빌리와 스니프), 우리 개 "쉡"도 있지. 쉡은 늙었고 힘이 없는 데다 자기 꼬리를 쫓다가 심하게 물지만, 나는 그 개를 좋아하고 먹이를 줄 때마다 많이 쓰다듬어준단다. 삼촌 몰스와 윌리에게 물어보면 "쉡"에 대해 이야기해줄 거야. 네 집에 가서 엄마와 너와 함께 "리티"를 쫓아가며 말을 타고, 밤에 네게 『로매인』을 읽어주면 얼마나 좋을까. 지금쯤 네가 그 책을 읽을 테니까 말이다. 삼촌 에드워드가 곧 너를 방문한다니 기쁘구나. 그러면 너는 나만 빼고 피시 가의 모든 삼촌과 고모를 본 것이 된단다.

귀여운 조카야, 다시 편지해주렴.

아빠, 엄마, 조카 테디에게 많은 사랑을 보내며,

너를 사랑하는,

고모 루트가

---

3 태어난 아기는 메리 앨리스의 사촌인 루시아 헤스터 피시(Lucia Hester Fish)로, 뒷날 메리 앨리스가 사망한 후 마포삼열의 두 번째 아내가 되었다. 루시아는 사촌언니에게서 난 제임스와 찰스 두 아들을 돌보면서, 사무엘, 하워드, 토머스 세 아들을 낳아 양육했다.

4 캘리포니아 주 카펜테리어는 로스앤젤레스에서 2시간 이상 북서쪽에 있는, 산타바바라에서 가까운 해변의 작은 도시로, 피시 가족의 고향이다. 마포삼열은 은퇴 후 캘리포니아 주 몬로비아에서 지내다가 1939년 10월 24일 사망했고, 카펜테리어의 피시 가족이 묻힌 묘지에 장사되었으며, 2006년 5월 서울의 장로회신학대학교 교정에 이장되었다.

5 태어난 지 얼마 되지 않아 아직 이름을 모르는 조카의 이름을 스스로 지어서 부른 것이다.

Lucia Hester Fish[1]

Location unknown

Sometime probably in 1882

DEAR MAMA AND
PAPA I HAVE BEEN
DOWN TO SEE
THE BABY SHE IS
REAL PRETY A LIT
TLE ROUND FACE
AND BLUE EYES
MRS. SEARS WANTS
TO CALL HER HET
TIE I WANT HER
MABEL AUNTIE
LUTE HAS GOT
THREE NAMES
FLORENCE HELEN
AND JESSIE. I LIKE
KATIE SMITH VERY
MUCH I WENT TO HER
PARTY AND I HAD A
NICE TIME. I LIKE
MISS SEELY AS MUCH AS
MRS. ANDERSON.
I AM MONITOR YET
I LIKE MRS REED AS WELL AS EVER.
THE NEXT TIME I AM PROMOTED SHALL GO IN TO THE BIG BUILDING.
GOD BY. I LOVE YOU BOTH DEARLY
AND WISH I COULD KISS YOU EVERY DAY.

Lucia H. Fish

---

1 Lucia Hester Fish was 5 years old.

루시아 헤스터 피시

장소 미상

1882년 어느 날

엄마 아빠에게[1]

아빠 나는 아기를 보려고 내려와 있어요.

여자 아기는 정말 예쁘고 작고 둥근 얼굴에 푸른 눈을 가지고 있어요.

시어즈 부인은 아기를 헤티로 부르고 싶어해요.

나는 마벨을 원하고

고모 루트는 세 가지 이름을 준비했는데 플로렌스, 헬렌, 제시래요.

나는 캐티 스미스를 아주 좋아해요.

나는 그녀의 파티에 갔고, 즐거운 시간을 보냈어요.

나는 앤더슨 부인만큼 실리 양을 좋아해요.

나는 반장이지만 언제나 리드 부인이 좋아요.

다음번에는 큰 건물에 들어가기로 약속했어요.

안녕. 두 분을 정말 사랑해요.

매일 두 분께 뽀뽀를 했으면 좋겠어요.

루시아 피시 올림

1 루시아 피시가 다섯 살 때 쓴 편지.

●
앨리스의 아버지와 루시아의 아버지, 1880년경 [MOF]
중앙의 토머스 피시는 루시아의 아버지고, 오른쪽의 찰스 피시는 앨리스의 아버지다.

Fish Brothers, Edward, Thomas, and Charles, ca. 1880
Thomas was the father of Lucia Fish Moffett;
Charles was the father of Alice Fish Moffett, ca. 1880

● **앨리스의 어머니 마르다 피시 [MOF]**
찰스 헐 피시의 아내이며
메리 앨리스의 어머니다.

Martha Warner Fish
Wife of Charles Hull Fish and
mother of Mary Alice

● **루시아 헤스터 피시, 1893년 [MOF]**
마포삼열의 두 번째 부인이다.

Lucia Hester Fish, 1893

미국에서 테니스로 유명했던 마포삼열의 가족, 1885년 [MOF]
마포삼열은 왼쪽 의자에 앉아 있다.

S. A. Moffett is first on the left in the chair.
Moffett family has been famous for tennis in America.

신학교를 졸업하는 마포삼열, 1888년 [MOF]
맥코믹 신학교 졸업 기념.

Samuel Austin Moffett, 1888
When he was graduated from
McCormick Theological Seminary.

매디슨 테니스 클럽, 1885년 [MOF]
미국 미시시피 주 서부에서
처음 조직된 테니스 클럽의 하나.
마포삼열은 가운데 줄 오른쪽에서 두 번째에 있으며,
가장 왼쪽에 그의 형 로버트가 있다.

Madison Tennis Club, 1885
One of the First Tennis Clubs
in the west of Mississippi
Top row: Howard S. Moffett is second from right
Middle row S. A. Moffett is second from right;
Robert B. Moffett is at the far left.

맥코믹 신학교 시절 기도 클럽, 1887년 [MOF]
뒷줄 왼쪽부터 테일러, 맥고우,
베어드(배위량), 마포삼열, 레오나르드다.

McCormick Seminary Prayer Circle, 1887
Standing: Taylor, McGaw, Seated:
William M. Baird, Samuel A. Moffett, Leonard

Samuel A. Moffett

Philadelphia, Pennsylvania

1219 Sprue Street

June 4, 1888[1]

Dear Mother:

Have just received Father's letter enclosing several others. I do not see how I missed getting the one at the office for I inquired every two or three days. However, it is all right now.

I wrote you last Wednesday, I believe. Thursday morning I started to take a survey of Fairmount Park. Went up 9th St. for a car and seeing the Mercantile Library across the street, stepped in to take a look at it. Was walking around when it occurred to me to look for Burke's Heraldry, a book in which Will[2] told me I could find something bearing on the Moffett family history. I found a whole alcove devoted to books on Heraldry, Peerages, Baronetcies, etc. In consequence I spent all Thursday morning searching for material for My History of the family. Did not find a great deal, though I feel rewarded for I did discover some references to Moffetts' chief of which is this from Burke's General Armory. A Moffat of That Ilk, Annandale; a very ancient border family, influential and powerful so far back as the time of Wallace, and conspicuous for the deadly feud which existed between them & the Johnstones; De Moffat was Bishop of Glasgow early in the 12th century, and the armorial bearings of all the different branches seem to indicate connection with the church. Then follows a description of the armor, etc. in technical terms. Another from [the] same place gives "Moffat–Lander

---

1 Original in the collection of Alice Moffett Starkey, daughter of Charles Hull Moffett. Alice was the first grandchild of Samuel Austin Moffett and the only one he lived to baptize, although he knew about her brother, Howard's birth in India before he died.

2 Sam's oldest brother.

마포삼열

펜실베이니아 주, 필라델피아

스프루 가 1219번지

1888년 6월 4일[1]

어머니께,

방금 몇 통의 다른 편지가 동봉된 아버지의 편지를 받았습니다. 제가 어떻게 사무실에서 그 이전 편지를 받지 못했는지 모르겠습니다. 이삼 일마다 확인했기 때문입니다. 하지만 이제는 괜찮습니다.

지난 수요일에 어머니께 편지를 썼을 것입니다. 목요일 아침에 저는 페어마운트 공원을 둘러보려고 나섰습니다. 차를 타려고 9번가로 갔는데, 거리 맞은편에 있는 상업 도서관을 보고 그곳을 잠시 둘러보려고 들어갔습니다. 돌아다니다가 『버크의 문장』을 찾아보아야겠다는 생각이 떠올랐습니다. 형월[2]이 제게 그 책에서 마페트 가문의 역사와 관련이 있는 무언가를 찾을 수 있을 것이라고 말했던 책입니다. 저는 문장(紋章)과 귀족 계급과 준남작 등에 관한 책들이 가득 차 있는 서가를 찾았습니다. 결과적으로 저는 목요일 오전 전부를 제 가문의 역사에 대한 문서를 찾는 데 썼습니다. 많은 것을 찾지는 못했지만, 저는 보상은 받았다고 느꼈습니다. 왜냐하면 『버크의 일반 문장학』 중에서 마페트의 선조에 대한 일부 참고 사항을 발견했기 때문입니다. 마파트는 애넌데일과 같은 곳입니다. 아득한 고대에 변경 지역의 가문이었고, 왈라스의 시대만큼 먼 옛날에는 영향력이 있고 강력했으며, 존스톤스 가문과 심각한 반목 관계에 있었음이 눈에 띄었습니다. 드 마파트는 12세기 초에 글래스고의 주교였고, 다른 모든 지파들과 관련된 문장들은 교회와의 연관성을 지시하는 듯합니다. 이어서 전문 용어로 갑옷 등의 묘사가 나옵니다.

---

1 맥코믹 신학교를 졸업하고 필라델피아에 여행을 갔을 때 쓴 편지다. 이 편지는 찰스 헐 마페트의 딸 앨리스 마페트 스타키가 소장하던 편지다. 앨리스는 마포삼열의 첫 손녀다. 마포삼열은 죽기 전에 앨리스의 남동생 하워드가 태어난 것을 알았으나 앨리스에게만 세례를 줄 수 있었다.

2 마포삼열의 제일 큰형 윌리엄이다.

Co[unty], Berwick. Motto 'Spero Meliora.'"

So much learned here. Now for Hagerstown & Baltimore. That was Friday morning instead of Thursday. It was Thursday I wrote you. Friday afternoon Jesse Wilson (a McC[ormick] Middler) & Mrs. Whilldin with whom he is staying, took me with them up the Delaware River 20 miles to Bristol and return. It was a beautiful ride and gave me an opportunity to see something of Phila's suburbs and the Penn. & N.J. villages. There is a truly marked contrast between this & the West. People here do every thing so quietly, no fuss, no bustle and stir. Even the deck-hands are quiet. The towns along the river are decidedly slow but the river is beautiful. I expected to find more hills along the river but it is quite level.

When Father, Tom & I reach Philadelphia I think it will be well for us to go down the river by boat to Cape May–giving us 2 or 3 hours there. Round trip $1.00. Then when we leave for N. Y. we can go up by boat to Trenton for 404 and from there by train to Princeton. That will give us a beautiful ride, an opportunity to see more of country and customs and will cost us less than the train, though taking a little longer time.

Friday night I went to Chambers Presbyterian Ch[urch] Prayer Meeting–Dr. Hoyt. Saturday morning I went to Laurel Hill Cemetery & East Fairmount Park. Had a pretty long walk but enjoyed it very much. The cemetery is beautifully located on bluffs of the Schuylkill. Expect to see West Park this week. Saturday afternoon by way of variety, Wilson & I went to baseball match between Phila & Chicago. Chicago's were defeated.

Yesterday I saw & heard a great deal. In the morning attended Dr. Dickey's S[unday] S[chool] & Church. Sunday School rather small and lifeless. Sermon on Rom. 8:29–30, "The Absolute Security of Believers." It was a sermon for Communion service.

In the afternoon I went over to the Tabernacle Church (Dr. McCook's).

같은 책에 또 다른 언급이 있습니다. "마파트–벌윅의 랜더 카운티. 좌우명은 '나는 더 위대한 것을 갈망한다'(*Spero Meliora*)이다."[3]

이곳에서 많이 배웠습니다. 헤이거즈타운과 볼티모어로 갔는데, 그때는 목요일이 아닌 금요일 아침이었습니다. 목요일에는 어머니께 편지를 썼습니다. 금요일 오후에 월딘 여사와 그녀의 집에 머무르고 있는 제시 윌슨(맥코믹 미들러)이 저를 데리고 델라웨어 강에서 20마일 떨어진 브리스톨까지 갔다가 돌아왔습니다. 아름다운 여행이었는데, 필라델피아 교외 지역과 펜실베이니아와 뉴저지의 마을을 살펴볼 기회를 가졌습니다. 이곳과 서부는 눈에 띄게 대조되는 것이 있습니다. 이곳 사람들은 모든 일을 조용하게, 소란 없이 야단법석을 떨지 않고 합니다. 심지어 갑판원마저도 조용합니다. 강가의 마을들은 확실히 한산하지만 강은 아름답습니다. 저는 강을 따라서 산을 더 보고 싶었지만 평지만 이어졌습니다.

아버지와 톰과 제가 필라델피아에 도착하면, 케이프메이까지 배를 타고 강을 따라 내려가면 좋을 것이라고 생각합니다. 그곳까지 두세 시간이 걸립니다. 왕복 1달러입니다. 이어서 우리가 뉴욕을 향해 떠날 때 40센트로 트랜턴까지 배를 타고, 그곳에서부터 프린스턴까지는 기차를 타고 갈 수 있습니다. 그러면 우리는 멋진 여행을 하면서, 더 많은 지방과 풍습을 볼 기회를 가지게 될 것이고, 비록 시간은 좀 더 오래 걸리지만 비용은 기차보다 더 적게 들 것입니다.

금요일 밤에 저는 호이트 박사의 챔버스 장로교회에서 열린 기도회에 갔습니다. 토요일 아침에는 로렐힐 묘지와 이스트 페어마운트 공원에 갔습니다. 꽤 오랫동안 걸었지만 대단히 즐거웠습니다. 그 묘지는 스쿨킬 강의 절벽에 아름답게 자리 잡고 있습니다. 이번 주에는 웨스트 공원에 가보려고 합니다. 변화를 갖기 위해 토요일 오후에 윌슨과 저는 필라델피아와 시카고의

---

3 고대의 전쟁과 정복의 시기에 만들어진 모토로 더 위대한 것을 갈망한다는 야망이 넘치는 좌우명이다. 이것은 근대 선교의 아버지 윌리엄 캐리의 좌우명인 '위대한 일을 기대하고 위대한 일을 시도하라'(Expect great things; attempt great things)를 연상시킨다. 마포삼열은 마페트 가문의 좌우명과 윌리엄 캐리의 좌우명을 한국 선교에 임하는 자신의 좌우명으로 삼았을 가능성이 크다.

They have afternoon service, just after Sunday School. I attended both. Went into Young Men's Bible Class and had a Scotchman for teacher. Dr. McCook preached on "We are more than Conquerors through him that loved us." It seemed to me to be composed of a great deal of scattered shot. The Church is a very large one—well arranged but not very beautiful in the interior. So far I think Chicago is ahead both as to churches & preachers.

At night I went to First Baptist Church to hear Dr. Boardman, a step-son of Adoniram Judson, the great missionary. Was disappointed for he has gone to Europe and I heard Dr. Weston of Crozer Theol. Seminary.

Was interrupted yesterday morning while writing this by hearing the fire engines, etc. just outside my window. Went out expecting to see a fire but there was none. Afterwards I went with Wilson to the Mint and then to Ministers' meeting. Didn't see or learn much at either place. In the afternoon I called upon Dr. Baker in reference to City Missions and found out what I had previously discovered—that Philadelphia differs from all other large cities in that it has so many homes & comparatively so few foreigners that mission work as conducted in Chicago, New York, etc. is unknown here. They have no mission stations. They establish churches with settled pastors. Afterwards Wilson & I spent the afternoon in the Academy of Natural Sciences and visited the Roman Cath. Cathedral.

At night we heard Bishop Taylor of Africa in the Grace M. E. Church. He it is who is establishing the self-supporting Missions in Africa. I venture to say that by next Saturday I will know a great deal about Phila. Am seeing both sides of life. Some parts are filthy & foul, others beautiful. Am surprised at a good many things and very much pleased with others. Will write you when I finish my survey of the city, what I think of it.

This morning we go to Residence portion of West Phila.

Lovingly,

Sam

야구 경기에 갔습니다. 시카고가 졌습니다.

어제 저는 많은 것을 보고 들었습니다. 아침에 딕키 박사가 인도하는 주일학교와 예배에 참석했습니다. 주일학교는 작았고 활기가 없었습니다. 로마서 8장 29-30절을 본문으로 "신자의 절대적 보호"를 설교했습니다. 그것은 성찬식을 위한 설교였습니다.

오후에 맥쿡 박사의 태버너클 교회에 갔습니다. 그곳에서는 주일학교 직후에 오후 예배를 드립니다. 저는 둘 다 참석했습니다. 청년 성경 공부반에 갔는데 교사가 스코틀랜드인이었습니다. 맥쿡 박사는 "우리를 사랑하신 그분으로 인해 우리는 정복자 그 이상의 존재다"라고 설교했습니다. 교회는 매우 컸습니다. 내부는 깔끔하게 정돈되어 있었지만 그렇게 아름답지는 않았습니다. 지금까지 본 바로는 교회와 설교자 모두 시카고가 앞선다고 생각합니다.

저녁에 저는 아도니람 저드슨의 양자이자 훌륭한 선교사인 보드맨 박사의 설교를 듣기 위해 제일침례교회에 갔습니다. 그러나 그가 유럽으로 떠나서 실망했고, 크로저 신학교의 웨스턴 박사의 설교를 들었습니다.

어제 아침 이 편지를 쓸 때 소방차 소음 등으로 방해를 받았습니다. 창문 바로 밖에서 나는 소리였습니다. 불이 났는지 보려고 밖으로 나갔지만 아무것도 없었습니다. 이후에 저는 윌슨과 함께 조폐국에 갔고, 이어서 목회자 모임에도 갔습니다. 두 곳에서 많은 것을 보거나 배우지는 못했습니다. 오후에 저는 도시 선교회와 관련하여 베이커 박사를 방문하고 제가 이전에 발견했던 것—다른 대도시들과 달리 이곳 필라델피아에는 가구 수가 많은 데 비해 외국인은 상대적으로 적고, 시카고와 뉴욕 등에서 수행된 종류의 선교 사역이 알려지지 않은 점—을 알아보았습니다. 필라델피아에는 선교회 지부가 없습니다. 필라델피아에서는 정착한 목사를 가진 교회를 설립합니다. 이후에 윌슨과 저는 자연과학아카데미에서 오후를 보냈고, 천주교 성당을 방문했습니다.

저녁에 우리는 아프리카의 그레이스 감리교회의 테일러 감독의 설교를

들었습니다.[4] 그는 아프리카에서 자립적인 선교회를 정착시키고 있습니다. 감히 말씀드리지만, 토요일까지 저는 필라델피아에 관해 많은 것을 알게 될 것입니다. 삶의 양면을 보고 있습니다. 어떤 부분은 불결하고 더러우며, 다른 부분은 아름답습니다. 여러 좋은 것을 보고 깜짝 놀라고, 다른 것에 많이 기뻐합니다. 도시를 둘러보는 일이 끝나면 그에 관한 제 생각을 편지 드리겠습니다.

오늘 아침에 우리는 웨스트 필라델피아의 주택가에 갑니다.

사랑하는,

샘 올림

---

4 테일러 감독은 아프리카에 자립 교회를 설립한 것으로 유명한 감리교 선교사다.

Samuel A. Moffett

Hagerstown, Maryland

June 9, 1888

Dear Mother:

We are on classic ground. We now tread where our forefathers trod. The streets which once echoed the sounds of our fathers' voices now resound with the words and laughter of the present generation of Moffetts. How familiar the names—Hunenichons, Updegraff, Funkhouser, Swartz, Werner, etc., etc.

I reached this spot at 2:40. Repaired to the Hamilton Hotel and obtained Rooms 16 & 18—connected, and then walked through the town until 4:05 when I met Father & Tom at station. We walked for an hour before supper and saw the house of Grandpa Moffett—the house of the Shumans, the old Market house where Pa used to play ball and the church where he was baptized—the pew he sat in—the "same old bench he polished with his little breeches," etc., etc.

We visited the church-yard and saw the graves of Grandpa Moffett and of Father's sister, Mary Jane. We then returned to the hotel and have just finished supper.

I fill up the blank pages that I may send both letters. That's the kind of course writing I like. I can read such writing with solid comfort. My eyes are beginning to feel the effect of so much reading & writing.

We go out for another walk and tomorrow shall go to the same old church (tho it is no longer a Presbyterian church—a Baptist, I believe). Monday will begin the search for historical facts.

Father is enjoying this hugely and I am quite sure Tom & I are, tho not to the same extent. Don't know what our plans are.

Lovingly,

Sam

마포삼열

메릴랜즈 주, 헤이거즈타운

1888년 6월 9일

어머니께,

우리는 유서 깊은 땅에 있습니다. 지금 우리는 우리 선조들이 밟았던 곳을 밟고 있습니다. 일찍이 우리 선조들의 목소리가 울려 퍼졌던 거리에는 이제 현 세대의 마페트의 말과 웃음이 울려 퍼지고 있습니다. 친숙한 이름들—후네니콘스, 업데그래프, 펑크하우저, 스왈츠, 베르너 등등을 봅니다.

저는 이곳에 2시 40분에 도착했습니다. 해밀턴 호텔에 투숙하여 서로 연결된 16, 18호실을 잡고 나서 아버지와 톰을 만나기로 한 4시 5분까지 마을을 가로질러 역까지 걸었습니다. 우리는 저녁 식사를 하기 전에 한 시간 동안 걸으며 마페트 할아버지의 집인 슈만스의 집과, 아버지가 공을 가지고 놀던 옛 시장터와, 세례를 받았던 교회와, 앉았던 의자 즉 아버지가 자신의 작은 반바지로 닦았다던 바로 그 낡은 의자 등을 보았습니다.

교회 묘지를 방문하여 마페트 할아버지와 아버지의 누나인 메리 제인의 무덤을 보았습니다. 그 후 호텔로 돌아왔고, 조금 전에 저녁 식사를 마쳤습니다.

빈 페이지들을 채우고 나면 저는 두 통의 편지를 보낼 듯합니다. 물론 제가 좋아서 씁니다. 저는 이런 편지를 읽는 것이 확실히 위로가 됩니다. 제 눈이 너무 많이 읽고 쓰느라 피곤해지기 시작합니다.

우리는 다시 산책하러 나갈 것이며, 내일은 오래된 바로 그 교회에 가려고 합니다(이제는 더 이상 장로교회가 아니고 침례교회라고 생각합니다). 월요일에는 역사적 사실에 대한 조사를 시작할 것입니다.

아버지께서 이 일을 무척 즐거워하시는데, 비록 그만큼은 아닐지라도 톰과 저 역시 마찬가지라고 확신합니다. 아직 우리의 계획이 어떻게 될지는 모릅니다.

사랑하는,

샘 올림

서신 LETTERS
1889

Lucia H. Fish

Consolidated California and Virginia Mining Company
58 Nevada Block
Chas. H. Fish President F. W. Havens Secretary

Shellville, Cal.

January, 1889

Dear Papa,

I got your letter last night.

My feet are a great deal better and my cold has gone.

Mrs. Subeck read Mama's [step-mother] letter to me. Has she got that letter from me yet?

It is getting warmer now every day.

Has Azel written to Cousin Cara[2] about the book yet?

Azel told me about Romie Fish's wanting the Companion but I don't know what to do.

I guess Azel will come Saturday because he didn't say he wouldn't in the last letter.

How is Cousin Bertha? Give my love to them all.

Write often.

Your loving daughter, Lucia Hester[3]

P.S.

Those slates you gave me have taken like magic about every one in the school wants one. I gave a couple to the printers too.

---

1 Lucia H. Fish's letters were kindly passed along by Dr. Peter Fish, grandson of Azel Fish (the brother of Lucia Hester Fish).

2 Her father's brother Edward's daughter.

3 Lucia Hester Fish, 12 year old daughter of Thomas Fletcher Fish.

루시아 H. 피시[1]

캘리포니아와 버지니아 광산합자회사
네바다 블록 58

찰스 피시[2] 회장 헤이븐스 총무

캘리포니아 주, 쉘빌

1889년 1월

아빠에게,[3]

어젯밤 아빠의 편지를 받았어요.

내 발은 많이 좋아졌고 감기는 사라졌어요. 수베크 부인이 엄마[4]의 편지를 읽어주었어요. 혹시 제 편지를 아직 못 받았나요?

이제 날씨는 매일 따뜻해지고 있습니다. 아젤이 사촌 카라[5]에게 책에 대해 편지를 했나요?

아젤은 저에게 로미 피시가 『지침서』를 원한다고 말했지만, 저는 어떻게 해야 할지 모르겠어요.

아젤이 지난번 편지에서 오지 않는다고 말하지 않았으니까 아마 토요일에 올 거라고 생각해요.

사촌 베르사는 어떻게 지내나요? 제 사랑을 그들 모두에게 전해주세요.

자주 편지해주세요.

사랑하는 딸, 루시아 헤스터 올림

추신. 아빠가 주신 그 석판(石板)에는 마술처럼 글씨가 쓰였고 학교의 거의 모든 아이들이 가지고 싶어해요. 인쇄공들에게도 두 개를 주었어요.

---

1 루시아 헤스터 피시의 편지는 그녀의 남동생인 아젤 피시의 손자 피터 피시가 소장하다가 전해주었다. 이때 루시아는 열두 살이었으며, 캘리포니아 주 북부 샌프란시스코에서 멀지 않은 소노마카운티 쉘빌의 삼촌 찰스 피시의 집에서 지내고 있었다.

2 루시아 피시의 삼촌. 조카 루시아는 삼촌의 편지지를 이용해서 아버지에게 답장을 썼다.

3 토머스 플레처 피시.

4 친모가 아닌 계모다.

5 아버지의 남동생인 에드워드 삼촌의 딸.

Lucia H. Fish

Shellville, California

February 20, 1889

Dear Papa,-

Thank you ever so much for the cloth it is very pretty and will make some lovely dresses for the dolls. The lace is lovely.

Amy and I were in the printing office yesterday and I knocked over some type and hindered them a good deal so I am going to take the Ray for a month.

My new book is very nice. Amy is reading Five Little Peppers and likes it very much.

The garden is all ready for the seeds, you had better send them with the tools Azel is going to get.

Amy and I have got some lovely seats up in the buckeye tree where we can get down easily it's a nice tree to climb.

May I take French lessons next month?

We shall come nearly every day for the ducks and chickens and the chinaman gives us something to eat.

Amy is way below me in her studies she isn't in my class in anything.[2]

We have a kind of S.S. in the afternoon now and Harold Amy and I learn three or four verses to say, we all have the same ones.

I didn't speak my piece last Friday but now I have to this Thursday and next Friday too.

Give my love to all and write often.

Your loving daughter, Lucia Hester

---

1 In January and February, 1889, Lucia Hester Fish wrote 14 letters to her father and brother Azel. But the editor omitted 12 of them and this is the last one.

2 Amy is younger.

루시아 H. 피시[1]

캘리포니아 주, 쉘빌

1889년 2월 20일

아빠에게,

옷감을 보내주셔서 정말 고마워요. 옷감이 아주 예뻐서 인형에게 입힐 멋진 옷을 만들 수 있을 거예요. 레이스도 멋져요.

에이미와 저는 어제 인쇄소에 갔는데, 제가 활자 여러 개를 엎는 바람에 인쇄소 업무를 상당히 방해했어요. 그래서 한 달 동안 저는 레이를 돌볼 예정이에요.

제 새 책은 아주 좋아요. 에이미는 『다섯 개의 작은 고추』를 읽고 있는데 그것을 아주 좋아해요.

정원에 씨를 뿌릴 준비가 되었으니 아젤이 가지게 될 연장들과 함께 씨를 보내주시면 좋겠어요.

에이미와 저는 칠엽수 나무에 멋진 자리를 발견했어요. 올라가기에 좋은 나무인데, 쉽게 내려올 수도 있어요.

다음 달에 프랑스어 수업을 들어도 될까요?

우리는 거의 매일 오리와 닭을 보려고 오는데, 한 중국인이 우리에게 먹을 것을 줘요.

에이미는 공부에서 저보다 훨씬 뒤져 있고, 제가 듣는 수업은 한 과목도 못 해요.[2]

우리는 오후에 주일학교를 해요. 해롤드와 에이미와 저는 성경 서너 구절을 배우는데 모두 같은 구절을 배워요.

지난 금요일에 저는 제가 맡은 부분을 말하지 않았지만, 이번 목요일과 금요일에는 제가 말해야 해요.

제 사랑을 모두에게 전해주시고, 자주 편지해주세요.

사랑하는 딸, 루시아 헤스터 올림

---

1 1889년 1월부터 2월 사이에 루시아가 아버지와 남동생 아젤에게 쓴 12통의 짧은 편지가 더 있으나 생략하고 마지막 편지인 이것만 번역했다.

2 에이미는 루시아보다 어린 사촌 여동생이다.

마포삼열은 한국 도착 후 미국 북장로회 해외선교부의 총무 프랭크 엘린우드 목사와 서신을 주고받았다. 엘린우드 목사(Dr. F. F. Ellinwood, 1826. 6. 20-1908. 9. 30)는 프린스턴 신학교를 졸업한 후 목회를 하다가 1871년 신파(New School)를 대변하는 선교부 총무에 피선되었고 이후 한 세대 동안 해외선교 운동에 헌신하면서 한국을 비롯한 많은 선교지를 개척했다. 그는 (1) 선교 잡지를 편집하고 여자 선교, YMCA, 학생자원운동 등을 적극 후원하며 매달 한 선교지를 선정하여 특별한 관심을 불러일으킨 'monthly concert'를 만든 선교 운동가였고, (2) 19세기 중반의 단순한 선교부를 19세기 말의 상황에 맞게 거대 기구로 조직한 선교 정치가였으며, (3) 선교 정책과 신학을 정리한 선교 신학자였다. 그는 특히 자립 토착 교회 설립을 위해 노력하였으며 아시아 종교 연구 분야를 개척한 비교 종교 학자였다. Robert E. Speer, "A Missionary Statesman and Secretary, The Rev. Frank Field Ellinwood, D. D., L. L. D," *Missionary Review of the World* (December 1908), 907. 엘린우드의 대표적 저서로는 *Oriental Religions and Christianity* (New York: Charles Scribner's Sons, 1892)가 있다. 그는 1884년부터 1903년까지 한국 장로회 선교 활동을 후원·감독했다. 그의 진보적인 복음주의 선교 정책은 한국 교회 형성에 큰 영향을 주었다.

●
마포삼열, 1889년 [MOF]
미국 북장로회 해외선교부에서 한국으로 선교사로 파송되기 직전에 촬영.
그는 26회 생일인 1890년 1월 25일에 서울에 도착했다.

Samuel Austin Moffett, 1889
When he applied to the Foreign Mission Board, the PCUSA, as a missionary candidate
Mr. Moffett arrived in Seoul on January 25, 1890, which was his 26th birthday

●
마포삼열과 그의 형제자매, 1889년 [MOF]
뒤쪽은 토머스, 수전, 하워드이고,
앞쪽은 로버트, 마포삼열, 큰형 윌리엄이다.

S. A. Moffett's Brothers and Sister, 1889
Rear: Thomas C., Susan W., Howard S.
Front: Robert B., Samuel A., William M.

Frank F. Ellinwood

New York,

September 4, 1889

My dear Dr. Mitchell:

I send this letter to Korea, supposing that you will strike that point next. I have today been down to Mr. Underwood's[1] to introduce to him Mr. Moffett, whom we all like and whom he likes, and whom we have agreed to recommend that the Board shall assign to Korea at our meeting on Monday next. Mr. Underwood is deeply interested in the work and lately gave his brother $500 with which to print a dictionary which he has prepared. You will have met Mr. Underwood[2] in Japan, where he is engaged in the printing of two or three things which he has prepared for the press. We cabled him the sanction of the Board for an outlay of $500 on his manual and grammar. Mr. Moffett will not reach Korea before you will have left. You will undoubtedly confine your visit to Chemulpo and Seoul. There are some things which I would be glad if you would ascertain while you are there. First, after thorough canvassing of the subject among the missionaries, would you recommend us to send Gilmore back? He came home because the Korean Government would not give him $3,600. They offered him $2,700. He has been disappointed here, and the missionaries in Korea have been anxious to have him sent out to them. He has written me asking whether the Board was ready to make a proposal to him to go, with a view of entering into educational work in connection with our school. We have not seen our way clear to ask him to go, for in the first place he has not applied, but has only sent us a feeler. In the second place, he would go with a restricted purpose to teach merely, and that we hardly desire. In the third place, the school

1 John T. Underwood, founder of the Underwood Typewriter Co.

2 Horace Grant Underwood.

프랭크 F. 엘린우드

뉴욕

1889년 9월 4일

미첼 박사께,[1]

저는 귀하께서 다음에 한국으로 갈 것이라고 생각하고 이 편지를 한국으로 보냅니다. 오늘 저는 언더우드 목사에게 마포삼열 목사를 소개했는데, 우리 모두 그를 좋아하고 언더우드 목사도 그를 좋아하여, 우리는 다음 월요일 모임 때 선교부에서 그를 한국에 배정하고 추천하기로 동의했습니다. 언더우드 목사는 사역에 열정적입니다. 최근에 언더우드 목사가 준비해온 사전의 인쇄비로 그의 형에게서 500달러를 받았습니다.[2] 귀하는 일본에서 언더우드 목사를 만날 텐데, 그는 출판을 위해 준비한 두세 가지 책을 인쇄하는 일을 그곳에서 하고 있습니다. 우리는 그에게 한국어 입문 문법서를 위한 비용 500달러를 선교부에서 승인했다고 전보를 보냈습니다. 귀하가 한국을 향해 떠나기 전까지 마포삼열 목사는 한국에 도착하지 않을 것입니다. 귀하는 분명히 제물포와 서울만 제한해서 방문할 줄 압니다. 귀하께서 그곳에 있는 동안 확인해주시면 저에게 기쁨이 될 만한 일이 있습니다. 첫째, 선교사들 간의 문제를 철저히 조사한 후 길모어 목사를 한국으로 돌아가도록 권고해주시겠습니까?[3] 그는 한국 정부가 그에게 3,600달러를 지불하려고 하지 않았기 때

1 미첼 목사(Dr. Arthur Mitchell)는 1883년 미국 북장로회 해외선교부의 총무에 임명되었다. 부인과 함께 1889년 10월 서울을 방문했다. 미첼 박사는 선교사들의 열악한 환경을 보고 개선을 지시했다. 그의 방문은 언더우드와 헤론 의사 사이에 고조되던 불화를 어느 정도 진정시키는 효과가 있었다.

2 언더우드(Horace Grant Underwood)의 형 존 언더우드는 언더우드 잉크회사 사장으로, 미국 북장로회 해외선교부 이사회의 이사였다.

3 뉴욕 유니언 신학교 출신의 길모어(G. W. Gilmore), 벙커(D. A. Bunker), 헐버트(H. B. Hulbert)는 미국 교육부의 임명을 받아 1886년 7월 4일 내한하여 9월에 개교한 육영공원에서 근대 신교육을 실시했다. 육영공원은 1894년 재정난으로 폐교되었다. 언더우드 목사는 이들이 육영공원 교수직의 2년 계약 기간을 만료한 후 북장로회 선교사로 활동하도록 제안했다. 그러나 길모어는 1890년 미국으로 떠났고, 헐버트는 1891년 2차 계약 기간 만료 후 사임하고 떠났다가 1893년 북감리회 선교사로 내한했으며, 벙커는 1894년 2월까지 근무하다가 북감리회 선교사로 옮겼다. 헐버트와 벙커가 북감리회로 이전한 것은 서울에서 장로회 선교사들 간에 불화가 존재했고, 감리회가 장로회보다 중고등 교육에 더 적극적인 관심이 있었기 때문이었다.

is shut up by the failure to get a government permit. In the fourth place, he does not seem to us to be moved by a genuine missionary spirit. We want men who make no qualifications or reserves, and whose great aim is the conversion of men. Moffett seems to us all right. Since he came here I have gone over all the testimonials and verified them by personal contact. He goes single.

Another thing which I wish you would look into is that question of special allowance for freights. It was $200 for each family, and we struck it out for the reason that the ground on which the Korean missionaries were allowed a year ago an increase over the Japanese salaries was that there was increased expense owing to the heavy freights. We raised the salaries from the Japanese standard of $1,250 to $1,400 and that with $200 additional for freights seemed to us excessive. All freights, therefore, were swept away. Now, if there is any good reason why they should be restored we would be very glad to know it.

We are impressed with the fact that we have now a good corps of missionaries in Korea. I only hope that Mrs. Underwood's health will hold out.

I wish, also, that you would look pretty closely into the question, as you will see Mr. Dinsmore and other outsiders, whether there has been excessive haste in pushing forward the work. Is Underwood right in his energy and aggressiveness, or are the fears of Heron, Dinsmore and others well founded? How I wish I could spend a week in Seoul myself, in order to get at some of these subtle and difficult matters, and be able to form an unprejudiced judgment. I hope you will write your impressions and send them in advance of your coming back.

Somebody has sent me your good answer to Lieutenant Wood's article, and we have received abundant evidences that you made a good impression and a deep one in your addresses on the Pacific Coast. Possibly on your Pacific voyage you will have had time to write something more in regard to the complaints about our salaries in

문에 본국으로 돌아왔습니다. 한국 정부는 길모어 목사에게 2,700달러를 제시했습니다. 그는 그동안 이곳 미국에서 실망했으며, 한국에 있는 선교사들이 그를 파견해주기를 바라고 있습니다. 그는 저에게 우리 학교와 관련하여 교육 사역에 종사할 목적을 가지고 선교부에서 자신을 파송하는 안이 준비되었는지 문의하는 편지를 보냈습니다. 우리가 그에게 한국에 가도록 요청하는 것은 어려운데, 그 이유는 첫째, 그가 지원하지 않고 의향만을 보냈기 때문입니다. 둘째, 그는 가르치는 목적에 국한해서 가려고 하는데, 이는 우리가 바라는 바가 아닙니다. 셋째, 학교[육영공원]는 정부의 허가를 받지 못해서 문을 닫았습니다. 넷째, 우리로서는 그가 순수한 선교 정신에 의해 움직이는 것처럼 보이지 않습니다. 우리는 어떤 자격이나 조건을 요구하지 않는 사람을 원하며, 우리의 중요한 목적은 사람들의 개종입니다. 마포삼열 목사는 모든 것에 적합한 것처럼 보입니다. 그가 여기에 온 이후 저는 추천서 전부를 검토했고, 추천인들과 직접 접촉해서 확인했습니다. 그는 미혼으로 갑니다.[4]

귀하께서 조사해주길 바라는 또 다른 일은 화물에 대한 특별 수당 문제입니다. 특별 수당은 각 가정마다 200달러였는데, 우리는 1년 전에 값비싼 화물비 때문에 비용이 늘어나 일본 선교사의 봉급보다 한국 선교사의 봉급을 더 많이 인상했다는 사실에 근거해서 특별 수당을 삭제했습니다. 우리는 일본 선교사의 봉급 표준인 1,250달러에서 1,400달러로 한국 선교사의 봉급을 인상했는데, 거기에 화물비로 200달러를 추가하는 것은 지나치다고 생각했습니다. 그래서 모든 화물비가 없어졌습니다. 이제 만약 그 화물비를 부활해야 할 어떤 정당한 이유가 있다면, 우리는 정말로 그 이유를 알고 싶습니다.[5]

---

4 마포삼열 목사를 발견했기 때문에 북장로회는 교육에만 관심을 가진 길모어를 한국에 파송하는 안을 포기했다.

5 북장로회의 주한 남자 독신 선교사의 연봉은 1,400달러 수준이었는데, 이는 일본이나 중국보다 조금 많았다. 한국의 교통이 제대로 발달하지 않아 일본에서 부산과 제물포를 거쳐 서울까지 이동하는 화물비와 교통비가 많이 들었고, 월세를 주는 집이 없었기 때문이다. 그래서 이 문제는 1890년대 초에 계속 논란이 되었다.

California. I have a long letter from Roberts in which he seems to grow worse and worse in his criticism of the Mission. It is a difficult subject. I do not feel that our missionaries have too much, but I am struck by the fact that the home missionaries receive only about half the amount. To be sure, they are not equal to our men, but the Home Missionary people would scarcely acknowledge that.

[Several paragraphs omitted here because they are not relevant]

Lieutenant Wood strutting up and down his deck is knocking the cause of missions like ten pins. I have gone for him on this coast as you have gone for him on the Pacific. Suppose when you get out to China you get the missionaries of different names to write a short and sharp refutation packed with facts put in as compactly as the blades and gimlets and toothpicks of a Yankee knife (it would do no harm if it had the backing of some laymen who really know the work out there) and let it be published broadcast. We are a set of miserable flunks if, with all the thousands and hundreds of thousands of our Christian people, we allow an ignoramus in buttons to lie about us all the way from the earth to the zenith, filling what the Buddhists call the "ten quarters" including the nadir. It stirs my blood to think of it.

Well, this is gas for the last page or two. Mais pardonne. You will have grave matters enough to think about.

My family if here would all join with me in love to yourself and Mrs. Mitchell, and give, as our baby Lou says, "heaps of love to the missionaries."

Affectionately yours,
F. F. Ellinwood

우리는 지금 한국에 훌륭한 선교사들이 있다는 사실에 감명을 받습니다. 다만 언더우드 부인의 건강이 유지되기를 바랄 뿐입니다.

또한 저는 귀하께서 미국 공사 딘스모어 씨와 다른 외부인들을 만날 때 사역을 추진하는 데 지나치게 서둘렀는지 상세히 조사해주기 바랍니다. 언더우드 목사의 열정과 적극성이 적당한 것입니까? 혹은 헤론과 딘스모어와 다른 이들의 불안이 정당한 근거가 있는 것입니까? 미묘하고 어려운 이 문제들을 파악하고 편견 없는 판단을 내릴 수 있도록 제가 서울에서 일주일을 보낼 수 있었으면 좋겠지만 그럴 수 없어서 유감입니다. 귀하께서 받은 인상을 편지로 써서 미국으로 돌아오기 전에 보내주시기 바랍니다.

누군가 저에게 우드 중위의 기사에 대한 귀하의 적절한 답변을 보내주었습니다. 우리는 귀하께서 태평양 연안에서 연설을 통해 좋은 인상을 깊이 심어주었다는 증거를 많이 받았습니다. 캘리포니아에서 우리의 봉급에 대한 불만과 관련하여 태평양 항해 중에 귀하께서 아마 좀 더 글을 쓸 시간을 가졌으리라고 생각합니다. 저는 로버츠가 보낸 장문의 편지를 가지고 있는데, 그는 선교회에 대한 비판을 점점 더 심하게 하는 것 같습니다. 이는 어려운 사안입니다. 저는 우리 선교사가 봉급을 지나치게 많이 받고 있다고 생각하지 않지만, 국내 선교사들이 절반 정도의 봉급만 받는다는 사실에는 충격을 받았습니다. 분명 그들은 우리 선교사와 동등하지 않은데, 국내 선교사들은 그것을 인식하지 못하고 있습니다.

(중략. 한국과 관련 없는 단락 몇 개를 생략함.)

우드 중위는 거드름을 피우며 갑판을 오르내리며 볼링 핀처럼 선교회의 대의를 쓰러뜨리고 있습니다. 귀하께서 우드 중위 때문에 태평양에 갔던 것처럼, 저도 그 사람 때문에 이 해안에 갔습니다. 만약 귀하께서 중국에 가서 내렸을 때 다른 이름의 선교사들에게 양키 나이프의 칼날과 송곳과 이쑤시개만큼 간결하게 나열된 사실들로 채워진 짧고 날카로운 반박문을 쓰게 한다면, (만약 그곳의 사역을 실제로 아는 평신도들의 후원을 받으면 아무 해가 없을 것입니다) 반박문이 출판되어 널리 알려지게 하십시오. 만약 우리가 수천 수백만의 예수교인들과 더불어, 군복을 입은 무지한 자[우드 중위]가 우리에 대한

거짓말로 천저에서 천정까지 불교인들이 "시방"(十方)이라고 부르는 세상을 채우면서 땅에서 하늘까지 늘어놓는 일을 내버려둔다면, 우리는 비참한 낙제생들입니다. 그 일은 생각만 해도 피가 끓습니다.

마지막 한두 쪽은 농담입니다. 죄송합니다. 귀하는 심사숙고해야 할 중대한 문제들을 직면하게 될 것입니다.

제 가족이 만약 여기에 있다면 모두 당신과 미첼 여사에게 사랑을 전했을 것이며, 우리 어린애 루가 말한 것처럼 "선교사들에게 사랑의 더미"를 줄 것입니다.

당신의 친애하는,

프랭크 엘린우드 드림

서신 LETTERS
1890

●
서울의 장로회 여학당(정동여학당), 1890년 [MOF]
교사 도티 양(나중에 밀러와 결혼)과 헤이든 양(나중에 기퍼드와 결혼). 1887년 애니 엘러스 벙커에 의해 설립되었으며, 1895년 연동으로 옮겨서 연동여학당으로 불리다가 1909년 정신여학교로 발전했다.

Presbyterian Girls' School, Seoul, 1890
Miss Susan A. Doty (later Mrs. F. S. Miller), Miss Mary F. Hayden (later Mrs. D. L. Gifford)

하노버 대학과 맥코믹 신학교를 졸업한 마포삼열 목사는 요코하마에서 양복을 입은 박영효(朴泳孝)와 한복을 입은 언더우드 목사의 어학 교사 송순용을 만났다. 그 후 마포삼열은 26세 생일이 되던 1890년 1월 25일 서울에 입경했다. 그는 1893년 평양에 정착하여 새 선교지부를 개척하고 1934년 병으로 귀국할 때까지 평양을 세계 최대 선교지부로 성장시켰다.

1890년 1월에 마포삼열과 함께 부산, 제물포를 거쳐 서울에 도착한 파크 대학 출신의 수전 도티(Susan A. Doty, 1861-1931) 양은 정동여학당(정신여학교) 3대 교장으로 13년간 일한 후, 1904년 밀러와 결혼하여 청주로 가서 1931년 소천할 때까지 충청도 선교를 위해 헌신했다. 당시 언더우드는 1890년 1월 3일자 엘린우드 총무에게 보낸 편지에 이렇게 썼다. "도티 양과 마포삼열 선교사가 어제 이곳에 도착했습니다. 두 사람 모두 건강하지만 도티 양은 배멀미를 심하게 해서 약간 지쳐 있습니다. 우리는 두 사람을 아주 좋아합니다. 그들은 영적이고 진지하고 열정적이며, 우리가 원하는 바로 그런 사람입니다."

그들은 서울에 입경하기 전 일본에서 여러 학교를 방문하기도 했다. 이지마 죠(新島襄)는 메이지 8년(1875년)에, 10년의 세월을 타지에서 보내고 일본으로 귀국한 후 국가 발전의 토대인 교육은 정부가 운영하는 관립이 아닌 사립으로 진행해야 한다는 정신, 곧 "자신의 손으로 자신의 자식을 교육시켜야만 한다"는 교육권 자치의 이념과 기독교 정신에 입각하여 사립학교인 도시샤영학교(同志社英學校)를 설립했다. 이 학교는 도시샤대학과 중고등학교를 포함한 종합사립학교법인 도시샤로 발전했다. 니이지마의 도시샤학교는 윤치호의 송도 한영서원의 모델이었다. 이 학교를 방문한 이야기를 마포삼열은 그의 편지에 짧게 썼다.

Seoul, Korea. Jan. 28-1890

Dear Dr Ellinwood:

After a very pleasant voyage Miss Doty and I arrived here safely Saturday night. We arrived in Yokohama just after the steamer for Korea had left and consequently were in Japan for two weeks. I am very glad of the delay as it gave me an opportunity to see something of the work in Japan and also to get pretty well acquainted with Mr & Mrs Underwood who as you know are temporarily in Yokohama.

The Missionaries in Japan greeted us very cordially and I had the pleasure of visiting the Meiji Gakuin and Graham Seminary in Tokyo, the Doshisha and Doshisha Girls' School in Kioto and Sturge's seminary and the Boy's School in Nagasaki. Was also greatly benefited by conversations with the missionaries and shall always be glad that I had the two weeks survey of the work in Japan.

After a two days rest I am now temporarily settled with Mr Gifford and ready for study. Took my first lesson in the language this morning and hope to continue patiently until I can make use of it. My first impression

마포삼열이 한국 도착 후에 엘린우드 총무에게 보낸 첫 편지, 1890년 1월 28일 [OAK]

두 장 중 첫 장. 마포삼열의 필체가 상당히 고르고 안정되어 있음을 알 수 있다.

Samuel A. Moffett

Seoul, Korea

January 28, 1890

Dear Dr. Ellinwood:

After a very pleasant voyage, Miss Doty and I arrived here safely Saturday night. We arrived in Yokohama just after the steamer for Korea had left and consequently were in Japan for two weeks. I am very glad of the delay as it gave me an opportunity to see something of the work in Japan and also to get pretty well acquainted with Mr. and Mrs. Underwood who as you know are temporarily in Yokohama.

The missionaries in Japan greeted us very cordially and I had the pleasure of visiting the Meiji Gakuin and Graham Seminary in Tokyo, the Doshisha and Doshisha Girls' School in Kioto and Sturges' Seminary and the Boys' School in Nagasaki. Was also greatly benefited by conversations with the missionaries and shall always be glad that I had the two weeks survey of the work in Japan.

After a two days rest I am now temporarily settled with Mr. Gifford and ready for study. Took my first lesson in the language this morning and hope to continue patiently until I can make use of it. My first impression here is that the Koreans very greatly need the Gospel and I trust and pray I may be prepared to help give it to them.

With this brief notice of our safe arrival in good health and good spirits, I must send this at once to the mail.

Sincerely yours in the work,

Samuel A. Moffett

마포삼열

한국, 서울

1890년 1월 28일

엘린우드 박사님께,

즐거운 항해 후 토요일 밤에 도티 양과 저는 이곳에 무사히 도착했습니다. 한국으로 오는 기선이 출항한 직후에 우리가 일본 요코하마에 도착했기 때문에, 우리는 2주 동안 일본에 체류했습니다. 한국행이 잠시 연기되었지만 일본에서 일부 선교 사역을 돌아볼 수 있는 기회를 가지게 되었고, 또 귀하께서 알고 계시듯 언더우드 선교사 부부가 요코하마에 잠시 나와 있어서 그들과 친밀해지는 기회를 갖게 되어 기뻤습니다.

일본에 있는 선교사들은 우리를 따뜻하게 맞아주었습니다. 특히 저는 도쿄에 있는 메이지 학원(明治學院), 그래함 신학교, 교토에 있는 도시샤 학교(同志社學校)와 도시샤 여학교, 나가사키에 있는 스터지 신학교와 남학교 등을 방문하는 기쁨을 누렸습니다. 또한 우리는 그곳 선교사들과의 대화를 통해 많은 것을 배웠습니다. 저는 이처럼 2주간에 걸쳐 일본의 사역을 두루 살펴본 경험을 언제나 기쁘게 생각할 것입니다.

이틀 동안 휴식을 취한 후 저는 임시로 기퍼드 목사와 함께 지내게 되었으며, 한국어 공부에 들어갈 준비가 되었습니다. 오늘 아침에 처음으로 한국어 공부를 했으며, 한국어를 구사할 수 있게 될 때까지 인내하며 계속 공부하기를 희망합니다. 이곳에 대한 저의 첫인상은 한국인에게 복음이 절실하게 필요하다는 것입니다. 그래서 제가 그들에게 복음을 전할 수 있도록 준비되어 있기를 믿고 기도합니다.

우리가 영육 간에 강건하고 안전하게 도착했음을 간단히 전해드리며, 이 편지를 곧바로 우편으로 부쳐야 하므로 이만 줄입니다.

사역하는,

마포삼열 올림

Samuel A. Moffett

Seoul, Korea

March 18, 1890

Dear Dr. Ellinwood:

When I saw you in New York you asked me to write to you soon after I arrived on the field, giving an account of my first impressions. I have been here less than two months yet have received a great many impressions, but they are of course the result of a very superficial survey of the people and country, the Mission and its work. These impressions lead to conclusions subject to very sudden changes according as the impressions are modified by enlarged knowledge and experience. However I shall write you very fully and frankly for I suppose you want to know just how things appear to one arriving upon the field.

Knowing as you do the troublous times which have afflicted this Mission you will know that I cannot give my impressions without seeming to criticize the actions of either or both of the conflicting factions in the Mission, but I trust this letter will not seem to be written in any critical spirit.

I had the good fortune to meet Mr. and Mrs. Underwood in Japan and during the two weeks spent there had opportunities to discuss pretty fully the condition past and present, and the future prospects of the work in Korea.

Arriving here my first impression, deepened as time goes by, was that the people show an utter lack of positive happiness. They seem to have a look of settled submission to an unsatisfying life. The first happy face which I saw was that of our native evangelist and to me the contrast was a very marked one and impressed me very strongly. I do not see how the first impression can be aught else than that the people do greatly need the gospel.

With this as an inspiration I settled down to attack the language

마포삼열

한국, 서울

1890년 3월 18일

엘린우드 박사님께,

제가 뉴욕에서 귀하를 만났을 때 저에게 선교 현장에 도착한 직후 첫인상을 써서 보내라고 부탁하셨습니다. 제가 이곳에 온 지 두 달이 채 되지 않았지만, 받은 인상은 대단히 많습니다. 그러나 당연히 그 인상은 이 민족과 나라, 선교회의 사역에 대해 피상적인 조망에 지나지 않습니다. 이 인상은 지식과 경험이 증가하면서 수정될 것이고, 순식간에 변할 수밖에 없는 것입니다. 그러나 저는 자세하고 솔직하게 편지를 쓰겠습니다. 왜냐하면 선교지에 막 도착한 사람에게 현지 상황이 어떻게 보이는지 귀하께서 알고 싶어하시기 때문입니다.

귀하께서는 이 선교회에 피해를 준 문제 많은 시기를 잘 알고 계시므로, 선교회 내의 두 당파 가운데 어느 한편의 입장이나 양편 모두의 입장을 비판하는 느낌을 주지 않고 제 인상을 말할 수 없음을 아실 것입니다. 하지만 제가 무엇을 비판하고자 이 편지를 쓰는 것은 아닙니다.

저는 일본에서 언더우드 목사 부부를 만나는 행운을 누렸습니다. 그리고 일본에서 보낸 2주 동안 그들과 함께 한국 사역의 과거와 현재의 상황과 미래의 전망에 대해 아주 자세히 토론하는 기회를 가졌습니다.

여기에 도착한 후 제가 받은 첫인상과 시간이 지나면서 더 깊어진 인상은, 이곳 사람들에게는 긍정적인 행복이 전혀 없다는 것입니다. 그들은 불만족스러운 삶에 묵종하는 태도가 굳어져 버린 듯합니다. 제가 처음으로 본 행복한 얼굴은 우리의 본토인 전도사의 얼굴이었습니다. 그 대조는 아주 분명했고, 제게 강렬한 인상을 주었습니다. 한국인들에게 진실로 복음이 크게 필요하다는 것 외에 다른 어떤 것이 첫인상이 될 수 있는지 알 수 없습니다.

이것에 영감을 받아 저는 한국어를 공략하고 되도록 빨리 선교회의 업무와 상황을 이해하기로 결심했습니다. 한국어는 대단히 어렵지만, 3년 안에

and to gain as soon as possible an idea of the condition of the Mission affairs. The language is difficult; but it seems to me that in three years one should be able to use it quite effectively, but to do so in less than two years will be very exceptional.

To obtain an idea of the work of the Mission and its condition is rather difficult. Mr. Underwood is in Japan and almost all of the evangelistic work and the school work has been managed by him. Dr. Heron has his hands more than full; besides a full quota of professional work he has almost all the business affairs of the Mission to superintend, and in consequence is overworked. In Mr. U.'s absence everyone goes to Dr. Heron and he is consulted on so many subjects that I do not wonder that some things have been allowed to drift.

It does seem to me that too much work, or rather too many kinds of work, have been begun at the same time, and being started have grown faster than they could be well managed. Mr. U is our only minister who knows the language. He has translation to attend to and his dictionary to publish, and while attending to that in Japan there is no one to oversee the work of the colporteurs in the various provinces; the orphanage must be left to get along as best it may under the care of those who know little of Mr. U[nderwood]'s plans with reference to it; candidates for baptism cannot be examined and must wait; the evangelistic work must be conducted with very little intelligent supervision on the part of the mission; and finally our new school building must lie idle with little prospect of opening it for some time on account of lack of force to man it. We cannot enlarge the work (though opportunity offers) for we can hardly manage the work already begun.

Mr. Gifford has had but one year's study on the language. He has the Treasurer's work to attend to, an hour's teaching in the orphanage and an approaching wedding to look after. I am working at the language and have temporarily taken charge of the orphanage which I believe can be made one of our most efficient means of raising up native workers

는 자유롭게 구사할 수 있어야 한다고 생각합니다. 2년 안에 그렇게 하면 예외적인 경우일 것입니다.

선교회의 사역과 상황을 이해하는 것은 조금 어려웠습니다. 언더우드 목사는 지금 일본에 머무르고 있는데, 전도 사역과 학교 사역의 거의 전부를 목사가 운영했습니다.[1] 지금 헤론 의사는 두 손에 넘치도록 많은 일을 담당하고 있습니다. 한 사람이 할 수 있는 의료 사역 외에도 선교회의 거의 모든 일을 감독합니다. 그 결과 그는 과로에 시달리고 있습니다. 언더우드 목사가 없을 때는 모든 사람이 헤론 의사에게 갑니다. 헤론 의사가 많은 문제를 상의하느라 어떤 일은 제대로 처리하지 못하는데, 이는 이상한 게 아닙니다.

너무 많은 사역, 아니 너무 많은 종류의 사역이 동시에 시작되었고, 시작한 일들이 잘 관리될 수 없을 정도로 매우 빠르게 성장한 듯합니다. 언더우드 목사가 한국어를 아는 유일한 목사이기에 관여하는 번역과 출판할 사전이 있는데, 그가 출판 업무로 일본에 있는 동안 여러 지방에 있는 권서들의 활동을 감독할 사람이 없는 실정입니다.[2] 고아원은 고아원에 대한 언더우드 목사의 계획을 전혀 모르는 사람들의 관리하에서도 운영되도록 해야 합니다. 세례 지원자들은 문답을 받을 수 없고 기다려야 하는 상태입니다. 전도 사역은 선교회의 지적인 감독을 거의 받지 않고 수행되어야 합니다. 마지막으로 우리의 새 학교 건물은 맡아서 운영할 인력의 부족으로 인하여 당분간 개학할 전망조차 없이 비워두어야 합니다. 기회가 주어지더라도 우리는 사역을 확장할 수 없는데, 이미 시작한 사역도 제대로 감당하지 못하고 있기 때문입니다.

기퍼드 목사는 한국어를 겨우 1년 동안 공부했습니다. 그는 회계 일을 처리하고, 매일 한 시간씩 고아원에서 가르치고, 다가오는 결혼도 준비해야

---

1 언더우드 부부와 송순용(宋淳用)은 사전과 문법서를 출판하기 위해 1889년 10월 요코하마에 갔다. 그들은 네덜란드 개혁교회 출신 미국 선교사 밸라(James Ballagh) 부부 집에서 지내며, 횡빈출판사에서 한글 자모를 만들고, 『英韓字典』을 인쇄하고, 이어 첫 부분을 개정한 『英韓文法』을 출판했다. 송순용이 일본 음식에 적응하지 못해 많은 어려움이 있었다. 이들은 1890년 5월 서울로 돌아왔다.

2 1890년 9월 처음으로 북장로회 선교회 한국인 조사로 임명된 자는 서상륜(徐相崙), 백홍준(白鴻俊), 최명오(崔明悟) 등이었다. 이들은 그 전에 권서로 활동하기도 했다.

impressed from their early years with Christian ideas.

We should be sadly handicapped for lack of experienced workers were it not for the presence of Mr. Davies of the Victoria Pres. Church who for many years was a school-master in Australia and for 18 months a missionary in India. He has been here but six months and of course knows but little of the language.

There is plenty of work to be done and opportunities to do it are abundant and no one here questions that. The people very freely visit us and listen earnestly to the gospel. So far as I have learned, our colporteurs find them eager to secure books and tracts. The women especially seem to be ready to be taught. Mrs. Heron has a class of 20 or 30 women at her house every Sunday night. She gives them a gospel talk illustrated by means of a magic lantern. Martha, a native Christian, under direction of Misses Hayden and Davies, teaches a class of women at her house once a week, teaching them the Bible and Catechism. Thus quietly is the seed being sown and we can do all the work of this kind that we have time for, and we shall thus prepare a harvest to be reaped just as soon as we are allowed to carry on our work openly, without opposition either real or nominal.

I know that two conflicting views have been held in the Mission. I am not 'on the fence' as between these views, but I believe the 'middle ground' is the safe place to occupy, for while there is abundant work for us to do, yet aggressive, earnest work can be done quietly. There are at present no signs of opposition to our work, but our position here is not assured, and the present King is not secure on his throne, and a revolution might bring into power the man who 20 years ago had 20,000 Christians put to death.

I have another impression which I do not believe will change—viz. we need more men. It takes at least two years to acquire the language. There is work enough now for a dozen men. Two years from now when those who come shall have acquired the language new stations will

합니다. 저는 언어 공부를 하고 있고, 임시로 고아원을 맡고 있는데, 고아원은 기독교적인 사고의 영향을 어릴 때부터 받은 본토인 사역자를 양육하는 가장 효과적인 방법의 하나가 될 수 있다고 믿습니다.

만일 호주에서 여러 해 동안 학교 교장으로 있었고 18개월 동안 인도에서 선교사로 사역한 빅토리아 장로교회의 데이비스 목사가 없었더라면, 우리는 경험 있는 사역자의 부족으로 심한 어려움을 겪었을 것입니다. 물론 그 역시 이곳에 온 지 6개월밖에 되지 않았기 때문에 한국어를 거의 모릅니다.

해야 할 일이 많고 그것을 할 수 있는 기회가 넘쳐난다는 사실은 의심할 여지가 없습니다. 사람들은 자유롭게 우리를 방문하고 복음을 진지하게 경청합니다. 제가 아는 한, 권서들은 성경과 소책자를 구입하려는 열심이 있는 자들을 만날 수 있습니다. 특히 여자들이 배울 준비가 되어 있는 듯합니다. 헤론 부인은 매주 일요일 저녁 그녀의 집에서 20-30명의 여자가 모이는 성경 공부반을 지도합니다. 그녀는 환등기를 사용하여 그림을 보여 주면서 복음서를 가르칩니다. 본토인 신자인 마르다는 헤이든 양과 데이비스 양의 지도하에 자기 집에서 일주일에 한 번 성경과 요리문답서를 여자들에게 가르칩니다. 따라서 조용하게 씨가 뿌려지고 있고, 우리는 시간만 있다면 이런 종류의 모든 사역을 할 수 있습니다. 그러므로 우리는 실제적으로나 명목상으로 아무런 반대 없이 공개적으로 우리의 사역을 수행하도록 허락을 받으면 바로 수확할 추수를 준비해야 합니다.

저는 그동안 선교회가 두 가지 상반된 견해를 견지해왔다고 알고 있습니다.[3] 제가 이 두 견해에 '양다리를 걸치고 있는' 것은 아니지만, '중간 입장'

---

3 1885년 8월부터 시작된 알렌 대 언더우드와 헤론의 갈등은, 1887년 알렌이 미국 공사관으로 간 후 헤론 대 언더우드의 갈등으로 발전했다. 자세한 내용은 이만열·옥성득, 『언더우드 자료집』 제1권 (서울: 연세대국학연구원, 2005), 14-50을 참고하라. 처음에는 선교회 예산 사용, 병원 운영 문제를 놓고 알렌이 정부와의 현실적인 관계를 중시한 반면 언더우드와 헤론은 선교회의 입장과 원칙을 중시했다. 그러다 헤론이 제중원 원장이 되자 그는 이전 알렌의 입장을 취했고, 정부와의 원만한 관계를 위해 공격적인 선교를 하는 언더우드를 비판했다. 이에 대해 언더우드는 왕실과 외국인 대상 의료에 치중하는 헤론을 비판하면서 일반인 전도에 적극 나서야 한다고 주장했다. 알렌-헤론은 정부 고위 관리로 임명되었기 때문에 조약 권리 안에서 활동해야 한다는 준법주의, 위로부터 아래로의 방법, 의료 선교라는 기구주의, 기독교 문명 노선을 추구했다. 반면 초기의 언더우드는 네비우스 방법을 수용하고 실정법을 어겨서라도 일반 민중에 대한 전도와 토착인 교회 설립을 적극 추진해야 한다는 교회 설립 우선 노선을 추구했다고 하겠다.

probably be opened. Ping An will probably be made an open port and it is the capital of the province where most of our colporteurs' work has been done, and all here feel we must have a station there as soon as it is opened.

Within a half day's journey from Seoul there are probably 200 villages and had we workers with a knowledge of the language I see no reason why we might not have in each village a class under quiet private instruction who would form the nucleuses of churches when we are allowed full liberty.

I pray that in the apportionment of new missionaries this summer Korea may receive more than one or two. I have just heard from Rev. W. M. Baird now at Del Norte, Colo. saying that he hopes to be able to carry out his desire to preach to the heathen and that he expects to be ready for the work next fall. He is my most intimate friend, and we were together in College and Seminary for 8 years. We have hoped that we might work together and so I plead that he be sent to Korea.

I desire further to say just this, that since coming here my strongest feeling has been one of constant gratitude to God that he has led me into this work in Korea. I believe there are great possibilities before this country. The people are intelligent and attractive and when once relieved from official extortion and from the idea that labor is dishonorable, will develop into a strong people.

I hope to give myself wholly to the work, and shall strive for harmony in all the affairs of the Mission, trusting and believing that we shall be used of God in the moral and spiritual regeneration of the people. As we remember the Board in our prayers asking that you may be guided by the Spirit, so we know that you remember us.

Very sincerely yours,

Samuel A. Moffett

을 취하는 것이 안전한 자리라고 믿습니다. 왜냐하면 우리가 할 수 있는 일이 넘치도록 있을지라도, 공격적이고도 진지한 일을 조용하게 할 수 있기 때문입니다. 현재 우리의 사역에 대해 반대하는 징표는 없지만, 이곳에서 우리의 위치는 확실하지 않으며, 현재 왕은 그 권좌가 안전하지 않고, 혁명이 일어나면 20년 전에 2만 명의 예수교인을 처형한 자[4]가 다시 권력을 잡을 수도 있습니다.

제가 받은 또 다른 인상이 있는데 저는 이것이 앞으로도 변하지 않을 것이라고 생각합니다. 곧 우리에게 더 많은 인원이 필요하다는 것입니다. 언어 습득에는 최소한 2년이 걸립니다. 현재 사역은 12명이면 충분합니다. 지금부터 2년 후에 도착할 자들이 언어를 습득할 즈음이면 십중팔구 새 선교지부들을 개설해야 할 것입니다. 평안도의 주도이며 지금까지 우리 권서들 대부분의 사역이 이루어진 평양이 분명 개항장이 될 것인데, 그러면 선교지부를 곧바로 반드시 설치해야 합니다.

서울에서 반나절 떨어진 곳 안에 약 200개의 마을이 있습니다. 만일 우리에게 한국어를 아는 사역자들이 있다면, 각 마을마다 개인 지도하에 구역을 개설하지 못할 이유가 없습니다. 우리에게 전면적인 자유가 허락될 때 이 구역들이 교회의 핵심이 될 수 있을 것입니다.

올해 여름 선교사들을 배정할 때, 한국에 한두 명 이상이 임명되기를 기도합니다. 현재 콜로라도 주 델노트르에 있는 베어드 목사에게 방금 들은 바에 의하면, 이방인에게 전도하려는 소망을 실천할 수 있기를 바라며, 내년 가을에 사역에 나설 준비가 되기를 바란다고 했습니다. 그는 가장 절친한 제 친구이며, 우리는 8년간 대학과 신학교를 함께 다녔습니다. 우리는 함께 사역하기를 희망해왔으며, 저는 그를 한국에 파송해주기를 간청합니다.

한 가지만 더 말씀드리고자 합니다. 이곳에 온 이후 제가 가장 강하게 느끼는 것은 한국에서 이 사역을 할 수 있도록 인도해주신 하나님께 지속적으로 감사하는 것입니다. 이 나라의 미래에 위대한 가능성이 있다고 저는 믿습

4 1882년 임오군란 이후, 대원군은 고종의 왕권에 대한 도전 세력으로 줄곧 정권 탈환을 노리고 있었다.

니다. 한국인은 지적이고 매력적이며, 관리의 수탈에서 벗어나고 노동이 천하다는 생각을 버리면 강한 민족으로 발전할 것입니다.

저는 이 민족의 도덕적·영적 중생을 위해 하나님께 쓰임 받을 것을 신뢰하고 믿으면서 사역에 전적으로 헌신하기를 원하며, 선교회의 모든 업무에서 조화를 추구할 것입니다. 우리가 기도할 때 선교부를 기억하고 선교부가 성령의 인도하심을 받기를 기도하듯이, 선교부도 우리를 기억해주실 줄 압니다.

마포삼열 올림

Thomas Clinton Moffett

Madison, Indiana

July 19, 1890

My Dear Sam-

I am sure I don't know where to start in writing to you, so I better take up that which is first in my mind and, next to one other subject I will mention later, most in my thoughts–my Eastern trip and Northfield. I have been gone just three weeks and I did have more enjoyment and profit in that short time than I thought possible.

Northfield was indeed a treat, and I shall not soon forget the impressions formed there and knowledge gained. It was an intellectual treat in the first place. [Dwight L.] Moody of course was the soul of the conference and my admiration of him and of the gigantic work he has been enabled to accomplish increased more and more. I have no criticism to offer upon him and I don't want to hear others find fault with him, for he is indeed one of the most consecrated, unselfish and gifted men I have known. How the fellows at the conference did respect and love him and they showed it, but he seemed perfectly free from conceit or vanity or self-seeking, but intent alone on the Lord's work. I thought it was you who criticized him at Chicago but I will take it all back. I guess it was John Palmer.

And then we had Dr. McArthur of New York and Dr. [A. T.] Pierson and what fine addresses they did give us, and Bishop Thoburn who had come directly to Northfield from India and was full of interesting information about the great work being done there, and Dr. George Pentecost, who is to leave next month for India to engage in independent mission work.

The great enthusiasm of the conference was for foreign missions. There were over a hundred of the "Student Volunteers" in attendance before the conference closed. [Robert] Wilder gave a good talk &

토머스 C. 마페트[1]

인디애나 주, 매디슨

1890년 7월 19일

샘에게,

형에게 편지를 쓰려고 하는데 어디서부터 시작해야 될지 몰라서 내 생각에 먼저 떠오르는 것부터 시작하는 게 좋을 것 같아. 그다음에는 다른 이야기를 할 텐데, 내 생각의 대부분을 차지하는 것은 동부 여행과 노스필드야.[2] 나는 만 3주일간 여행했는데, 그 짧은 시간이 내가 생각했던 것보다 더 즐겁고 유익했어.

노스필드는 특별한 곳이야. 나는 그곳에서 받은 인상과 얻은 지식을 쉽게 잊지 못할 거야. 그곳은 무엇보다도 지적으로 특별한 곳이었어. 당연히 무디 목사님이 수양회의 핵심이었고, 그와 그가 성취할 수 있었던 거대한 사역에 대한 내 경탄은 점점 더 커졌어. 나는 무디 목사님에 대해 제기할 비판이 전혀 없고, 그의 결점을 찾으려는 자들의 말을 듣고 싶지 않았어. 그는 정말로 내가 알고 있는 사람 가운데 가장 헌신적이고 이타적이며 재능이 있는 분이기 때문이지. 수양회에 참석한 사람들이 그를 진심으로 존경하고 사랑하는 것을 볼 수 있었어. 그러나 그는 자만심이나 허영심이나 자기 과시에서 완벽하게 자유로웠고 주님의 사역에만 전념하는 것처럼 보였어. 나는 시카고에서 그를 비판했던 사람이 바로 형이었다고 생각했는데 모두 취소해야겠어. 아마 존 팔머가 그랬다고 생각해.

이어서 뉴욕의 맥아더 박사와 피어슨 박사의 차례였는데, 그들은 훌륭한 강연을 들려주었어. 인도에서 노스필드까지 곧장 온 토번 감독의 연설은 인도에서 진행 중인 위대한 사역에 관한 흥미로운 정보로 가득했어. 조지 펜티코스트 박사는 다음 달에 독립적인 선교 사역에 종사하기 위해 인도로 떠난

1 마포삼열의 동생 토머스.

2 매사추세츠 주 노스필드에서 열린 무디 목사의 여름성경수양회에 참석한 후 한국으로 보낸 편지다.

announced his intention to leave for India or perhaps China this year and Speer of Princeton who has had charge of this Volunteer Movement this year gave a very fine talk, and I believe was regarded as about the finest fellow at the conference. I wish you had the time to read some of the admirable addresses we heard. The Springfield Union had a stenographer on hand to report all of the addresses in full, so I am enabled to preserve them for reference. Mr. W. M. Moore of Union Seminary, Virginia, was one of the most popular speakers of all and gave us a fine sermon on personal work. So many subjects were treated and we had so many fine addresses that I can only mention these and must not attempt to write any of the thoughts presented.

It was a treat spiritually, too. Every word was spoken so earnestly and the enthusiasm of all for the work and the consecration was so evident that it was an inspiration to be present. I found a fine crowd of fellows and made some very pleasant acquaintances. Everybody seemed so courteous and good–natured and I only found one real big–head.

It was also a treat athletically. Tennis was the great game and the fifteen courts were constantly filled. I found I could beat almost all of the players there and I enjoyed it very much. I had to leave the day of the tennis tournament, so I missed the pleasure of participating in that.

On the whole, I think Northfield was just about one of the finest and most valuable experiences I have ever had, and I am powerful glad I went.

From there I went to Boston and had three days of sightseeing there. I put in the time pretty well and I tell you I saw lots for there's lots to see in that great city.

Harvard, of course, was of especial interest, and I found Memorial Hall, which contains the chapel & dining room–accommodating, I suppose, almost a thousand of the students, one of the most novel and beautiful buildings I saw all of the time I was away. I haven't much of a desire to go to Harvard, however, as I had for a time, for the moral

다고 해.

수양회의 엄청난 열기는 외국 선교를 위한 것이었어. 수양회가 끝나기 전에 참석한 "학생 지원자"가 100명이 넘어. 로버트 윌더가 좋은 연설을 들려주었고, 올해 인도나 중국으로 떠나게 될 자신의 계획을 발표했으며, 올해 이 자원 운동의 책임을 맡았던 프린스턴의 스피어는 멋진 연설을 했고, 수양회에서 가장 훌륭한 연사로 간주되었다고 확신해. 나는 형이 우리가 들은 경탄할 만한 연설들을 읽어볼 시간이 있으면 좋겠어. 마침 스프링필드 유니온 전보 회사에 모든 연설을 기록할 속기사가 있어서 나는 이 연설들을 참고용으로 보관할 수 있었어. 버지니아 주 유니온 신학교의 무어 목사가 모든 사람 중에서 가장 인기 있는 연사 중 한 명이었고. 개인 사역에 관한 좋은 설교를 들려주었어. 많은 주제를 다뤘고, 우리는 좋은 연설들을 많이 들었는데, 나는 이를 단지 언급할 수 있을 뿐이지 제시된 어떤 견해에 대해서도 편지로 쓸 수 없어.

수양회는 영적으로도 특별했어. 모두 진지하게 말했고, 사역을 위한 열정과 헌신이 분명해서 나는 많은 영감을 얻었어. 훌륭한 동료들을 만났고, 일부와는 유쾌한 사이가 되었는데, 모든 사람이 예의 바르고 성품이 좋아서 거만한 사람은 한 명만 만났을 뿐이야.

운동 측면에서도 특별했어. 테니스 경기가 크게 열렸는데, 코트 15개가 계속 차 있었어. 나는 거의 모든 선수들을 이길 수 있어서 정말 즐겁게 쳤어. 테니스 토너먼트를 하는 날 떠나야 했는데, 그래서 그곳에 참가했던 즐거움이 그리워.

전반적으로 내가 지금까지 겪은 가장 멋지고 가장 가치 있는 경험을 노스필드에서 했기 때문에 그곳에 갔다 와서 무척 기뻐.

그곳에서 나는 보스턴으로 갔고, 3일 동안 관광했어. 시간을 잘 보냈고, 큰 도시에서 구경거리를 많이 보았다고 말하고 싶어.

나는 하버드 대학교에 특별히 관심이 있어서 기념관을 찾아갔어. 그곳은 거의 1,000명의 학생을 수용할 수 있는 예배당과 식당을 갖추고 있는데, 지금까지 내가 여행하면서 보았던 가장 참신하고 아름다운 건물 중 하나였어.

tone of the college is very low indeed, without doubt, and its Unitarian inclination amounts to about an infidel influence, I imagine.

I was struck with the public spirit and patriotism in New England B of course we have always heard it was characteristic, but I never realized just how it would be evidenced to one visiting that part of the country for the first time. The many historical buildings and sights have an educating influence of no small importance and a love of country, of state & of city is inculcated more in the East than with us.

Boston is indeed a very beautiful city. I enjoyed a visit to the Massachusetts Institute of Technology (where we have very recently established a chapter of the fraternity [Phi Gamma Delta]) and found it a very strong institution. Francis A. Walker, whose political economy we study at Hanover, is its president. One of the professors was very kind about showing me over their buildings and explaining their work.

The service in the Pres. Church which I attended at [ ] in the morning is worthy of mention. It was the modernized Pres. service with responsive readings, recital of the creed, etc. and was very beautiful and impressive. I enjoyed the service very much, and remained for the Communion Service which followed that day. Everything was conducted in very good taste and I was pleased with the innovation which is hardly an innovation now in our Church which is so rapidly advancing in this line.

I came home over the New York Central R. R. and had a beautiful ride. Spent Sunday in Cleveland where I heard two very good Pres. sermons, visited Lake View Cemetery and the recently dedicated Garfield Monument erected at a cost of $150,000. It is a beautiful monument and the marble statue of Garfield in a standing posture just risen to address the Senate is regarded as a very fine work of art. I was not pleased with the face at all, but don't you think Garfield's pictures are unsatisfactory? I never like to think of them as good likenesses.

And now, Sam, here I am back home, with the question of my course

하지만 나는 한동안 하버드에 별로 가고 싶지 않았는데, 그 대학의 도덕적인 풍조가 의심의 여지 없이 저급했고, 그곳의 유니테리언 성향이 이교도의 영향력과 맞먹는다고 상상했기 때문이야.

나는 뉴잉글랜드의 공공심과 애국심에 충격을 받았어. 그것이 이곳의 특색이라고 항상 들었지만, 그 지방의 한 도시를 처음으로 방문한 사람에게 그것이 얼마나 분명하게 느껴지는지 이전에는 미처 실감하지 못했어. 많은 역사적 건축물과 명소에 중요한 교육적인 영향력이 있고, 나라와 주와 도시에 대한 사랑을 서부보다 동부에서 더 많이 고취시키고 있었어.

보스턴은 아름다운 도시야. 나는 매사추세츠 공과대학교(이곳에 우리는 최근에 파이감마델타협회의 지부를 설립했다)를 즐겁게 방문했고, 이곳이 우수한 대학임을 알았어. 프란시스 월커가 총장인데, 우리는 하노버에서 그의 정치경제학을 공부했어. 교수 가운데 한 명이 내게 건물을 보여주었고 자신들의 업무를 친절하게 설명해주었어.

아침에 참석했던 [ ] 장로교회의 예배는 언급할 만한 가치가 있었어. 교독과 사도신경 암송 등이 포함된 현대화된 장로회 예배로 아름답고 인상적이었어. 나는 예배를 통해 즐거운 시간을 가졌고, 남아서 그날 이어진 성찬식 예배에 참석했어. 모든 것이 멋지게 진행되었고, 나는 이런 혁신이 마음에 들었어. 빠르게 진보하고 있는 우리 교회에서는 이제 이런 건 혁신도 아니지.

나는 뉴욕 중앙선 기차로 집에 왔는데 멋진 여행이었어. 클리블랜드에서 주일을 보냈는데, 훌륭한 장로교회에서 두 편의 설교를 들었어. 이어서 레이크뷰 공원묘지와 최근에 헌정된 가필드 기념 건축물을 방문했는데, 그 기념물은 15만 달러를 들여 세웠다고 해. 기념물이 매우 아름다웠어. 마치 상원에서 연설하려고 일어선 것처럼 서 있는 자세의 가필드 대리석상은 훌륭한 예술 작품이라고 생각해. 하지만 나는 그 얼굴이 전혀 마음에 들지 않았어. 형은 가필드의 초상화가 불만족스럽다고 생각하지 않아? 나는 절대로 그 그림들이 실물과 같다고 생각하고 싶지 않아.

형, 이제 나는 집에 와 있어. 결단을 재촉하는 내 진로에 대한 질문을 갖고 마음을 정하지 못한 채 왔어.

for the future pressing for decision and my mind unsettled.

I have told no one at all as yet just how I feel about my life—work and I am loath to send an expression of my thoughts way off to you yet.

Sam, I am and have been for some time willing and desirous to enter the ministry if I could be assured that it is my duty. I do not yet see the way clear for me into this work. There is a difficulty in the way, and I can only think and pray over it, trusting that I will be led aright. Feel confident that I want to do right and that I will carefully consider where I should go.

I don't think I had better write any longer now, but you will hear from me again. I want your interest and sympathy and your prayers that I may see the light to guide me.

Lovingly,

Your Brother, Tom[1]

---

1 Thomas Clinton Moffett.

나는 이제껏 내 일생의 사역에 관해 스스로가 어떻게 느끼는지를 누구에게도 말하지 않았고, 멀리 떨어져 있는 형에게도 아직은 내 생각을 표현하기 싫어.

형, 나는 얼마 동안 하고 싶었고 지금도 하고 싶은 게 있는데, 만약 목회가 내 의무라고 확신할 수 있다면 목회자가 되고 싶어. 아직은 이 사역에 대한 길이 명확하게 보이지 않아. 이 길에는 어려움이 있어. 내가 올바르게 인도함을 받을 것이라고 믿으면서 나는 이 길에 대해 생각하고 기도할 뿐이야. 내가 올바르게 행동하고 내가 어디로 가야 하는지 신중하게 고려할 거라는 확신이 들어.

이제 이 편지를 더 이상 길게 쓰지 않는 게 좋겠어. 곧 다시 편지할게. 형의 관심과 공감을 바라고, 나를 안내하는 빛을 볼 수 있도록 기도해줘.

사랑하는,

동생 톰이

Samuel A. Moffett

Seoul, Korea

July 22, 1890

Dear Dr. Ellinwood:

Have just heard of a special steamer leaving for America and hasten to drop you a few lines to let you know of the serious illness of Dr. Heron. Two weeks ago he was taken with dysentery which has now developed into abscess of the liver. He was so run down by overwork that he was in no condition to stand the attack and while we are doing all that can be done and he has the constant attendance of the two doctors of the Meth. Mission and as careful nursing as we can give him, we all feel that the result is altogether with Him who 'doeth all things well.' We are hoping and praying for his recovery but the result is very uncertain. Please do not tell Mrs. Heron (the Doctor's mother) of this until she hears from Mrs. Heron (the Doctor's wife). The latter is bravely enduring the severe trial and I think has reached the position of submission to His will.

Further information will be sent next week by regular mail.

Hastily and sincerely,

Samuel A. Moffett

마포삼열

한국, 서울

1890년 7월 22일

엘린우드 박사님께,

조금 전에 미국으로 떠나는 특별 기선이 있다는 소식을 들었기 때문에, 급히 귀하께 헤론 의사가 위독하다는 것을 알려드리려고 간단히 씁니다. 두 주일 전에 그는 이질에 걸렸고, 이제 간염으로 발전했습니다. 그는 과로로 기력이 너무 쇠약해졌기 때문에 병의 공격을 견딜 수 없는 상태입니다. 우리는 최선을 다해 할 수 있는 모든 일을 했으며, 북감리회의 두 의사[1]가 지속적으로 돌보고 있습니다. 우리 모두는 정성껏 간호를 하고 있지만, 결과는 "모든 일을 선하게 하시는"[2] 주님의 손에 달려있다고 느끼고 있습니다. 그가 회복되기를 바라고 기도하지만, 결과는 불확실합니다. 헤론 부인(의사의 아내)에게 소식을 들을 때까지 헤론 여사(의사의 어머니)께는 말씀하지 마시기 바랍니다. 저는 헤론 부인이 이 혹독한 시련을 담대하게 견디고 있으며, 하나님의 뜻에 순종하는 위치에 도달했다고 생각합니다.

추가 소식은 다음 주 정기 우편으로 보내겠습니다.

급하게,

마포삼열 올림

1 스크랜튼과 맥길 의사다.

2 마가복음 7:37 "사람들이 심히 놀라 이르되 그가 모든 것을 잘하였도다 못 듣는 사람도 듣게 하고 말 못하는 사람도 말하게 한다 하니라."

Samuel A. Moffett

Seoul, Korea

July 24, 1890

Dear Dr. Ellinwood:

Your letters to me dated May 9th and to the Mission dated May 10th and June 20th have been received. I wrote you very hurriedly a few days ago concerning the serious illness of Dr. Heron. For two weeks we have all done nothing but to give ourselves unreservedly to his care, hoping, trusting and praying that it might be the Lord's will to spare him. Night before last and again yesterday evening the doctors said there was no hope and we were expecting him to leave us at any moment. However we did not cease to do what could be done and last night there was a slight change so that today our hopes have risen a little. We all (including Mrs. Heron) feel that he is in the Lord's hand and there we rest the question as to whether he shall be spared or taken from us. Should he be taken the blow will be a severe one for it will come just when it seems that we need him most, just when we were getting the work of the mission in a satisfactory condition. For some little while we have been acting in the greatest harmony and a better spirit, a more spiritual tone has pervaded all our work. We have all felt that we were ready for systematic, conservative, aggressive work and were laying our plans accordingly. As you know Mr. Underwood made some concessions in his mode of work and Dr. Heron no longer seeing the necessity for applying the brakes had given free expression to his desire to push the evangelistic work. For some time the doctor has been quite restive under his restrictions in the government hospital and was planning for work which he could give a more evangelistic turn. I still trust that the Lord will give him the opportunity to carry out these plans for his place will be a hard one to fill. He has been pre-eminently successful as a physician and surgeon not only with Koreans but also with the foreigners having

마포삼열

한국, 서울

1890년 7월 24일

엘린우드 박사님께,

귀하께서 저에게 보내신 5월 9일 자 서신과 선교회에 보내신 5월 10일 자와 6월 20일 자 서신을 받았습니다. 며칠 전에 저는 급하게 헤론 의사의 위독한 병에 대해 썼습니다. 2주일 동안 우리는 전적으로 헤론을 간호하는 일에만 매달렸습니다. 그를 살려주시는 것이 하나님의 뜻이길 바라고 믿고 기도했습니다. 그저께 밤과 어젯밤에 의사들은 가망이 없다고 말했고 우리는 어느 때라도 그가 우리 곁을 떠날 수 있다고 예상했습니다. 그래도 우리는 할 수 있는 일을 멈추지 않았고, 어젯밤에는 조금 차도가 있어서 오늘 우리는 희망의 수치를 약간 올렸습니다. (헤론 부인을 포함하여) 우리는 그가 하나님의 손안에 있다고 느끼며, 그의 목숨을 살려주실 것인지 아니면 우리에게서 데려가실 것인지의 문제를 하나님께 맡기고 있습니다. 만일 데리고가시면 우리가 입을 타격이 심각할 것입니다. 우리가 그를 가장 필요로 하고, 선교회 사역을 만족스러운 상태로 진행시키고 있는 바로 이 시점에 일이 발생했기 때문입니다. 한동안 우리는 더할 나위 없는 조화 속에서 일을 해왔고, 더 좋은 정신과 영적 분위기가 우리의 모든 사역을 지배했습니다. 우리 모두는 이제 체계적이고 보수적이며 공격적인 사역을 할 준비가 되었다고 느끼고, 그것에 따라 우리의 계획을 세우고 있었습니다. 귀하께서 아시다시피, 언더우드 목사는 자신의 사역 방식을 일부 양보했고, 헤론 의사는 더 이상 브레이크를 밟을 필요가 없다고 보았기 때문에 전도 사역을 추진하자는 열망을 자유롭게 표현했습니다. 과거 얼마 동안 헤론 의사는 정부 소유 병원이라는 제한 속에서 소극적인 태도를 취했으나, 전도 쪽으로 방향을 더 선회할 수 있는 계획을 세우고 있었습니다. 저는 주님께서 그에게 이 계획들을 실천할 수 있는 기회를 주시리라 믿습니다. 그의 자리는 채우기 어려운 자리이기 때문입니다. 그는 한국인뿐만 아니라 외국인에게도 내과의사와 외과의사로 탁월하게

practically held all the foreign practice. The suggestion that he was losing that practice arose merely from the fact that the English legation notified him in advance that when the S.P.G. missionary doctor arrived, their contract would probably not be renewed.

I fear too that his removal might mean the return of Mrs. Heron and we should feel her loss as keenly as that of the Doctor. Their home has been the home of all the new missionaries and almost all have boarded with them. This last year her health has greatly improved, and she has been doing a very important work amongst the women so that we will be sadly crippled if we lose her too.

I sat down to write you more particularly on business matters but these thoughts have forced themselves upon me first in view of the probable removal of the doctor.

The Mission has informally requested me to act as Secretary during the doctor's illness and to write you concerning the May and June meetings.

First-At the May meeting upon the request of the Bible Society Mr. Underwood was given permission to devote special time to translation and the Board is asked to appropriate $4.00 per month for assistance in translation work and $6.00 per month for an additional personal teacher. (Mr. Underwood's teacher's time is now all occupied and his wife can no longer use him for her teacher).

Second-At the meeting June 30, Mr. Underwood reported on the publication of the Korean Manual and stated that a full report had been sent to the Board.

Third-The Mission unanimously voted to ask permission from the Board to sell to the S. P. G. mission a piece of property adjoining the English legation, the property to be sold for $900 or more (Japanese money). Concerning this request I would say that the property was purchased with a view to building thereon a Girls' School and when Miss Hayden arrived a small Korean thatched house on it was occupied by her

성공적으로 진료를 해왔고, 외국인의 진료는 실제로 그가 담당했습니다. 외국인 진료를 상실할 것이라는 추측은 단지 영국 공사관에서 성공회 의사가 도착했으므로 헤론과의 계약은 갱신되지 않을 것이라고 미리 통보했기 때문에 나왔습니다.

헤론을 잃게 되면 헤론 부인도 미국으로 돌아가지 않을까 우려됩니다. 그녀를 잃는다면 의사를 잃는 것과 동일하게 막대한 손실이 되리라고 느낍니다. 그들의 사택은 모든 신임 선교사들의 집이었고 거의 모든 사람이 그들과 함께 하숙을 했습니다. 지난 한 해 동안 그녀의 건강은 상당히 호전되었고, 그녀는 한국인 여자들을 위해 중요한 사역을 해왔습니다. 그래서 그녀마저 잃는다면 우리는 심한 장애를 만날 것입니다.

저는 귀하께 특별히 업무와 관련된 문제에 대해 쓰려 하지 않았지만, 헤론 의사가 떠날 가능성이 높기 때문에 이런 생각이 어쩔 수 없이 먼저 떠올랐습니다.

선교회는 헤론 의사가 앓는 동안 저에게 임시 서기를 맡아달라고 비공식적으로 부탁했고, 5월과 6월의 월례 회의에 대해 귀하께 보고하도록 지시했습니다.

첫째, 5월 월례 회의 때 성서공회의 요청으로 언더우드 목사에게 특별 시간을 번역에 할애하도록 허락했으며, 선교부에 그의 번역 작업 보조비로 매달 4달러와 추가 개인 교사 비용으로 6달러의 예산을 요청합니다(지금 언더우드 목사의 어학 교사는 모든 시간을 번역에 사용하고 있으며, 언더우드 목사 부인은 그를 더 이상 어학 교사로 이용할 수 없습니다).

둘째, 6월 30일 자 회의에서 언더우드 목사는 『한국어 문법서』의 출판을 보고했고, 보고서 전문을 선교부에 보냈다고 진술했습니다.

셋째, 선교회는 영국 대사관과 붙어 있는 작은 부지를 영국 교회 선교회에 팔 수 있도록 선교부의 허락을 요청하기로 만장일치로 가결했습니다. 그 부동산은 900달러(일본 화폐)[1]나 그 이상의 가격에 팔릴 것입니다. 이 요청에

---

1 원문에서 마포삼열은 화폐 단위를 달러로 표기하고 괄호 안에 일본 화폐라고 했는데, 아마 멕시코 (은화) 달

for a few months. After a trial she considered it an undesirable location for the school as it was isolated from all other mission property and was not free from danger. The school was transferred to the house formerly occupied by Dr. Allen which upon Miss Doty's arrival was altered at little expense so that it will accommodate from 30 to 50 girls. The property in question is not well situated for a residence for our mission (even though we needed another residence here and we do not) but in connection with two adjoining pieces of property will make a good site for the S. P. G. Mission. They desire to purchase and the Mission desires to sell (at a price which will cause no loss to us) as we see no reason for keeping it now that better arrangements have been made for the Girls' School. The property cost originally $649 and was repaired with wall, gate, roof, etc. to extent of $304.62, making in all $953.62 or $710.45 gold. We will try to get the full amount for it but ask to sell for $900 if necessary. The question has been before us for several months but we awaited Mr. Underwood's return from Japan in order that we might send a unanimous request.

Fourth-The Mission asks for an appropriation of $167.50 for the purpose of purchasing a small thatched house at the corner of the mission property and to build a wall and gate in its place. Concerning this the house is located in the corner of Mr. Underwood's compound and immediately opposite the orphanage gate. It is used as a wine shop and is a standing temptation to all our house and orphanage servants and being a resort for Koreans is also a filthy nuisance. It is immediately adjoining the stables in Mr. U.'s compound. If purchased it gives us the opportunity to build a gate to the stables from the road thus shutting them off from his compound & closing a gate which at present makes his compound a thoroughfare. The appropriation is asked upon an estimated cost.

At the June meeting a committee was appointed to examine Mr. Underwood's translation of the Westminster Catechism and if desirable have it published. A committee was appointed to report a set of by-

대해 저는 다음과 같이 말씀드리고 싶습니다. 그 부지는 여학교를 건축할 계획으로 구입했으며, 헤이든 양이 도착했을 때 그녀는 그 땅에 있던 작은 초가집에서 몇 달간 살았습니다. 그 후 그녀는 그곳이 학교 용도로 부적합한 위치라고 간주했는데, 선교회의 다른 모든 부지로부터 격리되어 있고 위험에서 자유롭지 않기 때문이었습니다. 여학교는 이전에 알렌 의사가 거주하던 집으로 옮겼는데, 도티 양이 도착하면서 적은 비용으로 구조를 변경함으로써 30명에서 50명의 소녀들을 수용할 수 있습니다. 문제의 부지는 (우리에게 다른 거주지가 필요하고 아직 없지만) 우리 선교회 소속 선교사의 거주지로도 위치가 좋지 않습니다. 그러나 붙어 있는 두 개의 부지가 영국 선교회에게는 좋은 장소가 될 것입니다. 그들은 구매하기를 원하고, 우리 선교회는 그 땅을 (손해 보지 않는 가격에) 팔고 싶어합니다. 여학교 부지로 더 좋은 장소를 마련했기 때문에 이제 이 땅을 가지고 있을 이유가 없습니다. 그 부동산은 원래 649달러를 주고 샀는데, 벽, 문, 지붕 등의 수리에 304.62달러가 들었으므로 합계 953.62달러(혹은 금화 710.45달러) 가치가 있습니다. 우리는 그 돈 전액을 받으려고 노력하겠지만 필요하면 900달러에 팔도록 요청할 것입니다. 우리는 이 문제를 몇 달 동안 거론했지만, 언더우드 목사가 일본에서 돌아와 만장일치의 요청을 보낼 때까지 기다렸습니다.

넷째, 선교회 부동산의 구석에 있는 작은 초가집 한 채를 구입하고 그곳에 담과 문을 세우기 위해 167.50달러의 예산을 요청합니다. 이것에 대해 설명하자면, 그 집은 언더우드 목사의 사택 구석에 있으며 고아원 대문 바로 맞은편에 있습니다. 현재 술집으로 사용되고 있어서, 우리의 모든 집과 고아원에서 일하는 하인들을 항상 유혹할 뿐 아니라 한국인의 유흥 공간이기 때문에 더럽고 불결합니다. 그것은 언더우드 목사 집의 마구간 바로 옆에 붙어 있습니다. 그 집을 구입하면 길에서 마구간으로 가는 통로에 문을 달 수 있어서, 문 하나를 잠가둠으로써 현재 누구나 드나드는 언더우드 목사의 사택

러를 지칭하는 듯하다. 1890년 전후에 일본 은행은 한국에서 멕시코 은화 달러만 거래했다. 한편 일본 엔화와 금화 달러의 교환 비율은 2대 1이었다.

laws for the Mission and the question of a systematic adjustment of the orphanage finances was referred to this committee.

Your letter of May 10th raises the question as to the location of Dr. Allen and you ask for "all the facts which we ought to possess in order that we may be guided to right decisions in regard to the occupation of fields". In response to that request I shall write freely. I sincerely hope that the Board will not send Dr. Allen to Seoul for now that we have such harmony and our work in condition for realizing success I do not wish to see the harmony disturbed and I feel sure that his coming would bring about the spirit of strife & division which has been so happily overcome. Dr. Allen has been engaged in politics and of course has political enemies. If he comes here we immediately subject ourselves to the enmity of those who are very bitter toward him and I know not how much our position here would be affected. Seoul is a political whirlpool and we cannot afford to be compromised in our mission work by drawing upon ourselves political opposition. We expect opposition on spiritual grounds but the great distinction Koreans make between us and the Jesuits is—that we are not mixed up with politics. Our aim must be to lay stress upon our spiritual mission. I was greatly disappointed that he did not remain at Fusan. Chemulpo, in the opinion of all, is not a good point for occupation, and preliminary work had been done at Fusan by Mr. Gale of the Knox College Y.M.C.A. of Toronto, who has been there some ten months.

Owing to the sickness of Dr. Heron it might seem desirable to call Dr. Allen here in order to take the work at the hospital but for one I shall be glad to have the hospital unoccupied for a while in the hope that if Dr. Heron is able to resume work he will have the opportunity to give up the hospital altogether or to give it but a small portion of his time. I believe the hospital has done us great service but that service being accomplished, I hope to see the Dr. succeed, as he desires, in giving most of his strength and time to work peculiarly our own unhampered by

구내에 사람들이 바로 접근할 수 없도록 막아주게 됩니다.

6월 월례 회의 때 언더우드 목사가 번역한 『웨스트민스터 요리문답』을 검토하기 위해 위원회가 임명되었는데 바람직하다면 출판할 것입니다. 선교회의 일련의 내규를 만들어 보고할 위원회가 임명되었습니다. 그리고 고아원의 재정을 체계적으로 조정하는 문제가 이 위원회에 회부되었습니다.

귀하께서는 5월 10일 자 서신에서 알렌 의사의 거주지에 대한 문제를 제기했습니다. 또한 "선교지 개척에 대한 올바른 결정을 내리도록 인도받기 위해 우리가 반드시 알아야 하는 모든 사실"을 보고하도록 부탁했습니다. 그런 요청을 하셨으므로 저는 자유롭게 쓰겠습니다. 저는 선교부가 알렌 의사를 서울에 파송하지 않기를 진심으로 바랍니다. 왜냐하면 우리는 조화 속에 있고 사역은 성공을 향해 나아가는 상태이기 때문입니다. 저는 이 조화가 깨지기를 바라지 않습니다. 그가 오게 되면 우리가 그토록 행복하게 극복한 분쟁과 분열의 망령이 되살아날 것이라고 확신합니다. 알렌 의사는 정치에 참여했고, 그래서 당연히 정적(政敵)들이 있습니다. 만일 그가 서울에 오면, 즉시 그에게 깊은 원한을 품고 있는 자들의 미움을 우리가 받게 될 것입니다. 그리고 이곳에서 우리의 위치가 얼마나 많이 영향을 받을지 저는 모릅니다. 서울은 정치적 소용돌이가 치는 곳이며, 우리는 정치적 반대로 인해 우리의 파멸을 초래하면서까지 선교 사업을 타협할 만한 여유가 없습니다. 우리는 영적인 근거에서 반대를 예상하지만, 한국인들이 우리와 천주교를 구별하는 큰 차이점은 우리가 정치에 개입하지 않는다는 점입니다.[2] 우리의 목표는 영적인 선교를 강조하는 것이 되어야 합니다. 저는 그가 부산에 남아 있지 않아서 크게 실망했습니다. 모든 사람이 제물포가 선교사가 거주하기에 적합

2 천주교는 박해기를 거친 후 종교의 자유를 제한적으로 얻었기 때문에 교인의 권리를 적극 보호하고 교회의 권리를 지키기 위해 지방 정부의 부당한 박해 등에 대해 적극적인 개입(aggressive interference) 정책을 채택했다. 반면 개신교는 처음부터 조약상의 권리를 가지고 시작했기 때문에 정교분리 원칙에 입각하여 한국 정부의 권위를 인정하고 교인과 비교인 간의 소송 문제 등에 대해 수동적 개입(passive engagement) 정책을 취했다. 다만 개신교도 교인의 박해에 대해서는 정치적 힘을 빌려 보호하고 보상을 요구하는 적극적 개입 정책을 유지했다. 곧 1894년 평양 예수교인 박해 사건, 1900년 예수교인 박멸 사건, 1902년 해서교안 등에서는 개신교가 적극 개입하여 조약상의 권리 이상을 얻어냈고, 이는 급성장의 한 요인이 되었다.

government restrictions.

As to New Fields—It seems to me that we can readily establish a station at Fusan or Ping An if we have another man. It may take six months or a year to accomplish it but the steps can be taken at once. As I said, Mr. Gale has prepared the way at Fusan. I believe we could get him to prepare the way at Ping An. He is a Presbyterian and in hearty sympathy with our work. He lives according to the Korean manner except as to dress and can spend six months very quietly at Ping An preparing the way, but whoever should go there would have to adapt to less comfortable quarters & more inconveniences than we have in Seoul because as yet Ping An is not an open port. I wish we could have the assurance of the Board that it would favor opening a new station there if the way be opened. Ping An is our most promising province as most of the work of Mr. Ross & of the colporteurs has been done there.

July 25, 1890

Dr. Allen has accepted the position of Secretary to the U.S. Legation and I understand that the Mission will be asked to take some action with reference to it at the regular meeting next week. I have heard that he desires to maintain his connection with the Mission and will ask that we provide a house in Seoul. I know not what action the Mission or the Board will advise but I most earnestly trust that if Dr. Allen retains the political position that he will completely sever his official connection with the Mission. The position is not one under the Korean government and instead of helping us with the Koreans will but cause all the official political actions of the American legation to reflect for good or ill upon the Mission. It will be a combination of politics and missionary effort in which I feel sure the missionary work will be compromised. I do hope the Board will insist upon his being a missionary pure and simple or sever all official connection with the Mission. Please give us a chance to do purely missionary work free from all outside combinations and

한 지점이라고 생각하지 않습니다. 부산은 토론토 녹스 대학의 YMCA가 파송한 게일 씨가 약 10개월간 머물면서 예비 사역을 한 곳입니다.

헤론 의사가 아프기 때문에 병원 사역을 맡기 위해 알렌 의사를 이곳으로 부르는 것이 바람직하게 보일 수 있습니다. 그러나 헤론 의사가 사역을 다시 시작할 수 있기를 바라면서 당분간 병원 일 담당자를 공석으로 두면 좋겠습니다. 그러면 헤론은 병원 일을 모두 포기하거나 적은 시간만 들이는 기회를 가질 것입니다. 저는 병원이 우리에게 크게 봉사했다고 믿지만, 그 봉사가 끝났으므로 저는 헤론 의사가 바라듯이 그가 대부분의 힘과 시간을 특별히 정부의 규제로부터 방해를 받지 않는 사역에 쏟기를 바랍니다.

새 선교지에 대해 말씀드리겠습니다. 우리에게 선교사가 한 명만 더 있다면 우리는 바로 부산이나 평양에 선교지부를 설치할 수 있다고 생각합니다. 그것을 설치하는 데 6개월이나 1년이 걸리겠지만, 지금 바로 조치를 취할 수 있습니다. 제가 앞에서 말씀드렸듯이, 게일 씨가 부산에서 길을 예비해두었습니다. 우리는 그를 평양으로 보내 길을 준비하도록 할 수 있습니다. 그는 장로교인이며 우리 선교회 일에 호의적입니다. 그는 옷차림을 제외하면 한국인의 방식대로 살고 있으며, 평양에서 6개월간 길을 예비하면서 조용히 살 수 있습니다. 그러나 누가 가든지 서울보다 더 열악한 거처와 훨씬 불편한 환경에 적응해야 합니다. 평양이 아직 개항장이 아니기 때문입니다. 만일 길이 열린다면 그곳에 새 선교지부를 개설하는 것을 선교부가 찬성하도록 우리가 미리 선교부를 확신시키면 좋겠지만 아직 그렇지 않아서 유감입니다. 평안도는 가장 전망이 밝은 도인데, 로스 목사와 권서들의 사역이 대부분 그곳에서 이루어졌기 때문입니다.

1890년 7월 25일

알렌 의사는 주한 미국 공사관의 서기관 자리를 수용했습니다. 그래서 제가 알기에는, 한국 선교회가 다음 주에 열릴 정기 회의에서 관련된 어떤 결정을 취하도록 요청을 받을 것입니다. 알렌은 선교회와 연관성을 유지하기 원하고, 그래서 우리가 그에게 서울에 집을 제공해주기를 그가 부탁할 것

complications.

Of course you will make a distinction between the four things in this letter sent officially from the Mission and the rest which I have written personally.

Sincerely yours in the work.

S. A. Moffett

이라고 저는 들었습니다. 그러나 한국 선교회나 선교부에서 그에게 어떤 결정을 충고할지 모르겠지만, 만일 알렌 의사가 정치적 지위를 유지한다면 그는 한국 선교회와 모든 공식적인 관계를 완전히 단절해야 한다고 생각합니다. 그의 지위는 한국 정부의 감독하에 있는 것이 아닙니다. 한국인과 더불어 우리를 돕는 대신, 미국 공사관의 모든 공식적인 정치적 행위를 하게 될 것이며, 이는 선교회에 좋거나 나쁜 영향을 줄 것입니다. 우리와의 관계를 유지한다면 정치와 선교 사역을 겸하는 것이며, 따라서 저는 우리의 선교 사역이 타협하게 될 것이라고 확신합니다. 저는 그가 순수하게 선교사로만 지내거나, 아니면 한국 선교회와 모든 공적인 관계를 단절하도록 선교부가 관철시켜주기를 진심으로 바랍니다. 제발 우리가 모든 외부의 혼란에 개입하지 않고 자유로운 상태에서 순수하게 선교 사역에만 몰두할 기회를 주시기 바랍니다.

귀하께서 이 편지에 있는 네 가지 공식적인 사항과 제가 개인적으로 쓴 나머지 부분을 구분하실 수 있을 것입니다.

사역하는,

마포삼열 올림

Samuel A. Moffett

Seoul, Korea

July 29, 1890

Dear Dr. Ellinwood:

Since writing my letter of last week we have suffered the severe loss we were dreading. Dr. Heron passed from us Saturday morning [July 26th] at 8 o'clock. We held services at the house Sunday afternoon and the burial took place Monday afternoon at a place about 4 miles from Seoul which we succeeded in getting the Foreign Office to set aside as a foreign cemetery. It is a beautiful spot overlooking the river and we now have a new interest in the land of Korea. The first foreign grave here is that of the missionary who gave his life to the Korean people. I wish I had the heart to write you something of the great sorrow of the Koreans over his death, of the universal feeling of sympathy for Mrs. Heron and of the many, many expressions of love and regard for one who had been so faithful in his service. After the severe strain of the sickness and the feeling of sorrow our bodies are too weak and our hearts too heavy to write much.

Our thoughts turn to Mrs. Heron and her future. Of course the Doctor leaves her practically nothing but a little personal property. I regret exceedingly that his effort a short time ago to obtain life insurance failed through a mere oversight in that the physician's signature to the medical certificate was wanting.

We all hope that Mrs. Heron will stay here for she is prepared to do a work among the women and in connection with the girls' school which no one else could do without several years of training. Mrs. Heron has done more work among the women than anyone else on the field and has a better knowledge of the language than any one except one of the Methodist ladies. I feared she would go home but heard today that she desires to stay and finish the Doctor's work for Korea. I presume the

마포삼열

한국, 서울

1890년 7월 29일

엘린우드 박사님께,

지난주에 귀하께 편지를 쓴 이후 우리가 염려했던 심각한 손실을 입었습니다. 헤론 의사가 [7월 26일] 토요일 아침 8시에 우리 곁을 떠났습니다. 주일 오후에 그의 집에서 장례 예배를 드렸고, 월요일 오후에 서울에서 약 4마일 정도 떨어진 곳에 매장했습니다. 그곳은 우리가 한국 정부의 외부(外部)로 하여금 외국인 묘지를 별도로 마련하도록 하는 데 성공하여 얻은 곳입니다. 그곳은 강이 내려다보이는 아름다운 장소이며, 우리는 이제 한국 땅에 새로운 관심을 가지게 되었습니다.[1] 이곳에서 첫 번째 외국인의 무덤은 한국인을 위해 자신의 생명을 바친 선교사의 무덤입니다. 그의 죽음에 대한 한국인들의 큰 슬픔과, 헤론 부인에 대한 모든 사람의 동정과, 자신의 봉사에 충실했던 이에 대한 수많은 사랑과 관심의 표현을 귀하께 글로 제대로 전할 마음의 여유가 없어서 유감입니다. 아픈 그를 간호하기 위해 많이 긴장했고 슬픈 감정을 겪은 다음이라 우리의 몸은 허약하고 우리의 마음은 너무 침울해서 길게 쓸 수 없습니다.

우리의 생각은 헤론 부인과 그녀의 장래로 향합니다. 물론 헤론 의사는 그녀에게 약간의 개인적인 재산 외에는 실제로 남긴 것이 전혀 없습니다. 얼마 전에 그가 생명 보험에 가입하려고 했으나 의료 면허증에 의사의 서명을 하지 않은 단순한 과실 때문에 얻지 못한 것이 안타깝습니다.

우리 모두는 헤론 부인이 이곳에 남기를 희망합니다. 그녀는 여성들을 위한 사역과 여학교와 연관된 사역을 할 준비가 되어있는데, 여러 해 동안의 훈련이 없으면 누구도 할 수 없는 일입니다. 그녀는 현지에 있는 누구보다도 여성 사역을 많이 했고, 감리회의 한 여성 선교사를 제외하면 누구보다도 한

1 한국에서 순직한 첫 선교사의 매장으로 미국인 예수교인의 뼈가 묻힌 새로운 의미의 땅이 되었다는 뜻이다.

Mission will take some action with reference to this at the meeting this week.

Dr. Heron's death leaves us practically without a physician. Dr. Allen has accepted the government appointment, but I think we can manage until we have another physician sent us.

I do not think the change in our situation in that respect at all affects the questions spoken of in my letter of last week. In that I wrote you very freely for I want to have a perfect understanding with you in all things. Of course whatever action is taken by the Board in all the affairs of the Mission I shall work for harmony in carrying on our work.

Very sincerely,

S. A. Moffett

국어 실력이 좋습니다. 저는 그녀가 본국으로 돌아가지 않을까 염려했으나, 그녀가 남아서 한국을 위한 헤론 의사의 사역을 마무리하기를 원한다고 하는 말을 오늘 들었습니다. 이 문제와 관련해 이번 주에 열리는 회의에서 선교회가 어떤 결정을 하리라 짐작합니다.

헤론 의사의 죽음으로 우리에게는 실제로 의사가 없습니다. 알렌 의사는 정부의 임명을 수용했습니다. 그러나 우리에게 다른 의사를 보내주실 때까지 우리는 버틸 수 있다고 생각합니다.

상황의 변화로 제가 지난주에 쓴 편지에서 언급한 문제에 어떤 영향을 주는 것은 전혀 없다고 생각합니다. 저는 자유롭게 그 편지를 썼는데, 귀하와 더불어 모든 사안에 대한 완벽한 이해를 공유하고자 했기 때문입니다. 물론 선교회의 모든 일에 대해 선교부가 어떤 결정을 내리든지, 저는 조화롭게 우리의 사역을 수행할 것입니다.

마포삼열 올림

Samuel A. Moffett

Seoul, Korea

[probably in early August of 1890 after Dr. Heron's death on July 26]

My Dear Mrs. Heron:

I thank you ever so much for the photograph of Dr. Heron. It will be a great pleasure to have it, not so much that I may see it, for the Doctor's face is always with me, but when I go home I want my friends there to know him who was such a true man, sincere friend and real missionary. You know that I appreciate having the picture.

Sincerely your friend,

S. A. Moffett

헤론(John W. Heron 惠論, 1856. 6. 15-1890. 7. 26) 의사는 1884년 봄에 미국 북장로회 해외선교부의 첫 한국 주재 선교사로 임명되었다. 그는 영국 회중교회 목사의 아들로, 14세 때 가족과 함께 미국으로 이민을 와서 테네시 주 녹스빌에 정착했다. 메리빌 대학을 거쳐 1883년 내쉬빌에 있는 테네시 대학교 의대를 수석으로 졸업하고, 존스보로에서 18개월간 개업하다가 뉴욕 대학교로 온 후 역시 우수한 성적을 거두었고, 블랙웰아일랜드 병원(Blackwell Island Hospital)에 들어갔으며 테네시 대학교 의대 교수로 초빙을 받았다. 그러나 20대에 모교 교수로 초빙을 받는 명예에도 불구하고 이미 한국 선교사로 지원했으므로 교수직을 사양한 그는 25세의 해티(Hattie Elizabeth Gibson) 양과 결혼하고 1885년 6월 21일 한국에 도착했다. 그의 '청교도 정신과 기사도가 융합된' 신앙과 인품에 겸비된 뛰어난 의술은 초기 한국 개신교 선교의 기초를 확고히 다지는 역할을 했다. 초기 내한 선교사 가운데 헤론이 가장 감정이 풍부했다. 그는 지적이고 열성적이며 감정적이고 성격이 급하고 말이 적고 금연 금주 실천자였다. 참고 Daniel L. Gifford, "John W. Heron, M. D.," *Korean Repository* 1 (Dec. 1890), 441-443. 헤론은 6월 14일 정3품 통정대부를, 1888년 1월 6일 종2품 가선대부를 제수받았다. 알렌이 1887년 10월 참찬관으로 미국 공사관 설치를 위해 미국으로 가자, 제중원 2대 원장이 되었다. 헤론 의사가 1890년 7월 26일 사망하자 정부는 그를 매장하기 위해 양화진에 외국인 묘지를 마련했다.

마포삼열

한국, 서울

헤론 의사가 사망한 1890년 7월 26일 얼마 후

헤론 부인에게,

헤론 의사의 사진을 보내주셔서 대단히 고맙습니다. 제가 사진을 볼 수 있어서가 아니라 오히려 사진을 가지게 되어서 매우 기쁜데, 그의 얼굴이 언제나 저와 함께하기 때문입니다. 그러나 저는 고향에 가더라도 그곳에 있는 제 친구들이 그가 진실한 사람이자 진정한 친구였으며, 참된 선교사였음을 알기 원합니다. 사진을 보내주셔서 정말 고맙습니다.

당신의 친구,

마포삼열 드림

헤론 부인과 헤론 의사 [MOF]

Mrs. Hattie Gibson Heron and Dr. John W. Heron

H. G. Underwood, D. L. Gifford, & S. A. Moffett

Seoul, Korea

August 11, 1890

To The Board of Foreign Missions of the Presbyterian Church

Dear Fathers and Brethren:

For some time past the Mission has been endeavoring to make all the actions accord with the Manual and to make all individual work become the work of mission, but recent actions and instructions received from the Board have caused confusion in our minds as to the interpretation of the New Manual and the relations existing between a Mission and the Board, and hence called forth from us the following statement of facts with the accompanying requests.

In the Fall of '89 the Board commissioned and sent out Dr. Allen to start a New station at Fusan in the south of Korea, the mission knowing nothing of it till he was on his way out, and he told one member of the Mission that his instructions were that all his dealings were to be direct with the Board and not with the Mission. In view of the action, we are at a loss to understand article 33 and 34 of the Manual.

Following this Dr. Allen comes to Chemulpo then to Seoul, takes his place as a regular member of the Mission, asks permission to locate at Chemulpo and rent a house for six months. Before the close of this time he receives the appointment of Secretary to the United States Legation in Seoul, comes to Seoul, is sworn into office. No word of even a change of residence from Chemulpo to Seoul having been made to the Mission, and still holds his place as a member of the Mission; all of which is contrary to article 24 of the Manual.

At Dr. Heron's death, at the regular monthly meeting of the Mission, Dr. Allen offers to take charge of the Hospital. Then a discussion as to what course the Mission should take about the Hospital followed. It was the unanimous feeling of the Mission that if any change carried, now

언더우드, 기퍼드, 마포삼열

한국, 서울

1890년 8월 11일

미국 북장로교 선교부 귀중,

부형들에게,

과거 얼마 동안 선교회는 지침서에 의거하여 모든 결정을 내리고, 각 개인의 사역을 선교회 사업이 되도록 만들려는 노력을 해왔습니다. 그러나 최근 선교 본부의 결정과 지시는 새 지침서의 해석과 선교회와 선교 본부 간의 관계에 대해 우리의 마음에 혼동을 야기했고, 그 결과 우리는 다음과 같은 사실 진술과 함께 요구를 하게 되었습니다.

1889년 가을 선교 본부는 한국 남부의 부산에 새 선교지부를 개설하도록 임무를 부여하고 알렌 의사를 파송했는데, 선교회는 그가 나올 때까지 이를 전혀 몰랐습니다. 그는 한 선교회 회원에게 모든 연락을 선교회가 아닌 선교 본부와 직접 하라는 지시를 받았다고 말했습니다. 이 결정에 대해 우리는 지침서 33, 34조를 어떻게 이해해야 할지 몰라 난감했습니다.

알렌 의사는 이 지시에 따라 제물포로 왔고 이어 서울에 왔으며, 선교회의 정규 회원이 되어 제물포 거주와 6개월 동안 머물 전셋집을 허락해달라고 요청했습니다. 그는 이 기간이 끝나기 전에 서울 주재 미국 공사관 서기관에 임명되었으며, 서울에 와서 취임 선서를 하고 그 직책을 맡았습니다. 그가 제물포에서 서울로의 거주지 변경에 대해 선교회에 일체 보고하지 않으면서도 선교회 회원 자격을 보유하고 있는데, 이 모두는 지침서 24조의 위반입니다.

헤론 의사가 사망했을 즈음 선교회 월례 정기 회의가 열렸고, 알렌 의사가 제중원을 맡겠다고 제안했습니다. 선교회는 그 병원을 앞으로 어떤 방향으로 운영할지 토론했습니다. 어떤 변화를 가져오려면 지금이 바로 그 시점이며, 만일 선교회가 의사를 제공할 경우 기독교 사업이 이루어져야 한다고 모든 회원이 만장일치로 동의했습니다. 알렌 의사는 병원이 시작될 때 선교

was the time that a change should occur, and that if the Mission provided the Hospital with a physician, Christian work should be done. Dr. Allen himself stated that when the Hospital was started it was needed to give the Mission standing, that this had been done, that something more should now be done or it would not pay the Mission to run it, and that if any change occurred it could only be brought about by taking a stand at this time. The Mission also thought that the closing of the Hospital for two months while we were learning from the Board what they would do, would do no harm to the work and in these also Dr. Allen agreed. In view of these facts, Mr. Underwood was nominated as a committee of one to interview the Korean Officials in charge of the Hospital find out what could be done and report at a called meeting of the Mission. Dr. Allen seconded the nomination and the action was unanimous.

Neither was Dr. Allen offer to take charge of the Hospital accepted, nor was he appointed a member of the Committee to interview the Hospital authorities because the Mission did not think it advisable that a purely political position should be combined with that of a full Missionary and such action would have committed us to that position. Although no formal notice had been [issued] upon the Mission, we all knew that he had taken the oath of office, and under the circumstances did not deem it advisable to put him as a missionary, in charge of the Hospital.

A week afterwards, before the Committee had made its report or we had time to communicate with the Board, a telegram was received from the Board dated New York, Aug, 6th /90, placing Dr. Allen in charge of the Hospital, which prevented us from carrying out our plans.

We ask for an explanation of these matters in order that we may know clearly what to do in the future and as we cannot consent to Dr. Allen holding a purely political position at the same time that he is a member of the Mission, we request that the Board will require him to resign either his position as a member of the Mission or as Secretary of

회 지위가 필요했으므로 그렇게 되었지만, 이제 더 많은 것이 이루어져야 하고 그렇지 않으면 선교회 운영은 적자를 면치 못할 것이며 만일 어떤 변화를 가져오려면 이번에 입장을 정해야만 가능하다고 진술했습니다. 선교회는 두 달 동안 병원 문을 닫고서 선교 본부의 뜻이 무엇인지 알아보는 것도 사업에 해가 되지 않으리라 생각했고, 알렌 의사도 이에 동의했습니다. 이 사실을 고려해서 언더우드 목사가 제중원 담당 한국 관리들과 면담하여 무슨 일을 할 수 있는지 알아보고 선교회 임시 회의에 이를 보고할 1인 위원회 후보로 지명되었습니다. 알렌 의사는 이 지명에 재청했고 만장일치로 통과되었습니다.

병원을 맡겠다는 알렌 의사의 안은 수용되지 않았고, 그가 병원 당국자와 면담할 위원으로 임명되지도 않았습니다. 왜냐하면 선교회는 순수하게 정치적인 직책과 전임 선교사 직책을 결합하는 것이 바람직하지 않으며, 그런 결정은 우리를 그 방향으로 몰아가리라고 생각했기 때문입니다. 비록 그가 선교회에 공식 통고는 보내지 않았지만, 우리 모두는 그가 취임 선서를 했음을 알고 있고, 현 상황에서 그를 선교사로서 병원 책임자로 세우는 것은 바람직하지 않다고 보았습니다.

일주일 후 위원회가 보고서를 올리기 전에, 혹은 우리가 선교 본부와 연락하기 전에, 알렌 의사를 병원 책임자로 임명한다는 내용의 뉴욕에서 온 1890년 8월 6일 자 선교 본부의 전보를 받았는데, 이는 우리의 계획을 실행할 수 없게 만들었습니다.

우리는 이상의 문제에 대한 본부의 설명을 요구하는 바입니다. 이는 우리가 향후 무엇을 해야 하는지 분명하게 알기 위함입니다. 우리는 알렌 의사가 순수하게 정치적 직위를 보유하면서 동시에 선교회 회원인 것에 동의할 수 없기 때문에, 선교회 회원 지위를 사임하든지 공사관 서기관 지위를 사임하든지 선교부가 그에게 양자택일을 요구하도록 요청하는 바입니다.

정중히 올립니다.

호레이스 언더우드

다니엘 기퍼드

마포삼열

Legation and thus to be the one or the other.

Yours respectfully,

Horace G. Underwood

Daniel L. Gifford

Samuel A. Moffett

●
알렌 의사 [OAK]
Dr. Horace N. Allen

Samuel A. Moffett

Seoul, Korea

August 12, 1890

Dear Dr. Ellinwood:

I want to write you just a few lines in addition to my letters of July. July 31st a Committee was appointed to take charge of and settle up the Medical accounts of Dr. Heron. I trust they will soon be settled and a final report made to the Board. Medical funds were used in purchasing the house which was afterwards remodeled for me with medical funds. I hope the Board will grant our request and sanction the expenditures made on the house, for otherwise I do not see how we are to set up the medical accounts.

My first six months on the Mission field have brought me many an unanticipated experience. It seems to me there has been more than a fair share of irregularities and misunderstandings in the whole history of the Mission but I trust we are not always to spend our energy and thought in settling difficulties, explaining misunderstandings and planning to avoid complications. I know we are all exceedingly anxious to have a clear understanding of the Board's desires and to work in accordance with the rules of the Board. It is in order to avoid difficulties, to get a clear understanding of the Board's desires and relations to us, and that we may settle down to earnest spiritual work, that the paper signed by us has been sent. I certainly hope that by the time I become a voting member of the Mission we shall be free from all political complications.

I rejoice in the news that Mr. Baird has been appointed to Korea, and rather hope that your suggestion may eventually be carried out and that he and I will be sent to a new station. I am planning now for 2 or 3 months stay in another province in order to study the language and people.

The Toronto Medical Y.M.C.A. have a physician (Dr. Hardie) under appointment to Fusan. He is expected this fall and will work with Mr.

마포삼열

한국, 서울

1890년 8월 12일

엘린우드 박사님께,

제가 7월에 보낸 편지에 더하여 몇 자 더 적고 싶습니다. 7월 31일 헤론 의사의 의료 계좌를 정리하기 위한 위원회가 임명되었습니다. 그 계좌들을 정리하여 선교부에 최종 보고서를 곧 제출할 것입니다. 의료 기금으로 구입한 주택이 있어서 그것을 사용하기 위해 의료 기금으로 개조했습니다. 선교부가 우리의 요청을 허락하고 그 주택에 사용된 지출을 재가해주기 바랍니다. 그렇지 않으면 우리가 의료 계좌를 바로잡을 방법이 없습니다.

선교지에서 보낸 첫 6개월 동안 저는 예상치 못한 경험을 많이 했습니다. 선교회의 전체 역사에서 변칙적인 일이 많이 발생했고 필요 이상의 오해가 많았던 것 같습니다. 그러나 우리는 어려움을 해결하고 오해를 설명하고 복잡하게 얽히는 것을 피하려고 계획하는 데 항상 우리의 힘과 생각을 사용하는 것은 아닙니다. 선교회에 속한 우리 모두는 선교부의 소망을 분명하게 이해하고 선교부의 규정을 준수하면서 사역하려고 노력하고 있습니다. 우리가 서명한 서류를 보낸 것은 바로 어려움을 피하고, 선교부의 소망과 우리의 관계를 분명하게 이해하며, 진지한 영적인 사역에 임하기 위한 것입니다. 제가 선교회의 투표 회원이 되면 복잡하게 얽힌 모든 정치적인 문제에서 벗어나게 되리라고 바라고 확신합니다.

베어드 목사가 한국에 임명되었다는 소식에 기쁩니다. 귀하의 제안이 실현되어 그와 제가 새 선교지부에 파송되기를 희망합니다. 저는 한국어와 한국인을 공부하기 위해 다른 지방에 가서 2-3개월간 지낼 계획입니다.

토론토 YMCA 의료 선교회는 (하디) 의사를 부산에 임명했습니다. 그는 올가을에 와서 게일 씨와 함께 일할 것으로 보입니다. 그와 게일 씨는 장로교인이고, 의심할 여지없이 우리와 진정으로 공감하면서 사역할 것입니다.

Gale. He & Mr. Gale are both Presbyterians and will no doubt work in hearty sympathy with us.

Sincerely yours in the work,

S. A. Moffett

사역하는,

마포삼열 올림

Samuel A. Moffett

Hpyeng Yang, Korea

September 15, 1890

Dear Dr. Ellinwood:

Your letter advising a trip of investigation to Fusan and also inquiring about Hpyeng Yang reached us just as I was arranging a month's trip in this direction for the study of the language. Am satisfied that what you wrote is true—that a young missionary is at great advantage in learning the language if free from foreign intercourse, although I believe that here one's first 6 months ought to be spent in Seoul, the center of Korea—in everything.

The Mission, believing Hpyeng Yang to be a more important point than Fusan, yet knowing less about it, decided to send some one here to investigate before making a report to you. Upon my return from here one of us may visit Fusan unless we can get from Mr. Gale the information desired. I left Seoul Friday Aug. 29 in company with Mr. Appenzeller, the M.E. presiding elder who was on his annual trip to the northern cities. We reached Syong To Saturday night and remained over Sunday. Syong To 160 li (a day and a half) distant from Seoul was formerly the Capital. It is the 2nd city in population and said to be the 2nd in commercial importance, being the center of the Ginseng business and surrounded by a country of very fertile farms. Here Mr. Appenzeller with his local preacher who accompanied him met 5 men, the beginning of their work. I tried but failed to find those whom our men had formerly seen.

Leaving Monday morning we traveled through a most beautiful country of mountains and plains with fine looking crops of rice, millet, buckwheat, beans, sorghum, cotton and tobacco equal to any I have ever seen in the States. Certainly this would be a prosperous people were it under just rule. We passed through a number of good sized

마포삼열

한국, 평양

1890년 9월 15일

엘린우드 박사님께,

부산에 대한 조사 여행을 권하고 평양에 대한 문의를 담은 귀하의 서신이 제가 마침 한국어를 공부하려고 평양 방향으로 한 달간의 여행을 준비하고 있던 바로 그때 도착했습니다. 비록 저는 한국에서 첫 6개월은 모든 면에서 한국의 모든 것의 중심인 서울에서 보내야 한다고 믿습니다만, 귀하께서 쓰신 대로 젊은 선교사는 외국인과 접촉하지 않아야 한국어를 배우는 데 크게 유리하다는 사실을 확신합니다.

선교회는 평양이 부산보다 더 중요한 지점이라고 믿지만 아는 것이 적기 때문에, 귀하께 보고서를 보내기 전에 조사차 한 사람을 평양에 보내기로 결정했습니다. 만일 게일 씨로부터 원하는 정보를 얻을 수 없다면, 제가 서울에 돌아가는 대로 아마 우리 가운데 한 명이 부산을 방문할 것입니다. 저는 8월 29일 금요일에 감리회 선교회의 감리사인 아펜젤러 목사와 함께 서울을 떠났습니다. 그는 매년 북한 지역 도시를 방문하고 있습니다. 우리는 토요일 밤에 송도에 도착했고, 일요일까지 머물러 있었습니다. 서울에서 160리(하루 반나절) 거리에 있는 송도는 과거에 수도였습니다. 송도는 인구로 보면 두 번째 큰 도시이며, 인삼 산업의 중심지고 비옥한 농장들이 둘러싸고 있으므로 상업적으로도 두 번째로 중요한 도시라고 합니다. 그곳에서 아펜젤러 목사는 함께 간 본토 전도사와 더불어 5명의 남자를 만났는데, 이는 그들의 사역의 시작이었습니다. 저도 우리 권서들이 이전에 만났던 자들을 찾으려고 시도했으나 만나지 못했습니다.

월요일 아침에 출발한 우리는 산과 들판이 있는 아름다운 시골을 지나갔습니다. 들판에는 제가 지금까지 미국에서 본 것과 동일하게 잘 자란 쌀, 조, 메밀, 콩, 수수, 목화, 담배 등이 있었습니다. 만일 정의로운 통치하에 있다면 이들은 틀림없이 번창하는 민족이 될 것입니다. 우리는 큰 도시와 마을

cities and villages but I looked in vain for anything like an American farm house situated in the midst of an orchard and surrounded by fields. The farmers all live in the cities or villages and you may see immense plains of growing crops with no sign of a house. They form Charles Dudley Warner's ideal country community, in one point at least, that of neighborliness.

We reached Hpyeng Yang Thursday night having traveled the 550 li in 6½ days, including one day of rest. The city is beautifully situated on the Ta Tong river 20 miles from the sea, near enough to be reached by the tides which make it a sea port. The approach from Seoul is through a large plain of growing crops and the view from the city walls in any direction shows similar plains, equally fertile, back of which are high mountains. The city is on one side of and at the base of, a knoll which back of the governor's residence rises to quite a height. From this point the view of river, plains and mountains is grand. It is the 3rd city in population (about 50,000) and said to be 3rd in commercial importance, being the capital of the province which is rich in minerals & timber, the great silk producing region and with abundant crops of grains and tobacco. It will probably become the most important port as soon as opened.

As yet it is not open to foreign residence, although the Japanese were here for some time this year trading and shipping produce. They have made several attempts to get it opened as a port but have not succeeded. At present there are no Japanese here. The cost of property here is not higher than in Seoul but the cost of living is said to be twice as high. At present my teacher and boy and I are living on about $1.00 a day for all three of us. Very little has been done here in evangelistic work. The Roman Catholics are said to number 3000 with a French priest living as a Korean in a small place 70 li south of here.

The Methodists have had a local preacher here for some time and at their meeting here on the 7th which I attended there were 18 men

을 많이 지났으나, 과수원이 중앙에 위치해 있을 뿐 미국 농장의 집처럼 들판으로 둘러싸여 있는 집을 찾아볼 수 없었습니다. 농부들은 모두 읍이나 마을에 살고 있으며, 그래서 집 한 채 없이 농작물만 자라는 드넓은 평야를 볼 수 있었습니다. 그들은 찰스 더들리 워너가 말한 이상적인 시골 공동체에서 최소한 한 가지, 곧 "이웃"은 이상적으로 형성하고 있습니다.[1]

우리는 하루 휴식을 취한 것까지 포함해서 6일 반 동안 550리를 여행한 후 목요일 밤에 평양에 도착했습니다. 평양은 바다에서 20마일 떨어진 대동강 강변에 아름답게 위치하고 있으며, 바닷물의 조수가 닿을 정도로 가까운 항구 도시입니다. 서울에서 평양으로 갈 때는 농작물이 자라는 큰 평야를 지나갑니다. 도시 성벽에서 사방을 둘러보면 어디나 기름진 평야가 펼쳐지고 그 뒤로 높은 산들이 있습니다. 평양시는 작은 산의 한쪽 기슭에 있는데, 그 낮은 산 뒤에는 평양 감사의 관아가 높이 솟아 있습니다. 이 관아에서 내려다보는 강과 평야와 산의 경치가 장관입니다. 평양은 인구 면에서는 한국에서 세 번째로 큰 도시(약 5만 명)이며, 상업적인 중요성에서도 세 번째라고 합니다. 지하자원과 목재가 풍부한 평안도의 주도이고, 양질의 비단이 생산되고 곡물과 담배가 풍부하게 산출되는 지역입니다. 그래서 개항이 되면 십중팔구 곧바로 가장 중요한 개항장이 될 것입니다.

올해 비록 일본인들이 무역과 물품 운송을 위해 얼마 동안 이곳에 있었지만, 이 도시에는 아직 외국인이 거주할 수 없습니다. 일본인들은 이 도시를 개항장으로 만들기 위해 여러 번 시도했으나 성공하지 못했습니다. 현재 이곳에는 일본인이 없습니다. 이곳 부동산의 가격은 서울보다 높지 않지만 생활비는 서울의 두 배나 비싸다고 합니다. 현재 제 어학 교사와 하인과 저까지 세 사람이 하루에 약 1달러로 살고 있습니다. 이곳에서 전도 사역은 거의 이루어지지 않았습니다. 천주교 신자는 3,000명이 있다고 하는데, 이곳에서

---

1 찰스 더들리 워너(1829-1900)는 미국의 변호사, 잡지 편집인, 수필가, 소설가, 도시 개혁가로 감리교인이었다. 1870년 *My Summer in a Garden*(정원에서 보낸 여름)으로 유명해졌고, 친구 마크 트웨인과 *The Gilded Age: A Tale of Today* (도금시대, 1873)를 공저했다. 1870년대 말 워너는 미국에서 가장 인기 있는 작가로 많은 여행기를 남겼다. 1884년 그는 *Harper's Magazine* 편집진에 합류하여 10년 넘게 칼럼을 썼다.

present. Their preacher however proving to be dishonest has just been discharged. They also have a teacher at An Tjyou & have begun work in Eui Tjyou.

Our own work consists of 3 baptized men, 3 reported believers and several interested friends of these. They are without direction or leadership and have no regular meetings. It is in this province that a great part of our colporteurage work has been done and where Mr. Ross of Moukden and his followers have labored. Here I have been visited by men from six or seven cities. The people are larger, hardier, more independent and have more spirit than those in the south.

I have been here 10 days, living quietly in a Korean inn–going on the street every day exciting considerable interest. The people greatly dislike the Japanese and their manner toward me changes as soon as they know I am an American and not a Japanese. A great many have visited me in my room, many of whom have read considerable of the Bible and some tracts while here. With many I have talked of Christ and with others my teacher has talked, though he is not as yet a baptized believer but quite well acquainted with the Scripture truths.

I intend to stay here several days longer, making sure that it is practicable for a foreigner to live here several weeks at a time, and quietly do evangelistic work.

From here I go by boat to Chyang Yen in Western Whang Hai Do where we have a number of believers. After staying there a week will return to Seoul stopping a day or two at Hai Tjyou the capital of the province and another day at Syong To, reaching Seoul after almost a 6 weeks trip.

I am satisfied that coming here to permanently reside and open a new station is at present out of the question–though how soon it will be possible is uncertain, and I am also satisfied that we ought to occupy this point just as soon as it is possible, whether we establish a station at Fusan or not. To prepare for entering here my idea would be to have

남쪽으로 70리 떨어진 작은 마을에 한 프랑스인 신부가 한국인처럼 살고 있습니다.

감리회는 이곳에 본토 전도사 한 명을 두고 있으며, 7일에 열린 그들의 모임에 참석해보니 18명의 남자가 참석했습니다. 하지만 그 전도사는 부정직한 것으로 밝혀져서 바로 해고되었습니다. 감리회 선교회는 안주(安州)에도 교사 한 명을 두고 있고, 의주(義州)에서도 사역을 시작했습니다.

우리는 3명의 세례 교인, 보고된 3명의 신자, 그리고 이들의 친구로 관심을 가진 여러 명에게 사역했습니다. 그들은 지도를 받지 못하고, 지도자도 없으며, 정기 모임도 없습니다. 우리 권서들이 행한 사역의 대부분이 이루어진 곳이자, 만주 봉천의 로스 목사와 그의 신자들이 힘써 일한 지역이 바로 이 평안도입니다. 저는 이곳에서 6-7개 도시에서 온 사람들의 방문을 받았습니다. 그들은 남부 사람보다 몸이 더 크고 건장하며 더 독립적이고 활기가 넘쳤습니다.

저는 이곳에서 열흘간 한국 여관에서 조용히 지냈습니다. 매일 거리에 나가서 사람들로부터 많은 관심을 받았습니다. 사람들은 일본인을 아주 싫어하는데, 제가 일본인이 아니라 미국인이라는 사실을 알자마자 곧바로 저를 대하는 태도가 바뀌었습니다. 많은 사람이 제가 있는 방에 찾아왔고, 그들 가운데 다수가 이곳에서 성경과 소책자를 많이 읽었습니다. 저는 많은 사람들과 그리스도에 대해 이야기했고, 다른 사람들은 제 교사와 이야기했습니다.[2] 제 교사는 아직 세례를 받은 신자가 아니지만, 성경의 진리를 꽤 잘 알고 있습니다.

저는 여러 날 더 머무르면서 외국인이 이곳에 와서 한 번에 여러 주 동안 지내며 조용히 전도 사역을 하는 게 실행 가능한 것인지 확인하려고 합니다.

저는 이곳에서 배를 타고 황해도 서쪽에 있는 장연(長淵)으로 갈 것입니다. 그곳에 우리의 신자들이 많이 있습니다. 거기서 일주일간 머무르고 서울로 돌아갈 것입니다. 가는 도중에 황해도의 주도인 해주에서 하루나 이틀을

2 이 교사는 이씨로 알려져 있는데, 게일의 어학 교사인 이창직일 가능성이 있다.

a man reside in Seoul, but 3 times a year in company with a native evangelist take just such a trip as I am now taking, stopping here 3 or 4 weeks, giving instruction to believers, meeting inquirers, developing interest and removing prejudice. After a trip or two, if practicable a Korean house could be bought for about $300–in a place suitable for permanent mission station–part of it cleaned and fitted for occupancy by the missionary while here and put in charge of a native Christian with whom the missionary would board while here. This could also serve as a meeting place during the whole year. On the same trips preliminary work could be done in Syong To and Hai Tjyou and the work at Chyang Yen receive attention. Taking 6 or 8 weeks out of every 4 months, the balance of the time spent in Seoul could be given to evangelistic & educational work. Fusan can be entered at once but if entering Fusan means delay in beginning work here or diminishing the force in Seoul, I should urge that instead of entering Fusan now, another man work the Southern provinces in the same way until we have force enough to start the new station.-

This raises the question of our force in Seoul. In your letter you say "we ought not to put all our eggs in one basket"–but–it depends on how many eggs you have. We certainly need not less than 5 men in Seoul for work exclusively in Seoul & immediate neighborhood. Seoul will always be the center of work & the most important point.

The Methodist brethren realize this and are to open 4 preaching places there this fall and have their educational work & press work under headway, with 5 men and all the money they want. Of course the Presbyterians will have to do the bulk of the translation work & Mr. Underwood's time will be given to that and to training a theological class. Mr. Gifford is Treasurer and will teach in orphanage and do evangelistic work. Of course we need a physician. Now if we are to do anything like the evangelistic work possible, or if we are to give the orphanage the supervision needed to get from it the good results which we ought to & can get or if we are to open the school which is now lying

지내고 다시 송도에서 하루를 더 머무른 뒤 6주간의 여행을 마치고 서울에 도착할 것입니다.

제가 이곳에 영구적으로 거주하고 새 선교지부를 설립하기 위해 오는 것은, 비록 그것이 얼마나 빨리 가능할지 불확실하지만 현재 아무런 문제가 없다고 확신합니다. 또한 우리가 부산에 선교지부를 설치하는 것과 상관없이 이곳을 되도록 빨리 반드시 점유해야 한다고 확신합니다. 이곳에 들어오기 위해 제가 생각하는 것은 서울에 거주하는 한 선교사가 본토인 전도사 한 명과 함께 1년에 세 번 방문하되, 지금 제가 여행한 것처럼 3-4주 동안 지내면서 신자들을 가르치고 구도자들을 만나고 관심을 불러일으키고 편견을 제거하는 것입니다. 한두 번 더 여행한 후에야 좀 더 알 수 있겠지만, 실천 가능하다면, 영구적인 선교지부로 적당한 장소에 한옥 한 채를 약 300달러에 매입할 수 있습니다. 그 집의 일부를 깨끗이 청소하고 개조해서 선교사가 거주할 수 있도록 하고, 그 집의 관리를 선교사가 이곳에 있는 동안 돌볼 수 있는 본토인 예수교인에게 맡길 수 있습니다. 또한 1년 내내 이 집을 신자들의 집회 장소로 사용할 수 있습니다. 이 예비 여행을 하는 동안 송도와 해주에서 준비 사역을 할 수 있고 장연에서의 사역에 주의를 기울일 수 있습니다. 4개월마다 6-8주의 시간을 들이면, 나머지 시간은 서울에서 전도와 교육 사역을 할 수 있습니다. 부산에는 즉시 들어갈 수 있지만, 부산 개척으로 이곳에서 전개할 사역이 지체되고 서울에서 일할 인력이 줄어든다면, 지금 부산으로 들어가는 것보다, 새 선교지부를 개척할 충분한 인력이 확보될 때까지, 동일한 방식으로 다른 선교사가 남부의 경상도에서도 일해야 한다고 말씀드립니다.

이 주장은 서울의 선교사 인력에 대한 문제를 제기합니다. 귀하는 서신에서 "한 바구니 안에 모든 달걀을 넣어서는 안 된다"고 말씀하셨지만, 이는 얼마나 많은 달걀을 가지고 있는가에 달려 있습니다. 우리는 서울과 바로 인접 지역의 사역만을 위해 최소한 5명의 남자가 필요합니다. 서울은 언제나 사역의 중심지요 가장 중요한 지점이 될 것입니다.

감리회 형제들은 이를 인식하고 올가을 서울에 네 곳의 전도처를 개설

idle we must have at least two other ministers.

These 5 with two men for work in provinces preparatory to leading to new stations make 7 and by the time the new stations are opened we will need at least two more so as to leave 5 men permanently in Seoul. We have but 3 men and 1 under appointment. Of these Mr. Underwood alone has the language. Mr. Gifford has not been here two years and one cannot be expected to do any independent work in the language in less than 2 years, especially if he has as many business affairs & various complications to take up time—as we have had during the last six months.

The Board has appointed 8 men and 5 single ladies to Korea and expended considerable money, yet it is not the fault of the field that three of the ladies married, one withdrew, and that Mr. Gardner withdrew, Dr. Power was removed, and Dr. Allen retired, while Dr. Heron was removed by death, so that now we have but 3 men, 1 single lady and Mrs. Heron. I am more than rejoiced to know of Mr. Baird's appointment and only hope you may send us two more such men at once. I suppose we shall have physicians appointed to take Dr. Heron's and Dr. Allen's places.

Looking ahead two years when the men that are sent now will have a working knowledge of the language it seems to me imperative that 2 men should be sent at once. In two years we shall, almost without doubt, have established or be ready to establish stations at Hpyeng Yang and Fusan, requiring 4 men—2 men of a little experience and probably 2 new men. Mr. Underwood will be going to America for a year and as your letter indicates that Mr. Baird and I will be sent to new station, it will leave Mr. Gifford with very little assistance unless men are sent at once. I am perfectly willing and ready to go to new station with Mr. Baird, especially as it will be the fulfillment of what for years we have hoped we might be able to do, yet the work in Seoul ought not to be insufficiently manned.

Perhaps I will see things differently after years of experience but

할 것입니다. 그들은 교육 사업과 출판 사업을 진행하고 있는데, 5명의 남자 선교사와 필요한 모든 자금을 가지고 있습니다. 물론 우리 장로회 선교사들도 많은 번역 사업을 해야 하고, 언더우드 목사의 시간은 번역과 신학반 교육에 할애될 것입니다. 기퍼드 목사는 회계를 보며 고아원에서 가르치고 전도 사역을 할 것입니다. 당연히 우리에게는 의사 한 명이 필요합니다. 만일 지금 우리가 가능한 전도 사역과 같은 어떤 일을 해야 하거나, 고아원에서 좋은 결과를 얻을 수 있는 데 필요한 감독을 하려면, 혹은 지금 휴교 상태인 학교를 다시 개학하려면, 최소한 2명의 목사가 반드시 더 있어야 합니다.

위에서 언급한 5명과 새 선교지부로 발전하게 될 몇 개의 도에서 예비 사역을 맡을 2명을 합하면 필요한 선교사는 모두 7명입니다. 새 선교지부들을 개설할 때까지 우리는 최소한 2명이 더 필요하고, 그래야 서울에 5명이 영구적으로 남게 됩니다. 현재 우리에게는 3명만 있고 한 명은 임명을 받아 오는 중입니다.[3] 이 3명 가운데 언더우드 목사만 한국어를 합니다. 기퍼드 목사는 이곳에 있은 지 아직 2년이 되지 않았는데, 어느 누구도 2년 안에 한국어로 독립적인 사역을 할 수 있으리라 기대할 수 없습니다. 특히 지난 6개월 동안 그가 했던 것처럼 시간이 많이 걸리는 많은 업무와 다양하고 복잡한 일을 한다면 한국어를 익힐 수 없습니다.

지금까지 선교부는 한국에 8명의 남자와 5명의 독신 여자를 임명했고 상당한 금액을 지출했습니다. 그러나 독신 여자 가운데 3명은 결혼했고, 한 명은 사직했습니다. 또한 가드너 목사는 사임했고, 파워 의사는 파면되었으며, 알렌 의사는 은퇴했고, 헤론 의사는 사망했는데, 이는 선교지의 잘못이 아닙니다. 그래서 현재 3명의 남자와 한 명의 독신 여자와 헤론 부인이 남았습니다.[4] 베어드 목사가 임명된 것을 알게 되어 저는 대단히 기쁩니다. 우리에게 그와 같은 사람을 즉시 2명 더 보내주기를 바랄 뿐입니다. 또한 알렌 의

3 이때 서울에 있던 남자 장로회 선교사는 언더우드, 기퍼드, 마포삼열이다. 베어드는 아직 임명 중이었다.

4 결혼한 여자 선교사는 정식 선교사로 간주되지 않았다.

can only write as I see them now. Will write you again upon my return to Seoul & give whatever further information I may obtain. Hoping that the information obtained may be what you desired and be helpful in deciding as to our work—with kindest regards, I am.

Sincerely yours,

Samuel A. Moffett

사와 헤론 의사를 대신할 의사가 임명되어 오리라고 생각합니다.[5]

지금 파송되는 남자 선교사들이 앞으로 2년은 있어야 한국어 능력을 습득한다는 점을 감안한다면, 즉시 2명을 반드시 파송해야 한다고 생각합니다. 2년 후에 우리는 확실히 평양과 부산에 선교지부를 설치하거나 설치할 준비를 할 것이며, 따라서 4명의 남자—약간의 경험을 가진 2명과 십중팔구 새로 온 2명—가 필요합니다. 언더우드 목사는 1년간 미국에 갈 예정이고, 귀하의 서신이 암시하듯이 베어드 목사와 제가 새 선교지부로 파송될 것입니다. 따라서 만일 즉시 남자들이 파송되지 않는다면, 도와주는 사람 없이 기퍼드 목사만 남게 됩니다. 저는 기쁜 마음으로 베어드 목사와 함께 새 선교지부로 갈 준비가 되어 있습니다. 왜냐하면 우리는 여러 해 동안 동역하기를 소망해왔는데, 특별히 이제 그것이 성취될 것이기 때문입니다. 하지만 서울의 사역 인원이 부족하게 배정되어서는 안 됩니다.

아마 여러 해 더 경험하면 사태를 다르게 보겠지만, 현재로서는 보이는 대로 쓸 수 있을 뿐입니다. 제가 서울로 돌아가면 바로 다시 편지를 드리면서 새로운 정보를 추가하겠습니다. 제가 얻은 정보가 귀하께서 원하시던 것이고 우리 사역에 대해 결정하시는 데 도움이 되기를 바랍니다. 안녕히 계십시오.

마포삼열 올림

5 1891년 2월에 베어드 부부, 4월에 빈튼(C. C. Vinton) 의사 부부, 12월에 브라운(Hugh Brown, 1895년 3월 사임) 의사 부부 세 가족이 임명되었고, 게일이 토론토 대학교 YMCA 선교회에서 북장로회로 이전했다.

●
한복을 입은 마포삼열, 서울, 1890년 [MOF]
기퍼드 목사와 함께 하숙하던 헤론의 집에서 찍은 것으로 추정된다.

Samuel A. Moffett in Korean Clothes, Seoul, 1890
Probably at Dr. Heron's House where he stayed with Mr. Daniel L. Gifford.

● 기퍼드 부부 [MOF]
Rev. Daniel Lyman Gifford and Mrs. Mary Hayden Gifford

1890년 내한했던 북장로회 한국 선교사는 다음과 같다(남자 7명 중 의사가 3명, 목사가 4명이고, 여자 7명 중 미혼이 5명, 기혼이 2명이다).

이름	한국 도착일	사역 종료일	결혼
알렌(Horace N. Allen, MD)	1884. 9. 20	1890. 7. 9(사임)	
알렌 부인(Mrs. Frances M. Allen)	1884. 10. 26	1890. 7. 9(사임)	
언더우드(Rev. Horace. G. Underwood)	1885. 4. 5	1916. 10. 12(사망)	1889. 3. 14 호튼 양
헤론(James W. Heron, MD)	1885. 6. 21	1890. 7. 26(사망)	
헤론 부인(Mrs. Hattie G. Heron)	1885. 6. 21	1908. 3. 28(사망)	1892. 4. 7 게일 (James S. Gale)
엘러즈(Miss Annie Ellers)	1886. 7. 4	1887. 7. 5(결혼)	1887. 7. 5 벙커(Bunker)
호튼 양(Miss Lillias Stirling Horton, MD)	1888. 3. 27	1921. 10. 29(사망)	1889. 3. 14 언더우드
메리 헤이든 양(Miss Mary Hayden)	1888. 9. 29	1900. 5. 5(사망)	1890. 4. 24 기퍼드
기퍼드(Rev. Daniel L. Gifford)	1888. 10. 27	1900. 4. 10(사망)	1890. 4. 24 헤이든 양
파워(Charles Power, MD)	1888. 9	1889. 7. 15(사임)	
가드너(Rev. William Gardner)	1889. 2	1889. 10(사임)	
가드너 부인(Miss Sarah Gardner)	1889. 2	1889. 10(사임)	
마포삼열(Rev. Samuel A. Moffett)	1890. 1. 25	1934. 1. 25(은퇴)	1899. 6. 1 피시 (Alice Fish, MD)
수전 도티(Miss Susan A. Doty)	1890. 1. 25	1931. 3. 31(사망)	1904 밀러(F. S. Miller)

마포삼열 선교사는 그의 편지에서, 아직 한국에 도착하지 않았지만 임명된 상태인 베어드를 포함하여 남자 선교사를 8명이라고 언급했다.

Samuel A. Moffett

Seoul, Korea

October 20, 1890

Dear Dr. Ellinwood:

I wrote you Sept. 15 from Hpyeng Yang stating that that point is not yet open for permanent residence and suggested that on account of its importance as a strategic point it should be visited several times a year until the right of permanent residence can be secured.

I ascertained that a house of about 20 kan (a kan is a small room 8 ft. square) in a good location can be purchased for about 200,000 small cash equal to $300 or $400 according to varying rate of cash.

I left Hpeng Yang by boat in order that I might see the port Chyel Do which the Japanese have made repeated efforts to have opened. Discovered that the city of Hpyeng Yang is farther from the sea than the Koreans had represented, for it is 100 li (30 miles) to Chyel Do, which is situated at the point where the Ta Tong River enters the bay. Chyel Do is a small official village of some 25 houses where taxes are collected, built on side of a hill at the water's edge. I judge that it is a very healthful location.

From here on account of frail and leaky boat and heavy winds we went up one arm of the bay and landed, going to Anak where we stayed over Sunday and thence overland to Chyang Yen in two days.

We reached Anak on market day and the market space was crowded with thousands of people from the whole country round about. Every five days they have this Fair Day and it will present splendid opportunities for street preaching. From Anak we passed through a rather sparsely settled mountainous country and through the gold regions to a group of small villages in the Chang Yen magistracy. Here we have what appeared to me the most successful and promising work which has been done in Korea. In this country neighborhood—where I stayed 8 days—we have

마포삼열

한국, 서울

1890년 10월 20일

엘린우드 박사님께,

지난 9월 15일 평양에서 쓴 편지에서 저는 아직 평양이 개항되지 않았으며, 그곳이 전략적 요충지이므로 영구적 거주 권리가 확보될 때까지 매년 여러 차례 방문해야 한다고 제안했습니다.

그 후 저는 약 20칸(한 칸은 사방 8자의 작은 방 한 개) 크기로 좋은 위치에 있는 집 한 채를 한국 엽전의 환율 변동에 따라 300달러에서 400달러에 해당하는 20만 냥에 살 수 있다는 정보를 얻었습니다.

저는 일본이 여러 번 개항하려고 노력했던 철도(鐵島)항을 보기 위해 배편으로 평양을 떠났습니다. 평양은 들었던 것보다 바다에서 훨씬 더 멀리 떨어져 있어서 철도까지 100리(30마일) 거리였습니다. 대동강이 바다로 들어가는 만(灣)에 위치한 철도는 바다 입구의 언덕 옆에 자리 잡고 있으며, 세금을 징수하는 관청과 약 25채의 집으로 이루어졌습니다. 건강에 아주 좋은 곳입니다.

배가 너무 약하고 물이 새고 바람이 강해서 그 만의 한쪽 끝으로 올라가서 육지에 상륙한 후 안악(安岳)으로 가서 일요일까지 머물렀고, 거기서 육로로 가서 이틀 후에 장연에 도착했습니다.

우리가 안악에 도착한 날은 장날이었는데, 장터는 인근 시골 전역에서 온 수천 명의 사람들로 북적거렸습니다. 5일마다 열리는 이런 "장날"은 거리 전도하기에 좋은 기회입니다. 그리고 안악을 떠나 집들이 드문드문 보이는 산골 지역과 금광을 지나 마침내 장연군의 작은 마을에 도착했습니다. 지금까지 한국에서 일군 사역지 가운데 가장 성공적이고 전망이 밝아 보이는 곳입니다. 이 시골 인근에서 우리는 8일을 머물렀는데, 여기에는 성경 말씀을 공부하기 위해 정기적으로 모이는 약 15명의 세례 교인이 있습니다. 이곳에

some 15 baptized Christians who meet regularly for study of the Word. From there has come our native Evangelist, and a colporteur, and our most intelligent Christians. It is the only neighborhood in which I heard of no Roman Catholics. Under foreign supervision this might become a small but influential center of Protestantism, for there we reach the middle class of Koreans—those most free from the moral and political corruption of the country—the class which will certainly become the "back-bone" of new Korea.

From there a six days journey brought me back to Seoul, though on the way I spent half a day in Hai Tjyou, the capital of Whang Hai Do, and the prettiest & cleanest city of the country, and spent Sunday in Syong To.

I reached Seoul after a journey of some 500 miles—having learned something of the language, considerably more of the people, the country and the customs, and with a more intelligent conception of the task which is before us in seeking to evangelize this nation. I also proved to my own satisfaction that I can keep well and strong for some time living almost exclusively on Korean food and in the Korean manner. I came back and at once had to enter upon the consideration of the many little perplexing problems of mission affairs concerning the more important of which I wish now to write you.

We have fully discussed the question of new stations, have inquired of Mr. Gale concerning Fusan and interviewed our Korean workers from Seoul and the northern provinces and as a result have unanimously agreed that we ought at once to enter Fusan and Eui Tjyou.

The Koreans agree that outside of Seoul, Hpyeng Yang is by far the most important point and Fusan next, but say that we cannot enter Hpyeng Yang now and can enter Eui Tjyou (in the province where most seed has been sown) we ought to go there next and then enter Fusan. They say, and we think rightly, that Hpyeng Yang can be worked from Eui Tchyou until such time as we can enter there. Mr. Gale and Dr. Hardie expect to

서 우리의 전도사와 권서 한 명[1]과 우리의 가장 지적인 예수교인들이 배출되었습니다. 제가 천주교인에 대해 듣지 않은 곳은 바로 이 지역뿐입니다. 외국의 도움을 받으면 이곳은 작지만 영향력이 있는 개신교의 중심지가 될 듯합니다. 왜냐하면 이곳에서 우리는 이 나라의 도덕적·정치적인 부패로부터 자유로운 중산층을 만났는데, 이들이 분명히 새로운 한국의 "중추"가 될 계층이기 때문입니다.[2]

그곳을 6일간 여행한 후에 다시 서울로 돌아왔습니다. 도중에 황해도의 주도이자 이 지역에서 가장 아름답고 깨끗한 해주(海州)에서 반나절을 보냈고, 일요일에는 송도(松都)에 머물렀습니다.[3]

저는 약 500마일을 여행한 후 서울에 도착했습니다. 이번 여행에서 한국어를 약간 배웠고, 한국인과 시골과 풍속에 대해 더 많이 알게 되었으며, 이 나라를 복음화하려고 노력하는 우리 앞에 놓인 과업에 대해 좀 더 지적인 개념을 얻게 되었습니다. 또한 개인적으로 만족스러운 점은, 제가 전적으로 한국 음식만 먹고 한국식으로 살면서 일정 기간 건강하고 튼튼하게 지낼 수 있음을 증명한 것입니다. 저는 돌아오자마자 선교회 업무의 사소하고 복잡한 많은 문제를 고려하지 않을 수 없었는데, 그중 더 중요한 일에 대해 이제 쓰겠습니다.

우리는 새 선교지부 문제를 충분히 토론했고, 게일 씨에게 부산에 대해 문의했으며, 서울과 평안도와 황해도에서 온 우리 한국인 사역자들을 면담했는데, 그 결과 부산과 의주에 즉시 들어가야 한다는 의견에 만장일치로 동의했습니다.

한국인들은 서울 바깥에서는 평양이 다른 곳보다 가장 중요하며, 부산이 그다음이라고 합니다. 그러나 현재 평양에는 들어갈 수 없고 가장 많은 씨

---

1 전도사와 권서는 서상륜과 최명오인 듯하다. 이들은 곧 조사로 임명되었다.

2 여기서 시골의 중산층이란 양반이나 향리를 제외한 신흥 중산층으로, 지적이고 부를 축적한 상인(商人)과 경작지를 비롯해 어느 정도의 자산을 가진 농민을 지칭한다.

3 10월 1일 수요일 장연에 도착해서 8일간 장연과 소래 지역에서 지낸 후 10월 10일 해주, 10월 11-12일 송도를 거쳐 14일 화요일에 서울로 돌아왔다.

go to Eui Tjyou in the spring and want us to send a man with them. They will not organize work but their instructions are to work with whatever church is on the field. If we send a man with them we can reap the results of their work and organize it. They expected to buy Korean houses and adapt to their use with but little alteration and I believe by following the same policy we can occupy that field at little expense and at the same time reach Koreans more effectively than by building foreign houses.

The expense of living in Eui Tjyou will be considerably more than in Seoul because of the distance over which all goods would have to be transported.

As to Fusan–now that Hpyeng Yang is closed, we are a unit in the opinion that Fusan should be opened at once, and have asked for a physician and one minister to be sent there. The Board evidently intended sending two ministers and a physician but unless in addition to that you will send us one man for the North we believe only one minister should be sent to Fusan.

I should like to put in a word just here with reference to myself. If you intended to send a physician and Mr. Baird to Fusan I wish very much I might go there also–if you will give us another man to take my place here and a man to go North. If that is not best I should like to go to Eui Tchyou with Mr. Gale and Dr. Hardie if you will send another man here. The members of the mission have expressed their opinion that the force here should remain unchanged, but I could do better work outside of Seoul. It is difficult to learn the language where so much English is spoken and the social demands are too numerous. In addition–without desiring to criticize what has been done, I should like to begin work on a somewhat different basis. I believe we have begun wrong end foremost and planted schools and institutions without the preliminary years of evangelistic work which they had in China and Japan. We are not ready for schools. There is no demand for English education and we have not the force with which to man Korean schools.

앗이 뿌려진 의주에는 들어갈 수 있으므로, 다음에는 반드시 의주에 들어가고 그다음으로 부산에 들어가야 한다고 말합니다. 그들은 우리가 평양에 들어갈 수 있을 때까지 평양 사역을 의주에서 할 수 있다고 하는데, 그것이 옳다고 생각합니다. 내년 봄에 게일 씨와 하디 의사가 의주에 갈 예정인데, 함께 갈 사람을 우리 선교회가 파송해주기를 원합니다. 그들은 그곳에서 사역을 조직하지 않을 것이며, 다만 현지에 있는 교회와 협력하라는 지시를 받고 있습니다. 만일 우리가 그들과 함께 남자 선교사 한 명을 파송한다면, 우리는 그들의 사역 열매를 거두고 조직할 수 있을 것입니다. 그들은 한옥을 사서 거의 개조하지 않고 용도에 맞게 사용할 것입니다. 우리도 동일한 정책을 따르면 적은 비용으로 그 선교지를 차지할 수 있고, 동시에 서양식 집을 짓는 것보다 효과적으로 한국인에게 접근할 수 있다고 믿습니다.[4]

의주로 모든 물건을 운송해야 하므로 거리 때문에 생활비는 서울보다 상당히 많이 들 것입니다.[5]

부산에 대해 말씀드립니다. 우리 모두는 현재 평양의 문이 닫혀 있기 때문에 부산에 선교지부를 개설하고자 의사 한 명과 목사 한 명의 파송을 요청했습니다. 선교부는 의사 한 명과 목사 2명을 보내려 하겠지만, 만일 북한을 위해 한 명을 더 보내주지 않는다면 부산에는 목사 한 명만 파송해야 한다고 우리는 확신합니다.

이제 저 자신에 대해 한 말씀 드리고 싶습니다. 만일 귀하께서 의사 한 명과 베어드 목사를 부산에 보내려고 결정하시면, 그리고 이곳 서울에서 저를 대신할 다른 한 명과 북한에 보낼 한 사람을 보내주시면, 저 역시 부산에 정말 가고 싶습니다. 만일 그것이 최선이 아니라면, 귀하께서 이곳에 다른 한 사람을 보내주시는 대로 저는 게일 씨와 하디 의사와 함께 의주로 가고 싶습니다. 선교회 회원들은 서울의 인원에 변화가 있어서는 안 된다는 의견을 피

---

4 자급, 자전, 자치하는 토착 교회 설립을 위한 네비우스-로스 방법을 말한다.

5 이후 의주에 선교지부를 설치하는 안이 몇 차례 거론되지만 결국 설치되지 않았는데, 높은 생활비와 국경 도시이므로 주변 지역에 접근성이 떨어진다는 이유 때문이었다. 대신 의주에서 남쪽으로 내려와 용천과 정주 사이에 위치한 선천에 선교지부가 설치되었다.

I am now trying to solve the orphanage problem which has come under my care. We can get all the boys we want if we will clothe and feed them but the question with me is—What is now the object of the orphanage and is it accomplishing that object? It has done good and accomplished the object for which it was established, viz: to help open the country for our work. We are seeking to bring the expenses within the reduced appropriation. Mr. Gale is superintending it for three months and then I will take complete charge until its future is decided upon. Of this I will write you again. If, after arrival of re-enforcements it seems best that I should remain in Seoul and the new arrivals go to new stations, so it must be, tho' I should prefer to go to the country.

We are settling down to work—though the absence of Dr. Heron is keenly felt. Mrs. Heron has begun work among the wives of the officials who were friends of Dr. Heron and has met a very cordial reception. She has also begun a sewing class having a native read to the group of women while they sew.

The Methodists have been re-enforced by the arrival of a lady physician and a lady teacher and I understand there is prospect of a satisfactory settlement of the difficulties between them and Dr. McGill, though the Scotch Presbyterian blood in his veins makes it difficult for him to work under their system.

Most earnestly praying that we may be speedily re-enforced and that the blessing of the Spirit may rest upon your work and ours.

Sincerely yours,
Samuel A. Moffett

력했지만, 저는 서울을 벗어난 곳에서 일을 더 잘할 수 있습니다. 영어로 많이 말하고 사교 모임이 많은 곳에서 한국어를 배우기는 어렵습니다. 나아가 지금까지 이루어진 사역을 비판할 마음은 없지만, 저는 조금 다른 기초 위에서 사역을 시작하고 싶습니다. 우리는 무엇보다도 잘못된 부분을 안고 시작했는데, 중국과 일본과 달리 몇 년간 예비 전도 사역을 하지 않고 학교와 기관을 설립한 것입니다.[6] 우리는 학교를 할 준비가 되어 있지 않습니다. 영어 교육에 대한 수요가 없으며, 한국인 학교에 배치할 인력도 없습니다.

저는 지금 제 관리하에 있는 고아원 문제를 해결하려고 노력하고 있습니다. 만일 우리가 옷을 입히고 먹을 것을 준다면 원하는 대로 소년들을 모을 수 있습니다. 그러나 제가 문제 삼는 것은 "바로 지금 고아원 사역의 목적은 무엇인가? 고아원 사역이 그 목적을 달성하고 있는가"라는 점입니다. 고아원 사역은 유익한 일을 했고, 설립 목적인 우리 사역을 위해 이 나라의 문을 개방하는 것도 이뤄냈습니다. 우리는 축소된 예산 안에서 지출하려고 노력하고 있습니다. 게일 씨가 3개월 동안 고아원을 감독하고 있으며, 이어서 그 미래가 결정될 때까지 제가 완전히 책임을 질 것입니다. 이 고아원 문제에 대해 다시 편지를 드리겠습니다. 만일 보강된 인력이 도착한 후 제가 서울에 있고 신임 선교사들이 새 선교지부에 가는 것이 최선이라고 판단되면 그렇게 해야 하겠지만, 여전히 저는 시골에 가는 것을 더 선호합니다.

비록 헤론 의사의 부재가 뼈아프게 느껴지지만, 우리의 사역은 자리를 잡아가고 있습니다. 헤론 부인은 헤론 의사의 친구였던 정부 관리들의 부인들을 대상으로 사역을 시작했으며, 그들은 그녀를 따뜻하게 대접했습니다. 또한 헤론 부인은 자수(刺繡) 반을 시작했는데, 한 무리의 여자가 바느질을 하는 동안 한 본토인 여자가 책을 읽어주고 있습니다.

감리회 선교회에는 여자 의사 한 명과 여자 교사 한 명이 보강되었으며, 제가 이해하기로는 그들과 맥길 의사 사이의 어려움이 만족스럽게 해결될 전망입니다. 그러나 맥길 의사의 핏줄 속에 흐르는 스코틀랜드 장로교회의

6 정치성이나 의료와 교육 선교가 배제된 순수 복음 전도 사역부터 시작하고 싶은 것이 마포삼열의 열망이었다.

P. S.

Mr. Gale says a large tract of land can be purchased in Fusan for $100. This is situated on a hill in a healthful location and large enough for two or three houses. A foreigner now living there is building a house with Japanese carpenters–for $1,200. The house is perhaps a little larger and more elaborately decorated than we would wish to build. If you will give us two men and $2500 we believe we can occupy that field.

혈통 때문에 감리교회 체제하에서 일하는 것은 어려운 일입니다.[7]

하루 빨리 우리에게 인력이 보강되고 귀하의 사역과 우리의 사역에 성령께서 축복하시기를 간절히 기도합니다.

마포삼열 올림

추신. 게일 씨는 부산에서 넓은 대지를 100달러에 매입할 수 있다고 말합니다. 건강에 좋은 언덕 위에 자리 잡고 있으며 두세 채의 집을 충분히 지을 수 있는 땅입니다. 부산에 사는 한 외국인이 일본인 목수들을 고용해서 집을 짓고 있는데, 그 비용은 1,200달러입니다. 그 집은 우리가 건축하려고 하는 집보다 조금 더 크고 장식을 더 많이 넣은 듯합니다. 만일 귀하께서 남자 2명과 2,500달러를 주시면 우리가 그 지역에 진출할 수 있다고 믿습니다.

---

7 맥길 의사는 감리사 스크랜튼 의사의 일방적인 지시를 받는 것을 좋아하지 않았고, 두 사람 사이가 점점 멀어지면서 맥길 의사는 장로회 선교회로 이전할 뜻이 있었다. 그러나 그는 1892년 북감리회의 새 선교지부인 원산에 파송되어 일했다. 게일도 헤론 부인과 결혼한 후 1892년 4월에 원산으로 이주하여 북장로회 선교지부를 개척했다. 서울에서 맥길은 스크랜튼과, 게일 부인(헤론 부인)은 알렌 부부와 불편한 관계였는데, 원산으로 이주함으로써 이 문제가 해소되었다.

●
네비우스 목사와 네비우스 부인 [OAK]
Mrs. Helen Nevius and Rev. John L. Nevius

언더우드 목사는 1887년 9월 서울에 온 로스를 통해 만주에서 시행 중인 네비우스 방법에 대해 들었고, 네비우스의 글을 읽으며 그 방법을 연구하기 시작했다. 이윽고 그는 1888년 3월 13일 자 엘린우드 총무에게 보낸 편지에서 네비우스 방법을 채택하겠다고 밝혔다. 1888년 12월에 한국인 권서와 지도자들을 모아 첫 신학반 사경회를 열었으며, 1889년 정동교회당 건축 때부터 철저한 자급 정책을 시행했다. 또 전도사를 고용하는 옛 방식 대신 신자들의 자원 전도 방식을 채택하여 돈 때문에 교인이나 학생이 되는 '쌀 신자'를 방지하려고 했다. 서울 선교사들은 1890년 5월 중국에서 40년간 봉사한 네비우스 부부가 미국에 가는 길에 서울을 방문해줄 것을 요청했다. 이에 은퇴를 앞둔 네비우스 부부는 2주일간 20대의 청년 선교사들에게 선교 경험을 전수하고 선교 방법을 가르쳤다. 이처럼 '자급, 자전, 자치'하는 토착 교회를 설립하기 위한 네비우스 방법은 1891년 북장로회 한국 선교회의 공식 정책이 되었다. 마포삼열은 네비우스-로스 방법을 수용하고 이를 북한 지역에 적용하여 교회 개척과 성장에 대성공을 이룬 장본인이었는데, 그가 1890년 가을 전도 여행을 떠난 데는 그해 5월에 방문한 네비우스 부부의 영향도 있었을 것이다.

●
정동고아원, 1890년 [OAK]
오른쪽에 언더우드 부인이 아이를 안고 있다.

마포삼열은 자신의 편지에서 평양과 철도의 거리를 100리로 언급했지만, 실제는 이보다 더 멀었다. 대동여지도에서는 평양에서 강서까지의 거리를 70리로 표시했는데, 당시 10리는 약 5.4km였다. 평양에서 철도까지는 150리로 약 81km(45마일) 거리였다.

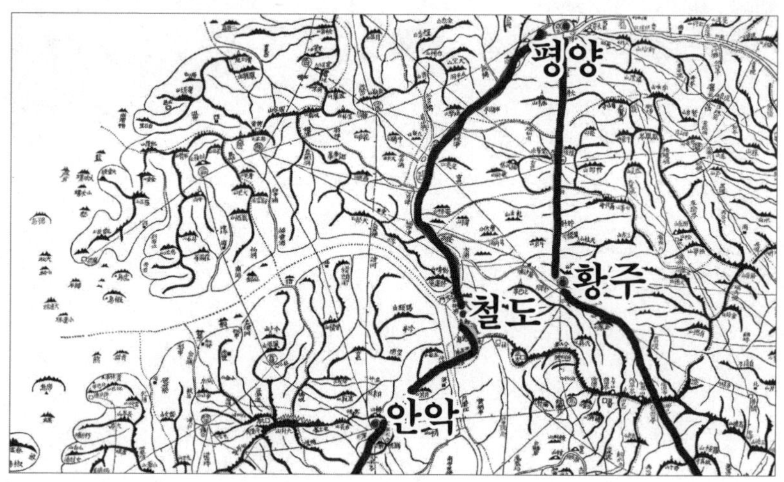

●

마포삼열의 제1차 전도 여행 귀환길, 평양에서 문화까지, 1890년

대동여지도에 표시한 평양-철도-안악-문화 행로다.
황해도와 평안도의 경계선에 있고 내륙 깊숙이 들어온 철도(鐵島) 항.
마포삼열은 일본이 여러 번 개항하려고 노력했던 철도 항을 보고자 했다.

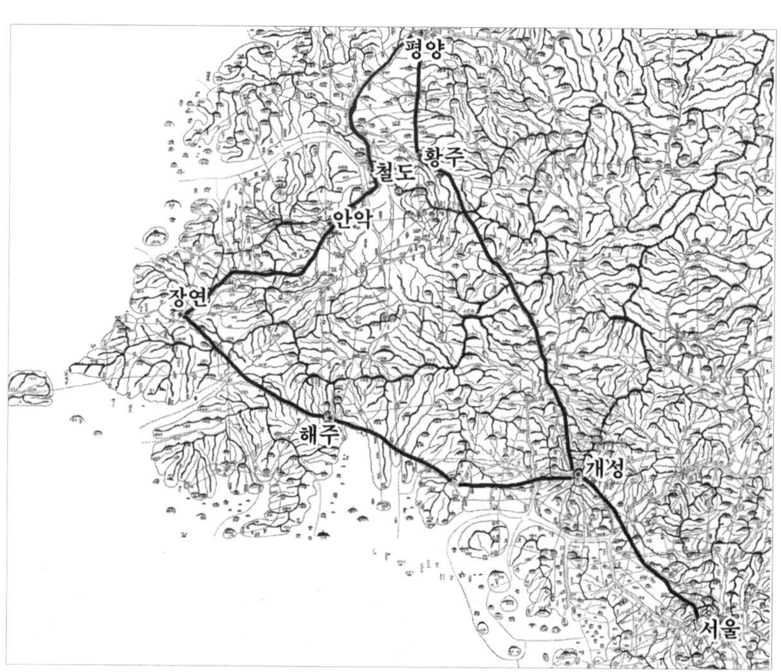

마포삼열의 첫 북한 지역 전도 여행, 1890년
아펜젤러와 함께 1890년 8월 29일 서울을 출발하여 개성, 평양(약 2주간 체류), 철도(9월 24일 평양을 떠나 9월 25일 도착), 안악(9월 27일 토요일 도착), 장연(8일간 체류), 해주, 개성을 거쳐 800km를 여행한 후 10월 14일 서울에 돌아왔다.

S. A. Moffett's First Evangelistic Trip with H. G. Appenzeller, August 29 - October 14, 1890
Routes: Seoul-Songdo(Kaesŏng)-P'yŏngyang (stayed 2 weeks)-Ch'ŏldo-Anak-Changyŏn (stayed 8 days)-Haeju-Songdo-Seoul;
They traveled 500 miles for 47 days.

Samuel A. Moffett

Seoul, Korea

November 4, 1890

Dear Dr. Ellinwood:

Your letter of Sept. 9th received. I am very glad to feel assured that the Board understands the situation here and to know that you have taken the action you did in reference to Dr. Allen. He has and I think will show himself friendly to our work and I hope in his position may help in getting a new treaty which will give us liberty to teach Christianity.

I have word from Mr. Baird that he will sail Dec.18th. I hope the way may be open for him to go to new station as soon as he has had a few months experience in Seoul, long enough to know on what basis he wants to begin work.

At Oct. Mission meeting a committee was appointed to write you full particulars of the present condition and prospects of affairs relating to the hospital. As soon as inquiries can be made I presume you will hear.

I enclose "Suggestions for Outfit and Journey" for Korea Mission–which I hope will reach you in time to be of use to the second physician you send us–if not for the first. The list is approved by the entire mission.

Very sincerely,

S. A. Moffett

마포삼열

한국, 서울

1890년 11월 4일

엘린우드 박사님께,

귀하의 9월 9일 자 서신을 받았습니다. 저는 선교부가 이곳 상황을 이해한다고 확신하게 되어서, 그리고 알렌 의사에 대해 귀하께서 취하신 결정을 알게 되어 기쁩니다. 알렌 의사는 지금까지 우리의 사역에 대해 우호적이었고 앞으로도 우호적인 태도로 나올 것이라고 생각합니다. 기독교를 가르칠 자유를 보장할 새 조약을 체결할 때 알렌 의사의 지위가 우리에게 도움이 되기를 희망합니다.

베어드 목사로부터 12월 18일에 출항한다는 연락을 받았습니다. 그가 서울에서 이삼 개월 경험을 쌓은 후 곧바로 새 선교지부로 가는 길이 열리기를 바랍니다. 그 기간이면 어떤 기초 위에서 사역을 시작하고 싶은지 충분히 알 수 있습니다.

10월 선교회 월례 회의에서 정부 병원과 관련된 업무의 현재 상태와 향후 전망에 대해 귀하께 상세한 보고서를 올리기 위한 위원회가 임명되었습니다. 조사가 이루어지면 바로 귀하께 소식을 전할 것입니다.

한국 선교회로 나오는 선교사들을 위해 "여행 준비 안내서"를 동봉합니다. 귀하께서 파송하는 첫 번째 의사는 이용하지 못할지라도 두 번째 의사부터는 이용할 수 있기를 바랍니다. 그 제안서 목록은 선교회 전체가 인가한 것입니다.

마포삼열 올림

Samuel A. Moffett

Seoul, Korea

November 17, 1890

Dear Dr. Ellinwood:

If I do not stand a first class examination in the language at the end of the first year, I think I will have a right to put in a plea for leniency. Mr. and Mrs. Underwood have been compelled to go to Chefoo on account of Mrs. U.'s health and Mr. Gifford has been laid up for two weeks with "La Grippe". Consequently I have been forced to look after hundreds of little & big things which, much as I regretted it, have interfered with my language study.

I feel quite uneasy about Mr. and Mrs. Underwood. Dr. Scranton says they ought by all means to go to America next spring—that neither of them is at all well. Mr. Underwood is of that disposition which is loath to admit that he is not strong and well but he has had several spells of nausea and fainting and admits that he cannot do as much hard work as he could a year or two ago.

If he goes to America in the spring I am afraid my prospects for leaving Seoul are not very bright, but I hope Baird will not be kept here longer than six months. Mr. Gale is practically one of us and is looking after Mr. U.'s evangelistic work in his absence and is living at and superintending the orphanage which has been placed under my care. Together we are working to get the orphanage upon a somewhat different basis and to bring the expenses within the appropriation. The latter however will be impossible as four months of this year it was run on the old plan before we knew the appropriation had been cut down. At the special meeting of the Mission held just before Mr. Underwood left for China I asked that the Board be requested to give us permission to use for the orphanage a part of the $500 appropriated for support of boys in school. The school has not been and cannot be opened, but I think

마포삼열

한국, 서울

1890년 11월 17일

엘린우드 박사님께,

만일 제가 한국에 온 후 그 첫해 말에 치르는 제1차 언어 시험에서 통과하지 못한다면, 너그럽게 봐달라는 청원을 올릴 권한이 있다고 생각합니다. 언더우드 목사 부부는 부인의 건강 때문에 중국의 지푸(芝罘)로 가지 않을 수 없었습니다.[1] 기퍼드 목사도 독감으로 2주 동안 누워 있습니다. 그 결과 저는 크고 작은 수백 가지 일을 모두 돌보지 않을 수 없었고, 유감스럽게도 한국어 공부에 방해를 받았습니다.

저는 언더우드 목사 부부가 매우 염려스럽습니다. 스크랜튼 의사의 말에 의하면, 그들은 내년 봄에는 무슨 일이 있어도 반드시 미국으로 가야 하며, 두 사람 모두 전혀 건강하지 않다고 말합니다. 언더우드 목사는 자신이 강하지 않고 건강하지 않음을 인정하기를 혐오하는 기질이지만, 여러 차례 구토 증세를 느끼고 기절했으며, 지금은 1-2년 전처럼 그렇게 열심히 일할 수 없다는 점을 인정합니다.

만일 그가 내년 봄에 미국에 가면 제가 서울을 떠날 전망은 밝지 않다고 생각합니다. 그러나 베어드 목사가 6개월 이상 이곳[서울]에 머물러 있지 않기를 바랍니다. 게일 씨는 실제로 우리 선교회의 회원이며, 언더우드 목사가 없을 때 그의 전도 사역을 돌보고 있고, 저의 관리하에 있던 고아원에 살면서 고아원을 감독하고 있습니다. 우리는 함께 고아원을 조금 다른 기초 위에 올려놓고 고아원 경비를 예산 안에서 지출하려고 노력하고 있습니다. 그러나 후자는 불가능할 것 같습니다. 왜냐하면 예산이 삭감된 것을 알기 전, 이

---

1 언더우드 부인인 호튼(1851-1921) 의사는 시카고 출신으로 1888년 3월 27일 서울에 도착했다. 그녀는 8살 연하의 언더우드와 그해 가을에 약혼하고, 1889년 3월에 혼인했다. 언더우드 부인은 39세의 나이인 1890년 9월 9일 아들 원한경을 낳은 후 산후 건강이 좋지 않아 그해 10월에 산동 반도 북장로회 선교지부가 있는 지푸에 가서 요양했다.

the orphanage will gradually change its character so that it will more properly be termed a Boys' School and the appropriation will thus be used as was intended. We have "weeded out" the boys, sending back to their friends a number who gave no promise of becoming good students or useful men; have placed a Christian teacher over the boys and made the Chinese Bible a textbook.

Mr. Gale expects to go to Eui Tjyou in December but his knowledge of the language will have enabled us to get the orphanage in such condition that we will have a more definite idea of its financial affairs.

If Mr. Gale settles in the north we will have a splendid chance to start a work through him if we can send one man with him. He knows the language well, and knows Koreans. He is a thorough Presbyterian, but will work with whatever church is on the field.

I have written this hastily and perhaps not very accurately but with the desire to keep you informed of the condition of this kaleidoscopic field

Sincerely yours,

S. A. Moffett

P.S.

I have a younger brother now attending Union Seminary. If you are ever at the seminary I wish that he could meet you. [Thomas C. Moffett, at Union Seminary, New York]

미 올해 4개월간 이전 계획에 따라 고아원을 운영했기 때문입니다. 언더우드 목사가 중국으로 떠나기 직전에 열린 한국 선교회 특별 회의에서, 선교부에 남학교의 학생 지원비로 배정된 500달러의 일부를 고아원에 쓸 수 있도록 허가해달라고 요청하기로 했습니다. 학교는 개학하지 않았고 또 개학할 수도 없는 형편입니다. 그러나 고아원의 성격이 점진적으로 변하리라고 생각합니다. 그래서 앞으로는 "남학교"라고 불리는 것이 더 적합하며, 학교에 배정된 예산도 의도한 대로 사용할 것입니다. 우리는 착한 학생이 되거나 배움을 활용할 가망이 없는 소년들을 많이 "가려냈습니다." 그리고 학생을 지도하도록 한국인 예수교인 한 명을 임명했으며, 한문 성경을 교과서로 채택했습니다.

게일 씨는 12월에 의주에 갈 예정입니다. 게일 씨의 한국어 지식 덕분에 우리는 고아원의 재정 문제에 대해 더 분명하게 파악한 상태에서 유지할 수 있을 것입니다.

만일 게일 씨가 북부 지역에 정착하고, 우리가 게일 씨와 함께 한 사람을 파송할 수 있다면, 우리는 게일 씨를 통해 사역을 시작할 수 있는 훌륭한 기회를 가질 것입니다. 게일 씨는 한국어를 잘 알고 한국 사람을 잘 압니다. 게일 씨는 철저한 장로교인이지만 선교지에 있는 어떤 교회와도 함께 일할 것입니다.

급하게 이 편지를 썼기에 정확하지 않을 수도 있지만, 귀하께 이 변화무쌍한 현지의 상황을 알려드리고 싶어서 적었습니다.

마포삼열 올림

추신. 지금 유니언 신학교에 다니는 남동생이 있습니다. 혹시 귀하께서 유니언 신학교에 가게 되면 동생을 만나주시길 바랍니다.[2]

---

2 마포삼열의 동생 토머스 마페트(Thomas Charles Moffett)를 말한다.

서신 LETTERS
1891

Samuel A. Moffett

Seoul, Korea

February 11, 1891

Dear Dr. Ellinwood:

Your letter of Nov. 24 was gladly received and your recent letters to the Mission have made us all rejoice in the prospect of re-enforcements. As you will see from our request for new missionaries we believe the time has come to be ready for a steady progress in bringing the gospel into contact with this people and we are especially desirous of pushing evangelistic work among men and women. In addition to the reports sent you at this time I have but a few words to add bearing upon the way in which my time has been occupied this last year. I came fully determined that nothing should interfere with my study of the language, but found such a peculiarly disturbed condition of things here that my duty seemed to be to first of all seek to bring harmony of action in the mission, to bring order out of chaos, and consequently while inwardly protesting I have felt compelled to give considerable time to solving mission problems, straightening financial matters, re-adjusting the orphanage, and to the adoption of rules for the mission so as to avoid the friction which has resulted from having no settled policy.

The existing situation has demanded some “red tape” but I believe it will help us to harmonious action and at the same time leave us more free to devote ourselves to the language and the people instead of to a succession of discussions on every question which may or can be raised.

The orphanage was practically without supervision and subject to many abuses and I felt forced to give it attention. It is not yet in a satisfactory condition for it is far more difficult to re-adjust a school than it is to begin at the beginning, especially when one has so little knowledge of the language and customs. The Mission has approved the suggestion that it be converted into a Boys’ School furnishing only

마포삼열

한국, 서울

1891년 2월 11일

엘린우드 박사님께,

귀하의 11월 24일 자 서신을 반갑게 받았으며, 최근에 선교회 앞으로 보내신 귀하의 서신에 담긴 인력 증원 소식에 우리 모두 기뻤습니다.[1] 새 선교사에 대한 우리의 요청을 통해 아시겠지만, 우리가 이 민족에게 복음을 전하는 일이 꾸준히 진보하도록 준비할 때가 왔다고 믿으며, 우리는 특별히 남자와 여자에게 전도 사역을 추진하기를 원합니다.[2] 이번에 보내드리는 보고서들 외에 작년에 제가 어떻게 시간을 보냈는지 간단히 말씀드리겠습니다.[3] 그 어떤 일도 제 언어 공부를 방해하지 못하도록 굳게 결심했지만, 이곳의 특별히 혼란스러운 상황 때문에 제 임무가 우선 선교회에 행동의 조화를 가져오고, 혼란 속에 질서를 가져오는 것이라고 여겼습니다. 그 결과 마음속으로는 이의를 제기하면서도 여러 가지 선교회의 문제들을 해결하고, 재정 문제를 바로잡고, 고아원을 재정비하고, 확정된 정책이 없어서 야기되는 갈등을 방지하는 선교회 규칙을 채택하기 위해 상당한 시간을 투자하지 않으면 안 되었습니다.

기존 상황은 일부 "형식적인 절차"가 필요했습니다. 저는 이 절차가 조화로운 행동에 도움이 되고, 동시에 제기될 수 있는 모든 문제에 대해 끝없이 토론하는 대신 한국어와 한국인을 아는 데 헌신하도록 더 많은 자유를 줄 것

---

1 1892년 9월에 무어(Samuel F. Moore, 1906년 12월 사망) 부부, 10월에 리(Graham Lee), 11월에 밀러(Frederick S. Miller) 부부와 스왈른(William L. Swallen) 부부가 내한했다.

2 본문에서 굳이 "남자와 여자"라고 표현한 것은 남녀 사역이 분리되어 있었고, 아직 어린이나 학생 대상 사역이 본격화되지 않았기 때문인 듯하다.

3 1891년 연례 회의는 2월 2일 서울에 온 베어드 부부가 참석할 수 있도록 1월에 열리는 대신 2월 3일부터 5일간 열렸다. 이때 처음으로 "선교회 규칙과 부칙"(Rules and By-Laws)이 채택되었는데, 마포삼열의 주도로 선교사들 간의 마찰을 최소화하기 위해 마련된 것이었다. 또한 이 회의는 언더우드와 베어드에게 부산 선교지부 개설을 위한 대지 구입을 지시했고, 마포삼열에게는 평양 선교지부 개설을 위한 대지 구입을 허락했다. 이로써 북장로교 선교회의 본격적인 지방 진출이 시작되었다.

partial support—and I believe it ought at once to be turned over to the charge of one especially adapted to school work and who will have permanent charge of the educational work.

You seem to be under the impression that we have had both a Boys' School and an orphanage but the latter alone has been established. The building which was erected for a school has never been so used. It is now planned to convert it into a dwelling for the new Doctor who can use the outbuildings for a dispensary or hospital for which they are admirably adapted. We hope also that the new Doctor may take up the government hospital under more favorable conditions.

Mr. and Mrs. Baird have arrived and are settled in my house where they will probably remain for a year, as in the judgment of the Mission they should have one year of work on the Seoul dialect before going to Fusan. During the year land will be purchased and arrangements made for building.

My first year having been so divided between language study and the details & problems of Mission work I begin the second year more free for language study. With this in view Mr. Gale and I have arranged for a 3 or 4 months itinerary when we expect to do considerable language study and evangelistic work. We will visit Syong Tyo and Ping An which I visited last fall and then go further north to Eui Ju crossing into China to see how thickly the border land is peopled with Koreans and to see the result of Mr. Ross's work there; thence we will return by way of Gensan.

Have just heard that Ping An (the unpronounceable name of my fall letter—I'll follow the English spelling hereafter) is to be opened to foreigners in which case I doubt not the Mission will ask for two men to go there just as soon as the Board is able to send them. Mr. Gale and I will thus visit each point, except Fusan, which we hope to see entered and upon our return will have more of the language and be better prepared to plan for opening new stations. It is difficult to plan very far ahead because of the numerous and sudden changes on the field. When I wrote you last

이라고 믿습니다.

고아원은 실제로 감독이 이루어지지 않은 채 많은 남용이 있었으므로 저는 관심을 기울이지 않을 수 없었습니다. 그러나 고아원의 상태가 아직 만족스러운 것은 아닙니다. 학교를 처음 시작하는 것보다 재정비하는 것이 더 어렵기 마련인데, 언어와 관습에 대한 지식이 없을 때 특히 그렇습니다. 선교회는 이 고아원을 부분적으로만 지원해주는 "남학교"로 전환하는 안을 승인했습니다. 저는 고아원의 책임을 학교 사역에 특별히 적합한 선교사로서 교육 사업을 영구적으로 맡을 사람에게 즉시 넘겨야 한다고 믿습니다.

귀하는 우리가 남학교와 고아원을 가지고 있다고 생각하시는 듯하지만, 실제로는 고아원만 설립되었습니다. 학교 건물로 세워진 집은 그 용도로 사용된 적이 없습니다. 지금 그 집은 새로 오는 의사의 주택으로 개조할 계획이며, 그 부속 건물은 의사가 사용할 진료소나 병원으로 개조하면 훌륭하게 사용할 수 있을 것입니다. 우리는 또한 새로 오는 의사가 더 좋은 조건으로 정부 병원을 인수하기를 희망합니다.

베어드 목사 부부가 도착해서 저의 집에 정착했는데 십중팔구 1년간 머물러 있을 것입니다. 그들이 부산에 가기 전 1년 동안 서울말을 배워야 한다고 선교회에서 판단했기 때문입니다. 이 1년 동안 부산에 땅을 사고 건축할 준비를 할 것입니다.

저는 첫 번째 해에 언어 공부와 선교회 사역의 세부 사항과 문제 사이에서 시간을 나누어 썼기 때문에, 두 번째 해는 언어 공부에 더 많은 시간을 할애하면서 시작했습니다. 이것을 염두에 두고 게일 씨와 저는 3-4개월간의 순회 여행을 계획했습니다. 이 기간에 우리는 많은 언어 공부와 전도 사역을 할 수 있으리라고 기대합니다. 우리는 제가 작년에 방문한 송도와 평양을 방문한 다음 거기서 더 북쪽에 있는 의주까지 가고, 마침내 중국으로 건너가서 국경 지역에 얼마나 많은 한국인이 거주하고 있는지 보고 그곳에서 로스의 사역 결과를 확인한 후 원산을 거쳐 돌아오려고 합니다.

방금 "평안"(작년 가을 편지에서 발음할 수 없는 이름으로 적었습니다. 지금부터는

Dr. Hardie and Mr. Gale expected to settle in Eui Ju but since then their plans have been completely frustrated. I understand that Dr. Hardie will leave Korea and enter the Canadian Methodist Mission in Japan and Mr. Gale received word from his Committee that he would have to come home next fall. This has led the latter to apply to you for appointment as he has become thoroughly interested in the work among Koreans and does not wish to leave it. His application has been unanimously endorsed by the Mission and we are rejoicing in the prospect of having him work as one of us. He is an out–and–out missionary, a splendid student, a spiritually minded man and a most agreeable companion in work. He has good command of the Korean language and a hold upon the hearts of Koreans and seems to me is just the man we want to open a new station. If appointed he will have been on the field nearly three years. His teacher is one of the best instructed Christians and will make a valuable helper. He & his teacher could be sent to Ping An, Eui Ju, or Gensan and begin work there at very little expense and we would thus see without delay what we have longed for–namely–work begun on a permanent basis outside of Seoul.

The Lord has dealt the Korea Mission some pretty severe blows but now he is certainly revealing a brighter side of things. I believe there are rich blessings in store for our work in Korea and we pray that the Board will be enabled to give us many new men.

I have but one thing more to mention and that is with reference to letter writing. I have not been able to write anything for the papers, it being rather difficult for me to do so under any circumstances, but have written to several Missionary Societies, Mission Boards and Christian Endeavor Societies. With the numerous letters you have to write you appreciate the difficulty of doing all that one wishes in this respect. With kindest regards to all.

Sincerely yours,
Samuel A. Moffett

영어식 철자를 따르겠습니다)[4]이 외국인에게 개항될 것이라는 소식을 들었습니다. 그 경우 선교부에서 사람을 보낼 수 있게 되자마자 바로 선교회는 그곳에 파송할 두 사람을 요청할 것이 확실합니다. 따라서 게일 씨와 저는 부산을 제외하고 우리가 선교지부를 개설할 수 있는 모든 지점을 방문할 것이며, 돌아올 때에는 언어가 더 늘 것이고 새 선교지부들을 개설하는 계획에 더 준비되어 있을 것입니다. 단, 수시로 일어나는 선교 현장의 급격한 변화 때문에 장기 계획을 세우기는 어렵습니다. 제가 지난번 편지를 쓸 때 하디 의사와 게일 씨가 의주에 정착할 예정이라고 말씀드렸지만, 이후 그들의 계획은 완전히 좌절되었습니다. 제가 이해하기로 하디 의사는 한국을 떠나 일본에 있는 캐나다 감리회 선교회에 가입할 듯하며, 게일 씨는 토론토 대학교 위원회로부터 내년 가을에 귀국해야 한다는 통보를 받았습니다. 이 통보를 받고 게일 씨는 철저히 한국인 사역에 관심이 있는 데다 한국을 떠나기를 원하지 않기 때문에 귀하께 임명을 받고자 지원했습니다. 선교회는 게일 씨의 지원에 만장일치로 배서했고, 그가 우리의 일원으로 일할 기대감에 들떠 있습니다. 게일 씨는 철저한 선교사, 뛰어난 학생, 영적인 정신을 가진 자이며 사역에서 가장 마음이 잘 맞는 동료입니다. 그는 한국말을 잘 구사하며 한국인들의 마음을 십분 이해하는 자이므로, 제가 보기에 새 선교지부를 개설할 적임자입니다. 만일 임명된다면 게일 씨는 거의 3년 동안 현장에서 지낸 셈이 됩니다. 게일 씨의 어학 교사는 가장 잘 지도받은 예수교인 가운데 한 명이므로 귀중한 조사가 될 것입니다. 더욱이 게일 씨와 그의 한국인 교사를 평양이나 의주나 원산에 파송하면 그곳에서 거의 비용을 들이지 않고 사역을 시작할 수 있습니다. 그러면 지체 없이 우리가 고대했던 바, 곧 서울 외부에서 영구적인 기초 위에 사역을 시작할 수 있을 것입니다.

주님께서는 한국 선교회를 가혹하게 치셨지만, 이제 더 밝은 면을 드러내고 계심이 분명합니다. 저는 우리의 한국 사역을 위해 풍성한 축복이 예비

---

4 평양은 평안도 사투리로 "피양"에 가깝게 발음된다. 1890년 처음 방문 때 마포삼열은 "Hpyeng Yang"으로 표기했다.

되어 있다고 믿습니다. 우리는 선교부가 신임 선교사들을 많이 파송해줄 수 있기를 기도합니다.

한 가지 더 언급할 것은 편지 쓰기에 관한 것입니다. 저는 무엇이든지 종이에 쓰는 것을 어려워해서 잘 쓰지 못합니다. 그러나 그간 여러 선교 단체, 선교부, 면려회 등에 편지를 했습니다. 귀하께서도 써야 할 편지가 많으시므로 원하는 모든 편지를 다 쓰는 것이 얼마나 어려운지 잘 이해하고 계실 줄 압니다. 모두에게 안부를 전합니다.

마포삼열 올림

Samuel A. Moffett

Seoul, Korea

February 23, 1891

Dear Dr. Ellinwood:

With this mail goes the application of Mr. Gale which the Mission instructed Mr. Underwood & me as a Committee to forward with the endorsement of the Mission.

Your letter of Jan. 5 to the Mission received today. It places our school in rather a peculiar position. The appropriation is exhausted and unless we draw on the $500 allowed for boys' school it must close at once. I so reported at last meeting of Mission and in the emergency they approved an order on the treasurer although the appropriation is exhausted. The orphanage is now a boys' school and in fair way to become a helpful factor in our work. The boys now there are receiving thorough Biblical instruction and a solid foundation in Chinese.

I believe I have given particulars in other letters and trust you will have just such information as you desired.

I do not see how Mr. and Mrs. Underwood can help going home this fall and hope if they do we shall have Mr. Gale to take up part of his work.

Very sincerely,

S. A. Moffett

P. S.

Since writing the above, your letter of January 7 to me has been received. It was delayed a little on account of postage due. I think your questions will in great part be answered by the report made at annual meeting. I cannot give you very satisfactory accounts of the financial affairs of the orphanage as they have not been in my hands except for a few months.

마포삼열

한국, 서울

1891년 2월 23일

엘린우드 박사님께,

이 우편에 게일 씨의 지원서를 동봉합니다. 선교회가 언더우드와 저를 위원회로 임명하고 선교회가 배서한 이 지원서를 보내도록 지시했습니다.

오늘 귀하께서 선교회에 보내신 1월 5일 자 서신을 받았습니다. 그 서신 때문에 우리 학교가 조금 독특한 처지에 놓이게 되었습니다. 고아원의 예산을 다 썼기 때문에 남학교에 허락된 500달러에서 끌어와 사용하지 않으면 고아원 학교는 즉시 문을 닫아야 합니다. 저는 지난 선교회 회의 때 그렇게 보고했고, 이러한 긴급 상황에서 선교회는 예산이 소진되었지만 회계에게 지출하도록 승인했습니다. 고아원은 이제 남학교가 되었고, 순조롭게 우리의 사역에 도움을 주는 요소가 되었습니다. 지금 재학 중인 소년들은 철저한 성경 지도와 탄탄한 한문 기초 교육을 받고 있습니다.

저는 다른 편지들에서 상세히 말씀드렸다고 생각하며 귀하께서 원하시는 정보를 얻었다고 믿습니다.

아무리 보아도 언더우드 부부는 올가을에 본국으로 돌아가야 합니다. 만일 그들이 돌아가면, 우리는 게일 씨에게 언더우드 목사의 사역 일부를 맡길 예정입니다.

마포삼열 올림

추신. 위의 편지를 쓰는 중에 귀하의 1월 7일 자 서신을 받았습니다. 그 편지는 우편 요금이 부족하여 약간 늦게 도착했습니다. 귀하의 질문은 연례회의 때 작성된 보고서에서 대부분 답변되었다고 생각합니다. 고아원은 몇 달 동안만 제 소관이었기 때문에, 재정 문제에 대해서는 만족스러운 대답을 드릴 수가 없습니다.

지금까지는 학생들이 입학하면 재학 중에 의, 식, 주, 교육 등을 제공했

Heretofore students were received and provided with a home for the whole year, food, clothing, instruction, etc. The native superintendent drew money as needed and so far as I could learn rendered no account of it. This was changed in Sept. and new men employed who render account to me & receive all funds from me, but as yet I can give no accurate reports as to expense as only part of year has been covered and that the most expensive time of year. Boys are now received only on condition that they go home during summer and furnish partial support. The building is a native one adjoining Mr. Gifford's house and in front of Mr. Underwood's & my compounds. It is large–all one story–and has three parts, one the superintendent's quarters, one containing kitchen, dining room and boys sleeping rooms, and one the Chinese school, the latter a separate building. It is admirably adapted for use as a native school of any kind high or low and is valuable property to the mission.

I am not a draughtsman but will ask Mr. Gale to prepare a pen and ink sketch of the city such as you desire if he can find time for it before leaving for the trip to the country.

I am more than busy today and this is written very hastily but I trust will help to throw light upon the question. We ought to have $300 of the $500 for running the school the three months of February, March, and April.

Very sincerely yours,

S. A. Moffett

습니다. 한국인 관리인은 필요할 때마다 돈을 인출해서 사용했는데, 제가 아는 한 이를 보고하지 않았습니다. 제가 9월에 새 직원을 고용해서 저에게 보고하도록 하고 모든 자금을 제게서 받아가도록 하면서 변화가 있었지만, 한 해 가운데 일부분만 제가 맡았고 연중 돈이 제일 많이 드는 시기는 지나갔으므로 지출에 대해 정확한 보고를 드릴 수 없습니다. 지금은 여름이라 학생들이 집으로 돌아간 데다 수업료 일부를 부담한다는 조건으로 소년들을 받고 있습니다.[1] 그 건물은 기퍼드 목사의 집과 이웃하고 있으며, 언더우드 목사의 집과 제 집 맞은편에 있는 한옥입니다. 그 건물은 크고 모두 1층 집인데 세 부분, 곧 관리인의 거처, 부엌과 식당과 학생들의 침실이 함께 붙어 있는 부분, 그리고 뒤쪽 별도의 건물에 있는 서당으로 구분되어 있습니다. 그 건물은 본토인을 위한 초등학교나 중등학교로 사용할 수 있도록 훌륭하게 개조되었으며, 우리 선교회의 귀중한 자산입니다.

저는 도면을 잘 그리지 못합니다. 게일 씨에게 부탁하여 그가 시골에 가기 전에 시간이 나면 귀하께서 원하시는 대로 펜과 잉크로 이 도시를 스케치한 지도를 그리도록 하겠습니다.

저는 오늘 너무 바빠서 서둘러 이 편지를 쓰고 있습니다. 그러나 질문하신 문제를 밝히는 데 도움이 되리라고 믿습니다. 우리는 2, 3, 4월 세 달 동안 학교 운영비로 500달러 가운데 300달러를 사용해야 합니다.

마포삼열 올림

1 네비우스 방법의 자급 정책이 적용된 첫 경우였다. 정동고아원은 1891년 예수교학당으로 바뀌었다.

Samuel A. Moffett

Seoul, Korea

February 24, 1891

Dear Dr. Ellinwood:

At my request Mr. Gale very hastily prepared the rough sketch of Seoul which will give you some idea of the location of Mission property. He promises a more accurate one upon his return from the country.

I am not able to give you an estimate of the value of the different properties because of insufficient knowledge but trust upon conference we shall be able to send you a correct estimate ere long. The property has not cost the Mission nearly as much as its present value–the Boys' School for instance worth some $2,000 having cost only $450.

I can only give you an idea of value of some of the property as I have learned their cost.

Mr. Gifford's House & Lot (Gold value)	$3,000
Boys School	2,000
"Lower School"	4,000
Property adjoining English Legation	800
Mr. Moffett's House & Lot (occupied by Mr. Baird)	1,000

This is only a rough estimate.

Mr. Baird & Mr. Underwood have just started for Fusan. Hope to write you from Eui Ju.

Sincerely,

S. A. Moffett

마포삼열

한국, 서울

1891년 2월 24일

엘린우드 박사님께,

게일 씨가 제 요청을 받고 급히 서울의 개략적인 지도를 그렸습니다. 그것을 보시면 선교회 건물의 위치를 아실 수 있을 것입니다. 그는 시골에 갔다가 돌아오면 더 정확한 지도를 그리겠다고 약속했습니다.[1]

제게 충분한 지식이 없어서 여러 자산의 가치에 대한 추정액을 알려드릴 수 없습니다. 그러나 회의를 열면 곧 정확한 추정치를 보내드릴 수 있으리라 믿습니다. 선교회는 자산 구입에 현 시세보다 훨씬 적은 돈을 지출했습니다. 예를 들면 약 2,000달러의 가치인 남학교를 450달러에 구입했습니다.

제가 알게 된 일부 자산의 추정치를 말씀드리겠습니다.

기퍼드의 가옥과 대지	3,000달러(금화)
남학교	2,000
초등학교	4,000
영국 공사관 바로 옆의 부동산	800
마포삼열의 가옥과 대지(베어드 거주)	1,000

이는 다만 개략적인 추정치입니다.

베어드 목사와 언더우드 목사가 조금 전에 부산을 향해 떠났습니다. 제가 의주에서 귀하께 편지를 드릴 수 있기를 희망합니다.

마포삼열 올림

1 마이크로필름에 첨부되어 있지 않다.

Samuel A. Moffett

Eui Ju, Korea

March 25, 1891

Dear Dr. Ellinwood:

Before mentioning the important business which causes me to write this letter now, I will give you a brief report of our trip to this place.

Mr. Gale and I with Mr. Saw, our native evangelist, left Seoul February 25 for a tramp to North Korea. We took 2 horses to carry our blankets, books, etc., but concluded to make the journey on foot as we wanted to be free to stop anywhere without having the expense of paying for so many horses. We have come 1,060 li (350 miles) and have preached the gospel in city, town & village all along the way. Our evangelist is a thorough Christian & a man who commands respect & attention everywhere. He preaches & teaches the plain truths of the gospel from an experience of 15 years, being one of those who came to us through Mr. Ross of Moukden.

We stayed in Ping Yang five days having service there on Sunday. The Mission had given me authority to purchase a house there under the $400 appropriation of the Board, but as we have not yet a reliable man to put in charge the purchase was not made. I was again impressed with the desirability of having a Christian worker there and have some hopes that one of the two professing Christians there will develop into a trustworthy man. We found several inquirers there, but the people are as yet very suspicious of foreigners and afraid of Christian books. We reached this city of Eui Ju on the border of China on March 20, having enjoyed the walk, kept in good health and as I believe had a very successful trip so far as evangelistic work is concerned.

It is in reference to this place that I wish to write. Mr. Underwood has always laid great emphasis upon the importance of opening a station here and I now understand why. We have been most delightfully

마포삼열

한국, 의주

1891년 3월 25일

엘린우드 박사님께,

지금 이 편지를 쓰게 된 중요한 용건을 언급하기 전에 이곳 의주까지 우리의 여행 경과에 대해 간단히 보고드리겠습니다.

게일 씨와 저는 서 씨와 함께 2월 25일 서울을 떠나 북한으로 도보 여행을 시작했습니다. 두 마리 말에 담요와 책 등을 싣고 출발했지만, 도보로 여행하기로 작정했습니다. 그러면 비용이 줄고 도중에 어디에서나 자유롭게 머무를 수 있기 때문입니다. 우리는 1,060리(350마일)를 다니며 주변 도시와 읍과 시골 마을에서 전도했습니다. 서 전도사는 철저한 예수교인으로 어디에서나 존경을 받고 이목을 끄는 사람입니다. 그는 봉천의 로스 목사를 통해 우리에게 온 사람 중 한 명인데, 15년의 경험을 바탕으로 복음의 단순한 진리를 전하고 가르칩니다.[1]

우리는 평양에 5일간 머물면서 주일에 예배를 드렸습니다. 선교회는 400달러 이하로 집을 구입할 권한을 저에게 일임했지만, 믿고 맡길 사람이 없어서 아직 구매하지 않았습니다. 저는 평양에 예수교인 사역자가 필요함을 다시 한 번 느꼈고, 예수교인이라고 고백한 2명의 한국인 남자 가운데 한 명이 신뢰할 수 있는 사람으로 발전할 것이라는 희망을 보았습니다. 우리는

---

1 서상륜은 1878년 말부터 1879년 초에 로스와 맥킨타이어와 함께 한글 복음서를 번역했으나, 1882년 4월 로스 목사에게 세례를 받고 영국 성서공회 권서로 한국에 파송되어 의주와 서울에서 전도하기 시작했다. 따라서 이때 그는 9년 정도의 권서인/전도사/조사의 경험을 가지고 있었다. 여기서 "15년의 경험"을 받아들일 경우 서상륜은 1876년에 로스를 만난 것으로 이해되지만, 그때 로스를 만난 한국인은 이응찬이다. 서상륜이 로스를 처음 만난 시점은 1878년이다. 그러나 서상륜과 그의 동생 서경조의 회고록 등에는 1876년에 로스를 만난 것으로 잘못 기억하고 있다. 참고로 로스는 1872년에 만주의 개항장인 영구(우장)에 파송되었고, 1874년 10월에 한인촌을 처음으로 방문했으며, 1876년 4월에 한인촌 두 번째 방문에서 이응찬을 만나 그를 어학 교사로 고용했다. 1877년부터는 한글 성경 번역을 시작했으며, 1879년 그의 안식년 휴가 때 김진기, 백홍준, 이응찬, 이성하 등 4명이 매킨타이어에게 세례를 받았다. 휴가에서 돌아온 로스는 봉천으로 이주하여 심양문광서원을 설치하고 한글 소책자와 복음서 인쇄에 들어갔는데, 식자공 김청송이 다섯 번째 수세인이 되었고 이어서 1882년 4월에 서상륜이 여섯 번째 한국인 수세인이 되었다.

surprised at the condition of things here. We find a body of from 20 to 30 Christians, many of them at work and freely talking of the gospel. On Sunday there were 30 present at service and we have been having visitors morning, afternoon & night with whom we are having Bible readings while our evangelist and the evangelist located here have been in another room talking all day & late into the night concerning the gospel. The people here are not afraid of the gospel as they are so near China that they have heard of it for 20 years. Here is the center of the work done by Mr. Ross & he now has a colporteur here who has been distributing books along the border. Our evangelist located here, Mr. Paik, was one of Ross's first converts, has been a Christian for about 17 years and was the first man to speak to our Seoul evangelist who came from here & who has been a Christian 15 years. Here also lives the man who assisted Mr. Ross in his Korean translation of the New Testament. A number of the lower officials here are professing Christians and also a number of merchants so that all classes are favorably disposed. One of the Christians who attended the Theol. Class in Seoul lives 40 miles from here and reports a class of 10 men whom he has been teaching and who desire baptism.

The Methodists also have a colporteur here and have a native house for the center of their work & in this their missionaries stay while here. When I saw Ping Yang last year I thought we ought to begin work there at once and I still think so but I have not the slightest hesitation in saying that this is a far more urgent case and that I should be willing to see Ping Yang wait several years rather than delay entering here.

Mr. Gale and I have made inquiries concerning a house here and find a splendid large house, or rather two houses connected, in center of a field large enough to ensure sunlight & fresh air. This place can be bought for from $400 to $500 and I hope if the mission approves that soon after we return to Seoul about June 1st the Board will give us permission to buy here instead of or in addition to Ping Yang.

거기서 여러 명의 구도자를 만났습니다. 그러나 아직은 외국인을 의심하고 기독교 서적을 두려워합니다. 우리는 걷기를 즐기며 좋은 건강을 유지한 채 3월 20일 중국과 국경을 마주하고 있는 도시 의주에 도착했습니다. 전도 사역에 관한 한 성공적인 여행이었다고 믿습니다.

제가 쓰고 싶은 내용은 바로 이곳 의주에 대한 것입니다. 언더우드 목사는 의주에 선교지부를 개설하는 일의 중요성에 대해 항상 강조했는데, 이제 그 이유를 알 것 같습니다. 우리는 이곳 상황을 보고 대단히 기쁘고 놀랐습니다. 여기에는 20-30명의 예수교인 무리가 있으며, 많은 사람이 사역을 하면서 복음을 자유롭게 전했습니다. 주일 예배에는 30명이 참석했으며 아침, 점심, 저녁에 많은 사람이 찾아와서 우리와 함께 성경을 읽었고, 우리 전도사와 이곳 전도사는 옆방에서 복음에 대해 하루 종일 그리고 밤늦게까지 이야기했습니다.[2] 중국과 아주 가까운 이곳 사람들은 20년 동안 복음에 대해 들어왔기 때문에 복음을 두려워하지 않습니다. 이곳은 로스 목사가 사역한 중심지이며, 지금 로스 목사는 이곳에 권서를 두고 있는데 그는 국경을 따라 성경을 반포해왔습니다. 이곳 의주에 있는 우리의 전도사 백 씨[백홍준]는, 로스의 첫 개종자 중 한 명으로 17년 전에 예수교인이 되었으며,[3] 이곳 출신으로 15년 전에 예수교인이 된 우리의 서울 전도사[서상륜]에게 처음으로 복음을 전한 사람입니다.[4] 또한 이곳에는 로스 목사의 신약전서 한글 번역을 도와주었던 사람도 살고 있습니다. 이곳에 있는 많은 하급 관리가 신앙을 고백하는 예수교인이고 또 많은 상인들도 예수교인이라서 모든 계층이 복음을 우호적으로 생각합니다. 서울에서 열린 신학반(神學班)에 참석했던 예수교인 가운데 한 명이 여기서 40마일 떨어진 곳에 살고 있는데, 그가 가르쳐온 10명의 남자 학습반이 있으며 이들 역시 세례 받기를 원한다고 보고합니다.[5]

감리교인들도 이곳에 권서를 한 명 두고 있으며, 선교사들이 이곳에 오

---

2 의주의 전도사는 백홍준이다. 1890년 백홍준, 서상륜, 최명오는 북한 지역 조사로 임명받았다.

3 앞의 주에서 밝힌 대로 백홍준과 서상륜 등의 연도 기억에 오류가 있다.

4 12년 전인 1879년에 백홍준이 세례를 받았고, 그에게서 전도받은 서상륜은 1882년에 세례를 받았다.

5 선천의 양전백(梁甸伯, 1869. 3. 10-1933. 1. 17)으로 그는 1907년 첫 목사 7인의 한 명이 되었다.

Then if the way be clear and the Board appoints Mr. Gale as a member of the mission, it seems to me he is just the man to come here, occupy this house, and then the station is opened. Mr. Gale speaks the language freely, has lived in Korean houses & on Korean food most of the 2½ years he has been here and has won the hearts of Koreans.

From here we expect to go to Moukden to see Mr. Ross concerning his work along the border of Korea after which we hope to visit those towns in which it is reported there are a number of Christians & inquirers. This borderland has as yet not been visited by a foreigner and no one certainly knows just how densely it is populated by Koreans.

I write of Eui Ju now hoping that you will give permission to buy a house here–if the mission approves–and that we may hear from you soon after our return to Seoul.

The seed which has been sown here has been sown principally by Presbyterians and we ought to reap this harvest which is now ready. Whoever first sends a foreigner here will of course naturally give instruction to these Christians.

This has been written hurriedly and in the midst of the confusion of the talk of a lot of Koreans but I think my point is plain.

With kindest regards-

Yours sincerely,
Samuel A. Moffett

면 사역 센터로 사용하는 그 한옥에서 지냅니다. 작년에 평양에 갔을 때 저는 즉시 일을 시작해야 한다고 생각했으며, 지금도 그렇게 생각하지만, 의주는 훨씬 더 긴급한 경우이므로 이곳에 들어오기를 연기하기보다는 평양에 들어가는 것을 몇 년간 기꺼이 연기하겠다고 조금도 주저하지 않고 말씀드리고 싶습니다.

게일 씨와 저는 이곳에서 집을 알아보았고, 들판 중앙에 자리 잡고 햇빛과 신선한 공기를 충분히 확보할 수 있는 크고 멋진 집 한 채, 혹은 두 채가 연결된 집을 발견했습니다. 이 장소는 400-500달러에 살 수 있습니다. 만일 우리가 6월 1일경에 서울로 돌아간 직후 선교회의 승인을 받으면, 선교부에서 평양에 집을 구입하는 대신 이곳에 집을 구입하도록 허락해주시든지, 아니면 평양뿐 아니라 의주에도 집을 매입하도록 허락해주시기를 바랍니다.

또한 만일 길이 열리고 선교부가 게일 씨를 우리 선교회의 회원으로 임명한다면, 그가 이곳에 들어와서 이 집을 차지해야 한다고 생각합니다. 그렇게 되면 새 선교지부가 개설되는 것입니다. 게일 씨는 한국어를 유창하게 구사하며, 한국에서 지낸 거의 2년 반 동안 한옥에서 거주하고 한국 음식을 먹고 살아서 한국인들의 마음을 얻었습니다.

우리는 봉천으로 가서 로스 목사를 만나 한국과 중국의 국경을 따라 이루어진 그의 사역에 대해 알아볼 계획이며, 수많은 예수교인과 구도자가 있다고 전해지는 마을들을 방문하기 원합니다. 이 국경 지역은 아직 외국인이 방문한 적이 없으며, 거주하는 한국인 인구가 얼마나 되는지 확실히 아는 사람도 없습니다.

저는 한국 선교회가 승인할 경우 귀하께서 이곳에 집을 사도록 허락해주시기를 바라면서 지금 의주에 대해 쓰고 있습니다. 그리고 우리가 서울로 돌아가면 바로 귀하의 답장을 받을 수 있기를 바랍니다.

이곳에 뿌려진 씨는 주로 장로교인들에 의해 파종되었으며, 이제 우리가 이 무르익은 곡식을 추수해야 합니다. 누구든지 이곳에 외국인을 먼저 파송

●
로스 목사 [OAK]

Rev. John Ross

하는 자가 당연히 이 예수교인들을 지도할 것입니다.[6]

많은 한국인과 이야기를 나누는 복잡한 가운데 급하게 이 편지를 썼지만 제 요점은 분명하다고 생각합니다.

안녕히 계십시오.

마포삼열 올림

6 3월 20일 의주의 주일 예배에 30명의 한국인 신자가 참석했고, 3월 29일 부활절 예배 때 성찬식이 열려 마포삼열과 게일은 10명의 한국인 수세자에게 성찬을 베풀었다. 또한 이때 의주에서 마포삼열 목사는 미래의 조사 한석진(韓錫鎭, 1868-1939)을 만났다. Richard Rutt. *James S. Gale and His History of the Korean People* (Seoul: Royal Asiatic Society Korea Branch, 1972), 19.

Samuel A. Moffett

Seoul, Korea

May 21, 1891

Dear Dr. Ellinwood:

I am again in Seoul after a most enjoyable and profitable three-months trip to the North and desire to give you a brief account of the journey. I wrote you from Eui Ju urging its importance and requesting the permission to buy a house there. The Mission has approved the request and I sincerely trust we may be able to get a foothold there, for to my mind our work there is just now more imperatively demanding direction than the work in Seoul. We have more baptized members there than in Seoul. There are more applicants for baptism and more sincere inquirers and among them all there is but one man who receives any financial aid from the Mission. We took this man–the evangelist–with us on our trip and just now I am giving him a series of Bible Readings for the instruction of the applicants there when he returns.

With the purpose of investigating the work done by Mr. Ross and his converts in the North of Korea & in the Korean valleys across the boundary in China we visited Moukden and from there went directly East to Korea, journeying through one of the Korean valleys and the North of Korea. Our visit in Moukden was one of the most profitable parts of the trip and our talks with Mr. Ross give us an insight into his Korean work. With the information there obtained we started for the Korean valleys and I think have satisfactorily settled the fact that the work can be better done from China than from Korea as those valleys are almost unapproachable from our side. We spent two weeks among the mountains of China & North Korea, finding the region sparsely settled, poor, and so nearly destitute of food that we have given it the name of Starvation Camp as we lived on boiled oats & millet most of that time. Finding it impossible as well as undesirable to go clear

마포삼열

한국, 서울

1891년 5월 21일

엘린우드 박사님께,

저는 유쾌하고 유익했던 3개월간의 북부 지역 여행 후에 다시 서울로 돌아왔으며, 귀하께 그 여행에 대해 간단히 설명하기를 원합니다. 저는 의주에서 쓴 편지에, 그곳에 있는 집의 중요성을 강조하고 그 구입을 허가해줄 것을 요청했습니다. 선교회는 그 요청을 승인했으며, 저는 우리가 거기에 발판을 마련할 수 있다고 진심으로 믿습니다. 제 생각에 그곳에서의 우리 사역은 지금 서울의 사역보다 더 절실하게 지도가 필요하기 때문입니다. 세례를 받은 사람이 서울보다 의주에 더 많이 있습니다. 그곳에는 더 많은 세례 신청자와 신실한 구도자가 있으며 그들 가운데 선교회로부터 재정 지원을 받는 자는 한 사람밖에 없습니다. 우리는 이 사람, 곧 전도사[백홍준]를 우리의 여행에 동행시켜 함께 왔는데,[1] 그가 돌아가면 그곳에서 세례 신청자들을 교육하도록 지금 제가 그에게 일련의 성경 공부를 가르치고 있습니다.

우리는 로스 목사와 그의 개종자들이 한국의 북부 지방과 국경 건너 중국의 한인촌(韓人村)에서 행한 사역을 조사할 목적으로 봉천을 방문한 후 한국을 향해 정확히 동쪽으로 나아가 한인촌 한 마을과 북한 지방을 여행했습니다.[2] 봉천 방문은 우리의 여행에서 가장 유익한 부분이었으며, 로스 목사와의 대화를 통해 그의 한국 사역을 이해하게 되었습니다. 거기서 얻은 정보를 가지고 우리는 한인촌을 향해 출발했는데, 그 마을들은 한국 쪽에서는 거의 접근할 수 없기 때문에 한국보다는 중국에서 사역하는 것이 더 좋다는 사실을 만족스럽게 정리했다고 생각합니다. 우리는 중국과 한국 북부의 산악 지

---

1 게일과 마포삼열의 북부 여행의 경우, 서울에서 의주까지는 서상륜이 동행했고, 의주에서 심양-한인촌-함흥-원산-서울까지는 백홍준이 동행했다.

2 한인촌은 압록강 건너편 서간도의 28개 마을로 구성되어 있었다.

across the North we came down through the middle of Korea to the East reaching Ham Heung, the capital of the province, and on the way from there stopping at Gensan, the Eastern treaty port. In this region we found what we consider the most beautiful & most wealthy and apparently the most prosperous region of Korea and we feel the importance of opening work there as soon as the work already begun has proper oversight, and the places more imperatively demanding men are supplied.

From an evangelistic point of view I think the journey a most successful one. We were able to preach in cities, towns and villages to hundreds of people who had never heard the gospel. We found them ready to listen and time and again we found men eager to know more and with the Chinese Bible and our evangelists the pure gospel was taught to a great many. The seed was sown. I doubt not there will be fruit. We had not an unpleasant experience on the whole trip–the people and officials being very courteous although their curiosity was so great that we could hardly get a half hour alone.

The North is open for successful work, the people in no way being opposed to the teaching of Christianity and in that region the Roman Catholics have as yet little hold. As yet I know little of the South but have the impression that the prejudice against foreigners is much greater and the work quite difficult, although I have a number of visitors from the South who are ready to listen.

The trip was a success in language study and I also came back in splendid health which I hope I shall not destroy by overwork, although there are so many opportunities to work that the temptation is great. Am deeply sorry to find that Mr. and Mrs. Underwood left in such poor health. His absence necessarily stops some departments of our work but leaves our hands more than full. I know the difficulty you labor under in getting suitable men for the field but I pray the Lord of the harvest to send more laborers into this ripe corner of his vineyard.

Mr. Gifford is not strong nor well and has nearly broken down. Miss

대에서 2주일을 보냈는데, 그 지역은 거주자가 별로 없고 가난하며 먹을 것이 부족해서 그 기간에 대부분 귀리와 조로 죽을 끓여 먹었기 때문에 우리는 그 지역을 "기아 수용소"라고 불렀습니다. 북한 지방과 북부 산악 지대를 가로질러 가는 것이 바람직하지 않고 불가능함을 알게 된 우리는 한국의 중앙을 통과해서 동쪽으로 내려와 함경도 감영이 있는 함흥에 도착했으며, 거기서 오는 도중에 동쪽의 개항장인 원산에 들렀습니다. 이 지역에서 우리는 한국에서 가장 아름답고 부유하며 번창한 지역을 발견했습니다. 이미 시작된 사역을 적절하게 감독할 수 있게 되면 바로 원산에 선교지부를 설립하는 것이 중요하다고 우리는 느낍니다. 이 장소들에 선교사를 보내는 것이 긴요합니다.

저는 전도의 관점에서 볼 때 이번 여행이 성공적이었다고 생각합니다. 우리는 도시와 읍과 시골 마을에서 복음을 들어본 적 없는 수백 명의 사람들에게 전도할 수 있었었습니다. 우리는 그들이 복음을 들을 준비가 되어 있음을 보았고, 계속해서 더 알기를 원하는 사람을 많이 만났으며, 한문 성경과 우리 전도사들을 통해 수많은 사람에게 순수한 복음을 가르쳤습니다. 씨는 뿌려졌고, 저는 열매가 있을 것을 의심하지 않습니다. 우리는 여행 내내 불쾌한 경험을 한 적이 없습니다. 비록 사람들과 관리들의 호기심이 너무 강해서 우리를 30분 이상 내버려두지 않았지만 아주 정중하게 대했습니다.

북한 지방은 성공적인 사역을 위해 열려 있고, 사람들은 기독교의 가르침에 전혀 반대하지 않으며, 천주교의 세력은 아직 미미합니다. 저는 아직 남부 지방에 대해서는 잘 모릅니다. 하지만 저는 남부 지방에서 온 경청할 준비가 되어 있는 방문객을 많이 만났습니다. 그러나 그곳이 외국인에 대한 편견이 더 심하고 사역하기가 매우 힘들다는 인상을 가지고 있습니다.

여행은 한국어 공부 면에서도 성공적이었으며, 저는 다시 건강한 상태로 돌아왔습니다. 많은 사역 기회가 있어서 그만큼 유혹을 받았지만, 과로해서 건강을 해치고 싶지 않습니다. 언더우드 부부가 그렇게 건강이 나쁜 상태로 떠나게 되어 유감입니다. 그가 없어서 우리 사역의 몇 분과가 어쩔 수 없이 중단되었지만, 우리가 할 일은 더 차고 넘칩니다. 귀하께서 선교지에 적합한

Doty has too much work for one person as it confines her so closely that she is becoming mentally distressed which is more wearing than sickness. My country trip relieved me from the monotony and strain of attention to innumerable details of mission affairs so that I do not share in any of the depression here. The Mission are all agreed as to the importance of having another lady to share Miss Doty's work, giving each of them leisure for work among women outside, thus varying their work. The work for women is very promising with Mrs. Gifford & Mrs. Heron coming more and more into closer contact with them in their homes.

Now just a word with reference to my letters to you. I should greatly prefer to feel free to write you pretty fully as to the way things appear to me and of what we are doing, knowing that you will not publish them. I was a little surprised to find an extract of my letter in *The Church at Home and Abroad*, not that there was anything in it which I objected to having published but it was a hurried letter of notes not written in a style for publication.

I will send by next mail a short description of our trip for *The Church at Home and Abroad* if the publication of it meets your approval. We are more than pleased at having Dr. & Mrs. Vinton with us and look for successful medical work.

Sincerely yours,
Samuel A. Moffett

P. S.

Please let me know if you received the letter which contained "Suggestions for Outfit for Korea." I understand that Dr. & Mrs. Vinton had but very meager suggestions and I think the one I sent was quite full.

사람을 찾기 위해 힘들게 애쓰시리라고 생각합니다. 저는 추수의 주님께, 당신의 포도원 중에서 포도가 무르익은 이 구석으로 더 많은 일꾼을 보내주시기를 기도합니다.

기퍼드 목사는 강인하지도 건강하지도 않으며 신경쇠약 직전입니다. 도티 양은 한 사람이 하기에는 너무 많은 일을 맡아서 거기에만 매달려 있다 보니 스트레스가 많은데, 이런 상황이 질병보다 그녀를 더 지치게 합니다. 저는 지방 여행을 해서 선교 업무의 단조로움과 수많은 세부 사항으로부터 벗어났고 그래서 우울증을 전혀 가지고 있지 않습니다. 선교회는 도티 양과 동역할 다른 한 명의 여성 선교사가 파송되어야 할 중요성에 모두 동의했습니다. 그러면 한 사람은 외부 여자들을 대상으로 일할 여유 시간이 생겨서 그들의 일이 다양해질 것입니다. 여성 사역은 전망이 매우 밝은데, 기퍼드 부인과 헤론 부인이 여성들의 집에서 더욱 친밀하게 접촉하고 있습니다.

이제 귀하께 보낸 제 편지에 대해 한 말씀만 드리겠습니다. 귀하께서 제 편지를 공개하지 않는 것을 알기에 저는 제 관점에서 본 사역의 진행 상황과 우리의 사역에 관해 거리낌 없이 모든 것을 자유롭게 썼습니다. 그래서 「국내외 교회」에 제 편지의 발췌문이 실린 것을 읽고서 조금 놀랐습니다. 제가 출판하기를 반대하는 내용이 실렸기 때문이 아니라, 출판을 위한 문체가 아닌 급하게 쓴 글이기 때문입니다.

다음 우편으로 우리의 여행에 대한 간단한 묘사를 보내드리겠습니다. 귀하의 승인을 받을 수 있다면 「국내외 교회」에 출판해주시기 바랍니다. 우리는 빈튼 의사 부부와 함께 일하게 되어 기쁘며 성공적인 의료 사역을 기대합니다.

마포삼열 올림

추신. "한국 여행 준비 안내서"가 동봉된 제 편지를 받으셨다면 알려주시기 바랍니다. 빈튼 의사 부부는 안내를 거의 받지 않았다고 알고 있습니다. 저는 제가 보낸 안내서가 상당히 충실한 내용을 담았다고 생각합니다.

Samuel A. Moffett

Seoul, Korea

***July 2, 1891** (Rec'd July 28)*

Dear Dr. Ellinwood:

Your letter of May 6th was received with pleasure and I am glad you are satisfied with the changes in the orphanage which now gives promise of doing real good work. The two teachers give every evidence of being earnest Christians and with my gradual increase in knowledge of language and customs I am more and more able to understand its workings and plan intelligently for it. Have been waiting quite anxiously for word concerning appropriations for it and we are all disappointed in not getting the Board letters directed to Mr. Underwood which were forwarded to him at Chicago by Mrs. Bunker.

We feel quite sure that in them was information concerning Mr. Gale and we are placed in a most unsatisfactory position. Mr. Gale's Committee write to him urging him to maintain his connection with them. In justice to them he cannot continue drawing funds from them if he is not to continue as their missionary. He feels that he must let them know definitely what his movements will be and as abundant time has been allowed to hear from our Board he cannot keep his Committee waiting. As your answer was probably in the letter to Mr. Underwood the Mission at the meeting June 30th authorized me to cable you if the next mail brings no word about Gale. This will explain the reasons for the cablegram if it is sent.

In regard to Dr. Allen—you have certainly been alarmed by false rumors concerning his relations to us. My personal relations with him are as cordial and pleasant as any one could ask and he is ever ready to do all he can to help us in our work and is indeed a great help to us in his present position. His relations with Mrs. Heron while naturally not those of an intimate friend are perfectly pleasant and free from all "gossip" on

마포삼열

한국, 서울

1891년 7월 2일 (7월 28일 수령)[1]

엘린우드 박사님께,

귀하의 5월 6일 자 서신을 반갑게 받았습니다. 귀하께서 고아원의 변화에 대해 만족하셔서 기쁩니다. 이제 고아원의 사역 전망이 밝습니다. 2명의 [한국인] 교사는 모든 면에서 신실한 예수교인임을 증명하고 있으며, 저 또한 한국어와 관습에 대한 지식이 점차 늘어나면서 고아원 사역을 점점 더 잘 이해할 수 있게 되었고 현명하게 계획을 세울 수 있게 되었습니다. 우리는 고아원 예산에 관한 귀하의 언질을 간절히 기다리고 있습니다. 선교부가 언더우드 목사에게 보낸 서신들을 시카고에서 벙커 부인이 그에게 전해주었는데 그 서신들이 전달되지 않아서 우리 모두 실망했습니다.

우리는 그 서신들 안에 게일 씨에 관한 정보가 들어 있다고 확신하기에 이 상황이 불편합니다. 게일 씨를 파송한 위원회는 그에게 관계 유지를 촉구하는 편지를 보냈습니다. 간단히 말하자면, 만일 게일 씨가 그들의 선교사로서 계속 일하지 않는다면 그들로부터 선교 자금을 계속 받아낼 수 없습니다. 게일 씨는 자신의 거취를 그들에게 명확하게 알려주어야 한다고 느낍니다. 선교부로부터 회신을 받기 위해 이미 충분한 시간을 보냈기 때문에 그는 위원회를 마냥 기다리게 할 수 없는 입장입니다. 귀하의 답장이 언더우드 목사에게 보낸 서신에 십중팔구 들어 있을 것이므로, 선교회는 6월 30일 회의에서 다음번 우편물에 게일에 대한 언급이 없으면 귀하께 전보를 보내도록 제게 권한을 주었습니다. 따라서 만일 전보가 도착한다면 이런 이유로 보낸 것입니다.

알렌 의사에 대해 말씀드리겠습니다. 귀하께서는 그와 우리의 관계에 대한 잘못된 소문을 듣고 분명히 놀라셨을 것입니다. 저와 알렌 의사는 개인적

1 당시 서울에서 뉴욕에 보낸 편지는 대개 약 4주 후에 도착했다.

this side of the ocean.

Dr. Allen certainly has no grievance against the mission and our new missionaries can see no "ripple of the old quarrels." I think I have never written an unkind thing of Dr. Allen personally–but I did oppose his occupying the two positions of Missionary and Diplomatic Politician. He is now in the line of work in which it seems to me he can be most useful and I write this only in order to remove the misapprehension under which I believe you have written several letters.

Our work continues to open up on all sides bringing with it more opposition on the part of the friends of the Christians. One of those who recently professed faith in Christ has been beaten by his relatives–but his adherence to the faith gives promise of good things.

Grateful to God for the advance in the contributions of the church, we earnestly pray that this will enable you to send recruits to Korea.

The rumor that Dr. Gillespie is to visit the mission fields is welcome news.

Very sincerely yours,

S. A. Moffett

으로 친밀하고 우호적인 관계로 지냅니다. 알렌 의사는 언제나 최선을 다해서 우리 사역을 돕고 있으며, 실제로 그의 현재 위치가 우리에게 큰 도움이 됩니다. 그와 헤론 부인의 관계는 친한 친구 사이는 아니지만, 완벽하게 우호적이며 태평양의 이쪽에서 "험담"이 될 만한 일도 전혀 없습니다.

알렌 의사는 선교회에 전혀 유감이 없는 것이 확실하며, 우리의 새 선교사들은 "오래된 분쟁의 파문"을 볼 수 없습니다. 저는 개인적으로 알렌 의사에 대해 안 좋게 쓴 적은 없다고 생각합니다. 그러나 그가 선교사와 외교 정치가라는 두 자리를 동시에 차지하는 것에는 강하게 반대했습니다. 제가 보기에 알렌 의사는 지금 가장 잘 쓰임을 받을 수 있는 사역 노선에 있습니다. 귀하께서 보내신 여러 서신에 담긴 오해를 제거하기 위해 이 글을 씁니다.

우리의 사역은 모든 방면에서 계속 열리고 있으나, 예수교인들의 친구들은 더 극심히 반대하고 있습니다. 최근에 그리스도에 대한 신앙을 고백한 사람 가운데 한 명이 친척들에게 매를 맞았지만, 믿음을 굳게 지키는 그를 통해 선한 일이 일어날 전망입니다.

교회의 헌금이 증가되어 하나님께 감사드리며, 이를 통해 귀하께서 모집한 선교사들을 한국에 보낼 수 있기를 간절히 기도합니다.

길레스피 박사가 선교지를 방문할 것이라는 소문은 반가운 소식입니다.

마포삼열 올림

Samuel A. Moffett

Seoul, Korea

September 17, 1891 (Rec'd Oct. 20)

Dear Dr. Ellinwood:

In a few days I shall be off for another trip to the North as far as Eui Ju, it being my desire to spend a couple of months in the country every spring and fall until I am able to speak the language with some fluency. By that time or before then I hope the Mission will see its way clear to send me to Fusan or to an interior station South where together with Mr. Baird I may have oversight of country work which will take me on a trip every spring and fall, not primarily for the language, but for direct evangelistic work and instruction of Christians.

Before I get off I wish to write you concerning the present situation of our affairs and plans with comments showing how they appear to me.

First-Concerning the cablegram about Mr. Gale's appointment–I explained the reason for sending it in a former letter. Dr. Gillespie's reply shows that one of your letters concerning Mr. Gale was lost and I cannot avoid thinking that a letter to Mr. Gale must have been lost for he has never received any communication from the Board concerning his application. When I cabled you I took it for granted that you were registered and so merely cabled "Ellinwood, New York." I received a reply from the Bureau saying "Your Ellinwood undelivered-address removed from 36 West 596 St. Whereabouts unknown." And so I was compelled to cable again to the Bureau giving your 53 Fifth Ave. Address.

I trust we shall not soon again have an emergency demanding the expense incident to cabling–but if we should, will be glad to know your cable address.

Second-The request of the Mission for $600 to fit up the so-called Lower School Building as a residence for Mr. Gale. This building in

마포삼열

한국, 서울

1891년 9월 17일 (10월 20일 수령)

엘린우드 박사님께,

며칠 후 저는 의주까지 북부 지방으로 한 번 더 여행하려고 합니다. 제가 한국어를 어느 정도 유창하게 구사할 수 있을 때까지 매년 봄과 가을 몇 달을 시골에서 지내고 싶기 때문입니다. 그때나 그 이전까지 저를 부산이나, 베어드 목사와 함께 시골 사역을 할 수 있도록 남부 지방의 내륙 선교지부에 보내주기를 간절히 희망합니다. 그러면 저는 한국어 공부가 주된 목적이 아니라 직접적인 전도 사역과 예수교인 지도를 위해 매년 봄과 가을에 여행할 것입니다.

여행을 떠나기 전에 우리의 업무와 계획의 현 상황에 대해 말씀드리고 제가 바라보는 견해를 논평과 함께 쓰고 싶습니다.

첫째, 게일 씨의 임명에 대한 전보(電報) 문제입니다. 지난번 편지에서 전보를 보내는 이유를 설명했습니다. 길레스피 박사의 답장에 따르면, 게일 씨에 대한 귀하의 서신 하나가 분실되었다고 합니다. 또한 저는 게일 씨가 자신의 신청서에 대해 선교부로부터 아무런 연락을 받지 못했으므로 게일 씨에게 보낸 서신이 분실된 것이 틀림없다고 생각합니다. 제가 전보를 보냈을 때 귀하의 주소가 당연히 등록되어 있으리라고 생각하여 단지 "뉴욕, 엘린우드" 앞으로 전보를 보냈습니다. 전보국에서 보낸 답장을 보니 "엘린우드에게 보낸 전보 미배달-주소 웨스트 596가 36번지에서 이사했음. 새 주소 불명"이라고 기록되어 있었습니다. 그래서 저는 귀하의 주소를 "5가 53번지"로 적어서 다시 전보를 보내야 했습니다.

비용이 드는 전보를 보낼 수밖에 없는 긴급한 일이 곧 일어나지는 않겠지만, 만일을 대비하여 미리 귀하가 전보를 받으실 주소를 알고 있으면 좋겠습니다.

둘째, 초등학교 건물을 게일 씨의 주택으로 개조하는 비용 600달러를 요

its location is by far the best adapted for direct contact with the people, and with the Korean buildings belonging to it can be made a center for an immense amount of work of various kinds. It is situated on an elevation–and has large grounds making it probably as healthful as a place can be inside the city walls. I had thought it well adapted for use as a hospital and had hoped to see it so used but Dr. Vinton declares the place and buildings absolutely out of the question for that purpose. It has lain idle for 4 years and if kept for a school (its original purpose) will probably remain idle for 10 years more. Our present Boys' School can accommodate 50 boys and will answer all purposes for a long time. The experience of the M. E. school which when I came had 80 pupils and now has 10 shows that there is no demand for an English teaching school which does not feed & clothe the pupils. As for Mr. Gale's plans–I wrote you from Eui Ju that he and I had discussed the plan of having him open and occupy that point by means of protracted stays there–but on a Mission field you can never tell what turn affairs will take and Mr. Gale's move in the matrimonial line necessitates a change in the Eui Ju plan while it opens up a plan for work in Seoul which promises very happy results. Mr. Gale has written you confidentially of his expected marriage to Mrs. Heron and we are all unanimous in supporting their request for the occupation of this Lower School Building. This will not leave Mrs. Heron's house vacant even tho Dr. Vinton's plan (mentioned further on) is not carried out, for the missionaries soon to arrive will need to be provided for and if Mr. Underwood returns in the Spring as Mrs. U. writes they expect to, Dr. Vinton will have to be provided for.

I feel that Mr. Gale is well adapted to make good use of the place. And I see no disadvantages connected with this disposition of the property. Mrs. Heron's house as you know is just back of and close to the Underwood house and while I have no fear of any reversion to the old misunderstandings of the past, the possibility of any such will be still further obviated by the carrying out of this plan, and as Mr.

청합니다.[1] 이 건물은 사람들과 직접 접촉할 수 있으며, 부속으로 된 한옥에서 다양한 사역을 크게 할 수도 있습니다. 이 건물은 높은 곳에 있고 마당이 넓어서 도성 안에서 건강에 가장 좋은 곳입니다. 저는 이 건물이 병원으로 사용되기에 적합하다고 생각하고 그렇게 사용되기를 원했지만, 빈튼 의사는 장소와 건물이 그런 목적에 절대 맞지 않다고 확신합니다. 이미 그 건물을 4년 동안 비워두었는데, 원래 용도대로 학교로 사용하려면 분명 10년은 더 비워두어야 할 것입니다. 현재 우리 남학교는 50명을 수용할 수 있고, 오랫동안 모든 목적에 부합할 것입니다. 제가 내한했을 때는 재학생이 80명이었으나 지금은 10명으로 줄어든 감리회 학교[배재학당]의 경험은, 학생들에게 의식주를 제공하지 않는 영어 학교는 수요가 없음을 보여줍니다.[2] 게일 씨의 계획에 대해 말씀드리겠습니다. 일전에 의주에서 보낸 편지에서 저는 게일 씨가 의주에 장기간 거주하면서 개척하고 점유하는 계획을 함께 토론했다고 썼습니다. 그러나 선교지에서는 사태가 어떻게 전개될지 알 수 없습니다. 게일 씨가 결혼하게 되면서 변경이 불가피해져 대신 서울에서 사역하는 계획이 수립되었는데, 행복한 결과가 도출될 것 같습니다.[3] 게일 씨는 귀하께 친전으로 헤론 부인과 결혼할 예정이라고 편지했으며, 우리 모두는 이 초등학교 건물에 거주하려는 그들의 요청을 만장일치로 지지합니다. 이 경우 (아래에서 언급할) 빈튼 의사의 계획이 실행되지 않아도 헤론 부인의 집이 비지 않게 됩니다. 우리는 곧 도착할 선교사들에게 줄 집이 필요하며 만일 언더우드 부인이 편지한 것처럼 언더우드 목사가 내년 봄에 돌아오면 [현재 언더우드 목사의 집에 살고 있는] 빈튼 의사에게도 집을 제공해야 할 것입니다.

저는 게일 씨가 학교 건물을 잘 사용할 수 있는 적임자라고 생각하며 그로 인해 불이익이 발생하지 않는다고 봅니다. 귀하도 알고 계시듯이 헤론 부인의 집은 언더우드 목사의 집 바로 뒤에 붙어 있습니다. 저는 그들이 과거

1 이 건물은 곤당골(승동)에 있었다.

2 배재학당은 이때 일시적으로 학생이 줄었으나 곧 재학생 수가 늘어났다.

3 게일은 캐나다에 있는 약혼자와 파혼하고 헤론 부인과 결혼하게 되었는데, 이 일방적인 파혼으로 인해 그의 선교사 임명에 약간의 문제가 발생했다.

Underwood's and Mr. Gale's lines of work and methods of work are somewhat different, their separation will tend rather than otherwise to efficiency and freedom along their own lines and ideas. Mr. Gale will there have much freer access to the people because Koreans who come here to the foreign settlement are immediately placed under suspicion by their friends and relatives. We greatly need another point for work in the city and personally I wish we could scatter out and occupy several points.

It may be that my view of this is somewhat colored by the fact that Mr. Gale's establishment in Seoul will enable me the more quickly to ask the Mission to send me to Fusan, but aside from that the plan seems an excellent one.

Third-Medical Work. The government hospital is still under our charge and I believe Dr. Vinton is now agreed that it is best to retain it even tho its contribution to our work is only an indirect one giving us prestige among the people and certain considerations from the officials. However, Dr. Vinton is satisfied that its work will be mainly that of a dispensary and he has his plans for building a Mission hospital—which I believe he has communicated to you. At the last meeting of the Mission he proposed his plans desiring that we request an appropriation to build a house on a hill about 2 miles outside the South Gate near the main road leading to the 3 southern provinces. Not willing that the Doctor should have his hands so full to the neglect of the language the first year and feeling that a full year on the field may modify his plans the Mission postponed consideration of the plan until Spring-stating however its approval of the main features of his proposal provided certain things take place and the distribution of our forces will warrant it.

Among other things the question arises whether the Board will give us two physicians for Seoul it being in our view necessary to have two since we retain control of the government hospital. With two physicians each could have relief at times—could attend the government hospital

의 상한 감정으로 되돌아가리라고 전혀 우려하지 않지만, 이 계획을 실행하면 그런 가능성이 훨씬 줄어듭니다. 언더우드 목사와 게일 씨의 사역 노선과 방법이 조금 다르기 때문에, 그들을 분리하는 것이 그렇게 하지 않는 것보다 각자의 선교 노선과 방법에 효율성과 자유를 향상시킬 것입니다. 게일 씨는 그곳에서 사람들에게 훨씬 더 자유롭게 다가갈 수도 있는데, 외국인 거주지인 이곳 정동에 오는 한국인은 즉각 친구와 친척들의 의심을 받기 때문입니다. 우리는 도시 안에서 일할 다른 거점이 절실히 필요하며, 저 개인적으로는 우리가 흩어져서 여러 개의 거점을 점유할 수 있기를 바랍니다.

이런 제 관점은, 게일 씨가 서울에 정착하게 되면서 저를 부산으로 보내달라고 선교회에 더 빨리 요청할 수 있게 된 사실에 다소 영향을 받았겠지만 그것과 상관없이 이 계획은 탁월해 보입니다.

셋째, 의료 사업에 대해 말씀드립니다. 정부 병원[제중원]은 여전히 우리 책임하에 있습니다. 비록 사람들에게 명성을 얻고 관리들에게 일부 배려를 받는 식으로 그 병원이 우리 사역에 간접적으로 기여하는 바가 있지만, 저는 빈튼 의사가 이제 그 병원을 유지하는 것이 최선이라는 데 동의합니다. 하지만 빈튼 의사는 제중원 사역이 주로 진료실 일이 될 것에 만족하고, 선교회 병원을 건축할 계획을 세우고 있습니다. 이 계획에 대해서는 빈튼 의사가 귀하께 이미 말씀드렸다고 믿습니다.[4] 지난 선교회 회의에서 빈튼 의사는 삼남 지방으로 가는 간선 도로 근처에 있고 남대문에서 약 2마일 떨어진 언덕에 집을 짓기 위해 우리가 예산을 요청해줄 것을 바라며 계획안을 제안했습니다.[5] 다만 빈튼 의사가 첫해에 일이 많아서 한국어 공부를 무시하기를 원하지 않는 데다 1년간 선교지 현장 사역을 하면 그 계획을 수정할 수도 있으므로 선교회는 이 계획의 심사를 내년 봄으로 연기했습니다. 그러나 선교회는 일정한 과정이 수반되고 인력이 적절히 배정된다면 빈튼 의사가 제안한 선

---

4 빈튼은 전도를 할 수 없는 제중원에서 일하는 대신 별도의 선교 병원을 세워서 전도를 겸하려고 했다.

5 조선 시대에 한성에서 경상·충청·호남의 삼남 지방으로 갈 때 이용하던 가장 큰 길은 "숭례문-동작진-삼남대로-남태령-과천"으로 가던 과천로였다. 편지에 쓴 대로 남대문에서 2마일 남쪽이면 지금의 삼각지 부근이다.

and Royal practice, establish a Mission hospital, a house dispensary, and each be free at times for itinerating trips without which they will find it difficult to get the language.

The plan suggested to my mind has been to ask you to leave Dr. & Mrs. Brown in Seoul, giving them charge of the government hospital and Royal practice while Dr. Vinton goes outside the city and carries out his plan of building an efficient hospital (with funds collected outside of the Board). This came to me when Dr. Vinton wished to give up the government hospital (as he wrote you) but since his views on that have changed he might now be unwilling to put it in Dr. Brown's hands. However, the near future will probably tell but I do not see how we are to have the government hospital and another hospital in which we can do direct Evangelistic work, unless we have two physicians here. Fusan can wait a short while for a physician since Dr. Hardie of Canada is there and will work in connection with Mr. Baird.

This summer has been a pretty hard one for most of those who stayed in Seoul but thanks to our trip to the mountains we escaped sickness and have come back well and vigorous ready for fall work. Mr. Gifford is off for a short trip south. Mr. Baird has gone to Fusan to build; and Mr. Gale is at work in the Lower-School building.

The Boys' School has opened for the fall & winter term and I am seeking for students who will provide part of their own support. Will have a few such this year and hope to gradually increase the number and also the amount of support furnished by them. Am satisfied that good work is being done in the teaching department and hope a foundation is being laid upon which we may build the most efficient school in Korea.

The Sunday morning church service is growing in interest and the attendance is slowly increasing–the introduction of singing being a great help.

I expect to get off to the North in a few days and unless prevented in some way will purchase a house in Eui Ju, setting aside part of it

교 병원 건립 안의 주요 내용을 승인한다고 진술했습니다.

가장 중요한 문제는 선교부가 서울에 의사 2명을 파송할 것이냐 하는 점입니다. 우리가 정부 병원을 계속 관할하고 있으므로 2명이 필요하다고 보기 때문입니다. 2명의 의사가 있으면 각자 때때로 쉴 수 있고, 정부 병원과 왕실 진료에 참여할 수도 있으며, 선교 병원과 가택 진료실을 설립할 수 있습니다. 또한 각자 때때로 순회 전도 여행을 자유롭게 갈 수 있는데, 이런 여행 없이는 언어를 습득하기가 어려울 것입니다.

제가 속으로 생각했던 계획은 브라운 의사 부부를 서울에 남겨서 정부 병원[제중원]과 왕실 진료를 맡도록 하고, 빈튼 의사는 도성 밖으로 나가서 (선교회 예산과는 별도의 기금으로) 병원을 건축하는 방안을 귀하께 부탁하는 것이었습니다. 빈튼 의사가 (귀하께 편지했듯이) 정부 병원을 포기하고 싶어할 때쯤 제게 이 안이 떠올랐지만, 그의 생각이 변했기 때문에 이제 정부 병원을 브라운 의사의 손에 넘겨주려고 하지 않을 듯합니다. 하지만 곧 알게 되겠지만, 이곳에 2명의 의사가 없다면 어떻게 우리가 정부 병원을 운영하면서 동시에 직접 전도할 수 있는 다른 병원을 가질 수 있는지 알 수 없습니다. 그래도 부산에는 캐나다에서 온 하디 의사가 있는 데다 베어드 목사와 함께 연결해서 일할 것이기 때문에 당분간 의사를 기다릴 수 있습니다.

서울에 머물던 대부분의 선교사들은 올해 힘든 여름을 보냈지만, 산으로 여행을 한 덕분에 병에 걸리지 않았으며 건강하고 활기차게 돌아와서 가을 사역 준비를 마쳤습니다. 기퍼드 목사는 남쪽으로 단기 여행을 떠났고, 베어드 목사는 건축을 하기 위해 부산으로 갔으며, 게일 씨는 초등학교 건물에서 일합니다.

남학교는 가을과 겨울 학기를 개학했고, 저는 학비 일부를 자비로 낼 학생들을 찾고 있습니다. 올해는 그런 학생이 몇 명밖에 없지만, 점점 그 수와 금액이 증가하기를 희망합니다. 이처럼 교육 분과에서 선한 일이 진행되고 있음에 만족하며, 한국에 가장 효과적인 학교를 설립하기 위한 기초가 놓이기를 희망합니다.

주일 아침 교회 예배에 대한 사람들의 관심이 늘어나고 참석자가 서서

for occupation by a missionary during his stays there, and will fix up part of it as a place of worship and center of work for the Christians there. I hope the time is not far off when we shall see a church regularly organized there.

I expect to be gone about two months, returning in time to take part in the work of the Winter Theological Class which is one of the best features of our work.

Trusting that this will give you a partial view of some of our Mission affairs as they appear to one of us—And with kindest regards.

Very sincerely yours,

Samuel A. Moffett

히 증가하고 있습니다. 찬송 부르기를 도입한 것이 큰 도움이 됩니다.

저는 며칠 후 북부 지방으로 여행을 떠날 예정이며, 문제가 없다면 의주에 집을 구입할 것입니다. 그 집의 일부는 선교사가 방문했을 때 지낼 거처로 떼어놓고, 나머지 부분은 예배당과 그 지방의 예수교인을 위한 사역의 중심지로 개조할 것입니다. 우리 모두 머지않아 정식으로 조직된 교회를 그곳에서 보게 되기를 희망합니다.

저는 두 달 동안 서울을 떠나 있다가, 우리의 사역에서 최고의 특징 중 하나인 겨울 신학반(神學班) 사역에 참석하기 위해 시간에 맞춰 돌아올 것입니다.

귀하께서 이 편지를 보시면 선교회의 일부 업무에 대한 제 견해를 알게 되시리라 믿습니다. 안녕히 계십시오.

마포삼열 올림

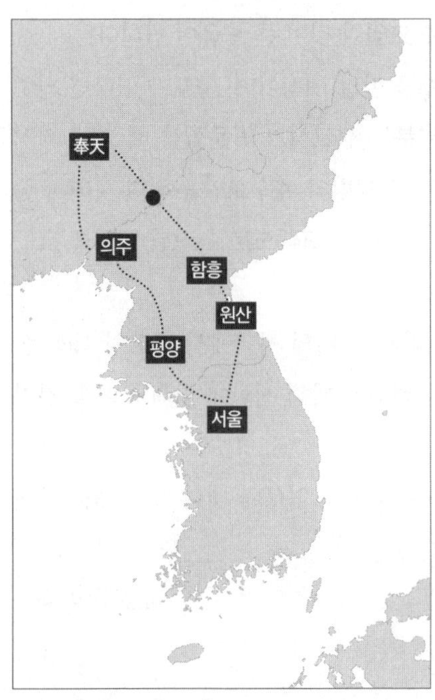

● **마포삼열의 제2차 전도 여행 [OAK]**
1891년 2-5월
서울-평양-의주-봉천-함흥-원산-서울

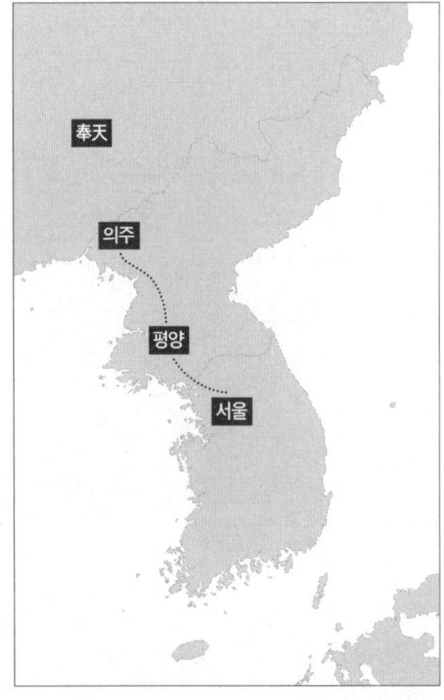

● **마포삼열의 제3차 전도 여행 [OAK]**
1891년 9-11월
서울-평양-의주-평양-서울

Mr. Moffett's Third Mission Trip
September to November, 1891
Seoul-P'yŏngyang-Ŭiju-P'yŏngyang-Seoul

● **로스 목사가 세운 만주의 심양(봉천)장로교회, 1889년 [OAK]**
중국 도교 사원 양식과 서양 건축 양식을 절충한 벽돌 건물 예배당으로 곧 "ㄱ"자형으로 증축했다. 1891년 마포삼열과 게일은 이곳을 방문하고 로스의 토착 선교 방법론에 감명을 받았다.

The Mukden Presbyterian Church, build by John Ross in 1889

● **마포삼열과 게일의 북한과 만주 여행, 1891년**
여행 기간은 2월 25일부터 5월 18일까지였다. 두 사람은 대부분 걸어서 여행했다. 서울에서 의주까지는 서상륜이 동행했고, 이어서 백홍준이 안내했다. 이 여행은 초기 한국 교회사에서 가장 멀고 긴 전도 여행이었다. 그들은 만주 봉천(심양)에서 로스를 만났으며, 로스가 네비우스 방법을 만주 상황에 맞게 수정한 토착 선교 방법, 특히 심양교회의 토착 양식에 크게 감명을 받았다. 마포삼열은 이 네비우스-로스 방법을 평양에 정착시켜 교회 개척과 성장에 크게 성공했다.

S. A. Moffett and J. S. Gale's Trip to Northern Korea and Manchuria, 1891
From February 25 to May 18, 1891
They walked most parts of the trip. It took three months and the longest evangelistic trip ever in the early history of Protestant Missions in Korea. They met John Ross in Mukden and were impressed by his Indigenous Mission Method (which was a Manchurian form of the Nevis Method) and the Chinese Style Church Building. Moffett adopted the Nevius-Ross Method in P'yŏngyang.

● **장로교회 첫 한국인 조사, 1891년 [OAK]**
백홍준(평안도), 서상륜(서울, 경기도), 최명오(황해도). 이들은 마포삼열과 게일의 북한 만주 지역 전도 여행의 안내자다.

The First Korean Helpers of the Presbyterian Mission, 1891
Paek Hongjun, Sŏ Sangnyun, Ch'oe Myŏng'o

● **백홍준, 1893년 [MOF]**
Paek Hong-jun, 1893

●

선교사, 조사, 하인, 남한산성, 1891년 [MOF]
선교사들은 마포삼열 목사, 맥길 의사 부부(아이는 머스), 게일이며,
뒷줄에는 게일의 어학 선생 이창직, 마포삼열의 어학 선생 주 씨다.
여름 피서로 한 불교 사찰을 방문했는데,
당시 선교사들은 여름에 자주 북한산성과 남한산성의 불교 사찰에서 피서했다.

Missionaries and Korean Helpers and Servants, South Fortress (Namhansansŏng), 1891
Missionaries are Rev. S. A. Moffett,
Dr. & Mrs. McGill (with Myrtle), and Mr. J. S. Gale
Summer retreat up in a Buddhist temple
Two standing Korean men with hats are teachers of Gale (Mr. Yi)
and Moffett (Mr. Chu)

●

남한산성으로 피서를 떠나기 전 서울 정동에서 촬영, 1891년 [OAK]
왼쪽부터 선교사는 마포삼열, 기퍼드 부부, 베어드 부부, 빈튼 의사, 게일.
가마 안에 헤론 부인과 제시. 도티 양과 빈튼 부인은 사진에 보이지 않는다(당초 이 사진은 1891년 마포삼열과 게일이 의주 여행을 떠날 때 사진으로 알려졌으나, 사실은 여행 후 선교회 전체가 피서를 갈 때 찍은 사진이다).

Leaving for a Summer Retreat to South Fortress (Namhan sansŏng), 1891
Missionaries from left to right: Rev. Samuel A. Moffett, Mrs. Gifford, Rev. D. L. Gifford, Mrs. Baird and Rev. William M. Baird, Dr. C. C. Vinton, Mr. James S. Gale, In a sedan chair: Jessie Heron and Mrs. Heron. Not here: Miss Susan Doty and Mrs. Vinto

●

남한산성에서 산책하는 모습, 1891년 [MOF]
서울에서 출발하여 북한 지역과 만주 지역을 3개월간 탐사 여행한 후 휴식하는 게일과 마포삼열.
게일과 마포삼열은 이 무렵부터 친하게 지냈다.

James S. Gale and Samuel A. Moffett, South Fortress (Namhan sansŏng), 1891
It was taken inside the South Fortress as Gale and Moffett were on their return to Seoul after their exploratory walking trip of three months through the north to identify the most promising sites for future mission stations.

●

미국 북장로회 한국 선교회, 남한산성 피서, 1891년 [MOF]
뒷줄: 게일, 베어드 부부. 중간: 마포삼열, 도티 양, 빈튼 부인, 기퍼드 부부.
앞줄: 제시 헤론, 헤론 부인, 애니 헤론, 빈튼 의사.
게일과 헤론 부인은 곧 결혼했다.

The Korea Mission, PCUSA, South Fortress (Namhan sansŏng), 1891
Standing: Mr. James S. Gale, Rev. William M. Baird, Mrs. Baird
Seated: Rev. S. A. Moffett, Miss Susan Doty, Mrs. Vinton, Mrs. Gifford, Rev. D. L. Gifford
Front: Jessie Heron, Mrs. Heron, Annie Heron, Dr. C. C. Vinton

Samuel A. Moffett

Seoul, Korea

November 27, 1891

Dear Dr. Ellinwood:

After writing most of the above I concluded to leave it in such shape that you could publish it in the *Church at H & A* if you see fit and to add some other things for you or the Board only.

I find awaiting me a half dozen letters from Mr. Underwood giving me the unwelcome news of the probability of a long delay before his return and also the most welcome news of the promise of six men. In his letters however are a number of statements and plans concerning which I want to write you freely. I write now only my own views and do not know just what action the Mission might take on the several questions touched upon.

I am more than rejoiced at the good news of re-enforcements to come. We certainly need and can use all the six men promised and we want them now altho it may be two years before they are finally settled in the permanent place of work. A man will be far better fitted to go to a new station and will make fewer mistakes if he can have from 6 months to 2 years in Seoul, taking country trips to learn the language and people. We need two men for Seoul and especially so since Mr. Underwood's return may be long delayed. There is nothing to prevent our sending two men at least to open Gensan, the Eastern port, and I sincerely pray that another 12 months will find that place taken by us. I am disappointed that the Australian Presbyterian missionaries have not gone there but they wish to stay in Fusan where Mr. Davies died. I think the previous part of this letter indicates that we want two men at once preparing to permanently go into Ping An Province. My own conviction is that the city of Ping An not Eui Ju is the place to permanently occupy using the house just purchased in Eui Ju as a temporary residence until Ping An is

마포삼열

한국, 서울

1891년 11월 27일

엘린우드 박사님께,

먼저 보내드린 편지를 거의 다 쓴 후, 저는 귀하께서 제 편지를 「국내외 교회」에 출판하기에 적절하다고 생각하시면 출판하도록 그대로 두고, 귀하와 선교 본부만을 위해 다른 일부 내용을 추가하기로 결론을 내렸습니다.

[여행에서 돌아오니] 언더우드 목사가 보낸 6통의 편지가 저를 기다리고 있었습니다. 거기에는 그의 한국 귀환이 더 지체될 것 같다는 불편한 소식과 함께 6명의 남자 선교사를 약속하는 반가운 소식이 들어 있었습니다.[1] 그의 편지에 담긴 많은 의견과 계획에 대해 자유롭게 말씀드리고 싶습니다. 이것은 제 개인적인 의견이며, 다른 여러 문제에 대해 선교회가 어떤 결정을 내릴지는 모릅니다.

무엇보다 인력 보강이란 희소식에 무척 기쁩니다. 비록 정착할 때까지는 2년 정도 걸리겠지만 우리는 약속된 6명이 모두 필요하고 잘 활동하도록 할 수 있습니다. 이들이 서울에 최소한 6개월에서 2년간 머무르면서 언어와 사람을 알기 위해 시골 여행을 한다면, 새 선교지부에 가도 별 어려움이 없을 것이며 실수도 적게 할 것입니다. 지금 서울에는 2명의 남자가 필요한데, 특히 언더우드 목사의 귀환이 오래 지연되었기 때문입니다. 또한 선교지부 개설을 위해 동쪽 항구인 원산으로 최소 2명을 보낼 수 있는데 12개월 후에는 우리가 그 지역을 차지하기를 간절히 기도합니다. 현재로서는 호주 장로회

1 언더우드 부부는 1891년 3월부터 1893년 2월까지 약 2년간 안식년을 보냈다. 1891년 9월에 형 존 언더우드 목사가 한국 선교사 6명의 봉급을 지원하겠다고 제안했고 선교부가 이를 수용했다. 엘린우드의 충고대로 언더우드 목사는 맥코믹 신학교를 방문하여 한국에 갈 선교사들을 구했고, 이어서 1891년 10월 테네시 주 내쉬빌에서 열린 미국 신학교선교연맹(The American Inter-Seminary Missionary Alliance) 대회에 참석하여 한국에 대해 연설했다. 언더우드와 당시 밴드빌트 대학교에 재학하던 윤치호(尹致昊)의 연설에 자극받은 버지니아 유니언 신학교의 레이놀즈(William D. Reynolds), 존슨(Cameron Johnson), 전킨(William M. Junkin), 맥코믹 신학교의 리와 테이트(Lewis B. Tate) 등이 한국에 지원했다. 한국 남장로회 개척 역시 형 존 언더우드 목사의 도움이 컸다.

opened as a treaty port which Dr. Allen tells me will come in time. As I came through there on my return I found the American Minister and a man–of–war there surveying the place and negotiating for its opening. However having been twice deceived about the opening of Ping An I am unwilling to say it is to be opened–until I have definite word of it from the government. In your letter of Sept. 30 to Mr. Underwood about Dr. Gardner (he sent the letter to me with comments) you say "We hardly know how to dispose of the two (doctors) we have in Seoul." We do not see any difficulty at all. We think we need two here. Dr. Vinton is getting almost no time for language study, the hospital keeps him tied down here and we and we have no physician for country trips. Dr. Brown has reached Fusan and will be here in a few days. We do most earnestly hope he will get a good hold on the language and after one year in Seoul we can use him here–or in Gensan or in Ping An Province–or possibly in Fusan though the presence of the Australians there who expect a physician will probably render his presence there superfluous.

However, while I believe that 6 men and more can be most profitably disposed of as soon as they are ready for work, we can well afford to wait a long time rather than to get the wrong kind of men. We do want men of thorough integrity of character, consecrated tried men full of devotion as true missionaries. We are now a harmonious band–orthodox Presbyterians with a Calvinistic creed (We made a mistake in asking for Dr. McGill and all rejoice that he is not one of us), and I was glad to see your question in a letter to Mr. U-concerning those rejected by the M. E. Board.

Now about an educational man for Seoul. I do not think we want a secular man who comes out fitted only for that work but rather a minister who has had some experience in that line–or a natural liking for it and talent for organization. I do not remember just what the Mission asked for but think we did not say a layman. I fear if we get a layman in charge of educational work we shall soon have three departments of work to

선교사들이 거기에 가지 않고, 데이비스 목사가 사망한 부산에 머무르기를 원해서 실망스럽습니다. 이 편지 앞부분에서 우리는 2명이 즉시 평안도에 영구히 갈 준비를 하기 원한다고 언급했습니다. 우리는 의주가 아닌 평양이 영구적으로 점유해야 할 지역이라고 확신합니다. 또한 우리는 조약에 따라 평양이 개항장으로 개방될 때까지 얼마 전에 의주에서 구입한 집을 임시 거주지로 사용하면서 준비할 것입니다. 알렌 의사는 적절한 때에 조약이 이루어질 것이라고 말합니다. 저는 여행에서 돌아오는 길에 평양을 지나왔는데, 그곳을 관측하면서 개항 협상을 하고 있는 미국 공사와 군함을 보았습니다. 하지만 평양의 개항 소문에 이미 두 번이나 속았기 때문에, 정부로부터 분명한 말이 있기 전까지는 평양 개항을 쉽게 말하지 않을 것입니다. 귀하께서 가드너 박사에 대해 언더우드 목사에게 보낸 9월 30일 자 서신(가드너 박사는 자신의 논평과 함께 그 편지를 제게 보냈습니다)에서 "우리는 서울에 있는 2명의 의사를 어떻게 처리해야 할지 모릅니다"라고 하셨습니다. 그런데 우리가 보기에는 어떤 어려움도 없으며, 다만 이곳에 2명이 필요하다고 생각합니다. 빈튼 의사는 한국어를 공부할 시간이 거의 없이 이곳 병원 일에 매달려 있다 보니 지방 전도 여행 때 동행할 의사가 없습니다. 브라운 의사는 부산에 도착했으며, 며칠 안으로 서울에 올 예정입니다. 우리는 그가 언어를 잘 습득하기를 진심으로 바라며 1년간 서울에서 지낸 후 이곳이나 원산이나 평안도에서 일하거나 혹은 비록 자신들의 의사를 기다리고 있는 호주 선교사들 때문에 아마도 그가 가면 중복될 수도 있지만, 부산에서 일할 수 있기를 바랍니다.

이처럼 6명이나 그 이상이 사역할 준비가 되면 곧 유익한 곳으로 배치할 수 있다고 믿지만, 우리는 부적절한 사람을 받기보다는 차라리 오랫동안 기다리는 편이 낫다고 생각합니다. 우리는 철저하고 온전한 인격을 갖춘 자, 성결하고 시험을 거친 자, 진정한 선교사로 헌신한 자를 원합니다. 우리는 지금 칼뱅주의 신조를 믿는 정통파 장로교인들로 구성된 조화로운 단체입니다. (맥길 의사를 요청하는 실수를 범했으나, 그가 우리 회원이 되지 않아서 다행입니다.) 저는 귀하께서 언더우드 목사에게 보낸 서신에서 북감리회 선교부가 거절한 자들에 대해 질문한 것을 보고 반가웠습니다.

harmonize without being able to transfer the men from one kind of work to another if matters do not run smoothly or successfully.

We do need a man to develop our school work. I have just spent the morning in an examination at the Boys' School and believe it is doing good work and can be developed into a first class school but with the North country work to look after I cannot give it thorough oversight.

With Mr. Underwood's return indefinite, there is nothing for me to do but to accept the situation and for the present give up all idea of joining Mr. Baird in Fusan until our new men come and get a hold on the language and then, as we shall probably be fairly well manned, a more permanent allotment of work will naturally take place.

I hope to spend several months in Eui Ju and Ping An Province next spring & summer taking with me one of the new men who will go with the idea of taking hold of the work there.

If within a year we get the six men promised & a lady to assist Miss Doty I do not believe we shall need to ask for more men for perhaps four or five years, except probably two men for the South where the population is dense and there is abundant room for the Australians and a well-manned Mission of our own, each Mission having a large province with several million people. Trusting I have not written you too much–I am with kindest regards.

Very sincerely yours,

Samuel A. Moffett

이제 서울의 교육 선교사 건에 대해 말씀드리겠습니다. 우리는 그 사역에만 적합한 사람이 아니라, 교육계에 경험이 있거나 원래 가르치기를 좋아하거나 조직에 재능이 있는 목사를 원합니다. 선교회가 어떤 사람을 요청했는지 정확히 기억나지는 않지만, 우리가 평신도라고 말하지는 않은 것으로 생각합니다. 만일 우리가 평신도로 하여금 교육 사업을 책임지게 했다가 사태가 순조롭게 혹은 성공적으로 진행되지 않을 경우, 사람들을 한 분과에서 다른 분과로 옮길 수 없는 상태로, 서로 조화시켜야 할 세 개의 사역 분과[2]를 가지게 되지 않을까 염려스럽습니다. 따라서 교육 사업을 발전시킬 사람이 정말 필요합니다. 오늘 아침에 남학교에서 시험 감독을 했는데, 선한 일을 행하는 가운데 일류 학교로 발전할 수 있다고 새삼 확신했습니다. 단, 저는 북한 지방 사역을 돌봐야 하므로 학교를 철저히 감독할 수 없습니다.

언더우드 목사가 언제 귀환할지 알 수 없는 상황을 수용할 수밖에 없습니다. 또한 새 선교사들이 와서 언어를 익힐 때까지 부산에 있는 베어드 목사와 함께 일할 생각도 현재로서는 포기할 수밖에 없습니다. 그들이 언어를 익히면 우리 인원이 많아지므로, 보다 영구적인 사역 배치가 자연스럽게 이루어질 것입니다.

저는 내년 봄과 여름에 의주와 평안도에서 여러 달을 보내고 싶습니다. 그때 새로 온 선교사 가운데 그곳 사역을 맡을 생각이 있는 한 사람을 데려갈 예정입니다.

1년 안에 약속한 6명의 남자 선교사와 도티 양을 도울 여자 선교사 한 명이 온다면, 아마 4-5년간 더 이상 선교사에 대한 추가 요청이 없을 것을 확신합니다. 다만 인구 밀도가 높은 남부 지방을 위해서는 2명의 남자 선교사가 십중팔구 필요할 것입니다. 거기에는 호주 선교회와 인원이 잘 갖추어진 우리 선교회가 사역할 지역이 아직 충분히 있습니다. 두 선교회는 수백만의 인구가 사는 큰 경상도를 하나씩 담당하고 있습니다. 편지가 너무 길지 않았기를 바랍니다. 안녕히 계십시오.

---

2 전도, 교육, 의료를 말한다. 목사라면 전도 부서에서 교육 부서로, 혹은 그 반대로도 옮길 수 있다는 뜻이다.

P. S.

"One of the most remarkable works of grace known in foreign missions is that among the Coreans. Without having heard or seen a missionary, thousands have become believers in Christ. This is the fruit of the circulation of copies of the New Testament by a Scottish missionary in Manchuria."

Am sorry to see the enclosed going the rounds of the press, giving false impressions of the condition of things in Korea. Such statements are not needed to do honor to the splendid work of the Scotch Missionaries in Moukden in behalf of Korea.

마포삼열 올림

추신. "해외선교에서 알려진 뚜렷한 은혜의 역사가 한국인에게 일어나고 있다. 선교사를 듣거나 보지도 못한 수천 명이 그리스도를 믿는 신자가 되었다. 이것은 만주에 있는 한 스코틀랜드 선교사가 신약전서를 반포한 결과다."

이 글이 여기저기 실리며 한국 상황에 대해 잘못된 인상을 주어 유감입니다. 그런 진술은 봉천에 있는 스코틀랜드 선교사들의 놀라운 한국 사역을 명예롭게 하는 데 필요하지 않습니다.[3]

3 수천 명의 자발적 한국인 신자가 존재한다는 것은 과장이다. 이런 진술은 한국 선교가 용이하다거나, 한국인 신자들이 집단 개종한 쌀 신자라거나, 선교사가 별로 필요하지 않다는 오해를 불러일으킬 수 있다.

Samuel A. Moffett

Seoul, Korea

December 16, 1891 ***(Rec'd Jan. 26, 1892)***

Dear Dr. Ellinwood:

The mail arrived this afternoon and brought your letter of Nov. 7 to the Mission and also personal letters to Dr. Vinton and Mr. Gale which have been shown to me by them. We certainly have some most important questions to consider and decide and I trust we shall be guided by the Spirit of God in all our plans.

The mail leaves tomorrow morning and I take time tonight to write a few lines to you. My letter and the action of the Mission sent soon after my return from the country answer some of your questions. We, as a Mission, are certainly rejoiced at the offer of Mr. Underwood and have ever since been considering the question of new stations, disposal of our forces, etc., and I believe our Annual Meeting in January when the work of the past year and for the next year will be fully considered will show that we are ready for the new men and can place them at once where they will be able to make the most of their first year or two in language study. By all means I hope we may be able to plan so as to let the men get a fair start on this difficult language. What good will it do us to have a dozen ministers & doctors who five years from now will be a failure so far as reaching the Koreans in their own language is concerned?

You speak of "huddling them in the Capital," but it will not be huddling them here if they are sent off at once to the interior to arrange for permanent locations there although their home may be in Seoul the first year. Dr. Brown and I have already tentatively arranged to spend four months of next spring and summer in Eui Ju that I may look after work there and that he may get the language. If new men arrive by that time I hope one of them may accompany us while others may go with Mr. Gale or Gifford to prepare for opening Gensan. I am glad Dr. Brown

마포삼열

한국, 서울

1891년 12월 16일 (1892년 1월 26일 수령)

엘린우드 박사님께,

오늘 오후에 도착한 우편에 귀하께서 선교회에 보내신 11월 7일 자 서신과, 빈튼 의사와 게일 씨에게 보낸 개인 서신이 함께 들어 있었는데, 그들이 저에게 이 편지를 보여주었습니다. 우리에게는 고려하고 결정해야 할 몇 가지 중요한 문제가 있는데, 이 모든 계획에 성령의 인도하심을 받으리라고 확신합니다.

우편물이 내일 아침에 떠나므로, 오늘 밤 시간을 내서 귀하께 몇 줄 쓰려고 합니다. 지방 여행에서 돌아온 직후 보냈던 제 편지와 선교회의 결정은 귀하의 일부 질문에 답하고 있습니다. 선교회로서 우리는 언더우드 목사의 제안을 듣고 확실히 안심했으며, 그때부터 새 선교지부와 인력 배치 등의 문제를 고려해왔습니다. 제가 생각하건대, 작년과 내년의 선교 사업을 충분히 검토할 1월 연례 회의에서 우리가 새 선교사들을 받을 준비가 되어 있고, 선교사들이 첫 한두 해의 대부분을 한국어 공부에 할애할 수 있음을 보여줄 것입니다. 어떤 경우에라도 그들이 이 어려운 언어를 잘 시작할 수 있도록 계획을 세우기를 희망합니다. 5년이 지나도 한국인에게 그 언어로 다가가지 못한다면 12명이나 되는 목사와 의사가 무슨 소용이 있겠습니까?

귀하께서는 "그들을 모두 서울에 옹기종기 모아두는 것"에 대해 말씀하셨지만, 첫해의 주거지가 서울에 있을지라도 도착하는 즉시 영구적인 사역지를 알아보도록 내륙으로 파송한다면, 이는 그들을 모아두는 게 아닐 것입니다. 이와 관련하여 브라운 의사와 제가 내년 봄과 여름 4개월간 의주에 머물텐데, 저는 아마도 그곳에서 사역을 돌보고 그는 언어를 배우기로 이미 잠정적인 계획을 잡았습니다. 그때 새 선교사들이 도착하면, 그 가운데 한 명은 우리와 같이 가고 다른 남자들은 게일 씨나 기퍼드 목사와 함께 원산 선교지부 개설을 준비하러 가기를 희망합니다. 특히 브라운 의사가 언어를 배우려

intends to get the language and I think I voice the opinion of the Mission in saying that we do not want him to be tied down to medical work until he has a good hold on the language. Dr. Vinton is giving too much time to the Government Hospital & Dispensary work to the neglect of the language and if our new men do likewise we shall be sadly crippled in a few years from lack of men who can teach & preach to the natives. If we can have the men and pretty generous appropriations for a few years for trips to [the] interior I believe in two years from now we shall be ready for a telling work along Evangelistic lines.

You say "It is a question which the mission ought to consider, who of your member can be available to accompany the young missionaries," and seem embarrassed by the change in Mr. Gale's plans. May I ask if there is any objection to sending me? I have from the first preferred to go to the Interior–am better able to go being a single man, and tho' lacking experience–have had more experience in the Interior than any one on the field except Mr. Gale.

It has been the Mission's plan to keep Mr. Gale in Seoul. When we first planned for him Mr. Underwood was here–When Mr. Underwood left unexpectedly and with doubt of his return for some time, we needed Mr. Gale here as the only one who spoke the language well and as he will probably give considerable time to translation (Mr. Underwood being absent), Seoul seemed the place for him. He has always declared his readiness to go anywhere the Mission said, but if Mr. U. does not return and Mr. Gale is sent to country, to whom will we commit the translation of the Scriptures? Shall we turn that over to the Methodists? We too hoped Mr. Gale would be available for pioneer work and had Mr. Underwood remained, doubtless that would have been the case.

If he is to stay in Seoul what better place to put him & what better use to make of the Lower School Property? For $600 it can be made a satisfactory residence for him and Mrs. Heron while Dr. Vinton says it would take $2000 to fit it for Medical use and then require another

고 해서 기쁩니다. 저는 그가 한국어를 잘 구사할 수 있을 때까지 의료 사역에 매여 있지 않기를 바란다고 말함으로써 선교회의 견해를 대변했다고 생각합니다. 빈튼 의사는 정부 병원과 진료소 일에 너무 많은 시간을 사용하기 때문에 한국어 공부를 소홀히 하는데, 새로 온 선교사들도 그렇게 된다면 몇 년 후에는 본토인들을 가르치고 전도할 사람이 부족해서 심한 어려움을 겪게 될 것입니다. 몇 년 동안 새로운 선교사들이 오고 이들이 내륙 지방으로 여행할 수 있는 넉넉한 예산이 있다면 지금부터 2년 후에는 전도 노선에서 효과적인 사역을 할 준비를 마치리라 믿습니다.

귀하께서는 "선교회는 회원 가운데 누가 새 선교사들을 데리고 갈 수 있는지 고려해야만 하는데 이것이 문제다"라고 말씀하시고, 게일 씨의 계획 변화에 대해 당황하시는 듯합니다. 저를 보내는 데 어떤 반대가 있는지 묻고 싶습니다. 저는 처음부터 내륙 지방으로 가기를 선호했으며, 독신이기 때문에 더 적합합니다. 비록 경험이 부족하지만 게일 씨를 제외하면 선교지에서 누구보다도 내륙 지방에 대한 경험을 더 많이 가지고 있습니다.

게일 씨를 서울에 두는 것이 선교회의 계획이었습니다. 우리가 처음 그를 위한 계획을 세웠을 때에는 언더우드 목사가 이곳에 있었습니다. 언더우드 목사가 예상치 않게 떠났고 당분간 돌아올 가망이 없으므로, 우리는 한국어를 가장 잘 할 수 있는 유일한 사람인 게일 씨가 필요했습니다. (언더우드 목사가 없으므로) 십중팔구 게일 씨는 번역에 많은 시간을 사용할 것이고, 서울이 게일 씨가 머물러 있기에 적당한 장소인 듯합니다. 게일 씨는 항상 선교회가 파송하면 어디든지 갈 준비가 되어 있다고 말하지만, 언더우드 목사가 돌아오지 않고 게일 씨가 지방으로 파송된다면 누구에게 성경 번역을 맡기겠습니까? 성경 번역 사업을 감리회 측에 넘겨주어야 합니까? 우리도 게일 씨가 개척 사역을 할 수 있고 언더우드 목사가 서울에 남아 있기를 원했으며, 의심할 바 없이 그렇게 되었으면 더 좋았을 것입니다.

만일 게일 씨가 서울에 머문다면 게일 씨를 초등학교 건물에 거주하게 하면서 그 건물을 사용하도록 하는 것이 더 좋지 않겠습니까? 600달러만으로도 그와 헤론 부인을 위한 만족스러운 주택을 만들 수 있습니다. 빈튼 의

building for a residence. If fitted up now as a residence and Mr. Gale should be hereafter sent to a new station our suggestion to the Mission might then be carried out and that used for a residence for a doctor while the outbuildings are used for dispensary, etc. I think your letter to Mr. Gale both surprised and hurt him. He asked me if that meant "that you regret his appointment." I cannot think so, for he gives promise of a life eminently useful whether in Seoul or the country.

We had a good day last Sunday receiving 10 into the Church with Baptism, and observed the sacrament of the Lord's Supper, 23 Koreans partaking—the largest number I think at any one time.

Received today from Mr. Baird the deeds for the property in Fusan.

With kindest regards and most earnestly praying that we may be guided aright that all our plans and work may be over—ruled for the glory of God and the upbuilding of His Church here.

Very sincerely yours,

Samuel A. Moffett

Dr. Brown & his wife have made most favorable impressions. He speaks very highly of Dr. & Mrs. Gardner whom I mentioned in my last letter. They were together 3 years in Mich. Univ.

사는 그 건물을 병원으로 개조하려면 2,000달러가 소요될 것이고 사택용으로 다른 건물이 있어야 한다고 말합니다. 만일 지금 주거용으로 개조하고 게일 씨가 다음에 새 선교지부로 가야 한다면 우리는 선교회에 제안해서 그 건물은 의사의 사택으로, 부속 건물은 진료소 등으로 사용하게 할 것입니다. 저는 귀하의 서신을 받고 게일 씨가 놀라고 상처를 받았다고 생각합니다. 게일 씨는 제게 그 서신이 귀하께서 자신을 임명한 것을 후회한다는 뜻인지 물었습니다. 저는 그렇게 생각할 수 없습니다. 왜냐하면 게일 씨는 서울이나 지방이나 어디에서든지 탁월하게 유용한 생애를 살 것이기 때문입니다.

지난 일요일 우리는 10명에게 세례를 주고 입교시키는 즐거운 날을 보냈습니다. 성찬식에는 23명의 한국인이 참석했는데, 어느 때보다 많은 숫자였다고 생각합니다.

오늘 베어드 목사에게 부산의 집문서를 받았습니다.

안부를 전하며, 우리의 모든 계획과 사역이 하나님의 영광을 위해, 그리고 이곳에 주님의 교회를 세우는 일에 올바른 길로 인도함을 받을 수 있기를 간절히 기도합니다.

마포삼열 올림

추신. 브라운 의사와 그의 아내는 좋은 인상을 주고 있습니다. 브라운 의사는 제가 지난번 편지에서 언급했던 가드너 의사 부부에 대해 좋게 평가합니다. 그들은 3년 동안 미시간 대학을 함께 다녔습니다.

Samuel A. Moffett

Seoul, Korea

December 28, 1891

My Dear Dr. Ellinwood:

Your recent letters to Mr. Gale, to the Mission and yours of Nov. 19th to me have taken us completely by surprise and have been the occasion of much pain and regret and have led to much earnest prayer. The Mission sends by this mail the only action which it feels that it can take and now as I write individually I do not know what to say—though I feel that the situation demands that I do what I can to help clear up the misunderstandings.

My relations with the Board and Secretaries have in these two years been the most pleasant and I have felt that between us existed perfect confidence and mutually frank relations. I utterly fail to understand what could occasion these recent letters which have called in question the motives and the consecration of the members of the Mission. I know that we have not deserved this and cannot but feel that your letters have conveyed more of it than is in your heart. We seem to be misunderstood and yet know not why. I think the Mission ever stands ready to lay before you the reasons for its plans and then willingly submit to the Board's veto of any of them but if you doubt that we are planning for anything but what we really consider the best interests of the work, I do not see what we are to do.

Personally I have the greatest confidence in Mr. Gale's consecration and in his assertion that both he & his wife are ready to go anywhere and undertake any work that the Board and Mission may assign them. I do not know what has occasioned your lack of confidence in him, but believing it to be based on misunderstandings I am unwilling to give up my confidence in him.

I know that you will deeply regret that your letters have caused

마포삼열

한국, 서울

1891년 12월 28일

엘린우드 박사님께,

최근에 귀하께서 게일 씨와 선교회에 보내신 서신과 제게 보내신 11월 19일자 서신을 받고 놀랐으며, 많은 고통과 회한의 시간을 가졌고, 더욱 간절히 기도하게 되었습니다. 선교회에서 할 수 있는 유일한 결정을 이 우편물로 보냅니다. 지금 제가 개인적으로 글을 쓰고 있고, 오해를 불식시키기 위해 제가 할 수 있는 모든 것을 해야 할 상황이지만, 저는 무슨 말을 써야 할지 모르겠습니다.

지난 2년간 저와 선교부와 총무님들의 관계는 유쾌했으며, 저는 우리가 완벽히 신뢰하며 상호 정직했다고 느꼈습니다. 저는 선교회 회원들의 동기와 헌신을 문제 삼은 최근의 서신을 이해할 수 없습니다. 우리가 이런 취급을 받는 것은 부당합니다. 귀하께서 의도하신 것보다 더 많은 것을 서신에 썼다고 느낄 수밖에 없습니다. 귀하께서 우리의 뜻을 오해하고 계신 듯하지만, 아직도 그 이유를 모르겠습니다. 선교회는 귀하께 선교 계획에 대한 이유를 제시할 준비가 언제나 되어 있으며, 선교부가 반대하는 것이 있다면 기꺼이 수용하겠습니다. 그러나 귀하께서 우리가 이곳에서의 사역에 도움이 되는 것이 아닌 다른 것을 계획하고 있다고 의심하시면, 저는 우리가 무엇을 해야 하는지 모르겠습니다.

저는 개인적으로 게일 씨의 헌신을 믿으며, 그와 그의 아내가 선교부와 선교회가 지시하는 일이라면 어디든지 가고 무엇이든지 할 준비가 되어 있다는 그의 주장을 절대적으로 신뢰합니다. 귀하께서 어떤 계기로 그를 불신하는지 모르지만, 이는 오해에서 비롯된 것이라고 생각하므로, 저는 게일 씨에 대한 신뢰를 포기하고 싶지 않습니다.[1]

1 게일에 대한 불신은 게일이 캐나다에 두고 온 약혼자와의 약속을 파기하고 헤론 부인과 결혼한 사건 때문

us such a state of uncertainty and concern and I sincerely pray that all misunderstandings may be cleared away and the way opened for full, frank & mutually confident relations without which it seems to me our work cannot possibly succeed. Misunderstandings, suspicion of motives, lack of confidence on the part of the Board, and on our part misunderstandings and a fear that we will be judged before we have explained the conditions and reasons for our actions will make almost any missionary's life a failure.

I could not help believing that it was this—more than overwork—more than anything else that led to Dr. Heron's death. I have never known a man more thoroughly unselfish & more thoroughly possessing a consecrated missionary spirit, but irritated & worried & grieved beyond expression at the thought that his motives were questioned, his consecration doubted & his work misunderstood, his mental conflicts more severe from the fact that he was proud spirited wore him out. I would be spared any more such misunderstandings and so write as frankly as I do. Of course I know full well that the Board desires above all things the welfare of the work, peace & harmony in the Mission. And knowing, as I feel that I do, that the Mission deserves your confidence and that we all stand ready to make any sacrifice of personal plans & feelings for the sake of Christ and this people, I plead that our communications may be not only marked by candor and frankness but carried on in mutual confidence.

I have written this prayerfully and only from a sense of duty hoping that it may lead not to confidence in our judgment or approval of our plans but to confidence in our consecration and motives which seems to me to lie at the basis of success in our work. In what I have written about Dr. Heron I am liable to be misunderstood. I do not mean to say that it was not largely his own fault that he was misunderstood—but that he was misunderstood I doubt not, and I wish to do now what I should have done had Dr. Heron lived—work & pray for clear understanding between

귀하께서는 귀하의 서신 때문에 우리가 불확실과 염려의 상태에 놓여 있는 것에 대해 깊이 후회하실 줄 압니다. 저는 모든 오해가 청산되고 온전하고 솔직하며 상호 신뢰하는 관계가 회복되는 길이 열리기를 간절히 기도합니다. 그것 없이 우리의 사역은 성공할 수 없을 것이라고 생각합니다. 선교부 측에서의 오해, 동기에 대한 의심, 신뢰의 부족, 그리고 우리 측에서의 오해와 두려움, 곧 우리의 결정에 대한 상황과 이유를 설명하기 전에 판단을 받을지도 모른다는 두려움 등이 있다면 모든 선교사의 삶은 실패할 것입니다.

저는 헤론 의사를 죽음으로 몰고 간 것이 다른 것보다, 과로보다, 바로 이것이라고 믿지 않을 수 없습니다. 저는 헤론 의사만큼 그렇게 철저히 이타적이고 헌신된 선교 정신을 가진 자를 안 적이 없습니다. 그러나 그는 자신의 동기가 의문시되고, 자신의 헌신이 의심받고, 자신의 사역이 오해를 받는다는 생각에 이루 형언할 수 없이 초조하고 걱정하며 슬퍼했는데, 자존심이 강한 성격이라 정신적 갈등이 더 심해서 쇠약해졌습니다. 저는 그런 오해에서 벗어나고 싶습니다. 그래서 지금처럼 이렇게 솔직하게 씁니다. 물론 저는 선교부가 무엇보다 사역의 안녕과 선교회의 평화와 조화를 원한다는 것을 잘 알고 있습니다. 그리고 선교회는 귀하의 신뢰를 받을 자격이 있고, 우리 모두는 그리스도와 이 민족을 위해서라면 어떤 개인적인 계획과 감정을 희생할 준비가 되어 있다는 것을 알고 있고 그렇게 느끼고 있습니다. 그러므로 우리의 의사소통이 허심탄회하고 정직할 뿐만 아니라 상호 신뢰 속에서 진행되기를 간청합니다.

저는 우리의 판단에 대한 신뢰나 우리의 계획의 승인을 위해서가 아니라, 우리의 헌신과 동기에 대한 신뢰를 바라면서 기도하는 마음과 의무감만으로 이 편지를 써왔습니다. 후자에 대한 신뢰가 우리의 사역의 성공을 위한 기초라고 생각하기 때문입니다. 헤론 의사에 대한 글 때문에 오해를 받을지 모르겠습니다. 그가 오해를 받은 것이 대체로 그 자신의 잘못 때문이 아니라

이었다. 이 일로 선교 본부는 게일을 북장로교 선교사로 임명하는 것을 주저했으나, 주한 선교사들의 적극적 추천으로 임명되었다. 약혼 파기 사실을 나중에 발견한 선교사들 가운데 일부가 게일을 불신하게 되었다 (Lillias H. Underwood to F. F. Ellinwood, June 8, 1893).

the Mission & the Board. Believe me that my heart & life are too deeply interested in the success of our cause to write anything in the above from mere personal considerations, and now I will take up the questions which you ask in your letter.

I too was "sadly disappointed at the turn which matters have taken." I did not know that Mr. Underwood would be called home and a doubt cast upon his return. I had no idea that the physicians would be so decided in their objection to the Lower School property. (Dr. Heron and I had talked over the same plan with favor.). Nor did I think we should have to wait until the winter of 1892 for more men (the six men promised are not yet "huddled in Seoul," tho' I have been tempted to think you had them so pictured in your mind.) These things have materially altered our plans as they necessarily must have done.

The plan to use the Lower School property for Evangelistic work was but a modification of a plan which has been held in the Mission ever since Mr. Underwood's return from Japan—nearly two years ago. The advisability of occupying another district in Seoul has I think never been questioned. Several of us have long felt that this foreign settlement is not a place best adapted to meet & work with Koreans. Mr. Underwood several times held back his definite decision to go to another district only until property should be selected & secured. Our medical plans for the Lower School property failing, it becomes available for carrying out the other plan and my judgment has been most unqualifiedly given that we ought at once to have it occupied and work begun—a work which to my mind can be made a most successful one. Such occupation of it by Mr. Gale need not interfere with its use for Medical work if at any time the doctor (with little longer experience on the field) should change his opinion concerning it, nor need the work thus inaugurated by Mr. Gale be thrown away—if as is likely, he should be sent to a station in a year or two, for in that case we ought at once to put another minister in there. Better far, I think, put a man there rather than in this settlement. It is difficult to

는 의미가 아니라, 그가 오해를 받았음은 의심의 여지가 없습니다. 그리고 만일 혜론 의사가 살아 있었다면 제가 했어야 하는 일을 지금 제가 하기를 원합니다. 곧 선교회와 선교부 간의 투명한 이해를 위해 일하고 기도하는 것입니다. 제 마음과 삶은 우리의 선교 대의가 성공하는 데 큰 관심을 가지고 있기 때문에 위의 내용을 단순히 저 개인을 고려하는 차원에서 쓰지 않았음을 믿어주시기 바랍니다. 이제 귀하께서 서신에서 제기한 질문들에 답변하겠습니다.

저 역시 "사태가 그런 방향으로 흘러가서 상당히 실망"했습니다. 저는 언더우드 목사가 본국으로 돌아가고 그의 귀환이 불확실하게 될 줄 몰랐습니다. 저는 초등학교 건물에 대해 의사들이 그렇게 단호하게 반대하리라고 생각하지 못했습니다. (혜론 의사와 저는 동일한 문제에 대해 긍정적으로 이야기했습니다.) 또한 우리가 1892년 겨울까지 추가 선교사를 기다려야 할지도 몰랐습니다. (비록 저는 귀하께서 6명의 선교사가 "서울에 옹기종기 모여 있는" 그림을 마음에 그리고 있다고 생각하도록 유혹을 받았지만, 약속한 6명은 아직 "서울에 옹기종기 모여 있지" 않습니다.) 이런 일들 때문에 우리의 계획은 필연적으로 변경되어야 했고 실제로 변경되었습니다.

초등학교 건물을 전도 사역을 위해 사용하는 계획은 약 2년 전 언더우드 목사가 일본에서 돌아온 후 선교회가 세운 계획을 부분적으로 변경한 것뿐입니다. 서울에서 다른 구역으로 진출하는 의견은 결코 문제가 된 적이 없었다고 저는 생각합니다. 우리 가운데 여러 사람이 이 외국인 거주지가 한국인을 만나고 함께 일하는 데 최적의 장소는 아니라고 오랫동안 느끼고 있었습니다. 언더우드 목사는 부지가 선정되고 확보될 때까지 다른 지역으로 갈지 확실하게 결정하기를 여러 번 망설였습니다. 초등학교 건물을 병원으로 개조하는 계획이 무산되자, 그 건물을 다른 계획에 이용할 수 있었으며, 저는 즉시 그 건물을 사용하여 제가 보기에 성공적인 사역을 시작해야 한다고 판단했는데 이는 전폭적인 지지를 받았습니다. 게일 씨가 그 건물을 점유했지만, 만일 언제라도 (선교지에서 약간의 경험을 한) 의사가 그 건물에 대한 생각이 바뀌면, 의료 사역을 위해 사용하는 데 아무런 방해를 받지 않는 형식으로

mention all the little things considered in reaching the final conclusion to ask the Board to so use that property. The case was thoroughly considered in all its bearings as has every question connected with the heavy responsibilities thus early in our missionary life, forced upon us.

I wish to add just this that I may leave nothing undone to avoid another deep blow to our work–viz. that I believe Mr. Gale to be a thorough Presbyterian, sound in every great doctrine which lies at the basis of a consecrated life–a firm believer in the Inspiration of the Scripture, the Calvinistic system of theology, & the necessity of the Holy Spirit's presence for success in work. He speaks the Korean language better than anyone else on the field and is just finishing a translation of the Acts which bids fair to be the best translation of any book yet given us (judging from Koreans' comment on the first portions). From him came a very great deal of the Biblical instruction which our converts have received–both before & since his connection with our mission. I believe the Lord will greatly bless & use him in His cause in Korea and I hope no step will be taken towards a severance of his relations with the Mission, a result which would come as a keen disappointment.

Believe me,

As ever yours sincerely,
Samuel A. Moffett

살고 있습니다. 또한 만일 게일 씨가 한두 해 후에 새 선교지부로 파송을 받아야 한다면, 아마 그럴 것입니다만, 그가 시작한 사역을 포기할 필요가 없습니다. 그가 가면 다른 목사를 즉시 그곳에 투입해야 할 것입니다. 저는 이곳[정동의 외국인] 주거지보다는 그곳[곤당골]에 한 사람을 배치하는 것이 훨씬 더 좋다고 생각합니다. 그 부지를 그 용도로 사용하도록 선교부에 요청하자는 최종 결론에 이르기까지 고려했던 모든 세부 사항을 언급하는 것은 쉽지 않습니다. 우리의 초기 선교사 생활에 맡겨진 무거운 책임과 관련된 각각의 문제처럼 우리는 그 경우도 모든 관련 사항을 철저히 고려했습니다.

저는 우리의 사역이 다시 한 번 심각한 타격을 받는 것을 피하기 위해 할 수 있는 일을 남김없이 다 하려고 이것을 덧붙이고 싶습니다. 즉 게일 씨는 철저한 장로교인이며, 헌신된 생애의 기초에 놓여 있는 모든 위대한 교리에서 건전하고, 성경의 영감과 칼뱅주의 신학 체계와 사역의 성공을 위해 성령의 임재가 필요함을 확고하게 믿는 자라고 저는 믿습니다. 게일 씨는 이 선교지에 있는 어느 누구보다도 한국어를 잘 구사하며, 이제 막 사도행전 번역을 마쳤는데, 이것은 (그 첫 부분에 대한 한국인들의 논평을 놓고 볼 때) 지금까지 우리가 만든 책 가운데 가장 좋은 번역이라고 평가하는 것이 정당합니다. 게일 씨가 우리 선교회와 연결되기 전부터, 그리고 연결된 후 지금까지 우리 개종자들 가운데 다수가 그에게 성경을 많이 배웠습니다. 주께서 당신의 대의를 위해 게일 씨에게 크게 복 주시고 그를 사용하시리라고 믿으며, 선교회와 그와의 관계를 단절시키는 어떤 조치도 내리지 않기를 바랍니다. 그와의 단절은 우리에게 뼈아픈 실망을 초래할 것입니다.

저를 믿어주십시오.

언제나 당신의 신실한,

마포삼열 올림

게일(1863-1937)은 캐나다의 스코틀랜드계 장로교인이다. 무디(D. L. Moody)의 부흥 운동, 테일러(Hudson Taylor)의 중국내지선교회, 학생자원해외선교운동의 영향을 받아 친구 하크니스(Robert Harkness)와 함께 선교사로 지원했고, 토론토 대학교 YMCA의 파송을 받아 1888년 12월 15일 하크니스 부부와 함께 제물포에 도착했다. 언더우드 목사는 황해도 소래의 서경조 집에서 약 3개월간 지내면서 한국어와 한국 문화를 익히도록 소개했는데, 1891년 초 그의 게일에 대한 평가와 지지는 다음과 같다. "그의 임명에 약간의 어려움이 있지만 극복할 수 있다고 봅니다. 그는 안수를 받지 않았고 신학 훈련을 받지 않았습니다. 그는 성경 지식이 해박하지만 조직신학 훈련을 받지 않았습니다. 그래서 지엽적인 교리 문제에 확신이나 분명한 입장이 없으나 중요한 교리에서는 철저한 장로교인입니다. 하지만 몇 년 전 우리가 게일과 하크니스 두 사람에게 연합 사업을 제안한 것을 귀하께서 아마도 기억하실 줄 압니다. 웨스트민스터 소요리문답을 준수할 신앙의 표준으로 반대한 자가 바로 게일입니다. 저는 이 문제에 대해 철저하게 그에게 질문했고, 그는 교회와 선교회의 모든 사업과 완전한 조화를 이루고 있다고 확신합니다. 다양한 사람이 선교회에 필요하며 게일은 교회로 온 자들에게 성경을 가르치는 사역자로 훌륭합니다. 그러나 외부인들을 전도하여 교회 안으로 모으는 일에는 부적합합니다. 그는 일단 그를 아는 한국인 교인들 가운데 가장 인기가 있지만, 그를 모르는 다른 사람들을 끌어오지는 못합니다. 그 결과 꽤 오랫동안 머문 부산에 그가 아는 한국인이 별로 없지만, 서울에서 우리 신자들과 교인들을 대상으로 일을 시작할 때 성경이 큰 도움이 되었습니다. 또한 게일은 충분한 자료 없이 쉽게 결론에 이르고 곧바로 이를 바꿉니다. 제가 이것들을 이야기하는 이유는 귀하께서 그를 잘 알고 싶어 하신다고 생각하기 때문입니다. 그가 외부에서 사람을 끌어오는 자와 함께 일한다면, 우리 선교회에 귀중한 추가 회원이 되리라고 생각합니다. 그는 안수를 받아야 하며, 이곳에서 강의를 듣고 시험을 쳐서 이곳에서 안수를 받도록 하면 좋겠습니다"(H. G. Underwood to F. F. Ellinwood, Feb. 27, 1891). 게일은 1891년 북장로회 선교사로 임명받고, 맥코믹 신학교 출신의 기퍼드, 마포삼열, 베어드 3인 위원회 감독하에 맥코믹 신학교 교과 과정을 따라 5년간 신학 수업을 받았다. 게일은 1895년 마포삼열의 주선으로 인디애나 주 뉴알바니 노회에 가입했는데, 마포삼열과 베어드 감독하에 목사 고시를 보고 일단 전도사로 노회에 가입했다(S. A. Moffett to F. F. Ellinwood, Jan. 5, 1895). 1897년 마포삼열과 게일이 안식년으로 미국에 갔을 때 게일은 뉴알바니 노회에서 목사 안수를 받았다.

서신 LETTERS
1892

●

예수교학당, 1892년 [MOF]

1886년에 설립된 언더우드 고아원(정동고아원)에서 발전한 남학교다. 언더우드 학당, 예수교학당, 민로아 학당, 구세학당 등으로 불리다가 1905년 경신학교(John D. Wells School)로 발전했다. 1891년 마포삼열이 책임을 맡았다. 사진 왼쪽부터 선교사는 빈튼 의사 부부, 마포삼열, 밀러, 기퍼드 부인.

Presbyterian Boys' School in Seoul, 1892

Missionaries are (left to right) Dr. and Mrs. C. C. Vinton, Rev. S. A. Moffett, Rev. F. S. Miller, and Mrs. D. L. Gifford

Samuel A. Moffett

Seoul, Korea

February 17, 1892

Dear Dr. Ellinwood:

At the close of my second year and the beginning of the 3rd on this field, I have but little to write you beyond what you have already learned from the reports made to our Annual Meeting. To me the year has been a good one for language study. As I had two long trips to the country and have had in Seoul considerable practice in talking, having daily consultation with native agents, while the school work has helped me, all instruction there having been given in the vernacular. I have tried to keep steadily in mind that my usefulness here will depend more upon laying a good foundation for work than the amount of work done these first few years, and consequently have sought to make all work done contribute to my language study. I want one more year at least of such work before I shall feel that language study is not my first work, altho I trust I shall be able to do more and better work both in the school and along evangelistic lines, than last year.

This year the oversight of the "Sarang" in Mr. Underwood's Compound as well as the native service falls to me. The object of the "Sarang" is to have a place for daily inquiry and for conversation upon & study of the Scriptures and by spending from 2 to 3 hours every morning in such work I expect a great deal of pleasure and profit. Mr. Underwood's absence left most everything with loose ends with no one prepared to take them up just where he left them, but this year we begin in much better condition. With the blessing of the Spirit upon our work we have every reason to look forward to this year with hope of steady progress as I believe the truth has real hold upon a number of our members.

I ought also to write you sometime concerning property in Seoul

마포삼열

한국, 서울

1892년 2월 17일

엘린우드 박사님께,

이 선교지에서 둘째 해를 마감하고 셋째 해를 맞이하는 시점에, 저는 귀하께서 우리의 연례 회의에 제출된 보고서를 통해 이미 아신 내용 이상은 쓸 것이 없습니다. 지난해는 저에게 한국어 공부를 위해 좋은 한 해였습니다. 두 번의 장기간 지방 전도 여행을 했고, 서울에서 매일 본토인 사역자들의 도움을 받아가면서 말하기 연습을 많이 했습니다. 모든 강의를 한국어로 했던 학교 사역도 도움이 되었습니다. 이곳에서 제 유용성은 처음 몇 해 동안 한 일의 양보다 사역을 위한 좋은 기초를 놓는 데 달려 있음을 끊임없이 명심하려고 노력했습니다. 그래서 모든 일이 한국어 공부에 도움이 되도록 추진했습니다. 비록 제가 작년보다 올해에 학교 사역과 전도 사역에서 더 많은 일을 더 잘할 수 있으리라고 믿지만, 언어 공부가 첫째 사역이 아니라고 느낄 때까지 적어도 1년은 더 그런 사역을 하고 싶습니다.

올해에는 본토인 예배뿐만 아니라 언더우드 목사의 구내에 있는 "사랑방"을 책임지게 되었습니다. "사랑방"의 목적은 매일 질의응답과 성경에 대한 대화와 공부를 위한 공간을 제공하는 것으로, 매일 오전 두세 시간을 이런 일에 사용함으로써 큰 기쁨과 유익이 있을 것이라고 기대합니다. 언더우드 목사가 돌아오지 않아서 거의 모든 일들이 마무리되지 않고 그 일을 맡을 적임자도 없는 형편이라 그가 떠날 때 상태로 남아 있습니다. 그러나 올해는 많이 호전된 상황에서 새해를 시작했습니다. 우리의 사역에 임하는 성령의 축복과 함께 진리가 우리의 많은 교인을 굳게 붙잡고 있다고 믿기 때문에, 올해에 꾸준한 발전이 이루어지기를 소망하며 그렇게 기대할 충분한 이유가 있습니다.

알렌 의사가 귀하께 보내는 편지를 제게 보여주었고, 또한 저를 초대해서 자신의 집 상태와 여건 등을 둘러보게 했으므로, 서울에 있는 알렌 의사

since Dr. Allen showed me his letter to you and also invited me to look over his property, noticing its condition, situation, etc. It appears to me a good piece of property, nicely situated for work, being near quite a large street–leading to one of the smaller city gates. It is not so well situated as the "Lower School" property and is much nearer our present location than that. Whether it would be a desirable acquisition to us would, I think, depend upon several other questions. As you know, Dr. Vinton wishes to build a hospital quite far outside the South Gate. If this is done it would seem that a minister should also be located there with him. We shall want a physician in one of the houses here. We hope to have the Lower School occupied as an evangelistic point and if another minister for the school is sent here we would then have in Seoul 2 physicians, 5 ministers and the Girls' School force, enough for Seoul for several years unless a practically new station were opened in the extreme northeastern section of the city 3 miles from here. If we should need more property in this section, Dr. Allen's will be a good place to purchase.

Mr. Gifford and I have had a talk with Mr. [Augustine] Heard, the U.S. Minister, concerning the purchase of property under the recent proclamation of the Mayor. He tells us that his understanding is that at the request of the Chinese Consul the proclamation was withdrawn and he will let us know what action the diplomatic body takes after their meeting & consultation over it. We were led to make inquiry by a desire to sell the little Korean house occupied by our Evangelist (a home given to the Mission by Mr. Underwood) and purchase another for him. The one he now occupies has not been repaired for 10 years and in another year will require considerable expense to repair it so that it will not fall. If we can get $100.00 or $150.00 from the Board to add to what we can get for this house, $80 or $100, we will be able to get a better house and one better located for work, near a main street where books can be offered for sale and eventually a room fitted up as a street–chapel. The next meeting of the station will be asked to request such an appropriation from the

의 집에 대해 잠깐 말씀드리겠습니다. 제가 보기에 그 집은 훌륭한 건물이고 도성의 서소문으로 통하는 큰길에서 가깝기 때문에 사역하기에 좋은 위치에 있다고 생각합니다. "초등학교"만큼 좋은 위치는 아니지만, 초등학교보다 현재 우리 선교 구역에 더 가깝습니다. 우리가 그 집을 매입하는 것이 바람직할 것인지는 다른 몇 가지 문제를 검토한 후에 결정할 수 있을 듯합니다. 귀하께서 아시고 계시듯이 빈튼 의사는 남대문에서 제법 떨어진 곳에 병원을 건립하길 원합니다. 그 일이 성사되면 목사 한 명이 빈튼 의사와 함께 있어야 할 것입니다. 우리는 이곳에 있는 주택 가운데 한 곳에 의사가 거주하기를 바랍니다. 우리는 [곤당골의] 초등학교가 선교 거점이 되기를 원합니다. 이 학교를 위해 목사 한 명이 더 파송된다면 서울에는 2명의 의사와 5명의 목사와 여학교를 운영하는 인원이 있게 되는데, 실제로 새 선교 거점이 이곳에서 3마일 떨어진 도시의 동북부 지역에 개설되지 않는다면, 몇 년 동안은 충분한 인원입니다. 이 구역에 부동산이 더 필요하다면 알렌 의사의 부동산이 매입하기에 좋은 장소가 될 것입니다.

기퍼드 목사와 저는 한성부윤이 최근 포고한 부동산 매입과 관련해 미국 공사인 허드 씨와 이야기를 나누었습니다. 중국 공사관의 요청에 따라 그 포고문이 철회된 것으로 이해한다고 허드 씨가 우리에게 말했으며, 그것에 대해 주한 외교관 전체 회의에서 검토한 후에 어떤 조치를 취할지 알려주겠다고 말했습니다. 우리는 본토인 전도사[서상륜]가 현재 살고 있는 작은 한옥(언더우드 목사가 선교회에 기증한 것)을 팔고 그에게 새집을 사주려고 이것을 알아보게 되었습니다. 지금 본토인 전도사가 살고 있는 집은 10년 동안 수리하지 않았기 때문에, 1년 안에 얼마의 돈을 들여 수리하지 않으면 무너질 것입니다. 우리가 이 집을 팔면 80-100달러가 마련되고 여기에 선교부에서 100-150달러를 지원해주시면, 우리는 사역을 위해 더 좋은 집을 살 수 있습니다. 그 집은 간선 도로 옆에 있어서 책을 판매할 수 있으며, 다음에 그 집의 방 하나를 개조하여 도로변에 있는 예배 처소로 만들 수 있을 것입니다. 다음 선교지부 회의 때 선교부에 그런 예산을 요청할 것이지만, 지금 제가 편지를 쓰므로 그것을 언급했습니다.

Board, but as I am writing I mention it now.

I also enclose a sketch of the property located in Eui Ju—which should have accompanied my report. It is a large property but the fields were secured at slight cost and afford room for several buildings if the place is occupied as a district station—but the present buildings will be sufficient if it becomes a sub—station to PyengYang.

Long ere this you will have heard our plans for new stations and know that we are eagerly looking forward to the arrival of new men this fall.

With prayers for the blessing and guidance of the Spirit of God upon the Board and upon us,

Very sincerely yours,

Samuel A. Moffett

제 보고서와 함께 보내지 못했던 의주에 있는 부동산에 대한 스케치를 동봉합니다.[1] 그것은 큰 부동산이지만 땅은 적은 비용으로 확보했으며, 만일 해당 지역의 선교지부가 들어서면 몇 개의 건물을 더 수용할 만한 공간이 있습니다. 그러나 평양의 선교지회가 된다면 현재 건물로 충분합니다.

귀하께서 곧 새 선교지부에 대한 우리의 계획을 듣게 되실 것이며, 그것을 보시면 우리가 올가을에 새 선교사들이 도착하기를 학수고대하고 있음을 아시게 될 것입니다.

성령이 선교부와 우리에게 복을 주시고 인도해주시기를 기도합니다.

마포삼열 올림

---

1 마이크로필름에 보관되어 있지 않다.

Samuel A. Moffett

Seoul, Korea

March 17, 1892

Dear Dr. Ellinwood:

Your two letters of January 16th and 21st were received with pleasure. The three months required to receive an answer to our letters frequently finds the conditions in the field greatly altered and so I sit down to write you again somewhat differently from my last letters. Unwilling that you should infer that I jump to conclusions hastily and prematurely without a warrant from the situation in the field and fearing that my decided change on two questions in such a short time might lead to that inference I wish to explain a little more fully what led me to write so strongly concerning the importance of keeping Mr. Gale in Seoul and of opening Eui Ju and also why I now as earnestly favor Mr. Gale's transfer to Gensan and the opening of Pyeng Yang as our northern station. I urged the retention of Mr. Gale in Seoul (as did this whole mission) and the reasons actuating me were as follows.

1st.-(a rather delicate one which I did not wish to mention before but will do so now) The necessity I felt of always having someone in Seoul who could intelligibly converse with Koreans and act as interpreter in all important questions affecting the Mission work and the native church—Mr. Gale could do that but after him I was the only one who could do so (I say this without reflection upon others and with full consciousness of my own deficiencies in the language—for it is an extremely difficult language not to be mastered in a few years and as yet no one has made but a beginning toward a scholarly knowledge of it.) With Mr. Gale away, my enforced absence in the north to look after work there would leave no one here with sufficient facility in use of the language to adequately meet any very difficult or important question which might arise. With Mr. Gale away and me in Seoul it would throw upon me the burden of interpreting almost every important transaction

마포삼열

한국, 서울

1892년 3월 17일

엘린우드 박사님께,

귀하의 1월 16일과 21일 자 두 서신을 기쁘게 받았습니다. 우리가 보내드린 편지에 대한 답장을 받는 데 걸리는 3개월이 지나면 선교지의 상황이 빈번하게 변하기 때문에, 저는 지난번 편지와 다소 다른 편지를 쓰기 위해 앉았습니다. 저는 귀하께서, 제가 현 상황에서 나온 근거도 없이 성급하고 미숙한 결론을 내렸다고 추론하지 마시기 바랍니다. 제가 그렇게 짧은 기간에 두 문제에 대해 결정적으로 다르게 변한 것이 그런 추측을 불러일으킬까 염려됩니다. 그래서 무엇이 제가 게일 씨를 서울에 두는 문제와 의주에 선교지부를 개설하는 문제의 중요성에 대해 그렇게 강력하게 쓰도록 이끌었는지, 그리고 왜 제가 지금 게일 씨의 원산 전임과 평양을 우리의 북부 선교지부로 개설할 것을 적극적으로 찬성하는지 그 이유를 조금 더 충분히 설명드리고 싶습니다. 저는 (선교회 전체가 주장했듯이) 게일 씨를 서울에 붙잡아두자고 촉구했는데, 그런 행동을 하게 된 이유는 다음과 같습니다.

첫째, (다소 민감한 문제라 전에는 언급하고 싶지 않았지만 지금은 말씀드립니다) 저는 한국인과 지적으로 대화할 수 있고 선교회의 사역과 한국인 교회에 영향을 미치는 모든 중요한 문제에서 통역으로 활동할 수 있는 누군가가 서울에 항상 있어야 할 필요성을 느꼈습니다. 게일 씨가 그 일을 할 수 있으며, 그 다음으로 그 일을 감당할 수 있는 자는 저뿐입니다. (저는 다른 사람들은 숙고하지 않고 저 자신의 한국어 실력 부족을 충분히 의식하면서 이 말을 합니다. 왜냐하면 한국어는 지극히 어려운 언어로 몇 년 안에 습득할 수 없으며, 아직 모두 한국어에 대한 학문적인 지식이 초보 단계에 있을 뿐이기 때문입니다.) 게일 씨가 떠나가고, 제가 북부 지방의 사역을 돌보기 위해 어쩔 수 없이 서울을 비우면, 발생할 수 있는 어렵거나 중요한 문제에 적절히 대처할 만큼 한국어를 충분히 유창하게 사용할 수 있는 사람이 남아 있지 않습니다. 게일 씨가 떠나고 제가 서울에 있다면,

with Koreans and I felt that less than two years in the language was not sufficient foundation to bear the burden of looking after the interests of a work left by one who had been here 6 years. I need not elaborate this.

2nd.-The necessity of having someone here for literary work. Mr. Gale was farthest advanced in the language and was already associated with the M. E.'s in translation work and did not have his hands full of school and church work, nor of Treasurer's or Medical work. This I spoke fully of before.

3rd.-The great importance of opening work in the "Lower School" property, by far the best located place we have for work and under our physician's objections to it—a place available only for Evangelistic work.

At our mission meeting this week I made the motion and advocated sending Mr. Gale to permanently occupy Gensan and for these reasons-

1st.-Letters from the Board and Mr. Underwood tell us of the coming of 6 men and 4 or 6 men from the Southern Board. These also indicate that your view is that we should not delay in taking possession of the principal points desiring to be the first to enter even tho thereby the work in Seoul is retarded. We accept the suggestion and with gratitude for the men are ready to go in and possess the land leaving the concentration of thought and energy upon work in Seoul until we have occupied the stations and are ready to push work in all points simultaneously. This will be good policy if in the end Seoul is not forgotten and relegated to the point of being a mere supply station for the interior—for it should be the center of our educational & medical work and will be the center of the most extensive field for Evangelistic work and in the end should be given a full corps of workers.

2nd.-The translators have finished their first work and then future joint work will be broken into by Mr. Appenzeller's return to America this summer. We also hope that Mr. Gale may be able to accomplish as much in Gensan as alone in Seoul—if he has the aid of a Seoul teacher

거의 모든 중요한 거래에 대해 한국인과의 통역의 짐은 제게 지워질 것입니다. 채 2년이 되지 않은 한국어 공부로 이곳에서 6년 동안 있었던 사람[언더우드]이 남겨놓은 사역의 이익을 돌보는 짐을 감당하기에는 기초가 불충분하다고 느꼈습니다. 이것을 구체적으로 설명할 필요는 없다고 봅니다.

둘째, 문서 사역을 감당할 자가 이곳에 있어야 할 필요성입니다. 게일 씨는 한국어를 가장 잘 구사하며 감리교회의 번역 사업에 이미 참여하고 있어서 학교와 교회 사역, 회계 업무, 의료 사역 어디에도 전혀 종사하지 않습니다. 이것은 제가 지난번에 충분히 말씀드렸습니다.

셋째, "초등학교" 부지에서 사역을 시작하는 것이 대단히 중요합니다. 우리의 사역을 위해 가장 좋은 위치에 있지만 의사들이 사용하는 것을 반대하므로, 이제 전도 사역만을 위해 이용할 수 있는 장소입니다.

이번 주에 열린 선교회 회의에서 저는 게일 씨를 원산에 파송하여 영구적으로 그곳에 거주하게 하자는 안건을 발의하고 제안 설명을 했습니다. 그 이유는 다음과 같습니다.

첫째, 선교부와 언더우드 목사가 보낸 편지는 6명의 남자 선교사와 남장로회 선교부로부터 4-6명이 온다고 우리에게 말합니다. 이 편지들을 보면 귀하께서는 그렇게 함으로써 서울의 사역이 지체되어도, 우리가 주요 거점에 남보다 먼저 들어가기를 원하시고 그 거점들을 차지하는 것을 지체해서는 안 된다고 보고 계십니다. 우리는 그 제안을 수용하며, 들어가서 그 땅을 차지할 준비가 된 사람들에게 감사합니다. 그럼으로써 우리가 선교지부들에 진출하고 모든 거점에서 동시에 사업을 추진할 준비가 될 때까지 우리의 사고와 힘을 서울 사역에 집중할 수 있습니다. 만일 서울이 마침내 잊혀버리거나 내륙 지방을 위한 지원 지부로 전락하지만 않는다면 이것은 좋은 정책이 될 것입니다. 왜냐하면 서울은 우리의 교육과 의료 사업의 중심지가 되어야 하고, 전도 사업을 위한 가장 광범위한 선교지의 중심지가 될 것이며, 결국 충분한 선교사 인력이 있어야 하기 때문입니다.

둘째, 번역자들이 첫 작업을 마쳤고 올여름에 아펜젤러 목사가 미국으로

and helper.

3rd.-Mr. Gale & Mrs. Heron (by the time this reaches you Mrs. Gale) both asked to be allowed to open Gensan. Upon Mr. Gale's trip there he bought a lot and reports a foreign built house there which can be rented and occupied while they are building.

4th.-Dr. [Hugh] Brown now agrees with the view I have always held that the "Lower School" property can be well adapted to medical work and that it is a splendid location for a dispensary. If the Board grants the money asked to fit it for a residence and the new Doctor agrees with our view he can go in there at once and that (our best) point be occupied and work begun there.

For these reasons I give my voice to the present plan and earnestly urge that if this meets your approval there be no delay in giving us the appropriation asked for Gensan that Mr. Gale may go up there this summer and build this fall. At the same time, I must ask you to bear in mind that you ought not to expect the same progress in our work in Seoul. With my hands full of innumerable details of the Sarang and Church and a Sabbath School, 2 hours a day for the school, the details of housekeeping and the absolute necessity of getting some time each day for language study the "irons" cannot be kept very hot even though they are kept in the fire. Mr. Gifford also has his hands full of Treasurer's work which he does with greatest excellence & care to the great satisfaction of the Mission.

II–The northern station–When I first wrote urging the opening of Eui Ju it was on the ground that Mr. Gale was a single man ready to go in there quietly and occupy it–which he was quite anxious to do (Mr. Underwood was then in Seoul). This was at the time of my first visit there and I had but little knowledge of the language. Everything seemed to give promise of a successful work and I agreed with Mr. Underwood & Mr. Gale in thinking it should be occupied at once. My second visit was made with knowledge of Mr. Gale's change of plans and after

돌아가면 앞으로의 연합 번역 사업은 해체될 것입니다.[1] 또한 우리는 만일 게일 씨가 서울의 교사와 조사의 도움을 받는다면 서울에서 혼자 있었을 때처럼 원산에서도 많은 일을 성취할 수 있기를 바랍니다.

셋째, 게일 씨와 헤론 부인(이 편지가 귀하께 도착할 때는 게일 부인)이 원산을 개척할 수 있도록 허락해달라고 요청했습니다. 게일 씨는 그곳을 여행할 때 대지를 샀으며, 집을 건축하는 동안에는 외국인이 지은 집을 전세로 얻어 지낼 수 있다고 보고합니다.

넷째, 브라운 의사는 제가 항상 주장했던 견해인 "초등학교" 부지가 의료 사업에 적합하게 전용될 수 있다는 데 이제 동의합니다. 그곳을 주택으로 개조하기 위해 요청한 자금을 선교부에서 지원해주시기 바랍니다. 새로 올 의사가 우리의 의견에 동의한다면, 그는 그곳에 즉시 입주할 수 있고 (우리의 가장 좋은) 지점에 거주하면서 사역을 시작할 수 있습니다.

이런 이유 때문에 현재 계획에 대한 제 의견을 말씀드리니, 만일 귀하께서 승인해주시면 게일 씨가 올여름 원산에 올라가서 가을에 건축할 수 있도록 원산을 위해 요청한 예산을 지체 없이 보내주시기를 간절히 촉구합니다. 동시에 우리의 서울 사역에서 동일한 진보를 기대해서는 안 된다는 것을 명심해주시기를 부탁합니다. 사랑방과 교회와 주일학교의 수없이 많은 세부 사항들로 손 놀릴 틈 없이 바쁜데, 매일 학교에서 2시간, 여러 가지 집안일과 절대적으로 필요한 언어 공부에 매일 시간을 들여야 하므로, 너무 많은 일을 하다 보니 "인두"가 불 속에 있지만 늘 뜨겁게 있을 수는 없습니다. 기퍼드 목사도 회계 업무로 여유가 없지만, 그가 탁월하고 세심하게 그 일을 하고 있어서 선교회는 만족합니다.

(2) 북부의 선교지부에 대해 말씀드립니다. 제가 처음 의주의 선교지부 개설을 촉구하는 편지를 썼을 때에는 게일 씨가 그곳에 조용히 들어가서 차지할 준비가 되어 있는 독신이었기 때문이었고, 게일 씨는 그 일을 몹시 하고 싶어했습니다. (그때 언더우드 목사는 서울에 있었습니다.) 이는 제가 그곳을 처

1 아펜젤러는 1892년 6월 첫 안식년 휴가를 떠났다.

gaining better use of the language & knowledge of the country people. The second visit confirmed my impressions of the promising outlook for work there and of its importance as a field of labor and I greatly rejoice in the purchase of property there and if we occupy it I believe we shall have a successful work–but this trip also impressed me very greatly with the fact that in planting a station in the north we ought to first occupy Pyeng Yang the Capital as the important center of our northern work, and I believe better judgment & greater wisdom will be displayed in taking possession of this as the strategic point and I should greatly prefer to have our Board have its northern work center Pyeng Yang. Could we have 3 men for the province, as I hope we shall, one of them could take up our Eui Ju work and look to the Southern Church to strengthen his hands. A few facts will show you why I prefer Pyeng Yang.

Eui Ju is a city of from 20,000 to 30,000 people on the border of China, equally distant 500 li (3 li a mile) from Moukden and New Chwang in Manchuria and Pyeng Yang in Korea. Being on the border its territory is just half that of an interior city and has a workable region including 19 cities and their districts (many villages) containing a population of between ½ and one million people. (Population is mainly guess work & this is my guess founded on a few facts.)

It was formerly a busy city with large trade & many rich merchants but since the opening of the treaty ports it has been steadily declining in population & trade, but far the greater part of its trade having gone to the ports.

Pyeng Yang-Capital of province is a city of from 70,000 to 100,000 people–the largest city north of Seoul (with possible exception of Syong To, 160 li from Seoul). It is equally distant, 500 li, from Seoul, Gensan and Eui Ju. The region to be worked from there includes 39 cities with the districts including An Ju, the 3rd largest city of the province, and Hoang Ju, the second largest city of the province, to the south of it. It

음 방문했을 때였고, 한국어를 거의 모를 때였습니다. 모든 것이 성공적인 사역을 약속하는 것처럼 보였고, 저는 그곳을 즉시 차지해야 한다는 언더우드 목사와 게일 씨의 의견에 동의했습니다. 게일 씨의 계획이 변경된 것을 알고, 제가 한국어를 더 잘 구사하고 그 지역 사람들을 더 잘 알게 되었을 때, 저는 의주를 두 번째로 방문했습니다. 두 번째 방문에서도 그곳의 사역 전망이 밝고 사역지로서 중요하다는 인상을 재확인했으며, 그곳 자산을 구입해서 기쁩니다. 만일 우리가 그곳에 진출하면 성공적인 사역을 할 것이라고 믿습니다. 그러나 이 여행에서 저는 북부에 하나의 선교지부를 개설할 경우 우리의 북부 사역의 중요한 중심지로서 평안도의 주도인 평양에 먼저 진출해야 한다는 강한 인상을 받았습니다. 저는 평양을 전략적 거점으로 소유할 때 더 좋은 판단력과 지혜가 발휘될 것이라고 믿으며, 선교부가 북부 사역의 중심지로 평양을 확보하는 것을 크게 선호하는 바입니다. 제가 희망하는 바이지만 만일 우리가 그 도에서 일할 세 사람을 확보할 수 있다면, 한 사람은 의주 사역을 맡고 남장로교회로부터 도움을 기대할 수 있습니다. 제가 평양을 선호하는 이유를 보여주는 몇 가지 사실을 말씀드리겠습니다.

의주는 중국과의 국경에 있는 도시로 인구는 2-3만 명이며, 만주의 봉천과 우장과 한국의 평양에서 각각 500리(3리는 1마일) 거리에 있습니다. 국경에 위치한 관계로 면적도 내륙 도시의 절반밖에 되지 않으며, 50-100만의 인구가 사는 19개의 도시와 그 행정 구역(많은 마을들)을 포함하는 사역이 가능한 지역으로 이루어져 있습니다. (인구 통계는 추측한 수치로서 몇 가지 사실을 근거로 제가 추정한 것입니다.)

이 도시가 이전에는 대규모 무역과 부유한 상인이 많이 있었던 분주한 도시였지만, 조약 항구들이 개항된 이후에는 인구와 무역이 점차 줄었으며, 그 도시의 무역은 대부분 개항장으로 가버리고 없습니다.

평안도의 주도인 평양은 인구 7-10만의 도시로, 서울 이북에서 가장 큰 도시입니다. (서울에서 160리 떨어져 있는 송도가 아마 더 클 수도 있습니다.) 평양은 서울, 원산, 의주로부터 동일하게 각각 500리 거리에 있습니다. 평양을 거점으로 사역할 지역은 그 도에서 세 번째로 큰 도시인 안주(安州)와 남

also includes our country work on the West Coast where we have 15 enrolled members. The population of the region is probably 2 millions. It has large business interests and if a treaty port is opened near it, as is probable, it will be a most important point on account of the splendid coal which is just beginning to be mined there.

The question & method of entering either one of these points are vastly different from those of Gensan, a treaty port. Whoever enters here must do so cautiously and quietly, perhaps living in Korean houses for several years and putting up with a great many more inconveniences and lack of luxuries than do we in Seoul. That we can enter I have no doubt but we cannot do so until the men are here and just how we will enter will depend very greatly upon circumstances and the conditions met in the effort. There may be no objection whatever & I think there will be none—but it may be that two or three protracted visits will be necessary, with return trips to Seoul, before a man will feel that he can consider himself safely & permanently settled. As the men who occupy it will have to learn the language it may not be best for them to continue there after the first visit but take two visits with an older missionary. It will also require a considerable outlay of money and the expense of living there will probably be greater than in Seoul unless freight can be satisfactorily sent by boat. It will not be best for a man to take his wife there until after the first long stay and if a single man is among those sent to Korea, of course we will expect him to go to this province. We shall not delay getting in there permanently a day longer than wise prudence may seem to require and we certainly will not let the men appointed to that field get the impression that settling in Seoul is a possibility.

The Methodists say they intend to push their work in the north—but they have not the men and if they do go in there is no fear of any injurious collision. They will go ahead and we will go ahead in perfect friendship but without interference. I greatly hope we shall see the 2 new doctors out here in the early fall and that the ministers with their wives

쪽에 있는 두 번째로 큰 도시인 황주(黃州)를 비롯하여 39개 도시와 그 행정 구역입니다. 또한 그 지역은 서해안의 시골[장연] 사역도 포함하는데, 그곳에는 15명의 등록교인이 있습니다. 이 지역의 인구는 십중팔구 200만 명입니다. 평양은 사업적 이해관계가 크기 때문에 만일 그 근처에 개항장이 개설되면, 그럴 가능성이 높은데, 얼마 전부터 채굴되기 시작한 양질의 석탄 때문에 중요한 거점이 될 것입니다.

이 두 거점 도시 중 한 곳에 들어가는 문제와 방법은 조약항인 원산과 크게 다릅니다. 이곳에 들어가려는 자는 반드시 신중하고 조용하게 행동해야 합니다. 아마 한옥에서 여러 해 동안 거주하면서 우리가 서울에서 사는 것보다 훨씬 더 많은 불편과 사치품의 부족을 참아야 할 것입니다. 우리가 들어갈 수 있는 가능성에 대해서는 의심하지 않지만, 선교사들을 이곳에 보내줄 때까지는 들어갈 수 없으며, 진출 방법은 우리의 노력이 직면할 상황과 조건에 크게 좌우될 것입니다. 어떠한 반대도 없는 듯하며, 저는 앞으로도 없을 것이라고 생각합니다. 그러나 한 선교사가 안정적이고 영구적으로 정착했다고 간주할 수 있다고 느끼기 전에 두세 번 그곳을 방문하여 장기간 머물렀다가 서울로 돌아오는 여행이 필요할 것입니다. 그곳을 차지하는 선교사들은 언어를 배우지 않을 수 없으므로, 처음 방문한 후 계속 머무르는 것이 최선이 아니며, 경험이 많은 선교사와 함께 두 번 방문하는 것이 최선일 것입니다. 그것은 상당한 비용이 필요하며, 화물을 배로 운송하지 않는다면 그곳 생활비는 십중팔구 서울보다 더 많이 들 것입니다. 결혼한 선교사는 아내를 먼저 데려가는 것이 좋지 않고, 남자가 먼저 오랫동안 거주한 후에 아내를 데려가야 할 것이며, 만일 한국에 오는 자 중에 독신 남자가 있으면 우리는 당연히 그가 이 도에 가는 것을 기대할 것입니다. 우리는 지혜로운 신중함이 필요하겠지만 하루도 지체하지 않고 그곳에 영구적으로 정착할 것이며, 그 선교지에 임명된 자들로 하여금 서울에 정착할 수도 있다는 인상을 가지지 않도록 분명하게 할 것입니다.

감리회 선교회는 북부 지방으로 사역을 확장할 것이라고 말합니다. 그러나 그들에게는 지원자가 없으며, 그들이 북부 지방에 들어가도 서로 다칠

will come as early as possible so that after one winter's language study they can go up in the early spring.

III–One other question–the request for $350 with which to purchase a house & lot which by building a small piece of wall can be thrown into my compound and become a useful building either for a Sarang–or quarters for servants, helpers, etc. A few months ago I wanted this place very much (before I had charge of the Sarang in Mr. Underwood's compound) but the price asked was $600 so I gave it up. A few days ago I was approached by the man who, in trouble with an official, has to raise some money to save his life, offers it for $300 without the lot. The Mission thinks it from a business point of view desirable to purchase and I doubt not whoever occupies this house (probably whoever has charge of the school) will want this and eventually will want 3 other small houses which are between here and the street–making this compound extend to the street as do those of all the other houses of the mission.

I had hoped to get off a letter to Mr. Underwood on this mail but will not be able. Shall be glad to have you show him this to explain why I urge the occupation of Pyeng Yang first altho I see the importance of Eui Ju as I did when I wrote him to try to get men for Eui Ju. I love not Eui Ju less but Pyeng Yang more.

With kindest regards and continued prayers, I am,

Very sincerely yours,

Samuel A. Moffett

만한 충돌이 일어날 염려는 없습니다. 감리회 선교사들과 우리는 완벽한 우호 관계 속에서 각자 나아갈 것이며 서로 간섭하지 않을 것입니다. 초가을에 2명의 의사가 이곳에 도착하기를 간절히 바라며, 안수 목사들과 그 아내들이 되도록 빨리 와서 겨울 동안 한국어 공부를 한 후 초봄에 북부 지방으로 올라갈 수 있기를 바랍니다.

(3) 또 하나의 문제는 집과 대지 구입비 350달러의 요청입니다. 낮은 담을 쌓으면 저의 집 구내에 포함될 수 있고 사랑방이나 하인이나 조사 등이 머무를 수 있는 행랑채가 될 수 있는 유용한 건물이 있습니다. 몇 달 전에 (언더우드 목사의 집 구내에 있는 사랑방을 맡기 전에) 저는 이 건물을 몹시 원했지만, 부르는 가격이 600달러라서 포기했습니다. 며칠 전 관리와 문제가 생긴 그 주인이 목숨을 구하기 위해 돈을 마련하지 않으면 안 되었기 때문에 대지를 제외한 집을 300달러에 팔겠다고 제게 제안했습니다. 선교회는 사업의 관점에서 구입하는 것이 바람직하다고 생각합니다. 저는 누가(십중팔구 학교를 책임질 자) 이 집을 차지하든지 이 집을 원할 것이고, 궁극적으로는 이곳과 도로 사이에 있는 다른 작은 집 세 채를 원할 것이며, 그렇게 확장을 하면 이 구내도 선교회의 다른 모든 집들처럼 도로에 인접하게 됩니다.

저는 이번 우편으로 언더우드 목사에게 편지 한 통을 보내기를 원했지만 보낼 수 없을 것입니다. 귀하께서 이 편지를 언더우드 목사에게 보여주시고, 비록 제가 의주에 보낼 사람을 찾아달라고 언더우드 목사에게 편지했던 때처럼 의주의 중요성은 알고 있지만, 제가 평양에 먼저 진출해야 한다고 주장하는 이유를 그에게 설명해주시면 기쁘겠습니다. 저는 의주를 덜 사랑하는 것이 아니라 평양을 더 사랑합니다.

안부를 전하며 늘 쉬지 않고 기도합니다.

마포삼열 올림

Samuel A. Moffett

Seoul, Korea

May 5, 1892

Dear Dr. Ellinwood:

Dr. [Hugh M.] Brown and I, having finished the necessary but decidedly tedious work of auditing the Treasurer's books and report, expect to start off tomorrow for Eui Ju. Before going I want to thank you very sincerely for your kind letter of March 2 and also to add a word on the subject of the necessity of re-enforcements for our Girls' School and Woman's work. We have just insisted on a rest for Miss Doty and she has gone to spend a few weeks with Mrs. Baird at Fusan while Mrs. Brown & Mrs. Gifford look after the school. That one person cannot look after such a school and make it efficient while preserving her health seems to me to need no argument—but aside from that we greatly need someone who can superintend and follow up work amongst the women, a work by far the most important but in which we have done very little. The M. E.'s have 4, 5 or 6 women for that work and it is a pleasure to them to prosecute it. Had we three ladies in connection with the girls' school they could all give some time to the school and some to women's work—but as it is, Miss Doty is so occupied that she seldom gets away from her house more than an hour at a time.

Mr. Baird has probably informed you of the changes in Fusan and the reason why the presence of the Canadian Doctor there does not render Dr. Brown's presence unnecessary. Dr. Hardie is available in case of sickness but not for real Mission work nor for itinerating. Mr. Mackay after the death of his wife became very sick and has just gone back to Australia adding one more to the long list of those who have begun work in Korea but now are not here. We trust this does not end the work of the Victorian Church in Korea. As they are Presbyterians and Scotch they will probably try again.

마포삼열

한국, 서울

1892년 5월 5일

엘린우드 박사님께,

브라운 의사와 저는 필요하지만 지루한 회계 장부와 보고서 감사(監査)를 마쳤으며, 내일 의주를 향해 떠날 예정입니다. 출발하기 전에 받은 귀하의 3월 2일 자 친절한 서신에 진심으로 감사드리며, 여학교와 여성 사역을 위한 인원 보충의 필요성에 대해 한마디만 덧붙이기를 원합니다. 우리는 얼마 전에 도티 양에게 안식을 취하라고 강권했고, 그래서 그녀는 부산에서 몇 주일 동안 베어드 부인과 함께 지내기 위해 떠났으며, 그동안 브라운 부인과 기퍼드 부인이 학교를 돌보고 있습니다. 한 사람이 건강을 유지하면서 그런 학교를 효과적으로 관리할 수 없다는 것은 제가 보기에 이론의 여지가 없습니다. 그러나 그 문제를 제외하더라도 우리는 여성 사역을 감독하고 계속 관리할 사람이 절실히 필요합니다. 이것이 무엇보다도 가장 중요한 일이지만 지금까지 이 사역은 거의 하지 못했습니다. 북감리회 선교회는 여성 사역을 위해 4명, 5명, 혹은 6명의 독신 여성 선교사가 있으며, 그들은 그 일을 기쁘게 수행하고 있습니다. 만일 우리에게 여학교와 연계해서 3명의 독신 여성 선교사가 있다면, 그들 모두 학교 사역에 일부 시간을, 여성 사역에 일부 시간을 낼 수 있을 것입니다. 그러나 사실 현재 도티 양은 일이 너무 많아서 한 시간 이상 집을 비울 수 없습니다.

베어드 목사가 부산의 변화에 대해, 그리고 거기에 캐나다인 의사[하디]가 있어도 브라운 의사의 존재가 불필요하지 않은 이유에 대해 십중팔구 귀하께 알려드렸을 것입니다. 하디 의사는 누군가가 아프면 이용할 수 있지만, 실제 선교 사역이나 순회 전도에는 그렇지 않습니다. 매카이 목사는 아내가 사망한 후에 심하게 아팠으며 며칠 전에 호주로 돌아갔기에, 한국에서 사역을 시작했지만 중도에 그만두고 이곳을 떠나 현재 이곳에 없는 자들의 긴 명단에 추가되었습니다. 우리는 이것으로 빅토리아 교회의 한국 사역이 끝났

I have just written a short note to W.M. Junkin under appointment of Southern Board and referred him to the letter sent by Dr. Vinton to our Board concerning the new men—their outfit and places of residence. As the three Southern men leave August 17th, they will probably arrive here before most of our re-enforcements and we can entertain them until they get settled ready for housekeeping in the house we have secured for them. It will be well if one of the doctors and one or more of the ministers can come with the Southern men. Please do not hesitate to send the men and all of them as soon as possible. We shall probably be somewhat crowded this winter—especially if Mr. Underwood begins repairs on his house then, but the crowding will only be in order that the men may have six months' work on the language during the winter and be off for the stations in the early spring.

We have remembered the Board's Treasury in these last days and hope to hear that the year has closed without debt.

With kindest regards,

Sincerely yours,

Samuel A. Moffett

에비슨(Oliver R. Avison 魚丕信, 1860-1956) 의사는 영국 요크셔에서 태어났다. 캐나다로 이민 와서, 1876년 올만테 고등학교와 1884년 토론토 대학을 졸업하고, 약대를 마친 1887년에 시내에 개업했으며, 의대 약리학 강사로 출강했고 1890년 토론토 의대를 졸업했다. 그는 감리교인이었다. 1892년 2월 언더우드 목사의 연설을 듣고 한국 선교를 지원했고, 북장로회 해외선교부는 교파 문제를 초월하여 그를 북장로회 선교사로 임명했다. 에비슨 의사는 가족과 함께 1893년 7월 16일 부산에 도착했다. 23일 넷째 아이 더글러스(Douglas)가 태어나고 여름이라 부산에 머물면서 한국어를 배우기 시작했다. 8월 26일 부산을 떠나 28일 제물포에 도착해서 언더우드 목사의 환영을 받고 서울로 왔다(O. R. Avison to F. F. Ellinwood, July 26 & Sept. 20, 1893). 언더우드와 비슷한 나이의 에비슨은 "처음부터 언더우드와 가장 마음이 통하는 동역자이자 조언자로서 모든 곤경 가운데서도 그의 곁에 서서 23년의 봉사 기간을 통해 그의 근심과 노고를 함께 나누었다"[L. H. Underwood, 『언더우드』(*Underwood of Korea*), 124].

다고는 믿지 않습니다. 그들은 장로교인이고 스코틀랜드인이기 때문에 십중팔구 다시 시도할 것입니다.

저는 조금 전에 남장로회 선교부의 임명을 받은 전킨에게 짧은 편지를 썼는데, 그에게 새 선교사들의 여행 준비물과 거주할 장소에 대해 빈튼 의사가 우리 선교부에 보낸 편지를 참고하도록 했습니다. 남장로회 선교사 3명이 8월 17일에 출발하므로, 십중팔구 그들은 새로 보강될 우리 쪽 선교사 대부분보다 먼저 도착할 것입니다. 그들이 정착해서 살림을 할 수 있을 때까지 그들을 위해 확보해놓은 집에서 지내게 할 수 있습니다. 남장로회 선교사들이 올 때 우리 선교회의 의사 한 명과 한 명 이상의 목사가 함께 오면 좋을 것입니다. 주저하지 마시고 새 선교사들을 보내시되 그들 모두를 되도록 빨리 보내주시기 바랍니다. 십중팔구 이번 겨울에는 사람들로 붐빌 것이고, 특히 만일 언더우드 목사가 자기 집을 수리하기 시작한다면 그렇게 될 것입니다. 그러나 붐비는 것은 단지 겨울에 6개월간 한국어 공부를 하기 위한 목적이고, 이른 봄이 되면 그들은 선교지부를 향해 떠날 것입니다.

우리는 최근 얼마 동안 선교부의 재정을 기억하고 기도하고 있습니다. 채무 없이 회계 연도가 마감되었다는 소식을 듣기를 희망합니다.

안녕히 계십시오.

마포삼열 올림

Samuel A. Moffett

Seoul, Korea

September 6, 1892 ***(Rec'd Oct. 20)***

Dear Dr. Ellinwood:

I have just arrived in Seoul after a 4 month absence, the last two weeks of which were spent in China taking breath before beginning the fall and winter work and in gaining much advantage from contact with the missionaries and their work in Chefoo and Teng Chow. I wish to give you a running account of my trip and work in Eui Ju and vicinity.

Arrived in Eui Ju, the work began with every promise of success, and great was the disappointment to Dr. Brown and me that he was compelled to leave and yet I am glad to be able to report a most gratifying and profitable summer's work.

Soon after Dr. Brown left I started off for a trip to a number of villages where Young Kim had been at work–that I might see what he had done and that I might gather material for a summer theological class in Eui Ju. I was well pleased with Kim's work and during the five days I spent in the center of the region he had been canvassing I met and taught a great many inquirers from surrounding villages–many coming in 20 and 30 li to see me and talk about the gospel. Of those in this region who applied last year for baptism I found that some had lost all interest, fearing persecution, while others seemed to have been studying and to be desirous of coming into the Church. I met and examined a number of these together with others who applied for the first time and from this number I baptized two men, one a school teacher, the other a farmer, both of whom had been under instruction nearly two years. I am making it a rule to be very careful about baptizing men as our experience with our enrolled membership has been far from satisfactory. Most all of the men who come to us have come in order to get financial help but among these there are some who rise above that motive after they have

마포삼열

한국, 서울

1892년 9월 6일 (10월 20일 수령)

엘린우드 박사님께,

4개월간의 여행을 마치고 조금 전에 서울로 돌아왔습니다. 지난 2주일간은 가을과 겨울 사역을 시작하기 전에 준비하기 위해 중국에서 지냈습니다. 지푸와 등주[1]에서 선교사들을 만나 그들의 사역 현장을 돌아보면서 많은 도움을 받을 수 있었습니다. 의주와 그 인근 지방의 사역과 여행에 대해 간단히 설명드리고 싶습니다.

의주에 도착한 후 전망이 밝은 상태로 사역을 시작했습니다. 그런데 브라운 의사가 떠날 수밖에 없어서 저와 브라운 의사는 크게 실망했습니다. 하지만 저는 여름 사역이 만족스럽고 유익했다고 보고할 수 있어서 기쁩니다.

브라운 의사가 떠난 후 저는 젊은 김 씨가 사역해온 여러 마을로 순회 여행을 떠났습니다. 그가 사역한 결과를 돌아보고 의주에서 개최할 여름 신학반을 위한 자료를 수집하려고 갔습니다. 저는 김 씨의 사역을 보고 무척 기뻤으며, 그가 그동안 전도한 그 지역의 중심지에서 5일간 지내면서 주변 마을에서 온 수많은 구도자들을 만나고 가르쳤습니다. 많은 사람이 저를 만나 복음에 대해 이야기하려고 20-30리 떨어진 곳에서 찾아왔습니다. 작년에 이 지역에서 세례를 신청했던 사람들 가운데 일부는 박해가 두려워 관심이 식었지만, 다른 사람들은 그동안 성경을 공부했고 교회에 입교(入教)하기를 원하는 것처럼 보였습니다. 저는 이런 사람 여러 명과 처음 세례를 신청한 자들을 만나서 문답을 했으며, 그중 2명에게 세례를 베풀었습니다. 한 사람은 서당 훈장이고, 다른 사람은 농부였는데, 두 사람은 거의 2년 동안 가르침을 받아왔습니다. 그동안 등록교인에 대한 우리의 경험이 전혀 만족스럽지 못했기 때문에, 저는 세례를 조심스럽게 주는 것을 원칙으로 삼고 있습니다.

---

1 산동 반도의 지푸는 지금의 연태(蓮胎), 덩조우(登州)는 지금의 봉래(蓬萊)다.

been thoroughly instructed. One old man of 72 who has occupied a high position as a teacher of Confucianism—with whom I had a long talk last year—came to me again declaring himself a believer in Jesus and was most eager to hear more of the gospel. I greatly hope that another year will see him ready to come into the Church. The five days spent in this village gave me a great deal of valuable information concerning the every day life and customs of Korean villagers. I returned to Eui Ju through a region heretofore unvisited by foreigners, spending Sunday in the magistracy of Sak Ju. The first visit to any place is decidedly unsatisfactory for it is hard to do anything with a great crowd of people intent only on satisfying their curiosity. They show the greatest indifference to the gospel though I have in mind one old man who seemed to get somewhat interested in what I had said and who promised to hunt me up when he went to Eui Ju. The Koreans are easy to approach and to talk to concerning the gospel but a more thoroughly indifferent people I think it would be hard to find.

I was out 12 days and upon returning to Eui Ju settled down to every day preaching and teaching in my house, having a constant run of visitors to whom the old old story was told over and over again. Several times while out for a walk I have had groups of men gather around me while I talked of the gospel but I do not think the time has come for indiscriminate public preaching in these places where we are seeking an entrance. We held regular service on Sundays and I had a great crowd of boys on several Sundays to whom I explained gospel pictures. I found great reluctance on the part of our members there to identify themselves directly with Christianity. I was able in these 3 months in Eui Ju to get a pretty good idea of the condition of our work. I think without question that most of the men who have been baptized there were seeking mere temporal gain and that ½ of the 30 or more have no interest whatever in the gospel. I should say that not more than 10 give evidence of being Christians and some of these have little courage to endure ridicule. I do

우리에게 온 사람들 대부분은 경제적 도움을 받으려고 왔으나, 철저한 교육을 받은 후 그런 동기에서 벗어난 자들이 일부 있습니다. 유교(儒教) 교사로 고위 관직에 있었던 72세의 한 노인은, 작년에 저와 함께 오랫동안 대화를 나누었던 자인데, 이번에 제게 다시 와서 자신은 예수를 믿는 자라고 선언했고, 복음에 대해 더 많이 듣기를 간절히 원했습니다. 그가 1년 후에는 입교할 준비가 되어 있기를 고대합니다. 이 마을에서 5일을 보내면서 저는 한국 시골 사람들의 일상생활과 관습에 대해 소중한 정보를 많이 얻을 수 있었습니다. 저는 지금까지 외국인이 한 번도 방문한 적이 없는 지역을 통과해서 의주로 돌아왔으며, 주일은 삭주(朔州)읍에서 보냈습니다. 어느 지역이든지 첫 방문은 분명히 만족스럽지 않습니다. 호기심만 만족시키려는 군중에게 어떤 일을 하는 것은 어렵습니다. 그들은 복음에 전혀 관심이 없었습니다. 다만 기억에 남는 사람은 노인 한 명으로 제 말을 듣고 약간 흥미를 느낀 듯하며, 의주에 오면 저를 찾아오겠다고 약속했습니다. 한국인은 접근해서 복음에 대해 말하기는 쉽지만, 다른 한편으로 이들만큼 복음에 대해 철저히 무관심한 사람들도 찾아보기 힘들 것입니다.

저는 12일간 의주를 떠나 있다가 돌아와서 제 집에 머물면서 매일 설교하고 가르쳤습니다. 방문객이 줄을 지어 찾아왔고 그들에게 옛날의 복음 이야기를 반복해서 들려주었습니다. 여러 번 산책을 나갔는데 그때 한 무리의 남자들이 제 주위에 모여들었고, 저는 그때마다 복음에 대해 이야기했지만, 우리가 진출하려고 노력하는 이 장소에서 무분별하게 대중 설교를 할 때는 아직 아니라고 생각합니다. 우리는 주일마다 정기 예배를 드렸으며, 여러 주일에 소년들이 몰려와서 저는 그들에게 복음서 그림을 설명해주었습니다. 저는 그곳에 있는 우리 교인들이 예수교와 직접 연결된 자로 밝혀지는 것을 상당히 꺼리는 것을 알게 되었습니다. 저는 의주에서 3개월 동안 지내면서 우리 사역의 상황에 대해 잘 알게 되었습니다. 의심할 여지 없이 세례를 받은 대부분의 사람들이 그저 세상적인 이익을 추구했고 30명 이상 가운데 절반이 복음에 대해서는 전혀 무관심했다고 생각합니다. 예수교인이 된 증거를 보여주는 자는 10명이 되지 않고, 이들 중 일부는 조롱을 견딜 용기가

find very great encouragement in being able to report five or six men who seem to have a real hold on the truth and are rejoicing in it and great encouragement from the fact that great numbers of the people have learned what the gospel is—many are quietly searching the scriptures and there is an evident conviction on the part of many that this is the truth. I heard of quite a number who had given up the worship of evil spirits and I feel that a great deal has been done towards getting the people to think about and talk over this new doctrine. Good seed was sown in the minds of a great many children and some of them will yet be preachers of the Word. I enrolled several applicants for baptism; one of whom gives me great joy because of his perfect willingness to let it be known that he is a Christian. He was a constant attendant upon the Bible class and the Sunday service, told me he had given up the worship of evil spirits and that every night he assembled his household to hear him read from the gospels or other Church books. He charged me to tell the people in Seoul that he had become a Christian. I look upon the summer Bible class as the most profitable part of my work and the one which will have the greatest effect in preparing for a harvest. A class of 12 men from 8 towns and villages were with me for 15 days and they were taken thro a course of instruction on the main doctrines of scripture. They spent two hours each day with me and in the afternoon went over the same Bible readings with Mr. Paik, who more fully explained to them what I had taught in the morning. One of the attendants upon the class was an old man of 77 who came in 150 li in order to learn more fully of that which he had heard in the country.

The last two weeks of my stay Dr. Vinton was with me, and in that time he treated over 400 patients and did a great deal to open up more homes to me and to gain the good will of many who had not before come under my influence.

I cannot speak too highly of the advantage of coupling the medical and evangelistic work, where the former is made a means to the latter

없다고 말할 수 있습니다.[2] 저는 진리를 굳게 붙잡고 그 안에서 즐거워하는 5-6명의 사람이 있다고 말씀드릴 수 있어서 큰 위로를 받으며, 수많은 사람이 복음에 대해 들었다는 사실에 큰 위안을 받습니다. 그 가운데 다수의 사람들이 조용히 성경을 탐구하며, 성경이 진리라고 분명히 확신합니다. 많은 사람이 귀신 숭배를 포기했다고 들었습니다. 그리고 사람들이 이 새로운 교리에 대해 생각하고 토론하도록 많은 사역이 이루어졌다고 느낍니다. 수많은 어린이의 마음에 좋은 씨앗이 뿌려졌고, 이들 가운데 일부가 머지않아 말씀의 전도자가 될 것입니다. 저는 여러 명의 세례 지원자를 등록시켰는데, 그들 중 한 명은 자발적으로 자신이 예수교인임을 알려도 좋다고 말해서 저는 큰 기쁨을 누렸습니다. 그는 성경 공부반과 주일 예배에 꾸준히 참석했는데, 귀신 숭배를 포기했으며, 매일 밤 집안 식구를 모아서 복음서나 다른 교회 서적을 읽어주고 있다고 제게 말했습니다. 그는 제게 자신이 예수교인이 되었음을 서울 사람들에게 알리는 책임을 맡겼습니다. 저는 여름 사경회를 제 사역에서 가장 유익한 부분으로 간주하며, 추수 준비에 가장 효과적인 사역이라고 생각합니다.[3] 8개의 읍과 마을에서 온 12명이 한 반이 되어 15일간 저와 함께 지내면서 성경의 주요 교리를 배우는 과정을 이수했습니다. 그들은 매일 두 시간씩 저와 함께 공부를 했고, 오후에는 백[홍준] 씨와 함께 동일한 성경 본문을 가지고 공부했는데 오전에 그는 제가 가르친 내용을 더 자세히 설명해주었습니다. 사경회 참석자 중에 77세 노인이 있었는데 그는 시골에서 들었던 것을 더 충분히 알기 위해 150리 떨어진 곳에서 왔습니다.

의주에서의 마지막 2주일 동안 빈튼 의사가 저와 함께 있었는데, 그 기간에 400명이 넘는 환자를 치료했습니다. 그 결과 더 많은 가정에 들어갈 수 있는 문이 열렸으며, 이전에는 제 영향력이 미치지 않았던 많은 사람의 호의

---

2 마포삼열 목사는 의주와 한인촌 지역의 초창기 교인에 대해 매우 부정적인 평가를 내렸다. 로스가 1885-1886년에 세례를 준 한인촌의 100명의 신자들은 물론 의주의 초기 신자 대부분은 선교사의 관리와 가르침을 받지 않은 상태에서 세속적인 동기에서 개종한 "쌀 신자"에 불과하다고 비판했다. 이런 첫 신자들 때문에 이후 한국에서는 신중한 세례를 위해 학습 제도가 정착되었고, 선교사와 한국인 조사의 관리와 통제가 강화되었다.

3 일반 교인을 위한 최초의 사경회라고 할 수 있다.

and not an end in itself. I am glad to bear witness to the fact that both our doctors have this view of their work.

I write hopefully of our work in Eui Ju and yet my three months there and the trip to the surrounding country makes me even more decidedly of the opinion that Pyeng Yang is the place where we should plant our station.

The reasons given in previous letters seem even stronger than ever. Eui Ju is steadily declining commercially and in population and I was surprised to find the region through which I traveled not more thickly populated. Pyeng Yang has by far a more populous and a more fertile tributary region and is the city of the Province–the strategic point of the North. Eui Ju can and should be worked from Pyeng Yang and we ought to have three men for that province, one of whom could give special attention to Eui Ju and vicinity.

The only points in favor of going into Eui Ju as our station are that we have work begun there and that there is no difficulty about going in, for everyone took it for granted while I was there that I expected to build a house and live there permanently and no one even suggested any objection. However, I have no question of our ability to get into Pyeng Yang tho we must need work cautiously and win our way as we have done in Eui Ju. We cannot go in at once and build a foreign house–tho possibly with a doctor we could do that. We cannot go in with a man who has no tact or who has not sufficient knowledge of the language to know what is going on about him. Successful entrance upon Pyeng Yang depends more, in my judgment, upon the man than upon anything else, and we cannot very well make a selection until our new men arrive and have had a few months with us. Not every man has tact enough to get along with the Koreans and gain their good will. Not every man has the health and constitution to go into the interior and live several months in a native house upon canned goods and such native food as he can get–and we may have difficulty in this respect. I have made diligent search for a

를 얻는 데 크게 도움이 되었습니다.

의료와 전도 사역을 결합하는 유익에 대해 높이 평가하지 않을 수 없습니다. 의료 사역은 전도 사역을 위한 수단이 되어야지 그 자체가 목적이 되어서는 안 될 것입니다. 저는 우리 의사 두 사람이 그들의 의료 사역에 대해 이와 같은 견해를 가지고 있다는 사실을 증언하게 되어서 기쁩니다.[4]

저는 의주의 사역에 대해 희망적으로 쓰지만, 3개월간의 의주 거주와 주변 시골의 순회 여행을 통해 평양이 우리 선교지부를 설치해야 할 장소라는 의견을 더욱더 확고하게 가지게 되었습니다.

이전 편지들에서도 밝힌 이유가 어느 때보다 더욱더 선명하게 보입니다. 의주는 상업이 꾸준히 쇠퇴하고 인구도 줄고 있으며, 제가 두루 여행한 지역에 인구가 별로 없어서 놀랐습니다. 평양은 인구가 훨씬 많고 주변에 곡창지대가 있으며 도의 주도이므로, 북부 지방의 전략적 요충지입니다. 의주는 평양에서 사역을 할 수 있고 해야 하며, 평안도를 위해 3명의 남자 선교사가 반드시 있어야 하는데, 그 가운데 한 명이 의주와 그 인근 지역에 특별한 관심을 기울일 수 있습니다.

의주에 우리의 선교지부를 설치하도록 지지하는 유일한 점은 우리가 그곳에서 사역을 시작했고 들어가는 데 어려움이 없다는 것입니다. 왜냐하면 제가 거기 있을 때 집을 짓고 영구 거주할 계획이었는데 모든 사람이 그것을 당연하게 받아들였으며, 이에 대해 어느 누구도 반대를 제기하지 않았기 때문입니다. 비록 우리가 의주에서 했듯이 평양에서도 반드시 조심스럽게 사역하고 노력해서 성공해야겠지만, 저는 우리가 평양에 들어갈 수 있는 능력에 대해서는 의심하지 않습니다. 우리가 들어가서 즉시 서양식 집을 지을 수는 없습니다. 혹시 의사와 함께 들어가면 그럴 수 있을지 모르겠습니다. 우리

4 19세기 말 의료 선교는 전도의 수단으로 이해되었다. 빈튼 의사와 브라운 의사도 동일한 견해였는데, 빈튼은 전도가 불가능한 제중원을 포기하고 새로운 선교 병원을 설립하는 계획을 세웠다. 그러나 1893년 에비슨 의사가 도착하면서 의료와 전도가 함께 가는 모델에서 점차 의료 자체가 목적이 되는 의료 선교관이 발전하게 되는데, 1920년대에 기독교의 사랑의 표현으로서 의료가 자체 목적이 되는 의료 선교관이 확립된다. 1890년대 후반부터 서울(언더우드, 에비슨)의 기독교 문명론과 평양(마포삼열, 베어드, 리)과 대구(아담스)의 토착 교회 설립론이 대립하기 시작했다.

suitable house but it is hard to find in the city and as we cannot build at once, we shall have to live in a small place in an unhealthy location and I doubt the advisability of having any one man there longer three months at a time until he has become acclimated.

Again–caution is needed because we have no treaty right to live there and we must simply gain the good will of the people and win the right to stay. A doctor will be most invaluable and I hope we are to have one. My plan at present is to go up there just before the winter with one of the new men and if the inquiries for a house now being made enable us to do so–to buy a house as temporary quarters. In the spring go up with two men–stay in Pyeng Yang some time–leave one man there and with the other go on to Eui Ju, and after staying there return to Pyeng Yang for another stay. I believe we could then go in in the fall without obstruction and stay all winter. However we cannot know until we try, for there is a vast difference between opening a station in Fusan or Gensan, the treaty ports, and opening a station in the interior for the first time. We can do it and we intend to do it, but the ways and means will depend upon circumstances as they arise. I understand the Methodists have asked for a doctor for Pyeng Yang. I hope we shall get in there first as we have in every other station. We are most eagerly awaiting the new men and somewhat anxiously awaiting the news that you have found the two new doctors.

With kindest regards,

Sincerely yours,
Samuel A. Moffett

는 요령이 없거나 한국어에 대한 충분한 지식이 없어서 주변에서 어떤 일이 벌어지고 있는지 모르는 자와 함께 들어갈 수 없습니다. 저는 평양에 성공적으로 진출하려면 다른 무엇보다 사람이 관건이라고 판단합니다. 새 선교사들이 도착한 후에 우리와 함께 몇 개월을 보낼 때까지는 누가 적임자인지 잘 선택할 수 없습니다. 모든 선교사가 한국인과 잘 어울리고 한국인의 선의를 얻을 수 있을 만큼 요령이 있는 것은 아닙니다. 모든 선교사가 내륙에 들어가서 여러 달 동안 한옥에 살면서 통조림과 현지에서 구할 수 있는 한국 음식을 먹고 살 수 있을 만큼 건강한 체질을 가진 것은 아닙니다. 이 점에서 우리는 어려움이 있을 수 있습니다. 저는 적합한 집을 구하려고 열심히 수소문했지만, 그 도성 안에서는 찾기 어려웠습니다. 우리가 즉시 집을 건축할 수 없으므로, 건강에 좋지 않은 위치에 있는 협소한 장소에서 살아야 할 것입니다. 누구든지 그곳에 적응할 때까지 3개월 이상 머물도록 하는 것은 바람직하지 않다고 생각합니다.

다시 말씀드리면 우리는 그곳에 거주할 조약상의 권리가 없기 때문에 조심할 필요가 있으며, 다만 반드시 주민들의 호의를 얻어서 거주할 권리를 따내야 합니다.[5] 의사가 아주 귀중할 것이며, 저는 우리에게 의사 한 명이 곧 오기를 희망합니다. 현재 제 계획은 겨울이 오기 전에 새 선교사 한 명을 데리고 거기에 올라가는 것이며, 만일 지금 알아보고 있는 집을 구입할 수 있다면 임시 거처로 집 한 채를 사려고 합니다. 봄에는 2명과 함께 평양으로 올라가서 얼마 동안 머문 후에, 한 명은 거기에 두고 다른 한 명과 함께 의주로 가서 얼마 동안 지내다가 평양으로 다시 돌아와서 지내려고 합니다. 그러면 우리는 방해 없이 가을에 그 도시에 들어가서 겨울 내내 머무를 수 있을 것이라고 믿습니다. 하지만 시도하기 전까지는 알 수 없는데, 개항장인 부산과 원산에 선교지부를 개설하는 것과 처음으로 내륙에 선교지부를 개설하는

5 마포삼열 목사는 한미 조약의 규정을 숙지하고 그 법의 한도 내에서 전도 활동을 하려고 노력했다. 이 점은 감리회의 홀 의사와 달랐는데, 1893년 홀은 선교회의 돈으로 평양에 집을 구입할 때 자신의 이름으로 집을 구입하고 집문서도 자신의 명의로 한 반면 마포삼열 목사는 한국인의 명의로 집을 구입하게 된다. 이것이 1894년 평양 예수교인 박해 사건 때 홀과 김창식 등 감리교인들이 주로 피해를 입는 이유가 된다.

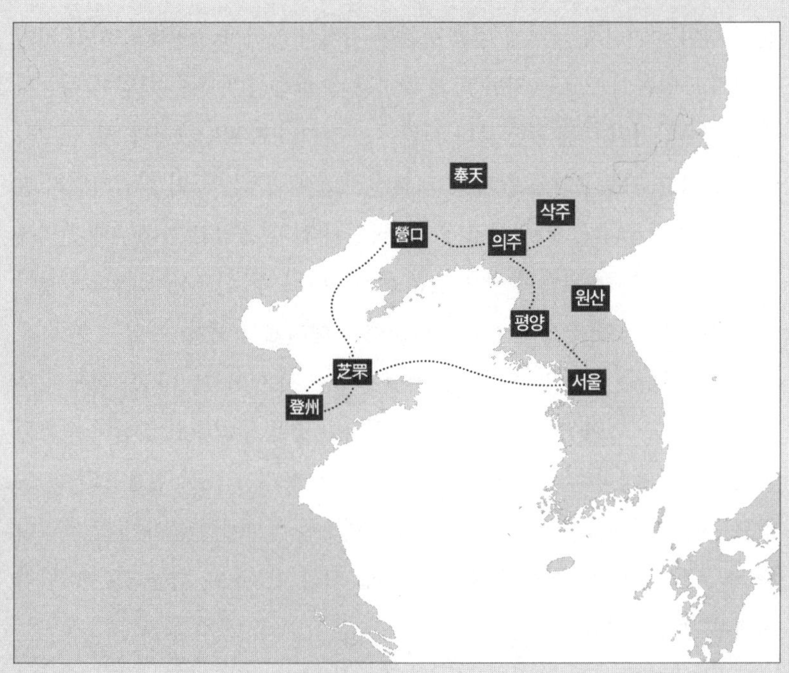

마포삼열의 4차 전도 여행
1892년 5월 6일-9월 5일
서울-평양-의주-삭주-의주-우장-지푸-등주-지푸-제물포-서울

Mr. Moffett's Fourth Mission Trip
May 6 - September 5, 1892
Seoul - P'yŏngyang - Ŭiju - Sakju - Ŭiju - Newchwang - Chefoo - Tengchou - Chefoo- Chemulpo - Seoul

것 사이에는 큰 차이가 있기 때문입니다. 우리는 그것을 할 수 있고 또 하려고 하지만, 방법과 수단은 수시로 변하는 상황에 달려 있습니다. 제가 알기로 감리회 선교사들은 평양을 위해 의사 한 명을 요청했습니다. 다른 모든 선교지부에서 했던 것처럼 평양에도 우리가 처음으로 들어가기를 바랍니다. 우리는 새로 올 선교사들을 간절히 기다리며, 귀하께서 새 의사 2명을 찾았다는 소식을 조금은 고대합니다.

안녕히 계십시오.

마포삼열 올림

Frank Field Ellinwood

New York, NY

October 24, 1892

My dear Mr. Moffett:-

I have read with great interest your letter of September 6th, and I send you our unqualified commendation of your summer's work. The visit to the north was evidently anything but a picnic excursion for a few days. It was a laborious term of missionary visitation, and one which gave you an opportunity to form a substantial judgment as to the condition of things and the outlook. Such work tells, and although you met with many discouragements, yet by continuing such visits and getting better and better acquainted with the people, coming more and more closely into contact with them, allowing them to watch your spirit, and enter into your views of Christian living and Christ–like service, you will find, I think, with God's blessing, that the standard will rise. Dr. Vinton, writing six days later than you, speaks of an offer of property at Pyeng Yang. We cannot, however, take it up for Board action in the shape in which it comes. No price is named. The place is not yet opened. and whether under these circumstances the Board would feel authorized to purchase property is doubtful. Your idea of making trips of three or four months seems to me correct. That can be done at once, and if the traveling expense is not too heavy, and time is not lost in wandering about, I think that that kind of work will be profitable for the new missionaries when they arrive. I have already announced to you the names of those who may be expected. Their times of sailing have been left to correspondence between them and our Treasurer.

We are accustomed to have reports from the missions bi-monthly showing the work of each member of the mission. Something of this sort ought to be adopted as a regular plan by the Korea Mission. We have personal reports of your work, but not of all. It is customary in the

엘린우드

뉴욕 주, 뉴욕

1892년 10월 24일

마포삼열 목사에게,

저는 큰 관심을 가지고 당신의 9월 6일 자 편지를 읽었고, 당신의 여름 사역에 대해 전폭적인 지지를 보냅니다. 북부 지방 방문은 며칠 동안의 유람이 결코 아니었습니다. 그것은 수고로운 선교사의 방문 기간이었고, 현지 상황과 전망에 대해 실제적인 판단을 형성할 기회를 당신에게 제공했습니다. 그런 사역이 알려주듯이 비록 많은 좌절을 만나더라도 그런 방문을 계속하고 사람들과 더 친해지고 가깝게 만남으로써 그들로 하여금 당신의 영혼을 지켜보게 하고 기독교적인 삶과 그리스도를 닮은 봉사에 대한 당신의 시각 안으로 들어오게 한다면, 저는 하나님의 축복 속에 표준이 세워지는 것을 발견하게 될 것이라고 생각합니다. 당신보다 6일 후에 편지를 쓴 빈튼 의사는 평양에 있는 부동산 구입 건에 대해 말했습니다. 그러나 보내준 형식으로는 선교부의 결정을 위해 회부할 수 없습니다. 가격이 명시되어 있지 않습니다. 그 장소는 아직 개항하지 않았고, 이 상황에서 선교부가 부동산 매입을 승인할 것인지도 의심스럽습니다. 서너 달 동안 여행하려는 당신의 생각이 옳다고 봅니다. 여행은 즉시 할 수 있고, 만약 경비가 너무 많이 들지 않고 돌아다니는 데 시간을 헛되이 쓰지 않는다면, 저는 이런 사역이 도착할 새 선교사들에게 유익하리라고 생각합니다. 저는 이미 당신에게 후보자 명단을 알려주었습니다. 그들이 한국을 향해 출항할 시간은 그들과 회계 사이의 서신에 달려 있습니다.

우리는 여러 선교회로부터 두 달에 한 번씩 선교회 각 회원의 사역을 보여주는 보고서를 받는 데 익숙해져 있습니다. 이런 보고서를 한국 선교회도 정식 계획으로 삼아서 발송해야 합니다. 우리는 당신의 사역에 관한 개인 보고서들을 받았지만 그것만으로는 부족합니다. 우리의 훌륭한 선교회의 하나인 산동선교회는 보고자가 각 선교사의 사역을 설명하되 각자 순차적으

Shantung Mission, which is one of our best, to take turns in sending these reports, the reporter giving some account of the work of each missionary. This enables the Board to see the work and answer questions that are asked almost constantly with reference to it, and especially in the days when fruits are not large it inspires the faith of the churches which are watching the mission fields much more closely than many suppose; and we Secretaries are often surprised to see how familiar the people are, or at least here and there one is, in regard to what is going on in a particular mission field. Sometimes the impressions gained are erroneous, having been received from some traveler. No justice is thus done to missionaries, simply by not knowing, nor by falsely knowing what is really being done.

In regard to new stations, I am hoping that if not this year, at least next, we may plant one in the northwest at Eui Ju or Pyeng Yang. Then, I think, we shall have all the stations that it will be wise to open for the present. We shall have a sort of quadrilateral, each point being well taken and strong in itself. Possibly sometime in the future there may be a call for stations in the interior, but not yet. But meanwhile, what we need is to keep up the courage of the churches to spiritual work, and, if possible, to spiritual fruits. There are two senses in which foundations may be laid. One is that of building, forming stations, etc., etc. This is comparatively easy if there is money enough. The other is laying foundations spiritual, accustoming the people to high standards, and developing at least some strong Christian characters, building up consistent memberships of churches, in a word, impressing men, and leading them to impress others with the great truths of the Gospel. Some of the very best foundations and those which characterize the whole subsequent history of the Mission have been laid with almost no material appliances, and with trifling outlays of funds.

I am saying all this to you, because I feel that you are in thorough sympathy with it, and that your personal desires are anticipating all that

로 돌아가면서 작성하여 보내는 것을 관례로 하고 있습니다. 이를 통해 선교부는 사역을 파악할 수 있고, 사역과 관련하여 끊임없이 제기되는 물음에 답할 수 있습니다. 특히 열매가 많지 않은 시기에 그 보고서는 많은 사람이 생각하는 것보다 선교지를 훨씬 더 유심히 지켜보고 있는 교회의 믿음에 영감을 줍니다. 그리고 특정 선교지에서 진행 중인 사항에 대해 사람들이나 혹은 어디에선가 적어도 한 사람은 잘 알고 있어서 우리 총무들은 자주 놀랍니다. 때로는 일부 여행자들에게 얻은 인상이라 오류가 있습니다. 따라서 실제로 무엇이 진행되고 있는지를 알지 못하거나 잘못 안다면, 선교사들에 대한 정당한 판단이 이루어지지 않습니다.

새 선교지부와 관련하여 저는 올해가 아니면 적어도 내년에는 북서부의 의주나 평양 중 한 곳에 선교지부가 설치될 수 있기를 바랍니다. 그러면 우리가 현재 설치하면 지혜로울 것으로 보이는 모든 선교지부를 보유하게 될 것입니다. 우리는 한국에 각 지점을 연결하면 사각형 모양이 되는 선교지부들을 가질 것이며, 잘 진출한 각 지부는 스스로 강해질 것입니다. 아마 앞으로 내륙의 선교지부들에 대한 요청이 있겠지만 아직은 때가 아닙니다. 그러나 그때까지 우리에게 필요한 것은 영적인 사역을 위해, 가능하다면 영적인 열매를 위해 교회의 용기를 유지하는 일입니다. 기초를 놓는 데에는 두 가지 방법이 있습니다. 하나는 선교지부를 설치하고 형성하는 등의 일입니다. 이것은 충분한 돈이 있으면 비교적 쉽습니다. 다른 하나는 영적인 기초를 놓는 일인데, 사람들을 높은 기준에 익숙해지도록 하고, 적어도 어느 정도까지 강한 기독교적 인격을 발달시키며, 교회에 등록한 교인 수를 꾸준히 늘리는 것으로, 한마디로 말하자면 사람들을 감동시켜서 그들이 다른 사람들을 복음의 큰 진리에 감동하도록 인도하는 일입니다. 선교의 가장 훌륭한 기초와 이후 선교 전체 역사를 특징짓는 사람들은 거의 물질적 수단 없이 소박한 자금 지출 위에서 세워져왔습니다.

당신에게 이 모든 것을 말하는 이유는 당신이 그 말에 완전히 공감하고, 당신의 개인적인 소망이 이 주제에 대해 언급할 수 있는 모든 것을 기대하고 있다고 제가 느끼기 때문입니다.

could be said on this subject.

Rejoicing in your work of the summer, I am

Very sincerely yours,

F. F. Ellinwood

당신의 여름 사역을 기뻐하면서,

프랭크 엘린우드 올림

Mary Alice Fish

Philadelphia, Pennsylvania

2031 No. College Avenue

November 2, 1892

My dear Mother,

I have a request to make of you and of course of Father as well. Are you willing I should become a member of the Student Volunteer Association?

In doing so I say I desire and purpose to go to the foreign field unless God blocks the way,—which is only expressing the desire I have had for a long time. There can be nothing compulsory about it because all our future is left in God's hands. No one has asked me to volunteer, but I have known more or less of the movement ever since I came here, and felt it would be helpful in strengthening my purpose. I wish to do as you think best about it, however.

I had a strange little experience last week. One afternoon I was studying the anatomy of the pharynx, and on taking up the hand glass to illustrate on my own throat, found my tonsils were all white and pitted. It is a difficulty without a symptom. I never should have known about it if I had not taken up the glass. Dr. Musson, who makes a specialty of the throat, says the leptothrix bacteria is the cause and thinks the galvano cantery is the only radical cure. She advises me to have it done before leaving the city, but it cannot be now on account of my work in the dissecting room. It is quite interesting to have a little clinic of my own.

We are having such very warm oppressive weather. The sun and moon are actually red from the heavy atmosphere, overloaded with moisture and smoke.

Father's letter of the 28th startles me with the news of Mr. Armes's sudden death. Indeed, it is a cause for thankfulness that he returned to the First Church.

메리 앨리스 피시[1]

펜실베이니아 주, 필라델피아

노스 칼리지 애비뉴 2031번지

1892년 11월 2일

어머니께,

어머니와 아버지께 드릴 부탁이 있습니다. 제가 학생자원[해외선교]회의 회원이 되는 것을 지지해주시겠습니까?

저는 이를 행함으로써 하나님께서 그 길을 막지 않으신다면 외국 선교지에 나가기를 원합니다. 이것은 오랫동안 간직했던 소망의 표현입니다. 여기에 강제는 전혀 없습니다. 왜냐하면 우리의 모든 미래가 하나님의 손에 달려 있기 때문입니다. 아무도 저에게 자원하라고 하지 않았지만 저는 이곳에 온 이후 그 운동에 대해 약간 알게 되었고, 제 목적을 강화시키는 데 가입이 도움이 된다고 느낍니다. 하지만 어머니께서 최선이라고 하시는 일을 하고 싶습니다.

저는 지난주에 이상한 경험을 했습니다. 어느 날 오후 인두(咽頭) 해부를 공부하고 있었는데, 제 자신의 목을 보기 위해 손거울을 보니 제 모든 편도선이 흰색이고 작은 자국이 나 있는 것을 발견했습니다. 문제는 증상이 없다는 것입니다. 만일 제가 거울을 들고 보지 않았더라면 이를 결코 알지 못했을 것입니다. 목 전문의인 무손 의사는 렙토트릭스 박테리아가 원인이며 전기판 뜸이 유일한 근본 치료법이라고 말합니다. 그녀는 제가 도시를 떠나기 전에 치료를 받으라고 충고하지만, 해부실 일 때문에 지금은 할 수 없습니다. 제 자신의 몸에 작은 임상 실습을 하게 되어 흥미롭습니다.

이곳은 불쾌하리만큼 덥습니다. 습기와 연기로 무거워진 공기 때문에 해와 달이 붉습니다.

28일 자 아버지의 편지로 갑작스런 아메스 씨의 사망 소식을 듣고 놀랐

1 뒷날 마포삼열의 첫 아내가 된 메리 앨리스 피시가 대학생 때 쓴 편지다.

Now I must stop for I have still to go to a quiz tonight way down in town.

Love to you all and kisses for Nellie [her little adopted sister].

Yours lovingly,

Alice

습니다. 그가 제일장로교회로 돌아온 것은 정말 감사할 이유입니다.

오늘 밤에 먼 도시에서 시험이 있어 이제 가야 하기 때문에 펜을 놓아야겠습니다.

어머니와 모두에게 사랑을, 그리고 넬리[입양한 어린 동생]에게 키스를 보냅니다.

사랑하는 당신의,

앨리스 올림

Mary Alice Fish

Philadelphia, PA

November 8, 1892

My dear Father,

Sabbath was a "red-letter" day with me. It was spent in Germantown with my friend Josephine [later Mrs. Brodhead], and we heard Dr. John G. Paton both morning and evening! I could hardly believe that I was really looking into the face of the dear old man who lived and labored for thirty five years among the cannibals and has witnessed such triumphs for Christ on those heathen islands.

The extreme simplicity and humility of Dr. Paton is one of his greatest charms. He never for a moment rests on anything he has already accomplished, never forgets he is still permitted to preach Christ in the world, and always finds it easy, in the midst of his narrative of the island mission work to stop and plead with his hearers to give their hearts and lives into the service of the Master. At the morning service, he began the narrative where the autobiography drops it, and told us some further developments on the islands and of his recent visit to Erromanga. After the service we went up and had a lovely little talk with him, and three handshakes apiece. I am very sure there is not a well known man in the world I would rather see and hear than Dr. Paton, and to think I should have the privilege after my long anticipation seemed too good to be true. I met also a Miss Banks from Englewood, N.J. who is a dear friend of Josephine's and a very lovely girl. I am so happy in some of my friendships this year, and so thankful for them. The Sabbaths have all been like pinnacles of blessing and of privilege and when they are such rich days, it is possible to keep on a higher plane all through the busy week.

The College routine is about as ever, each day as full as it can well hold. The weather is oppressively warm, which makes it more difficult

메리 앨리스 피시

펜실베이니아 주, 필라델피아

1892년 11월 8일

아버지께,

이번 안식일은 제게는 "기념할 만한" 날이었습니다. 친구 조세핀[1]과 함께 저먼타운에서 시간을 보냈는데, 우리는 아침과 저녁에 존 페이튼 박사의 설교를 들었습니다![2] 식인종 가운데 35년간 살면서 수고했고, 이방인의 섬에서 그리스도의 승리를 증언하신 경애하는 노 선교사의 얼굴을 실제로 보게 되다니 정말 믿기 어려웠습니다.[3]

페이튼 박사의 극단적인 단순성과 겸손함은 그의 큰 매력 가운데 하나입니다. 그분은 이미 성취한 일에는 잠시도 머물러 있지 않았고, 세상에서 그리스도를 전하도록 여전히 허락받았음을 결코 잊지 않았습니다. 그가 섬에서 이루어진 선교 사역 이야기를 하는 도중에 멈추어 서서 청중에게 주님을 봉사하는 일에 마음과 생애를 바치도록 권고하는 모습을 쉽게 볼 수 있습니다. 아침 예배 때 그분은 자서전에서 중단된 이야기를 시작하셨고, 섬에서 더 발전된 사역과 최근에 방문한 에로망가 섬에 대해 말씀하셨습니다.[4] 예배 후

---

1 나중에 브로드헤드 부인이 되었다.

2 존 페이튼(John Gibson Paton, 1824-1907)은 스코틀랜드 글래스고 대학에서 신학과 의학을 공부하면서 빈민가에서 10년간 사역한 후 남태평양 뉴헤브리디스에서 스코틀랜드 개혁장로교회 선교사로 1858년에 파송되어 사망할 때까지 원주민들 속에서 약 50년간 사역했다. 첫해에 아내와 아이가 죽고 이후 20여 년간 아무런 열매가 없었지만, 그는 하나님의 전적인 주권을 믿고 일했으며, 처형의 위협에 굴복하지 않고 복음을 전했다. 호주 장로교회의 도움으로 선교선 데이스프링을 이용해 전도했다. 그는 원주민 예수교인들의 도움을 받아 2개의 고아원과 부흥이 계속되는 교회들과 여러 학교를 세웠다. 개종한 추장의 후원으로 강력한 정치적 영향력을 행사하게 된 페이튼은 청교도적인 엄격한 법률을 만들어 섬 주민 모두가 이를 따르게 했다. 말년에는 선교 지도자로서 호주, 영국, 미국을 방문하여 뉴헤브리디스에 필요한 선교사를 모집하고 자금을 모았다. 그는 해외선교학생자원운동과 그 구호인 "이 세대에 세계를 복음화하자"를 지지했다.

3 메리 앨리스 피시는 이때 선교사 소명을 느낀 듯하다. 내한 선교사 가운데 호주 장로회의 제임스 매켄지(James Noble Mackenzie)가 페이튼의 직접적인 영향을 받고 뉴헤브리디스에서 15년간 활동한 후 1909년에 한국으로 왔다.

4 자서전 초판은 John G. Paton, *Missionary in the New Hebrides: An Autobiography*, ed. James Paton (New York: Fleming H. Revell Co., 1889)다.

to keep the study always at the best point.

Mother's letter of Nov. 3rd has just arrived. It says you are in bed with a hard cold and that makes the distance between home and me seem twice as long as it did a few moments ago. Oh, I hope that cold is well well by this time. God bless you and give you health. It is very hard to be so far away from you, but I am so glad you know that I am showing my love for you by staying here and working where I believe God has placed me. Mother will write again soon, and I shall know that you are better. A loving Goodnight to you all, Father, Mother and Nellie.

Your affectionate daughter,

Alice

우리는 그분께 다가가 다정한 대화를 짧게 나누었고, 각자 악수를 세 번씩 했습니다. 저는 페이튼 박사님보다 더 만나고 싶고 경청해서 듣고 싶은 유명 인사는 없다고 강하게 확신하는데, 오랜 소망 끝에 그런 특혜를 누린 일이 너무 좋아서 믿기지 않을 정도였습니다. 또한 뉴저지 주 잉글우드 출신의 뱅크스 양도 만났는데, 그녀는 조세핀의 친한 친구로 사랑스러운 여자입니다. 저는 올해 만난 이들과의 교제로 행복하고 감사합니다. 안식일의 모든 것은 축복과 특혜의 절정과 같았고, 이처럼 풍요로운 시기에는 바쁜 한 주 동안에도 행복감을 드높이 유지할 수 있습니다.

대학의 일상은 변함없이 충만하게 유지되고 있습니다. 날씨가 숨 막히게 더워서 학업을 최상의 수준으로 유지하는 일은 더 어렵습니다.

11월 3일 자 어머니의 편지가 막 도착했습니다. 아버지께서 독감으로 누워 계신다고 하는데, 집과 저 사이의 거리가 몇 분 전보다 두 배는 더 멀게 느껴지는 것 같습니다. 부디 지금쯤 독감에서 한결 회복되셨기를 바랍니다. 하나님께서 아버지께 복을 주시고 건강을 주실 것입니다. 아버지와 멀리 떨어져 있기는 몹시 힘들지만, 하나님께서 보내셨다고 믿는 이곳에서 지내면서 공부함으로써 아버지에 대한 제 사랑을 보여드리고 있음을 아버지께서 알고 계셔서 매우 기쁩니다. 어머니가 편지를 곧 다시 쓰신다고 하는데, 아버지께서 더 좋아지셨다는 소식을 들을 줄 압니다. 아버지, 어머니, 넬리 모두에게 좋은 밤이 되기를.

아버지의 사랑하는 딸,

앨리스 올림

Samuel A. Moffett

Seoul, Korea

November 9, 1892

My Dear Dr. Ellinwood,

Most sincerely do I wish that you and the Board could know from personal observation and from a prolonged stay on the field the exact condition of things in your Korea Mission during the last two years–but as that cannot be and as you cannot have the advantage of a personal talk with each member of the Mission–you are forced to draw your conclusions from the communications received from the missionaries and from views given by others from whom you may receive information. Hoping that I may add some light and give some assistance to you in understanding the situation here, I set myself once more to the work of writing you a full, frank and I trust very plain letter which I feel sure will be received as my past letters have been, without being misunderstood. Of course, it is your letter of Sept. 20th to Dr. Vinton which makes me feel it my duty to write this letter. I appreciate your personal letter which relieves me from any share in the criticism upon the station members for having all left Seoul at the same time. I think I wrote you my reasons for returning to Seoul from Eui Ju by way of New Chwang and Chefoo–viz. that I wished to arrange for the transfer of goods, books, etc., by way of New Chwang instead of overland from Seoul in order to save expense and also that I might get the advantage of a knowledge of the methods of school work so successful in Chefoo and Tungchow to help me in the management of our boys' school. The trip from Eui Ju to Seoul overland takes 18 days. I spent but 22 days in returning as I did. It was not a pleasure trip but a business trip–altho the change of climate and surroundings after 3 months of work in the interior living mainly on native food was a pleasure. I drew nothing this year from the appropriation for health trips and my 4 months absence

마포삼열

한국, 서울

1892년 11월 9일

엘린우드 박사님께,

귀하와 선교부가 현장에서 장기간 체류하면서 직접 관찰을 통해 지난 2년간 한국 선교회의 정확한 실태를 파악하시기를 진심으로 바랍니다. 그러나 그렇게 할 수 없고 귀하께서 선교회의 각 회원들과 개인적으로 이야기할 수 없기 때문에, 귀하께서는 선교사들에게 받는 편지와 다른 사람들이 전해주는 정보와 견해를 근거로 결론을 도출해내실 수밖에 없습니다. 이곳의 상황을 이해하는 데 조금이나마 도움을 드리고자 한 번 더 자세하고 정직하게, 제가 생각하기에 평이한 편지를 씁니다. 귀하께서 이 편지를 과거에 보낸 제 편지들처럼 오해 없이 수용해주시리라고 확신합니다. 물론 제가 이 편지를 쓰는 것이 제 의무라고 느끼는 것은 바로 귀하께서 빈튼 의사에게 보낸 9월 20일자 서신 때문입니다. 귀하의 개인 편지에서 선교지부의 모든 선교사가 서울을 동시에 비운 것에 대한 비난에서 저를 제외시켜주셔서 감사드립니다. 제가 의주에서 서울로 돌아오면서 중국의 우장(牛藏)과 지푸를 경유한 이유를 편지로 말씀드렸다고 기억합니다. 즉 앞으로 물건과 책 등을 서울에서 의주까지 육로로 보내는 대신 비용을 절약하기 위해 우장을 경유하여 의주까지 운송하는 일을 처리하려고 했고, 또한 지푸와 등주(登州)에서 성공적으로 이루어지는 학교 사역의 방법을 배워서 제가 운영하는 남학교에 도움을 주고 싶었기 때문이었습니다. 의주에서 서울까지는 육로로 18일이 걸립니다. 제가 돌아온 길은 22일이 걸렸습니다. 비록 내륙에서 주로 한국 음식만 먹고 3개월간 생활한 후에 기후와 환경이 바뀌어서 즐거웠지만, 이는 재미로 한 여행이 아니라 사역을 위한 여행이었습니다. 저는 올해 요양을 위한 여행에 예산에서 1달러도 인출하지 않았으며, 4개월간 서울을 비운 제 경비는, 순회 여행비에서 인출한 것을 제외하면 은화 160달러였습니다.

귀하의 편지에서 이를 암시하지 않았지만, 저는 단순히 즐기기 위해 임

from Seoul cost me, aside from what I drew from itinerating fund, $160.00 silver.

I write this for I do not wish to rest under the slightest suspicion of having run off from my post of duty for mere pleasure, altho your letter does not intimate that. I certainly see something incongruous in a missionary to Korea traveling thro and staying in China, but I take it that in a pioneer work as ours is, and especially as my Northern work is, some things out of the ordinary are to be expected. I am not at all surprised that you did not know what to think of the action of the station members which seemed to abandon the work & country for the summer. I too was surprised when the news reached me in Eui Ju for it was not the intention when I left for the North in May that all should leave at the same time. I was not here and cannot write you concerning the situation then. You will hear from those who were here why it so occurred. I knew we would hear from you about it and felt it to be very unfortunate when it so occurred. However, I wish to assure you that some of the inferences which you drew from the fact that all were away were not warranted. Religious services were not abandoned. When I left I placed Mr. Saw our evangelist in charge of the regular Sunday Service of the Church (which is under my charge this year) and the services were continued as usual, Miss Doty being present and playing the organ as usual. The Sunday School was discontinued all the time that I was away and resumed upon my return. During the rainy season almost all work and travel is practically suspended so that the Koreans would not think that we had abandoned our work for an easy time. Mr. Gale had just been transferred to Gensan and the service which he had begun was necessarily discontinued. I think you have had the idea that a great deal more work has been carried on in Seoul than we have ever been able to do. Until this year we have had no one (Since Dr. Underwood's return) in the Mission who could speak Korean with any degree of fluency. Mr. Gale was with us just long enough to have a regular service barely begun when he was transferred.

지를 벗어났다는 의심은 추호도 받고 싶지 않아서 이 편지를 씁니다. 저는 한국에 파송된 선교사가 중국을 두루 여행하고 체류하는 것이 어울리지 않는 일임을 분명히 압니다. 하지만 우리와 같은 개척 사역, 특히 저의 북한 지역 사역과 같은 개척 사역은 일반적인 것에서 벗어나는 일을 예상할 수 있다고 봅니다. 저는 여름을 위해 사역과 한국을 포기한 것처럼 보이는 선교지부 회원들의 행동을 귀하께서 이해하지 못하는 데 전혀 놀라지 않습니다. 저도 그 소식을 의주에서 듣고 놀랐습니다. 제가 5월에 북부 지방으로 떠날 때 모두 동시에 서울을 떠나는 것을 의도하지 않았기 때문입니다. 저는 서울에 없었고 당시의 상황에 대해 말씀드릴 수 없습니다. 이곳에 있던 자들이 왜 그런 일이 일어났는지 귀하께 말씀드릴 것입니다. 우리는 귀하께서 그것에 대해 말씀하실 줄 알고 있었는데, 막상 그런 서신을 받고 보니 대단히 유감스러웠습니다. 하지만 모든 사람이 떠난 사실에서 귀하가 도출하신 일부 추론은 근거 없는 것임을 확신시켜드리고 싶습니다. 교회 예배는 포기하지 않았습니다. 제가 떠났을 때 저는 전도사인 서 씨에게 (올해 제가 책임지고 있는) 교회의 정기 주일 예배를 맡겼으며, 예배는 평소처럼 계속되었고, 도티 양이 참석하여 평소처럼 오르간 반주를 했습니다. 주일학교는 제가 없는 동안 계속 중단되었고 제가 돌아온 후 다시 시작되었습니다. 장마철에는 실제로 거의 모든 일과 여행이 중단되므로, 한국인들은 우리가 편하게 쉬려고 사역을 포기했다고 생각하지는 않을 것입니다. 게일 씨가 방금 원산으로 전근되었고, 따라서 그가 시작했던 [곤당골의] 예배는 중단되었습니다. 저는 귀하께서 우리가 할 수 있던 것보다 훨씬 더 많은 일을 서울에서 수행하고 있음을 알고 계시리라고 믿습니다. 올해까지 (언더우드 박사가 돌아간 후) 선교회에는 한국어를 어느 정도 유창하게 말할 수 있는 자가 없었습니다. 게일 씨는 우리와 함께 잠시 있다가 [한국인을 위한] 정기 예배를 시작하자마자 바로 전근되었습니다. 중국의 산동선교회는 새 선교사가 5년 동안 언어 공부를 하고 경험을 쌓을 때까지 선교지부의 사역이나 새 일을 시작하는 등의 책임을 맡도록 허용하지 않습니다. 우리는 선교지에서 한두 해를 보낸 후 제한적인 수준을 넘어 한국어로 의사소통을 하거나 한국어를 이해할 수 있기 전에 한 선교

In the Shantung Mission in China new missionaries are not allowed to have the responsibilities of the work of new stations, building new work, etc. until they have had 5 years work on the language and the consequent experience. We have had thrust upon us the full work of a station after one or two years in the field before any of us could be understood or understand Koreans except in a limited degree.

I wish to give you a few facts upon two questions in which you have criticized us quite severely– viz.–extravagance and the lack of spiritual results. I shall speak freely and fully at the risk of criticizing & reflecting upon others.

In some way you have gotten the impression that the Seoul station has been extravagant in real estate. If there has been any such extravagance, the responsibility for it lies entirely with Dr. Allen, Mr. Underwood and Dr. Heron–and not with the present members of the Seoul station, not one of whom was here when the real estate was bought. During the time that the present members of the station have been there and had part in the Mission work but 2 pieces of real estate have been bought–one of them a small house in the corner of Mr. Gifford's compound which was made into necessary coal and wood sheds. This cost in silver $70.51 or $54.14 gold. The other was an old wine shop at the entrance to the compounds occupied by Dr. Heron and Mr. Moffett, which was removed that in its place might be built a gate and wood shed and a wall separating the stable from the road. This cost the Board $167.50 gold and it cost me personally $120.00 silver, an amount which I paid from my own pocket in order to get rid of this wine shop which was reeking with filth and in order to protect our property. On the other hand, I claim for the present members of the station the credit for the inauguration of an economical management & use of the Board's funds.

1st. To them is due the practice of building stone instead of mud walls–a practice which if adopted 3 years ago would have saved the

지부의 전체 사역을 맡았습니다.

귀하께서 우리를 엄하게 비판하신 두 가지 문제, 곧 낭비와 영적 결과의 부진에 대해 몇 가지 사실을 말씀드리기 원합니다. 다른 사람을 비판하고 잘못을 지적하는 위험을 무릅쓰고 자유롭게 말씀드리겠습니다.

귀하께서는 서울 선교지부가 부동산을 낭비했다는 인상을 어느 정도 가지고 있었습니다. 만일 어떤 낭비가 있었다면 그 책임은 전적으로 알렌 의사와 언더우드 목사와 헤론 의사에게 있지, 서울 선교지부의 현 회원들에게 있지 않습니다. 현재 우리 가운데 누구도 부동산을 매입할 때 이곳에 없었습니다. 선교지부의 현재 회원들이 와서 선교회 사역에 참여한 이후에는 두 개의 부동산만 매입했습니다. 하나는 기퍼드 목사의 구내 구석에 있는 작은 집으로, 필요한 석탄과 땔감 창고로 바꿨습니다. 이 비용은 은화 70.51달러 혹은 금화 54.14달러가 들었습니다. 다른 부동산은 헤론 의사와 마포삼열 목사가 점유한 구내 입구에 있는 낡은 술집인데, 그 자리에 문과 땔감 창고와 마구간을 도로에서 분리시키는 담을 대신 세우기 위해 철거했습니다. 이것은 선교부에 금화 167.50달러, 저 개인적으로 은화 120달러가 들었는데, 후자의 금액은 악취를 풍기는 술집을 없애고 우리의 자산을 보호하기 위해 제 호주머니에서 지불한 비용입니다. 한편 저는 선교지부의 현 회원들에게 선교부의 자금을 경제적으로 경영하고 사용하기 시작한 공이 있다고 주장합니다.

첫째, 그들 덕분에 진흙 담 대신 돌담을 세우는 관행이 세워졌습니다. 만일 3년 전에 이 관행을 채택했더라면 선교부의 예산 수백 달러를 절약할 수 있었을 것입니다. 당시에는 돌 가격도 쌌습니다. 그러나 장기적으로 보면 현재의 높은 가격에도 불구하고 돌로 만든 담이 더 경제적입니다.

둘째, 그들 덕분에 다음 부칙이 채택되었습니다. 즉 "5달러 이상의 비용이 포함된 모든 주택의 수리는 선교회 건축 위원회의 지역 위원들과 상의한 후에 집행하고, 25달러를 초과하는 비용은 반드시 선교지부의 승인을 받은 후에 시행해야 한다." 이 규칙은 수리비를 더 경제적으로 사용하기 위해 고안되었습니다. 저는 처음부터 선교지부가 선교회의 자금을 부적절하게 사용하는 경향이 있다고 생각했습니다. 이 규칙은 지난봄에 채택되었고 작년의

Board hundreds of dollars–for the stones were cheap, but even at the present high price stone walls are in the long run economical.

2nd. To them is due the adoption of the following by–law viz.–"All house repairs involving an expense of more than $5.00 shall be undertaken only after consultation with the local members of the Mission Building Com. and all involving an expense of more than $25.00 only after the approval of the station has been secured."–a rule which is designed to secure a more economical use of repair funds–a point in which I from the first thought the station prone to an injudicious use of Mission funds. This was adopted last spring & does not bear upon last year's repairs.

3rd. It is to them is due the practice of having station oversight of the way in which all funds are used which has led to a more careful use of funds and has led us to question some of the precedents established by the founders of the Mission: One of these precedents has just been referred to the Board for an opinion–viz.–whether or not the Board expects to furnish us with books for language study. The decided policy of the Seoul station has been toward economy–so much so as to cause some complaints within the Mission. It takes a man nearly two years to get such an insight into & knowledge of affairs as to warrant him in reversing the precedents established on a field, and it is not strange that we followed the customs & rules we found here until such time as we had knowledge sufficient to enable us to introduce what we think are better plans. Time and again have I regretted many of the precedents established here, not the least of which is the one which started the missionaries with the appearance of men of wealth–ranking with the nobility–who should conform to all the customs followed in the foreign diplomatic circles. I am totally out of sympathy with the desire to maintain the same social life which exists in the non-missionary community. There are certain ways of using money and ways of living with which I have no sympathy but every man answers to his own Master as to how he uses his own money. And if a man has money of

수리에는 적용되지 않았습니다.

셋째, 모든 자금의 사용 방법에 대해 선교지부가 감독하는 관행은 바로 그들 덕분이며, 이로써 자금을 더 조심스럽게 사용하게 되었으며, 선교회의 설립자들이 수립한 일부 선례에 대해 의문을 가지게 되었습니다. 그 선례의 하나는 바로 얼마 전 선교부에 문의한 사항으로, 곧 우리의 어학 공부를 위해 선교부에서 책을 지원할 것인가의 여부입니다. 서울 선교지부가 결정한 정책은 절약의 방향이었는데, 선교회 내부의 불평을 야기할 정도였습니다. 한 선교사가 선교지에 확립된 선례의 수정을 정당화하는 사안에 대한 통찰력과 지식을 얻으려면 거의 2년이 걸립니다. 그러므로 우리가 더 좋은 계획이라고 생각하는 것을 도입할 수 있는 충분한 지식을 얻을 때까지 기존의 관행과 규칙을 따라간 것은 이상하지 않습니다. 저는 몇 번이나 이곳에 확립된 많은 선례에 대해 유감스러웠습니다. 선례 가운데 적지 않은 문제는 선교사들이 양반의 관직을 가진 부자의 모습으로 시작한 것으로, 그 경우 그들은 외국인 외교관이 따르는 모든 관습에 순응해야 합니다.[1] 저는 비선교사 공동체에 존재하는 것과 동일한 사교 생활을 유지하려는 욕심에 전적으로 공감하지 않습니다. 제가 공감하지 않는 특정한 돈의 사용 방법과 삶의 방식이 있지만, 각자 자기 돈을 어떻게 사용하는지는 자신이 직접 주님께 대답할 문제입니다. 만일 어떤 선교사가 선교부로부터 받는 돈 외에 자기 돈이 있다면, 그의 사생활을 전혀 모르는 자들에게 쉽게 비난을 받을 수 있습니다. 선교부의 자금을 사용하는 것은 전혀 다른 문제입니다. 아무도 그것을 자기 마음대로 사용할 수 없습니다. 그것은 선교회의 업무입니다. 우리는 선교부 자금을 더 경제적으로 사용하기 위해 지속적으로 개선해 왔다고 자신 있게 말씀드립니다. 저는 우리가 선교부의 자금 운영에서 아직 완벽한 수준에 도달했다고는 생각하지 않습니다. 그러나 경험이 없고 한국인의 언어와 관습에 대한 부적절한 지식을 가진 우리에게 선교회의 업무를 운영하는 책임이 주어졌으

1 이 때문에 개신교 선교사는 양대인(洋大人)과 양대부인(洋大夫人)의 칭호를 얻었다. 마포삼열은 정치력이나 경제력이나 문명의 힘에 의지해서 선교하는 것을 반대했다.

his own outside of what he receives from the Board he is very liable to be subject to criticism upon the part of those who know nothing at all of his private affairs. When it comes to the use of the Mission Funds it is an entirely different question, and no man can follow his own ideas. That is a Mission affair and I assure you that we have been making a steady advance towards a more economical use of them. I do not think we have reached perfection yet in our management of funds but it was no easy task which was given us when we were left to run the Mission's affairs with but little experience & an inadequate knowledge of the language & customs of the people. That the Seoul station has striven these 2 years and is striving to use funds more and more economically I am ready to affirm most earnestly tho I do not think anything we do will prevent some people from criticising us. Was there ever a time when people did not disparage not only missionary work but all Christian work? People will criticise us whatever we do. If we play tennis we are frivolous & worldly minded. If we do not play tennis we are hermits and neglect our health. If a man has money of his own or friends from whom he obtains that which enables him to have a nice home–he is extravagant and is lavish in his use of funds. If criticisms come from true Christians in earnest sympathy with our work and who know the facts, we ought to be more than glad to hear and profit by them–but if from those who are not Christians or not in sympathy with the real spiritual character of our work–then we can spend half our time in answering such and not satisfy them.

The second point I wish to touch upon is that concerning the expectation of great spiritual results. Your letter was the first news that I had of such a message having been sent to you through Rev. Mr. Sampson who called here while I was in Eui Ju. I cannot understand how such a message as your letter indicates that you received could possibly have been sent by any one who believes the word of God and I think there must certainly have been a misunderstanding somewhere.

므로 이는 결코 쉬운 과업이 아니었습니다. 서울 선교지부는 지난 2년간 선교부 자금을 더욱더 절약해서 사용하려고 분투했으며 지금도 분투하고 있다는 것을 제가 진심으로 확인해드릴 용의가 있습니다. 그러나 우리가 어떤 일을 하든지 비판하는 사람을 막을 수는 없다고 생각합니다. 지금까지 사람들이 선교 사역뿐만 아니라 모든 기독교 사역을 폄하하지 않았던 때가 있었습니까? 사람들은 우리가 무엇을 하든지 비판할 것입니다. 테니스를 치면 우리는 천박하고 세속적인 자가 됩니다. 테니스를 치지 않으면 우리는 은둔자요 건강을 무시하는 자가 됩니다. 어떤 선교사가 자기 돈이나 친구가 준 돈이 있어서 좋은 집을 구입할 수 있다면, 그는 사치스럽고 자금을 낭비한 자가 됩니다. 우리의 상황과 사역을 잘 이해하고 사실을 아는 신실한 예수교인들로부터 이런 비판이 온다면, 우리는 반드시 기쁘게 그들의 지적을 듣고 유익을 얻어야 할 것입니다. 그러나 예수교인도 아니고 더욱이 우리의 사역의 진정한 영적 성격에 공감하지 않는 자들로부터 오는 비판이라면, 우리가 우리의 시간의 절반을 들여 그 비난에 답변하더라도 그들을 만족시키지 못할 것입니다.

제가 다루고 싶은 두 번째 요점은 위대한 영적 열매를 기대하는 것에 대해서입니다. 제가 의주에 있을 때 서울을 방문한 샘슨 목사가 귀하께 보낸 메시지에 대해 귀하의 서신을 받고 나서 처음으로 알게 되었습니다. 귀하께서 받은 서신이 지적한 것과 같은 메시지를 어떻게 하나님의 말씀을 믿는 자가 보낼 수 있는지 이해할 수 없습니다. 저는 어디에선가 분명히 오해가 있었음이 틀림없다고 생각합니다.

귀하의 서신을 인용하겠습니다. "우리는 한국에서 위대한 영적 결과를 기대해서는 안 된다." 왜 안 됩니까? 우리는 벌써 위대한 영적 결과를 거두고 있지 않습니까? 분명히 저는 우리의 사역의 밝은 전망을 보면서 고무되어 있습니다. 영적 결과가 무엇입니까? 통계만으로는 결과가 측정되지 않습니다. 저는 올여름에 북부 지역에서 2명에게만 세례를 주었는데, 그것이 결과를 대변하지는 않습니다. 사실 50명 이상 세례를 줄 수 있었고, 그래서 지금 위대한 성공과 거대한 결과를 거둔 외양을 보여줄 수 있었습니다. 그러나 시

I quote your letter–"We must not expect great spiritual results in Korea." Why not? Are we not already getting great spiritual results? Certainly I have been more than encouraged with the bright prospects of our work. What are spiritual results? Statistics alone do not measure results–I baptized but 2 men in the North this summer but that does not represent the results. I could have baptized 50 or more I suppose and given an appearance of great success and large results now, but time will vindicate the wisdom of a policy which tends to lay good foundations for permanent work. Mr. Gifford reports a large number of applicants for baptism in the South. Few men there have been baptized but they do not represent the results. Last year we baptized 21 people–this year we have so far baptized but 7–though a number more will be baptized this fall as we have several classes who have been under instruction for a year or more. The condition of the native church is, to my mind, better than ever tho there are many backsliders and indifferent ones among those enrolled. There has not been any time in the history of this native Church when such was not the case. When I came here both elders had just been disciplined–one excommunicated–the number of Christians reported was 90 or more–a large proportion of whom have not been seen for three years at least and some who have never been seen since they were baptized. Many have never attended Church since I have been here. The condition today is no worse–I think better than it then was, for we have set ourselves to the faithful instruction of the Church that we might send forth real Christians to teach the gospel which they believe.

I rejoice in the evidence of growth in grace on the part of many of our members and look upon that as the greatest of spiritual results. We have not made the progress which would have been made had Dr. Heron and Mr. Underwood not been removed from the field–but with our limited knowledge of the language we have done what we could and we have been blessed.

Are we satisfied? By no means–and now that we are prepared for

간이 지나면 영구적인 사역을 위해 좋은 기초를 놓는 정책이 지혜로웠다는 것이 입증될 것입니다. 기퍼드 목사는 남부 지방에 많은 세례 신청자가 있다고 보고합니다. 그곳에서 세례를 받은 자는 거의 없지만, 그들이 결과를 대변하는 것은 아닙니다. 작년에 우리는 21명에게 세례를 주었습니다. 올해는 지금까지 7명만 세례를 주었습니다. 1년 이상 신앙 교육을 받은 학습반이 여러 개 있으므로 올가을에 더 많은 사람이 세례를 받을 것입니다. 토착인 교회의 상황은, 제가 보기에, 등록교인 가운데 타락자나 냉담자가 있지만, 어느 때보다도 좋습니다. 이 토착인 교회의 역사에서 그렇지 않은 때는 없었습니다. 제가 이곳에 처음 도착했을 때 2명의 장로가 바로 치리를 받았는데 한 명은 출교를 당했습니다.[2] 당시 보고된 예수교인은 90여 명이었는데, 그 대다수가 최소한 3년간 교회에 얼굴을 보이지 않았으며, 일부는 세례를 받은 후에 나타난 적이 없었습니다. 많은 교인이 제가 이곳에 온 이후에 교회에 출석한 적이 없습니다. 오늘의 상황이 더 나쁘지는 않습니다. 과거보다 더 낫다고 생각합니다. 왜냐하면 우리는 교회를 신실하게 가르쳐서 그들이 믿는 복음을 가르치는 참된 예수교인들을 파송하기로 방향을 정했기 때문입니다.[3]

저는 우리의 많은 등록교인들이 은혜 가운데 성장하는 증거를 보고 즐거워하며, 그것을 가장 위대한 영적 결과로 간주합니다. 헤론 의사와 언더우드 목사가 현장을 떠나지 않았더라면 이루어질 수 있었던 진보를 우리가 이루지는 못했습니다. 그러나 우리는 제한된 한국어 지식을 가지고 우리가 할 수 있는 일을 했으며 축복을 받았습니다.

우리가 만족할까요? 전혀 만족하지 않습니다. 이제 우리는 더 나은 사역을 위해 준비되어 있고 약간의 한국어 지식도 있으므로, 점점 더 적극적인 사역에 들어가고 있으며, 우리에게 그렇게 할 능력이 있음을 발견했습니다.

---

2 1887년 9월 27일 정동(새문안)교회가 14명의 세례 교인으로 조직될 때 언더우드 목사와 로스 목사는 2명의 장로를 세웠다. 그러나 이들은 부정직했기 때문에 치리를 받고 장로직을 박탈당했으며 한 명은 출교되어 1900년 서경조가 장로 안수를 받을 때까지 한국 장로교회에는 장로가 장립되지 않았다. 이 두 사람의 이름은 알려져 있지 않다.

3 한국인 교인들이 스스로 전도하는 자전(自傳) 정책, 곧 전 교인을 전도인으로 훈련하기 위해 사경회와 주일학교 프로그램을 운영했다.

better work and have some knowledge of the language we have been entering upon more and more aggressive work and we have found ourselves capable of doing so. A few years of faithful work on our part will under the blessing of God vindicate the wisdom of the policy of building well the foundations even tho a looser policy would present a greater appearance of success.

What I imagine was the purport of the message sent thro Mr. Sampson is—that such results are not to be expected as one would infer from the reports circulated by Mr. Ross concerning the work in the North and the rumors which have gained credence at home that Korea is on the point of becoming a Christian nation and that the Koreans are clamoring for the gospel. Such reports were circulated concerning Japan when I was in the seminary 5 years ago. The world knows now that such is not the case. If North Korea presents any such condition as has been represented—if the Koreans are clamoring for the gospel as such—I shall praise the Lord for it—but I cannot write you any such reports and tell you what I believe to be the truth. I will not put my youth and inexperience and knowledge of the work in the North against the years & experience and knowledge of Mr. Ross (altho I have personally been over & seen more of that work than he has) and say that he has misrepresented things but I do say that I have been utterly unable to find what he represents to be there. I have met some of those "thousands" who are ready to become Christians and their idea is that by becoming Christians (my disciples) they are to be fed and clothed by us all their lives and spend their time in lazily studying the Bible.

The Korean is ready to listen to us as we preach the gospel and as sure as the promises of God are true so surely do I look for "great spiritual results" in Korea as I am sure do all your missionaries. We gain nothing by giving glowing (if inaccurate) reports of our work and if accurate true reports of our work do not show fidelity to our work (I do not say apparent success) then a mistake was made when we were sent to

비록 느슨한 정책이 더 큰 외양적인 성공을 제시할지라도, 우리가 몇 년간 신실하게 사역하면 하나님의 축복 아래 기초를 잘 놓는 정책이 지혜롭다는 것이 입증될 것입니다.

제가 생각한 것이 샘슨 씨를 통해 보내진 메시지의 요지입니다. 즉 로스 목사가 배포한 북부 지역 사역에 대한 보고서에서, 그리고 미국에서 신뢰를 얻고 있다는 소문, 즉 한국이 기독교 국가가 될 것이며 한국인들이 복음을 간절히 사모한다는 소문에서 추론할 수 있는 그런 결과는 기대할 수 없다는 것입니다. 5년 전에 제가 신학교를 다닐 때 일본에 대해 그런 보고서가 돌아다녔습니다. 이제 세상은 실정이 그렇지 않다는 것을 압니다. 만일 북한 지역에 제시된 것과 같은 그런 상황이 조금이라도 있다면, 만일 한국인들이 복음을 그렇게 열렬히 수용하고 있다면, 저는 그것 때문에 주님을 찬양할 것입니다. 그러나 저는 그런 보고서를 쓸 수 없으며, 제가 진실이라고 믿는 것을 말씀드립니다. (비록 제가 직접 그곳에 가서 로스 목사보다 그 사역에 대해 더 많은 것을 보았지만) 저는 젊음과 무경험과 북부 지방의 사역에 대한 지식을 가지고 로스 목사의 연륜과 경험과 지식에 대항하지 않을 것입니다. 로스 목사가 상황을 잘못 설명했다고 말하지 않고, 다만 로스 목사가 그곳에서 일어나고 있다고 설명한 상황은 전혀 찾아볼 수 없었다고 말할 것입니다. 저는 예수교인이 될 준비가 된 그 "수천 명" 중 일부를 만났는데, 그들은 예수교인(저의 제자)이 되면 평생 우리가 그들을 먹이고 입혀줄 것이고, 한가로이 성경을 공부하면서 시간을 보낼 것이라고 생각하고 있었습니다.

우리가 복음을 전할 때 한국인들은 기꺼이 경청합니다. 하나님의 약속은 분명 진실하므로 저와 모든 선교사는 한국에서 "위대한 영적 결과"를 정말로 기대합니다. 우리가 우리의 사역에 대해 (부정확하더라도) 번쩍이는 보고서를 작성함으로써 얻는 것은 아무것도 없습니다. 우리의 사역에 대한 정확하고 진실된 보고서가 우리 사역을 충실하게 보여주지 않는다면(저는 성공처럼 보이는 것을 말하는 것이 아닙니다), 우리를 선교지에 잘못 파송한 것이 됩니다.

저는 귀하께서 서신을 보내주신 것에 감사드리며, 그것이 우리에게 유익하리라고 믿습니다. 귀하께서 가진 정보와 사태의 외양이 그렇게 이끌었지

the field.

I am glad that you wrote the letter you did and am sure it will do us good. The information you had and the appearance of things justified it—tho I do not think the facts had they been known, would have altogether done so.

Certainly I do not think the facts are a justification of your despondent feeling over the prospects in Korea and I shall be more than glad if my letter shall help to remove it. There are points in which I should criticise ourselves as severely as you have done and I am sure that we have as great a feeling of dissatisfaction over our failures & mistakes as you can have. I do not think we are as faithful or as consecrated as we should be and I do feel that we need more & more to be filled with the Spirit. That your letter may lead us to a searching of our hearts—to more prayer—to greater fidelity is my most earnest wish and prayer.

I should like to write you some things connected with our medical work—the Hospital etc.—as my ideas on those questions differ somewhat from some others in the Mission, but I have already taken considerable of my time from other important work and have written you a pretty lengthy letter. With kindest regards,

Very sincerely yours,

Samuel A. Moffett

We are greatly pleased with our new men including the Southern Board men who have arrived & who will be hand in hand with us in building up one Presbyterian Church. Messrs. Moore & Lee are settling down to earnest faithful work on the language. Lee has been with me—is a fine fellow consecrated and true. He is off now to Pyeng Yang for a month—his first country trip. We expect Swallen & Miller on next boat. Miss Strong gives every promise of proving a treasure to our Girls' School & Women's work. The prospects are more than bright.

만, 사실들이 알려졌다면 귀하께서는 그렇게 하지 않았을 것이라고 생각합니다.

이 사실들로 인해 귀하께서 한국의 전망에 대해 낙담하실 필요는 없다고 생각합니다. 제 편지가 그런 느낌을 없애는 데 도움이 되면 기쁘겠습니다. 귀하께서 비판하셨듯이 우리 스스로 엄중하게 비판해야 할 점들이 있으며, 귀하께서 불만족하시듯이 우리도 우리의 실패와 실수에 크게 불만을 가지고 있다고 확신합니다. 우리가 마땅히 그렇게 해야 할 만큼 신실하거나 헌신되어 있지 않다고 생각하며, 우리가 더욱 성령 충만해야 한다고 진실로 느낍니다. 귀하의 서신으로 인해 우리가 반성하고, 더 많이 기도하며, 더욱 충실하게 되는 것이 제가 간절히 바라고 기도하는 바입니다.

병원[제중원] 등 우리의 의료 사역과 관련된 몇 가지 일에 대해 쓰고 싶었습니다. 이 문제들에 대한 제 의견이 선교회의 다른 사람들과 다소 다르기 때문입니다. 그러나 이미 다른 중요한 일에 많은 시간을 사용했고 꽤 긴 편지를 썼으므로 이만 줄입니다. 안녕히 계십시오.

마포삼열 올림

추신. 우리는 남장로회 선교부 사람들을 포함하여 새 선교사들이 도착해서 기쁩니다. 그들은 우리와 함께 하나의 장로교회를 세우는 일에 협력할 것입니다. 무어 목사와 리 목사는 진지하고 성실하게 한국어 공부를 시작했습니다. 리 목사는 저와 함께 지내는데 진실하고 헌신된 좋은 동료입니다. 그는 지금 한 달간 평양에 가 있는데, 이것이 그의 첫 지방 여행입니다. 다음 기선편으로 스왈른 목사와 밀러 목사가 오기를 기대합니다. 스트롱 양은 우리 여학교와 여성 사역에서 보배가 될 모든 증거를 보여줍니다. 전망이 더욱 밝아졌습니다.

Samuel A. Moffett

Seoul, Korea

November 23, 1892

My Dear Dr. Ellinwood:

A rainy afternoon just before Thanksgiving Day gives me a chance to sit down for a short communication to you concerning several things concerning which I wish it were possible that I might talk with you.

First-concerning a request for an appropriation which goes to you from our November meeting. I greatly hope that you will see your way clear to allowing us the small sum asked for in order that next Spring we may have the funds with which to open up a joint chapel & dispensary in another section of the city. You cannot realize how much we are hampered by having all our force and work in this foreign settlement, and I want to urge the necessity of our being given opportunities to develop work in several sections of the city. Next spring as soon as the Annual Meeting decides upon our location & our individual work we shall find ourselves ready for beginning just such a work as this appropriation will provide for. We are not quite ready for street preaching in Seoul and if we are not provided with a house for work it seems to me we will lose time in getting a hold upon sections of the city far from us and which cannot well be worked from here without a house. It is extremely difficult to buy a satisfactory place if we have to wait 3 or 4 months after deciding upon it until we get the appropriation from the Board. By the time we get the money the house may be sold or the price asked be increased because they know a foreigner wants it. Give us the $300.00 and I am sure we can get a house well located for beginning just such a work as the Methodists have started in 3 or 4 sections.

There are some very serious problems coming before us at our Annual Meeting and we shall need special guidance that we may plan wisely & well. For myself I shall advocate a policy which will tend to

마포삼열

한국, 서울

1892년 11월 23일

엘린우드 박사님께,

추수 감사절 바로 전날 비가 내리는 오후라서 잠시 틈을 내어 귀하께 말씀드리고 싶었던 여러 가지 일에 대해 간단히 쓰려고 앉았습니다.

첫째, 우리가 11월 회의에서 의논하여 귀하께 보낸 예산 신청에 대해 말씀드립니다. 내년 봄에 우리가 이 도시의 다른 지역[승동]에 예배당과 진료소를 동시에 개설하기 위한 자금으로 요청한 적은 금액을 허락해주실 분명한 방안을 찾을 수 있기를 진심으로 바랍니다. 우리가 이곳 외국인 구역[정동]에 우리의 모든 인력과 사역을 가지고 있어서 얼마나 방해를 많이 받고 있는지 귀하께서는 인식하지 못하실 것입니다. 우리가 도시의 여러 구역에서 사역을 진행할 수 있는 기회를 가져야 할 필요성을 강조하고 싶습니다. 내년 봄 연례 회의에서 우리의 임지와 개인 사역이 결정되면 이 예산이 제공되는 대로 그 일을 바로 시작할 수 있도록 준비할 것입니다. 우리는 서울에서 거리 전도를 할 준비가 별로 되어 있지 않으며, 만일 사역할 집이 제공되지 않으면, 우리에게서 멀리 떨어진 이 구역을 차지할 시기를 놓치게 될 것입니다. 집이 없으면 그 지역은 이곳[정동]에서 일할 수 없습니다. 우리가 결정한 후 선교부로부터 예산을 타는 데 3-4개월을 기다려야 한다면 만족스러운 곳을 매입하는 것은 지극히 어렵습니다. 우리가 돈을 받을 무렵이면 그 집은 팔렸거나 외국인이 사려는 것을 알고 가격을 올려서 부를 것입니다. 우리에게 300달러를 주시면 감리회 선교회가 3-4개 구역에서 시작한 그런 일을 위해 좋은 위치에 있는 집을 한 채 구할 수 있다고 확신합니다.

연례 회의에서 제기된 심각한 문제들에 대해 우리가 지혜롭게 잘 계획할 수 있도록 특별한 지도가 필요합니다. 저는 한국인들이 오기를 싫어 하고, 길 건너편에 있는 감리회 선교회와 인접한 채 사역하는 이곳 [정동] 외국인 거주지에서 멀리 떨어진 장소로 우리의 사역을 이전하는 정책을 옹호합니다.

take our work very largely away from this foreign settlement where Koreans are loath to come and where what work we have is directly in contact with the M. E. work as they are just across the street from us.

I should be more than glad to see the Girls' School removed to another section of the city—a lady physician sent to them and a minister & his wife located in the same place—they together develop the girls' school, the work amongst the women and to establish a church under the direction of the minister who should be with them. I could give many reasons for urging this but will await the action of the Annual Meeting at which time full reasons will be sent should such action be proposed.

The question of bringing our medical work to bear more directly upon evangelistic work is one which will occupy our attention. I think the Board has been apt to forget that for over two years we have had but one physician and that he knew nothing of the language. He had nevertheless to take hold of the Government Hospital and if in his management of it, it is not yet in a satisfactory condition and bears no direct relation to our evangelistic work, it must be borne in mind that his task was an unusually difficult one and that he had to deal with dishonest Korean officials who care nothing for the Hospital except as it gives them an opportunity to "squeeze" a living out of it. I sincerely hope that we may retain the Hospital and get what good we can out of it—but it will require a great deal of tact to keep things running smoothly there. I have never ceased to regret that our physician was not located in the Kon Tang Kol (Lower School) Property where we might have had dispensary & hospital work going on all the time and in connection with it gospel work. Unless we see our way clear to placing a physician there soon—I hope the Annual Meeting will put a minister there permanently and let him go ahead to develop work there.

I feel that now as we are locating new men and opening new stations is the time for us to plan to leave but a small force in this foreign settlement where without question the Methodists are permanently

저는 여학교가 도시의 다른 구역으로 옮겨가고, 그곳에 여성 의사 한 명과 남자 목사와 그 아내를 있게 하여 여학교와 여성 사역을 발전시키고, 그들과 함께 지낼 목사의 지도하에 교회를 설립할 수 있습니다. 저는 이것을 촉구할 많은 이유가 있지만, 연례 회의의 결정을 기다릴 것이며, 그런 결정이 이루어지면 충분한 이유를 편지로 보내드리겠습니다.

의료 사역을 더 직접적인 전도 사역과 연관시키는 문제는 향후 우리의 관심사가 될 것입니다. 지난 2년 이상 우리에게는 단 한 명의 의사[빈튼]만 있었고 그가 한국어를 전혀 모른다는 사실을 선교부가 망각하는 경향이 있다고 저는 생각합니다. 그럼에도 불구하고 빈튼 의사는 정부 병원을 붙잡고 있어야 했으며, 만일 그가 운영하는 동안 상황이 만족스럽지 않고 우리의 전도 사역과 직접적인 관계가 없다면, 다음 사실을 염두에 두어야 합니다. 곧 빈튼 의사의 업무는 특히 어려운 일이었으며, 그가 병원에서 생활비를 "짜내는" 것 외에는 관심이 없는 부패한 한국인 관리들을 다루지 않으면 안 되었다는 것입니다. 저는 우리가 제중원을 유지하고 그곳에서 좋은 결과를 얻기를 진심으로 바라지만, 그곳에서 순조롭게 일을 운영하려면 대단한 요령이 필요할 것입니다. 저는 우리 쪽 의사가 곤당골(초등학교) 부동산에 자리 잡지 않아서 늘 아쉬웠습니다. 그렇게 했다면 빈튼 의사는 진료소와 병원 사역을 언제나 운영하면서 그것과 연계하여 전도 사역을 할 수 있었을 것입니다.[1] 만일 우리가 곤당골에 의사를 곧 배치할 것이라는 분명한 방안을 볼 수 없다면, 저는 연례 회의에서 목사 한 명을 그곳에 영구적으로 거주하게 하여 사역을 발전시켜나가기를 바랍니다.

이제 우리가 새 선교사들을 배치하고 새 선교지부들을 개설할 것이므로, 저는 감리회 선교회가 영구적으로 정착해 있는 이 외국인 거주지에 있을 우리의 소수 인원을 제외하고 모두 떠날 계획을 세울 때라고 확신합니다. 또한 우리는 남장로회 선교사들이 위치할 곳을 정하는 것도 도와주어야 할 것입니다. 의심할 여지 없이 그들은 남부 지방에 선교지부를 개설할 것입니다.

1 이때 제중원은 곤당골[승동]에서 멀지 않은 구리개[동현]에 위치해 있었다.

settled. We shall also be called upon to assist our Southern brethren in deciding upon their location. I think there is little question but that they will open a station in the South. If they also leave a small force in Seoul they can occupy still another section of the city to advantage or unite with us in the development of School & College work. Our relation with them will be the closest and most pleasant. We have been greatly pleased with their character and brotherly spirit.

The questions as to who is to be sent to Pyeng Yang—who to take the Boys' School in case I am sent—who is to be stationed in Seoul & where, are also beginning to press pretty closely upon us for careful consideration. I had almost taken it for granted that I should be sent North—but several of the Mission have recently questioned the advisability of my leaving Seoul—and yet I do not well see how entirely new men without the language are to go in there—and go in there this year some way or other I feel that we must.

So much to merely give you a view of some of the things passing through our minds and claiming attention. Now a few words concerning our present work and my "talk" will end.

Next week our Theological class assembles and Mr. Gifford & I are preparing for it in confident expectation of a rich blessing. We expect a large attendance and as both of us are better qualified to teach we expect a more profitable time. Our Sunday morning services have been growing in interest and attendance. This fall I have been able to divide the time with our Korean Evangelist each of us giving a talk each morning. Last Sunday I have reason to believe that 4 men were deeply convicted under a sermon on Repentance as each of them afterwards wished to inquire more thoroughly and expressed a desire to become a Christian. Mrs. Gifford and I have begun a regular service for women Sunday night. Mrs. Gifford has charge of it, the preaching being committed to me. I feel deeply thankful that my progress in the language has been such as to ensure me to be quite readily understood and that I am now

만일 그들이 소수 인원을 서울에 남겨둔다면, 도시의 다른 구역을 차지할 수 있고, 학교와 대학 사역 발전을 위해 우리에게 도움을 주거나 협력할 수 있습니다. 그들과 우리는 친밀하고 유쾌한 관계를 유지할 것입니다. 우리는 그들의 인격과 형제애 정신을 보고 크게 기뻐했습니다.

누가 평양에 파송될 것인가의 문제와 만일 제가 파송된다면 누가 남학교를 맡을 것인가의 문제, 그리고 누가 서울 어디에 자리를 잡을 것인가의 문제도 우리가 신중하게 고려해야 할 절실한 주제로 다가오기 시작했습니다. 저는 제가 북부 지방으로 가는 것을 당연하게 여겼는데, 최근 선교회의 여러 회원이 제가 서울을 떠나는 것이 바람직하지 않다고 의문을 제기했습니다. 하지만 저는 한국어를 모르는 새로 온 선교사들이 어떻게 거기에 갈 수 있는지 잘 모르겠습니다. 저는 올해 어떤 방법으로라도 반드시 그곳에 들어가야 한다고 생각합니다.

이상에서 저는 우리의 마음을 관통하는 생각이자 귀하의 주의를 요하는 일 가운데 일부를 약술했습니다. 이제 우리의 현재 사역에 대해 몇 마디만 덧붙이고 저의 "발표"를 마치겠습니다.

다음 주에 우리의 신학반이 모이는데,[2] 기퍼드 목사와 저는 풍성한 축복을 확실하게 기대하면서 이를 준비하고 있습니다. 우리는 많은 사람이 참석할 것으로 예상하며 우리 두 사람이 더 잘 가르칠 수 있는 자격을 갖추었기 때문에 더 유익한 시간을 기대합니다. 우리의 주일 아침 예배에 대한 관심과 참석자가 계속 증가하고 있습니다. 올가을에 저는 우리의 한국인 전도사[서상륜]와 시간을 나눌 수 있었는데, 그와 저는 각자 매 주일 아침에 설교합니다. 지난 주일 회개에 대한 제 설교를 듣고 4명의 남자가 죄를 깊이 깨달았다고 믿을 만한 이유가 있는데, 각자 예배 후에 찾아와서 더 철저히 문의했고 예수교인이 되기를 원한다고 표현했기 때문입니다. 기퍼드 부인과 저는 매 주일 저녁 여자들을 위한 정기 예배를 시작했습니다. 기퍼드 부인이 책임지고 저는 설교를 맡았습니다. 저는 의사소통을 자유롭게 할 수 있다고 확신할

---

2 전국에 있는 한국인 지도자와 조사들을 위한 약 한 달간의 사경회다.

able to discourse to them at length. The Sunday School service Sunday afternoon has not grown in attendance, there being but few Korean children in the foreign settlement—some of them attending the M. E. Sunday School.

Now that I find myself equipped for preaching I long to have more time to work up preaching services and I hope the Annual Meeting will either send me to a station or so relieve me of some of my work that I can do more in the way of grappling with Koreans as individuals and in leading them to Christ.

The work in the Boys' School is progressing, and I feel sure that in it we have boys who are being given thorough instruction preparatory to their becoming useful men in our work.

Almost all our work in every department has so far been preparatory but we shall before another 5 years step into a second stage of our work.

A letter from Mr. Underwood tells me he expects to reach here in March. We shall greet him with a royal welcome and he will soon find his hands are full of work as ever.

Probably before I shall have occasion or opportunity to write you again Thanksgiving, Christmas and New Years will have passed. May they prove to be joyful ones to you bringing you cheering news from all the mission fields & the home churches.

Sincerely yours in His service,
Samuel A. Moffett

정도로 한국어 실력이 향상되었고 이제 한국인에게 길게 이야기할 수 있어서 깊이 감사하고 있습니다. 이 외국인 거주지에는 아이들이 거의 없기 때문에 일요일 오후의 주일학교에는 참석자가 늘어나지 않았습니다. 그들 중 일부는 감리회의 주일학교에 다닙니다.

이제 저는 설교할 준비가 되었으므로, 예배 설교에 더 많은 시간을 보내기 원하며, 연례 회의에서 저를 어떤 선교지부에 보내든지, 제 사역의 일부를 덜어주고 한국인과 개인적으로 이야기하고 그들을 그리스도께로 인도할 수 있는 사역은 더 많이 맡겨주기를 희망합니다.

남학교의 사역은 발전하고 있습니다. 소년들이 우리 사역에 유용한 사람이 될 수 있도록 철저한 교육이 이루어지고 있다고 확신합니다. 각 부문에서 지금까지 우리의 모든 사역이 거의 준비 단계에 머물러 있었으나, 앞으로 5년 안에 제2단계에 들어갈 것입니다.

언더우드 목사가 보낸 편지에 의하면 그가 3월에 이곳에 도착할 예정이라고 합니다. 우리는 그를 대환영할 것이며 그는 이전처럼 두 손에 일을 가득 맡게 될 것입니다.

추수 감사절, 성탄절, 설날이 지나간 후에 귀하께 다시 편지할 기회가 있을 것입니다. 귀하께 즐거운 절기들이 되기를 빕니다. 모든 선교지와 국내 교회로부터 즐거운 소식을 많이 듣기를 기원합니다.

주를 섬기는,

마포삼열 올림

Graham Lee

Seoul, Korea

December 22, 1892

Dear Dr. Ellinwood:

I have been appointed by the mission to write you a letter for this mail and as I had intended to write you a personal letter I gladly combine the two.

Have just returned from a month's trip to Pyeng Yang with Dr. Hall of the Methodist Mission. Learned many things, not the least of which is the fact that traveling in Korea in cold weather is not a "soft snap" for a green horn.

While in Pyeng Yang I was kept in bed for a few days with a hard cold and this didn't add any to the pleasure of the trip. We were very comfortably situated in the house of a friend whom Dr. Hall made through his medical work. Dr. Hall has made a bargain with this same man to purchase his house which is a good one, and in a splendid locality, and he returns to Pyeng Yang soon after New Years to pay the money and take possession. Of course he has to hold the property in the name of some Korean. This opening that Dr. Hall has made is going to be very helpful to us, I think, in gaining an entrance also. Dr. Hall has very kindly offered part of the house to Moffett and me, if we go up there, to use until we can get a house of our own. There, too, the friends that Dr. Hall has made will be willing to aid us in any way they can. It certainly looks to me as if we could go into Pyeng Yang without the least trouble provided we go in quietly. I like the people there. They seem to be more enterprising than Seoul Koreans. On account of my sick spell of course I couldn't learn as much about the city and people as I wished to.

Moffett's plan now, provided the Annual Meeting so thinks best, is for him and me to go up there about March 1st, get a house if we can, spend some time there, then go up into the northern country and

그레이엄 리

한국, 서울

1892년 12월 22일

엘린우드 박사님께,

선교회가 제게 이번 우편으로 귀하께 편지를 쓰도록 명했습니다. 저도 귀하께 개인적인 편지를 쓰려고 했으므로 이 두 편지를 기쁘게 하나로 통합해서 씁니다.

저는 감리회 선교회의 홀 의사와 함께 평양을 한 달간 여행하고 조금 전에 돌아왔습니다. 배운 것이 많지만 그중 한국에서 추운 날씨에 여행하는 것이 신참 선교사에게는 "식은 죽 먹기"가 아니라는 적지 않은 교훈을 배웠습니다.

저는 평양에 있을 때 독감으로 며칠간 누워 있었으며, 이 때문에 여행이 더욱 힘들었습니다. 우리는 홀 의사가 의료 사역을 통해 사귄 [한국인] 친구 집에서 편안하게 지냈습니다. 홀 의사는 바로 그 사람의 집을 매입하려고 흥정을 했는데 그 집은 훌륭한 위치에 있습니다. 홀 의사는 설날 직후에 돈을 지불하고 그 집을 소유하기 위해 평양으로 돌아갈 것입니다. 물론 홀 의사는 그 부동산을 한국인 명의로 소유해야 합니다. 홀 의사가 만든 이 시작이 우리가 들어갈 문을 얻는 데에도 크게 도움이 될 것이라고 생각합니다. 홀 의사는 마포삼열과 제게, 만일 우리가 거기로 올라간다면 우리가 집을 구할 때까지 그 집의 일부를 사용할 수 있도록 친절하게 허락해주었습니다. 홀 의사가 사귄 친구들도 그들이 할 수 있는 모든 방법으로 우리를 힘껏 도울 것입니다. 만일 우리가 조용히 들어간다면 확실히 아무런 문제없이 평양에 들어갈 수 있을 것처럼 보입니다. 저는 그곳 사람들을 좋아합니다. 그들은 서울의 한국인보다 더 진취적인 듯합니다. 한동안 아팠기 때문에 원했던 것만큼 이 도시와 사람들에 대해 더 많이 배우지는 못했습니다.

지금 마포삼열의 계획은, 만일 연례 회의가 그것을 최선이라고 생각한다면, 마포삼열과 제가 3월 1일경에 평양으로 올라가서, 할 수 있으면 집 한 채

get back to Seoul just before the rainy season. This will give me a fine opportunity to study Korean and Koreans. As I have now had some experience and have learned a thing or two I hope to get through this trip without being laid up for repairs.

Everything in the Mission seems to be going along nicely. Mr. Miller and wife are quartered at Dr. Vinton's. Moore and wife are in the Underwood house. Swallen and wife boarded at Mr. Gifford's for a time but concluded they would like to strike out for themselves and are now down at Kon Dong Kol struggling bravely in their attempts to make their servants understand them. Mrs. Swallen said to me the other day with a rather lugubrious expression, "You might as well not have any servants as to have to go and show them every time what you want." They seem to be happy notwithstanding their trials and tribulations.

Miss Arbuckle and Miss Strong seem to be comfortably situated over at the Girls' School and are spending their time between the language and the little girls which they find the most wearing. I don't know, but either, I should think, was enough to test the grit and grace of any woman. They are both doing good work at the language and I trust are happy in their work. Of all us new ones who have come out, Moore is making by far the best progress on this most abominable language. I have heard men say they thought the devil invented the Chinese language to be an obstacle to Christianity. If that is so, I think Korean may be traced to the same source and be considered the last supreme effort of the same author. This may not be a hard language for a #50 caliber man but for a #22 it is hard digging.

Please don't think I am discouraged. Were the language ever so hard I would be willing to tackle it for Christ's sake, but please don't be disappointed in me if I only make a poor average, for languages come hard to me.

The Theological Class has been in session for nearly a month and from what Messrs. Moffett and Gifford say of it this session has been a

를 사고, 그곳에서 일정 시간을 보낸 후 북부 지방으로 더 올라갔다가 장마철이 되기 직전에 다시 서울로 돌아오는 것입니다. 이를 통해 저는 한국어와 한국인을 공부할 좋은 기회를 가지게 될 것입니다. 이제 저는 약간의 경험을 했고 한두 가지를 배웠으므로, 치료를 받으려고 병상에 눕는 일 없이 이 여행을 마치기를 희망합니다.

선교회의 모든 일이 잘 진행되는 듯합니다. 밀러 목사 부부는 빈튼 의사 집에 머무르고 있습니다. 무어 목사 부부는 언더우드 목사 집에 있습니다. 스왈른 목사 부부는 기퍼드 목사 집에서 잠시 하숙을 했지만 스스로 나가서 살기로 결정했으며, 현재 곤당골에서 하인들에게 한국말로 의사소통을 하려고 용감하게 고투하고 있습니다. 며칠 전 스왈른 부인이 제게 다소 애처로운 표정으로 "물건이 필요할 때마다 그것을 하인에게 보여주어야 한다면 차라리 하인이 없는 편이 더 나을 것 같아요"라고 말했습니다. 그러나 그런 시련과 곤경 속에서도 그들은 행복해 보였습니다.

아버클 양과 스트롱 양은 여학교에 편안하게 자리 잡은 듯하며, 한국어 공부와 어린 소녀들을 돌보는 피곤한 일을 하는 데 시간을 보내고 있습니다. 저는 잘 모르지만 이 두 가지가 한 여성의 용기와 우아함을 충분히 시험할 수 있는 과제라고 생각합니다. 두 사람은 한국어 공부를 잘하고 있으며, 저는 이들이 사역을 하면서 행복하다고 믿습니다. 새로 나온 모든 선교사들 가운데 무어 목사가 이 엄청나게 어려운 언어에서 가장 빠르게 일취월장하고 있습니다. 기독교에 걸림돌이 되도록 마귀가 중국어를 만들었다는 말이 있습니다. 만일 그렇다면 저는 한국어도 동일한 원천에서 나왔을 수 있고 동일한 저자의 최후의 걸작으로 간주할 수 있다고 생각합니다. 한국어는 50번 기관단총 사수에게는 그다지 어렵지 않은 언어일지 모르지만 22번 소총수에게는 뚫고 들어가기 어려운 언어입니다.

제가 기가 죽어 있다고 생각하지 마십시오. 한국어가 그렇게 어려워도 그리스도를 위해 기꺼이 시도할 것입니다. 그러나 제가 형편없이 평균 수준으로 진보하더라도 실망하지 마시기 바랍니다. 제가 언어에는 소질이 없기 때문입니다.

very successful one. They seem to think the men have obtained a much better grasp of truth and are going back to the country with more true earnestness to do better work than ever before. There were about thirty names on the rolls but these included some of our teachers who attended.

At a meeting of the church session the other evening there were twenty three (23) applicants for baptism, only nine of which were received. These nine consisted of two men, four women, two boys from the school and one girl. There are also two children, one the child of our evangelist, Saw, that are to be baptized. The services of baptism and communion are to be held on Christmas day.

Would you like to have my first impressions of the work here and the country? I don't mind giving them to you frankly. I have passed through two stages since my arrival and am now in the third which I trust is the permanent one. The first stage was one of bewilderment as I found myself in circumstances so entirely different from anything I ever experienced or of which I ever had any conception. The second stage was one of disappointment and gloom as I began to get an inside view and found that the big church of Seoul, of which I heard at home with its one hundred members, was almost a myth and that Korea almost clamoring for the gospel was [ ] [ ]. To use a figure, the underpinning was knocked out–I might say almost roughly, and I came down sprawling and breathless. The third stage is one of hopefulness in which I think I begin to see things in their true light. I see a work that is small and though growing slowly is growing surely. I see a people who are amiable, but among whom work is exceedingly difficult. I believe a missionary could baptize any number for a dollar apiece, but to get men who really and truly want to follow Christ is difficult.

I believe the work here is in good shape and is advancing as fast as we can expect when all things are taken into consideration.

The Southern people are comfortably settled over in the Merton [?] house. They are nice people and we all like them. What their plans of

신학반은 거의 한 달간 수업 중이며, 마포삼열 목사와 기퍼드 목사의 말에 의하면 이번 사경회는 성공적이었다고 합니다. 그들은 참석자들이 진리에 대해 훨씬 더 잘 이해했고 이전보다 사역을 잘할 수 있다는 진실한 열심을 가지고 시골로 돌아갈 수 있다고 생각합니다. 등록부에 약 30명의 이름이 있는데, 여기에는 참석한 우리의 어학 교사들도 일부 포함되어 있습니다.

그저께 저녁 교회 당회에서 23명의 세례 신청자를 문답했는데, 9명만 통과했습니다. 이 9명은 남자 2명, 여자 4명, 남학생 2명, 소녀 한 명으로 구성되어 있습니다. 또한 곧 유아 세례를 받을 어린이가 2명 있는데 한 명은 서상륜 전도사의 아이입니다. 세례식과 성찬식은 성탄절에 거행될 것입니다.

이곳의 사역과 이 나라에 대한 제 첫인상을 알려드려도 되겠습니까? 솔직하게 말씀드리고 싶습니다. 제가 도착한 이후 두 단계를 통과했는데, 저는 이제 세 번째 단계에 있으며 이것이 영구적인 인상이라고 믿습니다. 첫 번째 단계는 전혀 경험해보지 못했거나 개념조차 없었던 다른 환경에 있기 때문에 느끼는 당혹감의 단계였습니다. 두 번째 단계는 실망과 우울의 단계였습니다. 왜냐하면 제가 내부를 들여다보기 시작했고, 100명의 교인이 있는 서울의 큰 교회에 대해 본국에서 들었던 것은 신화에 가깝고, 한국이 복음을 큰소리로 요구한다는 이야기도 [꾸며 낸 이야기라는 것을 발견했기 때문이었습니다.] 비유하자면 저를 지탱하고 있던 받침대가 떨어져 나가면서, 조금 심하게 말하면, 저는 대자로 뻗어 제대로 숨도 쉬지 못했습니다. 세 번째 단계는 사물을 있는 그대로 보고 제대로 이해하기 시작하는 소망의 단계입니다. 저는 작은 사역, 비록 천천히 자라는 사역도 확실히 자라는 사역이라고 봅니다. 사람들은 정감이 있지만 그들 가운데 사역하는 것은 극히 어렵습니다. 저는 한 명당 1달러를 주면 얼마든지 많은 사람에게 세례를 줄 수 있다고 생각합니다. 하지만 진심으로 그리스도를 따르기 원하는 자를 얻는 것은 어렵습니다.

저는 이곳 사역이 모양을 제대로 갖추고 있고, 모든 것을 고려했을 때 기대한 만큼 빠르게 진전되고 있다고 믿습니다.

남장로회 선교사들은 선교회 주택에 편안하게 정착했습니다. 그들은 좋

work are we don't know as yet. At present they are giving most of their time to the language.

Next Tuesday, Dec. 27th, Mr. Moffett and Mr. Reynolds start for a trip down south. They are to go about half way to Fusan to meet Mr. Baird on his way up to the Annual Meeting. Mrs. Baird is to come around by steamer, I believe. We new missionaries are looking forward to the Annual Meeting with much interest. We are anxious to meet all the members of the Mission and we are anxious also to know where is to be our future field of work.

There is some talk of my being sent to Pyeng Yang. If I am appointed there shall go and do my best to open up the work but if such should be the case I don't see how in two years my matrimonial problem is going to be any nearer solution than it is at present for unless Pyeng Yang becomes an open port I don't see how we can take ladies there in two years. However, I am not going to worry about the matter for I told the Lord I would trust Him for everything and I'm not going back on that. Miss Webb, from last accounts, is well and happy. She shows a beautiful spirit in the matter and does not worry, for she too has said she would trust God for everything. This experience, though hard at times, is going to make both of us stronger Christians.

At present I am boarding with Mr. Moffett and I find him a most delightful companion, a most earnest consecrated Christian and a hard worker. Thus far I may truly say: "The lines are fallen unto me in pleasant places."

I haven't been able to give you much news about the work for I know so little as yet. Will you give my very kind regards to Speer [Robert E. Speer].

Very sincerely yours,

Graham Lee

은 사람들이고 우리는 그들을 좋아합니다. 우리는 그들의 사역 계획이 무엇인지 아직 모릅니다. 현재 그들은 대부분의 시간을 한국어 공부에 사용하고 있습니다.

다음 주 화요일인 12월 27일, 마포삼열 목사와 레이놀즈 목사가 남부로 여행을 떠납니다. 그들은 부산으로 내려가는 길 중간 지점 부근에서 연례 회의에 참석하기 위해 부산에서 올라오는 베어드 목사를 만날 것입니다. 베어드 부인은 기선으로 올라올 것이라고 생각합니다. 우리의 새 선교사들은 큰 관심을 가지고 연례 회의를 고대하고 있습니다. 우리는 선교회의 모든 회원을 만나기를 간절히 바라며, 우리의 미래 사역지가 어디가 될지 무척 궁금합니다.

저를 평양에 파송하려고 한다는 이야기가 있습니다. 만일 제가 그곳에 임명된다면, 가서 사역을 개척하는 데 최선을 다할 것입니다. 그러나 만일 그렇게 될 경우 제 결혼 문제가 2년 후에는 지금보다 더 빨리 해결되지 않을 것 같습니다. 왜냐하면 만일 평양이 개항장이 되지 않는다면 2년 후에 우리가 어떻게 여자들을 평양으로 데리고 갈 수 있을지 알 수 없기 때문입니다. 하지만 저는 그 문제를 걱정하지 않으려고 합니다. 저는 모든 일에서 주님을 신뢰하겠다고 그분께 말했고, 이 믿음에서 되돌아서지 않을 것이기 때문입니다. 최근 편지에 의하면 웹 양은 건강하고 행복합니다.[1] 그녀는 결혼 문제에서 아름다운 정신을 드러내고 걱정하지 않습니다. 그녀도 만사에 하나님을 신뢰하기로 했다고 말했기 때문입니다. 이 경험이 때로는 힘들지만 우리 두 사람을 더 강한 예수교인으로 만들 것입니다.

현재 저는 마포삼열 목사와 함께 살고 있습니다. 저는 그가 함께 지내기에 즐거운 동료이자 진실하고 헌신된 예수교인이며 열심히 일하는 사역자임을 알게 되었습니다. 지금까지 저는 진실로 다음과 같이 말할 수 있습니다. "내게 줄로 재어준 구역은 아름다운 곳에 있음이여."[2]

---

1 리 목사는 1893년 10월 15일 미국으로 건너가 1894년 1월 10일 웹(Blanch Webb) 양과 결혼한 후 5월 초에 아내와 장모(Mrs. Webb)와 함께 한국으로 돌아왔다.

2 시편 16:5-6 "여호와는 나의 산업과 나의 잔의 소득이시니 나의 분깃을 지키시나이다 내게 줄로 재어준 구

마포삼열의 제5차 전도 여행
1892년 12월-1893년 1월
레이놀즈와 함께 서울에서 공주까지 여행했다. 공주에 선교지부 설치 가능성을 탐사하고 부산에서 올라온 베어드를 만나 서울로 돌아왔다.

Mr. Moffett's Fifth Mission Trip
From December 1892 to January 1893
He travelled from Seoul to Kongju with Rev. William Reynolds to see the possibility of opening a new station. They returned to Seoul with Rev. William Baird who came up there from Pusan.

저는 사역에 대해 아직 별로 알지 못하기 때문에 많은 소식을 전해드릴 수 없었습니다. 스피어에게 따뜻한 안부를 전해주십시오.[3]

그레이엄 리 올림

역은 아름다운 곳에 있음이여 나의 기업이 실로 아름답도다."

3 북장로회 해외선교부 스피어(Robert E. Speer) 총무는 리 목사와 프린스턴 신학교 동기생이었다.

서신 LETTERS
1893

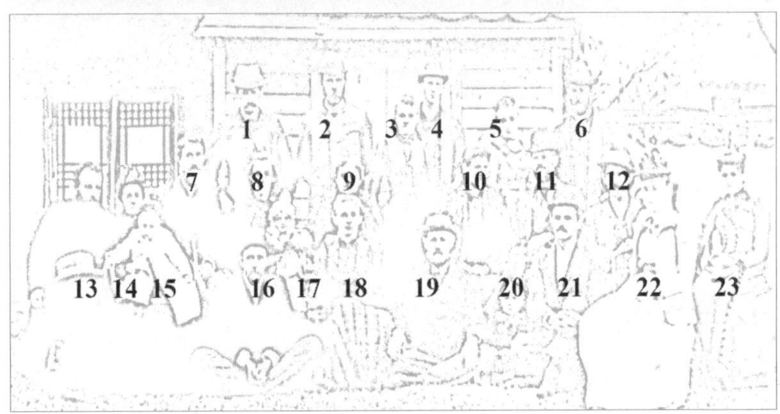

●
미국 북장로회 한국 선교회, 서울, 1893년 [MOF · OAK]
1 게일(J. S. Gale), **2** 브라운 의사(Hugh Brown), **3** 아버클 양(Miss Arbuckle), **4** 마포삼열(S. A. Moffett), **5** 기퍼드 부인(Mrs. Gifford), **6** 기퍼드(D. L. Gifford), **7** 베어드(W. M. Baird), **8** 베어드 부인(Mrs. Baird), **9** 스트롱 양(Miss Strong), **10** 스왈른(W. L. Swallen), **11** 스왈른 부인(Mrs. Swallen), **12** 무어(S. F. Moore), **13** 언더우드(H. G. Underwood), **14** 언더우드 부인(Mrs. Underwood), **15** 호레이스(Horace H. Underwood), **16** 리(G. Lee), **17** 로지(Rosie Baird), **18** 도티 양(Miss Susan Doty), **19** 에비슨(O. R. Avison), **20** 로렌스(Lawrence Avison), **21** 밀러(F. S. Miller), **22** 밀러 부인(Mrs. Miller), **23** 무어 부인(Mrs. Moore)

The Korea Mission, PCUSA, Seoul, 1893

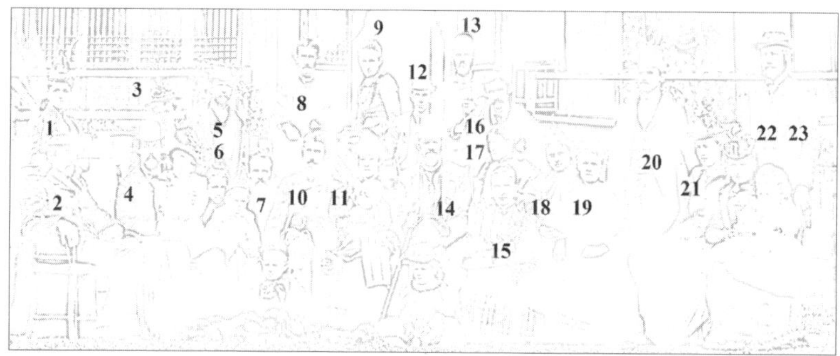

●

미국 북장로회 한국 선교회, 1893년 [MOF · OAK]

마포삼열은 아직 독신이라 사진 중앙 뒷줄에 혼자 앉아 있다.
오른쪽 끝에 제중원의 새 병원장 에비슨 의사가 서 있다.
1 Mrs. Moore, **2** S. F. Moore, **3** Mrs. Vinton (with Fred), **4** H. B. Hulbert, **5** G. Lee, **6** Mrs. Underwood (with Horace), **7** H. G. Underwood, **8** D. L. Gifford, **9** Mrs. Gifford, **10** W. M. Baird, **11** Mrs. Baird (with Rose), **12** S. A. Moffett, **13** Hugh Brown, **14** W. L. Swallen, **15** Miss Susan Doty, **16** J. S. Gale, 17 Mrs. Swallen, **18** Miss Ellen Strong, **19** V. C. Arbuckle, **20** F. S. Miller, **21** Mrs. Ana R. Miller, **22** Mrs. Avison (with Wilber), **23** O. R. Avison. Children in front: Lawrence and Lera Avison

The Korea Mission, PCUSA, Seoul, 1893

Samuel A. Moffett

Seoul, Korea

February 1, 1893

Dear Dr. Ellinwood:

In beginning my third annual letter to you I wish first of all to thank you for your kind and appreciative letters and also to again assure you that you and we have every reason to feel encouraged and hopeful in view of the past year's work in Korea. We have closed one Annual Meeting, one which was a delight to us all chiefly because of the evident presence of the Spirit of God giving us the greatest harmony of action notwithstanding very divergent views on some questions as they first presented themselves.

You would be delighted could you see the evident desire on the part of all to get at the real work which we came to do and could you see the spirit which animates our discussions and the determination to plan only for a solid and enduring work.

We had hard problems to solve this year and questions which affect the future lives and work of most of us but they were met with much prayer and with a willingness to do whatever the Lord seemed to indicate through the Mission was His will.

It was a responsible place in which we older ones were placed and we gave the questions most thorough discussion and thought and much prayer that we might assign the new people to such places and work and place them in such relations with the older missionaries as would promise most for the advancement of the work and at the same time maintain the excellent spirit of harmony in the Mission.

Messrs. Gale & Lee and myself were the Com. on apportionment of sub-stations & work and we had the active counsel & co-operation of Mr. Baird as we were all at my house during the meeting. We thoroughly canvassed the situation and the personal preferences of all and then

마포삼열

한국, 서울

1893년 2월 1일

엘린우드 박사님께,

셋째 해를 시작하는 첫 편지에서 저는 먼저 귀하께서 보내신 친절하고 안목 있는 서신에 감사드립니다. 한국에서의 작년 사역을 돌아보면서 귀하와 우리가 용기와 희망을 가질 모든 이유가 있음을 다시 한 번 장담하고 싶습니다. 우리는 연례 회의를 마쳤습니다.[1] 비록 처음에 제기된 문제들에 대해 다양한 견해가 제시되었음에도 불구하고, 무엇보다 하나님의 영이 분명히 임재하셔서 조화로운 결정을 했기 때문에 즐거운 회의였습니다.

귀하께서 우리의 파송 목적인 실제 사역을 하려는 모든 이의 분명한 소망을 보셨더라면, 그리고 활기찬 토론을 이끌어 간 정신과 견고하고 지속적인 사역만을 위한 계획을 세우려는 확고한 결심을 보셨더라면 귀하께서도 즐거워하셨을 것입니다.

우리에게는 올해 해결해야 할 난제가 있었고, 우리 대부분의 미래의 삶과 사역에 영향을 줄 질문이 있었지만, 우리는 많은 기도와 더불어 선교회를 통해 주님께서 지시하시는 것이 무엇이든지 주님의 뜻으로 알고 기꺼이 행하겠다는 마음으로 대처했습니다.

조금 더 오래된 우리 선교사들에게 맡겨진 자리는 바로 이 책임 있는 자리였습니다. 우리는 사역의 진보를 가장 잘 약속하면서 동시에 선교회에서 탁월한 조화의 정신을 유지하는 선임 선교사와의 관계 속에 있는 그런 장소와 사역을 새 선교사들에게 배정하기 위해, 그 문제들을 놓고 철저히 토론하고 숙고하고 많이 기도했습니다.

게일 씨와 리 목사와 제가 "선교지회와 사역 임명 위원회" 위원이었고, 우리는 베어드 목사의 적극적인 조언과 협조를 받았는데, 연례 회의 기간에

---

1 초기에는 1월에 한국 선교회 연례 회의를 열었다.

assigned work. When the report was submitted, not an objection was raised and all stand ready to go ahead with the work assigned them.

You will see from the reports what was done during the year and how we regard the work. I have nothing further to report except to speak of the proposed work for the coming year and to seek to emphasize the desirability, I should almost say the necessity, of an endorsement of some of our plans.

Personally the opening and occupation of Pyeng Yang affect me most and I shall be greatly disappointed and feel that we have lost ground should the Board fail to approve and appropriate the $1,000.00 asked for discretionary use in purchase of property, nevertheless I look upon another question as of prime importance. I refer to that of moving the Girls' School. We recognize the fact that we are proposing a great change and one involving considerable expense from which the Board may shrink should the receipts for this year prove to be no larger than last. However, I feel sure that a special appeal to the Women and to Children's Bands would raise the funds and our work is now getting in such a shape that to my mind such a move is imperative if it be at all possible to accomplish it. We have for a long time been agreed upon two points, viz., the hindrance to our work which arises from residence in the foreign settlement and the desirability of opening work in another section of this large city where more direct access to Koreans can be obtained and where they will feel more free to visit us.

The Girls' School ought to be the center of a large work among the women and I feel that it will be a shame to shut up the ladies of the school in this foreign settlement when they will be able to accomplish so much more elsewhere. We hope some day to have a lady physician in connection with the school and women's work, and a women's dispensary and hospital on such a scale as is possible.

Whatever is done a change is necessary, for the present building is not at all adequate to the needs of the Girls' School, of Women's Work,

이들 모두가 저희 집에서 함께 지냈기 때문입니다. 우리는 상황과 선교사마다 개인적으로 선호하는 곳을 철저히 조사한 후에 사역을 배정했습니다. 보고서가 제출되었을 때 한 사람도 이의를 제기하지 않았으며, 모두가 자신에게 배정된 사역에 바로 나아가려는 태도를 취했습니다.

보고서들을 보시면 지난 1년간 이루어진 사역과 우리가 그 사역을 어떻게 간주하는지 아실 것입니다. 저는 올해 제안된 사역에 대해 말씀드리는 것 외에는 추가로 보고드릴 것이 없습니다만, 우리의 일부 계획에 대한 인준이 바람직함을, 아니 필요하다는 점을 강조하고 싶습니다.

평양 개척과 진출이 개인적으로 제게 가장 많은 영향을 미칩니다. 만일 선교부가 부동산 구입비로 시세에 따라 사용할 수 있게 요청한 1,000달러를 승인하고 지출 예산에 배정해주지 않는다면 저는 크게 실망할 것이며 우리는 기반을 잃어버렸다고 느낄 것입니다. 그럼에도 불구하고 저는 다른 문제가 가장 중요하다고 여깁니다. 바로 여학교를 이전하는 문제입니다. 우리는 큰 변화를 제안하고 있으며, 그것은 상당한 비용이 들기 때문에, 올해 수입이 작년보다 많지 않으면 선교부가 몸을 사릴 수 있는 변화를 제안하고 있다는 사실을 인식하고 있습니다. 하지만 "여성과 어린이 선교 단체"에게 특별히 요청하면 기금을 모을 수 있다고 확신하며, 우리의 사역이 이제 모습을 갖추어가고 있으므로 제가 보기에 이 일을 이왕에 완수하려면 이전은 필요 불가결합니다. 우리는 오랫동안 다음 두 가지에 동의해왔습니다. 즉 외국인 주거지에 거주하기 때문에 발생하는 우리의 사역에 대한 방해에 대해, 그리고 한국인에게 더 직접적으로 접근할 수 있고 그들이 우리를 더 자유롭게 방문할 수 있도록 이 큰 도시의 다른 구역에서 사역을 개설하는 것의 타당성에 대해 동의했습니다.[2]

여학교는 여성 사역의 큰 중심지가 되어야 합니다. 이 학교의 여성 선교사들이 다른 곳이라면 훨씬 더 많은 것을 성취할 수 있는데도 이 외국인 거주지[정동]의 학교에 가두어두는 것은 수치라고 저는 느낍니다. 우리는 여학

---

2 정신학당이 학생들을 전적으로 지원해주는 감리회의 이화학당과 가까이에 있으면 자급 정책을 적용하기 어려웠기 때문에 정동에서 연동으로 이전해야 한다는 주장이 세 번째 이유였다.

and of the dwellings of the three ladies. In addition to this it is just across the street from an exactly similar work of the M. E. Mission so that from the point of view of economy in the distribution of Mission forces the move is a good one.

The site selected is a most healthful one on a knoll of Nam San (South Mountain) inside the city wall just beyond the Korean houses along the main street leading to one of the city gates. It is 2 miles from here and will give access to a large population of the humbler classes and will allow for contact with Koreans. I cannot give you an idea of how residence in the foreign settlement here interferes with our work. Most of us have been thoroughly unwilling to remain here, Mr. Gale, Mr. Baird & myself each & all having repeatedly said that should we be stationed in Seoul we would object to staying in this foreign settlement. We have all been located out of Seoul but all our reasons apply to this question of removing the Girls' School.

I have seen the plans for the Korean building for school purposes and that one for the ladies' residence which meets the approval of Messrs Baird & Lee and Miss Doty of the Building Com. and they seem to me well adapted to the work. I certainly prefer a one-story building in Korea. The buildings which we have had here with the exception of that used for the Boys' School have never been well built nor well adapted to our work. The plans which we now present for buildings, location, work, etc., I feel like urging with all the earnestness possible. The work among the women is so pre-eminently important that we have given it most careful attention in our plans and we long to see the school and the ladies with it so situated that that work may tell most effectively in evangelizing the land.

To Miss Strong we look for the development of this work and she is just such an one as we have been praying for.

You may feel that we are asking for an enlargement in our equipment without showing very large results from what we have already received,

교와 여성 사역과 연계해서 일할 여의사가 가까운 시일 안에 도착하기를 희망하며, 가능한 규모로 여성 진료소와 병원을 개설하기를 희망합니다.

어떤 일이 이루어지든 변화는 필요합니다. 현 건물은 여학교와 여성 사역과 3명의 여성 선교사의 주거지 필요에 전혀 적합하지 않기 때문입니다. 그뿐 아니라 바로 길 건너편에서 감리회 선교회가 동일한 사역을 하고 있으므로, 선교회 인력의 경제적 배치의 관점에서 보면 이사하는 것이 좋은 배치가 됩니다.

선정된 부지는 남산의 낮은 언덕 위에 있는 건강에 좋은 곳으로 도성 4대문의 하나[동대문]로 통하는 간선 도로 옆에 있는 한옥들 바로 너머 성벽 안에 있습니다. 여기에서 2마일 떨어진 곳에 있는데, 많은 가난한 계층의 주민에게 접근할 수 있고 한국인과 접촉할 수 있을 것입니다. 이곳 외국인 구역에 거주하는 것이 얼마나 우리의 사역을 방해하는지 귀하께서 이해하시기 힘들 것입니다. 우리 대부분은 전혀 본의 아니게 이곳에 남아 있었습니다. 게일 씨와 베어드 목사와 저는 각자 그리고 모두 서울에 배치되더라도 이 외국인 거주지에 남는 것은 반대하라고 반복해서 말했습니다. 우리 세 사람 모두가 서울 밖에 배치되었지만, 우리의 모든 이유가 이 여학교 이전 문제에 적용됩니다.

저는 한옥들을 학교 건물로 사용하려는 계획과 베어드 목사와 리 목사와 도티 양으로 구성된 건축 위원회의 승인을 받은 여성 선교사의 사택을 위한 한옥 한 채를 보았는데, 제가 보기에 사역에 적합한 듯합니다. 저는 한국에서는 1층 건물을 분명히 선호합니다. 지금까지 이곳에서 우리가 소유했던 건물 가운데 남학교 건물을 제외하면 잘 건축된 것이 하나도 없었고 우리 사역에 적합한 것도 없었습니다. 지금 우리가 제안하는 건물, 위치, 사역 등에 대한 계획을 저는 성의를 다해 촉구하고 싶습니다. 여성 사역은 특별히 중요하기 때문에 우리는 계획을 세울 때 세심한 주의를 기울였으며, 여성 사역과 더불어 여학교와 여성 선교사들이 자리를 잘 잡아서 그 사역이 이 나라의 복음화를 위해 가장 효과적으로 증언하는 사역이 되기를 간절히 원합니다.

우리는 스트롱 양이 이 사역을 발전시킬 것을 기대합니다. 그녀는 우리

but when you bear in mind that 4 years marks the longest stay of anyone now here you will realize that these years could not be otherwise than very largely years of preparation and foundation laying. With the arrival of new forces and the transfer of the older men to our three new stations (Fusan, Gensan & Pyeng Yang) another year of preparation and of planning for enlarged work is necessary. We want to plan wisely for future results and to lay a solid foundation in the language so that we may build up a work which shall endure and gain strength as it advances. Notwithstanding all that has been written about the ease of acquiring the language and the simplicity of its alphabet, with but one exception those who have made most progress in it are agreed that it is the most difficult of languages. A smattering is easily acquired, but more than a smattering is required if one will do thorough work.

We too are apt to grow impatient for large results but undue haste always brings failure and regret. Our Evangelist said to me yesterday- "We are stronger today than ever and our work is in far better shape. As a result of the earnest, steady, thorough work of the past few years there are men all through the country who are seriously pondering the truth of Christianity and we are ready to push ahead."

I want also to assure you that in our Annual Meeting every effort was made to secure the strictest economy in the use of funds. You will notice in the estimates that a number of items have been reduced as experience has shown us that we did not use all that has heretofore been granted. We want to make a reputation for asking for as small amounts as in justice to our work we can possibly get along with and we are not asking on the principal that you will cut us down whatever we ask.

Concerning our requests for work in Gensan, the purchase of the lot bought by Mr. Gale and the continuance of appropriation for building. This was one of the important questions which demanded attention. The presence of Mr. Gale from Gensan and of both Mr. Ohlinger of the M. E. Mission and myself who had visited the port enabled us to act

가 기도해왔던 바로 그런 사람입니다.

귀하께서는 우리가 이미 지원받은 것으로 큰 결과는 보여주지 않으면서도 우리의 설비 확장을 요청하고 있다고 느끼실지 모르겠습니다. 그러나 현재 이곳에 있는 선교사들 가운데 4년 이상 거주한 자가 없다는 점을 유념하시면, 이 몇 년은 주로 준비와 기초를 놓는 시기일 수밖에 없음을 인식하실 것입니다. 새 인력이 도착했고 기존 선교사들이 3개의 새 선교지부(부산, 원산, 평양)에 전임되었으므로, 확장된 사역을 위해 준비하고 계획하는 데 한 해를 더 사용하는 것이 필요합니다. 우리는 미래의 결과를 위해 지혜롭게 계획하고 한국어 기초를 튼튼히 쌓기 원하며, 그래서 사역이 진전되면서 지속되고 강해지는 사역을 일구어내려고 합니다. 한국어 습득의 용이성과 그 자모의 단순성에 대해 쓴 모든 글에도 불구하고, 한국어에서 가장 진전을 이룬 선교사들은 한 명을 제외하고는 모두 한국어가 가장 배우기 어려운 언어라는 사실에 동의합니다. 겉핥기식으로 몇 마디 하는 것은 쉽게 습득할 수 있지만, 그 수준을 넘어서려면 철저히 공부하는 것이 요구됩니다.

우리가 큰 결과를 위해 안달이 날 때도 있지만, 서둘러 조장하면 언제나 실패와 후회만 야기합니다. 우리의 전도사[서상륜]는 어제 제게 다음과 같이 말했습니다. “오늘날 우리는 어느 때보다 더 강하고, 우리의 사역은 훨씬 더 나은 모습을 갖추고 있습니다. 과거 몇 년간 진지하고 꾸준하게 철저한 사역을 한 결과 경향 각지에 기독교의 진리를 심각하게 숙고하는 자들이 있으며 우리는 전진할 준비가 되어 있습니다.”

또한 저는 우리가 연례 회의에서 선교 자금을 가장 엄격하고 경제적으로 사용하기 위해 모든 노력을 기울였다고 장담하고 싶습니다. 귀하께서 예산서를 보시면 여러 항목에서 삭감이 이루어졌음을 아실 것인데, 우리는 경험을 통해서 지금까지 승인받은 모든 자금을 다 사용하지 않았기 때문입니다. 우리는 사역을 꾸려나가는 데 꼭 필요한 적은 액수만을 요청한다는 평판을 얻고 싶습니다. 우리가 얼마를 요청하든지 귀하께서 삭감할 것이라는 원칙을 가지고 요청하는 것은 아닙니다.

원산 사역에 대한 우리의 요청, 곧 게일 씨가 산 집터의 매입과 건축 비

intelligently. Had I been in Seoul last summer when the first action was taken, the objection that the proposed site was near the Japanese quarters would never have been raised for I had seen the place and knew that it was far enough away to offset that objection. When Mr. Ohlinger was in Gensan he saw that the lot which Mr. Gale has bought was the best and only really good site obtainable and so advised them to buy it at once.

When the question came before us we referred it to the Building Com. and upon their favorable report we have asked for the purchase of this lot rather than the Knott property.

The Building Com. have since asked Mr. Lee to go from Pyeng Yang this summer and give Mr. Gale some assistance in building.

Will it not be possible for the Board to give its sanction to the plans for Gensan and also continue this year's appropriations for land & building before it meets to make the new appropriations for the whole year? If this can be done then work can be begun and the house made ready for occupation this coming winter–thus saving $35.00 a month for rent.

We are also eager to have Mr. Gale settled as soon as possible in order that he may pursue his literary work for we feel that he has a more accurate knowledge of and better command of the language than any foreigner except the French priest who has been in Korea.

The Mission has assigned Mr. Lee, Mr. Swallen and myself to open & occupy Pyeng Yang and with the Board's approval, that problem for a year or more will occupy our almost undivided attention. We purpose going up there next month and after a short stay in which we hope to buy a native house which we can occupy for a year or two, Mr. Swallen will leave for a tour through Whang Hai province with Evangelist Choi, I will go on to Eui Ju & Kou Syeng to oversee the work of Evangelist Paik and Helper Kim while Lee will remain in Pyeng Yang. After a stay in Eui Ju I will return to Pyeng Yang and Lee & I will stay there some time until he goes to help Gale in Gensan and I will return to Seoul or

용의 지속적인 지원 요청 건에 대해 말씀드리겠습니다. 이것은 주의를 요하는 중요한 문제 중 하나였습니다. 원산에서 온 게일 씨와 항구를 방문한 적이 있는 감리회 선교회의 올링거 목사와 저 두 사람이 있어서, 정보를 가지고 결정할 수 있었습니다. 첫 결정이 내려진 작년 여름에 제가 서울에 있었으면, 제안한 부지가 일본인 거주지 부근에 있다는 반대는 결코 제기되지 않았을 것입니다. 왜냐하면 저는 그 장소를 보았고, 그 반대를 상쇄시킬 정도로 충분히 멀리 떨어져 있다는 것을 알았기 때문입니다. 올링거 목사가 원산에 갔을 때 게일 씨가 산 집터가 가장 좋고 유일하게 적합한, 구입할 수 있는 집터인 것을 보았고 그래서 즉시 그것을 사라고 충고했습니다.

이 문제가 우리 앞에 상정되었을 때 우리는 이것을 건축 위원회에 회부했고, 그들의 긍정적인 보고서를 받고 우리는 노트의 자산 대신 이 집터의 매입을 요청했습니다.

그 이후 건축 위원회는 리 목사에게 올해 평양에서 원산으로 가서 게일 씨의 건축을 도와주라고 부탁했습니다.

선교부가 원산 계획을 승인해주고, 또한 선교부가 한 해 전체 예산을 새로 편성하기 위해 회의를 열기 전 그 대지와 건물을 위해 올해 예산을 계속 사용하는 것이 가능하지 않습니까? 이것이 이루어지면 사역은 시작될 수 있고 올겨울에 거주할 수 있는 주택이 마련될 수 있습니다. 그렇게 되면 35달러의 월세를 절약하게 됩니다.

또한 우리는 게일 씨가 하루 빨리 정착해서 그의 문서 사역을 추진할 수 있기를 간절히 바랍니다. 왜냐하면 그는 한국에서 지내온 프랑스 신부를 제외하면 다른 어떤 외국인보다 한국어를 잘 구사하고 더 정확한 지식을 가지고 있다고 우리는 생각하기 때문입니다.

선교회는 리 목사와 스왈른 목사와 제게 선교부의 승인하에 평양을 개척하고 진출하라고 임명했습니다. 우리는 1년이나 그 이상 이 문제에 전념하게 될 것입니다. 우리는 다음 달에 평양으로 올라가기를 제안합니다. 평양에 잠시 머물면서 한두 해 거주할 수 있는 한옥 한 채를 구입하기를 희망합

hunt up some place in which to pass the rainy season.

We shall again go up in the Fall and if the way be clear to do so will take some of our household goods and stay all winter in the hope that Mr. & Mrs. Swallen will be able to join us in the following Spring.

I hope to do far more this year in the way of direct preaching of the gospel—since I feel as tho I had sufficient knowledge of this difficult language to enable me to go ahead. Just what experiences await us in seeking to live in Pyeng Yang we know not but believing that the Lord says, "Abide there," we will go ahead trusting in Him to open the way and prepare the hearts of the people to welcome our presence. I shall send you a report of our trip in the summer. But one other topic and I shall finish this long letter. We hope that no effort will be spared to secure the two doctors promised us but yet we want none rather than fail to get consecrated and able men whose whole hearts are in the work of saving souls.

We are grateful for the new men and women sent us and are more than pleased with them and the way they are taking hold of the language and work.

Hoping that this year will bring you increased joy in your personal life and in the Master's service.

Sincerely yours in His work,

Samuel A. Moffett

니다. 스왈른 목사는 전도사 최명오와 함께 황해도로 여행을 떠날 것이고,[3] 저는 의주와 구성(龜城)으로 가서 전도사 백홍준과 조사 김관근(金灌根)의 사역을 점검하고, 그동안 리 목사가 평양에 체류할 것입니다.[4] 저는 의주에 잠시 들렀다가 평양으로 돌아가서 리 목사와 함께 얼마 동안 지내다가, 리 목사는 원산에 있는 게일 씨를 돕기 위해 가고, 저는 서울로 돌아오거나 장마철을 보낼 장소를 물색할 것입니다.

우리는 가을에 다시 올라갈 것이며, 만일 그렇게 하는 길이 분명하게 열리면 일부 생활용품을 가지고 가서 스왈른 목사 부부가 내년 봄에 합류할 수 있기를 바라면서 겨울 내내 지낼 것입니다.

저는 올해 직접적인 복음 전도 일을 훨씬 더 많이 하고 싶습니다. 전도하러 나갈 수 있을 만큼 이 어려운 언어에 대한 충분한 지식이 있다고 생각하기 때문입니다. 우리가 평양에서 거주할 방도를 찾을 때 과연 어떤 경험이 우리를 기다리고 있는지 모르지만, 주께서 "그곳에 유하라"[5]고 말씀하신다고 믿기 때문에, 주님께서 길을 열어주시고 우리의 거주를 환영하도록 사람들의 마음을 준비시키실 것을 믿고 나아갈 것입니다. 우리의 여행 보고서는 여름에 보내겠습니다. 한 가지 주제만 더 다루고 이 긴 편지를 마치겠습니다. 우리에게 약속하신 2명의 의사를 확보하기 위한 노력을 아끼지 마시기 바라지만, 전심으로 영혼을 구원하는 일에 헌신된 유능한 자를 구할 수 없다면 차라리 원하지 않습니다.

우리는 새로운 남녀 선교사들을 파송해주셔서 감사드리며 그들에 대해,

---

3 최명오는 평안북도 의주 출신으로 황해도 장연군 소래에 이주하여 살다가 서상륜의 전도를 받고 예수교인이 되었다. 1887년 1월 서경조, 정공빈과 함께 서울로 와서 언더우드 목사에게 세례를 받았다. 1888년 언더우드로부터 백홍준, 서상륜과 함께 조사로 임명되어 황해도 지방을 담당했는데, 이것이 한국 장로교회 조사 제도의 시작이었다. 1887년 조직된 성서개역 위원회에서 언더우드·아펜젤러를 도와 로스 역본 개정에 관여했다. 1895년에는 마포삼열과 공저로 기독교 입문서인 『구세론』을 저술했다.

4 김관근(1867-1913)은 1889년 여름 압록강에서 언더우드 선교사에게 세례를 받았다. 1893년 조사로 임명받았고, 1897년 독립협회 평안북도 지부장이 되어 안창호(安昌浩), 이승훈(李昇薰) 등과 함께 활동했다. 1910년 평양신학교를 졸업(3회)하고 목사가 되어 평안북도 일대에 100여 개의 교회와 10여 개의 학교를 설립하고 전도·교화 운동에 앞장섰다. 예수교장로회 총회 학무 위원과 정치 위원을 역임했다.

5 사도행전 15:35 "바울과 바나바는 안디옥에서 유하며 수다한 다른 사람들과 함께 주의 말씀을 가르치며 전파하니라"의 일부분이다.

그리고 그들이 언어와 사역을 익혀가는 방법에 대해 대단히 만족합니다.

올해에도 귀하의 개인적인 삶과 주님을 섬기는 일에 기쁨이 넘치기를 기원합니다.

주님의 사역을 하는,

마포삼열 올림

PHS, microfilm reel #179, Vol. 8, letter #29

Samuel A. Moffett

Seoul, Korea

February 24, 1893

Dear Dr. Ellinwood:

The Medical Committee of the Mission of which I am a member has instructed me to write to you on two matters relating to our medical work.

The first concerns plans for the securing of a hospital. We all feel the great importance of our having a well equipped, well supported hospital here and the Mission has for several years emphasized this but we are apparently no nearer to securing one than we were years ago. Dr. Vinton felt sure that he could raise funds outside of the supporters of the Board by making personal appeals but you wrote him objecting to that method. We at present see no way of securing what we so greatly desire and in our recent consideration of the subject we decided to appeal to you for counsel and advice. Can you not propose to us some plan or suggest the means which shall lead to our securing such a hospital as we should have. I think you will recognize the fact that the Government Hospital is only such in name and that we have no place where in-patients can be treated and at the same time be brought under the influence of the gospel.

I notice in *Women's Work* for January that last year hospitals were secured by the Mission at Lakawan and Tripoli. Can we not have one for Korea either this or next year? We are ready to follow up any scheme proposed or to co-operate in any plan. However, we are hoping to make a beginning in hospital work on a very simple scale and it is with reference to this that I am also to write you.

At the Annual Meeting the Mission directed that dispensary & hospital work on such a scale as is possible be begun in the outbuildings at Kon Tang Kol. Following out these instructions the Medical Com. with Dr. Vinton have arranged for the use of certain rooms there–but it

마포삼열

한국, 서울

1893년 2월 24일

엘린우드 박사님께,

제가 위원으로 있는 선교회의 의료 위원회가 제게 우리의 의료 사역과 관련된 두 가지 문제에 대해 귀하께 편지하도록 지시했습니다.

첫째 문제는 병원을 확보하는 계획에 관한 것입니다. 우리 모두는 이곳에 설비가 잘 갖추어져 있고 지원이 잘 되는 병원을 가지는 것이 중요하다고 느낍니다. 선교회가 여러 해 동안 이것을 강조해왔으나, 여러 해 전이나 지금이나 그것을 확보하는 데 전혀 가까이 다가가지 못한 것이 분명합니다. 빈튼 의사는 선교부를 지원하는 자들이 아닌 다른 사람들에게 개인적인 호소를 하면 기금을 모을 수 있다고 확신했지만, 귀하는 그 방법에 반대한다는 편지를 그에게 보냈습니다. 현재 우리는 그렇게 간절하게 바라는 병원을 확보할 아무런 방안이 없으므로, 최근에 그 문제를 고려하다가 귀하의 조언과 충고를 구하기로 결정했습니다. 우리에게 어떤 계획을 제안하거나 우리가 반드시 가져야 할 그런 병원을 확보하도록 인도해줄 수단을 추천해주실 수 없으신지요? 귀하도 아시게 되겠지만 정부 병원은 유명무실하여 입원 환자를 치료할 장소가 없어서, 동시에 환자를 복음의 영향 아래 둘 장소도 없습니다.[1]

「여성을 위한 여성의 사역」 1월호에서 작년에 [필리핀] 라카완과 [리비아] 트리폴리의 선교회가 병원을 확보했다는 소식을 보았습니다. 올해 혹은 내년에 한국을 위해 병원을 확보할 수 없습니까? 우리는 어떤 방안이든지 따라가고 어떤 계획이든지 협력할 준비가 되어 있습니다. 그러나 우리는 단순한 규모로 병원 사역을 시작하기를 바라며, 이 점에 관해서는 제가 다시 편지드리겠습니다.

연례 회의에서 선교회는 진료소와 병원 사역을 곤당골의 부속 건물에서

1 대개 병원에 오래 입원해 있는 환자들에게 전도할 기회가 많았기 때문이다.

is necessary to put them in condition for work at a small expense.

Dr. Vinton reports on hand some $80.00 as his receipts for nearly two years—the accumulation of small sums received now & then from Korean & Japanese patients. Under the rule this must be reported to the Treasurer which has been done. Now the Medical Com. has taken the following action. With the approval of the Station we have decided to use this $80.00 in beginning Hospital work there—subject of course to the sanction of the Board and I am now writing for this sanction. The Medical Com. feels that it could very materially advance the medical work without very troublesome delays could it have the permission of the Board to expend such small sums received by the physicians from native (not foreign) practice—subject only to Mission or station approval without the necessity of writing to New York.

Kindly let me know the decision of the Board with reference to this $80.00 for we are more than eager to see some Christian hospital work inaugurated by our Mission.

By this mail or next there will also go Mission request for permission to sell the Koan No Mo Kol property used for women's work. Mrs. Gifford, whose work deserves the most thorough commendations and hearty co-operation greatly desires to obtain a place better situated for her work and her plan has long ago met the approval of the station & Mission—but the last request was by mistake sent in name of station instead of the Mission.

Kindly give the enclosed note to Mrs. Fuy.

Lee, Swallen & I leave in 10 days for Pyeng Yang.[1] Word from Mr. Underwood makes us think he will be here sometime in April or May. He will be most heartily welcomed.

Very sincerely yours,
Samuel A. Moffett

---

1 March 6th in company with Evangelist Sŏ Sangnyun.

가능한 규모로 시작하도록 지시했습니다. 이 지시를 수행하려고 의료 위원회는 빈튼 의사와 그곳의 일부 방들을 사용하는 문제를 조정했습니다. 그러나 적은 비용으로 그 방들을 사역할 수 있는 상태로 만드는 것이 필요합니다.

빈튼 의사는 거의 2년간의 수입으로 약 80달러를 수중에 가지고 있다고 보고하는데, 이는 한국인과 일본인 환자들로부터 수시로 받은 소액을 모은 것입니다. 규칙에 의하면 이것은 회계에게 보고해야 하며 지금까지 그렇게 했습니다. 이에 의료 위원회는 다음과 같이 결정했습니다. 선교지부의 찬성을 얻으면 이 80달러를 곤당골에서 병원을 시작하는 데 사용하기로 결정했습니다. 물론 이것은 선교부의 승인에 달려 있고 그래서 저는 이 승인을 받기 위해 글을 씁니다. 의사가 (외국인이 아닌) 본토인 진료에서 받은 그런 적은 액수를 사용하도록 선교부에서 허락해주시면, 의료 위원회는 곤란한 지체 없이 의료 사역을 실제적으로 진전시킬 수 있다고 느낍니다. 사실 이것은 뉴욕에 편지할 필요 없이 선교회나 선교지부의 허락만 받으면 되는 문제라고 생각합니다.

이 80달러에 대한 선교부의 결정을 알려주시면 감사하겠습니다. 우리는 우리 선교회가 시작한 기독교 병원의 사역을 보기를 간절히 바라기 때문입니다.

이번 우편이나 다음 우편으로 여성 사역을 위해 사용하던 큰나무골의 자산 매각 허락에 대한 선교회의 요청이 발송될 것입니다. 기퍼드 부인의 사역은 충분한 칭찬과 마음에서 우러나오는 협력을 받아 마땅하며, 그녀의 사역을 위해 더 좋은 곳에 위치한 장소가 절실합니다. 오래전에 그녀의 계획은 선교지부와 선교회의 허락을 받았으나, 선교회의 요청이 실수로 선교지부의 이름으로 발송되었습니다.

동봉한 간단한 편지를 푸이 부인에게 전해주시면 감사하겠습니다.

리와 스왈른과 저는 10일 후 평양으로 떠납니다. 언더우드 목사의 말에 의하면 그는 4월이나 5월 중에 이곳에 도착할 것이라고 합니다. 그는 진심 어린 대환영을 받을 것입니다.

마포삼열 올림

Frank Field Ellinwood

New York, NY

March 11, 1893

My dear Mr. Moffett:-

I have received today an immense mail from Korea which lay the whole work out before me. I have read with peculiar interest your letters, and I want, ere it slips my mind, to express my hearty approval of the sentiment expressed in regard to the Boys' School, namely that the great body of instruction should be in the vernacular and not in English. We have done, I hope, with training the heathen in the English language, denationalizing them, educating them away from their own people and the interest of their own work. I am more and more in favor of using the languages of the country.

We are at work upon the estimates but it is too soon to give you any definite conclusions. It is not an easy task to take the estimated expenditures as they come in from the many fields, compare them, weigh their respective claims and then out of a piece of cloth which is always too small, cut so many garments with thorough justice to all. Every year when the estimates come they show a large advance. The work grows more rapidly than the benevolence of the churches, and then every year a swarm of outside objects, each with its peculiar type of importunity, increases in number and persuasive power.

I am writing to the Mission concerning the *Week of Prayer* which we are to observe between the 19th and 26th of this month. I send you herewith some of the little circulars which show you what is proposed. Allow me to suggest as I have done with our other Missions, that, although the Missions cannot observe the same date with us, they appoint a similar date at their own convenience so that prayer may ascend from all our missions for the out-pouring of God's spirit upon Mission work, upon the Board, churches and the native churches. The

엘린우드

뉴욕 주, 뉴욕

1893년 3월 11일

친애하는 마포삼열 목사에게,

오늘 한국에서 온 상당한 양의 우편물을 받았고, 그 편지가 제 앞에 그곳 사역 전체를 펼쳐 보여주고 있습니다. 특별한 관심을 가지고 편지를 읽었습니다. 잊어버리기 전에 말하면, 학교와 관련하여 표명한 의견에 대해 진심 어린 지지를 보내고 싶습니다. 즉 가르치는 언어의 대부분은 영어가 아니라 본토어가 되어야 합니다. 우리는 이방인을 영어로 양성하면서 그들을 탈민족화시켰고, 자기 민족과 자신의 일에 대한 관심에서 멀어지게 교육시켜왔는데, 저는 그 나라의 언어 사용을 선호합니다.[1]

우리가 예산을 편성하고 있긴 하지만, 아직 명확한 결론을 내기에는 너무 이릅니다. 지출 예산을 잡는 것이 쉽지 않은데, 많은 선교지에서 들어오는 지출 예산을 비교하고 저마다의 요구를 검토하다 보면 모두에게 완전히 공평하도록 작은 옷 한 벌을 언제나 수많은 천 조각으로 나누게 됩니다. 들어오는 예산 요청이 매년 크게 증가하고 있습니다. 사역이 교회의 헌금 기부보다 더 빠르게 늘어나고 있으며, 떼 지어 밀려오는 외부 요청은 각각 특이한 형태로 끈질기게 요구하면서 수적으로나 설득력 면에서 매년 증가하고 있습니다.

저는 이번 달 19일과 26일 사이에 우리가 준수하기로 한 "기도 주간"과 관련하여 선교회에 편지를 쓰고 있습니다. 제안 사항을 보여주는 작은 회보를 몇 부 동봉해서 보냅니다. 저는 우리의 다른 선교회들과 함께해왔듯이, 한국 선교회도 비록 동일한 날을 준수할 수는 없더라도 편리한 때 비슷한 날을 지정하고 선교회 사역과 선교부와 미국 교회와 본토인 교회 위에 하나님의 영이 충만히 넘치도록 우리 모든 선교회와 함께 하나님의 존전에 기도를

1 19세기 말 개신교 선교 신학은 자급화, 토착화, 교회 연합, 타종교에 대한 성취론 등을 특징으로 했다.

forms of missionary work, the established lines of duty have been set, and we have been moving on therein but could there be an out-pouring of the Spirit of God upon all our work it would be like a plentiful shower upon a fertile land. The interest would spring into new life, there would be more earnest prayer, there would be wiser planning in the Board, and in the Mission. There would be a more restless yearning for spiritual fruits on the mission fields, but I must close and turn my attention to the estimates and reports.

With kind regards to all the members of the Mission,

Sincerely yours,

F. F. Ellinwood

올리자고 제안하고 싶습니다. 선교 사역의 형태와 확정된 의무 지침이 정해져 있어서 우리가 그 안에서 행동해왔더라도, 우리의 모든 사역에서 하나님의 영이 넘쳐날 수 있다면, 그것은 기름진 땅에 내리는 풍성한 소나기와 같을 것입니다. 관심이 새로운 생명으로 샘솟아 흘러들고, 더 진지한 기도가 생기며, 선교부와 선교회에서는 더 현명한 계획을 세울 것입니다. 선교지에서는 영적 열매를 더 끊임없이 열망하겠지만, 저는 눈을 감고 제 관심을 예산과 보고서를 처리하는 데 돌려야 합니다.

선교회의 모든 회원에게 안부를 전하며,

엘린우드 드림

Graham Lee

Gensan, Korea

***April 13, 1893* (Rec'd May 26, '93)**

My Dear Dr. Ellinwood:

Your kind helpful letter reached me at Pyeng Yang forwarded overland. My plans for the summer were changed suddenly and now, instead of being in Pyeng Yang I am at the home of Mr. Gale in Gensan. I wish to give you a full account of our attempt to open work at Pyeng Yang and to give you a better understanding of everything. I must say something about my first trip to that city last fall. As I told you I went up in company with Dr. Hall of the Methodist mission. Dr. Hall was doing medical work there, and for an interpreter and helper he had a Korean who I feel sure is a rice Christian and who has no more true religion about him than a stone. In fact this man was bad morally, and he did much to hinder the work.

Dr. Hall and I lived in the house of a man whose young son the Dr. had cured sometime before. This man appeared very grateful and friendly, so unsuspecting Dr. Hall took him into his confidence, told him he wanted to come to Pyeng Yang to live and asked him if he could find a house that was for sale. The man, Mr. Song by name, went out to look for houses and came back with the report that none were to be had, but that he was willing to sell his house if the Dr. wanted to buy it.

The matter was talked over and Dr. Hall agreed to take the house at the man's price, which was about eight hundred dollars, at least three or four times as much as a Korean would have paid for it.

In all his transaction Dr. Hall let it be known that he was coming to Pyeng Yang immediately to live, which was certainly a mistake as we discovered to our sorrow afterwards. Another thing that worked against us was the fact that Dr. Hall's "rice" Christian told around among the people that the foreigners were coming up to Pyeng Yang, that they were

그레이엄 리

한국, 원산

1893년 4월 13일 (1893년 5월 26일 수령)

엘린우드 박사님께,

귀하의 친절하고 도움이 되는 서신은 평양에 도착한 뒤 육로로 이곳에 전달되었습니다. 저의 여름 계획은 갑자기 변경되었고, 지금 평양에 머무는 대신 원산에 있는 게일 씨의 집에 있습니다. 평양 사역 개척을 위한 우리의 시도에 대해 충분한 설명을 드리고 귀하께서 모든 것을 더 잘 이해하실 수 있기를 바랍니다. 작년에 평양에 간 제 첫 여행에 대해 반드시 설명해드려야겠습니다. 말씀드렸듯이 저는 감리교 선교회의 홀 의사와 함께 올라갔습니다. 홀 의사는 그곳에서 의료 사역을 하면서 통역과 조사로 한국인 한 명을 데리고 있었는데, 저는 그가 쌀 신자라고 확신했고, 돌과 다름없이 참신앙이 없는 자였습니다. 사실 이 남자는 도덕적으로 나쁜 자였고 그래서 사역에 많은 방해가 되었습니다.

홀 의사와 제가 어떤 사람의 집에서 지냈는데, 홀 의사는 그 사람의 아들을 그전에 치료해주었습니다. 이 남자는 고마워하고 우호적인 모습이었으므로 의심치 않는 홀 의사는 그를 신뢰하게 되었고, 그에게 평양에 살러 오기를 원한다고 말하면서, 팔려고 나와 있는 집을 찾아달라고 부탁했습니다. 성이 송씨인 이 남자는 집을 알아보러 다녔고 돌아와서 찾을 수 없다고 보고했으나, 만일 홀 의사가 원하면 자기 집을 기꺼이 팔겠다고 했습니다.

이 문제를 놓고 이야기를 했고 홀 의사는 그 남자가 부르는 가격에 집을 취득하기로 동의했는데, 그 가격이 약 800달러로 한국인이 지불했을 가격에 비해 최소한 서너 배는 많았습니다.

모든 거래 과정에서 홀 의사는 자신이 즉시 평양에 살기 위해 올 것이라고 알렸는데, 슬프게도 이것은 나중에 밝혀졌듯이 명백한 실수였습니다. 우리에게 불리하게 작용한 다른 한 가지는 홀 의사의 "쌀" 신자가 주변 사람들에게 외국인들이 평양에 올라오는데, 모든 좋은 부지를 사들여서 큰 집을 짓

going to buy up all the fine sites, put up big houses and change the whole city. This was another thing that worked against us.

As soon as Dr. Hall and Mr. Song came to an agreement about the house we started back for Seoul. Dr. Hall was to raise the money and as soon as possible return to Pyeng Yang and buy that house.

The last week in February Dr. Hall had his arrangements completed, and in company with Mr. Noble of their mission he returned to Pyeng Yang to buy the house.

Two weeks after Dr. Hall left, Moffett, Swallen and I left for Pyeng Yang, also all prepared to have Mr. Han (one of our helpers) buy a house if a suitable one could be found. When we reached Pyeng Yang we found Dr. Hall living in a house just inside the West Gate, which he had purchased in the name of Mr. You, their chief helper. Dr. Hall had also bought another house in Mr. You's name, which I will call house #2. Mr. Song had raised the price on his house and for that reason Dr. Hall refused to buy it.

We found Hall and Noble in good spirits over their transaction. Dr. Hall told us that when they first went into the house the people in the neighborhood were somewhat worked up over the fact but that the governor had sent out a message which made everything quiet. According to Dr. Hall's story which he got from his helper, Mr. You, this message stated that the foreigners were good people, that they cured the sick and helped the poor and that if anyone molested them he was to be reported to the governor. Mr. You also stated to one of our helpers, Mr. Saw, that the message said that this Christian religion was all over Seoul, implying that if such was the case it would make no difference if it did come to Pyeng Yang. This put us all in fine spirits for we all thought "surely if the Governor has taken such a stand, there will be no opposition to our gaining an entrance."

On the following Monday Hall and Noble were to leave for Eui Ju. Before going they urged us very warmly to go into their house #2 and

고 도시 전체를 바꾸어놓을 것이라고 떠벌리고 다녔다는 사실입니다. 이것이 우리에게 불리하게 작용한 또 다른 측면이었습니다.

홀 의사와 송씨가 그 집을 계약하자마자 우리는 서울로 되돌아오려고 출발했습니다. 홀 의사는 자금을 모은 다음 최대한 빨리 평양으로 돌아가서 그 집을 사려고 했습니다.

2월 마지막 주에 홀 의사는 모든 준비를 마치고 감리회 선교회의 노블 목사를 데리고 그 집을 사기 위해 평양으로 돌아갔습니다.[1]

2주일 후에 홀 의사가 평양을 떠났고, 마포삼열과 스왈른과 저는 평양을 향해 출발했습니다. 또한 (조사 중의 한 명인) 한[석진] 씨가 적당한 집을 발견하면 집 한 채를 사도록 모든 준비를 다 했습니다. 평양에 도착한 우리는 홀 의사가 서문[보통문] 바로 안에 있는 그들의 수석 조사인 유씨의 이름으로 구입했던 집에 살고 있는 것을 발견했습니다.[2] 홀 의사는 유씨의 이름으로 다른 집 한 채도 샀는데, 저는 이것을 두 번째 집으로 부르겠습니다. 송씨가 자기 집 가격을 올렸고, 이 때문에 홀 의사는 그 집을 사는 것을 거절했습니다.

우리는 홀과 노블이 그들의 거래에 대해 기분이 좋은 것을 보았습니다. 홀 의사는 우리에게 그들이 처음 그 집에 입주했을 때 이웃 사람들은 그 사실로 인하여 다소 동요했지만 관찰사가 조서를 보내 모든 것을 진정시켰다고 말했습니다. 홀 의사가 자신의 조사인 유씨로부터 들은 이야기에 따르면, 이 조서는 외국인들이 선한 사람들이며 병자를 치료했고 가난한 자를 도와주었기 때문에 누구든지 그들을 괴롭히는 자는 관찰사에게 고발하라고 명시했습니다. 또 유씨는 우리 조사 중 한 명인 서[상륜] 씨에게 그 조서에는 기독교가 서울 전역에 퍼져 있다고 했는데, 만일 그것이 사실이라면 기독교가 평양에 들어와도 차이가 없다는 뜻이라고 말했습니다. 이것은 우리 모두에

---

1 노블(魯普乙 William Arthur Noble, 1866-1945)은 드루 신학교를 졸업하고 1892년 와이오밍 연회에서 목사 안수를 받았다. 결혼한 후 1892년 10월 내한했다. 배재학당 교사로 봉사한 후 1894년 홀 의사 사후에 평양에 감리회 선교사로 파송되어 15년간 평양 선교지부를 개척, 발전시켰다. 평양, 서울, 수원 지방 감리사 등 40년간 감리사를 역임한 후 1933년 3월 은퇴했다.

2 이때 홀의 조사는 김창식과 오석형이었다. 유씨가 누구인지는 불확실하다.

live there until Mr. Han our helper had succeeded in buying one. Moffett demurred at first for he was afraid we might be going a little too fast to move up into that house and give the appearance that we were living there. We talked the matter over and came to the conclusion that since the governor had sent out that message there would be no trouble about our going into the house. On Monday Hall and Noble left for Eui Ju and on Tuesday morning we moved up into house #2. Here we were quite comfortably fixed and all seemed quiet and serene. All this time Mr. Saw and Mr. Han, our helpers, had been working to buy a piece of property lying outside of the wall west of the city. About the middle of the week the transaction was made and for three hundred and thirty dollars ($330.00) (silver) they bought the side and top of a small hill which was beautifully situated. It was near enough to have plenty of access to the people and far enough away to be rid of all the horrid smells of the city. There was one Korean house on the property and there was land enough on which to build all the houses we would ever need and plenty more for garden purposes. We were all on the mountain top over our delightful prospects.

On the following Monday Swallen left for Seoul. Soon after his leaving our troubles began. First the men who had sold the houses to Dr. Hall were arrested and imprisoned. You understand that Dr. Hall bought nothing in his own name but all the transactions were in the name of Mr. You, their helper. These men who sold the houses were arrested we heard because they had sold their houses to a foreigner. When we heard the men were to be arrested, Moffett tried to see the governor in their behalf and tell him that no foreigner had bought a house. Nothing had been done in violation of treaty or Korean law. The governor refused to see Moffett. We could only wait to see what would happen next. Something happened soon enough. Mr. You, who was still living in the first house Dr. Hall bought was ordered by the governor to return the deeds for both houses. Here was a pretty mess for the deeds were in Dr. Hall's possession and Dr. Hall was in Eui Ju. Mr. You couldn't get the

게 용기를 주었는데, "만일 관찰사가 그런 태도를 취한 것이 사실이라면 우리가 들어갈 곳을 확보하는 데 반대가 없을 것이다"라고 생각했기 때문입니다.

그다음 월요일 홀과 노블은 의주로 떠날 예정이었습니다. 떠나기 전에 그들은 우리에게 그들의 두 번째 집에 들어가서 우리의 조사 한[석진] 씨가 성공적으로 집 한 채를 살 때까지 그곳에서 지내라고 따뜻하게 권했습니다. 처음에 마포삼열 목사는 반대했는데, 그 집으로 이사하는 것은 아직 시기상조이고 우리가 그곳에 살고 있다는 인상을 줄 수 있다고 우려했기 때문이었습니다. 우리가 이 문제를 놓고 토론했고 관찰사가 조서를 보냈기 때문에 우리는 그 집에 입주해도 아무 문제가 없을 것이라는 결론에 도달했습니다. 월요일에 홀과 노블은 의주로 떠났고, 화요일 아침에 우리는 두 번째 집으로 이사를 했습니다. 우리는 이곳에 편안하게 자리를 잡았고 모든 것이 조용하고 평안한 듯했습니다. 이러는 동안 우리의 조사인 서[상륜] 씨와 한[석진] 씨는 도시의 서쪽 성벽 밖에 있는 자산 한 곳을 사려고 알아보고 있었습니다. 주중에 거래가 이루어졌고, 아름다운 곳에 위치한 작은 언덕배기와 언덕 윗부분을 은화 330달러에 구입했습니다. 사람들에게 접근하기 용이할 정도로 주거지와 충분히 가까웠고, 도시의 모든 악취가 제거될 정도로 충분히 멀리 떨어져 있는 곳이었습니다. 그 자산에는 한옥이 한 채 있었고, 우리가 필요하게 될 모든 건물을 지을 수 있을 만큼 충분히 넓은 대지가 있고 또 정원 용도로 쓸 수 있는 넓은 땅이 더 있었습니다. 우리는 모두 산 정상에 서서 즐거운 전망을 바라보는 듯했습니다.

다음 주 월요일에 스왈른 목사가 서울로 떠났습니다. 그가 떠난 직후 우리의 곤경이 시작되었습니다. 첫째, 홀 의사에게 집을 판매한 자들이 체포되어 투옥되었습니다. 귀하도 이해하시듯이 홀 의사는 자기 이름으로 사지 않았고, 모든 거래는 그의 조사인 유씨의 명의로 했습니다. 집을 판 사람들은 외국인에게 집을 팔았기 때문에 체포되었다고 들었습니다. 우리가 그들이 체포될 것이라는 소식을 들었을 때, 마포삼열 목사는 그들을 위해서 관찰사를 만나 어떤 외국인도 집을 사지 않았다고 말하려고 시도했습니다. 조약이나 한국의 법을 위반하는 일은 행하지 않았습니다. 관찰사는 마포삼열 목사

deeds so to save himself he made out false ones and these were returned to the men.

Up to this time nothing had been said about the purchase our helpers had made and we were hoping that nothing would be said: but it was a vain hope, for before long came the order that the deeds in our possession must be returned. Returned they were and right glad were we that no false deeds had to be made out by our helpers. We still remained in the house awaiting developments. They came fast enough. The next report was that a crowd had gathered in front of the house where Mr. You was, and demanded of him to leave. He promised to go out the next morning. We suspected our turn would come next and sure enough it did. That evening about twenty men gathered before our door and began calling to us to go out, enforcing their remarks with a somewhat vigorous pounding on the door. We held a council of war and Moffett decided to go out and speak to them, which he immediately did. He found the men friendly enough. They said they had nothing against us, but that the magistrate had commanded them to put us out and they were afraid to disobey. Moffett told them that if such was the case we would go out, for we didn't want them to get into trouble on our account. This satisfied the crowd and they left. Next morning Moffett went down to see the Magistrate and wanted to know if he had given any such order to the people. He denied point blank that he gave such an order—but we believe he lied. Moffett told him that we had done nothing contrary to the treaty and asked that the men who had been imprisoned on our account should be released. This the magistrate promised to do as soon as we left. Moffett then said that we would leave the next morning. Next morning we did leave for Eui Ju. We were to go to Eui Ju, from there up to Kang Kyei then back to Pyeng Yang and across to Gensan. Our plans didn't carry out for that night I was taken with an attack of dysentery which rendered it impossible for me to go on. Next day we came back to Pyeng Yang and then hired a good four-man chair to bring me across to

를 만나는 것을 거절했습니다. 우리는 그저 앞으로 어떤 일이 일어날지 지켜볼 수밖에 없었습니다. 곧 어떤 일이 발생했습니다. 홀 의사가 매입한 첫 번째 집에 살고 있던 유씨는 두 집의 문서를 돌려주라는 관찰사의 명령을 받았습니다. 여기에 복잡한 문제가 발생했는데, 집문서는 홀 의사가 가지고 있었고 그는 의주에 있었기 때문입니다. 유씨는 집문서를 받을 수 없었고, 그래서 자신을 구하기 위해 가짜 문서를 만들어 원래 집주인에게 돌려주었습니다.

이때까지 우리 조사들이 매입한 것에 대해서는 전혀 말이 없었고, 우리는 계속 아무 말이 없기를 바라고 있었습니다. 그러나 그것은 헛된 희망이었고, 얼마 후 우리가 소유하고 있는 문서를 돌려주어야 한다는 명령이 왔습니다. 우리는 문서를 돌려주었고, 우리 조사들이 가짜 문서를 만들지 않아도 되는 데 만족했습니다. 우리는 여전히 집에 남아서 사태의 전개를 기다렸습니다. 사태는 빠르게 진행되었습니다. 이어서 전해진 보고에 따르면 유씨가 있는 집 앞에 군중이 모였고 그들은 그에게 집을 떠나라고 요구했습니다. 그는 다음날 아침에 나가겠다고 약속을 했습니다. 우리는 그다음은 우리 차례가 되리라고 염려했는데, 정말 그렇게 되었습니다. 그날 저녁 약 20명의 남자들이 대문 앞에 모여서 우리를 나오라고 부르기 시작했고 문을 세게 두드리면서 재촉했습니다. 우리는 긴급 대책 회의를 열었고, 마포삼열 목사가 밖에 나가서 그들에게 말하기로 결정했으며, 그는 즉시 그렇게 했습니다. 그는 사람들이 충분히 우호적인 것을 발견했습니다. 그들은 우리를 전혀 반대하지 않았지만, 관찰사가 우리를 몰아내라고 명령했기 때문에 거역하는 것이 두렵다고 말했습니다. 마포삼열 목사는 만일 사정이 그렇다면 우리가 나가겠다고 말했는데, 우리 때문에 그들이 어려움을 겪는 것을 원치 않았기 때문입니다. 이에 군중은 만족하고 떠났습니다. 다음날 아침 마포삼열 목사가 관찰사를 만나러 내려갔고 관찰사가 사람들에게 그런 명령을 내렸는지 알아보기를 원했습니다. 관찰사는 그런 명령을 내린 적이 없다고 단도직입적으로 부인했습니다. 그러나 우리는 관찰사가 거짓말을 했다고 믿습니다. 마포삼열 목사는 관찰사에게 "우리는 조약에 위반되는 일은 전혀 하지 않았다"고

Gensan. The trip was made safely and before reaching here I was much better. Am now about well again. Moffett has gone to Seoul to meet Hall and see if our ministers can do anything to influence the governor and have that property returned to the men who bought it.

Now let me tell you in a few words where we think the mistakes were made which caused our plans to so miscarry.

1st-We think Dr. Hall made a mistake in letting it be known on his first trip that he intended to come to Pyeng Yang to live.

2nd-In Dr. Hall having as a helper a bad man who circulated a lot of false reports.

3rd-In counting too much on the governor's message to the people which didn't mean at all what Dr. Hall thought and told us it did. Had it not been for the message which someone so sadly misinterpreted, we would never have consented to go into that house but would have remained quietly in the inn.

In regard to that message of the governor's, instead of meaning what we were told it did, it simply told the people not to move away because the foreigners were in that part of the city. You see that this is not at all what we were told at first.

This looks as if I was trying to cast all the blame on our Methodist brethren. I have simply tried to give the facts and this is the way they appear to both Moffett and me. Dr. Hall is a lovely Christian man and one with whom it is a delight to work and I would say nothing to disparage him, but facts compel me to say that I think he made some fatal errors in judgment.

All that I have said in regard to our Methodist brethren please to consider is strictly confidential. I only write this because I want to give you what I think a true statement of the case. Now a word about myself and I am done this somewhat lengthy epistle. In coming over Moffett and I talked over my affairs and came to the conclusion that for some time to come I would not be able to fix a place for Miss Webb and her

말했고, "우리 때문에 투옥된 자들은 석방해야 한다"고 부탁했습니다. 이에 관찰사는 "우리가 떠나는 즉시 그렇게 하겠다"고 약속했습니다. 그래서 마포삼열 목사는 "다음날 아침에 떠나겠다"고 말했습니다. 다음날 아침 우리는 정말 의주로 떠났습니다. 우리는 의주에 갔다가 거기서 강계로 올라간 후 평양으로 돌아와서 원산으로 건너갈 계획이었습니다. 우리의 계획은 실행되지 못했는데, 그날 밤 제가 이질에 감염되었고, 그 때문에 저는 계속 갈 수 없었습니다. 다음날 우리는 평양으로 돌아왔고, 저를 원산까지 데리고 갈 4명의 좋은 가마꾼이 메는 가마를 빌렸습니다. 여행은 안전하게 이루어졌고 이곳에 도착하기 전에 저는 많이 좋아졌습니다. 저는 지금은 건강합니다. 마포삼열 목사는 홀을 만나고, 우리의 공사들이 관찰사에게 영향력을 행사하여 자산을 매입한 자들에게 되돌려주게 할 수 있는지 알아보기 위해 서울에 갔습니다.

이제 우리의 계획을 수포로 돌아가게 한 실수라고 생각되는 것에 대해서 간단히 말씀드리고자 합니다.

첫째, 홀 의사가 첫 번째 여행에서 평양에 거주하기 위해 올 것이라고 알린 것이 실수였다고 생각합니다.

둘째, 홀 의사가 많은 거짓 보고를 유포시킨 나쁜 사람을 조사로 데리고 있었던 것이 실수였다고 생각합니다.

셋째, 관찰사가 사람들에게 내린 조서를 너무 믿은 것이 실수였는데, 그것은 홀 의사가 생각하고 우리에게 말해준 그런 내용이 전혀 아니었습니다. 누군가가 잘못 해석한 그 조서가 없었다면, 우리는 그 집에 들어가는 데 결코 동의하지 않고 여관에서 조용히 지냈을 것입니다.

관찰사의 조서에 대해 말씀드리면, 우리가 들은 의미가 아니라 외국인이 도시의 그 지역에 있지만 사람들에게 그곳을 떠나지 말라고 한 단순한 내용이었습니다. 보시다시피 이것은 우리가 처음에 들었던 내용이 전혀 아닙니다.

이는 마치 제가 모든 비난을 우리의 감리회 형제에게 전가하려는 것처럼 보입니다. 저는 다만 사실을 전해드리려고 하며, 이것이 마포삼열 목사와 제가 사태를 보는 관점입니다. 홀 의사는 사랑스러운 예수교인이며 함께 일

mother in Pyeng Yang. As you know, I am under promise to go or send for them in two years. We had both worked out the same solution to my problem in the same way before talking it over. That solution is this: ask the Mission to send me to Gensan for the present and when Mr. Gale gets into his own house I am to get married and occupy the house he is now in. This seems to be the only solution to my problem as this seems to be the only house that will be available. As I said, Moffett favors this and both Mr. & Mrs. Gale think it would be the best plan. The Mission could send me here for a few years and then when it was possible if they saw fit, I could be changed to Pyeng Yang. I should hate to give up the idea of working with Moffett for he and I agree beautifully, however the future can only decide that. Mr. Gale thinks there ought to be another man here and if that is the case for the present, why should not I be the man? I am perfectly willing to abide by any decision of the Mission but I do sincerely hope that they will see the way clear to send me here for the present.

In a few days I intend to set up bachelor's hall in the cholera hospital. Here I will be alone and will have a fine opportunity to get down to some solid work on the language.

This little building is very well suited to my wants and in a few days I shall be comfortably situated. I may say that the use of the building has been given me free of rent by Mr. Lie Sen [?], the Chinese Commissioner of Customs.

Now, I intend living there until our next Annual Meeting in October. What the future will be, the Mission must decide.

I trust the above is clear enough to give you some idea of our attempt to open Pyeng Yang.

Very sincerely,

Graham Lee

하기에 즐거운 사람입니다. 저는 그의 명예에 누가 되는 말은 일절 하지 않을 것이지만, 사실을 놓고 볼 때 저는 그가 몇 가지 잘못된 판단을 했다고 말하지 않을 수 없습니다.

제가 감리회의 형제에 대해 한 말은 철저히 비밀로 해주시기 바랍니다. 제가 이렇게 쓰는 이유는 단지 귀하께 제가 생각하는 사건의 진상을 알려드리기를 원하기 때문입니다. 이제 저 자신에 대해 한마디만 하고 이 긴 편지를 끝내겠습니다. 이곳으로 오면서 마포삼열 목사와 저는 제 신상에 대해 이야기했고, 당분간 평양에 웹 양과 그녀의 어머니를 위한 장소를 마련할 수 없다는 결론을 내렸습니다. 귀하께서도 아시고 계시듯이 저는 2년 후에 그들에게 가거나 그들을 데려오기로 약속했습니다. 마포삼열 목사와 저는 그것을 말하기 전에 동일한 방식으로 그 문제에 대한 동일한 해결책을 구상했습니다. 그 해결책은 선교회에 부탁해서 당분간 저를 원산으로 보내고, 게일 씨가 [건축 중인] 자신의 주택으로 들어가면 제가 결혼해서 그가 현재 살고 있는 집을 사용한다는 것입니다. 이 집이 이용할 수 있는 유일한 집이므로 이것이 제 문제에 대한 유일한 해결책으로 보입니다. 제가 말씀드렸듯이 마포삼열 목사는 이 계획에 찬성하며 게일 부부는 이것이 최선의 계획이라고 생각합니다. 선교회는 저를 이곳에 몇 년간 파송한 후 가능하고 적당하다고 판단하는 때 저를 평양으로 전임시킬 수 있을 것입니다. 저와 마포삼열 목사는 뜻이 척척 맞기 때문에, 마포삼열 목사와 함께 사역할 생각을 포기하는 것이 싫지만, 시간이 지나면 함께 일할 수도 있을 것입니다. 게일 씨는 여기에 한 사람이 더 있어야 한다고 생각합니다. 만약 지금 그렇다면, 제가 그 사람이 되면 안 되겠습니까? 저는 선교부가 어떤 결정을 내리더라도 기꺼이 따르겠습니다. 그러나 선교부가 지금 저를 이곳으로 파송할 수 있는 길이 열리기를 진심으로 바랍니다.

며칠 후에 저는 콜레라 병원에 독신자 방을 마련하려고 합니다. 이곳에 저 혼자 있을 것이며, 언어를 확실히 공부하는 좋은 기회를 가지려고 합니다.

이 작은 건물은 제 필요에 잘 부합하며, 며칠 내로 편안하게 자리 잡을 것입니다. 이 건물은 원산 세관의 중국 세관장인 리센 씨가 무료로 제게 빌

려준 것입니다. 이제 저는 10월에 열리는 다음 연례 회의 때까지 그곳에서 살려고 합니다. 미래가 어떻게 될지는 선교회가 결정할 것입니다.

위에서 저는 평양을 개척하기 위해 우리가 시도한 것에 대해 귀하께 분명하고 충분히 설명했다고 믿습니다.

그레이엄 리 올림

● 윌리엄 제임스 홀 의사, 1893년 [OAK]
William James Hall, MD, 1893

윌리엄 제임스 홀(William James Hall, 1860-1894)은 캐나다인으로 뉴욕의 벨러뷰 의학 대학을 졸업했다. 뉴욕에서 빈민 의료 선교 활동을 하다가 의사 로제타 셔우드(Rosetta Sherwood, 1865-1951)를 만났다. 무디의 설교에 감명을 받아 가난하고 불행한 아시아인을 위해 일하려는 소명을 가지고 1891년 12월 미국 북감리회 의료 선교사로 내한했다. 1892년 6월 한국에서 미리 와 있던 로제타와 결혼했다. 북감리회는 1892년 홀 의사를 평양의 첫 선교사로 임명했다. 홀은 1893년 2월 노블과 함께 평양을 네 번째 방문하고 기생 권번으로 사용되던 집을 매입했다. 이때 마포삼열과 스왈른과 리도 서상륜과 함께 평양을 방문하고 한석진의 도움으로 서문 밖에 집을 샀다. 4월에 서울에 온 홀은 조사 김창식(金昌植)을 평양으로 먼저 보낸 후 자신은 1894년 1월 통역인 노병선과 함께 다시 평양에 갔다. 1894년 5월 4일 한 살 된 아들과 부인 홀 의사, 에스더 박 부부와 함께 평양으로 이주했다. 이때 평양 예수교인 박해 사건이 발생했다. 이어서 청일 전쟁이 발발하여 부인과 아들을 데리고 서울로 잠시 내려와 있다가 전투가 끝나자 10월에 마포삼열 목사와 리 목사와 함께 다시 평양에 올라가 부상당한 자들을 치료하고 매일 밤 전도하고 학교에서 가르치다가 말라리아에 걸려 서울로 이송되었으나 발진티푸스가 겹쳐 11월 24일 한국에 온 지 3년 만에 사망했고 양화진에 안장되었다.

●
홀 의사의 첫 주택과 진료소, 평양, 1893년 [OAK]
Dr. Hall's First House and Dispensary, P'yŏngyang, 1893

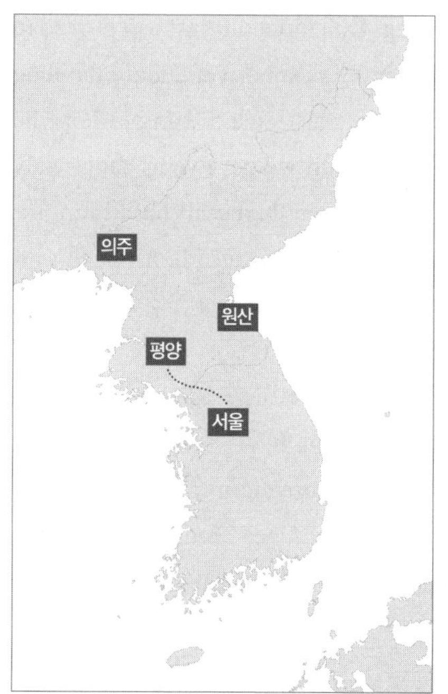

● **마포삼열의 제6차 전도 여행**
1893년 3-4월, 서울-평양-서울.
스왈른 목사, 리 목사, 홀 의사, 서상륜과 함께 평양 선교지부 개척 추진. 서상륜과 한석진의 이름으로 집을 샀으나 평양 관찰사의 반대로 반환함. 지부 개설 실패 후 리 목사는 원산으로 감.

Mr. Moffett's Sixth Mission Trip, March-April, 1893
Round trip from Seoul to P'yŏngyang with Mr. Swallen, Mr. Lee, Dr. Hall, and Sŏ Sang-nyun, Moffett let Mr. Sŏ and Mr. Han Sŏkchin buy a house, but had to return it to the former owner due to the opposition of the Governor. After the failure of opening a station there, Mr. Lee went to Wŏnsan.

Samuel A. Moffett

Seoul, Korea

May 8, 1893

Dr. Ellinwood:

Enclosed please find a letter & pictures which I hope may be deemed what is wanted for the August number of *The Church at Home & Abroad*.

I am hoping to leave this week for another visit to Pyeng Yang, confident that our first repulse was only temporary and due entirely to indiscretion in making known to unreliable Koreans what were our plans.[1] I am quite sure that had we been allowed to carry out our plans we should have been as successful as we were at Eui Ju but I hope the first failure will but prove to have been a blessing. I go this time expecting to stay a month or so according to the development of affairs but I hope to be able to report very considerable progress towards gaining an abiding place in Pyeng Yang. One thing our last trip proved to me very much to my regret viz that Mr. Lee cannot yet endure the long country trips and that for a year or two he must give them up. I hope he will be able to arrange to stay in Gensan until we get Pyeng Yang ready for him and his wife and that one or two years there will but fit him for work. I am greatly disappointed, as he is, over this turn in his health for we had looked forward with great satisfaction to working together in gaining our way into this interior city.

At present all sorts of rumors (largely false and exaggerated ones) are circulating concerning a rebellion in the South. As usual Washington & London will probably hear a great deal more alarming news than we who are here will ever know. If the rebellion does amount to anything we have no fears for ourselves and I doubt not that any change in the

1 It was reported by Graham Lee in the letter of April 13, 1893.

마포삼열

한국, 서울

1893년 5월 8일

엘린우드 박사님께,

동봉하는 편지와 사진이 「국내외 교회」 8월호에 필요한 내용이기를 바랍니다.

저는 이번 주에 다시 평양으로 여행을 떠나기를 원합니다. 저는 우리의 첫 번째 추방이 다만 일시적이고, 전적으로 믿을 수 없는 한국인들에게 우리의 계획이 무엇인지를 알려준 신중하지 못한 태도 (이것은 다른 사람이 한 일입니다) 때문이었다고 확신합니다. 만일 [홀 의사의 계획이 아닌] 우리의 계획대로 실행했더라면 의주에서처럼 성공했을 것이라고 확신하지만, 첫 번째 실패가 오히려 축복이 되기를 바랍니다. 이번에는 사태의 발전에 따라 한 달 정도 머물려고 하지만, 평양에 거주지를 확보하는 일에 많은 진보가 이루어졌다고 보고할 수 있기를 바랍니다. 지난번 여행에서 크게 유감이었던 한 가지는 리 목사가 장기간 지방 여행을 할 수 없었던 것으로, 그는 한두 해 동안 이것을 반드시 포기해야 합니다. 그와 아내가 평양에서 일할 수 있도록 우리가 준비할 때까지 그가 원산에서 지내도록 배려해주시기 바랍니다. 그는 한두 해 그곳에 있으면 사역에 적합한 자가 될 것입니다. 그도 그랬겠지만, 저 역시 그의 건강이 나빠져서 실망했습니다. 우리는 이 내륙 도시에 들어가는 길을 열기 위해 함께 일할 것을 흡족한 마음으로 기대했기 때문입니다.

현재 남부 지방의 동학란에 관해서 온갖 소문(대부분 거짓이고 과장된 것들)이 돌아다니고 있습니다. 평소처럼 워싱턴과 런던에서는 십중팔구 우리가 여기서 알게 될 소식보다 더 깜짝 놀랄 소식을 듣게 될 것입니다. 반란이 과격해지더라도 우리는 전혀 두려워하지 않습니다. 이 나라의 변화가 어떤 것이든지 이곳을 복음을 향해 더 자유롭게 개방시키고, 여기서 우리의 위치는 더욱 견고해지며, 우리의 특권은 더 늘어날 것을 저는 의심하지 않습니다. 사람들은 가공할 정도로 악정에 시달리고 있습니다. 관리들은 강도나 다름없고, 백성은 필설로 다 표현할 수 없을 정도로 그들을 증오합니다.

country will but open it the more freely to the gospel and that our positions here will be the stronger and our privileges the greater. The people are most abominably misgoverned—the officials being little more than robbers and the officials are hated beyond all expression.

Although we have but few converts as yet the influence of the gospel truth is having a great deal to do with the discontent and loud complaints of the people. Hatred of the Japanese is strong but my travels in the country have given me every reason to think that the people are friendly to westerners. The rebellion may take the form of opposition to all foreigners—merely as an excuse to get the government into difficulties in order to overthrow it, but I expect no serious outbreak against us.

Much to our joy we hear of Dr. Underwood's arrival in Fusan and look for him here tomorrow. With kindest regards,

Very sincerely yours,

S. A. Moffett

비록 우리에게 단지 극소수의 개종자만 있지만, 복음 진리의 영향력은 사람들의 불만과 높은 원성과 깊은 연관이 있습니다. 일본인에 대한 증오는 강하지만, 제가 지방 여행을 하면서 알게 된 확실한 사실은 사람들이 서양인에 대해서는 우호적이라는 것입니다. 동학란이 모든 외국인에 대해 반대의 형태를 취할 수도 있습니다. 그것은 정부 전복을 목적으로 정부를 곤경에 빠트리기 위한 구실에 불과합니다. 그러나 우리를 반대하는 심각한 폭동이 일어나리라고는 예상하지 않습니다.

언더우드 박사가 부산에 도착했고 내일 이곳으로 온다는 소식을 듣고 우리 모두는 대단히 기쁩니다. 안녕히 계십시오.

마포삼열 올림

Frank Field Ellinwood

New York, NY

May 8, 1893

To the Korea Mission:

Dear Brethren:-

There are some publications going the rounds, attributed to Mr. Fenwick, which seem highly derogatory to the missionary work done in Korea. It is represented that the reports which have been published from missionary sources are exceedingly misleading, that the work accomplished is very little indeed, etc., etc. and I fear that great harm will be done in our churches which have been expecting so much and are contributing so liberally toward the work. If even a tithe of what this magazine states be true it shows the need of redoubled effort along spiritual lines both for the advance of those already enrolled as professing Christians and for the enlargement of their numbers by the accession of many more. As I have said in previous letters the great desideratum is no longer in preliminaries, but in the actual work of gathering souls. Of course nothing can be done by unaided human skill or effort, but there is always the resource of the Divine Spirit working in answer to earnest prayer and earnest effort. When Mr. Sampson came here last summer and he is quoted in this article as corroborating Mr. Fenwick, he gave a pitiful account of the spiritual condition of the alleged converts in Korea as he had learned from Dr. Vinton. At the time that he made these statements I had recently learned of the temporary abandonment of the Seoul Station by the missionary force, and I could not help wondering if such an example had had anything to do with the lowering of the moral earnestness of the native Christians. But of course I was greatly relieved when later the explanations came in regard to the fact that the station was left alone, and especially that the hospital was shut up.

엘린우드

뉴욕 주, 뉴욕

1893년 5월 8일

한국 선교회 귀중,

형제들에게,

펜윅 씨가 쓴 것으로 보이는 출판물이 돌아다니는데,[1] 한국에서 이뤄진 선교 사역을 상당히 경멸하는 것처럼 보입니다.[2] 그 자료에 근거한 보고서는 오해를 사기 쉬운데, 성취된 사역이 거의 없다고 썼기 때문입니다. 이는 사역에 대해 크게 기대하고 후하게 기부하는 우리 교회에게 큰 해를 미칠까 우려됩니다.[3] 만약 이 잡지에서 설명하는 것이 1/10이라도 사실이라면, 신앙을 고백하는 기존 등록교인들의 성장을 위해, 그리고 더 많은 사람을 입교시킴으로써 수를 확장하기 위해, 영적인 노선에 갑절의 노력이 필요함을 보여줍니다. 이전 편지들에서 말했듯이 가장 필요한 일은 더 이상 준비 과정이 아니

1 펜윅(Malcolm C. Fenwick, 1863-1935)은 캐나다 침례교인으로 "성질이 불같은 스코틀랜드인"(hot Scotch)이었다. 가난한 집안 출신으로 대학을 다니지 못한 그는 나이아가라 성경 강습회, 무디의 부흥 운동, 학생해외선교자원운동, 세대주의의 영향을 받았다. 토론토 한인선교회 후원으로 1889년 11월 독립 선교사로서 내한했고 소래에서 서경조의 집에 머물면서 한국어를 배웠다(백낙준, 『한국 개신교사』, 232-233; Huntley, *Caring, Growing, Changing*, 63-64).

2 이 기사는 존스톤(James Johnston)의 책 *Reality versus Romance in South Central Africa*에도 실렸고 약 10년간 논쟁의 대상이 되었다. "2년 전에 언더우드라는 자가 이곳 선교지에서 미국으로 돌아갔다. 그 후 그는 미국 교회들을 다니며 과장된 이야기를 퍼뜨리고 있다.…한 마을에서 일어난 그의 개종 사역에 대해 설명하고자 한다. 나[펜윅]는 그 후 그곳에 살게 되었는데 그에게서 세례를 받은 자가 내게 설명한 바는 다음과 같다. 언더우드 씨는 선교회 돈을 받는 토착인[서상륜]에게 최소한 40명에서 50명의 사람을 불러 모으라고 지시하면서 사람들이 모이면 그가 가겠다고 알렸다. 당황한 토착인은 친구들을 모으려고 했으나 고작 9명만 모을 수 있었다. 선교사가 도착했고, 그는 오랫동안 권면을 한 후 토착인들에게 갓을 벗으라고 부탁했다. 한 사람이 '무엇 때문입니까'라고 물었다. '별로 신경 쓸 것 없어요'라고 그 토착인 친구가 구슬리며 간청했다. 공손한 동양인들인지라 그들은 갓을 벗었다. 이때 목사요 신학 박사인 언더우드 씨는 이 9명에게 세례식을 집행했는데, 그중에 아마 한 명을 제외하고는 모두 처음 보는 자들이었다."

3 펜윅의 기사가 대부분 언더우드에 대한 공격이었으므로 5월 9일 서울에 돌아와 이 잡지를 구해서 읽은 뒤 언더우드 부인은 6월 8일 엘린우드 총무에게 반박 편지를 보내고 펜윅을 강력하게 비난했다. "오늘 오후 브룩스 박사가 편집하는 잡지 「진리」를 수중에 넣었습니다. 그곳에는 펜윅(이전 캐나다 한국 선교회 소속 선교사)의 편지를 바탕으로 한 편집장의 기사가 게재되어 있는데, 동양에 있는 모든 선교사를 도매금으로 매도하고 있으며, 한국과 언더우드에 대한 부분은 처음부터 끝까지 완전한 거짓말이라고 제가 굳이 말할 필요가 없습니다"(Lillias H. Underwood to F. F. Ellinwood, June 8, 1893).

We are just sending out Dr. Avison as an additional missionary in Korea, and it has been our hope that in the division of labor he would be assigned to the care of the hospital, and for spiritual work in which he would have no restrictions placed upon him by Government authority. I judge that this would be in accordance with his own wish and probably with the judgment of the Mission. I think that Dr. Avison would take hold of the hospital con amore. We commend him to the mission as one who will take hold of the work earnestly and who will be liked by your whole [mission community].

Very sincerely yours,

F. F. Ellinwood

P.S.

The publication referred to [several words are unreadable] and is edited by Rev. Dr. Brooks of St. Louis ··· in the interest of premillenarianism.

라, 영혼을 모으는 실제적인 사역입니다. 물론 신적인 도움을 받지 못한 인간적인 기술이나 노력으로는 아무것도 이룰 수 없지만, 진지한 기도와 진지한 노력에 응답하여 역사하시는 성령의 자원은 언제나 존재합니다. 작년 여름 샘슨 씨가 이곳에 와서 펜윅 씨의 동역자로 이 기사에 인용되었을 때, 그는 펜윅의 보고가 맞다고 확증하는 동시에, 빈튼 의사로부터 들었다면서 이른바 한국인 개종자들의 영적인 상황에 대해 참담하게 설명했습니다. 그가 이 진술을 했을 당시 저는 선교사들이 서울 선교지부를 임시로 방치한 채 떠난 것을 알았고, 그런 선교사들의 태도가 본토인 예수교인들의 도덕적 진지성의 저하와 관련이 있는지 궁금하지 않을 수 없었습니다. 그러나 물론 저는 선교지부에 사람이 없게 된 이유와 특히 병원 문이 닫힌 일의 해명을 나중에 듣고 크게 안심했습니다.

우리는 한국에 추가 선교사로 에비슨 의사를 방금 파송했습니다.[4] 그가 노동 분업에 따라 병원 관리를 맡고, 그곳의 영적 사역이 정부 권위에 의해 어떤 제한도 받지 않는 것이 우리의 희망입니다.[5] 이것이 에비슨 의사 본인의 소망이며 선교회의 생각과도 십중팔구 일치할 것이라고 저는 판단합니다. 저는 에비슨 의사가 애정을 담아 병원을 운영할 것이라고 생각합니다. 우리는 사역을 진지하게 유지할 사람이자 여러분 선교회 공동체 모두가 좋아할 에비슨 의사를 선교회에 추천합니다.

엘린우드 올림

추신. 언급한 출판물은 잡지 「진리」로, 세인트루이스의 목사 브룩스 박사가 편집하며 전천년설을 지지하는 잡지입니다.

---

4 1893년에는 2명의 남자 선교사—7월에 에비슨 의사, 9월에 어빈(C. H. Irwin) 의사—가 파송되었다. 언더우드 목사는 1892년 9월 토론토에서 개최된 학생자원운동 대회에 참석하고 연설했는데, 이 여행의 가장 큰 결실은 토론토 대학교 의대 교수인 감리교인 에비슨 의사를 한국 선교사로 모집한 것이다.

5 에비슨은 1893년 11월부터 제중원을 책임지고 병원 개선 계획에 착수했다(S. F. Moore to F. F. Ellinwood, Nov. 28, 1893; O. R. Avison to F. F. Ellinwood, Dec. 27, 1893). 그 결과 1894년 9월 제중원 운영권을 정부로부터 받아 부지와 건물은 정부 소유이지만 경비, 인사, 운영 등은 선교회가 책임지는 일종의 선교 병원으로 개편했다.

Samuel A. Moffett

Seoul, Korea

May 15, 1893

Mr. Dear Dr. Ellinwood:

Before getting off for Pyeng Yang today, I write with reference to the project for removal of the Girls' School. Your letter to the Mission on that point has filled us with anxiety lest a failure to present clearly to you the great importance and advantage of this move should cause its failure. I think I wrote pretty clearly before and would ask that my letter again be read. I wish to make one more point. You refer to the objection to building a residence for a clerical missionary in connection with the Girls' School as tho our idea was to place such a man there as a mere necessary incidental connection of the school. On the contrary our idea has been that planting the Girls' School far over on the other side of the city would be almost equivalent to establishing a new station and that we could not put a minister in a better place for effective and necessary work than to place him there. How I wish you could realize the advantage to be gained by such a move. In this foreign settlement a man's time is eaten up by all sorts of social duties, committee meetings, etc., and he does not gain that sympathy with & for Koreans & Korean life which is such an element in one's success. Better far have but two ministers and a doctor here with the Boys' School and let the rest get out of this neighborhood even tho it involves considerable expense.

With Dr. Underwood here—engaged in literary work and evangelistic work with chapels & in connection with dispensaries through the city, this section of the city and a church here will be provided for. Mr. Miller as Treasurer and superintendent of Boys' School can just as well be here. Beyond that, please do not insist upon bunching the ministers in Seoul in this foreign settlement when by putting Mr. Moore in Kon Tang Kol as we have done and Mr. Gifford on the other side of the city with the Girls'

마포삼열

한국, 서울

1893년 5월 15일

엘린우드 박사님께,

오늘 평양으로 떠나기 전에 여학교를 이전하는 계획에 대해 편지 드립니다. 그 점에 관하여 귀하께서 선교회에 보낸 서신을 받고 우리는 이 이전의 중요성과 이익을 귀하께 분명하게 제시하지 못하면 이전할 수 없을 것이라는 걱정에 휩싸였습니다. 저는 과거에 분명하게 알려드렸다고 생각하며, 제 편지를 다시 한 번 읽어주시기를 부탁드립니다. 저는 한 가지 사항을 추가하고 싶습니다. 귀하께서는 여학교와 관련하여 목회 선교사를 위한 사택의 건축을 반대한다고 언급하셨습니다. 마치 그런 남자 선교사를 학교에 단순히 필요한 사람으로 배치하는 것이 우리의 생각이라고 보신 듯합니다. 그와 반대로 우리의 생각은, 여학교를 도시의 다른 쪽에 멀리 설립하는 것은 새로운 선교지부를 설립하는 것과 거의 동일하며, 효과적이고 필요한 사역을 위해 목회자를 그곳보다 더 나은 곳에 배치할 수 없다는 것이었습니다. 그런 여학교의 이전을 통해서 얻어질 수 있는 이익을 귀하께 인식시킬 수 있다면 얼마나 좋겠습니까. 이 외국인 거주지[정동]에서 선교사는 온갖 종류의 사교 행사, 위원회 모임 등으로 시간을 허비하고, 성공의 중요한 요소인 한국인과 한국 생활에 대한 지지와 공감을 얻지 못합니다. 이곳에 남학교와 더불어 2명의 목회자와 한 명의 의사만 남겨두고, 나머지는 비록 상당한 경비가 들더라도 이 지역에서 벗어나야 합니다.

언더우드 박사가 돌아와서, 문서 사역과 도시 전역에 있는 진료소들과 연관된 예배 처소에서 전도 사역에 종사하고 있는데, 그가 도시의 이 구역[정동]과 이곳의 교회[새문안교회]를 맡을 것입니다. 선교회의 회계이자 남학교의 교장인 밀러 목사도 이곳에 그대로 있을 수 있습니다. 그 외에 서울의 목회자들을 이곳 외국인 거주지에 모여 있도록 하지 마시길 바랍니다. 우리가 배치했듯이 무어 목사는 곤당골[승동]에, 기퍼드 목사는 여학교가 있는

School (as I hope we shall do) we shall be able to meet in these sections of the city–entirely different people, far more effectively.

Will this entail some outlay and an apparent loss in property already in hand? What if it does–if the whole object of our coming to Korea is thereby the better attained, viz., to get into the life of Koreans and plant the gospel in their hearts to their regeneration. Nothing before us has been given more thorough & careful consideration–having been talked of for three years–a discussion culminating in a fixed conclusion that it is by far the best move to make. Grant us this and I feel sure the outcome will be satisfactory. If we fail to get this and we will I feel sure feel that we have done what we could to get into the most efficient condition for good work but that we have been hindered & crippled because of a failure on [the] part of [the] Board to realize the situation. If we cannot get this otherwise, cannot one of the Secretaries or members of the Board pay us a visit soon and see the situation for yourselves?

We want the ladies in the School to have more direct access to the women of Korea and we want a minister with them to build up a church as the result of their labors among the women–he to look especially after work among the men of the families reached by the women.

With kind regards and prayers for blessings upon your work and ours,

Very sincerely,

S. A. Moffett

도시의 다른 쪽[연동]에 둠으로써(우리는 그렇게 하기를 바랍니다), 우리는 전혀 다른 [계층의] 사람들이 사는 도시의 구역들에 대해 훨씬 더 효과적으로 대처할 수 있을 것입니다.

이것이 일부 추가 지출을 의미하고 이미 손에 가지고 있는 재산의 분명한 손실을 의미할까요? 그러나 만일 이를 통하여 우리가 한국에 온 전체 목적, 곧 한국인의 삶 안으로 들어가서 그들의 심령 속에 복음을 심어서 중생케 하는 목적을 더 잘 이룰 수 있다면, 무슨 문제가 되겠습니까? 우리 앞에 놓여 있는 많은 문제 가운데 이렇게 철저하고 깊이 고려한 후에 결정한 것은 없습니다. 3년간 이야기해오다가 결국 토론 끝에 이전하는 것이 최상이라는 확고한 결론에 도달했습니다. 이 일을 허락해주시면 그 결과는 만족스러울 것입니다. 만일 허락을 얻지 못한다면, 우리는 좋은 사역을 위해 가장 효과적인 환경에 들어가기 위해 최선을 다했지만 선교부 측에서 상황 인식에 실패했기 때문에 우리가 방해를 받았고 장애를 입었다고 느낄 것이 분명합니다. 만일 우리가 허락을 얻지 못한다면, 선교부의 총무나 이사가 곧 우리를 방문해 직접 상황을 보실 수는 없습니까?

우리는 여학교의 여성 선교사들이 한국인 여성들에게 보다 직접적으로 다가가기를 원하며,[1] 그들과 함께 있는 목회자는 여성 사역의 결과로 교회를 설립하고, 특히 여성들이 접근할 수 있게 된 가족의 남자들을 돌보는 사역을 하기를 원합니다.

안녕히 계십시오. 귀하의 사역과 우리 사역에 축복이 임하기를 기도합니다.

마포삼열 올림

---

1 1893년까지 여자 선교사는 해티 헤론 부인(1885년 6월), 의사 릴리어스 호튼 양(1888년 3월, 언더우드와 결혼), 메리 헤이든 양(1888년 9월 도착, 1890년 4월 기퍼드와 결혼, 1900년 5월 사망), 수전 도티 양(1890년 1월, 1904년 밀러와 결혼), 애니 베어드 부인(19891년 2월), 레티티아 빈튼 부인(1891년 4월, 1903년 12월 사망), 패니 브라운 부인(1891년 12월), 빅토리아 아버클 양(1891년 9월 도착, 1896년 5월 사임), 로즈 무어 부인(1892년 9월), 애나 밀러 부인(1892년 11월, 1903년 사망), 샐리 스왈른 부인(1892년 11월), 엘렌 스트롱 양(1892년 11월 도착, 1901년 5월 사임), 제니 에비슨 부인(1893년 7월), 베르사 어윈 부인(1893월 11월) 등이 차례로 도착했다.

Samuel A. Moffett

Pyeng Yang, Korea

June 6, 1893

My Dear Dr. Ellinwood:

I came up here from Seoul two weeks ago during the midst of all sorts of rumors about a rebellion in the South and numerous troubles in the North. Knowing that in Korea rumor is always 100 times as large as the facts, I did not expect any serious trouble and so things have turned out. However, I found the country and the people here very restless and anxious and our helper here, Mr. Han, told me the governor had sent out word to arrest all people found studying strange doctrines. This was intended to apply to the "Tong Haks," a sort of secret political religious society which was giving all the trouble in the South, but we did not know what effect it would have upon the attitude of the people towards our books and teachings. We are feeling our way here seeking to let it be known very plainly what our mission is but at the same time avoiding any such moves as will create suspicion or give any cause for disturbance.

The first thing that impressed me as we walked on the streets was the frequent words of abuse, not spoken to us, but about us and the changed attitude of the boys towards us. They had always heretofore been quiet and orderly but this time they were loud, noisy and insolent. I wondered at this and am sorry to know that it was, as I found out in a short while, largely due as I believe to the actions of two members of the S. P. G. Mission who were here at the time. They treated the people and especially the boys most rudely and called forth threats of driving them out of the city. We were confounded with them and as we passed along the street for several days a good many such remarks were made. The last few days I have heard none of that and everything has been very much as it used to be. I hope the visit of the S. P. G.'s will be very

마포삼열

한국, 평양

1893년 6월 6일

친애하는 엘린우드 박사님께,

남부 지방에 발생한 동학란에 대한 온갖 소문이 무성하고 북부 지방에 수많은 문제가 있는 가운데 저는 2주일 전에 서울을 떠나 이곳으로 왔습니다. 한국에서 소문은 언제나 사실보다 백 배 이상 과장된다는 것을 알기 때문에, 저는 지금까지 심각한 문제를 예상하지 않았고 사태는 그렇게 결말이 났습니다. 하지만 시골과 이곳 사람들은 불안해하고 걱정하고 있으며, 이곳의 우리 조사인 한[석진] 씨가 저에게 말한 바에 의하면, 관찰사는 이상한 교리를 공부하는 자를 발각하면 모두 체포하라는 명령을 내렸다고 합니다. 이것은 일종의 비밀 정치 종교 단체인 "동학도"를 겨냥한 것으로, 남부 지방에서 모든 문제를 일으키는 단체입니다. 그러나 우리는 이것이 우리의 책과 가르침에 대한 사람들의 태도에 어떤 영향을 미칠지 몰랐습니다. 우리는 이곳에서 우리의 목적이 무엇인지를 평이하게 알려주려고 노력하는 것이 우리의 방법이어야 한다고 느끼지만, 동시에 의심을 일으키거나 소요를 야기하는 어떤 행동도 피하고 있습니다.

거리를 걸어갈 때 제일 먼저 받은 깊은 인상은, 우리를 향해 말하는 것은 아니지만 우리에 대해 빈번하게 하는 욕설과 소년들의 변한 태도입니다. 지금까지 소년들은 조용하고 질서가 있었으나, 이번에는 떠들고 시끄럽고 무례했습니다. 저는 왜 그런지 궁금했고, 이곳에 잠시 있었던 2명의 성공회 선교사의 행동이 주요 원인이라는 것을 곧 알게 되어서 유감입니다. 그들은 사람들, 특히 소년들을 함부로 대했고, 그래서 도시 밖으로 추방하겠다는 위협을 불러일으켰습니다. 우리와 그들을 혼동했기 때문에 우리가 며칠 동안 거리를 지나갈 때 그런 발언을 많이 들었습니다. 우리가 떠나오기 며칠 전부터는 그런 말을 들은 적이 없으며, 모든 것이 예전 상태로 거의 돌아갔습니다. 저는 우리가 이곳에 들어올 길을 열 때까지 성공회에서 자주 방문하지 않기를

infrequent until such time as we win our way in here.

Soon after I came Mr. Han, who had moved his family here, succeeded in quietly buying a small house where I shall expect to spend a great part of the fall and winter—breaking my stay by return to Seoul for Annual Meeting and a visit to Eui Ju.

This is not located in a healthy region—and is only intended as a temporary move looking forward to the purchase of suitable property when present officials have been replaced or whenever our presence here causes no comment or objection. The mistake made in the Spring renders great caution necessary but I feel sure that if we are left to ourselves to carry out our plans we shall win our way in here before a great while.

I am truly thankful that I have found such a good helper in Mr. Han. He has surprised me by his courage and zeal and is most earnest in preaching. We have taken a number of walks together in the immediate suburbs and have talked to groups of people. Last week we went out to a large suburb and underneath a big tree placed ourselves to sell books and preach. Quite a crowd gathered and both of us were busily engaged in explaining the contents of the books. Last Sunday we quietly gathered in Mr. Han's house and I preached to a company of some 20 persons. Inquirers have been visiting me daily in the inn so that gradually our presence and mission is becoming known. I wish it were so that I could pass the summer here but our surroundings in this area are so thoroughly unhealthy and this weather is becoming so hot that it would not be safe even tho I thought it advisable to stay a long time at this stage of our work. I am anxious to get off this time before any question is raised about Han's house or his right here, feeling it to be safe for me to go at once to his house as to an inn on my next visit—when it is known that my stay here now was only a temporary one.

I sincerely hope that during August, Korea's month,[1] that our work in

---

1 August was Korea's month in the PCUSA Prayer Calendar.

바랍니다.

제가 온 직후 이곳에 가족과 함께 이사를 온 한 씨가 조용히 작은 집을 매입하는 데 성공했고, 저는 그 집에서 가을과 겨울의 대부분을 보낼 예정입니다. 다만 중간에 연례 회의를 위해 서울로 돌아가고 한 차례 의주를 방문할 것입니다.

이 집은 건강에 좋은 지역에 위치해 있지 않으며, 단지 일시적으로 이사하는 것입니다. 현 관리들이 교체되거나 우리가 여기에 있는 것이 아무런 논평이나 반대를 야기하지 않을 때 적절한 부동산을 구입하기를 기대합니다. 봄에 저지른 실수로 인하여 조심하고 있지만, 만일 우리의 계획을 시행하도록 우리만 남게 된다면 머지않아 이곳에 자리를 잡을 수 있다고 확신합니다.

저는 한[석진] 씨와 같은 좋은 조사를 발견해서 진실로 감사합니다. 그의 용기와 열의를 보고 저는 깜짝 놀랐는데, 그는 열심히 전도합니다. 우리는 함께 도성 바로 근처 교외로 많이 걸어 다녔고 모여 있는 사람들에게 이야기했습니다. 지난주에 우리는 큰 마을로 나갔고 큰 나무 밑에 서서 책을 팔고 전도했습니다. 많은 군중이 모였고 우리 두 사람은 바쁘게 책 내용을 설명해 주었습니다. 지난 주일에 우리는 한 씨 집에 조용히 모였고, 저는 약 20명의 사람들에게 설교했습니다. 구도자들이 매일 여관에 있는 저를 찾아오고, 그래서 서서히 우리의 존재와 사명이 알려지고 있습니다. 저는 이렇게 여름을 보낼 수 있기를 바라고, 비록 사역의 현 단계상 오래 머물러 있는 것이 바람직하지만, 이 지역 주변은 매우 불결하고 날씨가 더워지고 있으므로 안전하지 않습니다. 이번에 저는 한 씨의 집이나 이곳에 대한 그의 권리에 대해 어떤 의문이 제기되기 전에 떠나기를 간절히 바랍니다. 지금 제가 이곳에 체류하는 것이 일시적인 방문으로 인식되어 있기 때문입니다. 다음 방문 때에는 여관으로 가고 동시에 그의 집에 묵기도 하는 것이 안전하리라고 생각합니다.

[북장로회] 기도 달력에서 한국의 달인 8월에 평양에서의 사역을 위해 교회가 특별히 기도해주시기를 간절히 바랍니다. 당혹스러운 문제가 계속 발생하고 결정을 내려야 하지만 어떤 결정을 내려야 할지 모를 때 저는 자주 다음과 같이 외치고 싶습니다. "누가 이 일을 온전히 감당할 수 있겠습니까?"

Pyeng Yang may be specially remembered in the prayers of the church. I often feel like crying out, "Who is sufficient for these things?" as perplexing question succeeds question and I have so little to guide me in decisions which must be made. However, I hope I have faith to take the Lord at His word and I try to realize that it is not our wisdom but His guidance which will open this city to us and that he will overrule our mistakes. Pyeng Yang is a desperately wicked city, thoroughly given over to immorality. The things I have learned of it on this trip are simply horrible beyond all description. If it becomes my privilege–as I hope it will, to see it changed under the preaching of the gospel, I shall be thankful indeed.

We shall return to Seoul in a few days in time to arrange with Mr. Miller for the closing of the Boys' School during the summer–if that is feasible and I expect to return here the 1st. of September after arranging for the re-opening of the School in the fall. After our Annual Meeting which this year meets in October, I doubt not the School will be placed entirely in Mr. Miller's hands and my work in Seoul will have ceased.

With kindest regards,

Very sincerely yours,
Samuel A. Moffett

하지만 저는 주님의 말씀을 그대로 믿는 믿음을 가지고 싶습니다. 이 도시를 여는 것은 우리의 지혜가 아니라 주의 인도하심이며 주께서 우리의 실수를 뛰어넘으실 것을 인식하려고 노력합니다. 평양은 극도로 사악한 도시이며 철저히 음란에 빠진 도시입니다. 이번 여행으로 제가 그 도시에 관하여 알게 된 것은 형언할 수 없이 소름이 끼쳤습니다. 만일 복음 전파를 통해서 그 도시가 변화되는 것을 보는 특권을 누린다면 (그렇게 되기를 바라는데) 저는 진실로 감사할 것입니다.

우리는 여름 동안 남학교를 휴교하기 위해 밀러와 조정을 하려고 며칠 후 서울로 돌아갑니다. 저는 가을에 그 학교를 다시 개학하는 문제를 조정한 후 실현 가능하다면 9월 1일에 이곳으로 돌아오기를 기대합니다. 올해는 10월에 열리는 연례 회의가 끝나면 학교는 전적으로 밀러 목사의 손에 맡겨질 것이며, 저의 서울 사역은 종료될 것이라고 의심하지 않습니다.

안녕히 계십시오.

마포삼열 올림

Samuel A. Moffett

Fusan, Korea

August 2, 1893

Dear Dr. Ellinwood:

The Board letter sending the Notice of Appropriations for the year took us pretty generally by surprise as we had no idea we should ever be cut so heavily. The reduction of $1,442.00 ordered by the Board stared us in the face, however, and we met to give it careful consideration. We knew at once that we could not cut the work and the question of cutting the salaries raised a discussion. Some said they could not possibly stand a reduction this year in view of certain arrangements they had made. Some said that the Mission could not reduce the salary of any man without his consent as the salary was an agreement between the Board and the missionary. All felt that the reduction ordered was excessive, necessitating the discontinuance of work which we felt thoroughly unwilling to discontinue if there were any other way out of the difficulty. Finally a committee was appointed to report a plan and another meeting. A few days after, this Com. reported as follows:

1st-Outside of three items,

Class IV Evangelistic–	**Special Work in Eui Ju**	**$37.00**
" " "	**Sunday School**	**11.75**
" IX Mission & Station	**Expenses Health Charges**	**150.00**
	amounting in all to	**$198.75**

We deem it utterly impossible for us to make any reductions in the amounts appropriated for the various branches of the work of the station. Unwilling to take the responsibility for cutting off the work, we must if the Board absolutely requires a further reduction, place the responsibility for it upon

마포삼열

한국, 부산

1893년 8월 2일

엘린우드 박사님께,

내년도 예산 통지서가 담긴 선교부의 편지를 받고 우리는 상당히 놀랐습니다. 그렇게 대폭 삭감되리라고는 전혀 생각하지 않았기 때문입니다. 하지만 선교부가 명령한 1,442달러 삭감을 직시하면서, 이것을 조심스럽게 고려하기 위해 회의를 했습니다. 즉시 사역은 줄일 수 없다는 것을 알았고, 봉급 삭감 문제를 놓고 토론했습니다. 어떤 선교사는 이미 마련해 놓은 사역 때문에 올해 삭감하면 견디기 힘들 것이라고 말했습니다. 다른 사람은 봉급이 선교부와 선교사들 간의 합의였으므로 선교회는 선교사의 승낙 없이는 봉급을 삭감할 수 없다고 말했습니다. 우리 모두는 삭감이 지나치다고 느꼈고, 그로 인해 사역의 중단이 불가피하지만, 어려움을 벗어날 다른 방도가 있으면 전혀 중단하고 싶지 않습니다. 마침내 계획서와 차기 회의 일정을 보고하도록 소위원회를 임명했습니다. 며칠 후 이 위원회는 다음과 같이 보고했습니다.

첫째, 3개 항목 외에

범주 4.	전도 — 의주의 특별 사역	37.00달러
	주일학교	11.75달러
범주 9.	선교회와 선교지부 경비 — 의료 비용	150.00달러
	합계	**198.75달러**

우리는 선교지부 사역의 다양한 분야를 위한 예산액에서 추가 삭감이 전혀 불가능하다고 생각한다. 사역 축소의 책임을 지고 싶지 않으므로, 만일 선교부가 추가 삭감을 절대적으로 요구하면 그 책임을 선교부와 교회가 져야 한다.

둘째, 선교부는 이렇게 편지했다. "또한 봉급이 주변국 일본이나 특히 중국에 비해 상대적으로 너무 높게 책정되어 있다는 인상을 받는다. 한국의 생활비

the Board & the Church.

2nd-The Board's letter having stated: "There is an impression also that the salaries are unduly high in proportion to those of other countries adjacent, Japan and especially China. An addition was made to the Korean salaries 2 or 3 years ago with the understanding that it was temporary and was only justified by certain extra expenditures which made the cost of living in Korea greater than in China or Japan. The Board has made no definite reduction as yet in this direction, it would prefer that as the reasons for increase diminish the reduction should be made by the Mission itself– we wish to call attention to the fact that 4 years ago the Korean salaries were decreased from $1,500.00 ($1,200.00 + $300.00 for freight & duties) to $1,400.00 (with nothing for freight & duties) the present amount. We also refer to section 20 of the Board's manual which says: "Salaries are determined by the Board on the basis of correspondence with the Missions." We, therefore, have not the power to officially reduce the salaries.

3rd-We request that the Mission at its Annual Meeting next October ascertain the views of the missionaries on the subject of salaries and that these together with such information as may be deemed advisable be clearly presented to the Board with the request that upon the basis of such information the Board determine the amount of salary which shall be given after this year.

4th-In order to as far as possible meet the reduction ordered by the Board we move that an opportunity be given to all members of the Mission to make a voluntary offering, the sum so obtained to be placed to credit of the Board Treasurer and that whatever amount of the $1,442.00 reduction which is not met by the above reduction of $198.75 and the voluntary offering be referred to the Board with the request that the action ordering the reduction be repealed.

5th-That a Committee be appointed to receive these contributions and report the amounts to the Board together with the above action.

가 중국이나 일본보다 일부 추가 경비가 든다는 이유로 2-3년 전에 잠정적이라는 이해하에 봉급을 인상했다. 선교부는 이 방면에서 아직 확실한 삭감을 하지 않았으며, 인상의 이유가 사라지면 선교회가 스스로 삭감하는 것이 더 바람직할 것이다." 그러나 4년 전 주한 선교사들의 봉급 1,500달러(1,200달러 + 화물과 관세 비용 300달러)가 현재 1,400달러(화물과 관세 비용 없음)로 줄었다는 사실을 주목하기 바란다. 또한 우리는 선교부 지침서 20조를 참조한다. "봉급은 선교회와의 서신 교환에 근거해서 선교부가 결정한다." 따라서 우리는 공식적으로 봉급을 삭감할 권한이 없다.

셋째, 우리는 다음 10월에 열릴 선교회 연례 회의에서 봉급 문제에 관한 선교사들의 견해를 확인해줄 것을 요청하며, 요청서와 함께 바람직한 정보를 선교부에 분명하게 제출하면, 선교부는 그 정보에 근거하여 내년부터 지급할 봉급을 결정해주기를 요청한다.

넷째, 최대한 선교부의 예산 삭감 명령에 대처하기 위해 우리는 선교회의 모든 회원에게 자발적으로 헌금할 기회를 주어야 한다고 제안한다. 모금된 금액은 선교부 회계의 신용으로 비치하고, 이 자발적 헌금과 위에서 언급한 198.75달러의 삭감을 합해도 전체 삭감액 1,442달러에 모자라는 액수에 대해서는 선교부에 삭감을 명령한 결정을 철회해줄 것을 요청한다.

다섯째, 이 헌금을 받고 수금액을 위의 결정과 함께 선교부에 보고할 위원회를 임명한다.

모두가 이 보고서에 만족했고, 위원회의 한 회원으로서 저는 귀하께 다음을 보고하도록 임명되었습니다. 곧 선교회의 헌금 액수는 835달러에 달했고, 198.75달러 예산 삭감액과 합하면 1,033.75달러가 됩니다.

이 주제에 대해 더 이상 쓸 필요가 없이 귀하께 이 사안을 제출합니다. 선교회의 헌금은 후한 것이며, 나아가 우리는 모든 의료비 예산을 삭감했습니다. 우리는 사업을 중단할 수 없으며, 선교부도 그렇게 하지 않으리라고 확신합니다.

위원회 보고서의 3항은 봉급에 대한 각자의 견해를 선교부에 제출하도

This report was satisfactory to all and as a member of the Com. appointed I am ready to report to you that the contributions of the Mission to meet this reduction amount to the sum of $835.00 which with the reduction of $198.75 makes $1,033.75.

I need write nothing further on the subject. The case is before you. The contribution by the Mission has been more than a generous one and in addition we cut off all the appropriation for Health Charges. We cannot cut the work and I am sure the Board will not do so.

Section 3 of the Com. report will insure the presentation of each one's view on the salary question to the Board and as we have and do differ on that question the Board can judge as to what is right. I have wished that instead of suggesting that we reduce the salary the Board had asked for an expression of views on that subject.

I am writing this from Fusan. Quite tired out and a little unwell from the winter & spring's hard work I concluded to spend a hot month here instead of in Seoul that I might get in good shape for a hard winter's work in the North. Am finding plenty to do here studying, preparing tracts, preaching and assisting Mr. Baird in his Evangelistic work. Am greatly pleased with the prospect here and with the earnestness of purpose in the work that is being done. As yet apparent results are small but small results that remain are no doubt more to your mind than larger reports which cause disappointment later on. We are all greatly concerned here over the condition of Dr. Brown, who has been failing steadily and gives every evidence of having consumption. We greatly fear lest he may have to leave for America but will still trust and pray that he may recover. Dr. Brown's work here has been excellent and everything promised great success. It will be a great disappointment and loss if we lose him. I do not understand the Lord's dealings with us with reference to our physicians. We have lost one after another and are continually deficient in our supply. Dr. Avison has arrived and is here with his family in Mr. Baird's house. His expected little one has arrived

록 강권합니다. 그 문제에 대해 의견이 다르므로, 선교부가 무엇이 옳은지 판단할 수 있을 것입니다.[1] 선교부가 우리에게 봉급 삭감을 제안하는 대신 그에 대한 우리의 견해를 표현하도록 미리 요청했으면 좋았겠지만 그렇지 않아서 유감입니다.

저는 부산에서 이 편지를 씁니다. 겨울과 봄에 열심히 일한 결과 많이 지쳤고 건강이 안 좋아서 더운 한 달을 서울 대신 이곳에서 지내기로 결정했습니다. 그러면 북부 지방에서 힘든 겨울 사역을 감당할 수 있는 건강한 신체를 만들 수 있을 것입니다. 이곳에서는 공부, 소책자 준비, 설교, 베어드 목사의 전도 사역 협력 등 할 일이 많습니다. 이곳 사역의 전망과 진행되는 사역의 진지한 목적에 만족합니다. 아직 분명한 결과는 적지만, 남겨진 적은 결과는 나중에 실망을 불러올 거대한 보고보다 분명히 귀하께 더 많은 것을 의미할 것입니다. 여기 있는 우리 모두는 브라운 의사의 상태를 크게 걱정합니다. 그는 지속적으로 건강이 악화되었고 모든 증거로 볼 때 폐결핵입니다.[2] 우리는 그가 미국으로 떠나지 않기를 바라지만 그가 회복되기를 믿고 기도합니다. 이곳에서의 브라운 의사의 사역은 탁월했으며 모든 것이 대성공을 약속했습니다. 만일 그를 잃는다면 우리는 크게 실망하고 막대한 손실을 보게 될 것입니다. 저는 주께서 우리의 의사들을 다루시는 방법을 이해하지 못합니다. 우리는 의사를 차례로 잃고 있는데, 새 의사가 오지 않아서 의사가 계속 부족합니다. 에비슨 의사가 이곳에 도착했고 가족과 함께 베어드 목사의 집에서 지냅니다. 기다리던 아이가 태어났고 에비슨 부인은 건강합니다. 지금

---

1 리 목사는 독신이므로 100달러를 삭감한 800달러로 살 수 있다고 편지했고, 마포삼열 목사도 800달러면 족하다고 보고했으나, 결혼한 무어는 첫해에 돈이 많이 들었고 두 아들에게 들어가는 비용이 많아 삭감할 수 없다고 썼다. 언더우드 목사는 "우리 가운데 누구도 한국과 일본과 중국의 생활비를 비교할 때 우리의 봉급이 많다고 보지 않으며, 아무도 그렇게 보지 않는다고 나는 생각합니다. 세 나라를 비교할 때 오히려 너무 적습니다"라고 항변했지만 개인적으로 100-150달러를 삭감할 수 있다고 썼다.

2 휴 브라운(Hugh MacDermid Brown, 1867-1896) 의사는 캐나다에서 출생했으며, 미국 미시간 주 앤아버의 미시간 대학교 의과대학을 졸업했다. 1891년 의사 허드 양(Fannie Burton Hurd, MD)과 결혼한 후 12월 8일 북장로회 선교사로 내한했으며, 마포삼열과 함께 의주까지 여행한 후, 1892년 부산 선교지부 개척 선교사로 파송되어 사역하다가 1893년 말 건강 악화로 1895년 초 본국으로 돌아갔다. 그러나 폐병이 더 심해져 1896년 2월 뉴욕 댄스빌 잭슨 요양원에서 사망했다. 부인은 캘리포니아 주 콜턴에서 개업했으며, 2년 후 펜실베이니아로 이사했다.

and Mrs. Avison is well. Now would be a good time for some "globe trotter" to see the "comforts" of missionaries—6 children and 7 grown people in one house fighting mosquitoes.

I return to Seoul soon and as soon as the weather will permit will be off for Pyeng Yang. Trusting that the rest which the Board has given you may result in your complete recuperation and praying that you may be spared for many years of counsel and co-operation with the Korean Mission,

Sincerely Yours in His Work,
Samuel A. Moffett

● **마포삼열의 제7차 전도 여행**
1893년 5-6월
서울-평양-서울

Mr. Moffett's Seventh Mission Trip, May-June, 1893
A round trip from Seoul to P'yŏngyang

이 "세계 여행가"가 와서 선교사들의 "안락한 생활"을 보기에 좋은 때일 것입니다. 6명의 어린이와 7명의 어른이 모기와 싸우면서 한집에서 지내고 있습니다.

저는 곧 서울로 돌아가고, 날씨가 허락하는 대로 평양으로 떠날 것입니다. 선교부가 귀하에게 준 안식을 통해 건강이 완전히 회복되셨기를 바라며, 앞으로 여러 해 동안 건강하셔서 한국 선교회에 조언과 협력을 해주시기를 기도합니다.

주님의 사역을 하는,

마포삼열 올림

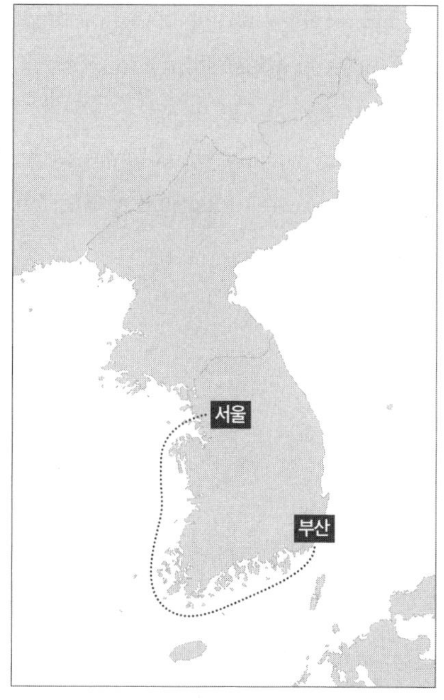

● **마포삼열의 제8차 전도 여행**
1893년 7-8월
서울-부산-서울

Samuel A. Moffett

Seoul, Korea

November 1, 1893

To The Board of Foreign Missions
53 Fifth Ave.
New York

Concerning salaries of missionaries in Korea, I desire to say that I deem $800 Gold a sufficient salary for a single gentleman, and am perfectly willing to receive that sum as my salary for the year 1894–95.

One can live on less but I do not think it wise to ask one to do so.

One can use more to advantage and during these years that I have received $900 Gold I have appreciated the privilege of receiving more than absolutely needed and have been able to use it to advantage, as I believe, in the Lord's work here. I do not believe that cost of living ··· considered the present salaries in Korea are larger in proportion than those in Japan tho I judge they are slightly larger than in China. However our only concern is to settle what is a just salary for Korean missionaries.

Sincerely yours in the work,
Samuel A. Moffett

마포삼열

한국, 서울

1893년 11월 1일

해외선교부 귀중,

뉴욕

5가 53번지

주한 선교사의 봉급에 대하여 저는 금화 800달러가 독신 남자에게 충분한 봉급이라고 말하고 싶으며, 1894-1895년도에 이 금액을 기꺼이 받겠습니다.

생활비를 조금 더 줄여서 살 수 있지만, 다른 사람에게 그렇게 하라고 요구하는 것은 지혜롭지 않다고 생각합니다.

더 많은 돈은 유용하게 사용할 수 있습니다. 저는 몇 년 동안 금화 900달러를 받았는데, 절대적으로 필요한 것보다 더 많이 받는 특권에 대해 고맙게 여겼고, 제가 믿기로 이곳에서 주님의 사역을 위해 유용하게 사용할 수 있었습니다. 한국의 생활비를 고려할 때 현재 봉급이 상대적으로 중국의 봉급보다 약간 많지만 일본의 봉급보다 많다고는 여기지 않습니다. 하지만 한국에 있는 선교사를 위한 적정 봉급이 무엇인가를 정하는 것은 우리의 관심사입니다.

사역 중인,

마포삼열 올림

Samuel A. Moffett

Seoul, Korea

November l, 1893

(for Committee)

Rev. F. F. Ellinwood, D.D.

Dear Brother:

We, a committee of the Korea Mission, were appointed to state to the Board the Mission's views regarding an appeal which Dr. Underwood has taken from a certain action of the Mission. As will be seen from the minutes and the reports, the mission during its session several times exercised its duty of oversight over the various members. Each committee, according to its duty as laid down by the Bylaws, reported on the lines of work coming naturally under its province. The committee on Education made several changes, the committee on the apportionment of work changed the duties of several members, even definitely prescribing the number of hours of work in some cases; and the report of the committee, which was written by Dr. Underwood, then chairman, more or less affected the details of the duties of each member of the mission. In all these cases and in many others the same principle was recognized and was never questioned by any member. It seemed to be the opinion of all that we had agreed to work together surrendering certain individual rights in accordance with the promise made to the Board before coming to the mission field, "We agree to try to submit our individual preferences to the will of the majority."

Dr. Underwood sees fit to appeal from the action of the mission on the clause in the report of the Editorial Committee which reads, "In order to prevent misunderstandings we recommend that all publications for general use be first referred to the Editorial Committee." With the exception of Dr. Underwood the mission unanimously understand this clause to be merely the interpretation of the Mission's Rules and Bylaws, Art. E, Sec. I, IV and Art. G, Sec. VII-Paragraph (4), and of the Board's

마포삼열

한국, 서울

1893년 11월 1일

(위원회를 대표하여)

엘린우드 박사님께,

형제들에게,

언더우드 박사가 한국 선교회의 특정 결정에 대해 선교부에 올린 항고에 대한 우리 선교회의 견해를 진술하려고 위원회가 임명되었습니다.[1] 회의록과 보고서에 나와 있듯이 선교회는 회기 동안 몇 차례 여러 회원들에 대한 감독 업무를 수행했습니다. 각 위원회는 내규에 규정된 임무에 따라 담당 사역에 대해 보고했습니다. 교육 위원회는 여러 번 변화가 있었고, 사역 할당 위원회는 여러 명의 위원의 임무를 변경해서 임명했는데, 어떤 경우에는 사역의 시간까지 명확하게 정해주었습니다. 그 위원회의 보고서는 당시 위원장인 언더우드 박사에 의해 작성되었는데, 선교회의 각 회원이 해야 할 임무의 상세한 부분까지 다소 영향을 미쳤습니다. 이런 모든 경우나 다른 경우에도 동일한 원칙이 인정되었고 아무도 이의를 제기하지 않았습니다. 또한 선교지에 파송되기 전에 선교부에서 "우리는 개인적인 취향을 다수의 뜻에 복종하도록 노력하기로 동의한다"라고 했던 서약처럼 일정한 개인의 권리를 포기하고 함께 동역하기로 모두 동의했다고 생각합니다.

언더우드 박사는 편집 위원회의 보고서에 있는 "오해를 방지하기 위하여 일반적인 용도의 모든 출판물은 먼저 편집 위원회에 회부해야 한다"는 문구에 관한 선교회의 결정에 항의하는 것이 적절하다고 생각합니다. 언더우드 박사를 제외한 선교회의 모든 회원은 만장일치로 이 문구가 선교회 규칙

1 신명 용어 논쟁에서 천주를 지지하던 언더우드 목사는 찬양가를 편집하면서 다른 선교사들이 선호하는 '하ᄂᆞ님' 용어를 반대하고 대신 자신이 생각하기에 논쟁의 여지가 없는 '여호와'나 '주'나 '천부'를 사용했는데, 이에 대해 마포삼열 목사 등이 선교회의 편집 위원회의 검토 없이 어떤 책을 발행할 수 없다고 이의를 제기했고, 언더우드 목사는 이 찬양가가 (1) 선교회의 지시로 이루어졌음, (2) 감리회 선교회와의 연합 출판임, (3) 자비 출판임, (4) 이미 출판사와 계약했으므로 철회할 경우 비용이 낭비됨 등의 이유를 들어 1894년 출판을 강행했다. 이것이 언더우드와 마포삼열 목사의 첫 갈등이었다.

Manual, Sec 35. Certain misunderstandings having arisen regarding independent publications, it was thought best to call the whole mission's attention to the rules already existing. This was done entirely with a view to harmony in our work and to prevent misunderstandings. The committee was given no powers in addition to those which are given it by the Bylaws and we do not understand that the mission in adopting the report was exercising powers except those plainly given to it in Sec. 35 of The Board Manual. This power has been recognized and exercised by the mission in almost every important action of this session. The principle underlying it, viz., that the mission should direct the work of individuals to the best accomplishment of our common aims, has never been questioned to our knowledge. Since the adjournment of the mission our committee has talked very fully and freely with Dr. Underwood on the subject of the appeal. He expressed himself as willing to withdraw the appeal provided that such words were used as, "We recommend that those having charge of literary work be urged or be recommended to refer all publications for general use to the Editorial Committee," instead of the words of the report which he understands to mean "all publications must, etc." The discussion in this final conference brought out clearly the difference between us which is this,–Has the mission the right to say "must" in matters important or unimportant, or shall it only say, "we suggest," "we urge"?

If the Board decides that the latter view is the correct one it will change the opinions hitherto uniformly held in this mission and will make each missionary virtually independent of the mission. The result would soon be that each would be working along separate and independent lines. Of course the mission cannot entertain for an instant the idea that its rules and those of the Board are binding only upon the majority and not upon certain individuals. To free any individual from the operation of existing rules would be, as we understand it, to dissolve the mission and to place missionary work upon the basis of individual

과 내규 E조 1항과 4항, G조 7항 4절과 '선교부 지침서' 35항을 단순 해석한 것에 지나지 않는다는 사실을 이해합니다. 독립 출판물에 대해 일부 오해가 발생했기 때문에, 전체 선교회 회원에게 기존 규칙에 주의를 환기시키는 것이 최선이라고 생각했습니다. 이것은 전적으로 우리 사역에 조화를 이루고 오해를 막기 위한 목적으로 이루어졌습니다. 위원회에 내규에 의해서 주어진 권한 외에 다른 권한은 주어지지 않았으며, 우리는 선교회가 보고서를 채택할 때 '선교부 지침서' 35항에 명백하게 나타난 권한 외에 다른 권한을 행사했다고 이해하지 않습니다. 선교회는 이번 회기에 이루어진 거의 모든 중요한 결정에서 이 권한을 인식하고 행사했습니다. 이 권한의 기초에 놓여 있는 원칙, 곧 선교회는 각 개인의 사역을 우리의 공동 목적을 가장 잘 성취하는 방향으로 지도해야 한다는 원칙은 우리가 아는 한 의문시된 적이 없습니다. 선교회가 폐회한 이후에 우리 위원회는 항의 문제에 대해 언더우드와 충분하고 자유롭게 이야기했습니다. 언더우드 박사는 다음 조건으로 항의를 철회할 용의가 있다고 표현했습니다. 즉 "문서 사역을 맡고 있는 자는 일반적인 용도의 모든 출판물을 편집 위원회에 반드시 회부해야 한다고 결정한다"는 조항에서 "편집 위원회에 회부하도록 촉구하거나 권고하기로 결정한다"라는 문구로 대체하자고 했습니다. 이 마지막 협의에서 우리와 그의 입장의 차이가 명백하게 드러났는데, 그 차이는 선교회가 중요하거나 중요하지 않은 문제에 대해 "반드시 해야 한다"라고 말할 권리를 가지고 있는가 아니면 "제안한다" 혹은 "촉구한다"라고만 말할 수 있는가의 문제입니다.[2]

만일 선교부가 후자의 견해가 옳다고 결정하면, 지금까지 이 선교회에서 만장일치로 주장해온 의견을 수정하게 될 것이며, 실제적으로 각 선교사를

2 언더우드 목사는 모든 일반 용도의 출판물을 편집 위원회에 사전에 제출하여 검토를 받게 하는 것에 반대하고 다음과 같이 편지했다. "그런 조항은 월권입니다. 선교회는 선교회 자금으로 어떤 책을 출간할지 말할 권리가 있고 편집 위원회를 통해서 이 일을 합니다. 선교회는 또한 ('선교부 지침서'에 의하면) 개인 선교사의 일반적인 사업을 감독하고 지시할 권리를 가지며 할당한 위원회를 통해서 이 일을 하고 선교사들의 개인 보고서를 받습니다. 바로 여기까지만 그들의 권리이며, 그들은 세부 사항에 대한 각 개인 선교사의 자유를 규제하는 어떤 법이나 규칙도 통과시킬 권리가 없습니다. 본국 목사인 나에게 노회는 내가 자비로 출판할 경우 무엇을 출판하는지 묻지 않습니다"(H. G. Underwood to F. F. Ellinwood, Oct. 28, 1893).

responsibility to the church at home without mission oversight. There is no alternative between complete independence and mission control, unless we have episcopacy, which as Presbyterians we have no mind to adopt.

Having stated thus strongly the principle and the only principle at issue between the Mission and Dr. Underwood, the principle from which he appeals–viz.–the right of the mission to say must in matters which it deems to be of sufficient importance to require such actions,–we state just as strongly that it is not the wish of the Mission to limit the liberty of any one individual. This is shown by the fact that:

(1) The clause in the report to which objection was taken applies equally to all members of the mission.

(2) The clause reads, "All publications intended for general use, etc." This is certainly no more comprehensive than Sec. 35 of the Board's Manual and Art. E. Sec I and IV of the Rules and Bylaws: and the discussions both in the Mission meeting and in the conference of the committee with Dr. Underwood showed plainly that by the words general use was meant text books, hymn books, work on the language, church standards and such publications as from their very nature would require a consensus of opinion and of use.

(3) This clause of the committee's report does not prevent the publication of any book whatever but only requires that, in order to prevent misunderstandings and contentions, publications of a certain character shall be referred to a Permanent Mission Committee. We understand this to be exactly in accordance with Bylaws, Art. E. Sec. IV, "Any member appointed by the mission to do special literary work shall report to this committee, etc." and Bylaws Art. G. Sec. VII-Paragraph 4, "Editorial Committee:–This committee shall have charge, etc. + + and supervision of the literary work." We understand that the power to appoint includes the power to supervise, and supervision could not well mean less than the referring of the publications to the proper committee.

선교회에서 독립적으로 만들게 됩니다. 그 결과 각 선교사는 분리된 독립적인 노선을 따라 사역하게 될 것입니다. 물론 선교회는 선교회 규칙과 선교부 규칙이 대다수 선교사에게만 구속력이 있고 일부 개인에게는 구속력이 없다는 생각을 한순간도 수용할 수 없습니다. 어떤 개인을 기존 규칙의 시행에서 자유롭게 하는 것은 우리가 이해하기에는 선교회를 해체하는 것이며, 선교 사역을 선교회의 감독 없이 본국에 있는 교회의 개인적인 책임의 기초 위에 두는 것입니다. 장로회 교인으로서 우리가 채택할 뜻이 전혀 없는 감독제가 아닌 이상, 완전한 독립과 선교회의 통제 사이에 다른 대안은 없습니다.[3]

지금까지 원칙과 선교회와 언더우드 박사 사이에 문제가 된 유일한 원칙에 대해 강력하게 진술했으므로, 그가 항의하는 근거인 원칙, 곧 선교회가 말할 권리는 반드시 그런 행동을 요구하기에 충분히 중요하다고 여겨지는 문제에 대해서라야 한다는 원칙에 대해 우리는 개인의 자유를 제한하는 것은 선교회의 뜻이 아니라고 동일하게 강력히 진술합니다. 이것은 다음 사실에서 드러납니다.

(1) 보고서에서 이의를 제기한 문제의 구절은 선교회의 모든 회원에게 동일하게 적용됩니다.

(2) 그 구절은 "일반적인 용도를 위한 모든 출판물"이라고 명시합니다. 이는 선교부 지침서 35항과 선교회 규칙과 내규 E조 1항과 4항과 동일하게 포괄적입니다. 선교회 회의나 언더우드 박사와 위원회 간의 논의에서 '일반적인 용도'라는 말은 교과서, 찬양가, 어학 교재, 교회 표준, 그리고 그 성격상 의견과 사용의 합의를 요구하는 출판물 등을 의미한다고 분명히 보여주었습니다.

---

3 언더우드 부인은 다음과 같이 엘린우드 총무에게 편지하여 이 문제는 언더우드에 대한 개인적인 불신과 시기 때문일 수도 있다고 보았다. "젊은 선교사들이 연례 회의의 모든 결정을 통해 언더우드에 대한 불신을 드러낸 것은 우리로서는 슬픈 일이라고 말하지 않을 수 없습니다. 그 이유를 알 수 없습니다. 아마도 오래전에 헤론 의사가 뿌린 씨앗의 열매이거나, 아니면 언더우드 목사가 그들 모두의 선임자요, 한국인과 외국인과 감리회 선교사들 모두가 인정하듯이 그가 한국어에서 최고 권위자이므로, 그가 권리를 남용하고 선교회 전체에 적절히 복종하지 않을지도 모른다는 시기심과 두려움의 결과일 것입니다"(L. H. Underwood to F. F. Ellinwood, Oct. 27, 1893).

This is no infringement on individual rights and is certainly as little as the mission could ask of its members in order to secure cooperative efficiency on the very important line of work.

The Mission asks of The Board for a decision upon the one question involved and not upon side issues. A decision against the action of the mission will necessitate the rescinding of actions already taken relating to every department of work and to the individual work of each member of the mission.

Committee: S. A. Moffett, Chairman of Mission
C. C. Vinton, Secretary of Mission
W. M. Baird
Graham Lee

P.S.

If the Board wishes further light upon this question the committee would suggest that they confer with Mr. Lee during his stay in America.

(3) 위원회 보고서의 이 구절은 모든 책의 출판을 금지하는 것이 아니라, 오해와 논쟁을 피하기 위해 특정 종류의 출판물은 선교회의 상임 위원회에 제출하여 그 출판 결정을 받을 것을 요구하는 것뿐입니다. 우리는 이것이 내규 E조 4항 "선교회에 의해 특별 문서 사역자로 임명받은 회원은 누구나 이 위원회에 보고해야 한다"와 G조 7항 4절 "편집 위원회: 본 위원회는 문서 사역을 총괄하며…문서 사역을 감독한다"라는 규정과 정확히 일치한다고 이해합니다. 우리는 임명권이 감독권을 포함한다고 이해합니다. 그리고 감독은 출판물을 해당 위원회에 회부하지 않는다면 의미가 없을 것입니다. 이것은 개인의 권리를 침해하는 것이 아니라 선교회가 중요한 사역 분과를 진행하면서 협력적인 효율성을 확보하기 위해 회원들에게 요청할 수 있는 극히 작은 것에 불과합니다.

선교회는 다른 부수적인 문제들이 아닌 단 하나의 문제에 대해 선교부가 결정해주실 것을 요청합니다. 만일 선교부가 선교회의 결정과 반대되는 결정을 내리면, 선교회의 각 분과의 사역과 모든 회원의 개인적인 사역에 대해 취했던 모든 조치를 철회해야 할 것입니다.

위원회 올림.

선교회 회장, 마포삼열

선교회 서기, 빈튼

베어드

그레이엄 리

추신. 선교부가 이 문제에 대해 좀 더 알고 싶으시면, 위원회는 리 목사가 미국에 있을 동안 선교부가 그를 만나 이야기하기를 제안합니다.

Horace G. Underwood

Seoul, Korea

November 2, 1893

To the Board of Foreign Missions:

Fathers and Brethren:

The Korea mission of the Presbyterian Church near the close of its annual meeting just adjourned, brought in a ruling that was passed almost without discussion, which I believe to be injurious to the mission, and the welfare of the work and to which, I now desire to formally enter my protest and my appeal to the Board.

And just here I would ask of the board in order to fully understand the status of affairs that they would refer to my letter to Dr. Ellinwood on this subject because only in the light of these facts can the action of the mission and this appeal be fairly reviewed.

It is essential on the foreign field, if we would have union in our work, that we make mutual concessions to the wishes of each other, and that we draw up rules and by–laws for our guidance. But as the late lamented Dr. Mitchell told us when here, they must be such rules as will determine the general policy of a mission, not such as will interfere with the individual liberty of each as to detail, or as would hamper us in our work. As has been well said we need red tape but only so much as will bind together, not what will hamper or hinder. The mission in Korea is young, as you know, and in its zeal for the work and desire for union, has been of late years, in my judgment, multiplying red tape so that in many instances the valuable time of sometimes all the members of a station, is taken up in trying to undo the snarls instead of direct work for Christ which might otherwise be done. It is, I believe, this same tendency which led the mission at its last meeting to pass the rule objected to.

It was brought up, I objected to it as unconstitutional and too far reaching, and expected to hear some reasons for its adoption. None were

언더우드

한국, 서울

1893년 11월 2일

해외선교부 귀하,

부형들에게,

장로회 한국 선교회는 연례 회의 폐회 직전에 거의 토론 없이 한 가지 규칙을 통과시켰는데, 저는 그것이 선교회와 사업의 번영에 해가 된다고 믿고 이에 선교 본부에 공식적으로 항의하고 항고하는 바입니다.

저는 이 시점에 선교 본부가 사태의 진상을 충분히 이해하도록 이 주제에 대해 제가 엘린우드 박사에게 보낸 편지를 참고하기를 부탁드리는데, 이 사실의 관점에서만 선교회의 결정과 이 항고가 제대로 검토될 수 있기 때문입니다.

해외선교지 사업에서 연합하려면 각자가 하고 싶은 것을 상호 양보하는 것이 본질적이며 그 지침으로 우리는 규칙과 부칙을 정합니다. 그러나 고인이 되신 미첼 박사님이 이곳에 오셨을 때, 규칙은 선교회의 일반적 정책을 규정하는 것이어야지 구체적 사업에 대한 각 선교사의 개인적 자유를 방해하는 것이나 우리 사업을 저해하는 것이 되어서는 안 된다고 말씀했습니다. 누군가가 적절히 말했듯이 우리는 형식적인 절차가 필요하지만 그것이 우리를 함께 묶어주는 것이 되어야지 저해하거나 방해하는 것이 되어서는 안 됩니다. 아시다시피 한국 선교회는 역사가 짧으며 사업에 대한 열정과 연합에 대한 소망으로 인해 최근 들어 형식적인 절차를 많이 늘렸다고 판단됩니다. 그래서 많은 경우에 모든 선교지부 회원들이 귀중한 시간을 그리스도를 위한 직접적인 일 대신 엉킨 올가미를 푸는 데 소비했습니다. 저는 바로 이 동일한 경향으로 인해 지난 연례 회의 때 그 규칙이 통과되었다고 생각하고, 이에 반대하는 바입니다.

그 안이 제기되었을 때 저는 헌법에 어긋나며 월권 규칙이므로 반대하고 그것을 채택한 이유를 듣기 원했습니다. 아무런 이유도 제시되지 않았는

given, the vote was about to be taken and I at once rose stating again that it was unconstitutional and that if passed I could not abide by it. This called forth a reprimand from the young chairman for "attempting to influence the vote." The motion was put, the recommendation was adopted, and it became a law, "that all publications for general use must be referred to the Editorial Committee before printing whether Mission publication or not." I at once gave notice of appeal.

First: I appeal from the rule at it stands, as it goes altogether too far. "All publications for general use" certainly would include nearly everything. But the mission appointed a Committee of five to explain to me the meaning of the clause. It does not appear to me such an intricate clause that it ought to need explanation, and the first ground of appeal that I would make is that on the confession of the Committee of five of the mission, the rule does not express the intent of the mission. True the committee themselves were not of one mind as to the meaning of the rule. As many as three different interpretations were offered and a rule that does not express the will of the mission, and which allows of three different interpretations ought not to stand. The whole difficulty is that the rule was to affect a particular instance, namely the hymnbook referred to above and they tried to make it general.

There are special committees for the publications of the Tract and Bible societies, and our mission has representation on these committees, but the present rule as it stands would require that all the work of the members of our mission must first be referred to this Presbyterian Editorial Committee. But the Editorial Committee of the Presbyterian Mission can only have jurisdiction over the publications of the mission.

Secondly: The Committee tell me that I have misunderstood the intent of the mission. It was a little hard to gather what their intent was, as three different ideas we expressed, but putting them all together, the committee's understanding of the words "for general use' was "such books as from their very nature they would be forced to use" or "such

데 표결에 들어가려고 했으므로 저는 즉시 일어나 그것이 헌법에 위반되는 규칙이며 만일 통과되어도 지킬 수 없다고 진술했습니다. 이 발언에 대해 젊은 의장은 "투표에 영향을 주려는 시도"라고 주의를 주었습니다. 동의에 이어 제안이 채택되었으며 "일반적으로 사용할 모든 출판물은 선교회 출판물이든 아니든 출판하기 전에 편집 위원회에 제출해야 한다"는 조항은 법이 되었습니다. 저는 즉시 항고한다고 통고했습니다.

첫째, 저는 현 규칙에 의거해 새 조항은 월권이므로 항고합니다. "일반적으로 사용할 출판물"은 분명히 거의 모든 책을 포괄합니다. 그러나 선교회는 이 조항의 의미를 제게 설명하기 위해 5인 위원회를 임명했습니다. 저는 그 조항이 설명이 필요할 만큼 그렇게 복잡한 것으로 보지 않습니다. 저의 첫 항고의 근거는, 5인 위원회가 고백한 대로 그 규칙이 선교회의 의도를 표현하지 않는다는 것입니다. 위원들 본인들이 이 규칙의 의미에 대해 한마음이 아닌 것이 사실입니다. 세 가지나 다른 해석이 제시되었으며, 선교회의 뜻을 표현하지 못하는 규칙, 곧 세 가지 다른 해석을 용인하는 규칙은 존속해서는 안 됩니다. 모든 어려움은 그 규칙이 한 특정 사례, 곧 위에서 언급한 찬양가에 영향을 주려는 것이면서도 그것을 일반화하려는 데 있습니다.

성교서회와 성서공회 출판물에 대한 특별 위원회들이 있으며, 우리 선교회는 그 위원회들에 대표를 파송하고 있지만, 현 규칙은 모든 선교회 회원의 작업은 장로교 편집 위원회에 먼저 제출하도록 요구합니다. 그러나 장로교 선교회 편집 위원회는 선교회 출판물에만 관할권을 가질 수 있습니다.

둘째, 편집 위원회는 제가 선교회의 의도를 오해했다고 말합니다. 세 가지 다른 의견이 표현되었으므로 저는 그들의 의도가 무엇인지 파악하기 힘들었습니다. 그러나 이들을 종합하면 위원회의 "일반적으로 사용할"이라는 문구는 "그 자체로 본질상 사용하지 않을 수 없는 책들"이거나 "예배에 일반적으로 사용하게 되는 책들"이라는 뜻이었습니다. 제가 위원회의 의견에서 파악하는 한, 위의 문구들은 선교회의 의도를 포괄하고 있습니다. 그 경우라도 저는 그 규칙이 월권이며 그것을 채택하면 한국에서 사업을 방해하고 복음 전파를 연기시킬 것이라고 주장합니다. 성경은 분명히 "본질상" "사용하

books as would come into general use in services." As far as I could gather in the opinion of the Committee, the above construction covered the intention of the mission. Even then, I claim, that it goes too far, and that its adoption will very materially hinder the work and delay the spread of the Gospel in Korea. Certainly the Bible would be a book that from its "very nature," they would be "forced to use," such a book as would certainly "come into general use in the services," and this rule AS INTERPRETED BY THE COMMITTEE, would necessitate the handing over of the books of the Bible to the Editorial Committee of the Presbyterian mission. But the matter of the publication of the Bible is in the hand of the Korean Permanent Bible Committee and the Bible Societies; and a change from this the Mission never intended. I do not pretend to say they did, but according to their interpretation, if we eliminate the books that they did not intend, we are forced to conclude that it was intended cover but one book, and to compel me to stop the publication of the hymnbook which was in the press, and which I was bound in honor to publish as soon as possible, as the Methodist mission has stopped the work of their Committee on the hymnbook, because they knew that mine was in the press. Our mission made no objection to the doctrinal or literary style of the hymns but simply complained that in them, I had refrained from using certain terms for God, which they were using.

The proper term for God is still a mooted question. I could not use the term "Hananim" (which all acknowledge to mean honorable heavens literally), so I refrained from using their terms, and also refrained from using the term that I believe to be the true term for God, because I knew that some did not agree with me. It must be remembered that I had not used a single term they could abject to, but only such as has been accepted and used by all. True it was said that there were other material alterations in the hymns, but when I returned to Korea I found the Koreans singing:

"Jesus loves me this I know, Oh Bible please say so

지 않을 수 없는" 책이고 "예배에서 일반적으로 사용하게 되는" 책이 분명합니다. 이 규칙에 대한 **위원회의 해석에 따르면,** 번역한 성경은 장로교 선교회의 편집 위원회에 제출해야만 합니다. 그러나 성경 출판의 문제는 한국상임성서위원회와 성서공회들의 수중에 있으며 선교회가 이를 변경할 의도는 없었습니다. 선교회가 변경했다고 말하려는 것은 아니지만, 그들의 해석에 따라 그들이 의도하지 않은 책들을 제외하면, 그들은 단 한 권의 책만을 다루려고 했으며 저로 하여금 인쇄 중인 찬양가의 출판을 중단시키려고 의도했다고 결론을 내리지 않을 수 없습니다. 저는 명예롭게도 그 찬양가를 될 수 있는 대로 신속하게 출판해야 했는데, 감리교 선교회에서 저의 찬양가가 출판 중인 것을 알고 그들의 찬양가 위원회 작업을 중단시켰기 때문입니다. 우리 선교회는 그 찬송들의 교리나 문학적 양식에 대해 전혀 반대하지 않았으며, 다만 그들이 사용하는 특정 신명들을 제가 사용하지 않았다고 불평했습니다.

신명에 대한 적절한 용어는 여전히 해결되지 않은 문제입니다. 저는 '하ᄂᆞ님'을 사용할 수 없었습니다(이것은 모두가 인정하듯이 문자적으로 '하늘님'이라는 뜻입니다). 그래서 저는 그들의 용어를 피하고, 제가 믿는 진정한 신명의 사용도 피했는데, 저에게 동의하지 않는 자들도 있음을 알았기 때문입니다. 그들이 반대할 수 있는 용어는 제가 전혀 사용하지 않았음을 여러분은 기억하셔야 합니다. 저는 모두가 수용하고 사용하는 용어만 채택했습니다. 찬양가가 상당 부분 개정되었다는 그들의 말은 사실이지만, 제가 한국에 다시 돌아왔을 때 한국인들은 다음과 같이 노래하고 있었습니다.

> "예수 나를 사랑하심 내 아네, 오 성경이 그렇게 말하게.
> 어린아이들은 그에게 속하네, 예수가 피를 샀네."[1]

---

1 바른 가사는 "예수 나를 사랑하심 내 아네, 오 성경이 그렇게 말하네, 어린아이들은 그에게 속하네, 예수가 피로 샀네"이다.

Little ones to him belong, Jesus will buy the blood."

Or, in "Nearer my God to thee," a typological error has crept in and changed the first verse so that it read:

"E'en though it be a cross that I hear."

I corrected these and similar mistakes and it should be born in mind that bulk of the hymns in which the terms for God were changed and words like Jehovah, Lord, Almighty etc. substituted, were my own translations. I hold that the rule even as construed by the Committee interferes with the individual liberty of every missionary on the field along the line of the details of his work; as the Board Manual says (see 33) "the work of individual missionaries is IN GENERL to be under the direction of the Mission, but the mission cannot stoop to direct the minute details of his work." Literary work (see 35) "should be undertaken only with the consent or by the appointment of the mission." As the mission appointed me to literary work before I went home, I went on with it when I came back. I have not neglected any of the mission work for the hymnbook, but despite the fact that I have house building on my hands, I have been enabled to do more evangelistic work since my return, than any other member of the mission. I do not say this as of any credit to myself, it was simply because I could not help it, for God has given me a woe is me if I preach not the Gospel, and he has [loaned] to me a constitution and frame that is able endure much. Through most of the time that I was working on the hymns, I conducted 17 Gospel services a week despite the fact that the thermometer ranged from 90 to 100. Brethren, I do not say this in the way of boasting but simply to prove that I have abided by the manual of the Board and the Standing rules of the Mission.

The new rule adopted, from which I appeal, becomes in the opinion of Mr. Moffett, chairman of the mission and of the Committee to confer with

혹은 "주께로 더 가까이"에서 오자가 들어가서 1절을 다음과 같이 바꾸었습니다.

"십자가를 듣더라도"[2]

저는 이와 유사한 실수들을 수정했으며, 많은 찬송에서 신명들을 변경하되 여호와, 주, 전능자 등의 용어로 번역하여 대체했음을 기억하셔야 합니다. 그 규칙은 비록 위원회의 해석대로라도 선교지에 있는 각 개인 선교사의 구체적인 일에서의 자유를 방해한다고 주장하는 바입니다. 선교부 지침서 33조는 "개인 선교사의 일은 일반적으로 선교회의 지시를 받지만 선교회는 그 일의 세세한 부분까지 지시할 수 없다"라고 규정하고 있습니다. 또한 (35조) 문서 사업은 "선교회의 승인이나 임명에 의해서만 시행해야 한다"라고 되어 있습니다. 제가 미국에 돌아가기 전에 선교회가 문서 사업을 하라고 저를 임명했으므로 저는 한국에 온 후 그 일을 계속했습니다. 저는 찬양가 때문에 다른 선교 사업을 등한시하지 않았습니다. 오히려 저는 직접 집을 건축하면서도 한국에 온 후에 다른 선교회 회원보다 더 많은 전도 사업을 할 수 있었습니다. 저는 이것을 무슨 공치사로 말하는 것이 아니며, 다만 하나님께서 저에게 복음을 전하지 않으면 화가 미칠 것이라는 의식을 주시고,[3] 많은 것을 견딜 수 있는 체질과 체격을 허락해주셨기 때문입니다. 찬양가 작업을 하는 동안 비록 기온이 화씨 90도에서 100도를 오르내리는 무더위였지만 저는 매주 17번의 전도 집회를 인도했습니다. 형제들이여, 저는 자랑하려는 것이 아니라 다만 제가 지침서와 선교회의 실행 규칙을 준수했음을 말하는 것입니다.

선교회 의장이며 위원회 회장인 마포삼열 목사의 의견에 따르면, 제가

---

2 "십자가를 들더라도"의 오류다.

3 이것이 언더우드의 근본 선교 동기였다. 사도 바울의 이방인에 대한 "빚진 자"(롬 1:14) 의식과 "내가 복음을 전할지라도 자랑할 것이 없음은 내가 부득불 할 일임이라 만일 복음을 전하지 아니하면 내게 화가 있을 것이로다"(고전 9:16)라는 책임감이 선교사 언더우드의 사명감과 정체성을 규정지었다.

me, practically an amendment to the standing rules; but in the opinion of Mr. Baird, a member of the Committee, it is simply an interpretation of the Board's Manual and of the Standing rules of the Mission.

I appeal from it as an interpretation, because it goes further than either Manual or Standing rules; I appeal from it as an amendment because it is an additional piece of red tape that would hamper and hinder the missionary, because also it is unnecessary and because still further it goes beyond the powers of the mission, interfering with a man's natural rights. When the Committee were urging me not to appeal, Mr. Moffett stated that it was a rule passed by the mission this year, that it was practically only for one year, and that it could be abrogated at the next annual meeting. My reply was that whether for one or two years or for all time, if it were exceeding the powers of the mission, it ought not to stand. I can see how at times confusion might be avoided by notifying the Editorial Committee of the probable publication of works for general use, but to say that all publications for general use MUST be referred to the Editorial Committee before printing is exceeding the powers of the mission. In the case for which this rule was made, had proper methods been used, there was no need for confusion. I renewed the work on my hymnbook at Mr. Moffett's suggestion; with his concurrence because of the need of something at once and because as he stated Committees generally delay matters. I pushed the work through without consulting as to details the Methodist member of the Committee who has been appointed with Mr. Moffett to prepare a hymnbook. I made no secret of the changes instituted. I had copies written off at my own expense for any who wanted them, and not one word was said to me personally, not one objection was mentioned until after the matter had been talked over among the rest of the missionaries by one or two, and the hymnbook which was not a Presbyterian book, which was not a mission affair, was ordered to be referred to the Editorial Committee of the Mission, and the present rule brought in to meet the case and to stop its publication.

항의하는 채택된 새 규칙은 실제적인 실행 규칙의 개정입니다. 그러나 위원회 위원인 베어드의 의견에 따르면, 그것은 선교 본부 지침서와 선교회 실행 규칙의 해석에 불과합니다.

저는 그것을 해석의 관점에서 항의합니다. 왜냐하면 그것은 지침서나 실행 규칙을 초월하고 있기 때문입니다. 저는 개정의 관점에서 항의하는데, 이는 선교사를 저해하고 방해하는 형식적인 절차를 추가하는 것이고, 한 사람의 자연권을 간섭하는 선교회 권한의 월권이기 때문입니다. 선교회가 제게 항고하지 말라고 종용했을 때, 마포삼열 목사는 그것이 올해 선교회에서 통과된 규칙으로서 실제로 금년 한 해만 적용되고 내년 연례 회의에서는 폐기될 수 있다고 진술했습니다. 저는 그것이 1년이나 2년 혹은 영구적이든 선교회 권한을 초월한 것이라면 채택해서는 안 된다고 대답했습니다. 일반적으로 사용될 출판물을 사전에 편집 위원회에 제출하면 여러 경우에 혼란을 피할 수 있다고 보지만, 일반적으로 사용될 모든 출판물을 인쇄하기 전에 반드시 편집 위원회에 제출해야 한다고 말하는 것은 선교회 권한의 월권입니다. 과거 이 규칙을 적용해야 했을 경우 적절한 방법을 사용했을 때 혼란이 일어나지 않았습니다. 저는 마포삼열 목사의 제안을 받고 찬양가 작업을 다시 시작했습니다. 그는 즉각 일을 해야 할 필요성을 제기하면서 일반적으로 위원회가 일을 빨리 하지 못한다고 말했습니다. 저는 마포삼열 목사와 함께 찬양가 준비 위원회에 임명된 감리교 위원과 세부 사항을 협의하지 않고 일을 추진했습니다. 저는 추가로 변경한 내용을 비밀로 하지 않았습니다. 저는 자비로 만든 교정용 찬양가를 준비해서 원하는 자들에게 주었습니다. 아무도 제게 개인적으로 한마디 말도 하지 않았고 아무 반대도 제기하지 않았습니다. 그런데 한두 명이 다른 선교사들에게 이 문제를 이야기하고, 장로교 책이 아닌 찬양가를 선교회 문제도 아닌데 선교회 편집 위원회에 제출하라는 지시가 내려졌습니다. 또한 이 문제를 다루고 출판을 중지시키려고 현 규칙이 제정되었습니다.

저는 이 규칙이 의도적이라서 반대합니다. 두 번째 반대 이유는 종종 그 규칙이 서둘러 해야 할 일을 지연시키기 때문입니다. 편집 위원회의 위원인

I object to this rule in its intent. Secondly, because oft-times it would very materially retard and delay work that should be pushed through. One member of the Committee, Mr. Gale, is in Gensan, a long way off and without good communication; and on the examining Committee of the Tract Society, he is spoken of as notorious slow. The second member of the Committee is Mr. Moffett who is now to be in Ping Yang, and the third member is Mrs. Gifford who in matters of the language works very slowly. I, as Secretary of the Tract Society, have known small tracts to spend more than six months between Mrs. Gifford and Mr. Gale.

I object to the rule in the third place because it is unnecessary. The rules as today existing in the Manual of the Board and in the Standing rules of the Mission thoroughly cover all that is needed in the line of safe guards in the matters of the publications of the mission.

The Committee that conferred with me, state that this rule is only on a par with all the other rules of the Mission. It, however, it seems to me, differs most essentially in that it comes down to directing the details of a man's work, while all the other rules are simply general and determine the mission policy.

In the matter of appointments to work, the employment of helpers, the conducting of schools, the taking of tours etc. the mission have laid down rules, but they do not decide the details. A man is appointed to take charge of certain chapel services, but the details of that work must be left to him and so too in all work.

It is urged that if you sustain this appeal you will nullify the authority of the mission. I cannot see it in this light. Has the mission all power, are there not some limits which it cannot pass, and when it tries to direct all the details with regard to each individual missionary and lays down the "must" with reference to all his work, I hold that they go too far and therefore I appeal to you.

Yours with work,
H. G. Underwood

게일 씨는 거리가 멀고 좋은 교통수단이 없는 원산에 거주하는데, 사람들은 성교서회 심의 위원으로 있는 게일 씨가 일을 지연시키는 것으로 유명하다고 말합니다. 다른 편집 위원회 위원은 평양으로 갈 예정인 마포삼열 목사와 한국어 작업이 매우 느린 기퍼드 부인입니다. 성교서회 서기로서 저는 작은 소책자를 놓고 기퍼드 부인과 게일이 6개월 이상을 소비한 것을 알고 있습니다.

제가 그 규칙에 반대하는 세 번째 이유는 불필요하기 때문입니다. 현재 선교 본부 지침서와 선교회 실행 규칙에 존재하는 규칙들은 선교회 출판물과 관련된 문제에서 필요한 안전 기준을 충분히 다루고 있습니다.

저와 협의한 위원회는 이 규칙이 선교회의 모든 다른 규칙과 대등하다고 말합니다. 그러나 제가 보기에 그것은 한 사람에 관한 세부 사항을 지시하고 있는 반면, 다른 모든 규칙들은 오직 일반적 사항과 선교 정책을 규정하고 있습니다.

업무 임명, 조사(助事) 채용, 학교 운영, 여행 등의 문제에서 선교회는 규칙을 규정해놓았지만 세부 사항은 결정하지 않습니다. 한 사람에게 어떤 교회 예배를 담당하도록 임명하지만 그 일의 세부 사항은 그에게 맡기며 다른 일도 그렇게 합니다.

혹자는 만일 선교 본부가 이 항고를 수용하면 선교회의 권위를 무시하는 처사라고 합니다. 저는 이것을 그런 시각으로 보지 않습니다. 만일 선교회가 전권을 가지면 규칙 제정에 어떤 한계가 없어지고 각 개인 선교사의 세부 사항까지 지시하면서 모든 일에 "반드시" 해야 할 일을 규정할 것입니다. 이는 월권이므로 항고하는 바입니다.

사역하는,

언더우드 올림

Samuel A. Moffett

Seoul, Korea

November 14, 1893 ***(Rec'd Dec. 23rd)***

My Dear Dr. Ellinwood:

It has been some time since I have written to you but since the conclusion of our Annual Meeting two weeks ago I feel a desire to have a short talk with you concerning the past work and our plans for the future.

I wrote you nothing at the time in reply to the Board's letter and newspaper clipping referring to our work in Pyeng Yang—as I preferred to wait until I made my official report to the Mission. I ask now that particular attention be given to that report as I think it will give you accurate and thorough information and also show our time, position, purpose and actions. I greatly regret the ease with which incorrect news finds its way into the newspapers as credence is so often given to false reports rather than to true ones. However, I realize the practical impossibility of your always having before you an accurate view of the situation & condition of things on any mission field. Certain it is that many a time have I longed for your presence here for a few weeks that by personal contact with each & all of us in our work you might come to know the inns [sic] and outs—the peculiar difficulties & trials, the delays and hindrances, and the whys and wherefores of this and that. Many things would be clear to the Board could you thus occasionally get such a look into the inner life and experience of the Mission as it deals with questions—extremely delicate yet important and far reaching.

You cannot get this from mere correspondence for there are many things which cannot be written without giving more cause for misunderstanding and misinterpretation than is occasioned by passing them over in silence. Yet I can see from the Board's letter that very many of the causes and reasons which lie back of Mission action are

마포삼열

한국, 서울

1893년 11월 14일 (12월 23일 수령)

친애하는 엘린우드 박사님께,

제가 편지 드린 지 얼마 되지 않았지만, 2주 전 우리의 연례 회의가 끝난 후 저는 귀하께 과거의 사역과 우리의 미래 계획에 대해 간단히 말씀드리고 싶었습니다.

저는 지난번 편지에서 선교부의 서신에 대한 답장이나 평양 사역을 언급한 신문 기사에 대해 전혀 쓰지 않았는데, 제가 선교회에 공식적으로 보고할 때까지 기다리고 싶었기 때문입니다. 이제 귀하께서 그 보고서에 특별히 주의를 기울여주시기 바랍니다. 그 보고서를 통해 정확하고 자세한 정보를 얻게 될 것이며, 우리의 시간, 위치, 목적, 행동을 알 수 있을 것이라고 생각하기 때문입니다. 저는 부정확한 뉴스가 쉽게 신문에 보도되고, 사람들이 바른 보도보다 거짓 보도를 더 자주 신뢰해서 대단히 유감스럽습니다. 하지만 저는 귀하께서 한 선교지에서 일어나는 일의 상황과 여건을 항상 정확하게 파악하시는 것이 실제로 불가능하다는 것을 깨달았습니다. 그래서 저는 귀하께서 몇 주 동안 이곳에 오셔서 사역 중인 모든 선교사와 개인적으로 직접 접촉하고 우리의 대내외적 상황, 특정한 어려움과 시련, 지체와 방해, 이런저런 문제의 이유와 내용을 파악하시기를 분명 여러 번 갈망했습니다. 귀하께서 선교회의 내부 생활과 경험을 간혹 보실 수 있다면, 그래서 지극히 미묘하지만 중요하고 장기적인 영향력을 미칠 문제들을 다루어주시면, 선교부는 많은 문제들을 명확하게 알게 될 것입니다.

단지 서신 교환만으로는 이것을 파악할 수 없습니다. 쓸 수 없는 많은 문제가 있는데, 그냥 침묵하는 경우보다 편지를 보내는 경우 오해와 오역을 더 불러일으킬 수 있기 때문입니다. 하지만 선교부의 서신을 통해 저는 선교회 결정의 배후에 놓인 많은 원인과 이유가 귀하께 모두 분명한 것은 아님을 볼 수 있습니다. 우리의 사역에서 다루지 않으면 안 되는 가장 어려운 문제들은

not at all clear to you. Our most difficult problems have to do with work in its relation to the personnel of the Mission but were we to attempt to inform you fully on these lines—we should be misunderstood—others would be unfairly represented-letters would be too personal and the Board would obtain erroneous views of the missionaries. Several times have I been tempted to write to you as I should like to talk with you about the personnel & work of the Mission, but I have feared being misunderstood or of leading you to misunderstand others—who with certain peculiar faults or traits, disposition or abilities, necessarily taken into consideration in the Mission's actions—are yet marked by other traits which make them useful men on the field. I have not felt called upon to sit in judgment upon my fellow—laborers and yet I wish you could get a consensus of the judgment of the Mission upon each of us. It is far easier to write of those things which commend themselves to us than of the opposite.

From its earliest history the Korea mission has had most delicate & difficult problems to face, placing it in most perplexing & annoying relations. The early minutes of this mission are a shame and I wish they could be destroyed. We shall probably always have difficult questions to meet but I am thankful for the spirit which now characterizes our meetings—and that although we differ decidedly and have strong convictions characteristic of Presbyterians—yet we have had the Spirit's presence and there has been no anger, nor malice, not bitterness, nor any evil speaking.

There are many things in my mind of which I cannot write but I have written thus to call your attention to the fact that mere correspondence does not always lay bare what it would be well for the Board to know.

Now with reference to the Mission's requests—we have asked for large appropriations—but the increase is largely for new houses. Probably you cannot grant all of these this year but please do not cut the appropriations for our work. Two of these houses while needed—are not

인사 문제와 연관이 있지만, 이 부분에 대해 귀하께 충분히 알려드리려고 시도하면 오해를 받을 것이고, 다른 사람을 불공정하게 제시할 수도 있습니다. 편지가 너무 개인적인 것이 될 수 있고, 선교부는 선교사들에 대해 잘못된 견해를 얻게 될 것입니다. 여러 번 선교회의 인사와 사역에 대해 귀하께 편지하려고 시도했지만, 제가 오해를 받거나 귀하로 하여금 다른 사람을 오해하도록 만들지 않을까 염려했습니다. 그들의 어떤 특정 결함이나 성향, 기질이나 능력 등은 반드시 선교회의 결정에서 고려되지만, 선교지에서 유용한 사람으로 만들어주는 다른 특징으로 표시됩니다. 저는 다른 동료 사역자들을 판단하는 자리에 앉아 있기 위해 부름을 받았다고 느끼지 않지만, 귀하께서 우리 각자에 대한 선교회의 일치된 판단을 아시기를 바랍니다. 우리가 자신을 칭찬하는 말을 쓰는 것이 그 반대보다 훨씬 더 쉬운 법입니다.

초기 역사부터 한국 선교회는 가장 미묘하고 어려운 문제들에 직면했으며, 그래서 가장 당황스럽고 곤란한 관계 속에 있었습니다. 이 선교회의 초기 회의록은 수치이며, 저는 그것이 폐기될 수 있으면 하고 바랍니다. 우리는 항상 어려운 문제를 직면하게 되겠지만, 현재 우리의 회의를 특징짓는 정신에 감사합니다. 비록 우리가 결정적으로 다르고 장로교인의 특징인 강력한 신념이 있지만, 성령께서 임재해 계시고 우리 가운데 분노, 악의, 원한, 험담 등은 전혀 없습니다.

마음속에 있지만 편지로 쓸 수 없는 많은 일이 있습니다. 그러나 저는 지금까지 서신 교환만으로는 선교부가 알면 좋은 것을 항상 액면 그대로 보여줄 수 없다는 사실에 귀하의 주의를 환기시키려고 썼습니다.

이제 선교회의 요청에 대해 말씀드리겠습니다. 우리는 많은 예산을 요청했습니다. 그러나 대부분 새 주택 구입을 위한 것입니다. 십중팔구 귀하께서 이 모든 것을 올해에 허락하실 수 없겠지만, 우리의 사역을 위해 예산 삭감은 하지 마시기 바랍니다. 이 가운데 두 집은 필요하지만 긴급하지는 않습니다. 즉 평양 지부를 위한 한 채와 부산 지부를 위한 한 채입니다. 다른 집들은 가능하면 즉시 필요합니다. 평양 주택을 위한 자금은 1895년 5월 1일 이전에 필요하며 반드시 사용할 수 있어야 합니다. 그러나 만일 그때까지 이용할

imperative—viz.—the one asked for Pyeng Yang and the one for Fusan Station—the others we need at once if at all possible. I hope we shall want the funds for the Pyeng Yang house before May 1st, 1895 and they should be available—but if not, Lee & Dr. Irvin can do for two years as I have done—go & come until their place is prepared for their wives. I was about to write you a strong plea for a physician for Pyeng Yang but to our great surprise & joy Dr. Irvin & wife dropped in on us last week and already they are talking & planning for Pyeng Yang. Thus with greater determination than ever I leave tomorrow to [The last page is missing.]

수 없다면 리와 어빈 의사는 제가 했던 것처럼 아내들을 위한 장소가 마련될 때까지 2년간 서울에서 [평양으로] 오갈 수 있습니다. 저는 귀하께 평양을 위한 의사를 강력하게 요청하는 편지를 쓰려 했으나, 놀랍고 기쁘게도 어빈 의사 부부가 지난주에 우리를 방문했고, 그들이 평양에 가려고 이미 의논하고 계획하고 있었습니다. 따라서 저는 어느 때보다 확고한 결심으로 내일 평양으로 떠나려고 합니다. [마지막 쪽 소실됨.]

Samuel A. Moffett

Pyeng yang, Korea

November 24, 1893

My Dear Gifford:

Arrived all O.K. on Wednesday and the machine is set up and in running order. The stove and Kum Toli are treasures and I am getting along swimmingly, that is—so far as is possible under the circumstances. These Korean rooms are pretty hard to heat—when the door you have opened 100 times a day—opens up all outdoors for you. However by pasting up windows and cracks, shutting off half the room by a curtain of muslin and by burning plenty of wood—think the prospects are good for a comfortable winter. I think I have only about 25 or more requests to make of you—so here they go.

1. Sent by mapoo from Ko Yang a note & tract which may or may not have reached you. In case it did not please get at Stewards a 35¢ (or thereabouts) boys pocket knife and send with my December load through Dr. Vinton.

2. Of the tracts which Hulbert turns over to you, 820 in all, please give four to the Tract Society Examining Committee—that they may examine and pass on it. Send 600 of them to Baird and the balance to me through Vinton. Take out however a few for you, the ladies at school, Miller, etc. to use if you so wish. It is a fine tract—the best we have I think to put first into anyone's hands.

3. If the Chemulpo shoemaker presents a bill for $5.00 for a new pair and $—for repairs on an old pair of shoes—please pay him.

4. As requested the last of November please give Kum Toli's brother 5,000 cash and when Vinton asks for it give him whatever he needs for sending my loads to me—and for any other expense he may be put to in reference to my affairs.

5. I sent this morning an order for 85000 cash—$25 or more, and

마포삼열

한국, 평양

1893년 11월 24일

친애하는 기퍼드 목사에게,

수요일에 우리 모두 무사히 도착했으며, 기계는 설치했고 정상적으로 작동합니다. 난로와 금돌이[1]는 보물입니다. 저는 별 탈 없이 지냅니다. 사정이 허락하는 범위 안에서는 대체로 그렇습니다. 한국의 방은 따뜻하게 만들기가 매우 어려운데, 하루에 100번씩이나 여닫는 방문을 열면 바로 바깥입니다. 창문과 갈라진 틈에 종이를 바르고, 무명천으로 방의 반을 차단하고, 많은 땔감을 때면, 겨울을 편안하게 지낼 가능성은 높다고 생각합니다. 당신에게 부탁할 것이 25가지 이상이나 된다고 생각하는데, 여기에 그것들을 보냅니다.

(1) 당신이 받았을지 모르지만 쪽지와 소책자를 고양에서 마부 편에 보냈습니다. 받지 못했다면 [제물포의] 스튜어트 가게에서 35센트짜리 (혹은 그 정도에) 소년용 주머니칼을 구해서 빈튼 의사를 통해 내게 보내는 12월 화물 편에 함께 보내주기 바랍니다.

(2) 헐버트 목사가 당신에게 인계한 820권의 소책자 가운데 4권을 심사받고 통과되도록 야소교서회 심사 위원회에 주기 바랍니다. 그중 600권을 베어드 목사에게 보내주고, 나머지는 빈튼 의사를 통해 나에게 보내주십시오. 그런데 원한다면 당신이나 학교의 부인들, 밀러 목사 등도 어느 정도 가져도 됩니다.

(3) 만약 제물포의 제화공이 새 신발값 5달러와 헌 신발 수선비로 몇 달러를 청구하면 지불해주십시오.

(4) 미리 부탁했듯이 11월 말에 금돌이 형제에게 5,000냥을 주고, 빈튼 의사가 내 화물을 보내는 데 드는 비용, 그리고 내 업무와 관련해서 지불해야 하는 다른 비용에 대해서도 필요한 것은 무엇이든지 그가 요청하면 주십

1 데리고 간 하인이다.

will probably send another soon for 100,000, about $30. (Later—send today order No. 2). Should I send in orders which reach you before I can send by courier a check on bank to cover same—please do not refuse to pay them, but make a desperate effort to raise the amount. I will try however to anticipate all orders.

6. I enclose check for $50 which however you will not be able to cash until amount of my November order is deposited in bank.

7. The old Session gave me powers of Session in this section of country. Will you ask the new Session to extend to me the same privilege if they so see fit?

8. You probably remember that last Christmas when the native Church elected Saw and Hong as temporary deacons (if you call it so), it was for one year only they were elected. I call your attention to it that the new Session may take what steps they see fit.

9. When Underwood's Song Book appears please send me a copy by the first load Vinton sends me. Also kindly send me 5 copies each of any new tract issued by anyone, publicly, privately or otherwise.

If I can drum up some more commissions for you, will add them in a post-script. In advance accept my sincere thanks.

Sincerely yours,

S. A. Moffett

시오.

(5) 나는 오늘 아침에 85,000냥(25달러 이상)의 우편환을 보냈는데, 십중팔구 조만간 100,000냥(약 30달러)의 또 다른 우편환도 보낼 것입니다. (나중에 추가 – 오늘 우편환 2번을 보냅니다) 내가 심부름꾼 편으로 동일한 금액의 은행 수표를 보내기 전에 당신에게 우편환을 보낼 것입니다. 그 지불을 거절하지 말고 반드시 그 액수를 지불해주기를 부탁합니다. 하지만 앞으로는 미리 우편환을 주도록 노력하겠습니다.

(6) 내가 50달러 수표를 동봉하는데, 나의 11월 우편환이 은행에 예금될 때까지 현금으로 찾을 수 없을 것입니다.

(7) 옛 당회는 이 구역의 당회 권한을 내게 주었습니다. 만약 적절하다고 여기면, 새 당회에 동일한 특권을 연장시켜달라고 부탁해주길 바랍니다.

(8) 당신은 십중팔구 작년 성탄절 때 본토인 교회에서 서와 홍을 (만약 당신이 그렇게 부른다면) 임시 집사로 선출한 일을 기억할 것입니다.[2] 그들의 선출 기간은 오직 1년이었습니다. 새 당회가 적절한 조치를 취하도록 관심을 부탁드립니다.

(9) 언더우드 목사의 찬양가가 발간되면, 빈튼 의사가 나에게 보내는 첫 화물을 통해 한 부를 보내주십시오. 아울러 사적으로나 공적으로 누가 만들었든, 발행된 새 소책자가 있으면 각 5부씩 보내주십시오.

만약 당신에게 의뢰할 것이 더 생각나면 추신에 부언하겠습니다. 내 진심 어린 감사를 미리 받아주십시오.

마포삼열 드림

---

2 서상륜과 홍정후다.

Samuel A. Moffett

Pyeng yang, Korea

December 14, 1893

My Dear Gifford:

Thanks for your kindness and also for your note concerning things in general and particular. I do not exactly understand Moore. He seems to have two streaks in him of opposite kind. I tell you a man's first two years are trying ones and call out all the meanness there is in him. After that I think he begins to long for a right spirit—especially so the more he gets into direct work for Korean souls.

Don't be at all discouraged over the "Training Class." In the readjustment of things with 4 stations instead of 1, the parent station necessarily suffers in many respects for a short while. With a little more country work on the part of all in Seoul—I doubt not you will soon have more wanting to come than you can accommodate. Steady earnest work on what the Lord sends us always results in good and in an enlargement of opportunities.

I shall not attempt to have a class here this winter. The time is not ripe for it—as I want first to do some preliminary seed—sowing and instructing of some men here in the city who are hopeful cases. Had 10 at prayer meeting last night and a few more at Church service last Sunday. I begin to feel as tho this were headquarters. Han [Sŏkchin] and I go off tomorrow for a little tramp to neighboring villages. Had a nice snow last night—weather cold and roads will be good. Have enjoyed seeing Dr. Hall here & got my hair cut by him. Hall is a fine man—certainly—and of course I was not surprised in talking with him to find out that he is a Scotch Irishman from Presbyterian stock.

Am kept pretty busy every day—talking with people and except in early mornings can have little time to myself. As I write this three men sit in front watching my movements—and so it is every day. Just how

마포삼열

한국, 평양

1893년 12월 14일

친애하는 기퍼드 목사에게,

당신의 호의와 일반적이고 특별한 일들에 대한 메모에 감사합니다. 나는 무어 목사를 정확하게 이해하지 못합니다. 그에게는 상반된 종류의 두 가지 성향이 있는 듯합니다. 첫 2년간은 누구에게나 힘든 때이므로 자신 안에 있는 모든 비열한 점이 드러납니다. 그 이후 올바른 정신을 바라기 시작하는데, 특히 한국인의 영혼을 위한 직접적인 사역에 들어갈수록 그렇게 됩니다.

"신학반"에 대해서는 조금도 실망하지 마십시오. 선교지부가 한 개서 네 개로 재조정됨에 따라 모 선교지부[서울]에서는 불가피하게 짧은 기간 동안 많은 일을 겪고 있습니다. 당신이 서울 전체보다 좀 더 많은 시골 지역의 사역을 맡았으므로, 머지않아 당신이 적응할 수 없는 많은 필요가 분명히 발생할 것입니다. 하나님께서 우리를 보내신 사역에 대한 꾸준하며 진지한 수고는 언제나 좋은 결과와 기회의 확대로 귀결됩니다.

올겨울에 나는 여기서 학습반을 맡지 않으려고 합니다. 아직 때가 되지 않았습니다. 나는 먼저 예비적인 씨 뿌리기와 전망이 밝은 이 도시의 일부 사람들을 지도하는 것을 먼저 하고 싶습니다. 어젯밤 기도회에 10명이 왔고, 지난 주일 예배에는 좀 더 많은 사람이 왔습니다. 나는 여기가 마치 본부인 것처럼 느끼기 시작했습니다. 한석진과 나는 내일 주변 마을로 짧은 여행을 갑니다. 어젯밤에는 눈이 멋지게 내렸습니다. 추운 날씨와 도로는 좋아질 것입니다. 이곳에서 홀 의사와 즐거운 만남을 가졌고 그가 내 머리를 깎아주었습니다. 홀은 훌륭한 사람임이 확실합니다. 그와 이야기를 나누는 동안 그가 장로회 집안의 스코틀랜드계 아일랜드 사람인 것을 알고도 당연히 놀라지 않았습니다.

매일 사람들과 이야기하며 바쁘게 지내고 있어서 이른 아침을 제외하고는 내 시간을 거의 가질 수 없습니다. 이 편지를 쓰고 있는 동안에도 세 사람

much of this kind of life I can stand I don't know but the Lord gives grace for whatever he leads us into.

Vinton gave me a sort of a resumé of the Board's letter. Give me your ideas of things as they come out. What is the Mission to suggest as to Vinton's work beyond its action of the Oct. meeting?

Have written another order, No. 3—for 100,000 Seoul cash, which will reach you in time. Think you have more than enough on hand to meet it.

My kindest regards to Mrs. Gifford and wishes that you may all have a most Merry Christmas.

Sincerely yours,
Samuel A. Moffett

이 내 행동을 주시하며 앉아 있습니다. 매일 그렇습니다. 이런 생활을 내가 얼마나 견딜 수 있을지 알 수 없지만, 하나님께서는 우리를 인도하시는 곳마다 은혜를 주십니다.

빈튼이 선교 본부의 편지에 대한 일종의 요약서를 주었습니다. 사태가 어떻게 진전되는지 당신의 생각을 말씀해주십시오. 10월 회의 결정 외에 선교회에서 빈튼의 사역에 대해 제시하려는 것이 무엇일까요?

또 다른 우편환 3번—서울 엽전 10만 냥—을 썼는데, 당신에게 시간 안에 도착할 것입니다. 당신이 그것을 지급하기에 충분한 돈을 수중에 가지고 있다고 생각합니다.

부인에게 안부를 전해주시고, 가장 즐거운 성탄절이 되기를 바랍니다.

마포삼열 드림

Frank Field Ellinwood

New York, NY

December 22, 1893

My dear Mr. Moffett:

I have received two letters from Dr. Underwood which are of the nature of a protest against the action of the Mission respecting his hymn book. We have done nothing about the matter because we have heard nothing from the Mission, and I have wondered that nothing has been said in any letter. In fact we have received almost no letters for many weeks. Will you write me from the standpoint of the Mission in regard to the matter of the terms used for the name God. Is the matter of such importance as to warrant a breach in the mission? I am anxious not only for the peace of the mission on its own account, but on account of Mr. Underwood of Brooklyn who is now carrying the support of five missionaries in Korea. It would seem undesirable to alienate such a friend of the cause unless there is great reason for it. Of course in any matter of principle there is only one course to pursue, that is if it is of first importance, but the New Testament teaches us forbearance and even the heathen classics of China inculcate the doctrine that the superior man will never be influenced or turned aside by little things. But I do not prejudge the case. I have sent for Mr. [Graham] Lee, who is now in this country, to come and give us the facts from the missionary point of view. We have received the reports of the Committees but I wish that some general report might be prepared by somebody as is done in the Canton Mission.

[ ][1]

Sincerely yours,
F. F. Ellinwood

1 The remainder too hard to read on microfilm but ends in a prayerful hope that there will not be great strife in the mission which might preclude a blessing upon the work, etc.

엘린우드

뉴욕 주, 뉴욕

1893년 12월 22일

마포삼열 목사에게,

언더우드 박사로부터 자신의 찬양가에 대한 선교회의 결정에 항의하는 항고서가 동봉된 편지 두 통을 받았습니다. 우리는 그 문제에 대해 아무런 조치도 취하지 않았는데, 선교회로부터 아무 소식도 듣지 못했기 때문입니다. 어떤 편지에서도 이것이 전혀 언급되지 않아 궁금합니다. 사실 우리는 수 주일 동안 거의 편지를 받지 못했습니다. 신명 용어 문제와 관련하여 선교회의 입장에서 편지를 보내주겠습니까? 그 문제가 선교회 내부의 분열을 가져올 만큼 중요합니까? 나는 그것 때문에 선교회의 평화뿐만 아니라 5명의 한국 선교사의 후원을 현재 맡고 있는 브룩클린의 언더우드 씨 때문에 걱정스럽습니다.[1] 만약 대단한 이유가 없다면 그런 선교 대의의 친구를 소외시키는 것은 바람직하지 않아 보입니다. 물론 어떤 원칙의 문제에서 원칙이 가장 중요하다면 추구할 길은 오직 하나뿐이지만, 신약에서는 용납을 가르치고, 심지어 중국의 이교 경전에서도 군자는 작은 일에 결코 영향 받거나 엇나가지 않는다는 교리를 가르칩니다. 그러나 나는 그 사안을 선불리 판단하지 않겠습니다. 나는 우리에게 와서 선교사의 관점에서 그 사실을 알려주도록 현재 이 나라에 있는 리 목사를 불렀습니다.[2] 우리는 위원회의 보고서를 받았지만, 광동 선교회에서 이루어진 것처럼 누군가가 일반적인 보고를 준비해주기를 바랍니다.

[이후 판독이 어려워 생략함.][3]

엘린우드 드림

1 호레이스 언더우드의 형 존 언더우드를 말한다.

2 그레이엄 리 목사는 미국으로 와서 1894년 1월 10일 에반스빌에서 결혼식을 올린 후 일리노이 주 매디슨에 들러 마포삼열 목사의 어머니를 만나고 뉴욕에 가서 엘린우드 총무를 만났다.

3 선교회에 사역을 방해할 수도 있는 큰 분쟁이 일어나지 않기를 바라는 내용이 들어 있다.

Samuel A. Moffett

Pyeng yang, Korea

December 28, 1893

My Dear Gifford:

First of all I want to thank you and Mrs. Gifford for giving me a share of "Santa Claus" on Christmas day for I opened the package you had given me with pleasure only equaled by some of my childhood Christmas days. It did seem rather queer to be spending the day as this one was spent–but by making it a bright day for Han's two little ones, romping and playing with them I managed to get considerable Christmas cheer out of the day.

By Dr. Hall I think it was, I sent you another check for $50 which with 60,000 Seoul cash which he is to pay over to you, will probably enable you to pay the last order for 200,000 cash which I sent a few days after Dr. Hall left.

Will probably not send another order until near the middle or last of January before going to Eui Ju, and will send another check before that.

Was glad to hear of the Training Class and your South Gate work. If we preach and teach, results are bound to come–though I don't agree with the *Independent's* remarks on Dr. Pierson's position. One of the converts here is still having a hard time and only saved himself from a beating the other day by setting up the kouksyou [noodles] (and I think also wine) to a crowd. Poor fellow, he does not know just what to do and needs help very much. I know the Lord will help him if he will only look to Him for help and to this end I exhort and pray.

Had a good prayer meeting last night, a dozen men were in–most of them regular attendants.

Please get a copy in En Mun of the rules which the native council adopted for those entering the church and send to me with the next load. Youn had the official copy.

마포삼열

한국, 평양

1893년 12월 28일

기퍼드 목사에게,

무엇보다 먼저 성탄절에 "산타클로스" 역할을 할 수 있도록 해주어서 당신과 부인께 감사드립니다. 당신이 보내준 소포를 열었을 때 어린 시절 성탄절에 느꼈던 기쁨과 동일한 기쁨을 누렸기 때문입니다. 이 한 가지 일만 하고 그날을 보내는 것이 약간 이상해서, 한석진의 두 어린 자녀와 함께 장난치고 놀면서 그들에게 유쾌한 날을 만들어줌으로써 정말 즐거운 성탄절 하루를 지냈습니다.

홀 의사가 보낸 것이라고 생각하는데, 홀 의사가 당신에게 지불할 서울 엽전 6만 냥과 함께 50달러 수표를 보냈는데, 아마도 홀 의사가 떠난 지 며칠 후에 보냈던 지난번 엽전 20만 냥의 우편환을 지불할 수 있을 것입니다.

아마도 의주에 가기 전인 1월 중순경이나 말까지 다른 우편환은 보내지 않고, 그전에 또 다른 수표를 보내겠습니다.

신학반과 남대문 사역을 듣게 되어 기뻤습니다. 비록 내가 피어슨 박사의 입장에 관한 「독립」지의 논평에 동의하지 않더라도, 우리가 전하고 가르치면 결과는 나오기 마련입니다. 이곳 개종자 중 한 사람은 여전히 고난의 시기를 보내고 있는데, 며칠 전 사람들에게 국수(생각건대, 술과 함께)를 대접함으로써 그들에게 맞는 것을 피했습니다. 불쌍한 사람, 그는 무엇을 해야 할지 몰라 도움이 많이 필요합니다. 만약 그가 도움을 위해 오직 하나님만을 바라본다면, 하나님께서 도우실 것을 알기에, 이를 위해 권고하고 기도합니다.

지난밤 유익한 기도회를 열었는데 대부분이 정기적인 출석자인 12명이 참석했습니다.

입교자에 대한 본토인 공의회에서 채택한 입교 규칙서 한 부를 구해 다

Kindly let me know about my checks for November and December orders. I suppose they were sent to you and have been deposited with the bank. I can then figure my accounts with certainty.

I engaged a teacher today for a month and am going to try to do a little literary work. I have so far been so busy talking to inquirers that little study has been done. However I am always glad to drop the study for evangelistic work–but think I can make good use of a teacher in doing some literary work and in revising some already done.

Your work is in constant remembrance as I feel sure mine is with you before the throne. All is in vain without that.

Send me another letter of general jottings when the January load comes.

Kindest regards to Mrs. Gifford-

Sincerely yours,
S. A. Moffett

January 1, 1894–Happy New Year with every blessing. Enclosed a check for $100. Place to my credit. S. A. M.

● **마포삼열의 제9차 전도 여행**
1893년 11월-1894년 4월
서울-평양-의주-평양-서울

Mr. Moffett's Ninth Mission Trip
From November 1893 to April 1894
A round trip from Seoul to Ŭiju

음번 화물과 함께 보내주십시오. 당신이 정본을 가지고 있었습니다.[1]

11월과 12월 우편환에 대한 나의 수표에 대해 알려주십시오. 나는 그 수표가 당신에게 보내져서 은행에 예금되었다고 생각합니다. 그러면 나는 확실히 내 계좌를 계산할 수 있습니다.

오늘 나는 한 달 동안 일할 어학 교사를 고용했는데, 소규모로 문서 사역을 해보려고 합니다. 지금까지는 구도자들과의 대화로 너무 바쁘게 지냈기 때문에 공부를 거의 하지 못했습니다. 나는 전도 사역을 위해 어학 공부를 기꺼이 포기하겠지만, 문서 사역을 하고, 이미 일부 만들어놓은 것을 개선하는 데 이 교사를 충분히 활용할 수 있다고 생각합니다.

당신의 사역을 늘 기억하며 기도합니다. 하나님의 보좌 앞에 내 사역을 위한 당신의 기도가 함께 있다고 확신합니다. 모든 일이 그것 없이는 헛됩니다.

1월 화물이 올 때, 통상적인 메모를 보내주십시오.

부인에게 안부를 전합니다.

마포삼열 드림

1894년 1월 1일—새해 복 많이 받으세요. 100달러 수표를 동봉합니다. 내 계좌에 넣어주십시오. 마포삼열

1 1893년 한국인 지도자들로 한국어를 쓰는 장로회 공의회를 조직했다.

서신 LETTERS
1894

●
홀 의사와 마포삼열 목사, 1894년 [MOF]
청일 전쟁의 피해를 입은 평양을 조사하기 위해 떠나기 전
10월 초에 제물포 통구 사진관에서 촬영.

Dr. William J. Hall and Rev. Samuel A. Moffett, Chemulpo, 1894
Before going to P'yŏngyang to take care of the station
and the city where the Sino-Japanese War hit.
Photographed by S. Higuchi, a Japanese.

●

마포삼열의 첫 조사 한석진, 1894년 [MOF]

1894년 제물포에서 평양으로 가기 전 일본 사진관에서 촬영.
마포삼열은 1890년 의주를 방문했을 때 한석진을 만났고,
그를 1894년 정식 조사로 채용하여 평양을 개척했다.
한석진은 1907년 장로회의 첫 7인 목사 중 한 명으로 안수를 받았다.

Han Sŏkchin, Moffett's first Helper, Chemulpo, 1894

Moffett met him in Ŭiju in 1890.
Mr. Han became the first evangelist in P'yŏngyang under Mr. Moffett,
and was ordained as one of the first seven Presbyterian ministers in 1907.

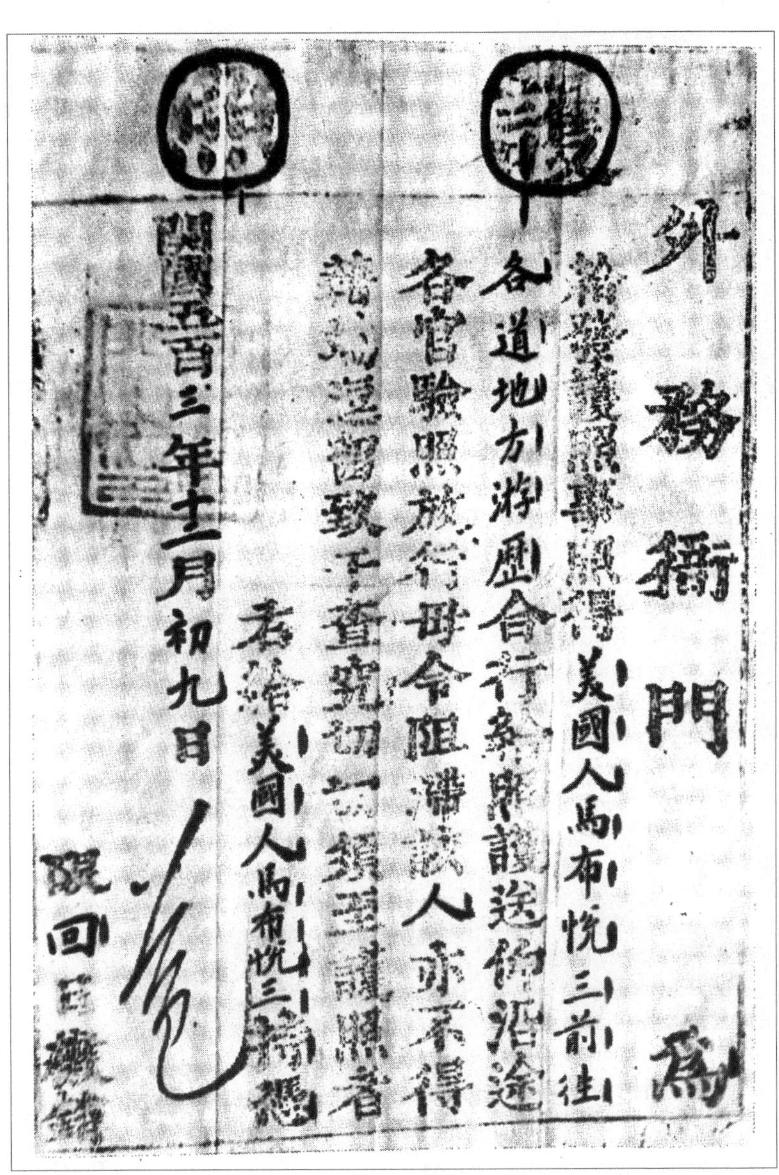

外務衙門 爲

發給護照事照得美國人馬布恍三前往

各道地方遊歷合行發照護送所有沿途

各官驗照放行毋令阻滯該人亦不得

稍涉滋擾致干查究切切須至護照者

右給美國人馬布恍三[illegible]憑

開國五百三年十二月初九日

限回日繳銷

● **마포삼열의 호조, 1894년 11월 9일(음력) 발행, 1894년 [OAK]**
외무아문에서 발급한 마포삼열의 호조(여권)에는 '각도 지방 유력'이라는 목적이 기재되어 있다.
조선 정부는 1894년부터 '개국 503년'이라는 연도를 사용하기 시작했는데,
마포삼열은 11월 24일 홀 의사 장례 후 평양에 영구 거주하기 위해 12월 5일(양력) 이 호조를 받았다.

A New Passport issued to S. A. Moffett, 1894
by the Foreign Office of the Korean Government
allowing him to travel into the interior of Korea outside the two treaty ports, Seoul and Pusan.

●
1892년에 매입한 홍종대의 집, 1896년경 [MOF]
마포삼열 선교사가 구입한 평양의 첫 집이다. 건물 앞에 홍종대와 한석진이 서 있다.
1894년 1월 7명이 세례를 받고 널다리교회가 조직되었으며, 나중에 초등학교 건물로 사용되었다.

Hong Chongdae's House, ca. 1896
Which became the first Presbyterian church as below
Mr. Hong and Mr. Han standing

Samuel A. Moffett

Pyeng yang, Korea

January 10, 1894

Dear Gifford:

With enclosed order for 100,000 cash I also send you bank check for $25. Sent you check for $100 a few days ago and think you will thus have enough to meet all demands until I return from Eui Ju.

Don't think I am squandering money by the wholesale–tho' I find that money goes here about as fast as in Seoul, or faster.

Am still as busy as can be preaching day & night, having all the visitors I have strength to attend to. Prospects more than encouraging and I look for a large blessing.

Kind regards to all.

Sincerely,

Samuel A. Moffett

마포삼열

한국, 평양

1894년 1월 10일

기퍼드 목사에게,

동봉한 엽전 10만 냥의 우편환과 함께 25달러 은행 수표도 보냅니다. 며칠 전에도 100달러 수표를 보냈는데, 따라서 내가 의주에서 돌아올 때까지 모든 청구서를 지불하는 데 충분할 것이라고 생각합니다.

비록 여기서 돈이 서울에서처럼 혹은 더 빠르게 빠져나가고 있다는 것을 알지만, 돈을 크게 낭비하고 있다고는 생각하지 않습니다.

밤낮으로 전도할 만큼 여전히 바쁘지만 모든 방문자를 돌볼 기운은 있습니다. 전망은 고무적이며 큰 축복을 기대하고 있습니다.

모두에게 안부를 전하며,

마포삼열 드림

Samuel A. Moffett

Pyeng yang, Korea

January 12, 1894

Dear Dr. Ellinwood:

It is with cause for much gratitude that I write to you concerning the beginnings of work in this place. The Mission having finally relieved me of all work in Seoul that I might give my whole attention to the work of this new station, I came here in November to take up a nomad's life until such time as a residence here seems advisable.

Intending to spend the winter in this city—for the past two months I have been living in a room in the house purchased in our helper's name. The time has been spent following up the impressions made during former visits, gaining friends wherever I could, and in preaching the gospel all day long.

The room which serves me as reception room, study, dining room and bed-room is what the Koreans call a "sarang," that is, a room open to anyone and everyone at all times of day or night. Thus privacy is out of the question and such a run of visitors from early morning until midnight has there been that I could hardly get time to rest or eat. However, I do break away at times in order to get some fresh air and exercise, and on these walks I have been able to talk to many, to distribute tracts and to make my presence more widely known. Have been invited into a number of houses to talk to groups of people who, having read one of the tracts, desired to know more of the truth. I have also, with our helper, taken 3 or 4 walks to surrounding villages and from these and others there has been a constant stream of inquirers. There are now in this region hundreds of people reading the tracts and discussing the gospel story. I am told that great numbers would be more than glad to accept the new truth were they not afraid of persecution and ridicule.

Many look upon the entrance of the gospel as a harbinger of better

마포삼열

한국, 평양

1894년 1월 12일

엘린우드 박사님께,

이곳에서 시작한 사역에 대해 귀하께 편지를 드리면서 감사할 이유를 많이 가지고 있습니다. 제가 이 새 선교지부 사역에 모든 주의를 기울일 수 있도록 선교회가 마침내 저를 서울의 모든 사역에서 벗어나게 해주었으므로, 이곳에 거주하는 것이 바람직하게 보일 때까지 방랑자의 삶을 살려고 저는 11월에 이곳에 왔습니다.

이 도시에서 겨울을 보낼 생각이었고, 지난 2개월 동안 저는 우리 조사의 이름으로 구입한 집의 방 한 칸에서 살았습니다. 과거 방문에서 받은 인상에 대한 후속 조치를 취하면서 시간이 나는 대로 친구들을 사귀고, 하루종일 복음을 전하면서 시간을 보냈습니다.

손님을 맞이하고 제 서재, 식당, 침실로 쓰는 방은 한국인들이 "사랑"이라고 부르는 방으로, 밤낮으로 아무에게나 모든 사람에게 열려 있는 공간입니다. 따라서 개인적인 공간은 전혀 없으며, 아침 일찍부터 한밤중까지 사람들이 줄지어 몰려와서 저는 쉬거나 밥을 먹을 시간조차 없을 지경입니다. 하지만 저는 가끔씩 신선한 공기를 마시고 운동하기 위해 휴식 시간을 가지며, 이런 산책을 하면서 많은 사람과 이야기를 하고 소책자를 반포하고 제 존재를 더 널리 알릴 수 있었습니다. 소책자를 읽은 많은 사람의 집에 초대를 받았고 이들은 진리에 대해 더 알기를 원했습니다. 또한 저는 조사와 함께 주변 마을에 서너 차례 걸어갔고, 그곳과 다른 곳에서 끊임없이 몰려오는 구도자들을 만났습니다. 이제 이 지역에는 소책자를 읽고 복음서 이야기를 토론하는 수백 명의 사람이 있습니다. 만일 박해나 조롱을 두려워하지 않아도 된다면 수많은 사람이 새 진리를 기꺼이 수용할 것입니다.

많은 사람이 복음이 들어오는 것을 억압받는 백성에게 더 좋은 시대가 올 징조로 간주하며, 교인을 얻는 데 크게 성공하기를 바랍니다. 많은 사람이

times for the oppressed people and wish it all success in gaining adherents. I hear of a good many who are secretly praying to the true God. At the same time the great mass of people, as usual, look upon the truth with suspicion, ridicule and hatred. Since our helper came in the spring Sunday services have been regularly held, attended at times but by 2 or 3, but gradually leading up in the fall to the gathering of a class of Catechumens around which as a nucleus the number of constant attendants has been increasing. Those who come have been subject to scorn and ridicule and are marked men in the neighborhood. When it became known that some of them had identified themselves with us and openly professed to their friends that they were "Jesus doctrine" men, every effort was made to laugh them out of it and to lead them to return to their sinful habits which they had forsaken. They were roundly abused as being unfilial, since it is known that Christians give up ancestral worship, and they were told they would have their heads taken off as were those of the Romanists some 30 years ago. They have stood all this nobly, tho there have been some relapses into sin. The struggle of one man has been of intense interest. He is an innkeeper and merchant who has been a great drinker and gambler—yet among Koreans a respectable man and one whose acquaintances are numerous throughout the whole region. He came out boldly as a Christian and soon was a marked man—the butt of all the jokes and ridicule and abuse which could be heaped upon him. Taking it all good—naturedly he became more & more firm in his faith—but has had a hard struggle against drink. His former friends entered into a conspiracy to make him fall. Day after day they came tempting him, insisting that he should drink with them according to Korean custom and roundly abusing him as false to his friends. Time and again has he fled from them, coming in here that he might not yield and that he might gain strength in prayer. Several times he has fallen, much to his own and our grief, but the Lord is his keeper and the victory is sure.

참되신 하나님께 은밀히 기도하고 있다고 합니다. 동시에 대다수 사람들은 평소처럼 진리를 의심과 조롱과 증오심을 갖고 바라봅니다. 우리의 조사가 작년 봄에 온 이후 주일 예배는 정기적으로 열렸으나 두세 명만 참석했습니다. 그러나 점차 늘어나서 가을에는 학습자반이 모였고 그들을 중심으로 예배 참석자가 증가했습니다. 참석자들은 경멸과 조롱의 대상이 되었고, 이웃 사람들에게 요주의 인물이 됩니다. 그들 가운데 일부가 스스로를 우리와 동일시하고 친구들에게 '예수교' 사람이라고 공개적으로 고백했을 때, 사람들은 그들을 비웃고 그들이 버렸던 죄의 습관으로 되돌아가도록 그들을 이끌려고 온갖 노력을 다했습니다. 그들은 불효자라고 욕을 먹는데, 예수교인은 제사를 포기했다고 알려져 있기 때문입니다. 그리고 30여 년 전에 천주교인들이 처형되었던 것처럼 그들의 목도 베어질 것이라는 말을 듣습니다. 비록 일부가 신앙을 버리고 다시 죄로 돌아갔지만, 그들은 이 모든 것을 당당히 견뎠습니다. 그 가운데 한 남자의 투쟁은 정말 흥미롭습니다. 그는 여관 주인이고 상인인데 한때는 술고래요 노름꾼이었지만, 한국인 사이에서 존경을 받고 부근 전 지역에서 아는 사람이 수없이 많은 자입니다.[1] 그는 용감하게 예수교인으로 모습을 드러냈고 곧 요주의 인물이 되었는데, 온갖 놀림과 조롱과 욕설이 그에게 쏟아졌습니다. 그는 이 모든 것을 선한 성품으로 잘 이겨내고 점점 더 확고한 신앙을 가지게 되었습니다. 그러나 아직 술은 끊지 못하고 힘든 싸움을 계속하고 있습니다. 그의 이전 친구들이 그를 실족하게 하려고 계략을 짰습니다. 그들은 매일 그에게 와서 그를 유혹하면서, 한국의 관습대로 술을 마셔야 한다고 윽박지르고 친구에게 의리가 없다고 노골적으로 욕했습니다. 그는 지지 않기 위해, 그리고 기도로 힘을 얻기 위해 재차

1 평양에서 여관업을 하던 객주(客主) 최치량(崔致良, 1854-1930)이다. 평양 장대현장로교회의 첫 신자 가운데 한 명이다. 나중에 오촌리로 이주하여 오촌리교회를 설립했다. 1910년 장로로 장립되었고, 사재를 들여서 경신학교, 괴음리교회를 설립했다. 최치량은 1866년 토머스(Robert Thomas) 목사가 대동강 강변에서 처형될 때 12세였는데, 처형 전에 만경대에서 토머스 목사로부터 책들을 받았다고 한다. 최치량은 이 한문 성경을 보관하고 있다가 겁에 질려 영문주사(營門主事) 박영식(朴永植)에게 주었고, 박영식은 이것을 뜯어서 자기 집 벽지로 발랐다고 한다. 최치량은 박영식의 집에 갔다가 벽에 붙어 있는 성경을 읽고 기독교에 관심을 가지게 되었으며, 성경 벽지가 있던 그 집은 평양 최초의 교회인 널다리골 예배당이 되었다고 한다.

So great is the change in him that his wife and brother who call him "crazy" yet rejoice in his reformation and while ridiculing him for becoming a Christian, look upon us as having done them the greatest favor in leading him to forsake his evil ways. Through this man's conversion the news of the gospel has been widely scattered.

For several months ten or more men have been regular attendants of our Sabbath service and Wednesday evening prayer meeting. Last week the class of Catechumens was examined and on Sunday, January 7th, eight men were publicly baptized and partook of the Lord's Supper. It was a joyful day to Mr. Han and to me for our united prayer and great longing has been to see souls gathered into a church of Christ-men whose faith should stand in demonstration of the Spirit and of power. Two others were publicly received into the Catechumen class.

The Lord has thus been working even in this the most wicked city of Korea and a beginning has been made in calling out the Lord's own.

Two of these men are about 40 years of age, the others being young men between 20 and 30 years. They are a praying band given to earnest study of God's word.

I feel more than ever encouraged and am now praying that the way may be more clearly opened for Mr. Lee and Dr. Irvin to join me. I fear that it is not yet advisable for them to attempt a permanent residence here. Our Methodist brethren expect to send someone here in the Spring with a view to gaining possession of the property over which trouble occurred last Spring and I fear that the coming of so many will again arouse suspicion and perhaps open opposition.

My own course is clear–as I am now free to give all my time to work in this province, alternating between this city and Eui Ju as headquarters and remaining in the province as long as a passport allows and my health holds out. With much traveling–not the best of fare–cramped quarters and a malarial district I may be compelled to spend part of the summers elsewhere resting and recuperating forces, until such

친구들로부터 빠져나와 이곳으로 왔습니다. 그는 여러 번 실족하여 자신과 우리를 크게 슬프게 하기도 했지만, 주께서 그를 지키시므로 승리는 확실합니다.

그가 몰라보게 변했기 때문에 그의 아내와 동생은 그를 "미쳤다"고 부르지만 그 변화에 즐거워하고, 예수교인이 된 것을 조롱하지만 우리가 그로 하여금 악한 일들을 버리도록 인도했다고 크게 고마워하고 있습니다. 이 남자의 개종을 통해 복음의 소식이 널리 퍼졌습니다.

여러 달 동안 10여 명이 주일 예배와 수요일 저녁 기도회에 정기적으로 참석했습니다. 지난주에는 학습자반을 문답했고 1월 7일 주일에는 8명이 공개적으로 세례를 받고 성찬에 참여했습니다. 그날은 한 씨와 제게 즐거운 날이었습니다. 우리의 합심 기도와 간절한 소망을 통해 영혼들이 그리스도의 교회에 모인 것을 목도했기 때문입니다. 그들의 믿음은 성령의 임재와 능력 안에 서게 될 것입니다. 다른 두 사람을 공개적으로 학습자반에 받았습니다.

주께서 한국에서 가장 사악한 이 도시에서도 일하고 계시며, 주님의 사람들을 불러내기 시작하셨습니다.

이들 가운데 2명은 약 40세이고, 나머지는 20-30세입니다. 그들은 하나님의 말씀을 진지하게 공부하고 기도하는 무리입니다.

저는 어느 때보다 고무되었고, 리 목사와 어빈 의사가 제게 올 수 있는 더 분명한 길이 열리기를 기도하고 있습니다. 그들이 이곳에 영구적으로 거주하러 오는 것은 아직 바람직하지 않다고 생각합니다. 감리회 형제들은 봄에 한 사람을 이곳으로 파송하여 작년에 문제가 발생한 부동산을 소유하려고 합니다. 그러나 너무 많은 사람이 오면 다시 의심을 사게 되고 반대를 불러일으킬 수 있어 우려됩니다.

제 갈 길은 분명합니다. 저는 이제 이 도시나 의주를 본부로 삼아 오가면서 이 도에서 자유롭게 모든 시간을 보내고 있으며, 호조(護照)가 허락하는 동안, 그리고 제 건강이 유지되는 한 이 [평안]도에 머물러 있습니다. 많이 여행하면서 제대로 먹지 못하고, 또 말라리아가 발생하는 비좁은 지역에 살고 있으므로, 보다 건강에 좋은 위치에 있는 부동산을 확보할 수 있을 때까지 여름에

time as we can secure property more healthfully located.

I am situated just at present as I have long wished to be—in direct contact with the people living in the midst of them, meeting them every day and all day, entering into their lives and having them enter into mine (Sometimes however in ways not very easy to endure).

I am certainly making friends and having the opportunity to do a great deal of direct personal work in preaching, instructing, enlightening and exhorting. With the Baptism of the Spirit—for which I look and pray—there will certainly come a harvest of souls of which I believe we are reaping the first—fruits as an earnest of what is to come.

I shall leave for Eui Ju in February hoping that the death of our Evangelist Paik has not left that little band demoralized.

Asking for special prayers for the guidance of the Spirit upon the work of the opening of this new station and with prayers for the continued blessing of God upon all your labors.

Sincerely yours,
Samuel A. Moffett

Just as soon as Dr. Irvin can establish himself here and begin work we shall expect to have a hospital here of some kind—even if it consists of but one little Korean room 8 foot square. In our plans for a hospital what encouragement and help can we expect from the Board? I have thought it barely possible that through Dr. Allen we might get Government permission to establish a hospital, thus indirectly giving us the right of residence. Will talk with him about it when I go to Seoul for supplies and summer clothes.

S. A. M.

는 다른 곳에서 쉬면서 힘을 회복하지 않으면 안 됩니다.

저는 현재 오랫동안 원했던 장소에 자리를 잡고 있습니다. 곧 사람들이 사는 한복판에서 그들과 직접 접촉하면서 매일 밤낮으로 그들을 만나고, 그들의 삶 속으로 들어가고, 그들로 하여금 제 삶 안으로 들어오게 하는 곳입니다(하지만 때로는 견디는 것이 쉽지 않습니다).

저는 분명히 친구들을 사귀고 있으며, 설교, 가르침, 깨우침, 권면 등 직접적이고 개인적인 사역을 많이 할 수 있는 기회가 있습니다. 제가 바라고 기도하는 '성령의 세례'를 통해 영혼을 확실히 추수하는 때가 올 것인데, 장차 일어날 일의 보증인 첫 열매를 우리가 거두고 있다고 믿습니다.

저는 2월에 의주로 떠날 것인데, 전도사 백 씨의 죽음으로 소수의 교인들이 낙심하지 않기를 바랍니다.[2]

이 새 선교지부의 개척 사역에 성령의 인도하심이 있도록 특별히 기도해주시기를 부탁합니다. 귀하의 모든 수고 위에 하나님의 복이 계속되기를 기도합니다.

마포삼열 올림

추신. 어빈 의사가 이곳에 정착하고 사역을 시작하면 바로 어떤 형태이든지 병원을 개원할 계획입니다. 비록 그것이 한옥의 사방 8자 방이라도 좋습니다. 우리의 이 병원 설립 계획에 대해 선교부의 격려와 도움을 기대할 수 있겠습니까? 저는 알렌 의사를 통해 정부에게 병원 설립 허가를 얻음으로써 간접적으로 거주권을 획득하는 것은 거의 불가능하다고 생각했습니다. 제가 생활용품과 여름옷을 가지러 서울에 가면 그 문제를 알렌 의사에게 이야기하겠습니다.

마포삼열

2 백홍준 조사는 1893년 12월 말[혹은 1894년 1월]에 폐병으로 사망했다. 그가 이때 옥사했다거나 순교했다는 말은 와전된 것으로, 백홍준은 1888년 이후 의주에서 자유롭게 조사로서 활동하면서 1891년 이후에는 마포삼열과 함께 의주 지역 전도에 힘썼다.

Samuel A. Moffett

Pyeng yang, Korea

January 26, 1894

Dear Gifford:

Enclosed please find answer to Vinton's circular which send to him—also an order for 15,000 cash. Am sorry I cannot send a letter at this time but mapoo[1] is going off at once.

Turley's letter places me in a position of temporary indecision.[2] If the Mission says "go to Moukden and to the valleys," I will go—but am not sure as to what is best. If you all think it best for me to go—telegraph me—as I expect to leave here for Eui Ju in 2 weeks.

I may telegraph you in a few days for instructions—as soon as I can talk over plans with Han [Sŏkchin].

McKenzie[3] left this morning for Chyang Yen—before I had read Turley's letter.

Have been greatly blessed here and feel encouraged.

Kindest regards and prayers for your success in all things. Liked McKenzie very much and enjoyed his stay.

Sincerely,

S. A. Moffett

---

1 A mapoo is a phony handler or a boy who cares for the horses.

2 Mr. Turley was the British & Foreign Bible Society's sub-agent for Manchuria and Korea.

3 William John McKenzie, an independent Canadian missionary.

마포삼열

한국, 평양

1894년 1월 26일

기퍼드 목사에게,

빈튼의 회람 편지에 대한 답장을 동봉했으니 전달해주기 바랍니다. 아울러 엽전 15,000냥의 우편환도 동봉합니다. 이번에 편지를 보낼 수 없어서 미안한데, 마부가 곧바로 떠나려 하기 때문입니다.

털리의 편지를 받고 나는 잠시 망설였습니다.[1] 만약 선교회에서 "봉천과 한인촌 마을로 가라"고 말한다면 나는 가겠습니다. 하지만 무엇이 최선인지 확신이 안 섭니다. 만약 당신이 내가 가는 것이 최선이라고 생각한다면 전보를 보내기 바랍니다. 나는 2주 후에 이곳에서 의주로 떠날 예정이기 때문입니다. 한석진과 계획을 의논하면 곧바로 지시를 받기 위해 며칠 후 당신에게 전보를 보낼지도 모릅니다. 매켄지는 오늘 아침 장연으로 떠났습니다.[2] 내가 털리의 편지를 읽어보기 전이었습니다.

이곳에서 나는 큰 축복을 받았고 고무되어 있습니다. 안부를 전하며, 모든 일에 성공하기를 기도합니다. 매켄지를 많이 좋아했고 그와 즐거운 시간을 보냈습니다.

마포삼열 드림

---

1 만주와 한인촌의 한국인 신자들에 대한 긍정적인 정보가 담긴 편지인 듯하다. 털리(Robert T. Turley)는 영국 성서공회 북중국 지부의 부총무로 이때 만주 우장에 거주하면서 1893년 서울에 성경 보급소를 설치하고 중국인 류치화와 왕영상을 통해 로스본 성경을 반포하려고 했다. 1894년 초에 기퍼드는 미국 성서공회 일본 지부 총무 루미스 목사에게 다음과 같이 편지했다. "영국 성서공회는 직원인 털리 씨를 봄에 제물포에 거주하게 하려고 합니다. 그는 지금까지 만주의 우장에 본부를 가지고 있었는데 탁월한 정신의 소유자입니다"(H. Loomis to E. W. Gilman, March 1, 1894).

2 매켄지(William John McKenzie, 1861-1895)는 캐나다 댈하우지 대학(Dalhousie College)과 장로회대학을 다녔다. 이때 라브라도(Labrador)에서 1년 반 정도 개척 전도를 했는데 한국에 대한 책을 읽고 한국 선교를 결심했다. 핼리팩스(Halifax)에서 친구들의 지원을 받아 독립 선교사로 1893년 10월 서울에 도착했다. 이어 언더우드 목사의 지도를 받고 마포삼열 목사와 함께 여행하면서 한국 사정을 익힌 후 소래에 정착하여 한국인처럼 살면서 소래교회를 성장시키고 초등학교를 설립했다. 1894년 말부터 1895년 초까지 황해도 동학란 기간에 교회를 지키고 평화를 유지하다가 일사병에 걸려 정신착란 속에 권총 오발로 자살하게 된다.

Samuel A. Moffett

Pyeng yang, Korea

February 1, 1894

My Dear Gifford:

Have been pretty well pushed with work for a while so that when I did get off the important letters to Seoul I could not write you anything at length. The past month has been a very good one here so far as our work is concerned and I feel greatly encouraged. After a careful examination of 10 men I baptized 8 of them, the other two being publicly received as catechumens. And thus a church is started here with well attended services Sunday noon and night and a prayer meeting for Bible Study and prayer Wednesday night.

I have a dozen things to make me rejoice and feel encouraged when I see the way in which these men have come out, the way they pray, their willingness to learn and their readiness to submit to all sorts of ridicule and abuse. Last night at prayer meeting two others asked to be received into church and next Sunday they will be received as catechumens and placed under instruction.

There are strong and weak men among them and all seem to be growing stronger. There is a great deal of inquiry on all sides and I hope for a rich blessing.

I shall look for a blessing in Kou Syeng & Eui Ju as I go north for I find my faith growing stronger and stronger as I am able to take God at His Word and go ahead daily preaching to all.

I was glad to hear of your work outside the gate and hope you may soon have a few real believers gathered about you there.

I was much interested in Dr. Ellinwood's article in *The Church at Home and Abroad* on "Revival in Missions," but if you notice–it is based upon the "employment system" which if largely used, of course brings in a great many people–but then the question arises as to whether

마포삼열

한국, 평양

1894년 2월 1일

기퍼드 목사에게,

얼마 동안 사역에 쫓겨, 중요한 편지들을 서울로 발송하면서 당신에게 장문의 편지를 쓸 수 없었습니다. 이곳에서의 우리 사역에 관한 한 지난 한 달은 아주 좋은 시간이어서 크게 고무되었습니다. 10명을 신중하게 문답한 후 그 가운데 8명에게 세례를 주었고, 나머지 2명은 공개적으로 학습 교인으로 받았습니다. 따라서 이곳에 사람들이 많이 참석하는 주일 낮 예배와 밤 예배, 수요일 밤 성경 공부와 기도회가 있는 교회가 시작되었습니다.[1]

이 사람들이 나오는 모습, 기도하는 모습, 배움을 향한 의욕, 온갖 종류의 조롱과 욕설을 기꺼이 감수하려는 모습을 볼 때면 나는 대단히 기쁘고 고무됩니다. 지난 밤 기도회 때 두 사람이 새로 교인이 되겠다고 요청했고, 다음 주일에 그들을 학습 교인으로 받아서 지도하게 될 것입니다.

그들 중에는 강한 자도 있고 약한 자도 있는데, 모두가 더 강하게 성장하는 것처럼 보입니다. 사방에서 수많은 문의가 들어오고 있으며, 나는 풍성한 복을 바랍니다.

북부 지방으로 갈 때 구성과 의주에서 축복을 기대합니다. 하나님의 말씀을 그대로 믿고 나아가 매일 모두에게 설교할수록 내 신앙이 더 강하게 성장하는 것을 알기 때문입니다.

당신의 성문 밖 사역을 듣게 되어 기쁩니다. 머지않아 몇 명의 참된 신자를 그곳에서 모을 수 있기를 바랍니다.

나는 「국내외 교회」에 실린 엘린우드 박사의 "선교회에서의 부흥" 기사를 읽고 많은 관심을 가졌습니다. 그러나 만약 당신이 주의해서 읽으면, 그 기사는 널리 활용할 경우 당연히 많은 사람을 데리고 올 수 있는 "고용 체계"

1 1894년 1월 평양 최초의 개신교 교회인 널다리장로교회(장대현교회로 발전)가 설립되었다.

the Church has any strength. I should like to see that question opened and fully discussed at some of our meetings. In Korea we have all seemed pretty well agreed upon the other method and I got sat on for wanting even 3 men employed for the whole Pyeng Yang station.

McKenzie's visit did me good and I find him strongly favoring the use of but little money, employing but few men. He has gone over to Chyang Yen expecting to get to Seoul some time in April. If the Mission directs me to stay in Korea (not to go to Moukden) I hope to get up to Seoul the last of April.

A little business now: All told I have given you checks as follows:

No. 100, $50; No.101, $50; No.102, $50; No. 103, $100;
No.104, $25; No. 105, $50; No. 106, $100; McKenzie's check, $18.

Please see if all of these have reached you and let me know which have not (if any) the next time you write. The last order I sent you was No. 10 for 150,000 cash. In all probability this will be the last until April as I shall use silver shoes in Eui Ju. Hope I have given you sufficient to meet all bills. And I am sure I thank you for all your trouble. I think I owe Miller $4.87 for photographs. If you have a balance on hand–please pay him if he wants it.

Scranton came in yesterday in Korean clothes–which were no disguise as far as that is concerned. He said they relieved him of a great deal of idle curiosity and the barking of dogs along the road. He talks of going on with me to Eui Ju next week.

Don't know what [Dr.] Hall's plans are for the Spring–but hope that if I get back here in April that Dr. Irvin will come down even tho he comes alone. I shall hope also to get a letter from you about [the] 1st of April–or when Irvin comes telling me about tracts, Bible translation work in general, etc.

Please tell Mrs. Gifford that I have been counting on her sending to

에 근거하고 있고, 그래서 오히려 교회가 어떤 힘을 가질지 의문이 생깁니다. 나는 우리 모임에서 언제 그 질문을 공개적으로 충분히 토론했는지 알고 싶습니다. 한국에서는 모두 다른 방식을 사용하기로 동의한 것 같은데, 내가 평양 선교지부 전체를 위해 세 사람만이라도 고용하려 하자 억압을 받을 정도였습니다.[2]

매켄지의 방문이 도움이 되었는데, 그가 돈을 거의 사용하지 않는 것을 강력하게 선호하고 사람도 거의 고용하지 않는다는 것을 알았습니다. 그는 4월 중에 서울에 도착할 것을 기대하면서 장연으로 갔습니다. 만약 선교회에서 내게 (봉천으로 가라고 하지 않고) 한국에 머물라고 지시한다면, 4월 말에 서울에 도착하기를 원합니다.

이제 잠시 사업 문제를 봅시다. 당신에게 보낸 수표는 모두 다음과 같습니다.[3]

100번 50달러, 101번 50달러, 102번 50달러, 103번 100달러,
104번 25달러, 105번 50달러, 106번 100달러, 매켄지의 수표 18달러.

전부 당신에게 도착했는지 알아본 뒤 만약 도착하지 않은 것이 있다면 알려주고 다음 편지에 써주십시오. 내가 당신에게 보낸 마지막 우편환은 엽전 15만 냥을 위한 제10번이었습니다. 의주에서는 내가 은화를 사용할 계획이므로 4월까지 그 우편환이 마지막일 가능성이 높습니다. 내가 당신에게 모든 청구서를 지불할 만큼 충분히 드렸기를 바랍니다. 그리고 당신의 모든 노고에 정말로 감사합니다. 내가 사진 때문에 밀러에게 4.87달러 빚진 것으

2 '고용 체계'란 네비우스가 비판한 옛 방법으로 본토인 전도사를 봉급을 주고 고용하면 그것이 직업이 되고 재정적 이익을 위해 교인이 되는 '쌀 신자'를 양산할 위험이 있었다. 그 반대의 다른 방법은 자원 체계, 곧 자전의 방법이다. 이 새 방법은 일반 교인의 자발적인 전도를 원칙으로 한다. 마포삼열은 네비우스와 로스의 3자 정책을 적극 수용했다. 고용한 전도사에 대해 로스가 좀 더 탄력적이었는데, 이는 헌신한 좋은 교인들이 있었기 때문이었다. 한국 장로교회에서는 초기에 선교사 1인당 한국인 조사 1인 비율로 고용했다. 마포삼열은 로스의 영향을 받았기 때문에 이 글에서 북한 지역에 고용한 3명의 조사(전도사)를 지지하고 있다.

3 기퍼드가 선교회 회계이기 때문에 계속 지출을 위해 수표나 우편환 처리를 부탁하고 있다.

Women's Work for Woman a photo of the Mission. I had hoped to get off a letter to it—but don't think I shall now.

With kindest regards and prayers for a blessing upon your work.

Sincerely yours,

Samuel A. Moffett

Give my sincere sympathy to Saw in his great loss. One more Korean safe above to sing His praises to all eternity. Many more are thus to be rescued to be taken when He sees fit.

로 생각됩니다. 수중에 예금이 남아 있고 밀러가 그 돈을 원하면 지불해주십시오.

어제 스크랜튼이 한복을 입고 왔습니다. 옷에 관한 한 그는 조금도 숨기지 않았습니다. 그는 그 옷이 쓸데없는 호기심과 길가를 따라 짖어대는 개들에게서 자신을 구해주었다고 말했습니다. 그는 다음 주에 나와 함께 의주에 가겠다고 말합니다.

홀이 봄에 무엇을 할 계획을 세웠는지 모릅니다. 하지만 만일 내가 4월에 이곳으로 돌아오면 어빈 의사는 비록 혼자라도 내려올 것입니다. 아울러 나는 당신의 편지를 4월 1일경이나, 어빈이 소책자와 성경 번역 사업 전반에 대해 내게 이야기하러 올 때 받고 싶습니다.

부인에게 선교회 사진을 「여성을 위한 여성의 사역」에 보내주길 기대한다고 전해주십시오. 나는 그 잡지사에 편지를 보내고 싶었지만, 지금은 아니라고 생각합니다.

안부를 전하며, 당신의 사역에 은혜가 내리길 기도합니다.

마포삼열 드림

나의 진심 어린 조의를 상을 당한 서상륜에게 전해주십시오.[4] 또 한 명의 한국인이 안전한 곳에서 영원토록 주님을 찬양하게 되었습니다. 따라서 하나님께서 보시기에 적당한 때에 더 많은 자들이 구원을 받을 것입니다.

4 아마도 부친상이나 모친상을 당한 듯하다.

Samuel A. Moffett

Pyeng yang, Korea [?]

Early February, 1894

Dear Gifford:

Just a word. Enclosed is check for $50 which you will need probably as Hulbert's bill was so large. It surprised me. All O.K. however.

Wish I had time to write and tell you all I want to—but am sending off in haste a special courier with Turley's letter and a note to station through Underwood asking station advice as to my work. I do not feel warranted in neglecting Pyeng Yang & Eui Ju for the Korean Valleys unless Station advises me to do so.

When you have thought over both fields—send me instructions and I am ready for either.

Kindest regards,

Sincerely,

S. A. Moffett

마포삼열

한국, 평양 〔?〕

1894년 2월 초

기퍼드 목사에게,

간단히 씁니다. 50달러 수표를 동봉합니다. 헐버트의 청구액이 너무 많아서 아마도 이 돈이 필요할 것입니다. 놀랐지만 아무 문제없습니다.

원하는 모든 것에 대해 편지를 써서 당신에게 말할 수 있는 시간을 갖고 싶습니다. 하지만 내 사역에 대한 선교지부의 조언을 구하기 위해 언더우드를 통해 선교지부에 보내는 메모와 털리의 편지와 함께 특별 우편을 서둘러 발송합니다. 만약 선교지부에서 한인촌을 위해 평양과 의주를 무시하라고 충고하지 않는다면, 그렇게 하고 싶은 마음이 전혀 없습니다.

당신이 두 지역을 놓고 생각해본 후 지침을 주십시오. 나는 두 곳 모두를 위한 준비가 되어 있습니다.

안부를 전하며,

마포삼열 드림

Samuel A. Moffett

Eui Ju, Korea

February 24, 1894

My Dear Gifford:

Dr. Scranton arrived here Thursday, 22nd and gave me a delightful surprise with some mail including your note. Rejoiced to hear of your street chapel work and may you be richly blessed is my prayer.

Don't think I am getting loose views on subject of baptism, please. The men in Pyeng Yang who were baptized had all been under instruction and studying for 6 months or more–except two of whom I made exceptions. But they had been studying with me near 3 months and had read a great deal before that. All had proven their sincerity by submitting to all sorts of abuse, etc. There may be some chaff in the 8 men–but I have every reason to think otherwise as yet. Have several applicants here and work among women is promising. Had a Christian wedding this week–Kim Kwan Keun and Paik's daughter. It did good in many ways.

Have a letter from Dr. Ellinwood. He touches on the Underwood appeal but had not heard from the Mission & was awaiting such word. He hopes there will be no division or strife. He can't hope it more than we did nor labor for it more than we did. Dr. E[llinwood] has sent for Lee, so I guess he will be enlightened. I sincerely hope that U[nderwood] will not leave the Mission under any circumstances but if he does, the Lord's work will go on just the same.

Am in receipt of letter and circulars from Rev. George Hays of Chefoo. I send to you with request that you or Dr. Vinton or Miss Doty or some one else do what he wanted me to do.

Received letters from Lee–who speaks of going on to New York.

The fall in cash to 3000 strikes me hard. It made a big difference in the orders I sent you. Hope my last check has reached you and leaves a

마포삼열

한국, 의주

1894년 2월 24일

기퍼드 목사에게,

스크랜튼 의사는 이곳 의주에 22일 화요일에 도착했고, 당신의 메모가 들어 있는 우편물로 나를 깜짝 놀라게 했습니다. 당신의 거리 전도 집회 사역을 듣게 되어 기뻤고, 당신에게 큰 축복이 내리기를 기도합니다.

내가 세례 문제에 관해 느슨한 입장을 취하고 있다고 생각하지 마십시오. 세례를 받은 평양 사람들 모두 내 지도를 받았고, 6개월 이상 학습반에 있었습니다. 그 가운데 두 사람은 세례에서 제외했습니다. 그러나 그들도 나와 함께 거의 3개월 동안 학습했고, 그전에도 많은 것을 읽었습니다. 모든 자들이 온갖 종류의 욕설 등을 감수함으로써 신실함을 증명했습니다. 8명 중에 쭉정이가 일부 있을지도 모릅니다. 하지만 아직까지는 그렇지 않다고 생각하는 이유가 충분히 있습니다. 이곳에 세례 신청자가 몇 사람 있고, 여자 대상 사역도 예정되어 있습니다. 이번 주에 김관근과 백홍준의 딸의 결혼식이 기독교식으로 열렸는데, 여러모로 유익했습니다.[1]

엘린우드 박사의 서신을 받았습니다. 그는 언더우드 목사의 항의에 대해 언급했지만 선교회로부터 아무 말을 듣지 못했으므로 그것을 기다리고 있었습니다. 엘린우드 박사는 분쟁이나 다툼이 전혀 없기를 바랍니다. 그가 우리 이상으로 그것을 바랄 수 없을 것이고, 우리 이상 그것을 위해 노력할 수 없을 것입니다. 엘린우드 박사가 리 목사를 불렀는데, 엘린우드 박사가 잘 알게 되었을 것이라고 짐작합니다. 저는 진심으로 언더우드 목사가 어떤 상황에서도 선교회를 떠나지 않기를 바라지만 설령 그가 떠나더라도 하나님의 사역은 동일하게 진행될 것입니다.

지푸의 조지 헤이스 목사에게서 편지와 회보를 받았습니다. 그는 내가

1 따라서 김관근 조사는 백홍준이 사망한 약 2개월 후에 그의 사위가 되었다.

balance in your hands.

[I] begin Training Class next week and return to Pyeng Yang about 1st April.

[The] *Missionary Review* has some interesting editorials lately.

Sincerely yours,

Samuel A. Moffett

Your letter to McKenzie I return as he will be in Seoul before I see him or can get letters to him. Han had a letter from Saw in which he talks of leaving Seoul for good this Spring, taking family to country. If Saw proposes to do that please urge him to stay in Seoul until I get up there in April. I hope we can arrange to keep him in Seoul. If he says nothing about it—don't mention it, please, as he may not want to make his movements known.

Please pay Kum Toli's brother 10,000 cash in addition to the monthly 5,000 (10,000=$3.23).

하기를 원했던 일을 당신이나 빈튼 의사, 도티 양, 혹은 다른 누군가가 해주기를 부탁합니다.

리 목사에게서 편지를 받았습니다. 그는 뉴욕에 가겠다고 합니다.

엽전이 3,000냥만 남았다는 말에 큰 충격을 받았습니다. 내가 당신에게 보낸 우편환과 큰 차이가 있습니다. 나의 마지막 수표가 당신에게 도착했고, 당신 수중에 예금이 남아 있기를 바랍니다.

나는 다음 주부터 사경회를 시작하고, 평양에는 4월 1일경에 돌아갑니다.

최근에 「세계 선교 평론」 지에 흥미로운 사설들이 실렸습니다.[2]

마포삼열 드림

추신. 매켄지에게 보낸 당신의 편지는 내가 반송했는데, 내가 그를 만나거나 그에게 편지를 전해줄 수 있기 전에, 그가 서울에 있을 것이기 때문입니다. 한석진은 서상륜에게서 편지를 받았는데, 서상륜이 올봄에 서울을 아예 떠나 가족을 데리고 지방[소래]에 간다고 합니다. 만약 서상륜이 그렇게 하겠다고 제의하면, 내가 4월에 그곳에 도착할 때까지 서울에 머물도록 설득해주십시오. 서상륜이 서울에 남아 있도록 우리가 해결할 수 있기를 바랍니다. 만약 서상륜이 이사에 대해 아무 말도 하지 않는다면, 그 일을 언급하지 말아주십시오. 왜냐하면 그는 자신의 이사가 사람들에게 알려지는 것을 원하지 않을지도 모르기 때문입니다.

금돌이 형제에게 매달 주는 5,000냥에 추가로 엽전 1만 냥을 지불해주십시오(1만 냥 = 3.23달러).

2 피어슨이 편집장, 언더우드 목사가 한국의 특파원으로 활동한 세계적인 초교파 선교 잡지인 *The Missionary Review of the World* 이다.

Samuel A. Moffett

Eui Ju, Korea

***March 16, 1894* (Rec'd in N.Y. May 28th)**

Dear Dr. Ellinwood:

If you will read the enclosed which through you I send to *Women's Work for Woman* it will give you a glimpse into one phase of my work and its prospects, which are bright with hope.

I have been here for a month and have just finished a 15 days course of study in the gospel by Luke with a class of 12 men invited from the surrounding 75 miles. Pretty thoroughly grounded in the facts and doctrines of Christ's life and teachings they go back to their homes to make known in their neighborhoods the news of salvation from sin through Christ. They will thus prepare the way for visits from me or from my helper, when we can find time to visit those places.

The Lord is graciously blessing and encouraging me by sending me the first-fruits, the promise of a large harvest to come. I fear I am too impatient for the full harvest forgetting that it is "first the blade, then the ear, then the full corn in the ear." It takes a great deal of courage for a Korean to become a sincere follower of Jesus making open profession but the day is not far off when His disciples will be numerous enough to encourage each other and to so strengthen each other as that they will be able to endure the more easily the ridicule and scorn and opposition of the world. Then a great many secret, but timid, believers will declare themselves.

After a few more days here and in the country–I shall return to Pyeng Yang to feast myself on home letters and news in general. Shall hope to hear that the prevailing financial depression has but tended to make the Lord's stewards even more careful to see that the Lord's work lacks nothing. Am hoping too that I shall hear something of Mr. Lee and see some prospect of his joining me in Pyeng Yang. It is all right

마포삼열

한국, 의주

1894년 3월 16일 (5월 28일 뉴욕 도착)

엘린우드 박사님께,

동봉한 글은 귀하를 통해 「여성을 위한 여성의 사역」에 보내는 것인데 읽어 보시면, 제가 하는 사역의 일부와 기대되는 밝은 전망을 엿볼 수 있을 것입니다.

저는 이곳에서 한 달을 지냈으며, 인근 75마일 거리 이내에서 초청한 12명의 남자들과 누가복음을 공부하는 15일 과정을 조금 전에 마쳤습니다. 그리스도의 생애와 교훈에 관한 사실과 교리에 철저한 기초가 놓였는데, 이들은 그리스도를 통해 죄 사함을 받는 구원의 복된 소식을 널리 전하기 위해 고향으로 돌아갑니다. 따라서 이들이 우리가 이 장소들을 방문하도록 길을 예비할 것이며, 시간이 날 때 저나 제 조사가 방문할 것입니다.

주님께서는 다가올 대추수를 약속하는 첫 열매들을 제게 보내주심으로써 은혜롭게 복주시고 격려하십니다. "처음에는 싹이요, 다음에는 이삭이요, 그다음에는 이삭에 충실한 곡식"[1]임을 잊고 제가 풍성한 추수에 대해 너무 참을성이 없는 것이 아닌지 모르겠습니다. 한국인이 공개적으로 신앙을 고백하고 예수의 신실한 제자가 되려면 대단한 용기가 필요합니다. 그러나 예수의 제자들의 수가 많아져서 서로 격려하고 서로 강하게 하여 세상의 조롱과 멸시와 반대를 더 쉽게 견딜 수 있을 날이 멀지 않았습니다. 그때가 되면 숨어 있는 많은 소심한 신자들이 스스로가 신자임을 밝힐 것입니다.

이곳과 시골에서 며칠을 더 보낸 뒤 저는 평양으로 돌아가서 고국에서 온 편지와 일반 소식을 접하는 큰 기쁨을 누릴 것입니다. 본국에 심각한 재정난이 있지만 주님의 청지기들은 오히려 주님의 사역에 부족함이 없도록 더욱 조심스럽게 유념하기를 희망합니다. 또한 저는 리 목사에 대한 소식을

1 마가복음 4:28.

for a man to go off all alone when there is no help for it and the work is to be done—but the "two by two" policy of the Master is the wiser one. I enjoy being alone for about a month and am always thrown into most profitable communion and Bible study, but one needs the mental stimulus and help coming from contact with one like-minded. The Korean's life is too barren—his range of ideas too narrow to afford one much stimulus. It is a constant giving out, with no taking in. I feel that there is too great a tendency to become dwarfed.

However, there are advantages in being much alone with Koreans for whom one came and I rejoice that the Lord has given me one such helper as Mr. Han who is a treasure—full of the Spirit.

With kindest regards,

Sincerely yours in Christ,

Samuel A. Moffett

듣기를 바라며, 그가 평양으로 와서 저와 함께 일할 수 있는지도 알고 싶습니다. 도와줄 사람이 없고 사역을 해야 한다면 혼자 가는 것도 좋습니다. 그러나 '2명씩' 파송한 주님의 정책은 현명한 정책입니다. 저는 약 한 달간 혼자 있는 것을 즐겼고, 유익한 교제를 나누고 성경 공부를 했지만, 같은 마음을 가진 사람과의 접촉을 통해 정신적 자극과 도움을 받을 필요가 있습니다. 한국인의 삶은 너무 메말라 있습니다. 그들의 정신세계는 너무 좁아서 자극받을 만한 것이 없습니다. 끝없이 주기만 하고 받는 것은 없습니다. 그래서 정신적으로 왜소하게 될 가능성이 크다고 느낍니다.

하지만 혼자서 한국인들과 함께 지내는 장점이 있는데, 저는 그들을 위해서 왔습니다. 주께서 제게 한석진 같은 조사를 주셔서 감사합니다. 그는 보물이며 성령이 충만합니다.

안부를 전하며,

그리스도 안에서,

마포삼열 올림

Samuel A. Moffett

Pyeng yang, Korea

April 14, 1894

Dear Dr. Ellinwood:

Upon my return from Eui Ju I found a welcome pile of letters from home and elsewhere and I now wish to write a brief reply to your letters of Dec. 22nd & February 17th.

With regard to your request for information concerning Dr. Underwood's appeal—you have ere this received the statement of the mission. I assure you that the Korea Mission desires to maintain the greatest harmony and that we have been and are ready to make every possible concession to any and all—but there are times when concession not only engenders more strife but involves sacrifice of principles far reaching in their application. What can one do in such cases but stand firm—at the same time seeking help to maintain the spirit of brotherly love without malice or personal contention. As long as personal animosities do not enter into our differences I think harmony will be secured in the end.

Your request for a "warm, flesh & blood statement" of each year's work will I trust be met next fall—as we discussed that question last fall. Am glad Mr. Lee was able to visit you. He & I have found ourselves in hearty sympathy on most subjects and have looked forward to joint work with the greatest pleasure. His presence will partially offset the disappointment I feel in not being associated with Mr. Baird. However I often fear lest Mr. Lee's dyspepsia and lumbago may shut him out of the interior and I be once more disappointed.

As you know, Mission work is no child's play but on the contrary a work carried on amidst problems religious, social, political and economical which would tax the abilities of the greatest statesman. One knows too that his decisions will be far reaching in their effects for each

마포삼열

한국, 평양

1894년 4월 14일

엘린우드 박사님께,

제가 의주에서 이곳으로 돌아와 보니 고국과 다른 곳에서 온 반가운 편지들이 쌓여 있었습니다. 이제 귀하의 12월 22일과 2월 17일 자 서신에 대해 간략하게나마 답장을 쓰기 원합니다.

언더우드 박사의 항의와 관련된 정보의 요청에 대해, 귀하께서는 이 편지 전에 선교회의 진술서를 받았습니다. 한국 선교회는 가장 조화로운 상태를 유지하기 바라며, 누구에게나 가능한 한 기꺼이 모든 양보를 했고 앞으로도 양보할 것을 확약합니다. 그러나 때로는 양보가 더 많은 갈등을 야기할 뿐만 아니라, 원칙을 희생하면 악영향을 광범위하게 미칠 수 있습니다. 그런 경우에 확고한 태도를 취하는 것 외에 무엇을 할 수 있겠습니까? 동시에 악의나 개인적인 논쟁 없이 형제애의 정신을 유지하기 위해 도움을 구해야 합니다. 우리의 의견 차이에 개인적인 원한이 개입되지 않는 한 결국 조화가 확보될 것이라고 저는 생각합니다.

매년 사역에 대한 "따뜻한 살과 피를 느낄 수 있는 생생한 진술서"를 요청하셨는데, 올가을에 보내드릴 수 있다고 확신합니다. 우리는 이 문제를 지난가을에 토론했습니다. 리 목사가 귀하를 방문할 수 있어서 기쁩니다. 리 목사와 저는 거의 모든 주제에 대해 진심으로 공감하며 함께 일할 날을 큰 기쁨 속에서 고대해왔습니다. 리 목사가 오면 베어드 목사와 교제하지 못해서 느끼는 실망을 어느 정도 해소할 수 있을 것입니다. 하지만 만일 리 목사가 소화 불량과 요통으로 내륙으로 가지 못하면, 저는 다시 한 번 실망하지 않을까 하고 자주 걱정합니다.

귀하도 알고 계시듯이 선교 사역은 어린아이의 장난이 아니라 오히려 가장 위대한 정치가의 수완을 요구하는 종교적·사회적·정치적·경제적인 문제 등을 다루어야 하는 사역입니다. 또한 한 선교사의 결정은 그 영향이

decision establishes a precedent. Is it any wonder then that we cry out, "Who is sufficient for these things?" and long for colleagues of sound judgment, full of faith, men of true sincerity of purpose and character?

"Lo I am with you always" is what enables one to plod on under the Spirit's guidance knowing that his labor is "not in vain in the Lord." A conception of one's own weakness and consciousness of his own mistakes and ignorance as to what is best necessarily leads one to be cautious in writing adversely or critically of other missionaries and their work. I was glad to receive your letter of February 17th and as occasion may require shall write you frankly tho I often shrink from writing what perhaps should be made known.

Had I written you as I once thought of doing concerning certain matters, I should have made a mistake, for the grace of God has made great changes and overcome very serious defects. Not everyone who at first gives greatest promise has the staying qualities and some who at first seem slow and perhaps incompetent develop into useful workers under the discipline of several years on the field.

I am still in doubt as to which was the larger factor in the hospital difficulties—the peculiarities and lack of adaptation of the missionary or the utter corruption of the Korean Gov't. Had Dr. Vinton had the same help from the members of the American Legation which Dr. Avison is receiving things might have gone differently. Hampered as he has been both in his home and by the Korean officials, he commanded my sincere sympathy and I was more than loath to write of that which in my own mind was too complicated a question.

Dr. Vinton wishes to be sent to Fusan. Word comes to me of Dr. Brown's forced departure for America and that Dr. Irvin, whom I had confidently expected to have with me here this month, has been called upon to fill his place. I do not wonder that both he and Dr. V[inton]. ask to be sent there in preference to residence in the interior. Without asking I doubt not that Mr. Baird will agree with me that Dr. Vinton can

지대하여 각 결정이 선례를 만들게 된다는 것도 누구나 알고 있습니다. 그러므로 우리가 "누가 이 일에 적합한가?"라고 외치면서 건전한 판단력, 충만한 믿음, 목적과 인격이 참으로 진실한 자를 동역자로 원하는 것은 조금도 이상한 일이 아닙니다.

"보라, 내가 너희와 항상 함께 있느니라"라는 말씀은 우리의 수고가 "주 안에서 헛되지 않다"라는 것을 알고 성령의 인도하심을 따라 걸어가도록 능력을 줍니다. 자신의 연약함을 알고 자신의 실수와 필연적으로 최선이 무엇인지 알지 못하는 것을 의식하면, 다른 선교사들과 그들의 사역에 대해 적대적으로나 비판적으로 글을 쓰는 데 조심하게 됩니다. 귀하의 2월 17일 자 서신을 받아서 기뻤습니다. 비록 반드시 알려드려야 할 일에 대해 자주 글을 쓰는 것을 주저했지만, 필요한 경우에는 솔직하게 편지하겠습니다.

만일 제가 어떤 문제에 대해 한때 생각했던 대로 귀하께 편지를 썼다면 실수를 했을 것입니다. 하나님의 은혜로 저는 크게 변화되었고 심각한 결점들을 극복하게 되었습니다. 처음에는 전망이 밝았던 모든 자들이 지속적인 자질을 가진 것은 아니었으며, 처음에는 느리고 무능한 것처럼 보였던 사람들이 몇 년간 현장에서 훈련을 받은 후 유용한 사역자로 발전했습니다.

저는 병원의 어려움이 선교사의 괴팍한 기질 및 적응력 부족과, 한국 정부의 심각한 부패 가운데 어느 쪽이 더 큰 요인인지 아직 모르겠습니다. 만약 빈튼 의사가 현재 에비슨 의사가 하듯이 미국 공사관 직원들의 도움을 받았더라면 사태는 다르게 전개되었을 것입니다. 빈튼 의사가 자신의 가정에서 그리고 한국인 관리에게 방해를 받기 때문에, 그에게 진심 어린 동정을 보냅니다. 그래서 제가 보기에 너무 복잡한 이 문제에 대해 쓰는 것을 저는 혐오하지 않을 수 없었습니다.[1]

빈튼 의사는 부산으로 파송되기를 원합니다. 브라운 의사는 미국으로 떠나지 않을 수 없었으며, 제가 이번 달에 이곳에서 함께 지내리라고 확실하게

1 이때 한국인과 외국인 모두 빈튼 의사에 대한 평가가 상당히 나빴다. 결국 빈튼은 의료 사역을 중단하고 선교회의 회계와 서기, 전도 사역 등만 하게 된다.

be most useful in Seoul and so in all probability Dr. Irvin will be sent to Fusan, and Pyeng Yang must once more send on a plea to the Board for a physician. In my judgment Dr. Vinton is not available for Pyeng Yang and he does not wish to come here. I, therefore, anticipating the action of the Mission, plead for just such a doctor as was asked for in my report last fall.

We need a good physician with skill in surgical work–a man whose wife will let him leave home for several months at a time but above all a missionary in heart.

Letters from Messrs. Underwood, Gifford, Avison and our Evangelist Mr. Saw speak most encouragingly of work in Seoul.

Thankful for good health & for many encouragements and with continued prayer for you all.

Sincerely yours,
Samuel A. Moffett

기대했던 어빈 의사는 브라운 의사의 자리를 채우라는 요청을 받았다는 소식을 들었습니다. 어빈 의사와 빈튼 의사가 내륙 거주보다 부산에 파송되기를 선호하고 요청하는 것은 이상하지 않습니다. 물어보지 않아도 베어드 목사는 빈튼 의사가 서울에서 가장 유용할 것이라는 제 의견에 동의할 것입니다. 그래서 어빈 의사를 부산으로 보내면, 십중팔구 평양은 선교부에 의사를 보내달라고 다시 요청해야 합니다. 제가 판단하기로 빈튼 의사는 평양에 적당한 자가 아니며, 그도 이곳에 오기를 원하지 않습니다. 따라서 저는 선교부의 결정을 기대하면서 작년 가을 제 보고서에서 요구했던 바로 그런 자질을 갖춘 의사를 간청합니다.

우리는 외과 수술에 능한 좋은 의사가 필요합니다. 의사의 아내는 남편이 한번 여행을 가면 몇 달 동안 집을 떠나 있도록 해야 할 것입니다. 그러나 무엇보다 필요한 것은 마음 깊은 곳에서 선교사여야 한다는 점입니다.

언더우드, 기퍼드, 에비슨 제씨(諸氏)와 우리의 전도사 서 씨의 편지가 서울 사역을 고무적이라고 말하고 있습니다.

좋은 건강과 많은 격려에 감사하며, 여러분 모두를 위해 지속적으로 기도합니다.

마포삼열 올림

Samuel A. Moffett

Pyeng yang, Korea

May 25, 1894

Hon. J. M. B. Sill[1]

U. S. Minister- Seoul Korea

Dear Mr. Sill:

Dr. Scranton's arrival with Mr. Gardner's message to Dr. Hall together with his explanations of the questions as they are coming before the Legations for adjudication show me the advisability of my laying before you an exact statement of the status of Pyeng Yang property in which my interests lie and in which I am now staying. In considering these questions please make a clear distinction between those relating to the property in which Dr. Hall has been and that with which I and my helper Han are connected. Dr. Scranton will lay before you all that relates to the so–called "Hall Property" and I will confine myself to the "East Gate Property" which in its legal and financial aspects differs very materially from the "Hall Property" in connection with which all the troubles have arisen.

1st–I have not bought property–never said to anyone that I had bought it–had no intention of buying it. I furnished money to Koreans with which to purchase, knowing that when so purchased the house would belong to them (not to me) and would be subject to Korean law. Hence over a year ago after the first purchase (an entirely different piece of property outside the city) when in connection with troubles over the Hall property, the official ordered my man Han to reverse the transaction and return the property, he did so at once and received back the money. The property which Han now occupies was purchased several months afterwards and over it no trouble ever arose.

2nd–I have never pretended to be residing here–have always said

---

1 Mr. Sill was the U.S. gov't Minister Resident from January 12, 1894 to September 13, 1897.

마포삼열

한국, 평양

1894년 5월 25일

존 실 경[1]

한국 서울 주재 미국 공사

실 공사님께,

스크랜튼 의사가 홀 의사에게 보내는 가드너 씨의 메시지와 공사관의 판단을 위해 제출한 질의에 대한 가드너 씨의 설명을 가지고 이곳에 도착했습니다.[2] 이에 저는 제 이해가 걸려 있고 현재 제가 머무르고 있는 평양 부동산의 상태에 대해 귀하께 정확한 진술을 드리는 것이 바람직하다고 생각하게 되었습니다. 이 문제들을 고려하실 때 홀 의사가 거주했던 부동산과 관련된 문제와 저와 제 조사 한석진이 관련된 문제를 분명히 구분해주시기 바랍니다. 스크랜튼 의사가 소위 "홀의 부동산"에 대해 귀하께 모든 것을 말씀드릴 것이기 때문에,[3] 저는 "대동문 부동산"에 한해 말씀드리겠습니다.[4] 그것은 온갖 문제를 야기한 "홀의 부동산"과는 법적·재정적 측면에서 현저히 다릅니다.

첫째, 저는 부동산을 사지 않았으며, 제가 부동산을 샀다고 누구에게도 말하지 않았고, 그것을 살 의도도 없었습니다. 저는 한국인들에게 돈을 제공하여 부동산을 매입하도록 했습니다. 그런 식으로 매입하면 그 집이 (제 소유가 아니라) 그들의 소유가 되고, 한국 법에 적용을 받는다고 알았기 때문입니다. 따라서 1년여 전 첫 매입 후에 (도성 바깥에 있는 완전히 다른 부동산이지만) 홀의 부동산에 발생한 문제와 연결하여 관리들이 제 조사인 한석진에게 거래

1 존 실(John M. B. Sill)은 1894년 1월 12일부터 1897년 9월 13일까지 서울 주재 미국 공사였다.

2 홀 의사는 캐나다인이므로 서울 주재 영국 공사 가드너에게 평양 박해 사건을 보고하고 도움을 요청했다. 한편 미국인 홀 부인은 홀 의사와 결혼하면서 미국 국적을 상실하고 캐나다 국적을 가지게 되었는데, 홀 의사 사망 후에도 계속 캐나다인 국적으로 한국에서 살다가 은퇴했다.

3 스크랜튼 의사는 이때 북감리회 선교 감리사 자격으로 평양에 왔다.

4 평양의 동문은 대동문(大同門), 서문은 보통문(普通門)으로 불렸다. 평양에서 장로회는 대동문 부근에서, 감리회는 보통문 부근에서 시작했다.

that I was merely here for a few months expecting to travel on to Eui Ju or Seoul and to return at another time. Have always referred to Mr. Han as the landlord and owner of the house and have occupied a part only of the house as a guest in an inn. My man has always occupied the position of an inn-keeper so far as my presence in the house was concerned. Hence when before the official, he so represented the case to him. The house is in the section where inns abound and was heretofore so used. Of course my intention had been to continue these visits until we had won our way to the goodwill of people and officials so that eventually we should be accorded the privilege of residing here. In the meantime I have neither by act or pretension violated treaty or law, nor has my helper Han—unless it be in the matter of Christianity which is a question totally apart from that of property.

3rd-This property was purchased by Mr. Han—subject to the procuring of the old deeds which were in the hands of Mr. Townsend (An American merchant in Chemulpo), whose claim on the property was recorded at the Foreign Office and the American Legation. From Mr. Townsend I purchased for Mr. Han the old deeds, knowledge of this transaction being fully known at the American Legation. Consequently when Mr. Hong the former owner was questioned about selling property to a foreigner he denied having done so and referred to the fact that the property belonged to Mr. Townsend who had sold it. Knowledge of Mr. Townsend's claim on the property was in possession of the official who said that Mr. Hong's statement was true and all right. So he was released without further trouble and nothing further has been said about the property.

4th-Since the purchase by Mr. Han he has transferred the property to three Korean trustees in Seoul, the deeds all being placed in the hands of Mr. Miller. The property is now therefore held by the three men in Seoul, I having a statement from them as to my claim upon the money invested—a claim secured by purchase from Mr. Townsend.

5th-No order has ever come from the Korean government or from

를 취소하고 부동산을 반환하라고 명령했고, 그는 즉시 그렇게 하고 돈을 돌려받았습니다. 지금 한 씨가 거주하고 있는 부동산은 몇 달 후에 매입했고, 그 부동산에 대해서는 그동안 아무런 문제가 없었습니다.

둘째, 저는 이곳에 거주할 것처럼 자처한 적이 결코 없으며, 이곳에서 단지 몇 개월간 지내다가 의주나 서울로 여행을 한 후 다음에 돌아올 계획이라고 항상 말했습니다. 저는 한 씨가 땅 주인이고 집의 소유주라고 항상 언급했으며, 여관의 손님처럼 그 집의 일부만 차지하고 살았습니다. 제가 그 집에 머물러 있는 동안 한 씨는 항상 여관 주인의 위치에 있었습니다. 그래서 한 씨는 관리들 앞에서 자신의 경우를 그렇게 제시했습니다. 그 집은 여관이 많은 구역에 있으며, 이전에 여관으로 사용된 집입니다. 물론 제 의도는 사람들과 관리의 선의를 얻어서 마침내 이곳에 거주하는 특권을 얻을 때까지 이런 방문을 계속하는 것이었습니다. 부동산의 문제로부터 완전히 분리되어 있는 기독교의 문제가 아니라면, 그동안 저는 행동이나 자처하는 말로 조약이나 법을 어긴 적이 없으며 저의 조사 한 씨도 그렇습니다.

셋째, 한 씨가 이 부동산을 매입했는데, (제물포에 있는 미국인 상인) 타운센드 씨의 수중에 있던 옛 집문서를 입수하는 조건이었고, 그 부동산에 대한 타운센드의 소유권은 외무아문과 미국 공사관에 기록되어 있었습니다. 저는 한 씨를 위해 타운센드 씨로부터 그 문서를 매입했으며, 이 거래 내역은 미국 공사관에 충분히 알렸습니다. 그 결과 집의 이전 주인인 홍 씨가 부동산을 외국인에게 판매한 것에 대해 심문을 받았을 때, 그는 그렇게 했다는 것을 부인했으며, 그 부동산은 타운센드 씨의 소유고 그가 팔았다는 사실을 언급했습니다. 관리들은 그 부동산에 대한 타운센드 씨의 소유권을 알고 있었으므로 홍 씨의 진술이 진실이며 모두 옳다고 말했습니다. 그래서 그는 더 이상 어려움을 겪지 않고 석방되었으며, 그 부동산에 대해서는 더 이상 말이 없었습니다.

넷째, 한 씨는 부동산을 구입한 후 서울에 있는 3명의 한국인 재산 관리인에게 양도했으며, 모든 문서는 밀러 목사가 가지고 있습니다. 따라서 그 부동산은 이제 서울에 있는 세 사람의 소유이며, 저는 자금 투자가로서 소유권을 가진다는 진술서를 그들로부터 받아서 가지고 있는데, 이 소유권은 타운

any official either for the return of this property or for anything else in connection with it since its purchase by Mr. Han. Until such an order is given I hope no mention of this property will be made to the Korean authorities. When such an order comes (which however I do not look for) if on the ground of its purchase by a foreigner it should come according to the treaty in a lawful way through the Legation. In case it comes unlawfully by the arrest of my employee, without previous complaint to the Legation, I hope the Legation will take the same stand as in the present trouble and insist upon the immediate release of my man. When such an order comes in the lawful way through the Legation it will be time enough to explain to the government that the foreigner has not bought the property and to let them know that it is held by three Koreans in Seoul. Then if they insist upon these men returning the property I hope the Legation will present my claim secured from Mr. Townsend and heretofore allowed by the Foreign Office. Certainly I should not (as I did not before) object to those Koreans obeying a Korean law or order of Government, tho I should counsel them in returning the property to first secure all the money invested in it, and to this end I should ask at least the friendly intercession of the Legation to prevent them from being cheated out of the money because of their connection with foreigners. I think from the above that it will be clear that as yet the Government has raised no question as to this property and I trust the first mention of it may be left to come from the Korean authorities.

Bearing upon the rights and privileges of foreigners as to property in Pyeng Yang may I offer the following-

I think investigation will bear out the statement that the present governor allowed the Japanese to purchase property here, which property is now owned by a Japanese & occupied by Japanese (including a Japanese woman) who are living here and are engaged in the manufacture & sale of candy. It seems that a year or so ago some Japanese who came here in connection with the mint purchased property—a large house &

센드 씨로부터 매입하면서 획득한 권리입니다.

다섯째, 한 씨가 부동산을 구입한 이후 한국 정부나 관리로부터 그 부동산을 반환하라거나 그 부동산과 관련된 어떤 다른 명령을 받은 적이 없습니다. 그런 명령이 있을 때까지는 귀하께서 거기에 대해 한국 당국자들에게 언급하지 마시기 바랍니다. 만일 외국인이 매입했다는 이유로 (저는 그런 일을 기대하지 않지만) 그런 명령이 내려온다면 그 명령은 조약에 규정된 대로 공사관을 통해 합법적으로 내려와야 할 것입니다. 만일 사전에 공사관에 항의하지 않고 제 고용인을 불법적으로 체포하라는 명령을 내리면, 공사관에서는 현 갈등에서 취한 것과 동일한 입장을 취해서 제 고용인을 즉각 석방해줄 것을 촉구해주시기 바랍니다. 만일 명령이 공사관을 통해 합법적으로 내려오면, 외국인이 부동산을 구입한 것이 아님을 한국 정부에 설명하고, 서울에 있는 한국인 세 사람이 그 소유자임을 알려줄 충분한 시간이 있을 것입니다. 그때 정부에서 부동산을 그들에게 반환하라고 주장하면, 공사관에서는 타운센드 씨로부터 입수했고 지금까지 외무아문이 허락한 저의 소유권을 제출해주기 바랍니다. 확실히 저는 한국의 법이나 정부의 명령에 순종한 그 한국인들을 (이전에 반대하지 않았듯이) 반대하지 않을 것입니다. 저는 먼저 투자한 돈을 확보하기 위해 부동산을 돌려주도록 그들에게 충고할 것입니다. 또 이 목적을 위해 그들이 외국인과 연결되었다는 이유 때문에 돈을 사취당하지 않도록 공사관의 우호적인 개입을 요청할 것입니다. 저는 위의 사실에서 한국 정부가 이 부동산에 대해 아직 문제를 제기하지 않았음이 분명하다고 생각하며, 이에 대한 첫 언급이 한국의 당국자들에게서 나오리라고 확신합니다.

평양 부동산에 대한 외국인의 권리와 특권에 대해 저는 다음과 같이 제안합니다.

조사해보시면 현 관찰사가 일본인들에게 부동산을 매입하도록 허락한 조서를 찾을 수 있을 것입니다. 그 부동산은 현재 한 일본인이 소유하고 있는데, 그곳에 살면서 사탕을 제조하고 판매하는 일본인(일본인 여자 포함)이 거주하고 있습니다. 1년여 전에 조폐국과 연결되어 이곳에 온 일본인들이 부동산(큰 집 한 채와 작은 집 여러 채)을 매입한 듯합니다. 이 말을 들은 관찰사는 거래

several small ones. The governor hearing of it orders the transaction reversed; but when they came to return the large house and receive back the money, it transpires that the Korean who had sold it, had with the proceeds paid a large debt he owed the governor. Rather than return this money the governor allowed the Japanese to retain this house which they still hold. In addition to this the Japanese have been allowed to rent property and in one case one lived for four months in a house for which he paid 3000 cash rent per month. Since then this man has moved into the house owned by a Japanese (referred to above).

A Japanese physician has been here for a year (making one visit to Seoul) renting a house on the main street where he lives and is engaged in the sale of drugs. If the Japanese have been allowed these privileges—cannot our Legation ask the same privilege for us? This is all on the property question.

On the subject of Christianity it is evident from the position of the Legations as to our having no treaty right to preach the Gospel (Mr. Gardiner so stated in letter to Dr. Hall) that we can look for no protection for the native Christians. Leaving them to the care of Him who cares for us all we will confine ourselves just now to seeking protection for our employees and the preservation of our right to employ them. My letter to Dr. Underwood I think stated quite clearly the facts which show that our employees were unlawfully arrested and beaten and that money was extorted, and all this too after the order for their release had been received. In fact in obeying the order to release them they had them unlawfully beaten and demanded that they should have nothing further to do with foreigners. For this direct violation of our treaty rights I most earnestly make request for the punishment of the two men, the Pōnkoan and the Yamen runner. This with the return of the money extorted, either by the Government or by the Pōnkoan will, I feel sure, prevent endless troubles in the future and will secure but what justice demands for their unlawful deeds. May I suggest too that unless some involvement is to

를 취소하라고 명령했습니다. 그러나 그들이 큰 집을 돌려주고 돈을 받으려고 왔을 때, 집을 팔았던 한국인이 그 판매한 돈으로 관찰사에게 진 많은 부채를 갚았음을 알게 되었습니다. 관찰사는 이 돈을 돌려주는 대신에 일본인들에게 그 집을 소유하도록 허락했고, 그 결과 그들은 집을 여전히 소유하고 있습니다. 더욱이 일본인들은 부동산을 임대할 수 있는 허가도 받았습니다. 한 번은 어떤 일본인이 4개월간 월세 3,000냥을 주고 어떤 집에서 살았는데, 그 후 이 사람은 일본인이 소유했던 (위에서 언급한) 그 집으로 이사를 갔습니다.

이곳에 일본인 의사가 (서울을 한 번 방문하면서) 약 1년 정도 있었는데, 중심가에 집 한 채를 세를 얻어 살면서 약을 팔고 있습니다. 만일 일본인들이 이런 특권을 누리고 있다면, 우리 공사관에서 우리를 위해 동일한 권리를 요청할 수 없습니까? 이상은 부동산 문제였습니다.

기독교 주제에 대해 말씀드리겠습니다. 조약상 우리에게 선교의 권리가 없다(가드너 씨가 홀 의사에게 보낸 편지에서 그렇게 진술했습니다)는 공사관들의 입장에서 보면, 우리는 본토인 예수교인에 대한 보호를 기대할 수 없는 것이 명백합니다. 우리는 우리 모두를 돌봐주시는 하나님께 우리 본토인 예수교인들을 맡깁니다. 이제 우리는 우리의 고용인들의 보호와 그들을 고용할 수 있는 우리의 권리를 보존할 수 있는 방안을 모색하는 일에 집중하려고 합니다. 저는 언더우드 박사에게 보낸 편지에서, 우리의 고용인들이 불법적으로 체포되어 곤장을 맞았고 돈을 갈취당했으며, 석방 명령이 하달된 후에도 이런 일이 있었다는 사실을 자세히 적었다고 생각합니다. 사실 관리들은 그들을 석방하라는 명령에 복종하면서도 그들을 불법적으로 매질하고 외국인과 더 이상 상관하지 말라고 요구했습니다. 조약에 규정된 우리의 권리를 이렇게 직접적으로 침해한 것에 대해 저는 본관(本官)과 아전의 사령(司令) 두 사람을 처벌해주기를 간절히 요청합니다. 또한 만일 우리가 정부나 본관이 갈취한 돈을 돌려받는다면, 장차 일어날 수 있는 끝없는 문제들을 사전에 방지하고, 그들의 불법적인 행위에 대해 법에 규정된 정의를 확보할 수 있다고 확신합니다. 또한 만일 공사관에서 기독교를 관용하는 것을 기대하면서 어떤 개입도 하지 않을 것이라면, 조약에는 복음을 전할 권리나 본토인 예수교

be made looking towards the toleration of Christianity, that the Legation refrain from notifying the government of their position that the treaty does not give the right to preach the Gospel or provide protection for native Christians. Punishment upon the officials for violation of the rights of employees will have a deterrent effect upon the persecution of Christians until religious toleration can be secured, while the admission on the part of the Legations that they will do nothing to protect Christians will simply let loose a horde of Yamen runners upon all those who have professed Christianity.

You will find us ready to obey all laws and treaty provisions in every respect and ready to make reparations wherever and whenever we may contravene them but at the same time we ask that all our rights be carefully guarded and that so far as possible all privileges granted to other nations be secured for us. Believing that these officials have violated the treaty we especially seek their punishment as otherwise in the mere exercise of our right to travel we shall be constantly left without protection and subject to the insult from the Yamen runners who will feel that they have nominal permission from officials to interfere with us and cause us trouble. Unless this case is used in order to emphasize the fact that officials who violate treaty rights will be held to a strict account we shall see a repetition of troubles wherever a foreign hating official obtains a little power. Believing that you are ready to do for us all that you possibly can I beg leave to lay before you the above facts & suggestions.

Should the Korean Government raise any questions as to this property may I ask for an opportunity to meet and talk with you about it before the Legation gives to the Government the facts as I have presented them to you. I should not wish to give to the Government the facts with reference to the three trustees in Seoul—unless there was need to do so—for fear that they would be needlessly exposed to mistreatment or injustice because of their connection with us.

인을 보호할 권리가 포함되어 있지 않다는 공사관의 입장을 공사관에서 한국 정부에 통지하는 것을 삼가해달라고 제가 제안해도 되겠습니까? 고용자의 권리를 위반한 관리들을 처벌한다면, 종교적인 관용이 확보될 때까지 예수교인에 대한 박해를 억제하는 효과가 있을 것입니다. 반면에 공사관 측에서 예수교인을 보호하기 위해 아무 일도 하지 않을 것이라고 인정한다면, 이는 한 패거리의 아전 사령들로 하여금 기독교 신앙을 고백한 자들에게 달려들도록 풀어주는 것에 불과합니다.

귀하는 우리가 모든 법과 조약의 규정들을 철저하게 준수할 준비가 되어 있으며, 이를 위반하는 행동을 했을 때는 언제 어디서나 배상할 준비가 되어 있음을 알게 되실 것입니다. 그러나 우리는 동시에 우리의 모든 권리가 주의 깊게 보호되고 다른 나라에 부여된 특권이 최대한 우리에게도 확보되기를 요청합니다.[5] 우리는 이 관리들이 조약을 위반했다고 믿기 때문에 특별히 그들의 처벌을 요구합니다. 만일 그렇지 않고 우리가 단지 여행 권리만 행사한다면, 우리는 계속해서 보호받지 못한 채 남겨지고, 관리들로부터 우리를 간섭하고 괴롭힐 수 있는 명목상의 허가를 받았다고 느끼는 아전 하수인들에게 모욕을 당할 것이기 때문입니다. 만일 이번 사건이 조약상의 권리를 위반하는 관리는 엄중히 문책할 것이라는 사실을 강조하기 위해 사용되지 않는다면, 외국인을 미워하는 관리가 약간이라도 권세를 가진 곳 어디에서나 우리는 어려움이 반복되는 것을 보게 될 것입니다. 귀하께서 우리를 위해 할 수 있는 일을 해주실 것을 믿기 때문에 저는 위의 사실과 제안을 귀하 앞에 제시하도록 허락해줄 것을 간청합니다.

이 부동산에 대해 한국 정부에서 어떤 문제를 제기하면, 제가 위에서 귀하께 말씀드린 사실을 공사관이 정부에 전달하기 전에 제가 귀하를 만나 그것에 대해 말할 수 있는 기회를 주시겠습니까? 저는 서울에 있는 3명의 재산 관리인에 대한 사실은 정부에 밝히고 싶지 않습니다. 필요하다면 밝혀야 하

5 마포삼열은 호혜 조약에 근거해 평양에서 일본인 상인과 의사에게 허락된 부동산 매입과 임차의 권리가 미국인에게도 허락되어야 한다고 주장하고 있다.

With kindest regards,

Very sincerely,

Samuel A. Moffett

겠지만, 그들이 우리와 상관이 있다는 이유로 불필요하게 부당하고 불의한 취급을 받을까 우려되기 때문입니다.

안부를 전하며,

마포삼열 올림

Samuel A. Moffett

Pyeng yang, Korea

June 29, 1894

My Dear Gifford:

Thanks for your letter. I hope P. Y. affairs now promise satisfactory conclusion. See [Graham] Lee for any news on that subject. As to the address and the reply. The reply is amusing certainly–ridiculous, in fact. Have just written a letter to Scranton in reply to his report of Bible Committee and Board of Translators' meetings. I can best answer your letter by copying what I wrote him, as follows:

The address says "we deprecate all discussion of the 'term question.' The reply simply invites to a discussion. However the amusing features do not prevent me from taking a most serious view of the injury the attitude of the Board of Translators will entail. I am glad you let me know that some one reports me as looking upon you as the source of the trouble on the term question. I have never so stated nor never so thought. I do believe and have so stated that as we did have, so should we have had perfect harmony (S. P. G. excepted) if Dr. Underwood and you had not upon your return from America taken a position in opposition to that which was then held by all on the field.

I do not in the least question your perfect liberty to use any term you please and to advocate it, but those who ask others to give up their preferences now in order to secure harmony, refused to give up their preference then and created lack of harmony. I have read your letter carefully and while I think you believe yourself ready to make sacrifices for the sake of harmony–the only harmony you have in mind or think possible (your letter certainly read so) is union upon텬쥬 (Chun Ju). I believe with you that the spirit of harmony should control us–but it is perfectly evident that it does not. The Board of Translators think discussion and agitation of the question promises harmony. I do not so believe and

마포삼열

한국, 평양

1894년 6월 29일

기퍼드 목사에게,

편지를 보내주어서 고맙습니다. 평양 사태는 이제 만족스러운 결론에 이를 전망입니다. 그 문제에 관한 소식을 들으려면 리를 만나보십시오. 연설문과 답변서에 대해 씁니다. 답변서는 확실히 재미있고, 사실 터무니없습니다. 성서위원회와 성서번역자회 모임에 대한 스크랜튼의 보고서에 답장하는 편지를 조금 전에 그에게 썼습니다. 다음과 같이 그에게 썼던 것을 필사하는 것이 당신의 편지에 대한 최선의 답변이 될 것입니다.

"연설문은 '우리는 '용어 문제'에 관한 모든 논의에 반대한다'고 기록되어 있습니다. 답변서는 단지 토론을 요청합니다. 흥미로운 특징들이 있지만, 이것이 제가 성서번역자회의 태도가 가져온 해악에 대해 가장 심각한 견해를 취하는 것을 막지는 않습니다. 내가 용어 문제의 논쟁 원인을 귀하로 간주한다고 보고하는 자가 있다고 알려주어서 기쁩니다. 나는 결코 그렇게 설명하지도, 그렇게 생각하지도 않았습니다. 만일 귀하가 미국에서 돌아오자마자 언더우드 박사와 함께 당시 선교지에 있던 모든 사람이 주장하던 용어[하ᄂᆞ님]에 반대 입장을 취하지 않았다면, 우리는 (성공회 선교회를 제외하고) 완벽한 조화를 가졌고 가질 수 있었을 것이라고 진심으로 믿으며 나는 그렇게 진술했습니다.[1]

나는 귀하가 좋아하는 용어를 사용하고 그것을 옹호할 완벽한 자유를 가지고 있다는 것을 추호도 의심하지 않지만, 조화를 추구하기 위해 다른 자들에게 현재 선호하는 용어를 포기할 것을 요구하는 이들은 자신들이 선호

---

1 이때 성서번역자회의 회원은 언더우드, 아펜젤러, 스크랜튼, 게일 등이었다. 언더우드와 스크랜튼은 '하ᄂᆞ님'을 반대하고, 교회 연합에 유리하고 한국 전통 종교의 신명과 혼합될 가능성이 없는 '천주'를 지지했다. 이는 성공회가 중국에서 '신' 지지파와 '상제' 지지파 사이에서 취한 타협책으로 '천주'를 내세운 것과 비슷한 경우였다. 그러나 중국에서는 '상제'가 주류를, 한국에서는 '하ᄂᆞ님'이 주류를 이루었는데, 평양을 중심으로 한 북부 지방에서 로스가 채택한 '하ᄂᆞ님'을 선호했다.

sincerely deprecate discussion, knowing that it is apt to injure our work more than the injury it will receive from the use of a half dozen terms for God.

The Board of Translators I understand was appointed to translate the Scriptures, not to harmonize the views of the missionaries on the "term question." Thinking that the address was designed to facilitate the translation and to avoid the trouble which has arisen in China from the agitation of the subject, not from the use of the terms, I signed it. You and I are both seeking Divine guidance as to the position we take and as to the ways in which we use the time and strength God has given us. If you and others think it profitable to spend time and energy on this discussion I certainly hope I am not going to set myself up to judge you in this matter, much as I may regret that your course is such.

There are so many of us satisfied to go ahead and use the term now in use and so many who intend to ask for an edition with one of these terms that it seems to me useless for the Board to spend its time on that question. When those opposed to the term now most largely in use unite upon some other term unobjectionable (though not preferred) to others–I should think harmony would come naturally."

Now then Brother Gifford–that is my answer to your question, "What do you think of the whole matter?" I say drop it. We have stated our views and intentions. They know we will not unite on 텬쥬 (Chun Ju). When they unite on another term–if we have anything to say we can say it. Until then, what is the use of saying anything or doing anything. Talk about harmony from those who created disharmony is nonsense.

Certainly there will be more harm than good done by calling a meeting to discuss the question. Let's [quiet] down and keep out of discussion. We will not unite with them on 텬쥬 (Chun Ju). Can the one who objects to 하ᄂᆞ님 or 신 unite on any other term? If so, after they so state, we can say what we have to say, if anything.

Their action (The Board of Translators) was to stick to 텬쥬 (Chun Ju)

하는 용어의 포기를 거부함으로써 조화의 부족을 창출했습니다.[2] 나는 귀하의 편지를 신중하게 읽었고, 귀하가 조화를 위해 희생할 준비가 되어 있음을 믿고 있다고 생각합니다. 귀하가 고려하거나 생각하는 유일한 조화는 아마도 '텬쥬'(天主)로 통일하는 것입니다. 나는 귀하와 함께 조화의 영이 우리를 다스려야 한다고 믿습니다. 하지만 그렇지 않다는 것이 명백합니다. 성서번역자회는 그 문제에 대한 토론과 검토가 조화를 약속한다고 생각합니다. 나는 그렇게 믿지 않으며, 진심으로 토론을 반대하는데, 신명 용어로 6개의 용어를 사용할 때 받을 해악 이상으로 토론이 우리 사역에 해악을 미칠 수 있음을 알기 때문입니다.

성서번역자회는 성서를 번역하기 위해 임명을 받았지, '용어 문제'에 대한 선교사들의 견해를 조화시키기 위해 임명을 받은 것은 아니라고 나는 생각합니다. 연설문이 번역을 용이하게 하고, 중국에서 용어의 사용 때문이 아니라 그 주제에 대한 갈등 때문에 야기된 곤경을 피하기 위해 고안된 것이라고 생각했기 때문에 나는 연설문에 서명했습니다. 귀하와 나는 우리가 취한 입장과 하나님께서 주신 시간과 힘을 사용하는 방식에 대해 하나님의 인도를 구하고 있습니다. 만약 귀하와 다른 사람들이 이 토론에 시간과 정력을 사용하는 것이 유익하다고 생각한다면, 나는 비록 귀하의 노선이 그러해서 유감이지만, 이 문제에서 귀하를 판단하려고 나서지 않기를 정말로 바랍니다.

우리 가운데 많은 사람이 현재 사용 중인 용어[하ᄂᆞ님]를 계속 사용하는 것에 만족하고 있고, 이 용어들 가운데 하나를 사용한 판본을 요구하는 자들이 많으므로, 번역자회에서 그 문제를 놓고 시간을 보내는 일은 쓸데없는 것처럼 보입니다. 현재 가장 널리 사용 중인 용어[하ᄂᆞ님]를 반대하는 자들이 (비록 완벽하지는 않지만) 다른 사람들이 반대할 수 없는 어떤 다른 용어로 통일한다면, 나는 조화가 자연스럽게 이루어질 것이라고 생각합니다."

그러면 기퍼드 형제, 당신의 질문인 "전체 문제에 대해 당신은 어떻게 생각합니까?"에 대한 내 대답은 논쟁을 그만두자는 것입니다. 우리는 우리의

2 이것은 언더우드에 대한 비판이다.

although they now know that it cannot insure harmony. Let them reconsider that action and leave the term a blank for the present if they sincerely want harmony.

To Mrs. Gifford please give my thanks for her reply to my note. Exam of the catechism in Chinese and Eun Mun [Korean phonetic script] shows that the Eun Mun is not a translation of the Chinese—but a translation materially altered—a la Hymn Book.

I should prefer to see price of the Geography put low even though we lose—say 150 cash … With kind regards. Am sweltering—but guess I will have to stick it out for awhile. The governor says he has received no orders from Seoul and is mad. He is a mean duffer—flays the King—hates foreigners and Christians and will make trouble if he can.

Sent order for 500,000 cash the other day.

Regards to all,

Yours sincerely,

S. A. Moffett

견해와 의도를 진술했습니다. 그들은 우리가 텬쥬(천주)로 통일하지 않을 것을 알고 있습니다. 그들이 다른 용어로 통일할 때, 만일 우리가 말할 것이 있다면 우리는 그것을 말할 수 있습니다. 그때까지 무엇을 말하거나 무엇을 하더라도 무슨 소용이 있겠습니까? 부조화를 만들어내는 자들에게 조화를 말하는 일은 무의미합니다.

그 문제를 토론하기 위한 회의를 소집한다면 유익보다는 해악이 더 많을 것이 확실합니다. 진정하고 토론은 그만둡시다. 우리는 텬쥬(천주)에 대해 그들과 연합하지 않을 것입니다. 텬쥬를 반대하는 자가 다른 용어로 통일할 수 있을까요? 만약 그렇다면 그들이 그렇게 진술한 후에 우리가 할 말이 남아 있다면 말할 수 있습니다.

조화를 장담할 수 없음을 알고 있음에도 불구하고 성서번역자회의 결정은 텬쥬(천주)를 고수하는 것이었습니다. 만약 그들이 조화를 진심으로 원한다면, 그 결의를 재고하고 당분간은 그 용어를 비워두도록 해야 합니다.

기퍼드 부인에게 내 메모에 답장해줘서 감사하다고 전해주십시오. 한문 요리문답서와 언문 요리문답서를 검토한 결과 언문본이 한문본의 번역이 아님을 알 수 있습니다. 하지만 찬양가와 같은 식으로 번역이 상당히 많이 바뀌었습니다.

나는 비록 우리가 예를 들어 엽전 150냥 정도를 손해 보더라도 지리서의 가격을 인하하고 싶습니다.…안부를 전합니다. 나는 더위에 지쳐 있지만, 잠시 동안은 참아야 할 것 같습니다. 관찰사는 서울로부터 어떤 명령도 받지 않았다고 말하는데, 그는 미쳤습니다. 왕을 혹평하는 그는 비열한 사기꾼으로 외국인과 예수교인을 싫어하는데, 그는 할 수만 있다면 문제를 일으킬 것입니다.

며칠 전에 엽전 50만 냥의 우편환을 보냈습니다.

모두에게 안부를 전하며,

마포삼열 올림

Samuel A. Moffett

Pyeng yang, Korea

July 6, 1894

My Dear Gifford:

Wrote and sent an order on you for 5,000 nyangs Seoul cash but it was brought back some days after–saying that word had come to send no orders to Seoul bought from foreigners. It was government money and whether the order came from Seoul or from this governor I am not sure. Have thought it possible that the governor here did it, thinking he would prevent me from getting money and would thus drive me out. Fortunately I had 3 silver shoes and if he had any such scheme it will not work.[1] Am provided with money to stay all summer, I think–and it looks as tho I were going to stay here that long or at least until another foreigner arrives. Wish however you would buy another silver shoe with my money and have it on hand to send by courier any time I may call for it.

It has been raining heavily here for a week.

Kindest regards,

Sincerely,

S. A. Moffett

---

1 According to F. S. Miller in his book, Dawn in Korea, these shoes were pieces of silver the shape and almost the size of the shoes the Chinese women used to wear. Moffett (or perhaps Gifford) had bought them of Yuan Shi Kai, then Chinese resident in Seoul, through Tang Shao Yi, afterward Yuan's right hand man and statesman of China.

마포삼열

한국, 평양

1894년 7월 6일

기퍼드 목사에게,

당신에게 편지를 썼고, 서울 엽전으로 5,000냥을 당신에게 보냈지만, 외국인이 산 우편환을 서울에 보내지 말라는 명령이 있었기 때문에 그 우편환이 며칠 전에 되돌아왔습니다. 그것은 정부 돈이며, 그 명령이 서울에서 왔는지 이곳 관찰사가 한 것인지 잘 모르겠습니다. 내가 돈을 받는 것을 방해해서 내쫓으려고 여기 관찰사가 그렇게 했을 가능성도 있다고 생각했습니다. 다행히 나는 말굽은괴(silver shoes) 3개를 가지고 있고, 혹시 그가 그런 음모를 가지고 있다고 해도 성공하지 못할 것입니다.[1] 여름 내내 머무를 수 있는 돈을 받았다고 생각합니다. 그리고 내가 여기에 그 정도 오랫동안 혹은 적어도 또 다른 외국인이 도착할 때까지는 머물 것처럼 보입니다. 그러나 당신이 내 돈으로 또 다른 말굽은괴를 구입해서 내가 그것을 요구할 때면 언제라도 우편으로 보내줄 수 있기를 바랍니다.

이곳에는 일주일 동안 비가 많이 내리고 있습니다.

안부를 전하며,

마포삼열 드림

1 중국의 전통 화폐인 말굽은괴(sycee)는 배 모양, 혹은 중국 여자들이 신던 전족 신발 모양과 크기가 비슷한 것도 있었고, 직사각형도 있었다. 마포삼열 목사와 기퍼드는 당시 서울에 거주하던 위안스카이의 은화를 그의 오른팔 격인 당샤오이를 통해 구입했다.

Samuel A. Moffett

Pyeng yang, Korea

July 12, 1894

My Dear Gifford:

In accordance with my letter to Dr. Hall please pay to him at his request whatever sum he asks for up to $256.72. Also please pay to Dr. Underwood the amount of 160,000 Seoul cash—the amount he advanced for chair coolies when Mr. McKenzie & I left for Pyeng Yang. At the rate I received money from Governor (3400 Seoul cash to the dollar) this would be $47.06—but pay Dr. U. in dollars whatever he paid out in dollars at the time he gave me the cash.

For couriers, etc., pay Lee at any time whatever he calls upon you for. To meet these you will probably not have sufficient funds on hand so I will make my July order payable to you instead of giving you another check on bank. Am glad to get this money and will be glad to have the whole transaction finally settled.

Am too well supplied with money here now, so for some time to come will have no need to send any orders to you. The silver shoe I asked you to purchase, please deposit with Miller—or if not yet purchased, do not get it at all.

When you find my requests getting too burdensome just squeal a little bit and I'll let up.

Am hoping that now the P. Y. church will have peace and a chance to grow, tho one cannot be sure what these villainous Yamen runners will be up to.

Sincerely,

S. A. Moffett

마포삼열

한국, 평양

1894년 7월 12일

기퍼드 목사에게,

홀 의사에게 보낸 내 편지대로 그가 요구한 금액이 모두 256.72달러라도 그의 요청대로 지불해주십시오. 아울러 언더우드 박사에게도 서울 엽전으로 모두 16만 냥—매켄지와 내가 평양으로 떠날 때 그가 가마꾼들에게 선불로 준 금액—을 지불해주십시오. 내가 관찰사로부터 받았던 돈을 환전하면(서울 엽전 3,400냥에 1달러) 47.06달러였으나, 언더우드 박사가 내게 엽전으로 주었을지라도 무엇으로 지불했든지 그에게 달러로 지불하십시오.

심부름꾼 등으로 리가 당신에게 요구할 때마다 언제든 지불해주십시오. 이를 지급하는 데 어쩌면 당신 수중에 충분한 자금이 없을 수도 있을 텐데, 그래서 나는 당신에게 또 다른 은행 수표를 지급하는 대신 나의 7월 우편환을 당신 앞으로 지불되게 하겠습니다. [관찰사로부터] 이 돈을 받아서 기쁘고, 모든 거래를 최종적으로 정리하면 기쁠 것입니다.

현재 이곳은 자금이 잘 조달되어 있으므로 앞으로 한동안 당신에게 우편환을 보낼 필요가 없을 것 같습니다. 당신에게 구입을 부탁했던 말굽은과는 밀러에게 맡겨주십시오. 혹은 아직 구입하지 않았다면 확보하지 않아도 됩니다.

내 요청이 점점 부담스럽게 느껴지면 잠시 소리를 지르십시오. 그러면 덜어주겠습니다.

비록 사악한 아전 사령들이 어떤 일을 꾸밀지 누구도 확신할 수 없지만, 이제 평양 교회가 평화를 누리고 성장할 기회를 가지기를 바랍니다.

마포삼열 드림

Samuel A. Moffett

Pyeng yang, Korea

July 19, 1894

My Dear Gifford:

Yours of the 12th & 13th gladly received. Thanks for calling to mind the fact that I am Scotch-Irish. I feel more like "sticking to it" than ever and have summoned all my "grit" for the summer campaign. Wish I knew the Seoul situation—all sorts of rumors fly about here and I know not just what may be going on. Will take Mr. Sill's remark to Lee as leaving me perfectly free to do as I please—and while you need say nothing to Allen or anybody else about my movements—you can look for me in Seoul when you see me—not later than the Annual Meeting, at any rate.[1]

Am feeling all right this week and while it is too hot to do much work and the people are too much disquieted by the "war," yet our meetings are growing in interest and one by one others are getting interested.

Now if everyone else will follow you and "drop the term question," all well and good.

Hurrah for the new recruits—doctor and nurse. Hope they will get out in time for the meeting and before the "war" is over.

What about "Native Council" this year? Are there any plans for it? I want my men to get the benefit of contact with Saw and others for awhile and unless I hear to the contrary propose to bring them up when I go.

When you write again—please give me an account of the Tract Society—what tracts are out, what ordered printed, etc.

I see Sneed did himself credit in Southern Assembly and that

1 In returning to Seoul he had to pass through the Chinese and the Japanese armies and the lawless region between, and it was a joyful day when Kum Doli, Dr. Moffett's boy, came into Chŏngdong, Seoul, and announced that Dr. Moffett was coming over Peking Pass.

마포삼열

한국, 평양

1894년 7월 19일

기퍼드 목사에게,

12일과 13일 자 당신 편지를 기쁘게 받았습니다. 내가 스코틀랜드계 아일랜드 사람이라는 사실을 상기시켜주어서 감사합니다. 나는 이전보다 더 "끈기가 있는" 듯하며, 여름 전도 운동 동안 내 모든 "투지"를 동원했습니다. 내가 서울 선교지부를 알기를 바라마지 않습니다. 이곳에서는 온갖 소문이 무성하고 무엇이 이루어지고 있는지 모릅니다. 나는 실 공사가 리에게 한 말을, 내가 하고 싶은 것을 완전히 자유롭게 할 수 있다는 말로 이해하겠습니다. 아무튼 내 일정에 대해 알렌이나 그밖에 누구에게도 말할 필요가 없을 것 같습니다. 적어도 연례 회의 때까지는 서울에서 나를 만나실 수 있을 겁니다.

나는 이번 주에 몸 상태가 좋지만, 많은 사역을 하기에는 너무 덥고, 사람들은 "전쟁"으로 불안해합니다. 하지만 우리 모임에 대한 관심은 늘어나고, 한 사람씩 다른 이들도 관심을 보이고 있습니다.

만일 지금 모두가 당신을 따라서 "용어 논쟁을 중단"한다면, 만사가 원만하게 될 것입니다.

새 선교사들—의사와 간호원—을 모집해서 만세를 부릅니다. 그들이 연례 회의에 참석할 수 있도록 그 이전에 나오기를 바라며, 그때까지 "전쟁"은 끝나지 않을 것입니다.

올해 "본토인 공의회"는 어떻습니까? 여기에 대한 어떤 계획이라도 있습니까? 나는 내 조사들이 잠시 동안이나마 서상륜과 다른 사람들을 만나는 유익을 가지기를 원하고, 만일 반대하는 의견이 없다면 내가 갈 때 그들을 모아주기를 제안합니다.

당신이 다시 편지를 쓸 때 어떤 소책자가 출판되었는지, 어떤 책의 출판을 주문했는지 등 성교서회에 대해 설명해주기 바랍니다.

남장로회 총회에서 스니드가 명예를 얻었고, 도날드슨의 소식이 사라토

Donaldson was heard from at Saratoga. Taylor has resigned and will stay in America. Leonard's movements are uncertain.

Kindest regards to Mrs. G. and to yourself,

Sincerely,
Samuel A. Moffett

가에서 들려왔습니다. 테일러는 사임하고 미국에 머물 것입니다. 레너드의 거취는 불확실합니다.

기퍼드 부인과 당신에게 안부를 전하며,

마포삼열 드림

Samuel A. Moffett

Pyeng yang, Korea

July 26, 1894

Dear Brother Gifford:

Am still here and Micawber—like am waiting for something to turn up.[1] Rumors are thick enough to make clouds which I suppose accounts for all the rain we have been having—or perhaps the Japs have been firing enough guns around Seoul to bring down the rain.

I hear everything but know nothing and just what is going to occur I am sure I know not. People here are getting scared and fleeing by the hundreds and the officials are supposed to be rattled. As yet I have not gotten scared a bit and don't suppose I will but if the Japs come from Seoul and the Chinese from Eui Ju as they are reported doing and meet here for a battle, possibly I too will get up and run. However, seriously, my duty seems to be here and the Lords reigns so I do not fear anything beyond what He orders.

I hope to hear before long that all is quiet and settled to the good of the Koreans and when the summer is over and Annual Meeting comes round—we will have a good time talking over things and preparing for a new campaign under more favorable circumstances.

Send me word by bearer of the situation. Did you receive package of letters with order for 7500 cash a few days ago?

Kindest regards to all,

Sincerely,

S. A. Moffett

---

1 Micawber is a character in Charles Dickens' David Copperfield who always thinks that something is about to turn up just as his last hope is being snatched away.

마포삼열

한국, 평양

1894년 7월 26일

기퍼드 형제에게,

나는 여전히 이곳에 있고, 낙천주의자 미카버[1]처럼 무언가가 일어나기를 기다리고 있습니다. 소문은 구름을 만들 만큼 무성해서 내리는 비를 모두 설명할 정도입니다. 혹은 어쩌면 일본인들이 비를 내리게 하려고 서울 주변에 총을 쏘고 있는지도 모르겠습니다.

나는 모든 것을 듣고 있지만 아는 것이 전혀 없고, 그저 내가 알지 못하는 무슨 일이 일어나리라고 확신합니다. 사람들은 점점 겁에 질려 수백 명씩 피난을 가고 있으며, 관리들은 동요하고 있는 듯합니다. 나는 아직까지 조금도 두려워하지 않았습니다. 내가 할 일을 생각하지는 않았지만, 만약 보고대로 서울에서 평양으로 일본군이 오고 의주에서 중국군이 온다면, 아마도 나 역시 일어나서 도망가야 할 것입니다. 하지만 진지하게 말하면 내 의무는 여기에 있는 것이며, 하나님께서 주관하시므로 나는 그분께서 명령하신 것 외에는 어떤 것도 두려워하지 않습니다.

만사가 조용하고 한국인의 유익을 위해 정리되었다고 곧 듣기를 바라며, 여름이 지나가고 연례 회의가 다가오면 우리가 사역을 이야기하고, 더 나은 환경 속에서 새로운 전도 운동을 준비하는 유익한 시간을 갖게 되기를 바랍니다.

배달부 편으로 상황을 전해주십시오. 며칠 전에 엽전 7,500냥의 우편환이 담긴 편지 다발을 받았습니까?

모두에게 안부를 전하며,

마포삼열 드림

1 미카버는 찰스 디킨스의 소설 『데이비드 카퍼필드』에 나오는 인물로, 마지막 희망이 어디론가 잡혀서 가는 것이므로 항상 무엇인가 좋은 일이 일어나기를 바란다.

P.S.

Either you or Lee let me know as to time of arrival & departure of courier. Don't keep him longer than just time enough to get together answers, mail, etc. Kindly deliver Korean letters to Saw for delivery.

Should my old teacher seem to be in pretty hard straits for money, let him have $10 on my account. I will have something to give him in the fall–and he wrote asking for some now.

추신. 당신이나 리가 심부름꾼의 출발과 도착 시간을 알려주십시오. 답장과 우편물 등을 모두 충분히 받을 수 있는 시간보다 더 길게 붙잡아두지 마십시오. 한국어 편지는 서상륜에게 배달해주십시오.

나이 많은 내 교사가 궁핍한 것 같은데, 내 계좌에서 10달러를 그에게 주십시오. 나는 가을에 그에게 얼마를 줄 것인데, 그가 지금 일부를 달라는 부탁의 편지를 썼습니다.

PHS, microfilm reel #179, Vol. 8, letter #45

Samuel A. Moffett

Pyeng yang, Korea

July 30, 1894

Dear Dr. Ellinwood:

We are in the midst of a great crisis in the affairs of Korea and our prayer is that the end may be for the good of the Lord's work. I am in receipt this morning of news by Courier which informs me that the Japanese have taken the palace and are in complete possession of Seoul. Doubtless you will hear full details from those in Seoul. What I want to write you of in order that affairs relating to Pyeng Yang may be clearly before you, is concerning the persecution here—the redress obtained and the present situation. I can only touch upon it briefly as the courier leaves for Seoul shortly.

In May I went up to Seoul for a few days and soon after I left here Dr. & Mrs. Hall of the M. E. Mission came in here—They had been here but 3 days when their assistant and my helper Han were arrested, beaten, thrown into prison and threatened with death. Dr. Hall telegraphed us in Seoul and the legations British & U.S. responded promptly demanding the release of the men. It was two days before their release was secured and then only after a beating and the demand that they give up Christianity and all connection with foreigners. Our men witnessed a good confession and stood the persecution nobly. As soon as I had attended to all business with the legations I started for Pyeng Yang, Mr. Mackenzie accompanying me and here we found things in pretty serious shape. The underlings of the officials had stirred up the trouble and were doing all they could to make it unpleasant & dangerous for foreigners here. Dr. Hall's house was stoned and Mr. Mackenzie and I were stoned thrice on the streets in front of the Mayor's office. It was apparently done by the underlings with the sympathy of the officials who afforded no protection tho called upon to do so.

마포삼열

한국, 평양

1894년 7월 30일

엘린우드 박사님께,

우리는 지금 한국의 [전쟁] 사태로 큰 위기 속에 있으며, 그 결과가 주님의 사역을 위해 유익하기를 기도합니다. 저는 오늘 아침 심부름꾼을 통해서 일본군이 왕궁을 장악했으며 서울을 완전히 점령했다는 소식을 받았습니다. 분명히 서울에 있는 선교사들에게서 상세한 소식을 듣게 될 것입니다. 평양과 관련된 사태를 귀하께 보다 분명하게 제시하기 위해 제가 편지 드리고 싶은 내용은 이곳의 박해, 곧 받아낸 보상과 현재의 상황입니다. 심부름꾼이 곧 서울로 떠나야 하므로 여기에 대해 간단히 다룰 수 있을 뿐입니다.

저는 5월에 며칠 동안 서울에 올라갔으며, 제가 평양을 떠난 후 얼마 되지 않아서 감리회 선교회의 홀 의사 부부가 평양에 들어왔습니다. 그들이 이곳에 온 지 사흘이 지났을 때, 그들의 조사와 제 조사 한 씨가 체포되어 태장을 맞고 투옥되고 처형 위협까지 받았습니다. 홀 의사는 서울에 있는 우리에게 전보를 보냈고, 영국 공사관과 미국 공사관은 즉시 대응 조치로 그들의 석방을 요구했습니다. 그들의 석방은 이틀 후에 이루어졌는데, 곤장을 맞고 기독교를 포기하고 외국인과의 모든 관계를 단절하라는 강요를 받은 후에야 겨우 이루어졌습니다. 우리 교인들은 훌륭하게 신앙 고백을 했고 박해를 당당히 견뎠습니다. 저는 공사관과 관련된 모든 사무를 처리한 후 평양을 향해 출발했습니다. 매켄지가 저와 동행했는데, 이곳의 사태는 심각했습니다. 관리들의 아전들이 문제를 일으켰는데, 이곳의 외국인을 불쾌하고 위험하게 만들기 위해 할 수 있는 모든 일을 다 했습니다. 홀 의사의 집에 돌을 던졌고, 매켄지와 저는 시장(市長)의 관아 앞거리에서 세 번이나 돌에 맞았습니다. 이것은 명백하게 관리들의 지지를 받는 아전들에 의해 이루어졌습니다. 관리들에게 보호를 요청했지만 그들은 전혀 도와주지 않았습니다.

전보를 자유롭게 사용했고, 시간이 지나자 평정이 이루어졌습니다. 이어

The telegraph was freely used and in time quiet secured. Then began negotiations through the Legation for redress and the punishment of the offenders. Dr. & Mrs. Hall left the first of June and I remained here in order to protect our Christians who were threatened with death just as soon as the foreigners should leave. Have remained since then tho I had hoped to get to Eui Ju for the [summer?].

Of course there was delay in getting any satisfaction from the government and I did not think it safe to leave our men until punishment of the offending parties was secured.

About the 1st of July the difficulties with Japan began and then our Legation secured attention to our case. The result was the nominal punishment of the men (the governor being in sympathy with them making their punishment as light as possible) and the payment of $500.00 silver to cover amount extorted from our Christians and the expenses of telegrams, trips from Seoul, etc. Still feeling it unsafe to leave the men—as I knew the governor was provoked that he had been forced to punish the men and return the money against his will—I was preparing to spend the summer here if I could endure the heat and malaria until some foreigner could relieve me. The difficulty with the Japanese continued to become more & more serious until the whole country had become excited. The crisis was reached a week ago and with it has come alarming rumors of expected battles here which have so frightened people that for several days the city has been wild with excitement. Chinese troops are coming from the North and Japanese troops are reported as coming from Seoul. People have been fleeing to the mountains—women crying, everybody excited and preparing for war. The fact that I have stayed with our men has strengthened their faith and in the midst of the excitement and terror they have been witnessing to the power of faith in God to sustain them.

Word from Seoul advises me to leave but after careful thought I have concluded to stay. The Lord placed me here knowing what was coming—our little band will become demoralized if I leave and my work is here. I

서 공사관을 통해서 배상과 범법자의 처벌을 위한 협상이 이루어졌습니다. 홀 의사 부부는 6월 1일 평양을 떠났고, 저는 외국인들이 떠나면 바로 살해하겠다는 위협을 받고 있는 우리 예수교인들을 보호하기 위해 남았습니다. 저는 여름 동안 의주에 가서 지내기를 원했지만 그 이후 평양에 계속 머물러 있었습니다.

물론 한국 정부로부터 어떤 만족스러운 조치를 받아내는 것은 연기되었고, 범법자들의 처벌을 확보할 때까지 제가 신자들만 남겨두는 것은 안전하지 않다고 생각했습니다.

7월 1일경 일본과의 어려움이 시작되었고,[1] 이어서 공사관은 우리 사건에 주의를 기울였습니다. 그 결과 그들은 유명무실한 처벌을 받았고(관찰사는 그들을 동정했기 때문에 최대한 가벼운 처벌만 내렸습니다) 우리 예수교인들로부터 갈취한 돈, 전보 비용, 서울로부터의 여행 경비 등에 충당하도록 은화 500달러가 지불되었습니다. 저는 이들을 두고 떠나는 것이 안전하지 않다고 느꼈는데, 관찰사가 억지로 그들을 처벌했고 자신의 의지와 반대로 돈을 돌려주어서 화가 나 있는 것을 알고 있었기 때문입니다. 그래서 더위와 말라리아를 견딜 수만 있다면 다른 외국인이 제 짐을 덜어줄 때까지 이곳에서 여름을 보내려고 준비하고 있었습니다. 일본과의 어려움은 점점 더 심각해져서 온 나라에 소동이 일어났습니다. 일주일 전에 위기가 다가왔는데, 그와 함께 이곳에서 전투가 벌어질 것이라는 두려운 소문이 전해지면서 사람들이 너무 겁에 질려서 며칠 동안 온 도시가 소동의 도가니가 되었습니다. 중국군이 북쪽에서 내려오고 있었고, 일본군은 서울에서 올라오고 있다는 소식이 들렸습니다. 사람들은 계속 산으로 피난을 떠났습니다. 여자들은 울고 모든 사람이 동요하면서 전쟁에 대비했습니다. 제가 우리 교인들과 함께 있다는 사실이

1 1894년 6월 1일 동학군이 서울을 향해 진격하자 정부는 청군을 요청했고, 6일 청군 2,400명이 제물포에 도착했다. 이에 8일 일본군 4,500명이 제물포에 상륙했다. 7월에 들어와 긴장이 고조되다가 7월 23일 일본군이 서울을 점령하고 친일 내각을 구성했으며, 7월 25일 풍도해전을 계기로 청일 전쟁이 시작되었다. 7월 28일 아산 전투, 9월 15일 평양 전투, 10월 24일 압록강 전투, 11월 21일 여순 점령을 거쳐 1895년 4월에 전쟁은 일본의 승리로 종결되었다. 전쟁의 결과 일본은 대만을 첫 식민지로 차지했다.

have been urging the men here to trust God and not worry–surely I can do the same.

I have faith to believe that the result of all will be to give us wider opportunities to advance the Lord's work here.

Recent letters from home place at my disposal sufficient to furnish us with a first class dispensary building with several rooms for in–patients. Thus my prayer for a Hospital here is answered. Now for the right physician whom the Lord will send just as soon as the way is clear to begin work. I write you confidentially on the subject of a physician for I should deem it a misfortune to our promising work here should Dr. Vinton be sent. At the same time I cannot vote to send him to Fusan–tho that is evidently the desire of the Board–I do not think the Mission will consent to send him to a station outside of Seoul.

Dr. Avison's place is in Seoul tho we all want him. Dr. Irvin is at present in Fusan and while I should be delighted to have him sent here–Fusan has the first claim–and will probably get him.

Now can you not send us another physician just as soon as these troubles are over and the way clear for one to settle in PyengYang? I feel sure that the Lord who has answered so many of our prayers for this place has somewhere in training just the right man for the work here.

I cannot ask that you should write answers to all the letters which we must write if we desire to keep you posted but I should be glad to have a letter from you bearing upon the question of a physician for Pyeng Yang. The right sort of a man will be a great power in our work and my heart is set upon getting a man with whom Mr. Lee and I can co-operate in securing spiritual results from his work. The man for this work ought to have a special training in surgery and in diseases of the eye. A man in love with his profession but still more in love with God is the ideal man for the place. Can you not give us encouragement to expect such a man soon?

My man from Eui Ju was up a few days ago and brings good reports

그들의 믿음을 강하게 했습니다. 그들은 소동과 공포 속에서도 지켜주시는 하나님에 대한 믿음의 능력을 증언해왔습니다.

서울에서 온 전갈은 평양을 떠나라고 권고하지만, 저는 조심스럽게 생각한 후 남기로 결정했습니다. 주님께서는 어떤 일이 벌어질지 아시고 저를 이곳에 두셨습니다. 만일 제가 떠나고 제 사역은 여기에 있다면 우리의 적은 무리는 의기소침해질 것입니다. 저는 이곳에 있는 교인들에게 하나님을 의지하고 두려워하지 말라고 권고해왔습니다. 물론 저도 동일하게 할 수 있습니다.

저는 모든 것의 결과로 우리가 이곳에서 주님의 사역을 진보시킬 수 있는 더 확대된 기회를 가지게 될 것이라고 믿습니다.

고향에서 온 최근의 편지들은 입원 환자를 위한 여러 개의 병동이 있는 최상급의 진료소 건물을 지을 수 있을 만큼 충분한 자금을 제가 마음대로 이용할 수 있도록 맡긴다는 것입니다.[2] 따라서 이곳 병원을 위한 제 기도가 응답되었습니다. 이제 사역을 시작할 길이 분명하게 열리면 바로 주님께서 보내주실 적합한 의사를 위한 기도가 응답될 차례입니다. 저는 귀하께 친전으로 의사 문제에 대해 씁니다. 빈튼 의사가 이곳으로 전보되어 온다면 전망이 밝은 이곳 사역에 불행이 될 것이라고 생각하기 때문입니다. 동시에 저는, 비록 선교부가 그것을 분명히 바라는 것을 알지만, 빈튼 의사를 부산으로 보내는 것에 찬성표를 던질 수 없습니다. 저는 선교회가 빈튼 의사를 서울 바깥의 선교지부에 보내는 것에 찬성할 것이라고 생각하지 않습니다.

우리 모두가 에비슨 의사를 원하지만 에비슨 의사가 있을 곳은 서울입니다. 어빈 의사는 현재 부산에 있는데, 어빈 의사가 이곳에 온다면 저는 기쁘겠지만 부산에서 그를 먼저 요청했으므로 십중팔구 그는 부산으로 가게 될 것입니다.

이곳의 사태가 끝나고 의사가 평양에 정착할 수 있는 길이 분명하게 열

2 아마 인디애나 주 매디슨에 있던 마포삼열의 가족들이 지원하려고 한 듯하다. 사실 1896년에 건립된 평양의 첫 진료소는 그 가족의 지원으로 건립되었다.

especially of the work amongst the women.

Have received the appropriations for the year and also the request to economize as much as is possible. Grateful for the means of carrying on the work. Will do all I can to make it reach as far as possible. With kindest regards

Sincerely,
Samuel A. Moffett

During these troubled times we can never be sure of what awaits us. If at any time a cable message should reach you concerning me kindly communicate it at once to my mother or brother at Madison, Indiana.

리면 바로 우리에게 새 의사 한 명을 보내주실 수는 없습니까? 이 장소를 위한 그렇게 많은 기도에 응답해주신 주님께서 어딘가에서 이곳 사역에 적합한 바로 그 사람을 훈련시키고 계신다고 저는 확실히 느낍니다.

저는 귀하께 상황을 알리려고 써야 하는 우리의 모든 편지에 답장을 요구할 수 없습니다. 그러나 평양을 위한 의사 문제에 관련된 귀하의 서신을 받으면 무척 기쁘겠습니다. 적합한 사람이 오면 우리의 사역에 큰 힘이 될 것입니다. 제 마음은 그의 사역을 통해 영적인 결과를 확보하는 데 리 목사와 제가 협력할 수 있는 그런 사람을 구하기를 간절히 바랍니다. 이 일을 할 사람은 반드시 수술과 눈병에 특별한 훈련을 받은 자라야 합니다.[3] 자신의 직업을 사랑하되 하나님을 더 사랑하는 자가 이곳에 이상적인 사람입니다. 그런 사람을 곧 파송하겠다는 고무적인 소식을 보내주실 수는 없습니까?

며칠 전 의주에서 제 조사가 올라왔는데, 여성 사역에 대해 좋은 보고를 가지고 왔습니다.

올해 예산서를 받았으며, 최대한 절약하라는 요청도 받았습니다. 사역을 수행할 수 있는 수단을 제공해주셔서 감사합니다. 되도록 예산을 아껴서 잘 사용하려고 노력하겠습니다. 안부를 전하며,

마포삼열 드림

추신. 이 어려운 기간 우리 앞에 어떤 일이 기다리고 있는지 확실히 알 수 없습니다. 만일의 경우 저와 관련이 있는 전보가 귀하께 도착하면 그것을 인디애나 주 매디슨에 있는 제 어머니와 형에게 즉시 전달해주시길 바랍니다.

3 평양에 맹인이나 눈병 환자가 많았음을 알 수 있다. 사실 1895년 6월에 내한하여 10월에 평양에 파송된 웰즈(J. Hunter Wells) 의사는 수술, 특히 눈 수술에 능했는데, 1898-1901년에 100여 건의 백내장 수술에 성공했다.

Samuel A. Moffett

Seoul, Korea

August 27, 1894

Dear Dr. Ellinwood:

It has not been from neglect on my part that you have heard nothing from me concerning the recent affairs at Pyeng Yang. The bearer of letters giving an account of the whole affair fell into the hands of robbers and the letters never reached Seoul.

I am glad to know that Mr. Gifford sent you an account of the main facts so that you can have a fairly accurate view of the situation. The Pyeng Yang affair has given place to one far more serious and much farther reaching in its probable consequences—The Japan—China War—so that our Pyeng Yang work depends almost entirely upon the outcome of the war.

With Mr. Gifford's letter before you, there is no need for me to give you a detailed account of the troubles encountered by Dr. & Mrs. Hall, the persecution of the Christian helpers and the subsequent redress secured through the American Minister. The American Minister deserves and has received the sincere thanks of us all for the prompt, vigorous and willing way in which he had looked after our interests and secured for us our rights. Certainly the Lord sent him here for just such times as we are now seeing.

Just after the settlement of the case with the Governor of Pyeng Yang the war came on. I stayed in Pyeng Yang in order to strengthen our little flock and to protect them and had determined to stay with them unless the Lord showed me plainly that it was right for me to leave. I was there 10 days after the arrival of Chinese troops tho I did not then dare venture out for fear of being taken for a Japanese and shot on the spot. After repeated requests from Seoul to come up at once I still felt that my place was P.Y. and intended to stay on but when the little band of Christians

마포삼열

한국, 서울

1894년 8월 27일

엘린우드 박사님께,

최근의 평양 사태에 대해 제가 아무것도 전해드리지 못한 것은 제가 등한히 했기 때문이 아니었습니다. 사태의 전모를 설명한 편지들을 나르던 심부름꾼이 강도의 손에 붙잡혔고, 편지들은 제게 도착하지 않았습니다.

기퍼드 목사가 주요 사실을 설명한 편지를 귀하께 보냈고, 그래서 귀하께서 상황에 대해 상당히 정확한 견해를 가질 수 있게 된 것을 알고 기뻤습니다. 평양 사건은, 훨씬 더 심각하고 그 결과가 십중팔구 더 광범위한 파급효과를 가질 사건인 청일 전쟁 때문에 관심 밖으로 밀려났습니다. 따라서 우리의 평양 사역은 이 전쟁의 결과에 전적으로 달려 있습니다.

기퍼드 목사의 편지를 받으셨으므로 홀 의사 부부가 당한 곤경과 예수교인 조사들의 박해와 미국 공사를 통해 얻어낸 배상금에 대해 자세히 서술할 필요는 없을 듯합니다. 미국 공사가 신속하고 강력하게 자원하여 우리의 이익을 보살펴주고 권리를 보호해주었기 때문에 우리 모두는 미국 공사에게 진심으로 감사하며 그는 우리의 감사를 받을 자격이 있습니다. 주님께서는 우리가 지금 목도하고 있는 바로 이런 때를 위해 미국 공사를 보내신 것이 분명합니다.

평양의 관찰사와 그 사건을 해결한 직후에 전쟁이 발발했습니다. 저는 어린 양 떼를 격려하고 보호하기 위해 평양에 남았습니다. 주께서 제게 떠나는 것이 옳다고 분명히 보여주시기 전에는 그들과 함께 지내기로 결심했기 때문입니다. 비록 일본인으로 오인을 받아 현장에서 사살될 수도 있으므로 두려워서 바깥에는 감히 나가지 않았지만, 저는 중국군이 도착한 후에 그곳에 10일 동안 있었습니다. 서울에서 즉시 그곳으로 오라고 반복적으로 요청했지만, 저는 제 자리가 평양이라고 느꼈고 계속 머물러 있으려고 했습니다. 그러나 소수의 예수교인 무리가 모여 그 문제에 대해 기도하고 의논한 끝에

met & prayed over and talked over the question and then came to me advising me to leave, their saying that I had done for them all I could and that they desired that I should leave in order to secure my own safety—I felt that the Lord had opened the way and I could leave without any neglect of duty. Had quite an interesting experience making my way through the camps of two hostile armies but the Lord opened the way and as an American I met with courteous treatment from both Chinese and Japanese. I reached Seoul a few days ago and while I am pretty full of malaria and feel run down after the trying summer in Pyeng Yang, I hope to be in good condition for a return there just as soon as the state of the country will permit. We do not know how long the war may continue but I fear that work in the interior will be cut off until some settlement is reached.

In case of a protracted struggle I am not quite clear as to what my duty may be. From one point of view it would seem rash and foolhardy to attempt to carry on work in P.Y. during the excited and disturbed state of the people. On the other hand Pyeng Yang is my place of work and the Lord is able to take care of His own even in the midst of a war. However that question is not before me for decision just now and when it comes I doubt not the Lord will make duty clear as He has heretofore.

The Pyeng Yang affair raised a number of questions relating to the status of work, property, etc., in the interior. Mr. Gardiner (British Consul General) denied our right to preach the gospel (no publicity should be given to this as we do not want the question raised) and from your letter to Mr. Gifford I judge that he (Mr. Gardiner) has found fault with Dr. Hall's property movements in P.Y.

While I wish to keep clear from any criticism upon the acts of others who like myself are seeking to push ahead in the Lord's work here, I want my own acts to be free from any cause of complaint on the part of officials Korean or American. Especially I want the Board to put absolute confidence in me to the extent of believing that under no

저를 찾아와서 떠나는 것이 좋겠다고 충고하면서, 그들을 위해 제가 할 수 있는 모든 일을 다 했다고 말하고 저 자신의 안전을 확보하기 위해 떠나기를 원했습니다. 주께서 길을 열어주셨으므로 의무를 무시한다는 느낌 없이 떠날 수 있었습니다. 적대적인 두 군대의 진영을 통과하면서 저는 흥미로운 경험을 했지만, 주께서 길을 열어주셨고, 제가 미국인이므로 중국군과 일본군 양쪽에게 좋은 대접을 받았습니다. 며칠 전 서울에 도착했는데, 평양에서 힘든 여름을 보낸 후 심한 말라리아에 걸리고 지쳤지만, 한국의 상황이 허락하는 대로 평양으로 돌아갈 수 있도록 기력이 회복되기를 바랍니다. 언제까지 전쟁이 계속될지 모르지만, 해결이 날 때까지 내륙 사역은 중단되리라고 생각합니다.

갈등이 연장될 경우 제가 할 의무가 무엇인지 분명히 알지 못합니다. 한 가지 관점에서 보면, 평양에서 들떠 있고 혼란한 상태의 사람들 가운데 사역을 수행하려고 시도하는 것은 성급하고 무모하게 보일 것입니다. 다른 한편 평양은 제 사역지고, 주님은 전쟁 한복판에서도 당신의 백성을 돌보실 수 있습니다. 하지만 그 문제는 바로 지금 제가 결정해야 할 입장은 아니며, 그런 때가 오면 주께서 지금까지 알려주셨듯이 제가 할 의무를 분명히 보여주실 것이라고 의심치 않습니다.

평양 사건은 내륙에서의 사역 상태와 부동산 등과 연관된 많은 질문을 제기했습니다. 영국 공사 가드너 씨는 우리의 복음 전도 권리를 거부했으며, (이것에 대해 공개하지 마십시오. 우리는 이 문제가 제기되는 것을 원하지 않습니다.) 귀하께서 기퍼드 목사에게 보낸 편지를 놓고 판단해보면 가드너 씨는 평양에서의 홀 의사의 부동산 거래에서 잘못을 발견했습니다.

이곳에서 저처럼 주님의 사역을 추진하는 길을 모색해온 다른 사람의 행위에 대한 비판과 저는 무관하기를 바라지만, 다른 한편으로는 저 자신의 행동이 한국이나 미국 관리들의 불평의 원인이 되는 것에서 자유롭기를 원합니다. 특히 저는 선교부에서 제가 어떤 상황에서도 도덕적으로 예외적인 행동을 취하지 않을 것이라고 믿을 정도로 저를 절대적으로 신뢰해주기를 바랍니다.

circumstances will I do that to which any moral exception can be taken.

At the risk of boring you with a long letter bearing upon the legal questions involved in the P.Y. affair, I send herewith a copy of my letter to Mr. Sill the American Minister. From it you will be able to judge of the policy I have followed in seeking to gain an entrance to the interior. I am aware of the fact that it may not seem a very aggressive policy and that under it our final establishment in the interior might have been postponed several years. For the present all plans and policies are upset–but as soon as war clouds clear away we shall be at it again.

We all suppose that P.Y. is to become an open port in case of Japanese victory but this with all other so called probable results are mere guess-work.

Hoping to be able to write you very soon as to our prospects in Pyeng Yang.

Very sincerely yours,
Samuel A. Moffett

평양 사건과 관련된 법적인 문제에 대한 장문의 편지로 귀하를 귀찮게 할 위험을 무릅쓰고, 여기에 제가 미국 공사 실 씨에게 보낸 제 편지 사본을 동봉합니다.[1] 이것을 보시면 제가 내륙 진출을 이루려고 시도할 때 취한 정책을 귀하께서 판단하실 수 있을 것입니다. 저는 그것이 적극적인 정책으로 보이지 않고, 이 정책하에서는 우리가 내륙에 최종 정착하는 것이 여러 해 연기될 수도 있었다는 사실을 인식하고 있습니다. 현재로서는 모든 계획과 정책이 틀어졌습니다. 그러나 전쟁의 먹구름이 사라지면 다시 시작할 수 있을 것입니다.

우리 모두는 일본이 승리하면 평양이 개항장이 되리라고 생각하지만, 이것과 더불어 이른바 예상되는 다른 모든 결과는 추측에 불과합니다.

평양에서 우리의 전망에 대해 곧바로 귀하께 편지를 쓸 수 있기를 희망합니다.

마포삼열 올림

---

1 앞에 나온 1894년 5월 25일 자 마포삼열 목사의 편지다.

Graham Lee

Seoul, Korea

August 27, 1894

Dear Dr. Ellinwood:

The hot weather of the summer is nearly over for which we are all duly grateful.

The Lord has been with us and most of us have kept well in spite of the horrible smells and poisonous atmosphere of this filthy city. Poor Dr. Vinton and wife have had a heavy trial in the loss of their baby boy. The conduct of the Dr. and his wife at the grave where we laid the little one away was a great object lesson to the on-looking Koreans for it showed how Christian parents could bear their sorrow. If Dr. and Mrs. Vinton could only have gotten away to the mountains somewhere even for a few days the little one's life might have been spared, but the war prevented that.

At present Mrs. Webb, Mrs. Lee and I are living in the house in which Dr. Irvin was for a short time. It belongs, as you know, to the Methodist Mission. Mr. Bunker and wife are expected back in the spring and are to occupy this house. Where we are to live then, I'm sure I don't know. No one knows when we will be able to go to Pyeng Yang. I would like that we might be able to go soon for I am certainly anxious to get away from Seoul. Here in the foreign settlement is a most unsatisfactory place to study language or do missionary work of any kind. I long for the time when I can be settled in my own house and have my own work.

Part of the time this summer I have spent looking after some work going on at that property purchased for the new Girls' School site. There was some grading to be done, a well to be dug and some repairs to be made on a Korean building now on the place. The work has so far progressed there that with a further outlay of fifty or a

그레이엄 리

한국, 서울

1894년 8월 27일

엘린우드 박사님께,

여름의 더운 날씨가 거의 끝난 것에 대해 우리 모두는 지체 없이 감사합니다.

주님께서 우리와 함께 계셨고 우리 대부분은 이 불결한 도시의 지독한 냄새와 유독한 대기에도 불구하고 건강하게 지냈습니다. 불쌍한 빈튼 의사 부부는 어린 사내 아기를 잃는 가혹한 시련을 겪었습니다. 우리가 그 어린 아기를 묻고 이별한 무덤에서 두 사람이 보여준 행동은 구경하던 한국인들에게 예수교인 부모가 어떻게 슬픔을 참는지를 보여주는 중요한 실물 교훈이 되었습니다. 만일 빈튼 의사와 빈튼 부인이 산성 지역으로 며칠 동안 피서만 갈 수 있었더라도 그 어린아이의 생명은 구할 수 있었겠지만, 전쟁 때문에 갈 수 없었습니다.

현재 웹 부인,[1] 리 부인, 저 세 사람은 어빈 의사가 잠시 살았던 집에 살고 있습니다. 귀하도 알고 계시듯이, 이 집은 감리회 선교회가 소유하고 있습니다. 벙커 씨 부부가 봄에 돌아올 예정이며, 이 집에 거주할 예정입니다. 그러면 우리가 어디에 살 것인지 저는 확실하게 알 수 없습니다. 아무도 우리가 언제 평양에 갈 수 있을지 모릅니다. 저는 우리가 곧 갈 수 있으면 좋겠습니다. 왜냐하면 저는 확실히 서울에서 벗어나고 싶기 때문입니다. 이곳 외국인 거주지는 한국어 공부를 하거나 어떤 종류의 선교 사업을 하기에는 만족스럽지 않은 장소입니다. 저는 내 집에서 나 자신의 사역을 할 수 있을 때를 고대합니다.

이번 여름의 일부 시간을 저는 새 여학교 부지로 매입한 [연동] 부동산에서 진행되고 있는 일부 사역을 하면서 보냈습니다. 일부 평지 작업, 우물

1 리 목사의 장모다. 리 목사 부부가 결혼한 후 한국에 올 때 함께 왔으며, 1895년 8월 4일 태어난 손자(Mylo Webb Lee)를 돌봐주었고, 1896년 5월 마포삼열 목사, 리 목사 부부, 웰즈 의사가 평양 지부에 갈 때 동행했다.

hundred dollars silver the Korean houses can be put in such repair that the ladies can move the school over immediately. There will be room for three ladies and the little girls. Of course these quarters can only do as a makeshift until the other houses are built. In regard to this property let me say a word. It is a most admirable piece of property in every way. The location for work is fine and the site is as healthful as you could expect to find in Seoul. Should the Board refuse to allow us to move the school over there, I think a great mistake would be made and certainly our opportunities for work would be very greatly lessened.

Of course you have the latest war news. We don't apprehend any personal danger unless the Japanese should be driven back on Seoul. Should such be the case, and should the Chinese try to take the city we might have to take our chances from a stray bullet or shell that might come our way.

Moffett returned from Pyeng Yang all right and gladdened our hearts by a sight of him. He is a missionary from skin to marrow, a man whom it is a great privilege to know. He stood his ground when there is no doubt but that he was in great personal danger, and would not leave his little "flock" until sure he had the Lord's orders to go. I count it a great privilege to be associated with such a man in my work out here. Should the way open up this fall, Moffett and I will start for Pyeng Yang but at present it looks very doubtful about our being able to go. Should the Japanese win a victory up there and take the city we may be able to go.

This fall and winter if we are not able to go to Pyeng Yang, I expect to spend part of my time in the village near at hand. It is absolutely necessary for me to be out among the people to learn this horrible language. Where we are we meet very few Koreans, and consequently don't make as good progress as if we had our own house where we could have in as many people as we wished.

파기, 현재 그 장소에 있는 한옥 한 채에 대한 수리 등을 했습니다. 지금까지 진행된 작업에 추가로 은화 50달러나 100달러를 더 들이면 그 한옥은 잘 수리되어서 여성 선교사들이 즉시 학교를 그곳으로 이전할 수 있습니다. 3명의 여성 선교사와 어린 소녀들을 위한 공간이 있을 것입니다. 물론 이 거처는 다른 주택을 지을 때까지 지내는 임시 거처로만 이용할 수 있습니다. 이 부동산에 대해 한 말씀 드리겠습니다. 그것은 모든 면에서 훌륭한 부동산입니다. 사역할 장소로 적절하고 부지는 서울에서 찾을 수 있는 가장 건강에 좋은 곳에 있습니다. 만일 선교부에서 우리가 여학교를 그곳으로 이전하는 것을 허락하지 않는다면, 큰 실수를 하는 것이며, 분명 우리의 사역 기회는 크게 축소될 것입니다.

귀하는 최근의 전쟁 소식을 아실 것입니다. 일본군이 서울로 퇴각해 돌아오지 않는 한 우리는 개인적 위험에 대해 전혀 우려하지 않습니다. 만일 그런 경우가 발생하면, 그리고 중국군이 서울을 점령하려고 시도하면, 우리는 우리가 있는 곳으로 올 수도 있는 유탄이나 포탄에 맞을 가능성도 각오해야 할지도 모르겠습니다.

마포삼열 목사가 평양에서 무사히 돌아왔는데, 그의 모습을 본 우리의 마음은 기뻤습니다. 그는 철두철미 뼛속까지 선교사이며, 이런 사람을 알게 된 것은 큰 특권입니다. 그는 의심할 여지 없이 개인적으로 큰 위험이 있는데도 자신의 자리를 지켰으며, 주님께서 가라고 확실한 명령을 내릴 때까지 자신의 작은 "양 떼"를 떠나지 않았습니다. 저는 이곳에 나와서 사역하면서 마포삼열 목사와 같은 사람과 어울리는 것을 대단한 특권으로 여깁니다. 이번 가을에 길이 열리면, 마포삼열 목사와 저는 평양을 향해 출발할 것이지만, 현재 우리가 그곳에 갈 수 있을지는 의심스럽습니다. 만일 일본군이 그곳에서 승리하고 도시를 점령한다면, 우리는 아마 갈 수 있을 것입니다.

올가을과 겨울에 만일 우리가 평양에 갈 수 없다면, 저는 일부 시간을 가까운 시골에 가서 지내기를 기대합니다. 저는 이 지독하게 어려운 언어를 배우기 위해 사람들 가운데 나가 있는 것이 절대적으로 필요합니다. 우리가 있는 곳에서는 한국인을 거의 만날 수 없고, 그 결과 우리가 원하듯이 많은 사람이

Mrs. Lee wishes to send her kindest regard to you.

Most sincerely,

Graham Lee

있는 곳에 주택을 가지고 있을 때만큼 언어 실력에 진보를 이룰 수 없습니다.

제 처가 귀하께 안부를 전하기를 원합니다.

그레이엄 리 올림

Samuel A. Moffett, "A Letter from Korea," *Indiana Courier* [Unknown date, 1894].

Rev. Samuel A. Moffett wrote from Seoul, Korea, on August 28, 1894.[1]

One of the letters which I sent you from Pyeng Yang fell into the hands of robbers–so you are that much the loser on account of the war. While in Pyeng Yang I was greatly put to it to know what was right and wise, but having left it all with the Lord, I am sure he guided me safely and wisely. I was in the city ten days after the Chinese troops came in–but did not dare show myself for fear of being taken for a Jap and shot. I was determined not to leave our little flock as long as I could be of service to them and I felt that the Lord wanted me to stay. After I had strengthened them in faith, shown them that I was willing to trust the Lord as I urged them to do, and had provided for them in case of a siege–after I had done all, and was willing to stay on and trust the Lord, then the Lord opened the way for me to leave and showed me that I could leave without neglecting His work.

It came about in this way. I had sent one of the men to Seoul with letters. He came back with an urgent request from all in Seoul to leave Pyeng Yang. But I did not feel that the Lord said go and did not intend to leave.

The next morning at daybreak I saw all the Christians go filing past my door into my helper's room. There they prayed and talked and concluded by coming to me saying they thought I ought to leave them now; that I had done all I could for them; they knew I was willing to trust God, and as my friends in Seoul were anxious about

1 Extracts from a letter of S. A. Moffett [to his family?] printed in the Indiana Courier [or Herald].

마포삼열, "한국에서 온 편지", 「인디애나 쿠리어」(1894년 날짜 미상).

다음은 마포삼열 목사가 1894년 8월 28일 한국 서울에서 쓴 편지다.[1]

내가 평양에서 귀하께 보낸 편지 가운데 한 통이 강도들의 손에 들어갔습니다. 그래서 귀하는 전쟁 때문에 큰 손실을 입은 자가 되었습니다. 평양에 있을 때 나는 무엇이 옳고 지혜로운 것인지 알기 위해 많이 질문했지만, 그것을 주님께 맡겼기 때문에 주께서 나를 안전하고 지혜롭게 인도하셨다고 확신합니다. 나는 중국군이 들어온 이후 열흘간 도시에 있었습니다. 그러나 일본인으로 오인되어 총에 맞을까 두려워서 감히 밖에 나가지 않았습니다. 나는 우리의 적은 양 떼에게 내가 도움이 될 수 있는 한 떠나지 않기로 결심했으며, 주님께서 내가 머물러 있기를 원한다고 느꼈습니다. 그들을 믿음 안에서 강하게 한 후에 내가 그들에게 주님을 신뢰하라고 말했듯이 나도 기꺼이 그렇게 할 것임을 보여주었습니다. 또한 그들이 포위를 당할 경우 내가 모든 일을 한 후에 기꺼이 그들과 함께 지내면서 주님을 신뢰하려고 했을 때, 주님께서 나에게 떠날 길을 열어주셨고, 내가 주님의 사역을 무시하지 않고 떠날 수 있음을 보여주셨습니다.

사태는 다음과 같이 진행되었습니다. 나는 한 사람에게 편지들을 주고 서울로 심부름을 보냈습니다. 그는 서울에 있는 모든 사람이 보낸, 평양을 떠나라고 하는 긴급 요청을 가지고 돌아왔습니다. 그러나 나는 주님께서 가라고 말씀했다고 느끼지 않았고 떠날 의사가 없었습니다.

다음날 새벽에 나는 모든 예수교인이 한꺼번에 내 문을 지나 조사의 방으로 가는 것을 보았습니다. 그곳에서 그들은 기도하고 이야기한 후 내게 와서 "내가 이제 떠나야 한다. 내가 그들을 위해 할 수 있는 일을 다 했다. 내가

1 가족에게 보낸 편지가 인디애나 주 매디슨에서 발행되던 신문에 실렸다.

my safety, they too felt that I ought now to leave and get out of danger. They knew too of the murder of the French priest and had become concerned for my safety. Then I felt that I was released and that the Lord said "Go." I determined to go, and in order to get out of the city took the straight course of appealing direct to the Chinese General for protection. Through the telegraph operator, whom I knew, I was escorted in great style, attended by soldiers, first to the telegraph office. Then accompanied by the telegraph messenger and several soldiers, we all on horseback, rode through the city out to the General's headquarters. He received me very graciously, and through a Korean interpreter I explained my situation. It pays to be an American, so I was treated with every courtesy and no suspicion was felt about me (at least as far as I knew). That night four soldiers slept at my house, and in the morning guided our party across the river, where a body of one hundred and twenty infantry and some twenty cavalry escorted me thirty-five miles or as far as the Chinese soldiers or scouts had gone. In doing this they took possession of a fortified town 30 miles from Pyeng Yang, on the road to Seoul.

Beyond the Chinese I was in danger of an attack from the Koreans who might take me for a Jap. So for another 35 miles I secured Korean runners from the magistrates and thus reached the advance scouts and pickets of the Japanese army. I had a pretty narrow escape from serious trouble there, but the Lord was directing all, and as soon as the Japanese knew who I was they were very courteous, and gave me a passport, upon which I came on safely into Seoul. I had been through a hard summer, and had gotten pretty full of malaria: had been on a strain, and had come from Pyeng Yang in a hurry, traveling early and late, so that this last week I have been pretty well used up. Am better now; think I have broken the malaria, and will pick up.

The Japanese and Chinese armies in the North have not yet come to an engagement. No one knows what the outcome of the war will be, or when it will end. I may not be able to go back to Pyeng Yang for several

기꺼이 하나님을 신뢰한다는 것을 그들이 안다. 서울에 있는 내 친구들이 내 안전을 걱정하므로 그들도 이제 내가 떠나야 하며 위험에서 벗어나야 한다"고 말하기로 결론을 내렸습니다. 그들도 프랑스 신부의 살해 소식을 알고 있었고, 내 안전을 걱정하게 되었습니다. 그래서 나는 놓임을 받았고 주님께서 "가라"고 말씀했다고 느꼈습니다. 나는 가려고 결심했고, 도시를 벗어나기 위해 중국군 장군에게 바로 가서 보호를 요청하기로 했습니다. 내가 아는 전보국 직원을 통해 나는 군인들의 장엄한 호위를 받고 먼저 전보국으로 갔습니다. 이어서 전보국 직원과 여러 군인들과 함께 우리는 모두 말을 타고 도시를 통과해서 장군이 있는 사령부 본부로 갔습니다. 그는 나를 정중하게 맞이해주었고, 나는 한국인 통역을 통해 내 사정을 설명했습니다. 내가 미국인이라는 것이 도움이 되었고, 그래서 나는 최고의 예우를 받았으며 (내가 아는 한) 나를 의심하는 분위기는 전혀 느낄 수 없었습니다. 그날 밤 4명의 군인이 내 집에서 잤고, 아침에 우리 일행이 강을 건너도록 안내했는데, 강에는 포병 120구의 시체가 있었으며, 기병 20여 명이 중국인 군인이나 척후병이 갈 수 있는 최대한의 거리인 35마일까지 나를 호위해주었습니다. 그들은 이 호위를 하면서 서울로 가는 길에 있는 평양에서 30마일 떨어진 한 성을 점령했습니다.

중국군의 세력권을 벗어나자 나는 나를 일본인으로 오해하고 공격할 수도 있는 한국인의 공격 위협 속에 있었습니다. 그래서 그다음 35마일 길을 위해 나는 지방 관리가 보내준 한국인 포졸들을 확보했고, 이렇게 하여 일본군의 척후병과 초계병이 있는 곳에 도달했습니다. 그곳에서 나는 가까스로 심각한 곤경을 모면했는데, 주님께서 모든 것을 다스리시고 계셨으므로, 일본인들은 내가 누구인지 알자마자 예의 바르게 행동했고 여권을 주었으며, 나는 안전하게 서울로 들어왔습니다. 나는 힘든 여름을 지냈고, 심한 말라리아에 걸렸고, 압박 속에 살았으며, 급히 평양에서 오면서 아침 일찍부터 밤늦게까지 여행을 했기 때문에, 지난주에 완전히 지쳐 있었습니다. 이제 좋아졌는데 말라리아를 극복했다고 생각하며 기력을 회복할 것입니다.

북한 지역의 일본군과 중국군은 아직 전투를 하지 않았습니다. 전쟁의

months, though I am hoping the way will open up by the first of October.

All is quiet here in Seoul, and unless the Japanese are repulsed in the North the Chinese will not come in here, and all will remain quiet. You need have no fear for our safety.

The Government is being re-organized and many reforms instituted under Japanese advice or control. We all pray for Korea and that all may result in her good.

The war presents a good many problems to us, financial and otherwise. Japanese paper has depreciated and we are sending to Japan for silver. Had a meeting this morning which called out all of our financial abilities, and gave us a chance to discuss greenbacks, gold, silver, etc. with as much wisdom as the United States Congress.

Your letter of the 26th reached me on my return from Pyeng Yang. Mails are slow and irregular now, and everything out of ordinary course.

What awful times you are going through at home, with strikes, deluges, etc. Wonder if it occurs to anyone that the Nation which discarded God by profaning His Sabbath by opening the World's Fair is just now receiving its punishment. Old Kim, at Gensan says: "It does not do for a man to curse God"–a nation likewise. May the Lord's own be found faithful, and may He come to bring in the Reign of Righteousness.

Samuel A. Moffett

결과가 어떻게 될지, 혹은 언제 끝날지 아무도 모릅니다. 나는 10월 1일까지 평양으로 들어가는 길이 열리기를 바라지만, 아마 여러 달 동안 돌아갈 수 없을 것입니다.

이곳 서울은 모든 것이 조용합니다. 일본군이 북부 지방에서 패하지 않는다면 중국군은 이곳에 오지 않을 것이고 모두 조용하게 지낼 것입니다. 귀하가 우리의 안전을 걱정할 필요는 없습니다.

정부는 재조직되고 있고, 많은 개혁이 일본인의 조언이나 통제하에 도입되었습니다. 우리 모두는 모든 것의 결과가 한국에 도움이 되기를 기도합니다.

전쟁은 우리에게 재정적인 문제 등 많은 문제를 야기합니다. 일본 어음은 저평가되었고, 우리는 은을 사기 위해 일본으로 돈을 보냅니다. 오늘 아침에 회의를 했는데 우리의 모든 재정 능력을 동원했으며, 마치 미국 의회 같은 많은 지혜를 가지고 지폐, 금, 은 등을 논의하는 기회를 가졌습니다.

귀하의 26일 자 편지는 내가 평양으로부터 돌아온 날 도착했습니다. 지금 우편은 느리고 불규칙적이며, 모든 것이 통상적인 데에서 벗어나 있습니다.

귀하는 본국에서 파업과 홍수 등으로 힘든 시기를 겪고 있을 줄 압니다. 세계 박람회를 주의 안식일에 열어서 안식일을 범함으로써 하나님을 버린 나라가 지금 바로 그 벌을 받고 있음을 모르는 자가 있다면 이상합니다.[2] 원산의 나이 많은 김 씨는 "사람이 하나님을 저주하는 것이 좋지 않다"고 말하는데, 나라도 마찬가지입니다.[3] 신실한 주의 나라가 이루어지고 의의 통치가 이루어지게 하소서.

마포삼열 올림

2 1893년에 열린 시카고 세계 박람회를 말한다. 이 박람회 때 세계 종교 지도자들을 초청해 종교 대회를 개최했는데, 기독교의 우수성을 과시하려고 했던 본래 의도를 벗어나 미국에 불교, 힌두교, 브라만교, 유교 등 아시아 종교를 공개적으로 소개함으로써 미국에서 종교 다원주의의 출발점이 되었다.

3 원산의 김 씨는 게일의 첫 개종자 중 한 명으로, 주민들의 도편추방(陶片追放)과 박해 속에서도 신앙을 지켜 선교사들의 칭송을 받았다.

Samuel A. Moffett

Seoul, Korea

September 9, 1894

Dear Dr. Ellinwood:

In the last mail there went to you a letter signed by the members of the Mission–concerning the "Girls' School question." I have heretofore written quite fully on that subject but as the question is before you again I cannot forbid to write a few more words. My own decided conviction is that the Girls' School will accomplish far more for the evangelization of Korea if established on the proposed site than it will if forced to remain in the foreign settlement. You cannot have failed to notice how nearly unanimous has been the desire of your missionaries here to get away from this section of the city and how impatient most of us have been when compelled to spend our first years here. An exceptional person like Mrs. Gifford is able to live in a foreign settlement and yet come into sympathetic contact with the natives but the great majority are forced to reach after the Koreans with a "ten foot pole" and have a pretty hard time impressing the Koreans with the fact that they are in real sympathy with them. Refer to past letters please and see if the constant pleas and plans of Mr. Gale, Mr. Baird, Miss Doty, Miss Strong, Mr. Moore & myself–not to mention others, have not been to get away from this section in order to come into more intimate daily contact with Koreans.

Now our plans for the Girls' School are not confined to it as a school merely for the education of from 20 to 40 little girls–although that is included–but rather we want to see the school the center of a large work among the women. For one I have never thought that the teachers in the school should give their whole time to teaching the children–but that each & all should have classes for women, visitation of women in their homes–and the oversight and direction & training of native women helpers. They will thus do a larger work and at the same time

마포삼열

한국, 서울

1894년 9월 9일

엘린우드 박사님께,

지난번 우편으로 '여학교 문제'에 대해 선교회의 회원들이 서명한 편지를 귀하께 보냈습니다. 저는 지금까지 그 문제에 대해 충분히 썼지만, 이 문제가 다시 귀하께 제출되었기 때문에 몇 마디 적지 않을 수 없습니다. 만일 여학교가 외국인 거주지에 할 수 없이 남아 있는 것보다 제안된 부지에 설립되면 한국의 복음화를 위해 훨씬 더 많은 것을 성취할 수 있다고 저는 확신합니다. 귀하께서는 이곳에 있는 귀하의 선교사들이 거의 만장일치로 얼마나 서울의 이 외국인 지역에서 벗어나기를 원하는지, 그리고 우리 대부분이 이곳에서 첫해를 보내야만 했을 때 얼마나 견디지 못했는지 분명히 감지하셨을 것입니다. 기퍼드 부인같이 예외적인 사람은 외국인 거주지에 살 수 있고 본토인과 공감적인 접촉을 할 수 있지만, 대부분은 '열 자 장대'를 가지고 한국인에게 나아가지 않으면 안 되며,[1] 한국인들과 정말로 공감한다는 사실을 이해시키는 데 많은 어려움을 겪습니다. 다른 사람들은 물론 게일 씨, 베어드 목사, 도티 양, 스트롱 양, 무어 목사, 그리고 제가 보낸 끊임없는 청원과 계획들이 담긴 과거의 편지들을 참조해주시기 바랍니다. 이들은 한국인들과 더 친밀하게 매일 접촉하기 위해 이 지역을 벗어나지 못했습니다.

현재 여학교를 위한 우리의 계획에는 20-40명의 어린 소녀들의 교육이 포함되어 있지만 단지 그것만을 위한 학교에 국한되어 있지 않고, 우리는 그 학교가 여성 사역을 위한 중심지가 되기를 원합니다. 저는 그 학교의 교사들이 어린이들을 가르치는 데 모든 시간을 사용해야 한다고 생각한 적이 없습니다. 교사들은 모두 여성반을 가르쳐야 하고, 여성들의 가정을 심방해야 하

1 얕은 강에서 거룻배를 움직일 때 긴 막대기를 사용하듯이, 정동의 외국인 거주지에서 한국인에게 다가가려면 마치 강을 건너듯 다른 지역으로 나아가야 한다는 뜻이다.

have enough variety in their work to keep them fresh and in good spirits (essential to good health). Work among the women and the school work should be so intimately connected as to make each an adjunct of the other. The object of the school is not only to educate the girls and send them forth as Christian women but also to train them for service among their own people. Can the teachers do this successfully unless they are acquainted with the lives of the women—are in sympathetic contact with them and are themselves meeting the conditions for which they are training the girls in the school? On the other hand how much more will the work among the women contribute to the school if it is carried on in part by those directly interested in the school work.

You may think that what I speak of may be as well accomplished here as in the proposed new situation and the Board must be the final judge as to such matters, but I feel sure that the unanimous voice of the Mission and the strong desires of those most interested in this work are not without good reason. This however could come later.

Just at present the war leaves Pyeng Yang affairs in a very uncertain state. The result may be such as to debar all but single men (doing such work as I have heretofore done) from returning there although the great probability is that the outcome of the war will open Pyeng Yang as a treaty port leaving us free to go in in force. In view of such a probability or even without that, I again plead for a physician. You know that Dr. Irvin is at Fusan and notwithstanding the Board's evident desire to see Dr. Vinton sent there, I do not believe the Mission will consent to the transfer of Dr. Vinton from Seoul for either Fusan or Pyeng Yang. This will leave Dr. Irvin at Fusan and Pyeng Yang must look to you for another physician. My constant prayer is that the Lord will send us the right kind of a man, a skillful physician and surgeon in love with his profession but more in love with Christ. We want to reap spiritual results from all his medical work. I have been looking forward so eagerly towards co-operating with a physician in our work in Pyeng Yang and

며, 본토인 전도부인들을 감독하고 지도하며 훈련해야 합니다. 따라서 교사들은 더 큰 사역을 할 것이며, 동시에 (건강에 필수적인) 그들의 몸과 마음을 생기있고 건강하게 유지시켜줄 충분히 다양한 사역을 하게 될 것입니다. 여성사역과 학교 사역은 서로 부수적인 사역이 되도록 긴밀하게 연결되어야 합니다. 학교의 목적은 소녀들을 교육하고 예수교인 여성으로 배출하는 것뿐만 아니라, 자기 민족을 섬기도록 훈련하는 것입니다. 만일 학교 교사가 여성의 생활과 친숙하지 않다면, 곧 그들과 호의적으로 만나지 않고 학교 학생들로 하여금 일하도록 훈련하는 환경을 직접 체험하지 않는다면, 이 일이 성공할 수 있겠습니까? 다른 한편 만일 학교 사역에 직접 관심을 가진 자들이 여성 사역을 부분적으로 수행한다면 학교에 얼마나 많은 공헌을 하겠습니까?

귀하께서는 제가 말하는 것을 새 환경에서처럼 이곳 정동에서도 성취할 수 있다고 생각하실지 모르겠습니다. 그런 문제는 선교부가 최종 판단해야 합니다. 그러나 저는 선교회가 만장일치로 내는 목소리와 이 사역에 가장 관심을 많이 가진 자들의 강력한 소망에는 타당한 이유가 없지 않다고 확신합니다. 하지만 이것은 앞으로 나타날 수 있습니다.

현재로서는 전쟁으로 인해 평양의 상황이 불확실한 상태입니다. 그 결과는 (지금까지 제가 해왔던 그런 사역을 하면서) 미혼자만 그곳에 돌아가는 것이 될 듯합니다. 가장 가능성이 큰 전쟁의 결과는 평양이 조약으로 개항장이 되고 우리가 그곳에 자유롭게 단체로 들어갈 수 있게 되는 것입니다. 그런 가능성을 바라보면서, 심지어 그런 가능성이 없을지라도, 저는 의사 한 명을 다시 요청합니다. 귀하께서도 아시다시피 어빈 의사는 부산에 있고, 선교부의 분명한 바람이 빈튼 의사를 그곳에 보내는 것임에도 불구하고, 선교회는 빈튼 의사를 서울에서 부산이나 평양으로 전임시키는 데 동의하지 않을 것이라고 저는 생각합니다. 이것은 어빈 의사를 부산에 남겨두는 것을 의미하므로, 평양은 다른 의사를 받기 위해 귀하를 바라보아야만 합니다. 제가 쉬지 않고 기도하는 것은 주께서 적합한 사람, 기술이 좋은 외과 의사로서 자기 직업을 사랑하지만 그리스도를 더 사랑하는 의사를 보내주시는 것입니다. 우리는 그의 모든 의료 사역을 통해 영적 결과를 거두기를 원합니다. 저는 우리의

have been so desirous of having a hospital there–that friends at home have without a request from me offered the funds for a Hospital. How much I shall be able to secure I know not, but sufficient I know to enable us to put up or buy a building for dispensary with several rooms for in–patients. The Lord has thus provided the funds for the Hospital. I am sure he will send the physician.

Referring to my last letter to you–I fear that a remark of mine may lead to the inference that Dr. Hall was at fault in connection with Pyeng Yang affairs. I should be sorry indeed to give such an impression. Dr. Hall is one of the best and most consecrated men in Korea and it is far from me to criticize what he has done. The British Consul here wrote no letter to him questioning the means used in securing property there.

Coming back to Seoul it does one good to see the way in which work is being carried on. Mr. & Mrs. Miller deserve every commendation for their work in the Boys' School–Mrs. Gifford and Miss Doty are busily engaged in a thorough work among the women (Miss Doty has got out of foreign settlement in order to do this) and others are spreading the news of the gospel more widely than ever.

Mr. Lee has been longing to get to Pyeng Yang, but seeing no immediate prospect–is now planning to spend some time in the building secured for Girls' School as he too feels the necessity of getting away from this English speaking community in order to acquire a knowledge of the language.

I have to thank you for many letters tho of course I do not look for answers to all the letters which it seems best for us to write in order to keep you posted.

We are all praying for great good to come to Korea as the result of the war.

With kind regards,

Very sincerely,
Samuel A. Moffett

평양 사역에서 의사와 동역하는 것을 고대해왔으며, 그곳에 병원을 세우는 일을 간절히 소망해왔습니다. 그런데 부탁하지도 않았는데 고향의 친구들이 병원 기금을 제안했습니다. 제가 얼마나 많이 확보할 수 있을지 모르지만, 입원 환자들을 위한 여러 개의 병동을 가진 진료소 건물을 세우거나 사는 데 충분하리라고 생각합니다. 따라서 주께서 병원을 위한 자금을 제공하셨습니다. 저는 주께서 의사를 보내주시리라고 확신합니다.

제가 귀하께 보낸 최근 편지에 대해 말씀드리겠습니다. 혹시 제가 한 말 때문에 귀하께서 평양 사태와 관련하여 홀 의사가 잘못했다고 추측하시지 않을까 우려됩니다. 그런 인상을 주었다면 정말 죄송합니다. 홀 의사는 훌륭한 사람이며 헌신된 선교사입니다. 저는 홀 의사가 한 일을 결코 비판하지 않습니다. 이곳의 영국 공사는 홀 의사에게 평양에서 부동산을 얻는 데 사용한 수단을 문제 삼는 편지를 보내지 않았습니다.

서울에 돌아와서 사역이 진행되는 방식을 보게 되어 좋습니다. 남학교에서 하는 모든 일에 대해 밀러 목사 부부가 칭찬을 받아 마땅합니다. 기퍼드 부인과 도티 양은 여성들을 대상으로 철저한 사역을 바쁘게 진행하고 있으며, (도티 양은 이 일을 하기 위해 외국인 거주지에서 나왔습니다.) 다른 사람들은 이전보다 더 넓게 복음의 소식을 전파하고 있습니다.

리 목사는 평양에 가려고 갈망해왔지만, 조만간 갈 전망이 없기 때문에 여학교를 위해 구입한 건물에서 얼마 동안 시간을 보낼 계획을 세우고 있습니다. 그 역시 한국어를 익히려면 영어를 말하는 정동의 외국인 거주지에서 벗어나야 할 필요성을 느끼고 있기 때문입니다.

비록 우리가 귀하께 상황을 알리기 위해 쓰는 것이 최선이라고 생각하고 보내는 모든 편지에 대한 답장을 기대하지는 않지만, 보내주신 귀하의 많은 서신에 감사드립니다.

우리 모두는 전쟁의 결과로 한국에 좋은 일이 많이 일어나기를 기도합니다. 안녕히 계십시오.

마포삼열 올림

Dr. Underwood's continued illness is a cause of much anxiety. He has worked so hard and with such intense application that the nervous strain has been too great. It is almost impossible to induce him to refrain from work and we fear that he may be forced to rest by a more serious attack of nervous prostration.

추신. 언더우드 박사의 질병이 지속되어 우리는 많이 걱정하고 있습니다. 그는 너무 열심히 일했고, 그렇게 전력을 다한 결과 심각한 신경과민이 되었습니다. 그에게 일을 좀 쉬면서 하라고 말하는 것이 불가능합니다. 우리는 그가 더 심각한 신경쇠약으로 할 수 없이 쉬게 되지 않을까 우려합니다.

Samuel A. Moffett

Pyeng Yang

October 17, 1894

Dear Gifford:

Lee left yesterday by boat and should reach Seoul before this but if he should not, please keep horse and mapoo in Seoul until he arrives or there is occasion to send him. He will need on his return a pass-port from the Japanese Consul. Will you see that he gets one on his return? He is to bring a load of quinine for Dr. Hall 120 bottles or more—and of stores, baking powder, oat meal, butter 10 pounds, an American flag (small), 6 American padlocks if you can get them from anyone at all, and if either Lee or Tate [Lewis B. of PCUS Mission] comes, $300 silver dollars. Also Burhach [?] if possible. Lee will tell you news, etc.. No need for me to write of affairs here. The Japanese officials are very courteous and have given me a passport for our servant which will enable us to get chickens in from country without losing them. The region around my place is too foul for habitation so I shall stay here until middle of December or until Annual Meeting. Latest rumor I hear of movements north is that there may be a battle 50 li beyond Eui Ju. Do not know at all.

Give my mapoo in Seoul sufficient to pay for his board and that of horse during his stay there according as he asks for it—but not more than 500 cash (Seoul money) a day and enough for expenses of return trip—at most not more than 10,000 cash—and let me know all that you pay out on that account by return letter.

Many things to be grateful for here—some to worry me a little, but all is well and things will turn out well.

With kind regards and many thanks-

Sincerely yours,

S. A. Moffett

마포삼열

한국, 평양

1894년 10월 17일

기퍼드 목사에게,

어제 리가 배로 떠났고 이 편지가 도착하기 전에 서울에 도착했을 것인데, 만약 그렇지 않았다면 그가 도착할 때까지 혹은 그에게 보낼 필요가 있을 때까지 말과 마부를 서울에 붙잡아두기 바랍니다. 그가 평양으로 돌아오려면 일본 영사가 발행한 호조가 필요할 것입니다. 그가 돌아올 때 그 호조를 가지고 가는지 확인해주겠습니까? 그는 홀 의사를 위한 키니네 120병이나 그 이상의 짐을 가지고 올 것인데, 만약 당신이 어떻게든 구할 수 있다면 베이킹파우더, 오트밀, 버터 10파운드, 성조기(작은 것), 미제 자물쇠 6개를 그에게 주기 바랍니다. 만약 리나 테이트가 온다면 은화 300달러를 주십시오. 가능하면 [?]에게도 마찬가지입니다. 리가 당신에게 소식 등을 말해줄 것입니다. 여기 사태에 관해 제가 쓸 필요는 없겠지요. 일본인 관리는 예의 바르며, 내게 우리 하인이 쓸 호조를 주었는데, 그것으로 우리는 이 지방에서 닭을 살 수 있을 것이고 잃어버리지 않을 것입니다. 내가 사는 지역은 거주지로는 너무 더러워서 이곳에 12월 중순이나 연례 회의 때까지 머물려고 합니다. 북부 지방의 동향에 관해 최근에 들은 소문에 의하면, 의주에서 50리 떨어진 곳에서 전투가 있을 것이라고 합니다. 더 이상 아는 것은 없습니다.

서울에 있는 내 마부에게 그가 그곳에 머물러 있는 동안 그의 식비와 말 비용에 대해 요구하는 만큼 충분하게 지불하되, 하루에 서울 엽전 500냥 이상은 안 되고, 왕복 여행에 충분한 비용은 많아도 엽전 1만 냥 이상은 안 됩니다. 당신이 그동안 그 계좌로 지불한 금액 전부를 답장으로 알려주십시오.

이곳의 많은 일로 인해 감사합니다. 일부는 약간 걱정했지만 모든 일이 괜찮아지고 좋아질 것입니다.

안부와 깊은 감사를 전하며,

마포삼열 드림

Samuel A. Moffett

Pyeng Yang

November 1, 1894

Dear Dr. Ellinwood,

I greatly feared that the war would keep me from my field of labor but am now rejoicing that the Lord opened the way for my return here, having been away but 6 weeks. I left here the middle of August when the Chinese army was in possession of the city, the Japanese army being on the way from Seoul preparing to attack. The battle was fought the 25th of Sept. resulting in the complete rout of the Chinese and the capture of the city by the Japanese. The poor Koreans, such as had not already left, were frightened half to death and fled hither and thither, quite a number being killed as they fled with the Chinese. The former governor, who gave us such trouble and persecuted the Christians, fled in a chair but soon pitched this into the ditch and taking to his heels fled–no one knows where. Most of the Christians remained in the city, gathering together at the chapels. They all escaped injury, the Lord being their protector. As the Japanese entered the city the rumor was started that the Koreans were all being put to death, so our Evangelist Han [Sŏkchin], gathering his family of little ones, started to escape but soon finding that the rumor was false returned in safety to the house. For a day or two everything seemed secure. A Japanese Christian had taken up his quarters with the Evangelist of our M. E. brethren and their property was protected from all injury. Several Japanese entered our place and finding it was a Christian Chapel departed–but unfortunately for us, our chapel was situated in the midst of large mercantile houses where much was stored and where the Japanese were quartered in greatest numbers. When the sacking of the city began this section suffered most and although at first left undisturbed the sight of foreign provisions was probably too much for the hungry men and so in a few days, despite the protests of

마포삼열

한국, 평양

1894년 11월 1일

엘린우드 박사님께,

저는 전쟁으로 인해 제 사역지에 접근하지 못하게 될까 크게 두려워했으나, 6주간만 떠나 있었을 뿐, 주께서 저를 이곳에 돌아오도록 길을 열어주셔서 지금은 기뻐하고 있습니다. 저는 중국군이 도시를 점령하고 있던 8월 중순에 이곳을 떠났으며, 그때 일본군은 공격을 하기 위해 서울에서 오고 있는 중이었습니다. 전투는 9월 25일 벌어졌고 중국군의 완패와 일본군의 도시 점령으로 끝났습니다. 아직 피난을 가지 못한 불쌍한 한국인들은 초주검이 될 정도로 공포에 질려서 이리저리로 도망을 갔고 많은 사람이 중국군과 함께 가다가 죽었습니다. 우리에게 많은 고난을 주고 예수교인들을 박해했던 전임 관찰사는 가마를 타고 도망갔으나, 곧 가마를 도랑에 버리고 걸어서 도망갔는데, 아무도 그가 어디에 있는지 모릅니다. 대부분의 예수교인들은 도시에 남았고 교회에 함께 모여 있었습니다. 주께서 그들의 보호자였으므로 한 사람도 다치지 않았습니다. 일본군이 도시에 입성했을 때, 소문이 퍼지기를 한국인들은 모두 죽임을 당할 것이라고 해서, 우리의 전도사 한석진은 어린 자녀들이 포함된 가족을 이끌고 도망을 가기 시작했으나, 곧 소문이 거짓임을 알고 무사히 집으로 돌아왔습니다. 하루나 이틀간 모든 것이 안전해 보였습니다. 한 일본군 예수교인이 우리의 감리회 형제 전도사 집에서 함께 지냈는데, 그들의 자산은 모두 보호를 받아서 전혀 상하지 않았습니다. 여러 명의 일본군이 우리 처소에 들어왔고 그것이 기독교 예배당인 것을 알고 떠났으나, 불행히도 우리 예배당은 수많은 일본군이 숙소로 사용하고 많은 물품이 쌓여 있는 큰 상가들의 한복판에 위치해 있었습니다. 도시의 약탈이 시작되었을 때, 이 지역이 가장 큰 피해를 입었고, 비록 처음에는 누구도 건드리지 않았으나, 외국 식료품을 보자 배고픈 사람들이 참을 수 없어서 우리 교인들의 항의에도 불구하고 며칠 후에 그 장소에 있던 모든 것이 깨끗이 사

our men, the place was cleaned of everything. It was a trying time for the men when they saw their household goods which they had brought there for safety taken away before their eyes. They had stuck to the place all through the time of Chinese occupation and while the bullets were whistling and shells exploding during the battle—but patience and hope gave way when the soldiers invaded the women's quarters and snatched things out of the very hands of the women. Han then concluded that his family would not be safe from further insult and he removed them to the country where we had previously sent provisions enough for the winter.

Fifteen days after the battle Mr. Lee, Dr. Hall, and I, having secured passports from the Japanese official, were on our way to Pyeng Yang to look after our men and our property. The first four days on the road we saw but few signs of war; the people were all about their usual occupations, harvesting, plowing, etc.—but when within two days of the city the villages were deserted by the terrified people who had fled to the hills—in the cities were groups of men who standing on the street were discussing the question as to whether it were safe to return. The country was swarming with Japanese and when we entered Hwang Ju 100 li from Pyeng Yang—we found it a Japanese camp, scarcely a Korean to be seen. However, we ran across one old man who was so delighted to see a foreigner who he knew to be in sympathy with Koreans that he gladly hunted up some rice for us, & food for our horses, and gave us a room to sleep in. The next day as we passed smoldering ruins in several villages and began to see dead horses & cattle strewn around with the general disorder attendant upon abandoned camps, we realized that we were within the lines—on the outskirts of a battle field.

Pyeng Yang was entered Saturday afternoon and like Hwang Ju was seen to be a Japanese camp—the only Koreans seen being those who were carrying provisions for the army. Entering our house we found it had shared the common fate. Some Japanese were sorting over a lot of tracts and debris while others were carrying off the last of the wood laid

라졌습니다. 안전을 위해 예배당으로 가져온 자신들의 가재도구가 눈앞에서 사라지는 것을 보아야 하는 시련의 시간이었습니다. 그들은 중국인이 점령하고 있던 기간 내내 그 장소에 모여 있었으나, 전투가 벌어지면서 총탄이 날아다니고 포탄이 터지고 군인들이 여자들의 거처에 난입하여 그 손에 있는 물건까지 강탈했을 때 인내와 희망은 사라졌습니다. 그때 한석진은 그의 가족이 더 이상 안전하지 않다는 결론을 내리고 미리 충분한 겨울 식량을 보냈던 시골로 가족을 데리고 갔습니다.

전투가 끝난 후 15일째 되던 날 리 목사와 홀 의사와 저는 일본 영사로부터 여권을 얻은 후 우리 교인들과 자산을 돌보기 위해 평양으로 오고 있었습니다. 첫 4일간은 길에서 전쟁의 흔적을 거의 볼 수 없었습니다. 사람들은 추수를 하고 쟁기질을 하는 등 평상시에 하던 일에 종사하고 있었습니다. 그러나 평양시에서 도보로 이틀이 걸리는 거리 안에 있는 마을들은 사람들이 공포에 질려 산으로 도망가버려서 황량했으며, 도시 안에서는 사람들이 무리를 지어 거리에서 서성이며 돌아가는 것이 안전한가 하는 문제를 토론하고 있었습니다. 시골에는 일본군으로 넘치고 있었는데, 우리가 평양에서 100리 떨어진 황주에 들어섰을 때 그곳에 일본군이 진을 치고 있는 것을 발견했고 한국인은 한 명도 볼 수 없었습니다. 하지만 우리는 한 노인을 만났는데, 그는 자신이 알고 있던 한 외국인이 한국인을 동정하는 것을 보고 기뻐서, 우리를 위한 밥과 말을 위한 음식을 기꺼이 구해왔고 우리에게 자고 갈 방을 내주었습니다. 다음날 우리는 여러 마을에서 불에 탄 폐허를 지나갔고, 여기저기 널려 있는 죽은 말과 소의 시체와 버려진 병영에서 볼 수 있는 일반적인 무질서를 보기 시작했는데, 우리가 전선에 가까운 전장의 외곽에 있다는 것을 깨달았습니다.

평양에는 토요일 오후에 입성했는데, 황주처럼 일본군 병영이 보였으며, 눈에 띄는 한국인은 병영에 양식을 나르고 있는 자들뿐이었습니다. 우리 집에 들어서자 우리는 그곳이 동일한 운명을 겪었음을 발견했습니다. 몇 명의 일본 군인이 소책자와 잡동사니 더미에서 무엇인가를 고르고 있었고, 다른 군인들은 겨울 땔감으로 쌓아둔 나무의 마지막 남은 것을 나르고 있었습니

in for winter. Heathen Japan had made sorry work of my possessions, so Mr. Lee and I went up with Dr. Hall to his place where we were glad to meet the Christian Japanese quartered there and to realize that there is also a Christian Japan.

A very short stay sufficed to spread the news of our arrival and it was most gratifying to see what confidence it inspired. From all the surrounding villages people began to come back—coming straight to our chapels, with their little loads on their backs, eagerly inquiring as to the situation. Day after day they came in, rejoiced to see us and saying that as soon as they heard we had arrived they felt it would be safe to return.

Poor, helpless, simple yet wicked people—[the refugees]—our hearts go out in sympathy to them as they come back and see the punishment meted out to their city. Their houses are stripped of everything and the doors and windows gone, used for firewood. Japanese merchants are in possession of their business places, while block after block of houses is a smoking ruin and dead cattle lie in the streets. All is confusion while the Korean offices & people find themselves helpless in the hands of a foreign power.

I find our little flock scattered through many villages where I trust they are carrying the news of the gospel. Most of them have been back but very few will bring their families. The number of Koreans in the city has been daily increasing as the Japanese army moved north, but they are mainly coolies and restaurant keepers. The city will not likely be really re-inhabited for many months or a year. This is well, for the atmosphere is foul from the decomposition of the dead bodies of horses, cattle & men slain in battle, many of them lying unburied.

We have visited the scenes of the various conflicts in the battle and such a sight I hope never again to see. How it makes one long for the time when wars shall cease, when the Prince of Peace shall come to rule & reign over a regenerated earth.

After a few days spent in looking after and re-assuring our people,

다. 비예수교인 일본인들이 제 소유물에 유감스런 행동을 했습니다. 그래서 리 목사와 저는 홀 의사와 함께 홀의 처소로 갔는데, 그곳에서 숙박하고 있는 예수교인 일본인을 기쁘게 만났습니다. 우리는 예수교인 일본인도 있다는 것을 깨달았습니다.

잠깐 머물렀을 뿐인데 우리가 온 소식이 금방 사방에 퍼졌고, 이 소식이 사람들을 안심시킨 것을 보고 대단히 감사했습니다. 모든 주변 마을에서 사람들이 돌아오기 시작했는데, 등에 작은 짐을 진 채 곧장 우리 예배당으로 와서 상황에 대해 열심히 물었습니다. 매일 사람들이 돌아왔고 우리를 보고 기뻐했으며 우리가 왔다는 소식을 듣자마자 돌아와도 안전하다고 느꼈다고 말했습니다.

가난하고 무력하고 단순하지만 사악한 사람들이자 피난민인 그들이 돌아와서 도성에 내려진 형벌을 바라볼 때 우리는 그들을 동정하게 됩니다. 집 안에 있는 것은 남김없이 가져갔고 문과 창문은 땔감으로 사라졌습니다. 일본인 상인들이 장사하는 장소를 차지했고, 주택들은 한 구역에서 다른 구역으로 연이어 모두 검은 연기가 피어오르는 폐허가 되었으며 죽은 소가 거리에 널려 있습니다. 모든 것이 혼란스럽고 한국인 관리와 백성은 힘 있는 외국인의 손아귀에 잡혀 무력할 뿐입니다.

여러 마을에 흩어진 우리의 적은 양 떼가 그곳에서 복음의 소식을 전하고 있다고 믿습니다. 대부분이 돌아왔으나 가족을 데리고 온 자는 없습니다. 일본군이 북쪽으로 이동했기 때문에 도성 안의 한국인 수는 매일 증가하고 있습니다. 그러나 이들은 대부분 짐꾼과 식당 주인입니다. 도시는 여러 달이나 1년이 지나야 사람들이 제대로 다시 거주할 듯합니다. 이렇게 하는 것이 좋은데, 왜냐하면 아직 매장하지 않은 죽은 말과 소와 전장에서 죽은 사람들의 시체가 부패하면서 나오는 악취로 대기가 오염되어 있기 때문입니다.

우리는 전투가 벌어진 여러 장소를 방문했으며, 그런 장면은 다시는 보고 싶지 않습니다. 이런 것을 보면 우리는 전쟁이 멈추는 때, 곧 '평화의 왕'이 오셔서 새롭게 된 땅을 다스리고 통치할 때를 간절히 갈망하게 됩니다.

며칠 동안 우리 교인들을 돌보고 다시 확신시킨 후, 질병의 위험에도 불

we grasped the situation sufficiently to conclude to stay until winter notwithstanding the danger from sickness. Staying in our property surrounded by the worst conditions was out of the question, so we took up our abode with Dr. Hall. Deeming the present a good time to secure the land originally desired & which we had once secured and then returned—we soon had a man on the hunt for the owners who were glad to sell. A bargain was soon made and we now have the property which from the beginning we had selected as the desirable site for our Mission. Mr. Lee then returned to Seoul for supplies and more money while I very soon after took to my bed with an attack of malaria and dysentery. The work of the past year together with the summer's long continued fight against both the governor and malaria has been a little too much for me. I was not altogether free from malaria when I returned this time and the present condition of the atmosphere forced me for once to admit that I was sick. Dr. Hall's threat to send me back to Seoul and especially his care for me—got me on to my feet again in a week and I thank the Lord. I can still look after my work here.

Mr. Lee hopes to be back soon and when we can get a few things to take the place of those I lost we hope to get into our new quarters. We want to be here to do all we can to re-assure the Koreans, to comfort and help them and to point them to Christ during these days of their trial and despair. They have learned to place great confidence in us and we want at this time to let it be more widely known that we are here as the real friends of the people. We called upon the new Governor and upon the Japanese General in hopes of helping the Koreans to regain possession of their houses. We were most courteously received but little could be done for the people. We have gained the good will and friendship of the new Governor by our evident interest in the Koreans. He sent an official to return our call and has since shown his confidence in us by sending to us for certain points of information. Doubtless we shall have the friendship of Korean officials when the new order of things goes into

구하고 우리는 겨울까지 체류하기로 결론을 내릴 정도로 상황을 충분히 파악했습니다. 최악의 상태인 주변 집들에 둘러싸인 우리의 부동산에 머무를 수 없다는 데에는 의문의 여지가 없었습니다. 그래서 우리는 홀 의사의 집에 우리의 거처를 정했습니다. 지금이 우리가 원래 원했고 확보했으나 돌려주었던 땅을 구입하는 적기라고 생각하고, 바로 한 사람을 구해서 주인을 찾아보도록 했고 그 주인은 기쁘게 팔려고 했습니다. 거래는 곧 이루어졌고 우리는 처음부터 우리 선교회를 위해 바람직한 부지로 선정했던 부동산을 소유하고 있습니다. 그 후 리 목사는 쓸 물건과 더 많은 돈을 가지러 서울로 돌아갔고, 저는 그 직후에 말라리아와 이질에 걸려 자리에 누웠습니다. 작년 사역과 여름 내내 오랫동안 관찰사와 말라리아와 싸운 것이 제게는 적지 않게 힘들었습니다. 제가 이번에 올 때에도 말라리아에서 완전히 나은 것은 아니었으며, 현재 이곳 위생 상태로 인해 다시 한 번 병에 걸렸음을 인정하지 않을 수 없게 만들었습니다. 홀 의사는 저를 서울로 돌려보내겠다고 위협하며, 특별히 그가 돌봐주어서 1주일 만에 저는 다시 일어설 수 있게 되었고, 주님께 감사를 드립니다. 저는 이곳 사역을 여전히 돌볼 수 있습니다.

리 목사가 곧 돌아오기를 바라며 제가 잃어버린 것을 대신할 몇 가지 물건을 가질 수 있을 때 새 거처에 들어가기를 원합니다. 우리는 이곳에서 시련과 절망에 처해 있는 한국인들을 안심시키고 위로하며 도와주고 그들을 그리스도께로 나아가도록 할 수 있는 모든 일을 하기를 원합니다. 그들은 우리에게 큰 신뢰를 두는 것을 배웠으며, 우리는 이 시점에 한국인들의 진정한 친구로 있다는 것을 더 널리 알리기를 원합니다. 우리는 그들에게 소유하던 집을 되찾을 수 있도록 도와주기 위해 신임 관찰사와 일본군 장군을 방문했습니다. 우리는 정중한 대접을 받았으나 사람들을 위해서 할 수 있는 일은 없었습니다. 우리는 한국인에 대한 우리의 분명한 관심을 통해 새 관찰사의 호의와 우정을 얻었습니다. 그는 우리의 방문에 대한 답례로 관리를 보냈으며 그 이후 특정 정보를 우리에게 보내줌으로써 우리에 대한 그의 신뢰를 보여주었습니다. 의심할 바 없이 새로운 질서가 효력을 발휘할 때 우리는 한국인 관리들의 우정을 얻을 것입니다. 일본군 장군으로부터 우리는 우리의 자

effect. From the Japanese General we secured promise of protection for our property, but as there will be much lawlessness here this winter, my helper will probably be subject to much trouble and annoyance from thieves who are already committing many depredations.

As to the political situation, I have nothing to write. We are keeping entirely aloof from any intermeddling in politics. We are here as Missionaries for the good of Koreans and while, of all people perhaps the most deeply interested in the outcome of this war, yet our position is neither pro-Chinese nor pro-Japanese. We want most of all to see Korea benefitted. We believe the Lord is over all and that the outcome will doubtless be for the furtherance of His plans and in this faith we rest, working & praying that His Church may be built up here and the hearts of Koreans turned to worship the living and true God.

Trusting that the above may give you some idea of our present situation, plans & prospects, and with kindest regards,

Very sincerely,
Samuel A. Moffett

P.S.

I once more enter a most earnest plea for a physician for Pyeng Yang–who shall be sent to us just as soon as possible. We are missing a great opportunity by not having the right man here now. The settlement of Korean affairs will in all probability place before us an open door for work here and we shall want to push right ahead and get firmly established. The work of a physician in doing this will be invaluable.

S.A.M.

산에 대한 보호를 약속받았으나, 올겨울에 이곳은 무법천지가 될 것이므로, 제 조사[한석진]는 이미 많은 것을 약탈해간 도적들로부터 십중팔구 많은 어려움과 난처한 일을 겪게 될 것입니다.

정치적 상황에 대해서는 쓸 것이 없습니다. 우리는 정치에는 전혀 간섭하지 않고 완전히 거리를 유지하고 있습니다. 우리는 이곳에 한국인의 유익을 위해 선교사로 와 있으며, 비록 모든 사람이 아마도 이 전쟁의 결과에 깊은 관심을 가지고 있지만, 우리의 입장은 친중국도 친일본도 아닙니다. 우리가 가장 보고 싶은 것은 한국이 혜택을 받는 것입니다. 우리는 주께서 만사를 다스리신다는 것과, 전쟁의 결과는 의심할 바 없이 당신의 계획을 앞당기시는 것이 될 것을 믿으며, 이 믿음 안에서 우리는 안식을 얻고, 하나님의 교회가 이곳에 세워지고 한국인들의 마음이 변하여 살아 계시고 참되신 하나님을 예배하기를 기도하면서 사역합니다.

위의 내용이 우리의 현재 상태, 계획, 전망에 대한 보고가 되었으리라고 믿으며, 안부를 전합니다.

마포삼열 올림

추신. 저는 다시 한 번 평양에 의사를 보내주시기를 간청합니다. 그는 최대한 빨리 파송되어야 합니다. 우리는 지금 이곳에서 우리에게 적당한 사람이 없어 위대한 기회를 놓치고 있습니다. 한국 사태가 안정되면 이곳에는 분명히 우리 앞에 사역을 위한 문이 활짝 열릴 것이며, 우리는 바로 일을 추진해서 확고하게 자리를 잡을 것입니다. 이것을 하는 데 의사의 사역은 무한한 가치가 있을 것입니다.

마포삼열

Samuel A. Moffett

Seoul, Korea

November 24, 1894

My Dear Mrs. Hall:

I have been longing to in some way be able to express my own grief and my deep sympathy with you, but I have felt dazed, not knowing what to do. I had so little knowledge of the real situation, and had felt so confident that as soon as we reached home all would be well, that I have not been able to realize that the end has come. The doctor and I had never been so intimately associated as we were these last two months, and I feel my own loss much more keenly in consequence.

We had counseled together and planned together for our work in Pyong Yang. He had helped me much and had shown so much pleasure in having me meet with and preach to your men while in your house there. He had consulted with me about the men who wished to be received into the church, and I had talked with them and was to have had a share in the service that day had I not been too unwell.

His last work there was care for the sick and the baptism of four men who gave every promise of being sincere believers in Christ. Truly he has left you a rich legacy in the knowledge of his faithfulness in the Master's service; instant in season and out of season, making full proof of his ministry.

I shall now never forget the two long talks I had with him, one in Chemulpo and one on the Korean junk as we came up the river [from there to Seoul]. Perhaps he realized then that he would soon be going, but, although we talked of heaven and of the Lord's call, I did not then think that the Lord would call him so soon.

With what perfect assurance the doctor left himself in the Lord's hands, and with what peace and restfulness he trusted in the promises which I read to him from the Psalms, I now think of with gratitude and

마포삼열

한국, 서울

1894년 11월 24일[1]

홀 부인께,

저는 어떻게 해서든 제 큰 슬픔과 당신에 대한 깊은 동정을 표현할 수 있기를 간절히 원했지만, 무엇을 해야 할지 몰라 당황스럽습니다. 실제 상황에 대해 아는 바가 없었고, 우리가 집에 도착하면 모든 일이 다 잘될 것이라고 확신한 나머지 마지막이 왔음을 깨달을 수 없었습니다. 홀 의사와 저는 이 마지막 두 달만큼 친밀하게 지낸 적이 없고, 그래서 저는 더 깊은 상실감을 느낍니다.

우리는 평양에서 우리의 사역을 놓고 함께 의논했고 함께 계획을 세웠습니다. 홀 의사는 저를 많이 도와주었고, 그곳에 있는 당신 집에서 지내는 동안 제가 그의 교인들을 만나고 설교하는 것을 크게 기뻐했습니다. 그는 입교하기를 원하는 사람들에 관해 저와 상의했고, 저는 그들과 이야기를 나누었으며, 제가 그렇게 몸이 나쁘지 않은 날에는 함께 예배에 참석하여 예배의 일부를 맡기도 했습니다.

홀 의사의 마지막 사역은 환자를 돌보고, 그리스도의 신실한 신자가 되기로 모든 것을 서약한 4명에게 세례를 주는 일이었습니다. 진실로 그는 신실하게 주님을 섬기는 일에 대한 지식을 부유한 유산으로 당신에게 남겨주었습니다. 시기가 적절하거나 부적절하거나 그는 항상 자신의 목회에 대한 온전한 증거가 되었습니다.

저는 홀 의사와 나눈 두 차례의 긴 대화를 결코 잊을 수 없습니다. 한 번은 제물포에서였고, 또 한 번은 우리가 제물포에서 한강을 따라 올라오는 동안 돛단배 안에서 이루어졌습니다. 아마도 그때 그는 얼마 있지 않아 자신이 떠날 것임을 깨닫고 있었던 것 같은데, 그때 저는 비록 우리가 천국과 주님

1 11월 24일 홀 의사가 사망한 날 쓴 편지다.

comfort.

Some day, not now, when doubtless you wish to be alone with God, I shall want to talk with you of those two conversations.

How distinctly I remember now the quiet peace which rested upon him after I had read and prayed with him! He closed his eyes, saying, "How sweet it is to trust the Lord!" and then went to sleep.

"We sorrow not as those who have no hope." May your faith be strong, giving you a nearness to God and sustaining you and enabling you to cast this great burden on the Lord.

Most sincerely,
Samuel A. Moffett

의 부르심에 대해 이야기를 나누고 있었지만, 주께서 그렇게 빨리 그를 부르실 줄은 생각하지도 못했습니다.

홀 의사가 자신을 하나님의 손에 맡긴 놀라운 확신을 가지고, 그리고 제가 읽어준 시편의 약속을 믿는 그의 놀라운 평화와 안식을 가지고, 저는 지금 감사와 위로 안에서 그를 생각합니다.

지금은 아니지만 언젠가 당신이 하나님과 더불어 홀로 있기를 원할 때, 저는 그 두 차례의 대화에 대해 당신과 이야기를 나누고 싶습니다.

지금 저는 제가 읽고 홀 의사와 함께 기도한 후 그에게 내린 고요한 평화를 얼마나 생생하게 기억하는지요! 그는 "주님을 신뢰하는 것은 얼마나 감미로운가!"라고 말하면서 눈을 감았고, 그런 다음에 잠들었습니다.

"우리는 희망이 전혀 없는 이들처럼 슬퍼하지 않습니다." 당신의 신앙이 강건해지고, 하나님 가까이에 머무르고, 그분께 이 무거운 짐을 벗어드릴 수 있기를 기원합니다.

마포삼열 올림

William J. McKenzie

Sorai, Chang Yun, Korea

December 31, 1894

Dear Brother Moffett:-

Glad to hear of your safe arrival in Soul. You can imagine my feelings when I read of Dr. Hall's death. I can hardly believe I shall not meet him again in Korea. How mysterious are God's ways! I trust I shall ever profit by my association with him. I know of very few who had so much of the Spirit of the Master. How mysterious are God's ways to take him away, while the harvest is so plenteous and laborers so few. He makes no mistakes. He doeth all things well. I know that you all in Soul [Seoul] have been anxious about me up here and have borne me continually on the arms of faith and prayer before the Father above. I feel satisfied, if that were not so, and so many were not praying for me in America, that my life would not have been spared till now. Twice I made ready for death, expecting to have to leave in a few hours.

I am thankful if friends who visited me in the darkest hours saw no fear, but I could tell of the power of Jesus to bear me over life's troubles. The darkest hour was brightened by His presence. I put away my things so that they might be of some use to someone else. Saw Kyung Cho started out in the night to see a leader of the rebels who formerly was a friend and he found to his surprise a Testament in his possession. On into the night they conversed over that book, Saw showing him the deeper meaning of God's Word and who Jesus was. He promised his protection. They (the rebels) passed by on their errand of plunder and death. Over a score of Japanese were killed besides Buddhist priests. Several times lawless bands came to our neighborhood to wipe out the name of Christ from the land but were prevented, so that when the crisis was over the passing bands only came in to see the foreigner and have a "Kūkyeng (sight-see)." My gun I took apart so that no one could use it. The tables

윌리엄 J. 매켄지

한국, 장연, 소래

1894년 12월 31일

마포삼열 형제에게,

당신이 서울에 무사히 도착했다는 소식을 들어 기쁩니다. 당신은 내가 홀 의사의 사망 소식을 읽었을 때의 기분을 상상할 수 있을 것입니다. 한국에서 홀 의사를 다시 만나지 못한다는 것을 믿을 수 없습니다. 하나님의 방식은 얼마나 신비로운지! 그와의 연대가 앞으로도 늘 내게 유익을 주리라 믿습니다. 나는 주님의 영으로 그렇게 충만한 사람을 본 적이 없습니다. 불가사의한 것은 그를 데려가신 하나님의 방식인데, 추수할 것은 많으나 일꾼이 적기 때문입니다. 하나님은 실수가 없으십니다. 그분은 모든 일을 선하게 행하십니다. 나는 서울에 있는 여러분 모두가 이곳에 올라와 있는 나를 걱정하고 하늘에 계신 아버지 앞에서 신앙의 팔로 나를 붙잡고 기도하고 있음을 알고 있습니다. 그래서 나는 만족합니다. 만약 그렇지 않았다면, 그리고 미국에 있는 많은 이가 나를 위해 기도하지 않았다면, 내 생명은 부지되지 못했을 것입니다. 두 차례나 나는 몇 시간 안에 떠나지 않으면 안 되리라 생각하면서 죽음을 준비했습니다.

가장 암울한 시간에 나를 방문한 친구들이 어떤 두려움도 보지 않았다면 감사하지만, 나는 삶의 곤경에서 지켜주신 예수의 권능에 대해 말할 수 있었습니다. 가장 암울한 시간은 그분의 임재로 밝아졌습니다. 누군가에게 도움이 되도록 나는 내 물건을 치워버렸습니다. 밤중에 서경조(徐景祚)는 옛 친구였던 동학군의 지도자를 만나러 나갔고, 그가 신약전서를 가지고 있는데 놀랐습니다. 밤이 깊도록 그들은 그 책에 관해 대화했고, 서경조는 하나님의 말씀의 깊은 의미와 예수가 누구인지를 보여주었습니다. 그는 우리를 보호해주겠다고 약속했습니다. 동학군이 약탈과 살인을 하러 갈 때 이 마을만은 지나쳤습니다. 불교 승려와 20여 명의 일본인이 살해되었습니다. 여러 번 무법의 도당이 그리스도의 이름을 없애기 위해 우리 이웃까지 왔지만 방

are fast turning through fear of the Japanese who are now in Haiju. From far and near they come to see the foreigner for medicine and books. One man bought five or six Testaments besides a dozen other books for his friends to read. Tong Haks[1] and Anti-Tong Haks, Christians and anti-Christians joined in erecting a pole near the house I live in, to unfurl the banner of Jesus, white with St. George's Cross on it. As it was unfurled, we joined in singing All hail the power of Jesus name. All were glad to have the banner of peace waving over their village. They suggested it themselves first. Through our wonderful deliverance and peaceful appearance in the midst of such trouble, others filled with fear from far and near, Tong Haks and Anti-Tong Haks, come for consultation and advice. Tinkering in medicine helps much to extend our influence. Many seem to have lost their suspicion of my intentions here. The Tong Haks are crest fallen over the success of the Japanese in Korea and believe me when I tell them how things stand. I am glad now I stayed, though twice if I had had a chance to run or hide, I would have done so till the trouble was over. Friends were turned to foes who shunned me; to escape by land or sea was out of the question. Every place was watched. I had only to calmly await the end. I was enabled in some little measure to sympathize with your position in Pyengyang last summer. Glad to know you have recovered from your fever in Pyengyang. I find Saw Kyung Cho a most excellent man. He is in my estimation a really superior man to the evangelist. Fenwick has taught him well.[2] He knows his Bible much better. He does not beat round the bush like the other but goes right to the point. Today Saw (Sr.) said that in a month or two he intended to go to Soul or some other place. Chung's wife has not yet come to service. I can't say he has done much preaching, in fact none. I wish those fellows would learn to believe, would preach when not paid for

---

1 Tonghaks were a militant anti-foreign rebel group, Tonghak meaning Eastern Learning.

2 an independent Baptist missionary

해를 받았습니다. 그리하여 위기는 지나갔으며 지나가는 무리는 다만 외국인을 만나 "구경"하기 위해서 들어옵니다. 내 총은 분해해놓았기 때문에 아무도 사용할 수 없었습니다. 현재 해주에 있는 일본인들로 인해 형세는 빠르게 바뀌고 있습니다.[1] 여기저기서 사람들이 약과 책을 얻기 위해 외국인을 만나러 왔습니다. 한 사람은 자기 친구에게 읽어주려고 신약 대여섯 권과 다른 책 12권을 샀습니다. 동학교도와 반동학교도, 예수교인과 반예수교인이 내 집 근처에 예수의 깃발인 하얀색 바탕의 성 조지의 십자가 깃발을 달기 위해 깃대를 세웠습니다.[2] 깃발이 펄럭일 때 우리는 함께 찬송 "주 예수 이름 높이어"를 불렀습니다. 모두 마을 위에 휼날리는 평화의 깃발을 가져서 기뻐했습니다. 그들 스스로가 먼저 이를 제안했습니다. 이런 고난 중에도 우리의 놀라운 구원과 평화스런 모습을 소문으로 듣고 각지에서 두려움으로 가득 찬 동학교도 및 반동학교도가 상담과 조언을 받기 위해 찾아옵니다. 서투른 의술이 우리의 영향력 확장에 도움이 됩니다.[3] 많은 사람이 이곳에 있는 내 목적에 대한 의심을 버린 것 같습니다. 동학교도는 한국에서 일본이 성공해서 기가 꺾였고, 내가 정세가 돌아가는 것을 말하면 나를 믿습니다. 비록 고난이 끝날 때까지 도망가거나 숨을 기회가 두 차례 있었지만, 나는 지금 머물러 있어 기쁩니다. 친구들이 저를 멀리하는 적으로 바뀌었습니다. 땅이나 바다로 탈출하는 일은 불가능했습니다. 모든 곳이 감시당했습니다. 저는 조용히 최후를 기다리기로 했습니다.[4] 나는 당신이 지난여름 평양에서 겪은 상황

---

1 제2차 동학 봉기는 청일 전쟁 후 한국을 점령한 일본군에 대한 항거로 황해도와 평안도를 중심으로 일어났다. 일본군의 우세한 화력 앞에 동학군은 패퇴했다.

2 당시 나무가 귀했기 때문에 높은 장대로 깃대를 만들려면 상당한 돈이 들었다. 1894-1904년 어간 성 조지 십자가의 의미에 대해서는 다음 논문을 참고하라. Sung-Deuk Oak, "Images of the Cross in Early Modern Korea: The Geomantic Prophecy of the Chŏnggam-nok and the Protestant Flag of the Red Cross," *Journal of Korean Religions* (September 2010), 117-161.

3 매켄지는 선교사로 오기 전에 간단한 의술을 익히고 왔다.

4 이런 심한 정신적 스트레스를 겪고 8개월간 외국인을 만나지 못하고 고독하게 지내다가, 1895년 6월 열사병이 겹치자 매켄지는 사망했다. 그가 1895년 6월 22일에 쓴 일기는 다음과 같다. "이대로 죽어서는 안 된다는 생각이 든다. 한국을 위해서라도, 그리고 내가 한국인과 같은 방식으로 살다가 죽었다는 소리를 듣지 않기 위해서라도…뜨거운 햇볕을 받으면서 여행을 감행하고, 밤늦게 차가운 이슬을 맞으며 밖에서 이야기한 것 등이 내 실수였다."

it as well as when paid. Saw Kyung Cho hopes soon to go to Soul, and have his boys taught by others while he will give himself to the work. It is much easier for him to be here but he says that won't do. I have all confidence in him and in making a bargain with him I'd feel like saying to him "all you need of money you will get." With such a bargain I know he would do the right. His boys are fine fellows and his wife, a busy excellent woman. I hear that a Baptist has come to Soul. He would not be bigoted if like Dr. Gordon who sends him.[3] I hope to be in Soul two days hence. Possibly you will then be in Pyengyang; indeed perhaps this note will find you there. Send me the news of Pyengyang when you can. Sorry I could not be at the Council. But I feel I have done best under the circumstances. I had nothing to report more than blunders, etc. That's not edifying to any one.

With kindest regards and compliments of the season

Ever your Christian brother,

Wm. J. McKenzie

---

3 Dr. Gordon of the Clarendon Baptist Church in Boston founded the Ella Thing Memorial Mission for Korea and sent Rev. E. C. Pauling in 1895.

에 대해 공감할 수 있었습니다. 당신이 열병에서 회복되었다니 기쁩니다. 서경조는 탁월한 사람, 전도사로서 뛰어난 사람입니다. 펜윅이 그를 잘 가르쳤습니다. 그는 성경을 잘 알고 있습니다. 그는 빙빙 돌리지 않고 핵심을 찌릅니다. 오늘 서 씨는 한두 달 후에 서울이나 다른 곳으로 갈 계획이라고 말했습니다. 정씨 부인은 아직도 예배에 오지 않습니다. 저는 그가 전도를 많이 했다고 말할 수는 없는데, 사실은 전혀 하지 않습니다. 저는 그들이 믿음을 배우기를 원하며, 봉급을 받았을 때나 받지 않았을 때나 전도하기를 소망합니다. 서경조는 곧 서울로 가기를 원하고 자신이 사역에 헌신하는 동안 다른 사람이 자기 아들들을 가르치기를 원합니다. 그는 여기에 있는 일이 훨씬 더 쉽지만 그러지 않겠다고 말합니다. 나는 그를 전적으로 신뢰하고, 그와 협의하는 과정에서 "당신이 필요한 돈 전부를 구할 것입니다"라고 말해주고 싶었습니다. 저는 이 협의 속에서 그가 옳은 일을 할 것을 알았습니다. 그의 자녀는 좋은 아이들이고 그의 부인은 분주하게 사는 훌륭한 여자입니다. 저는 침례교인이 서울에 온다고 들었습니다.[5] 그를 파송한 고든 박사 같은 사람이라면 편협하지 않을 것입니다. 따라서 나는 서울에 이틀 동안 있기를 바랍니다. 어쩌면 그때 당신이 평양에 있을지도 모르겠습니다. 당신은 이 편지를 그곳에서 확인하겠지요. 가능하다면 평양 소식을 보내주십시오. 공의회에 참석할 수 없어 미안합니다. 하지만 나는 그 상황에서 최선을 다했다고 생각합니다. 큰 실수 외에는 보고할 것이 없었습니다. 그것은 전혀 도움이 되지 않습니다.

안부와 연말 인사를 전하며,

당신의 영원한 예수교인 형제,

윌리엄 매켄지 드림

---

5 보스턴의 클라렌든스트리트 침례교회(A. J. Gordon 목사 담임)의 엘라딩 기념선교회에서 1895년 파울링(E. C. Pauling) 목사와 가데린(A. G. Gardeline) 양을 한국에 파송했으며, 다음 해 두 번째로 스테드맨(F. W. Steadman) 목사, 에클스, 엘머 등을 파송했다. 파울링 선교사 일행은 서울을 기점으로 금강 하류로부터 거슬러 올라가 강경과 공주 지역으로 이동하면서 전도했다. 그 결과 한국 침례회 최초의 강경침례교회를 설립했다. 파울링은 1899년 1월 11일 아들이 사망한 이후 재정적 문제와 전도의 미진 등으로 선교사직을 사임하고 미국으로 돌아갔다.

보고서 REPORTS

PHS, microfilm reel #180, Vol. eleven

Samuel A. Moffett
Reports to the Annual Meeting
Seoul, Korea
January 27, 1891

Report of Medical Department

This report deals only with the relations of the Mission to the Government Hospital, and the work of Dr. Heron. The hospital which was under the care of Dr. Heron for five years has since his death been under the charge of Dr. Allen; but is now temporarily supplied by Dr. Hardie of the Toronto Y.M.C.A. Of Dr. Heron's work as Physician to the King, and many of the nobility, his practice among the foreigners, which enabled him to purchase drugs and instruments, and his work in the hospital it is unnecessary to enter into detail; but in this final report it should be stated that his work has not ceased. He opened the houses of many of the most influential people of Korea and those doors are being kept open by his wife, who is visiting the families of these people, teaching of Christ and leaving Christian books and tracts. The Mission has received from the Medical Department the house and lot costing $1,043.99, which originally purchased with a view to use as a dispensary, was this year converted into a dwelling to be occupied by Mr. Moffett. The deeds of this house are now in the hands of the Mission Treasurer. Accompanying this report is a financial statement of the Medical Department under Dr. Heron and the Committee appointed to settle the accounts. It begins with April 1st, 1890, the date of Dr. Heron's last report and ends with the date of this report, at which time all the assets are turned over to the Mission.

Report of Orphanage from January 1st 1890 to January 1st 1891

During the year the School has been very irregularly governed, having

마포삼열
연례 회의 보고서
한국, 서울
1891년 1월 27일

의료 분과 보고서

이 보고서에서는 선교회와 정부 병원 간의 관계와 헤론 의사의 사역만을 다룹니다. 지난 5년간 헤론 의사의 관리하에 있던 병원은 헤론 의사의 사망 후 알렌 의사의 책임하에 있었습니다.[1] 그러나 현재는 토론토 YMCA의 하디 의사가 임시로 맡고 있습니다.[2] 왕의 시의이자 많은 양반과 외국인의 의사로서 헤론 의사의 사역에 대해 보고하자면, 그의 수입을 통해 약과 기구를 매입할 수 있었던 병원 사역에 대해서는 자세히 보고할 필요가 없지만, 이 마지막 보고서에서 진술하고 싶은 점은 그의 사역이 중단되지 않았다는 것입니다. 그는 한국에서 가장 영향력이 있는 많은 사람의 집을 개방시켰고, 그의 부인은 그들의 집 문을 계속 열어두게 하고 이들의 가족을 방문해 그리스도에 대해 가르치고 기독교 서적과 소책자를 전합니다. 선교회는 의료 분과로부터 1,043.99달러 가치의 집과 부지를 받았는데, 원래는 진료소로 사용할 목적으로 구입했으나 올해 주택으로 변경되었고 마포삼열이 입주해 있습니

1 1890년 12월 선교회는 다음과 같은 결정을 내렸다. "회장 마포삼열 목사를 1인 위원회로 임명하여 알렌 의사에게 과거의 봉사에 대해 감사하고 선교회와 맥길 의사 사이에 존재하는 특별한 관계를 설명한 뒤, 우리가 본국으로부터 의사를 구할 때까지 하디 의사의 보조를 받으면서 제중원 의사로서의 직무를 정상적으로 계속해주기를 요청하도록 한다." 제중원을 담당할 의사가 없었기 때문에, 선교회는 본래 의도와 달리 1890년 8월부터 1891년 4월 새로운 의사 빈튼이 도착할 때까지 알렌에게 계속 병원을 맡길 수밖에 없었다. 이 과정에서 언더우드를 비롯한 선교사들과 알렌은 서로 화해했다. 특히 모든 사람과의 관계가 원만했던 마포삼열 목사가 화해자 역할을 했다. 마포삼열 목사는 "언더우드만큼 열정적이지는 않았으나 적극적이었고, 재판관처럼 사리 분별력이 있었으나 알렌처럼 날카롭지 않았고, 열심에서 아펜젤러에 비해 조용했으며, 게일만큼 눈부시고 창조적인 감각은 없었으나 지적이고 견고하며 초점을 가진 자였다. 놀라운 균형, 마포삼열 목사는 누구나 좋아하고 마음이 맞는 자였다"(Huntley, *To Start A Work,* 157).

2 하디(Robert A. Hardie)는 토론토 대학교 YMCA가 파송한 독립 선교사였으나, 이전의 엘러즈처럼 의사 학위(MD)가 없는 자였다. 마포삼열 목사가 만났을 때 하디 의사는 영구 계약을 맺을 수 없는 데다 일찍 지방으로 가기를 원했기 때문에 알렌 의사의 감독하에 임시로 일하는 데 동의했다. 그러나 알렌은 "한국인들이 한 달 후 그를 완전히 거부했다"고 보고했다(H. N. Allen to F. F. Ellinwood, Feb. 23, 1891).

been under the separate or joint charge of Mr. Davies [Australian missionary], Dr. Heron, Mr. Gifford, Mr. Underwood and Mr. Moffett. It began the year with 20 pupils, and instruction was given in Chinese, native En mun [Korean script], and English. In September the school was reorganized. The teaching of English was discontinued, old employees were dismissed, and Mr. Gale was requested to superintend it for a few months with a view to getting it upon a satisfactory basis. It began in September with 21 pupils, which number, by dismissals and withdrawals has been reduced to 15. Two new boys were received on trial, and upon the understanding that they go home for the summer. The expenses for the year amount to $1,840.55 in silver. At present the expense is about $115.00 a month, which will be materially reduced in summer. The Superintendent engaged when Mr. Gale left receives $10.00 a month, and food for his family, and two servants; for which they make, mend and wash the clothes, prepare the food, carry water and do all the work of the school. The Chinese teacher receives $7.00 a month, and food; and gives instruction in Chinese, the native En mun, and Korean etiquette.

Both the Superintendent and teacher are Christians and give daily instruction in the Scriptures. Biblical instruction and a good foundation in the study of Chinese are the main purposes of the school. Two of the scholars have become professing Christians and seven applied for baptism. It is recommended that as soon as practicable, the orphanage be converted into a boys' school providing only partial support for the pupils. To continue the school as it is now will require an appropriation of $1,200 gold as follows: Teachers $200.00; repairs 100.00; running expenses $900.00.

다. 이 집문서는 현재 선교회 회계에게 있습니다. 이 보고서에는 헤론 의사와 그의 계좌를 정리하도록 임명된 위원회 아래에 있던 의료 분과의 재정 진술이 첨부되어 있습니다. 그것은 헤론 의사의 마지막 보고서가 끝나는 1890년 4월 1일에 시작하며 이 보고서의 날짜에서 마감하는데, 모든 재산은 이 시점에 선교회로 이관되었습니다.

고아원 보고, 1890년 1월 1일부터 1891년 1월 1일까지

한 해 동안 학교는 불규칙적으로 운영되었는데, 데이비스 목사, 헤론 의사, 기퍼드 목사, 언더우드 목사, 마포삼열 목사의 공동 혹은 개별 책임하에 있었습니다. 20명의 학생으로 이번 해를 시작했으며 한문, 언문, 영어로 가르쳤습니다. 9월에는 학교가 재조직되었습니다. 영어 수업은 중단되었고, 옛 고용인은 해고되었으며, 기초를 제대로 세우고자 게일 씨에게 몇 달 동안 관리를 요청했습니다. 9월에는 21명의 학생으로 시작했지만, 퇴학이나 자퇴로 인해 그 수가 15명으로 줄었습니다. 또 새로운 학생 2명이 심사를 받았는데, 여름에는 집으로 돌아가야 한다는 조건이었습니다.[3] 1년간 총 비용은 은화로 1,840.55달러입니다. 현재 비용은 한 달에 약 115달러인데 여름에는 실질적으로 감소할 것입니다. 교장으로 근무했던 게일 씨가 떠날 당시 그는 매달 10달러와, 가족과 하인 2명 분의 음식을 받았습니다. 이들은 옷을 만들고 수선하고 세탁했으며, 음식을 준비하고 물을 긷고, 학교의 모든 일을 했습니다. 한문 교사는 한 달에 7달러와 음식을 제공받으며 한문, 언문, 한국식 예절을 가르칩니다.

교장과 교사는 둘 다 예수교인으로 성경을 매일 가르칩니다. 이처럼 성경 지도와 한문 학습의 훌륭한 기초를 마련하는 것이 학교의 주요 목표입니다. 학생 2명이 신앙 고백을 했고, 7명이 세례를 신청했습니다. 고아원을 학생들에게 일부분만 지원하는 남학교로 되도록 빨리 변경하기로 결정했습니다. 지금처럼 학교를 계속 운영하기 위해서는 교사 200달러, 수리비 100달러, 경상비 900달러 등 합계 금화 1,200달러의 비용이 필요합니다.

---

3 네비우스 정책의 자급 원칙이 적용된 사례였다.

S. A. Moffett and W. M. Baird
Seoul, Korea
January, 1892

Report of Committee on Plan of Union with the Australian and Southern Presbyterian Missions

(Committee: S.A. Moffett & W.M. Baird)

Report to the Presbyterian Mission at its Annual Meeting:

Your Committee report that they have had correspondence with Dr. Knox, Mr. Stout and others of the missionaries in Japan concerning the Plan of Union adopted there. We have also conferred with Mr. Mackay [Australian missionary in Korea] and the members of the Southern Presbyterian Mission. We recommend the organization of a council to consist of all the male members of the Presbyterian Missions in Korea, this council to have advisory powers in connection with all the work of the missions in the council.

We also recommend that the chairman and secretary of this meeting be empowered to issue a call for the first meeting of the council.

S. A. M. and W. M. B.

마포삼열, 베어드

한국, 서울

1892년 1월

호주 선교회와 남장로회 선교회의 연합 계획에 관한 위원회의 보고

(위원: 마포삼열과 베어드)

장로회 선교회 연례 회의 귀중:

본 위원회는 일본에서 채택된 연합 계획과 관련하여 일본에 있는 녹스 박사와 스타우트 목사와 다른 선교사들과 서신을 교환했음을 보고합니다. 또한 우리는 [호주 선교회의] 매카이 목사와 남장로회 선교회 회원들과 협의했습니다. 우리는 한국에 있는 장로회 선교회들의 남자 회원 전부로 공의회를 조직할 것을 제안하는데, 이 공의회는 소속 선교회들의 사역 전체에 대해 자문하는 권한을 갖습니다.

또한 우리는 이 공의회의 회장과 서기에게 첫 번째 회의 소집을 선포할 권한을 부여하기를 제안합니다.

마포삼열, 윌리엄 베어드 올림

James S. Gale et. als.
Seoul, Korea
January, 1892

Report of Examination Committee

According to the Manual examinations were held for one afternoon at the close of the Annual Meeting. Those present were Mr. Moffett and Miss Doty (two years on the field), Mr. and Mrs. Baird (one year) and Dr. Vinton (ten months). The foreign examiners were Miss Rothweiler, Mrs. Gifford and J.S. Gale and the Koreans, Messrs. Saw, Ni and Youn.

While all to a certain extent had directed their year's work according to the curriculum laid down in the book of Mission rules, we felt as was decided in the Annual Meeting that it was rather too far advanced for beginners, and so we made an effort to get at each one's knowledge of the language by conversation, etc.

A half hour was given to conversation which was not joined in with the same freedom that English conversations in the Mission usually are. It was evident that for all present it required a laboured effort to speak Korean, nor could it be expected otherwise, for two years are not sufficient to give one fluency in the native tongue.

Mr. Moffett was then taken up alone and was asked to translate the parable of the sower from memory. This he did. Also to read off some portions of the English Bible into Korean. This he also did with some difficulty. His reading from Korean (En mun) showed that he was not yet familiar enough with this form of writing to read it easily. His whole examination, while it in no way satisfied himself, gave evidence of the fact that he had spent two years of hard work on Korean and that now he can understand all ordinary lines of conversation and that, though with effort, he can carry any thoughts he wishes to the mind of the native.

제임스 게일 외
한국, 서울
1892년 1월

한국어 시험 위원회 보고

지침서에 따라 시험은 연례 회의가 폐회되는 날 오후에 이루어졌습니다. 대상자는 마포삼열 목사와 도티 양(현지에서 2년), 베어드 부부(1년), 빈튼 의사(10개월)였습니다. 외국인 심사자는 로드와일러 양과 기퍼드 부인과 게일 씨였고, 한국인 심사자는 서 씨와 이 씨와 윤 씨였습니다.

모두 어느 정도까지는 선교회 규칙에 정해져 있는 교과 과정에 따라 1년간 공부를 했다고 하지만, 연례 회의에서 결정되었듯이 초보자에게는 지나치게 어렵게 여겨져 문답 등으로 각자의 한국어 지식을 파악하기로 했습니다.

평상시 선교 회의에서 영어로 대화할 때와 같은 자유로움 없이 참여한 자들의 문답에 명 당 30분이 할애되었습니다. 한국어를 말하기 위해 참여자 모두 힘써 노력했습니다. 그렇지 않았다면 이런 결과를 기대할 수 없었을 것인데, 2년은 본토어를 유창하게 말하기에는 충분하지 않은 기간이기 때문입니다.

마포삼열 목사에게 기억나는 대로 씨 뿌리는 자의 비유를 한국어로 설명해보도록 요청했는데 그는 이 과제를 해냈습니다. 또한 영어 성경의 일부분도 한국어로 읽어보라고 요구했는데 이 또한 그는 약간 어려워했지만 해냈습니다. 언문으로 쓴 글을 읽는 것은 아직 조금 서툴렀습니다. 그 자신에게는 조금도 만족스럽지 않았겠지만 그가 2년간 한국에서 힘든 사역의 시간을 보낸 덕분에 이제는 모든 일상적인 대화를 이해할 수 있고, 본토인에게 그의 생각을 힘들게나마 전달할 수 있다는 사실이 이번 심사를 통해 입증되었습니다.

다음에는 도티 양이 와서 비슷한 방식으로 심사를 받았습니다. 그녀가

Miss Doty came next and was examined in a somewhat similar way. That she can carry on a conversation and understand the natives one had ample proof. Perhaps a little less time spent in reading and more on general conversation would make the labour of studying lighter and prove more profitable.

Mr. and Mrs. Baird seem to have grown quite familiar with every day Korean in their one year of residence here. They have each vocabulary enough and verbal forms enough already to show that the language, difficult though it be, will not prove an insurmountable task for them. Their year has been well spent when we say that they can converse and can make themselves at home among the people already.

Dr. Vinton has been so driven with work in the government hospital that he has had little opportunity to study Korean.

Your committee feels that as yet are little more than matters of form for we are all beginners. One afternoon is quite sufficient to teach us all that we know but little of this difficult language. There has never been a foreigner in Korea yet with the exception perhaps of a French priest or two who has made more than a beginning at Korean. It will be years indeed before any of us examiners and examined all become scholars in the language.

Respectfully submitted,
James S. Gale
Louisa C. Rothweiler
Mary Hayden Gifford

대화를 할 수 있고, 본토인을 이해할 수 있는 실력임이 분명히 입증되었습니다. 읽기보다는 일상적인 대화에 더 많은 시간을 할애하면 언어학습의 수고가 더 가벼워지고, 유익한 것 같습니다.

베어드 부부는 이곳에 거주한 1년 동안 매일 한국어를 사용하는 데 상당히 익숙해진 듯합니다. 한국어가 비록 어렵지만 극복하기 어려운 과제가 아님을 보여줄 만큼 그들은 각자 어휘와 동사 변형을 벌써 충분히 익혔습니다. 본토인과 대화할 수 있고, 이미 한국인들 가운데서 편안하게 지낼 수 있다고 말하는 것으로 볼 때 그들은 1년을 훌륭하게 보낸 것 같습니다.

빈튼 의사는 정부 병원 사역에 너무 분주해서 한국어를 공부할 기회가 별로 없었습니다.

위원회는 우리 모두가 아직 한국어 초보자이기 때문에 이런 문제는 시간의 문제로 간주합니다. 하루 오후만 대화를 해보면 우리는 모두 이 어려운 언어를 겨우 일부만을 알고 사용하고 있음을 충분히 깨닫게 됩니다. 아마도 프랑스 신부 한두 명을 제외하면 아직 한국어를 구사하는 데 초보 수준을 넘어선 외국인은 없을 것입니다. 심사자나 심사 대상자 모두 한국어에 능숙해지기까지는 앞으로 여러 해가 더 필요할 것 같습니다.

정중히 제출합니다.

제임스 게일

루이즈 로드와일러

메리 헤이든 기퍼드

Seoul, Korea

January, 1892

Report of Appointment Committee

Rev. S.A. Moffett

1. Language study
2. Work in Eui ju and Pyeng An To with direction of Evangelist Paik Hong Tchyun, with instructions to investigate and report on the possibility of entering Pyeng Yang city.
3. In Seoul-the direction of the Native Church and "Sarang" [room for receiving visitors] with Evangelist Saw Sang Youn.
4. Boy's School

[The remaining omitted]

한국, 서울
1892년 1월

임명 위원회 보고

마포삼열 목사

1. 언어 학습
2. 의주와 평안도 사역. 백홍준 전도사의 관리, 평양시 진출 가능성을 타진하여 보고할 것.
3. 서울에서는, 본토인 교회와 '사랑방' 관리와 서상륜 전도사 관리.
4. 남학교

[이후 내용은 생략.]

PHS, microfilm reel #180, Vol. eleven, Report J

Samuel A. Moffett

Seoul, Korea

January 20, 1893

The Boys' School Report, 1892–'93, Presbyterian Annual Meeting

In reporting the work and condition of the Boys' School I can tell you but little beyond what I reported last year. Prolonged absence in the country and more urgently important work in connection with the native church and theological class have prevented me from giving to the school the time needed to bring it into a condition with which either your superintendent or the Mission can rest satisfied. I can report progress in the process of reconstruction into a Boys' School in which the partial support shall be provided, there having been enrolled 29 boys of whom 18 remained at the close of the year. Of these but 8 were entirely supported, while of those remaining at close of year, but 7 are receiving their entire support.

The number of day scholars has largely increased but their attendance has been quite irregular. Three promising day scholars have removed to the country but have taken Christian textbooks with the desire to continue their study in the country schools. Could more [ ] [ ] [ ] in the character of the work done. Examinations were held in February, May and December. The two older boys have read three to five volumes of Mencius and will soon be ready for the Confucian Classics. They have at the same time read an equal amount of Scripture, viz—Ephesians and Galatians and most of Genesis. Others of the larger boys are still reading the Historical Annals which form the groundwork in Chinese before taking up the Classics. They have also at the same time read the Gospels of Matthew and John in the Chinese.

These larger boys under my instruction completed the Geographical History (Sa Min Pil Chi) in En Mun (Korean character) and have been

마포삼열

한국, 서울

1893년 1월 20일

1892-1893 장로회 연례 회의 남학교 보고

남학교의 사역과 상황에 대한 보고서에서 저는 작년에 보고했던 것 이상 보고할 것이 없습니다. 시골에 나가 장기간 학교를 비웠고, 본토인 교회와 신학반과 연관된 더 시급한 사역 때문에, 교감이나 선교회 모두가 만족할 수 있는 여건 조성에 필요한 시간을 학교에 할애할 수 없었습니다. 저는 학생들에게 부분적인 지원을 제공하는 남학교로 재건되는 진행 과정을 보고할 수 있는데, 소년 29명이 등록했고 그 가운데 18명이 학년 말까지 남았습니다. 전자에서는 8명만이 전액을 지원받았으며, 반면 올해가 끝날 무렵에 남은 후자에서는 7명만 모든 지원을 받습니다.

집에서 통학하는 학생 수가 크게 늘었지만 그들의 출석은 불규칙합니다. 전도유망한 통학생 3명이 지방으로 이사를 갔지만 지방 학교에서도 계속 공부하기를 원해서 기독교 교재를 가져갔습니다. [한 문장 독해 불가.] 시험은 2월과 5월과 12월에 치러졌습니다. 나이 많은 소년 2명이 『맹자』 3-5권을 읽었고, 곧 유교의 삼경에 들어갈 것입니다. 동시에 그들은 동일한 양의 성경인 에베소서와 갈라디아서와 창세기 대부분을 읽었습니다. 다른 많은 소년들은 경전 수학 전에 한문의 기초로서 『사기』를 읽고 있습니다. 이들 역시 동시에 마태복음과 요한복음을 한문으로 읽었습니다.

내가 지도하는 많은 소년들은 『언문 사민필지』를 끝냈고 시험을 쳤습니다. 또한 저는 주당 1시간씩 아라비아 숫자를 사용하여 산수도 지도했는데, 모든 수업은 언문과 한자를 사용하면서 토착어로 진행했습니다. 여름 동안 한국식 교수법에 따라 상당한 시간을 쓰기와 작문에 쏟았는데, 1년 내내 매일 1시간은 그렇게 사용했습니다.

examined in it. I have also given them an hour's instruction a week in arithmetic using the Arabic numerals but all instruction has been in the vernacular, using both the native and Chinese characters. During the summer, according to native methods of instruction, considerable time was given to writing and composition and one hour a day is so spent throughout the year.

The smallest boys have been reading the elementary Chinese books, writing Chinese and En Mun and under my instruction have been reading the "Peep of Day" and "Conversation with a Temple Keeper," two Christian tracts, the object of their use being to teach them to read well and to teach the principles of Christianity. In Chinese they have also a class in the Catechism [which] has been held.

At the beginning of the year the Chinese teacher was changed and the present one has given good satisfaction. He receives a salary of $8.00 a month and spends 6 hours a day in the school. One of the older boys who for several years has been receiving entire support has been employed to teach the smaller boys while he continues his own studies. For this he receives $2.00 a month and furnishes part of his support. This is with a view to training him for the position of teacher and to train him in independence.

The native superintendent who is also instructor in the Chinese Scriptures and Christian textbooks, under the new financial plans receives food for himself and wife and $4.00 a month.

In the fall, upon receipt of news from the Board in the reduction of the appropriation for the school, the financial affairs presented a most serious problem. A complete readjustment was made and the expenses heroically cut down. Even with this, the expenses up to the present time, including wood for the year, have exhausted the appropriation of $1,229.41 silver, and $250.00 more will be needed to carry us through the fiscal year. I do not ask for a new appropriation to meet this, as it can be provided for from private funds.

For the ensuing year under the financial readjustment, I think the

어린 소년들은 초등학교용 한문 교과서들을 읽고 한문과 언문 쓰기를 해왔으며, 내 지도 아래 두 권의 기독교 소책자인 『훈몽자히』(訓蒙字解)와 『묘축문답』(廟祝問答)을 읽고 있습니다. 이것을 공부하는 목적은 잘 읽도록 가르치고 기독교 원리를 지도하는 것입니다. 또한 그들은 한문으로 진행되어 온 요리문답 수업도 듣습니다.

올해 학년 초에 한문 교사가 바뀌었고, 현재 교사는 만족스럽습니다. 교사는 월급으로 8달러를 받고, 학교에서 매일 6시간을 근무합니다. 몇 년 동안 모든 지원을 받아왔던 나이 많은 소년 중 한 명이 공부를 계속하면서 더 어린 소년을 가르치도록 고용되었습니다. 그는 월급 2달러를 받고 일부 다른 지원도 받고 있습니다. 이는 소년을 교사 직책을 위해 훈련하고 자립하도록 단련하는 데 목적이 있습니다.

한문 성경과 기독교 교재의 교사인 본토인 교감은 새로운 재정 계획하에서 그 자신과 부인의 음식과 월급 4달러를 받습니다.

가을에 선교 본부로부터 학교 예산이 삭감되었다는 소식을 받았는데, 재정 업무에서 가장 심각한 문제가 드러났습니다. 재조정이 완벽하게 이루어졌고, 비용은 과감하게 축소되었습니다. 이렇게 했음에도 현재까지의 비용으로 이번 연도 목재를 포함해 은화 1,229.41달러의 금액이 소진되었고, 회계 연도를 마감하기 위해 250달러가 더 필요한 상황입니다. 그러나 이를 지불하기 위해 새로운 예산을 신청하지는 않고 개인적인 자금으로 충당해보려고 합니다.

재조정된 재정하에서 다음 연도 동안 학교에 대해서는 십중팔구 다음 총액이면 충분할 것이라고 생각합니다.

교사	175.00	멕시코 달러
수리비	75.00	〃

[몇 줄은 불명확함.] 기숙 학교로서의 학교는 중단하기로 요청합니다.

following sums will probably suffice for the school.

Teachers	175.00	Mexican [dollars]
Repairs	75.00	〃

[Several lines of report unclear in printout] the discontinuance of the school as a Boarding School. (During the year two of the boys have been received into the Church so that of the number, six are now in the Church while others have asked to be received.)

The way has not been opened for the beginning of an industrial department, but with the promise of garden and carpenter tools from America, I look for great advantage to the boys as they are taught to use them.

Since Mr. Moore's arrival he has been rendering valuable assistance by giving some time each day to overseeing the boys in work designed to keep the grounds and the buildings clean and in good repair. I trust the Mission will either place him or someone beside myself in charge of the school or relieve me from other work so that the school shall become the main work of someone who shall give to its affairs his thoughts and energy.

My idea of the school has been that it should not be a large one but a thorough one which shall have as its chief aim the preparation and training of those who will eventually become assistants, helpers and evangelists in our work and teachers to be placed in charge of primary schools throughout the country in which Christian textbooks shall be used. I do not believe that we are ready for the introduction of an advanced course in Western subjects of study.

Instruction in the vernacular has given the very best satisfaction and I should like to have the Mission commit itself to the policy of requiring all instruction to be given in the vernacular.

[The remainder of the report is too dark to be read]

Respectfully submitted,
Samuel A. Moffett

(지난 1년간 소년 2명이 교인으로 등록해서 교인 수는 현재 6명인데 다른 학생들도 등록을 요청했습니다.)

산업과를 시작하는 길이 열리지 않고 있지만, 미국에서 원예용, 목수용 공구를 보내준다는 약속이 있으므로 소년들이 이런 기술들을 익히면 큰 도움이 될 것입니다.

무어 목사는 도착 이후, 마당과 건물을 청결히 하고 수리가 잘된 상태로 유지되도록 계획된 작업에서 소년들을 감독하는 일에 매일 얼마간의 시간을 할애함으로써 소중한 도움을 주었습니다. 선교회는 나 외에 무어나 다른 사람에게 학교의 책임을 맡기거나, 내게 다른 사역의 짐을 덜어주어서 학교 사역이 누군가의 주요 사역이 되어 그의 생각과 힘을 쏟도록 할 것이라고 믿습니다.

내 비전은 규모가 큰 학교가 아니라 결국 우리 사역을 위한 조수, 조사, 전도사, 그리고 기독교 교재를 사용할 전국 각지의 초등학교를 맡을 교사가 될 사람들을 준비하고 훈련하는 것을 최고 목표로 삼는 학교입니다. 우리가 서양의 고등 교육 과정의 지도를 준비하고 있다고는 믿지 않습니다.

토착어로 가르치는 것은 대단히 만족스럽습니다. 선교 위원회 자체적으로도 모든 교수가 토착어로 수업할 수 있도록 그 필요를 규칙으로 정하고 싶습니다.

[보고서의 나머지는 독해 불가.]

정중히 제출합니다.

마포삼열 올림

Daniel L. Gifford

Seoul, Korea

October 19 [?], 1893

Report of the Committee on Narrative

One conundrum has been regularly proposed and as regularly given up by the Mission at our Annual Meetings thus far. Said conundrum being, what are the duties of the Committee on Narrative? I would propose as a tentative answer that we let the Committee on Narrative stand this year for a chronicler of events in the Mission.

If it be true that the happiest lives are the lives least eventful our friends at Gensan must have had a very happy time this year, for that station has filed no report on Narrative with me. However, we all know that the record of Brother Gale is that of a year of hard study and diligent literary work.

The narrative of the Fusan station is as follows: We were organized into a separate station at the beginning of the year with the following officers: President, Dr. Hugh Brown; Secretary, Mrs. W. M. Baird. Two native helpers and one teacher arrived in the latter part of March, Saw Kiung–Jo as evangelist and temporary helper for Mr. Baird, Ko Hak-Yun as permanent helper to Dr. Brown, accompanied with his family, and An Sobang as teacher. Mr. Baird made a country trip northward 175 miles to Sang Ju with his helper Saw Sobang,[1] starting April 14 and returning May 20.

Dr. O. R. Avison and family arrived in Korea July 18th and stayed temporarily at the house of Mr. and Mrs. Baird. Nancy Rose Baird, aged one year and one month, together with Douglas Avison were baptized Sunday, August 6th by Rev. S. A. Moffett and Rev. W. M. Baird. On account of prolonged ill health Dr. Brown was medically urged to take a

1 Mr. Sŏ Kyŏngjo, a younger brother of Sŏ Sangnyun.

기퍼드

한국, 서울

1893년 10월 19일(?)

역사 위원회 보고

지금까지 연례 회의 때 한 가지 난제가 정기적으로 제시되었는데, 선교회는 번번이 포기했습니다. 소위 난제란 바로 "역사 위원회의 의무는 무엇인가"라는 문제입니다. 저는 잠정적인 답을 제안하고자 하는데, 역사 위원회가 올해는 선교회의 사건 기록자를 선정하도록 하자는 안건입니다.

만약 가장 행복한 삶이 사건이 가장 적은 삶이라고 한다면, 원산의 친구들은 올해 가장 행복했음이 틀림없습니다. 왜냐하면 그곳 선교지부에서는 기록에 대한 어떤 보고서도 제출하지 않기 때문입니다. 그러나 우리 모두는 1년간의 힘든 공부와 근면한 저술 작업에 관한 게일 형제의 기록을 알고 있습니다.

부산 선교지부의 기록은 다음과 같습니다. 연초에 지부장 휴 브라운 의사와 서기 베어드 부인을 임원으로 하여 별도의 선교지부를 조직했습니다. 3월 하순에 본토인 조사 2명과 교사 한 명이 도착했는데, 전도사이자 베어드 목사의 현재 조사인 서경조와, 브라운 의사의 영원한 조사인 고학윤과 그의 가족, 교사인 안 서방입니다. 베어드 목사는 자기 조사인 서 서방과 함께 북쪽으로 175마일 떨어진 상주까지 지방 여행을 다녀왔는데, 4월 14일에 출발해서 5월 20일에 돌아왔습니다.

에비슨 의사와 가족은 7월 18일에 한국에 도착해서 지금은 베어드 부부 집에서 머무르고 있습니다. 1년 1개월 된 낸시 로즈 베어드와 함께 더글라스 에비슨은 8월 6일 주일에 마포삼열 목사와 베어드 목사에게 세례를 받았습니다. 브라운 의사는 오랫동안 건강이 좋지 않았기 때문에 치료를 위해 블라디보스토크로 급히 요양 여행을 떠나야 했고, 그로 인해 약 4주일 정도 자리

sanitary trip to Vladivostok, which he did, being absent about 4 weeks, and returned much improved. We were refreshed by a visit of one month from Mr. Moffett, who returned August 15th. Saw Sobang returned to his home about the middle of July.

Land for a dispensary was purchased at Korean Pusan July 1st. The dispensary contract was made and building operations were begun the latter part of August. The second Mission dwelling house in Fusan was completed under supervision of Dr. Brown about September 25th according to contract. The entire station [plan to] leave to attend the Annual Meeting held in Seoul October 17th, Mr. Baird going overland, the others by steamboat.

We come now to the events of the Seoul Station. Arrivals on the field. We have been gladdened by the presence once more among us of Dr. Underwood, who arrived on the field May 9th in company with his wife and his young son, Horace. Mention has already been made of the arrival in Fusan of Dr. O. R. Avison, with his wife and three children, July 18th. About the 1st of September we Seoul people received them into our number and our hearts. Births. We have also welcomed the following little missionaries: Douglas Bray Avison, born in Fusan, July 23rd, John Ely Moore, born in Seoul August 8th; and Olivette Ro-Anna Swallen, born in the same city two days later, August 10th. Itinerating trips. About the 1st of March a band consisting of Brothers Moffett, Lee & Swallen, shot-gun in hand, in martial array, started for the taking of the city of Pyeng Yang. They evidently met a Tartar in the Governor of the place, for they returned straggling in, one from one direction, another from another, and still a third never returned at all, or to be strictly accurate, did not return until the time of the Annual Meeting. However, it is but just to say that they were only defeated, not vanquished.

Mr. Swallen, on his way back from Pyeng Yang, spent some time in Whang Hai Do, the province assigned to him for work. Although the first effort to enter Pyeng Yang failed, the attempt to do so has by no means been given up. Mr. Moffett, in company with Mr. Tate of the Southern Mission,

를 비웠으며, 많이 좋아져서 돌아왔습니다. 마포삼열 목사가 한 달 동안 방문한 덕분에 다시 활기를 찾았는데 그는 8월 15일에 돌아갔습니다. 서 서방은 7월 중순경 고향으로 돌아갔습니다.

7월 1일 한국인 거주지 부산에서 진료소 부지를 구입했습니다. 진료소 계약이 체결되었고, 건축 공사는 8월 하순에 시작되었습니다. 부산에서 두 번째 선교회 주택은 브라운 의사의 관리하에 계약대로 9월 25일경 완공되었습니다. 선교지부 전체가 10월 17일 서울에서 열리는 연례 회의에 참석하기 위해 베어드 목사는 육로로, 나머지 사람들은 기선을 타고 떠날 계획입니다.

이제 서울 선교지부의 사건으로 넘어가겠습니다. 선교지 도착에 대한 것입니다. 언더우드 박사가 다시 한 번 우리와 함께 있게 되어 기뻤는데, 그는 아내와 어린 아들 호레이스를 데리고 5월 9일 선교지에 도착했습니다. 7월 18일 에비슨 의사가 아내와 자녀 3명과 함께 부산에 도착했음은 이미 언급했습니다. 9월 1일경 우리 서울 사람들은 에비슨 가족을 우리 가운데 마음속으로 받아들였습니다. 출생에 대한 것입니다. 또한 우리는 다음의 어린 선교사들도 맞이했습니다. 더글라스 브레이 에비슨은 7월 23일 부산에서 태어났고, 존 엘리 무어는 8월 8일 서울에서 태어났으며, 올리베트 로안나 스왈른은 같은 도시에서 이틀 후인 8월 10일에 태어났습니다. 순회 여행에 대해 보고합니다. 3월 1일경 마포삼열과 리, 스왈른 형제로 구성된 여행단이 엽총을 들고 무장한 채 평양시를 향해 출발했습니다. 그들은 그 지역의 성질 나쁜 관찰사를 만났는지, 흩어져서 돌아왔습니다. 한 방향에서 한 사람이, 또 다른 방향에서 또 다른 사람이 돌아왔고, 세 번째 사람은 아직도, 아니 정확히 말하면, 연례 회의 때까지 돌아오지 않았습니다. 그러나 그들은 좌절했을 뿐이지 패배하지는 않았다고 말합니다.

스왈른 목사는 평양에서 돌아오는 길에 사역지로 배정된 지방인 황해도에서 얼마간을 보냈습니다. 비록 평양에 입성하려는 첫 시도는 실패했지만 앞으로도 포기하겠다는 뜻은 아닙니다. 마포삼열 목사는 남장로회 선교회의

made a second trip to Pyeng Yang in May. At this time a small house was bought for his helper, Mr. Han. And still a third trip was made by Mr. Moffett in September. On his second and third trips no trouble whatever was experienced. His report of evangelistic work in the north was encouraging. Mr. Swallen visited Whang Hai Do with a second trip just before the Annual Meeting. A fall trip was also taken by Mr. Gifford to his Ansan district.

New work. Buildings have been bought with private funds, one by Dr. Underwood, and Mr. Gifford, one within and the other outside the South Gate of the City upon the main thoroughfare leading to the south, with the view to their use as sarangs[2] for public preaching. Meetings have been opened during the year at Kon-dong-kol by Mr. Moore and by Dr. Underwood at his South Gate place, which are reported as having been interesting and well attended by transient audiences. The dispensary for women at Kwun-na-mo-kol was handed over to Mrs. Underwood upon her arrival upon the field. Two new Sunday Schools have been opened during the year, and work among the women has been extended. Dr. Underwood, in addition to his house building, has found time to do considerable literary work.

Our work this year has suffered from a slight setback occasioned by the Tong Hak disturbances in the spring. But the effects have only been temporary, and the present outlook for our work seems brighter than ever. Your committee believes that among the most noticeable features of the year have been the excellent progress made in the language by the new missionaries and the advance along the lines in the matter of more direct and aggressive efforts at public preaching to the unconverted. The Mission would seem to your chronicler to be working along right methods, careful training of helpers, combined with broadcast seed-sowing among the heathen.

Respectfully submitted,
D. L. Gifford

2 A room for welcoming guests and visitors.

테이트 목사와 함께 5월에 평양으로 두 번째 여행을 떠났습니다. 이때 그의 조사 한 씨가 작은 집을 구입했습니다. 그리고 지금도 마포삼열 목사는 9월에 떠난 세 번째 여행을 하는 중입니다. 두 번째와 세 번째 여행길에서 어떤 일을 경험했더라도 전혀 문제가 없었습니다. 북부 전도 사역에 관한 그의 보고서는 고무적이었습니다. 스왈른 목사는 연례 회의 바로 직전에 두 번째 여행지로 황해도를 방문했습니다. 기퍼드 목사는 자기 지역인 안산으로 가을 여행을 갔습니다.

새로운 사역에 대해 보고합니다. 건물은 개인 자금으로 샀는데, 공개 설교를 하기 위해 사랑방으로 사용할 목적으로 한 곳은 언더우드 박사가 샀고, 도성 안에 한 곳과 남대문 밖 남부로 뻗어 가는 대로에 있는 다른 한 곳은 기퍼드 목사가 샀습니다. 올해 모임을 무어 목사는 곤당골에서, 언더우드 박사는 그의 남대문 처소에서 열었는데, 그들은 오가는 청중이 관심을 갖고 참석율도 높았다는 보고를 받았습니다. 언더우드 부인이 선교지에 도착하자마자 큰나무골의 여자 진료소를 운영했습니다. 올해 새로운 주일학교 두 곳이 개교했고, 여자를 대상으로 하는 사역은 확장되고 있습니다. 언더우드 박사는 자기 집을 짓는 일 외에 왕성한 저술 활동에도 시간을 내고 있습니다.

올해 사역은 봄에 일어난 동학란으로 방해를 조금 받았습니다. 하지만 그 영향은 단지 일시적이었을 뿐 현재 사역 전망은 이전보다 더 밝아 보입니다. 위원회는 올해 가장 눈에 띄는 특징으로 새로운 선교사들이 언어에서 뛰어난 성과를 이루어내고, 불신자를 위한 공개 설교 때 더 직접적이고 적극적으로 노력하는 과정에서 진전을 보였다고 믿습니다. 사건 기록자가 보기에 선교회는 올바른 방법으로 사역하고, 조사를 정성껏 훈련하며, 불신자 속에서 널리 씨 뿌리는 일을 하고 있는 듯합니다.

정중히 제출합니다.

다니엘 기퍼드 올림

Samuel A. Moffett

Seoul, Korea

October 19 [?], 1893

Report of the Boys' School

It is with both regret and pleasure that I make this my last report as superintendent of the Boys' School. It is with regret because I have become intensely interested in the plans formed for its development and because these boys have been the object of much thought, prayer and labor. It is with pleasure because that for which I have long hoped has come to pass, viz. the arrival and preparation of those whose whole time and energy can be given to the school, so that it may be developed in ways that were not possible with the attention which I was able to give it. It is with special pleasure since I have seen the way in which Mr. and Mrs. [Frederick S.] Miller have undertaken the work. I have found them in full sympathy with the ideas and plans which a three-year's experience and study have made me believe to lie at the foundation of successful school work in Korea. They have entered upon this work with devotion and enthusiasm and in these 9 months the school has made marked progress along the lines which needed the constant presence of a foreigner in order to successful operation. My part in the work this year has been almost exclusively that of counselor while upon Mr. and Mrs. Miller has fallen the work of overseeing the execution of plans formed. The constant presence of Mr. and Mrs. Miller enabled us to carry out plans long deemed desirable, and consequently important and radical changes have been made with the approval of the Educational Committee.

The school was disbanded in the summer, all employees and teachers dismissed and all but 3 of the boys sent to their homes or elsewhere,

마포삼열
한국, 서울
1893년 10월 19일(?)

남학교에 관한 보고

남학교 교장으로서 이렇게 마지막 보고서를 작성하게 되어 섭섭하기도 하고 기쁘기도 합니다. 섭섭한 까닭은 그동안 남학교의 발전을 위한 계획에 깊이 관심이 있었으며, 남학생들을 많이 생각하고 기도함으로 사역해왔기 때문입니다. 기쁜 까닭은 오랫동안 바라던 일이 이루어졌기 때문인데, 다시 말하면 학교를 위해 모든 시간과 정성을 쏟을 수 있는 사람이 도착하여 준비하고 있어서, 제가 학교에 쏟을 수 있었던 관심만으로는 불가능했던 방향으로도 이 학교가 발전할 수 있게 되었기 때문입니다. 이는 밀러 부부가 사역에 착수하는 방식을 본 후에 알게 된 특별한 기쁨입니다. 제가 그들의 생각과 계획에 완전히 공감한다는 것을 알게 되었으며, 제 3년간의 경험과 공부를 놓고 볼 때 그 생각과 계획이 한국에서 성공적인 학교 사역의 기초를 놓게 될 것이라고 믿습니다. 그들은 헌신과 열정을 가지고 사역에 임했고, 최근 9개월간 학교는 성공적인 운영을 위해 항상 외국인의 존재를 필요로 했던 지점에서 눈에 띄게 성장했습니다. 올해 사역에서 제 역할의 대부분은 수립된 계획의 시행을 감독하는 일로, 밀러 부부가 좌절할 때 그들의 상담자가 되는 것뿐이었습니다. 밀러 부부가 계속 있어주어서 우리는 오랫동안 간절히 원했던 계획을 실행할 수 있었고, 그 결과 교육 위원회의 승인을 받아 중요하고 근본적인 변화를 이루었습니다.

여름 동안 학교는 휴교했고, 모든 고용인과 교사는 해고되었으며, 3명을 제외한 나머지 소년 전부도 고향 등 다른 곳으로 보냈는데, 가을에 완전히 다른 기반 위에서 다시 개교할 수 있도록 준비하기 위해서였습니다.

9월에는 건물 가운데 과거 본토인 교감에게 할당했던 곳을 학교에서 완

preparatory to re-opening in the fall on an entirely different basis.

In September that portion of the buildings formerly occupied by the native superintendent was entirely shut off from the school. Here we placed a widow with 3 sons, one of whom is employed as gateman and outdoor servant (the other two sons are servants of missionaries). This woman agrees to furnish good plain food three meals a day at 7,000 cash (about $2.00 a month) per boy. This solves the vexed question of supplying food without requiring the superintendent to trouble himself with all the details as to price of rice, etc., the preparation of "kimchi," "chang," and other such mysteries of the kitchen. It also enables us to know in advance the exact cost per year for each boy and thus to deal with each applicant according to his circumstances, requiring more or less assistance from themselves or their relatives according to their ability. It also enables us to inspire the boys with an ambition to become self-supporting as they grow older and become capable of doing certain kinds of work. It has been gratifying to see how eagerly they are spending the hours outside of study time in whatever work can be obtained for them. Thus the Industrial feature is assuming shape. In the school work proper a radical change has been made in discarding the heathen classics and readers, substituting therefore the Bible and other Christian textbooks while provision is made for instruction in arithmetic, physiology and geography and special attention is given to en mun [the native script] and writing and composition.

The experience of the last two years had shown that in proportion as less time was spent in the study of the heathen textbooks and more given to the Scriptures, the more satisfactory were the results and so we proposed to the Educational Committee to make this distinctively a Christian school, using only such native textbooks as are used in the first two or three years course of the native schools. These native textbooks with an equal amount in Christian textbooks form the basis of work

전히 없애버렸습니다. 그곳을 아들 3명을 둔 과부에게 주었는데, 그 아들 중 한 명을 문지기 겸 집 바깥일 하인으로 고용했습니다(나머지 2명은 선교사의 하인입니다). 이 부인은 소년 한 명당 엽전 7,000냥(매달 약 2달러)에 맛있는 보통 식사를 하루 세 끼씩 제공하는 데 동의했습니다. 이것으로 쌀 등의 가격과, "김치"와 "장"의 준비, 부엌의 또 다른 여러 신비한 것과 관련된 모든 구체적인 사항 때문에 음식을 제공하는 골치 아픈 문제가 본토인 교감이 곤란을 겪을 필요도 없이 해결되었습니다. 또한 각 학생별 정확한 연간 비용을 미리 알 수 있어서 지원자의 여건에 따라 각 지원자를 상대할 수 있게 되는데, 능력에 따라 지원자나 그 친척에게 다소간의 지원을 요청할 수 있기 때문입니다. 또한 우리는 소년들이 자라갈수록 자립 의지를 심어주어서 특정한 종류의 일을 할 수 있게 합니다. 소년들이 공부 시간 외에 가능한 일이라면 무엇이든지 열심히 일하는 것을 보게 되어 기뻤습니다. 이렇게 산업과는 면모를 갖추어가고 있습니다. 학교 사역 자체에서 근본적인 변화가 일어났는데, 이방 종교의 경전과 독본을 없애고 성경과 다른 기독교 교재로 대신하면서 동시에 산수, 생리학, 지리학 수업을 준비하고, 언문, 쓰기, 작문에 특별한 관심을 쏟게 되었습니다.

지난 2년간의 경험을 통해 이방 종교의 교과서 공부에는 시간을 적게 쓰고 그만큼 성경에 더 많은 시간을 기울임에 따라 만족스러운 결과가 나타났습니다. 따라서 우리는 교육 위원회에 이 학교를, 일반 한국 서당의 첫 2-3년 과정에 사용하는 동일한 본토어 교과서만을 사용하면서, 분명한 기독교 학교로 만들어달라고 제안했습니다. 이 본토어 교과서와 동일한 양의 기독교 교과서로 '초등반'이라고 부를 수 있는 공부의 기초를 형성하는데, 한국 서당에서 가르치는 것의 80%보다 더 많은 범위를 다룹니다. 이 첫 3년간의 학습 과정이 이 나라 방방곡곡에 설립될 본토인 기독교 초등학교의 모델이 되기를 소망합니다.

위와 같이 3년이 끝났을 때, 즉 소년들이 학교를 떠날 때(한국의 서당에서는 90%가 3년이 되기 전에 학교를 떠납니다) 이들은 대부분의 또래 아이보다 훨씬

in what may be called the Primary Classes, which cover more ground than is covered by four-fifths of the native schools. The course of study for these first three years will, we hope, be a model for native primary Christian schools to be established throughout the country.

When these three years are finished—should the boys leave (9/10ths of Korean school boys leave their own schools before the end of three years), they will go forth far better equipped than most boys of their own age and will be well instructed in Christian truth. Those who remain will be carried through another 3 years of Bible study and more advanced work. Beyond this we have not as yet planned, desiring first to establish thorough work in the Primary and School classes before planning a College course. A good school is said to require four things, viz., a definite aim, capable teachers, good text books, and willing pupils. We have the first and last, are praying for and preparing the teachers, and are hoping for a better supply of text books. Instruction is now being given as follows:

By Mr. Youn	2 hours a day
By Mr. Saw	2 hours a week
By Mr. Miller	2 hours a day
By Mrs. Miller	2 hours a day

While Dr. Vinton in physiology and Mrs. Gifford in Christian instruction devote one hour a week [each] to the work, to the great advantage of the school. We hope soon to command all of Mr. Youn's time or secure another teacher equally as satisfactory. The attendance is no larger than last year but the school is now on such a basis as warrants planning for a few more students. The enrollment has been 28 of whom 14 are now in attendance. Of these, 3 are supported entirely, 6 partially and 5 furnish their entire support.

During the year there died one of the boys who had been longest in

더 나은 능력을 갖추어서 앞서나갈 것이고, 기독교 진리를 훌륭하게 배우게 될 것입니다. 남는 자는 또다시 3년간 성경 공부와 고등 교육을 이수할 것입니다. 그다음에 대해서는 아직까지 계획하지 않았는데, 대학 과정을 계획하기 전에 먼저 초등 학급과 중등 학급에서 철저한 공부가 이루어지기를 바라기 때문입니다. 훌륭한 학교에는 네 가지가 필요하다고 말하는데, 바로 명확한 목적, 우수한 교사, 좋은 교과서, 자발적인 학생입니다. 우리는 첫 번째와 마지막 것을 가지고 있고, 교사를 위해 기도하고 준비하고 있으며, 교과서가 더 잘 보급되기를 바랍니다. 수업은 다음과 같이 진행하고 있습니다.

윤 씨	하루 2시간
서 씨	1주일 2시간
밀러 목사	하루 2시간
밀러 부인	하루 2시간

아울러 빈튼 의사가 생리학을, 기퍼드 부인이 기독교를 매주 1시간씩 가르침으로써 학교에 큰 유익을 주고 있습니다. 곧 윤 씨가 전임 교사가 되거나 그만큼 만족스러운 또 다른 교사가 확보되기를 바랍니다. 작년에 비해 출석이 더 많아지지는 않았지만, 학교로서는 조금 더 많은 학생을 계획할 수 있는 기초가 충분히 있습니다. 등록 학생은 28명이고, 그중 14명이 출석합니다. 그중 3명이 전액을 지원받고, 6명은 일부만 지원받으며, 5명은 본인이 전액을 부담하고 있습니다.

지난 한 해 동안 학교에 가장 오랫동안 있었던 소년 중 한 명이 사망했습니다. 그는 교인이었는데, 학교에도 나오지 않고 생명의 길도 알지 못한 여러 명을 교회로 인도했다고 우리는 생각합니다. 나이 많은 소년 중 몇 명은 장사를 하거나 다른 직업을 얻기 위해 떠났는데, 기독교 가르침의 열매가 그들의 마음과 삶 속에 남아 있다고 믿습니다.

전적으로 학교를 밀러 부부의 손에 맡기자고 추천할 수 있어서 매우 기

the school. He was a member of the Church and we believe has joined several others who but for the school, would not have known the way of life. Several of the older boys have left to engage in trade or other occupations and we trust are carrying in their hearts and lives the results of their Christian instruction.

I take great pleasure in recommending that the school be placed entirely in the hands of Mr. and Mrs. Miller who will have my earnest prayers for continued success in this work so full of promise. It has been a pleasure to work and plan with them for this school which for three years has filled a large place in my thoughts and which has helped me so much to gain an insight into Korean life. The problems connected with school work have been many, very difficult, and at times most vexatious. They are not all solved yet, but I believe the work done in the school, imperfect as it has necessarily been, has not been in vain and I am deeply thankful for the opportunity which has been given to me to have a share in this important work.

[Respectfully submitted,

Samuel A. Moffett]

뻡니다. 밀러 부부가 이 밝은 사역에서 계속 성공할 수 있도록 간절히 기도하겠습니다. 지난 3년 동안 제 생각에서 큰 비중을 차지했고, 한국인의 삶을 통찰할 수 있도록 많은 도움을 준 이 학교를 위해 그들과 함께 사역하고 계획할 수 있어서 기뻤습니다. 학교 사역과 관련된 문제는 많고 어려우며, 때로는 성가시기도 합니다. 아직도 문제 전부가 해결되지는 않았지만, 학교에서 이루어진 사역은 불완전하게나마 필요했기에 헛되지는 않았다고 여겨집니다. 이 중요한 사역에 참여할 수 있도록 기회를 주셔서 깊이 감사드립니다.

정중하게 제출합니다.

마포삼열 올림

PHS, microfilm reel #180, Vol. eleven, report P

Samuel A. Moffett

Seoul, Korea

October, 1893

Report of Work in Pyeng An Province-Pyeng Yang, Eui Ju, Kou Syeng (Presbyterian Mission (North) Annual Meeting)

In accordance with the appointment of the last Annual Meeting Messrs Lee, Swallen, and I started in March to "open and occupy Pyeng Yang city." A detailed report of that visit and its results has already been made known to the Mission and sent to the Board. Briefly, I may now state this-After a few days stay in an inn our helper, Han [Sŏkchin] secured a house and fields on elevated ground well situated for our purposes. The Methodist brethren who had anticipated our entrance had one week before secured two houses inside the city. While our negotiations were in progress the Methodist brethren left and upon their request we occupied one of their houses for a few days. This unfortunate move identified us not only with houses which had avowedly been purchased by "foreigners" and over which trouble had already arisen, but also with native agents for whose actions we were in no way responsible and over whom we had no authority-also with property upon which we had no claim.

The trouble which arose resulting in the imprisonment of the former owners of the Methodist houses and an order for the reversal of the transaction, was altogether in connection with that property for which we were totally not responsible. In order to save the Koreans from punishment and at the request of the Methodist helper in whose name the property was held and at the advice of our evangelist Suh, we left the house and continued on our journey towards Eui Ju. During this trouble it became known that Han [Sŏkchin] was connected with us and he was then ordered to return the deeds of his house, the purchase of which had

마포삼열
한국, 서울
1893년 10월

평안도-평양, 의주, 구성에서의 사역 보고
(북장로회 선교회 연례 회의)

작년 연례 회의의 임명에 따라 리 목사와 스왈른 목사와 저는 "평양시를 개방하고 점령하기" 위해 3월에 출발했습니다. 지난 방문과 그 결과에 대한 상세한 보고는 선교회에 제출했고 선교부에도 발송했습니다. 이제 저는 다음과 같이 간단하게 진술하려고 합니다. 여관에 머문 며칠 후 조사 한석진이 우리 목적에 적합한 언덕에 있는 집과 땅을 확보했습니다. 우리보다 먼저 들어와 있던 감리회 형제들도 일주일 전에 도성 안에 집 두 채를 확보했습니다. 우리가 흥정을 하고 있는 동안 감리회 형제들은 떠났고, 그들의 요청대로 며칠 동안 그 집 중 한 채에 거주했습니다. 이 불행한 이사로 인하여 우리는 "외국인들"이 공공연하게 구입해서 이미 문제가 일어난 집과 동일시되었을 뿐만 아니라, 아무 책임이 없고 그들에 대해 우리가 아무 권한도 없는 본토인 중개인과도 동일시되었습니다. 또한 우리에게 전혀 권리가 없던 부동산과 동일시되었습니다.

감리교인 집의 이전 소유자들의 투옥과 계약 파기 명령이라는 결과를 야기한 문제는 전적으로 우리에게 책임이 전혀 없었던 그 부동산과 관련이 있었습니다. 한국인들이 처벌받지 않도록 구하기 위해 감리회 조사의 요청에 따라 그의 이름으로 부동산을 양도했고, 서상륜 전도사의 조언대로 우리는 그 집을 떠나 의주로 향하는 여행을 계속했습니다. 이 문제가 일어나는 동안 한석진이 우리와 연결되어 있음이 알려졌고 그래서 그는 매입이 성사되었던 집의 집문서를 돌려주라는 명령을 받았습니다. 이렇게 사태는 종결되었고 집값으로 지불했던 돈 전부를 돌려받았습니다. 거래와 관련해 선교

been completed. This was done and I received back all the money which had been paid as the price of the house. With reference to our transaction I wish to state very clearly in view of a communication from the Board and certain newspaper items, that in no respect did we or Mr. Saw or Mr. Han (the only ones for whose acts we were in any way responsible) violate either law or treaty nor was there the slightest deception practiced. We did not state publicly what were our plans and purposes nor was there any reason to do so. The transaction on our part was a bona fide purchase of property by a Korean according to Korean law. We had furnished the money and when the house was returned at the order of a Korean official, Han returned the price of the house. The transaction entailed upon us the loss of $18.31 (silver), the expenses connected with its purchase.

Concerning our plans, I wish to make clear that there was nothing to which official or moral exception can be taken. We knew we had no right to purchase property in our own names and no right to reside in the interior. We purposed to have Han secure a place healthful and adapted to our work where by repeated and protracted visits we might gain the good will of the people. We hoped in time to allay all suspicions of officials and people and to so gain their good will by our Christian work for their welfare that they would grant us as a privilege what we could not claim as a right–viz. the privilege of living permanently among them.

The first reverse did not in the least change our purposes and in May I made a second visit staying there 12 days in an inn. Deeming Han's immediate presence with his family a necessity in carrying out our plans, he purchased a small house and removed his family from Eui Ju to occupy it. This transaction completed and the hot weather rendering further stay in that inn inadvisable, I returned to Seoul and to problems connected with the school.

부로부터의 연락과 특정 신문 기사들 때문에 분명하게 설명하고 싶은데, 우리나 서 씨 혹은 한 씨는 어떤 점에서도 (우리가 어떻게 해서라도 책임을 져야 하는 그들의 행동 하나에서도) 법이나 계약을 조금도 위반하지 않았으며, 최소한의 거짓도 행하지 않았습니다. 우리의 계획과 목적이 무엇인지 공개적으로 설명하지도 않았고, 그럴 만한 어떤 이유도 없었습니다. 우리 쪽에서의 거래란 한국 법에 따라 한국인에 의해 토지를 진짜로 구입하는 것이었습니다. 우리는 돈을 제공했고, 한국인 관리의 명령에 따라 그 집이 반환될 때, 한석진은 집값을 돌려받았습니다. 이 계약으로 18.31달러(은화)의 손해를 입었는데, 이 비용은 집의 구입과 관련된 것입니다.

우리의 계획과 관련하여 공식적으로나 도덕적으로 예외가 발생할 가능성이 전혀 없었음을 분명히 하고 싶습니다. 우리는 우리 이름으로 토지를 구입할 권리가 없고 내륙에 거주할 권리도 없다는 것을 알았습니다. 우리는 한석진에게 위생적이고 사역에 적당한 장소를 확보해달라고 부탁했고, 반복되고 연장되는 방문을 통해 사람들의 호의를 얻으려고 했습니다. 관리와 사람들의 모든 의심을 누그러뜨리고 그들의 행복을 위한 기독교 사역에 호의를 얻어서 우리가 요구할 수 없는 권리인 특권, 즉 그들 속에서 영구히 살아갈 수 있는 특권을 우리에게 허락해줄 때를 희망했습니다.

첫 번째 좌절에도 불구하고 우리의 목적은 변함이 없었고, 저는 5월에 두 번째로 방문하여 12일 동안 여관에서 머물렀습니다. 우리의 계획을 수행하려면 한석진이 가족과 함께 즉시 거주하는 것이 필요하다고 여겨져서 그는 작은 집을 구입했고 의주로부터 가족을 데리고 와서 그곳에 살았습니다. 이 거래는 성사되었고 저는 무더운 날씨로 인하여 그 여관에서 더 이상 머무를 수 없었고 학교와 관련된 문제가 있어 서울로 돌아왔습니다.

봄에 고된 여행을 하느라 절실히 필요했던 올여름 부산에서의 짧은 휴식 후에, 저는 9월 1일 평양을 세 번째로 방문했습니다. 그때 큰 집을 확보하기 위한 준비에 만전을 기하려고 했는데, 그 집의 일부는 한석진이 거주하고, 일부는 다가오는 겨울 동안 제가 거주할 수 있었습니다. 한석진이 현

After a short rest in Fusan this summer, greatly needed after the arduous traveling of the spring, I made a third visit to Pyeng Yang the 1st of September. I then attempted to perfect arrangements for securing a larger house, part of which could be occupied by Han and part by myself through the coming winter. For this house which Han now occupies and where I stayed during this visit, we are to give the price of the small house costing $53.38 and some $250.50. The negotiations are not completed, as the deeds are in the hands of a third party who holds a mortgage on the house. However, should this fail, I hold the deeds of an adjoining house as security for the sum advanced and this house will become Han's and will be available for occupancy this winter should he not secure the more desirable one. I expect to return after the Annual Meeting and spend the winter there, going to Eui Ju in the spring, and so on alternate until it seems best to purchase a more desirable and more healthy location which shall become permanent headquarters of the Pyeng Yang station when according to our original plan we win the privilege of residence there.

Now I turn with great pleasure from this business statement to an account of evangelistic work. It is with exceeding great joy that I have begun to witness the appearance of the first-fruits along the main road where for three years or more books have been sold and the gospel preached in almost every town and village. Much more numerous now are the really interested, not merely curious inquirers and many are the acquaintances who greet me with evident pleasure. One old man at Kum Tchyen has certainly been born again and is ready to be received into the church on my next visit. He has become a marked man in the village because he has given up all demon worship, prays only to God, and constantly studies and teaches the "Jesus doctrine." They say he is "mad" but it is a madness which fills him with joy and peace in believing. I look for such a case here and there along this road preliminary to the full

재 거주하고 있고, 이번 방문 동안 제가 머물렀던 이 집의 가격은 작은 집은 53.38달러, 다른 것은 250.50달러였습니다. 교섭은 성사되지 않았는데, 집문서가 그 집을 저당잡고 있던 제3자의 손에 들어갔기 때문입니다. 그러나 이 일이 실패할 경우를 대비해서 저는 선불을 주고 바로 옆집의 문서를 담보로 잡았는데, 이 집은 한석진이 거주할 것이고, 그가 더 나은 집을 확보하지 못할 경우 올겨울 제 거처로 사용될 수 있을 것입니다. 저는 연례 회의가 끝나면 돌아가서 그곳에서 겨울을 지내고, 봄에 의주로 갈 것입니다. 그렇게 오가면서, 본래 계획에 따라 그곳에서 거주할 특권을 얻을 때 영구적인 평양 선교지부의 본부가 될 더 바람직하고 위생적인 장소를 구입하는 것이 최선으로 여겨질 시점을 엿볼 것입니다.

이제 사업 보고에서 전도 사역 보고로 넘어가게 되어 기쁩니다. 3년 이상 동안 거의 모든 읍과 마을에서 서적을 팔고 복음을 전했던 간선 도로를 따라서 첫 열매가 나타나는 것을 목격하기 시작하여 정말로 기쁩니다. 지금 훨씬 더 많은 사람이 진심으로 관심을 보이고 있는데, 단순히 호기심이 많은 구도자가 아니라 많은 사람이 저를 기쁘게 맞이해주는, 얼굴이 익은 자들입니다. 금천의 어떤 노인은 확실히 거듭났고, 다음 방문 때 교인이 되기 위해 준비하고 있습니다. 그는 마을에서 주목받는 사람이 되었는데, 왜냐하면 모든 귀신 숭배를 버리고 오직 하나님께만 기도하며, "예수교"를 쉬지 않고 공부하고 가르치고 있기 때문입니다. 사람들은 그를 "미쳤다"고 말하는데, 그가 믿음 안에서 기쁨과 평안으로 차 있는 광기를 가지고 있기 때문입니다. 나는 이곳에서도 그런 사례를 기대하고 있는데, 이 길을 따라서 풍성한 수확이 준비되어 있음은 하나님의 모든 약속만큼이나 확실합니다.

평양에서 씨 뿌리기를 위해 일부 사역을 했습니다. 서적이 배포되어 읽히고 있으며, 도시와 그 주변 길가에서는 여러 무리의 사람들과 이야기를 나누고, 니고데모와 같은 상당수의 사람이 개인적으로 찾아옵니다. 한석진은 도착한 이후부터 매주 몇 명만 참석하는 주일 예배를 드리고, 구도자 5명이 정기적으로 모이는 학급에 참석하여 가르칩니다. 그는 자산 문제와 집안

harvest which is as sure as all the promises of God.

In Pyeng Yang something has been done in the way of seed sowing. Books have been distributed and are being read, wayside talks have been given to groups of men in and around the city and a goodly number of Nicodemus–like men have sought me privately. Han, since he arrived has had a Sabbath service every week attended by but a few and he has a class of 5 inquirers meeting regularly for instruction. He is most zealous in using every opportunity to make the gospel known and has visited a number of villages, although his work in this line has been restricted because of property and household affairs demanding his presence in the city. He is continuing his studies under my direction and is ready to be examined on the gospel of Matthew.

Eui Ju–Owing to the demands made upon my time by affairs in Pyeng Yang and to Mr. Lee's sickness my contemplated spring trip to Eui Ju and further north was prevented. In September after a short stay in Pyeng Yang I proceeded to Eui Ju where I spent 8 days. There are some very hopeful features in our work here. After repeated efforts to lead our people there to assemble for worship on the Lord's Day I think I can now report a manifest improvement while to one of the members has been committed the responsibility of conducting a Sunday School which I organized. It was my privilege to hold several services, to meet and instruct a number of inquirers, to inaugurate the instruction of the children, to hold a special service for women which was well attended and which called forth the request for more such services, and it was also my joy to baptize an old man of 73 who has been under instruction for two years. He has been one of the few regular worshipers who observe the Sabbath and have given up ancestral worship. I much regret that I have to report the serious illness of our evangelist, Paik, whom consumption seems to have in its grasp. Nevertheless his illness had given me much joy. For several months he has been too weak to do more

일 때문에 도시 안에 있어야 하기 때문에 사역이 일부 제한을 받지만, 모든 기회를 이용하여 열심히 복음을 알리고, 이미 많은 마을을 방문했습니다. 그는 제 지도 아래 끊임없이 학습하며, 현재는 마태복음 시험을 준비하고 있습니다.

의주-평양에서 업무로 시간을 빼앗기고 리 목사의 병 때문에 의주와 평양 이북에서 계획했던 봄 여행은 가지 못했습니다. 9월에 평양에 잠시 머문 후 의주로 가서 8일을 보냈습니다. 이곳 우리의 사역에는 대단히 희망적인 특징이 있습니다. 주일에 드리는 예배에 그곳 사람들을 인도하려고 거듭 노력한 끝에 이제 뚜렷한 개선을 보고할 수 있다고 생각합니다. 그동안 교인 중 한 명이 제가 조직한 주일학교를 운영하는 책임을 맡아왔습니다. 예배를 몇 차례 드리고, 다수의 구도자를 만나 가르치며, 아이들의 교육을 시작하고, 여성을 위한 특별 예배를 드리는 특권을 누렸습니다. 이 특별 예배에 많은 사람이 참석했고 그런 예배를 더 많이 요청받았습니다. 또한 2년 동안 지도했던 73세 노인에게 세례를 주는 기쁨을 누렸습니다. 그는 안식일을 지키는 소수의 정기적인 예배 참석자 중 한 명이었고 조상 제사를 버렸습니다. 백홍준 전도사의 중병을 보고하게 되어서 유감인데 그는 심한 폐결핵을 앓고 있는 듯합니다.[1] 그러나 저는 그의 질병에서 큰 기쁨을 얻었습니다. 몇 달 동안 그는 너무 연약해져서 "사랑방"의 침상에 누워 있을 수밖에 없었지만, 찾아온 모든 자에게 고통 중에도 지탱해주고 위로하는 복음의 권능을 증언했습니다. 이로써 저는 그가 이전보다 더 많은 것을 하고 있다고 믿는데, 그의 증거에는 능력이 있기 때문입니다. 이 질병이 그를 은혜 속에 성장케 하고, 그를 더 큰 신앙, 더 큰 사랑, 감사, 그리고 그리스도를 믿는 신앙의 기쁨과 평안을 다른 사람들에게 선포하는 데 자신이 가진 힘을 사용하려는 진지한 갈망으로 인도한 것을 깨닫고 저는 크게 기뻤습니다. 제가 하나님께 기도했던 것처럼 만일 그가 죽음을 면하고 사는 것이 하나님의 뜻이라면, 백홍준은 훨

1 백홍준이 폐결핵으로 사망한 것을 알 수 있다. 이는 지금까지 알려지지 않은 사실이다.

than lie upon his couch in the "sarang" and bear witness to all comers of the power of the gospel to sustain and comfort in affliction, but in doing this I believe he is doing more in his illness than he ever did before, for there is power in his witness bearing. It was intense joy to find that this illness has brought to him growth in grace, leading him to greater faith, greater love and gratitude and a more earnest desire to use what strength he has in proclaiming to others the joy and peace of faith in Christ. If it is the Lord's will to spare him as I pray that He may, Paik will be a far more consecrated and hence a more useful man.

The best is yet to come and the report of work in Kou Syeng gives me most pleasure. I know of no place in all Korea where the gospel has been as well and fully proclaimed as in the villages round about Sai Chang market town and young Kim has, next to our evangelist Saw, been most faithful in proclaiming the gospel. Returning from Eui Ju I arrived in this place one afternoon and until midnight was engaged in explaining the plan of salvation to eager inquirers who had come in from the villages to meet me and to hear the central truths of the doctrine. All the next day was spent in the same way—the work culminating in two services at night—one for women and one for men. I preached to 30 or 40 women—probably all in the place—and as I questioned them and explained to them the truth of God and His love in Christ I was rejoiced to find that many of them were praying to the living and true God only; that their children, boys and girls, had learned to pray and to fear God and were eager to be instructed in singing. At the service for men I examined and baptized 3 men who had been under instruction for 2 years. One is a farmer from another town who asks for more books with which to teach his family and neighbors, one is a school teacher in another village who has been teaching the Scriptures to his pupils and to others, while the third is the village school teacher who teaches the Scriptures in his school, has the Sabbath worship in his school-room

씬 더 성별된 사람으로, 그래서 더욱 쓰임을 받는 사람이 될 것입니다.

아직 최선의 상태는 아니지만 구성의 사역 보고는 제게 가장 큰 기쁨입니다. 한국 전체에서 새창 장터 주변 마을만큼 복음이 만족스럽고 완벽하게 전파된 장소가 없을 것입니다. 서상륜 전도사에 이어 젊은 김 씨가 성실하게 복음을 전했습니다. 의주에서 돌아오는 어느 날 오후 저는 이 장소에 도착했는데, 한밤중까지 저를 만나서 교리의 핵심적인 진리를 듣기 위해 여러 마을에서 찾아온 열렬한 구도자들에게 구원의 계획을 설명했습니다. 다음날도 하루 종일 동일하게 지냈는데 밤에 두 차례의 예배, 곧 한 번은 여자들을 위해, 다른 한 번은 남자들을 위해 예배를 드릴 때 사역은 정점에 달했습니다. 저는 30명에서 40명, 그곳에 있던 모든 여성에게 설교를 했는데 제가 그들에게 질문하고 그리스도 안에 있는 하나님의 진리와 사랑을 설명했을 때, 많은 사람이 오직 살아 계신 참하나님께만 기도드리는 것을 보고 기뻤습니다. 그들의 아이, 소년, 소녀들도 하나님께 기도드리는 것과 하나님을 두려워하는 것을 배웠고, 찬양 지도를 열심히 받기를 원했습니다. 남성 예배 때 2년 동안 학습해온 남자 3명을 문답한 후 세례를 주었습니다. 한 명은 자기 가족과 이웃을 가르치기 위해 서적을 더 많이 요청한 다른 읍 출신의 농부고, 한 명은 학생과 다른 자들에게 성경을 가르치고 있는 다른 마을의 훈장이며, 세 번째 사람은 학교에서 성경을 가르치는 이 마을 서당의 훈장입니다. 마을 훈장은 교실에서 안식일 예배를 드리고, 다른 기독교 교과서를 요구하고 있습니다. 저는 예수교인의 교제를 즐겁게 나누었고, 노인 김 씨와 이 사람들과 대화했으며, 밝은 미래를 전망하며 진심으로 기뻐하며 떠났습니다. 젊은 김 씨는 이 마을에서 계속해서 사역하고 있으며, 다른 마을로 계속 사역을 확장하고, 내년 봄 의주의 사경회를 위해 나와 함께 준비하고, 지금은 신약, 한문, 성서신학을 계속 공부하고 있습니다.

평양에 대해 다시 이야기하자면, 우리가 아직 그곳을 개방하지는 못했지만 저는 그곳을 "차지하는 중"이라고 기꺼이 말할 수 있다고 생각하며, 다음 5월에 별도의 선교지부로 나누어 정착시킬 목적으로 1894년과 1895년의

and who asks for other Christian textbooks. I had delightful Christian fellowship and converse with the old man Kim and these men and left them feeling glad at heart over the prospect. Young Kim is to continue his work in these villages, extend his work into still others, arrange with me for a class in Eui Ju next spring and as at present, continue his studies in New Testament, Chinese and in Biblical Theology.

To revert to Pyeng Yang, I think I am ready to say that while we have not opened it I am "occupying" it and am ready to ask that the appropriations for work in that station for 1894 and '95 be made separately with a view to setting it aside as a separate station next May. I wish also to emphasize a request to the Board to send us a physician for work in Pyeng An province. A man adapted to an outdoor life, hard traveling, etc. a man with a good digestion, personal magnetism and the ability to adapt himself to circumstances; a man who can leave his family in Seoul while he takes frequent tours of from one to three months itineration until such time as he thinks it well to take his family to the interior; above all, a man of faith and prayer. Such a man can find a field for work in which he will be more than happy and where he will reap a harvest of souls to his unspeakable joy.

Respectfully submitted,
Samuel A. Moffett

별도 예산을 본 선교지부에서 배정해주기를 요구할 준비도 되어 있다고 생각합니다. 또한 저는 평안도에서의 사역을 위해 선교부에 의사를 보내달라는 요청도 강조하고 싶습니다. 야외 생활과 고된 여행 등에 익숙한 사람, 뛰어난 흡수력과 개인적인 매력, 환경 적응력을 가진 사람, 오지로 가족을 데려가도 좋다고 생각할 때까지 한 달에서 석 달간 순회 여행을 자주 갖는 동안 서울에 있는 가족을 떠날 수 있는 사람, 무엇보다도 신앙과 기도의 사람, 이런 사람은 사역 현장을 찾을 수 있고 선교지에서 행복하고 말할 수 없는 기쁨으로 영혼을 추수하게 될 것입니다.

정중히 제출합니다.

마포삼열 올림

PHS, microfilm reel #180, Vol. eleven

Samuel A. Moffett

Seoul, Korea

December, 1894

Evangelistic Report

After my release from all work in Seoul and appointment with Mr. Lee to Pyeng Yang, I prepared at once to take up my abode in the property which has been purchased there. I reached the city in November and spent the next three months in the sarang, the other part of the house being occupied by my helper and family. Here I spent the greater part of each day, with visitors who came by the score, preaching the gospel, passing one or two hours every alternate afternoon either on the river bank or in the outskirts of the city, talking to groups of men and selling or distributing tracts. By this latter work the gospel was widely proclaimed and my presence made known so that a constant stream of inquiring visitors was secured. I was also invited into a number of houses, where I found little companies of men gathered to hear me explain the Jesus doctrine. At night we held a service for Bible study, singing and prayer, at which those who had become interested were gathered for instruction. Wednesday night there was a class for catechumens; Sunday morning a formal service for worship, where I preached. Sunday afternoon I had a school for boys and at night my helper conducted a service.

From the first there was evident sincerity and solemnity on the part of several. They sang with the spirit and understanding and their grasp of the idea of prayer together with a willingness to pray publicly, gave us every reason to look for a work of the Spirit, for which constant prayer was offered.

In January eight men were baptized, all of whom had been taught by Mr. Han [Sŏkchin] for several months before my arrival and had

마포삼열
한국, 서울
1894년 12월

전도보고

서울에서의 모든 사역과 리 목사와의 약속에서 해방된 후 저는 즉시 평양에서 구입한 집에 거처를 마련할 준비를 했습니다. 11월에 도시에 도착했고, 이후 석 달 동안 사랑방에서 보냈는데, 그 집의 나머지는 제 조사와 가족이 차지했습니다. 여기서 저는 매일 대부분의 시간을 수없이 찾아오는 방문객과 함께 보내면서, 복음을 전하고, 오후에 한두 시간을 강둑이나 도성 주변에서 보내면서 여러 무리의 사람들과 이야기하고 소책자를 팔거나 반포했습니다. 이 후자의 사역으로 인하여 복음은 널리 전파되었고, 제 존재가 알려져서 문의하는 방문객이 끝없이 이어졌습니다. 또한 많은 집에 초대를 받았고, 저는 그곳에서 제가 설명하는 예수교를 듣기 위해 모여 있는 소규모의 사람들을 만났습니다. 밤에 우리는 성경 공부, 기도, 찬양을 위한 예배를 드렸는데, 그때 관심이 있던 자들이 배우기 위해 모였습니다. 수요일 밤에는 학습 교인을 위한 수업이 있습니다. 주일 아침에는 정식으로 예배를 드렸고 제가 설교를 했습니다. 주일 오후에 저는 소년들의 수업을 지도했고, 밤에는 조사가 예배를 인도했습니다.

몇 사람에게는 처음부터 신실함과 경건함이 분명히 있었습니다. 그들은 영으로 이해하면서 찬송을 불렀고, 자발적으로 공중 기도를 했으며, 기도의 개념을 파악하고 있었습니다. 이런 이유로 우리는 성령의 사역을 기대할 충분한 이유를 발견했으며 이를 위해 끊임없이 기도했습니다.

1월에 8명이 세례를 받았는데, 모두 제가 도착하기 전 몇 달 동안은 한 씨에게 배웠고, 두 달 동안은 매일 제 지도를 받았습니다. 저는 공개적으로 여러 명을 학습 교인으로 받았는데, 이 의식이 그들에게 분명히 도움이 되었

been under my daily instruction for two months. I publicly received as catechumens several who have evidently been helped thereby, and who would have been baptized ere this had not the troubled state of affairs prevented. This little company of believers started out in faith and, as I believe, with sincere desire to follow Christ. They have been most sorely tried and tested. From the first, when they began to attend services, they were subject to petty persecutions, had the finger of scorn pointed at them, were reviled and ridiculed. They stood this bravely and in the face of it made public profession of their faith. In the spring, during my absence in Eui Ju, they were more sorely tested, were more widely and more publicly held up to scorn, were threatened with death and the rumor soon became general that the Christians were to be put to death.

They believed that their lives were in danger but with two exceptions they attended services as usual, and one more was baptized and added to their number. In May the storm which had been gathering broke and these men then learned what it is to suffer for Christ and right well did they bear faithful witness before rulers and governors. I need not repeat the details of the story which is told in the *Missionary Review*, but when I reached Pyeng Yang after a hurried trip, I praised God for giving us such evidence of the power of the love of Christ in the hearts of these people.

Nobly had they stood by each other, and while a few became faint-hearted, none gave up their faith. Following the release from imprisonment came nearly three months of uncertainty and fear on the part of the men who continued to come day after day and Sunday after Sunday, not knowing when they might again be arrested, beaten, put in the stocks or beheaded. Notwithstanding my presence with them, notwithstanding the orders of the Government secured through the efforts of Mr. Sill, the American Minister, the Governor of Pyeng Yang and his advisers refused to punish those guilty of the persecution and

습니다. 곤란한 사태가 방해하지 않았더라면 이들은 그전에 세례를 받을 수 있었습니다. 이 소수의 신자들은 신앙의 경주를 출발했고, 신실한 마음으로 그리스도를 따르기를 원한다고 믿습니다. 그들은 심한 시련과 시험을 받았습니다. 그들은 예배에 처음 참석하기 시작했을 때부터 자잘한 박해를 받았고, 멸시의 손가락질을 받았으며, 모욕과 조롱을 들었습니다. 그들은 담대하게 이를 견뎠고, 그에 맞서서 공개적으로 신앙을 고백했습니다. 내가 의주에 가고 없는 봄에 그들은 더 심하게 시험받았고, 더 널리 더 공개적으로 멸시를 받았으며, 생명의 위협도 받았는데, 예수교인들이 곧 처형될 것이라는 소문이 널리 퍼졌습니다.

그들은 생명이 위험에 처해 있다고 믿었지만 2명을 제외하고 모두 평소처럼 예배에 참석했고, 또 한 명이 세례를 받아 입교인 수는 늘어났습니다. 5월에는 폭풍이 몰아쳤고, 그때 이 사람들은 그리스도를 위해 고난 받는 것이 무엇인지 배웠고, 지배자와 통치자 앞에서 훌륭하게 충실히 증언했습니다. 「세계 선교 평론」지에 언급되었기 때문에 자세한 이야기를 다시 할 필요는 없지만, 여행을 서두른 후 내가 평양에 도착했을 때, 이들의 마음에 그리스도의 사랑의 권능이 있다는 증거를 주신 것에 대해 하나님을 찬양했습니다.

존귀하게도 그들은 서로를 의지하며 견뎠고, 비록 몇 명이 낙심했지만 누구도 신앙을 버리지 않았습니다. 감옥에서 석방된 후 석 달간, 매일 그리고 주일마다 계속 나온 자들에게는 불안과 두려움이 이어졌습니다. 언제 다시 붙잡히거나 매를 맞거나 차꼬에 채워지거나 참수를 당할지 몰랐기 때문입니다. 제가 그들과 함께 있고, 미국 공사 실 씨의 노력을 통해 정부의 명령을 확보했는데도 불구하고, 평양 감사와 그의 부하들은 박해한 가해자들의 처벌을 거부했고, 강탈한 돈의 반환도 거부했으며, 오히려 외국인이 떠나면 바로 예수교인 전부를 죽일 것이라고 위협했습니다. 이런 상황에서도 이 교인들 중 5명은 정기적으로 참석하는 몇 명과 관심이 있는 구도자와 함께 굳건히 버텼고 기도하고 공부하기 위해 계속 모였습니다.

그들은 위험에 빠져 있었고, 제 존재가 그들을 보호하는 한 제가 할 수

refused the restitution of money extorted, but threatened to put to death every Christian as soon as the foreigner should leave. Even in the face of this, five of these men together with several who had become regular attendants and interested inquirers, stood firm and continued to meet for prayer and study.

So long as they were in danger and my presence protected them what was there for me to do but to stay. The Lord drew us very close together during those weeks and I shall never forget the prayers they offered then that my health might not fail. I had intended spending the summer in Eui Ju in more healthful surroundings, but it was willed otherwise, and thus it was that the war caught me in Pyeng Yang.

Once more were we thrown upon the Lord and again did he give us all the needed strength. Never did the Pyeng Yang people hear clearer evidence of the power of God to sustain his people and it is a cause of thanksgiving that those Christians were of all men in the city the most composed and unterrified. They were sought out by hundreds who were in fear and trembling.

Scores of women came into Mr. Han's inner quarters saying, It does us good to come here; everywhere else all is confusion and men's hearts are failing them, but here it is so calm and restful. In those days the name of God was more reverently spoken and never had the people of that city thought so much and talked so much about him.

After the entrance of the Chinese soldiers, soon followed by the execution of several Japanese scouts, the Christians became alarmed for my safety, so one morning after news had come from Seoul, they gathered in prayer, laid the case before the Lord and then sought me. They asked me to leave, as they felt they would no longer be in danger, otherwise than from the incidents of war, and they felt that I was in greater danger. Taking this as the Lord's permission to leave, I left for Seoul, arriving the middle of August.

있는 일은 그저 머물러 있는 것밖에 없었습니다. 그 수 주일 동안 하나님께서는 우리를 가깝게 단결시켜주셨습니다. 그때 그들이 제가 건강을 잃지 않도록 드린 기도를 결코 잊지 못할 것입니다. 저는 건강에 더 좋은 환경을 위해 의주에서 여름을 보내려고 계획했지만 의도와 달리 전쟁이 발발하여 평양에 남아 있을 수밖에 없었습니다.

우리는 다시 한 번 하나님께 나아갔고, 그분은 우리에게 필요한 모든 힘을 주셨습니다. 평양 사람들은 하나님께서 당신의 사람들을 지키시는 그분 자신의 능력에 대해 이보다 더 분명한 증거를 들어본 적이 결코 없었습니다. 예수교인들이 도시에 있는 모든 자 가운데 가장 침착하고 두려워하지 않았던 것은 감사의 제목입니다. 두려움에 떨고 있는 수백 명이 그들을 찾아왔습니다.

한 씨의 집 안채에 수십 명의 여성들이 와서 우리가 여기에 와서 좋다고, 다른 모든 곳은 혼란스럽고 사람들은 낙담하고 있지만 여기는 조용하고 편안하다고 말했습니다. 이 기간에 하나님의 이름은 더 경건하게 불렸습니다. 그 도시의 사람들은 하나님에 대해 이렇게 많이 생각해 본 적도, 이렇게 많이 이야기해본 적도 없었습니다.

중국 군대가 들어온 후 일본인 정찰병 여러 명의 처형이 이어졌습니다. 예수교인들은 제 안위에 대해 경각심을 가졌고, 그래서 그들은 서울에서 소식이 온 어느 날 아침에 모여 기도하며 하나님께 아뢰고 나서 저를 찾았습니다. 그들은 제게 떠날 것을 부탁했는데, 자기들은 전쟁 사태가 아니면 더 이상 위험하지 않다고 생각했고, 제가 더 큰 위험에 처해 있다고 느꼈기 때문입니다. 저는 이를 하나님께서 떠나도록 허락하신 일로 받아들이고 서울로 떠났고 8월 중순에 도착했습니다.

10월에 홀 의사와 리 목사와 함께 다시 여행을 떠났지만, 전쟁에 따른 도시 상황과 우리 자산의 사정 때문에 집에서 주일 예배를 제외한 다른 전도 사역을 수행할 수 없었습니다. 이 체류 기간에 저는 상당한 시간을 홀 의사의 사역을 도와주는 데 할애했는데, 그를 위해 설교하고 그의 학습반을 지

In October, with Dr. Hall and Mr. Lee, the trip was again made, but owing to the condition of the city after the battle and to the condition of our property, little evangelistic work could be carried on at our house outside of the Sunday services. During this stay I gave considerable time to assisting Dr. Hall in his work, preaching for him and instructing his class of probationers. His sickness and mine necessitated an earlier departure than we had desired, but before leaving, I placed Mr. Yi, one of our catechumens, in our new property outside the gate, where he has prepared to hold services every Sunday, to distribute books and to proclaim the Gospel. Word from him two days ago tells of regular services and of several deeply interested inquirers awaiting our return. Mr. Han is still in charge of the work at the East Gate.

Work in Villages

In the early part of the year, in company with Mr. Han and one of the Christians, I visited several of the neighboring villages and distributed books. We also visited a village where one of our catechumens lived and which I had visited once before. Here a promising field awaited cultivation. Twenty men enrolled themselves with the intention of meeting regularly for worship and study of the Scriptures, while many more gathered to hear us as we preached. When the storm of persecution burst upon the Christians in Pyeng Yang, this class speedily disbanded and renounced all intention of identifying themselves with the Jesus doctrine. It was not all chaff however, for three of these men stood together to cling to the truth and quietly met together each Sabbath for prayer and study. Two of them visited me twice in Pyeng Yang and were more carefully instructed there. They also reported to me the case of a woman in their village who, after studying a tract, came out boldly as a worshiper of God. She has cast out the evil spirits, prays only to God, observes the Sabbath and reads the Christian books. When her child was

도했습니다. 그와 제 자신의 병 때문에 우리가 원했던 것보다 더 빨리 출발해야 했지만, 떠나기 전에 저는 학습 교인 중 한 명인 이 씨를 성문 밖에 있는 우리의 새집에 남겨두었는데, 그곳에서 그는 주일마다 예배드릴 준비를 하고, 서적을 배포하며 복음을 전파하고 있습니다. 이틀 전에 그가 보낸 보고는 정기 예배 소식과, 깊은 관심을 가지고 있는 여러 명의 구도자가 우리가 돌아오기를 기다리고 있다는 소식을 전했습니다. 한석진 씨는 여전히 대동문의 사역을 맡고 있습니다.

마을 사역

올해 초에 한 씨와 예수교인 한 명과 함께 저는 주변의 여러 마을을 방문했고 서적을 반포했습니다. 또한 우리는 학습 교인 가운데 한 명이 살고 있고 이전에 제가 한 차례 방문한 적이 있는 마을을 방문했습니다. 이 전도유망한 땅은 경작을 기다리고 있었습니다. 20명이 예배와 성경 공부를 위해 정기적으로 모이려는 목적을 가지고 등록했고, 동시에 더 많은 사람이 우리가 설교하는 동안 듣기 위해 모였습니다. 평양에서 예수교인에 대한 박해의 폭풍이 몰아칠 때, 이 학습반은 빠르게 해체되었고, 예수교와 어떤 연관이 있음을 부인했습니다. 그러나 모두가 쭉정이는 아니었는데, 이들 가운데 3명은 진리를 붙잡기 위해 함께 인내하며 기도와 성경 공부를 위해 안식일마다 함께 조용히 만났기 때문입니다. 그중 2명은 평양에 있는 저를 두 차례 방문했고, 더 자세하게 지도를 받았습니다. 또한 그들은 자기 마을에 있는 한 여자의 경우를 저에게 보고했는데, 그녀는 소책자를 공부한 후 담대하게 하나님을 예배하는 자라고 밝히고 나왔습니다. 그녀는 귀신을 내쫓았고, 오직 하나님께만 기도하며, 안식일을 지키고, 기독교 서적을 읽고 있습니다. 그녀의 아이가 아팠을 때, 그녀는 무당을 부르라는 이웃 사람들의 성화를 모두 뿌리치고 오직 하나님께만 기도드렸는데, 하나님께서 그녀의 기도를 들으시고 아이의 건강을 회복시켜주셨습니다.

저는 여름에도 7일간 과감히 평양을 떠났습니다. 우리는 배를 타고 강

sick, she resisted all the entreaties of neighbors to call in the sorceress and prayed only to God, who heard her prayer and restored the child.

In the summer also I ventured to leave Pyeng Yang seven days. Taking a boat, we visited several villages along the river and spent four days in the village of Chai Ryong in Whang Hai province. Here also one of our catechumens lived and here one of our Christians had visited and borne witness of the gospel. As the result, I found several inquirers. We held services in a shed Saturday night and twice on Sunday and urged them to meet regularly for worship. The village has since become the home of one of the Christians who fled there the night of the battle. Several who desire to be received into the church are planning to build a house, secure him as teacher of a Christian school for boys and set aside one room for a church, he to give them instruction at night. The church collections up to the time of the persecution, amounted to eight yen, most of which has been used in caring for three little girl babies picked up on the street or along the wall where they had been cast away to die. Two of these lived but a short time, while one at last accounts was still in the care of the foster mother secured. This work undertaken in the very spirit of the Master, has been a blessing to the church and has borne fruit in gaining the good–will of many who knew of it. Aside from this, nothing has been done in the way of raising funds, although plans for partial self–support have been under consideration.

In June a teacher was secured and a day school for boys with ten pupils was started, the course of study being that adopted in our boys' school in Seoul. The war brought the disbandment of the school for the time being. I am looking forward to a larger work in the villages and country towns around Pyeng Yang and preparatory to that have been looking for the right man to secure as colporteur. We have now, in connection with the Pyeng Yang work, twelve baptized men enrolled.

을 따라 내려가서 여러 마을을 방문했고, 황해도 재령읍에서 4일을 보냈습니다. 이곳에도 우리 학습 교인 중 한 명이 살고 있었고, 예수교인 한 명이 이곳을 방문하여 복음을 증언했습니다. 그 결과 저는 구도자 여러 명을 발견했습니다. 우리는 헛간에서 토요일 밤에 예배를 드렸고, 주일에는 두 차례 예배를 드렸으며, 예배를 위해 정기적으로 모일 것을 당부했습니다. 예수교인 한 명이 전쟁이 일어나던 때 밤에 이곳으로 피난을 온 이후 이 마을은 그의 고향이 되었습니다. 교인이 되기를 바라는 여러 사람이 집 한 채를 지을 계획이며, 소년을 위한 기독교 남학교를 운영하면서 그 예수교인을 교사로 채용하고, 교회를 위해 방 하나를 마련하려고 하는데, 그가 밤에 그들을 지도합니다. 박해가 일어나기 전까지 교회 헌금은 8엔이 모였고, 그 대부분은 거리나 성벽 부근에서 여자 영아 3명을 데려와서 돌보는 데 사용했습니다. 그 영아들은 그곳에 버려져서 죽기 직전이었습니다. 이 가운데 2명은 얼마 못 살았지만 나머지 한 명은 유모를 구해서 지금도 그녀가 돌보고 있습니다. 정말 주님의 정신으로 수행한 이 사역으로 인하여 교회는 축복을 받아왔고, 그 일을 알고 있던 많은 사람의 호의를 얻는 열매를 맺었습니다. 비록 부분적인 자립을 위한 계획이 고려되었지만 아직 이 일 외에 기금을 모으려는 시도는 전혀 이루어지지 않았습니다.

6월에 교사를 구했고, 서울의 남학교에서 채택한 교과 과정을 가지고 학생 10명으로 주간 남학교가 시작되었습니다. 전쟁으로 인하여 한동안 학교는 휴교했습니다. 저는 평양 주변 마을과 지방의 읍에서 더 큰 사역을 고대하고 있는데, 그에 앞서 권서로 채용할 만한 적임자를 찾고 있습니다. 우리에게는 평양 사역과 관련하여 세례 교인 12명이 있습니다.

의주의 전도 사역

한 달의 15일을 의주에서 보내는 동안 신학반 혹은 사경회를 운영했는데, 아홉 곳의 서로 다른 마을과 도시에서 온 17명이 출석했습니다. 그 일부는 며칠만 출석했지만, 평균 출석자는 12명입니다. 여기에는 조사 2명, 기독교 남

Evangelistic Work in Eui Ju

For fifteen days of the month spent in Eui Ju, a theological or training class was held, there being in attendance 17 men from nine different villages and cities. Some of these were in attendance but a few days, the average however, being twelve. These included my two helpers, the two teachers in charge of Christian schools for boys, and one school teacher with one of his pupils, where the Bible is taught. I took them through a course in the life and teaching of Christ as given in Luke. Each night we held a song and prayer service at which I gave them expository sermons. Each Sunday I received on public profession of faith one or more as catechumens, until ten such were enrolled, several of them the most promising applicants I have met in all my work in Korea. I had fully expected to baptize at least six of these men in the summer, had I not been prevented from again visiting Eui Ju.

The Work with the Women

Upon the death of our evangelist, Paik, his wife being left without support, I undertook to provide for her, furnishing $2 a month, she to remain in the house. She had already begun a work among the women, and while I am not paying her for it, she continues that work and around her is gathering a group of women who are learning to pray to and serve our Savior. The woman's service in Eui Ju is one of the brightest parts of my year's experience, and several of these women, I have no doubt, are sincere believers. In February, my helper, Kim, was married to the daughter of Mr. Paik, by a Christian service. I arranged with him to make it his home in Eui Ju, occupying a part of the house with Mrs. Paik. When the conflict with the governor in Pyeng Yang prevented my visiting Eui Ju in the summer, I sent for Kim to visit me. He reported continued interest on the part of the men, a growing work among the women, the organization of a Christian school for boys and the carrying

학교를 맡고 있는 교사 2명, 학생 한 명과 함께 온 교사 한 명 등이 포함되어 있었고 성경을 배웠습니다. 저는 그들에게 누가복음에 나타난 그리스도의 생애와 가르침에 대해 강의했습니다. 매일 밤 우리는 찬송과 기도 집회를 열었고 제가 강해 설교를 했습니다. 주일마다 한 명 이상이 공개적인 신앙 고백을 한 후 학습 교인으로 받아들여져 마침내 10명이 되었는데, 이 가운데 여러 명은 한국의 모든 사역을 통해 제가 만났던 자들 가운데 가장 전도유망한 세례 후보자들입니다. 제가 의주를 다시 방문하는 일이 방해를 받지 않았다면, 올여름에 이들 가운데 적어도 6명에게 세례를 주게 될 것이라고 예상했었습니다.

여자 사역

백홍준 전도사의 죽음으로 그의 부인을 부양할 자가 없어, 제가 그녀에게 생활비로 매달 2달러를 지원합니다. 그녀는 이미 여성 사역을 시작했고, 일에 대한 보수를 받지 않더라도 사역을 계속하여 그녀 주변에는 구주께 기도하고 예배하는 것을 배우려는 한 무리의 여성들이 모여들고 있습니다. 의주의 여성 예배는 올해 경험한 일 가운데 가장 밝은 부분의 하나고, 이 여성들 가운데 여러 명은 의심할 바 없이 신실한 신자입니다. 2월에 김관근 조사가 백 씨의 딸과 기독교식으로 결혼했습니다. 저는 김 씨와 함께 의주에 그의 집을 마련했는데, 백 씨의 아내가 그 집의 한 부분을 사용하고 있습니다. 평양에서 관찰사와의 충돌로 여름에 의주 방문이 어려워졌을 때, 저는 저를 방문해달라고 김 씨를 불렀습니다. 그는 남자들의 끊임없는 관심과, 성장하는 여성 사역, 기독교 남학교의 조직, 제가 봄에 제안했던 교회 헌금 계획의 실행 등을 보고했습니다. 또한 그는 여성들이 정성을 드릴 수 있도록 허락해달라고 요청했으며, 그 결과 주일 밤마다 남성들이 모여 있는 방에서 헌금함을 돌린 후 여성들이 모여 있는 안방으로 건네진다고 보고했습니다.

전쟁으로 인하여 이 번창하는 사역은 중단되었고 믿고 예배드리는 남녀 무리는 흩어졌는데, 저는 그들이 어디로 갔는지 전혀 알 수 없습니다. 저

out of a plan for church collections which I had proposed in the spring. He also reported that the women had asked to be allowed to contribute their mites, and consequently every Sunday night, after the box has been passed in the men's meeting it is sent to the women's meeting in the inner quarters.

The war has broken up this prosperous work and that band of believing, worshiping men and women has been scattered, but where, I have no means of knowing. I only have the report that everybody in Eui Ju, including the officials, fled to the mountain villages. May they, like the church in Jerusalem when scattered, go everywhere preaching the word. In these villages my policy is to get hold of the schools, making them the centers of work or the means of access to the people. The teacher is a Christian, and the boys are subject to examinations by my helper on his visits and by me on mine. Three of these school boys (one with his father) were publicly received as catechumens. In another village I gave a gospel talk in the school room where the teacher, a man of seventy-five years, has done a little Christian teaching. He has requested baptism. In this village is a young man of great promise whom I baptized, he having applied nearly two years ago. The services which I held there were well attended by the men, while the women who gathered outside in the kitchen were certainly quiet listeners, as I knew nothing of their presence until afterwards.

This year closes with an enrollment for the whole province of Pyeng Yang of 52 baptized men and women, all of whom were baptized this year.

Respectfully submitted,
Samuel A. Moffett

는 다만 관리를 포함하여 의주의 모든 사람이 산속의 마을로 피난을 갔다는 것만 보고받았습니다. 예루살렘의 교회처럼 그들이 흩어졌을 때 어디에 가든지 말씀을 전할 수 있기를 원합니다. 이 마을에서 제 정책은 학교를 유지하는 것이고, 학교를 사역의 중심으로 만들거나 사람들에게 접근하기 위한 수단으로 삼으려고 합니다. 교사는 예수교인이고, 제 조사가 방문할 때와 제가 방문할 때 소년들을 대상으로 문답을 합니다. 이 학생들 중 3명은(한 명은 자신의 아버지와 함께) 공개적으로 학습 교인이 되었습니다. 또 다른 마을의 한 교실에서 저는 복음을 들려주었는데, 그곳에서 75세인 남자 교사가 기독교를 조금씩 가르쳐왔습니다. 그는 세례를 요청했습니다. 이 마을에는 제가 세례를 주었던 전도유망한 젊은이가 있는데, 그는 거의 2년 전에 세례를 신청했습니다. 그곳에서 제가 인도했던 예배에 남자들이 많이 참석했고, 그동안 바깥의 부엌에서 모였던 여자들은 나중까지 제가 그 존재를 몰랐을 정도로 정말로 조용히 듣고 있었습니다.

올해는 평양 지방 전체에서 세례 받은 52명의 남녀가 등록하는 것으로 마감했는데, 그들 모두 올해에 세례를 받았습니다.

정중히 제출합니다.

마포삼열 올림

Graham Lee

Seoul, Korea

December, 1894

General report of the Pyeng Yang Station

In making this, the first official report of work in the north since Pyeng Yang has been set aside as a separate station, a few interesting remarks are in order.

The first Protestant missionary work in Korea was the circulation of copies of the Chinese New Testament by the Rev. Mr. Thomas, the agent of the Scotch Bible Society, who came to Korea on the notable expedition of the General Sherman which was destroyed just below Pyeng Yang. This was in 1866.

In the [eighteen] seventies, Rev. Mr. McIntyre began the instruction of Koreans traveling in Manchuria, resulting in 1876 in the baptism of four men, among whom was Paik Hong-Cyoun. Beginning with this, the Scotch United Presbyterian Missionaries followed up the Korean work which largely fell into the hands of Dr. Ross, who has probably baptized several hundred Koreans, among these men baptized was Saw Syang Youn.

In 1887 Dr. Underwood visited Pyeng Yang and Eui Ju, sowing seed and looking for the fruits of Dr. Ross's work. In 1888 he again visited Pyeng Yang and in 1889 with Mrs. Underwood made the long trip through Pyeng Yang and Eui Ju on to Kang Kyei. On this trip in Eui Ju over thirty men were baptized and about this time three Pyeng Yang men who visited Seoul were baptized there. Dr. Underwood's absence in Japan and Mr. Moffett's arrival in Korea transferred this northern work to the latter, who that year [1890] spent fifteen days in Pyeng Yang. In 1891 Mr. Moffett in company with Mr. Gale made a tour through the

그레이엄 리
한국, 서울
1894년 12월

평양 선교지부에 관한 일반 보고

평양이 독립 선교지부로 분리된 이후 북쪽 지방 사역에 관한 첫 번째 공식 보고서를 작성하면서 몇 가지 흥미로운 사실을 정리하고자 합니다.

한국 최초의 개신교 선교 사역은 스코틀랜드 성서공회의 대리인 토머스 목사에 의한 한문 신약전서의 반포였습니다. 그는 제너럴셔먼호의 원정을 따라 한국에 왔는데 그 배는 평양 바로 아래에서 1866년에 파괴되었습니다.

1870년대에 매킨타이어 목사가 만주를 여행하면서 한국인을 지도하기 시작했고, 1876년에[1] 네 사람에게 세례를 주었는데, 그중에 백홍준이 있었습니다. 스코틀랜드 연합장로교회 선교사들이 사역을 이어갔는데, 그 대부분이 로스 박사의 손에 맡겨져서 아마도 그는 몇백 명의 한국인에게 세례를 주었을 텐데 이 세례를 받았던 사람 중에 서상륜도 있었습니다.

1887년 언더우드 박사가 평양과 의주를 방문해 씨앗을 뿌리면서 로스 박사의 사역의 열매를 찾아보았습니다. 1888년에 그는 평양을 다시 방문했고, 1889년에는 언더우드 부인과 함께 평양과 의주를 지나 강계까지 장기간의 여행을 했습니다. 이 의주 여행에서 30명 이상이 세례를 받았고, 이때쯤 서울을 방문했던 평양 사람 3명도 그곳에서 세례를 받았습니다. 언더우드 박사가 일본에 가 있을 때 마포삼열 목사가 한국에 도착했고, 이 북부 사역이 마포삼열 목사로 교체되었는데, 그는 그해[1890년]에 보름을 평양에서 보냈습니다. 1891년에 마포삼열 목사는 게일 씨와 함께 로스 박사의 사역에 대한 지식을 수집하기 위해 평안도 지방을 가로질러 봉천까지 여행했으며

1 1879년이다. 초기에 이 연도에 대한 잘못된 기억으로 인해 한국 교회사에서 오랫동안 1876년에 첫 세례가 있었다고 기록되었으나, 1990년대에 들어와 일차 자료에 근거하여 수정되었다.

Pyeng Yang province and on to Moukden and the Korean valleys of the north to gather what knowledge they could of Dr. Ross's work.

From that time, visits were made to Pyeng Yang two or three times a year until 1893 when Messrs. Moffett, Swallen and Lee were appointed to open a new station at Pyeng Yang. In the spring of '93 the above named gentlemen made a trip to Pyeng Yang for the purpose of obtaining property and taking the first step toward gaining a permanent residence there. On account of rascally Koreans and a heathen governor this first attempt was unsuccessful and the missionaries had to leave and be content to bide their time for a season. In a short time Mr. Moffett again returned to Pyeng Yang and in July, 1893 was able to purchase and hold a Korean house inside the big East Gate.

At the Annual Meeting in October, 1893 Mr. Swallen was appointed to work in Gensan and Messrs. Moffett and Lee in Pyeng Yang, which was now made a separate station. Directly after the meeting Mr. Lee returned to America on special business [to be married] and Mr. Moffett returned to Pyeng Yang, remaining there and in Eui Ju until the following May when he returned to Seoul and met Mr. Lee on his return from the homeland with the special business all accomplished.

Immediately after Mr. Lee's return occurred Dr. Hall's trouble in Pyeng Yang, and the imprisonment and beating of our helper, Han. Mr. Moffett, in company with Mr. McKenzie, left post haste for Pyeng Yang to render assistance to Dr. Hall in his time of trying need. This trip was entirely successful and God in his mercy, gave us a great victory over these heathen officials of this heathen city. In July, 1894, the men who had instigated the persecution of our Korean helper were punished and five hundred dollars as indemnity was paid by the governor. Great thanks is due from all our Mission and from all Mission workers in Korea to the Hon. J. M. B. Sill, our noble-hearted minister, for his determined action and cordial assistance in this whole matter. The heathen in Pyeng Yang

북쪽에 있는 한인촌 등을 방문했습니다.

그때부터 마포삼열 목사, 스왈른 목사, 리 목사가 평양에 새로운 선교지부를 개설하는 일을 맡았던 1893년까지 1년에 두세 차례씩 평양 방문이 이루어졌습니다. 1893년 봄 이 세 사람은 평양으로 여행을 갔는데, 집을 구입하고 영구 정착지를 마련하려는 첫걸음을 내디딜 목적이었습니다. 그러나 비열한 한국인과 이교도 관찰사 때문에 이 첫 시도는 성공하지 못했고, 선교사들은 떠나지 않을 수 없었으며, 잠시 동안 때를 기다리는 일로 만족해야 했습니다. 얼마 후 마포삼열 목사는 평양으로 다시 돌아왔고, 1893년 7월 대동문 안쪽에 한옥을 구입하여 소유할 수 있었습니다.

1893년 10월에 열린 연례 회의에서 스왈른 목사에게 원산 사역이 맡겨졌고, 마포삼열과 리 목사에게 평양이 맡겨짐으로써 평양이 별도의 선교지부가 되었습니다. 회의 직후에 리 목사는 특별한 용무[결혼] 때문에 미국으로 돌아갔고, 마포삼열 목사는 평양으로 돌아가서 그곳과 의주에서 5월까지 남아 있었으며, 서울로 돌아왔을 때 특별한 용무를 모두 마치고 고국에서 돌아온 리 목사를 만났습니다.

리 목사가 돌아온 직후에 홀 의사의 사고와 조사 한석진이 매를 맞고 투옥되는 일이 일어났습니다. 마포삼열 목사는 매켄지 목사와 함께 홀 의사에게 제때에 도움을 주려고 황급히 평양으로 떠났습니다. 이 여행은 전반적으로 성공적이었고, 하나님의 자비하심으로 이 이교도 도시의 이교도 관리들에게 큰 승리를 얻었습니다. 1894년 7월에 한국인 조사의 박해를 선동했던 자들은 처벌을 받았고, 관찰사는 배상금으로 500달러를 지불했습니다. 이번 문제 전반에 걸쳐서 단호한 행동과 진심 어린 원조를 해준 일에 대해 실 미국 공사께 한국의 모든 선교 사역자가 깊은 감사를 드립니다. 모든 선교회와 한국에 있는 모든 선교 사역자로부터 고결한 마음을 지닌 실 공사님에 이르기까지 깊은 감사를 드립니다. 평양의 이교도들은 쉽게 잊지 못할 교훈을 배웠고, 앞으로는 성조기 아래 피난하는 자의 권리를 간섭하는 데 극도로 조심할 것입니다.

have been taught a lesson they will not soon forget and in the future will be exceedingly chary of interfering with the rights of one who takes refuge under the stars and stripes.

Mr. Moffett remained in Pyeng Yang until the middle of August and boldly stood at his post when he was in imminent danger of losing his life. The Korean Christians of Pyeng Yang will not soon forget the object lesson of trust taught them by their spiritual teacher. War had been declared between Japan and China and the city of Pyeng Yang was in possession of Chinese troops, some of whom were doubtless the same that had so brutally murdered the Scotch missionary, Mr. Wylie. Mr. Moffett remained at his post until the Christians themselves asked him to leave, when he returned to Seoul.

About the middle of September occurred the battle of Pyeng Yang and the complete defeat of the Chinese army. This defeat opened the way for a trip to the city and on October 1st Mr. Moffett and Mr. Lee in company with the late Dr. Hall left on a tour of investigation. We found that our Christians had left the city, that our property had been sacked and that all Mr. Moffett's things except the stove (and that some wretch had smashed) had been carried off. When our helper heard that we had come he returned and we soon had an account of his experience. At first we thought he had run away and left the things with no one to look after them, but we found that the poor fellow had stood bravely at his post until actually forced to leave on account of the treatment he received at the hands of the Japanese soldiers. All the time the Chinese soldiers were in Pyeng Yang not a thing was molested in our house. They would come about and look but when told the things belonged to an American missionary they always quietly left. Not so, the Japanese. When they entered the city they were bent on plunder and because a thing belonged to an American missionary was no reason why it should not be carried off by a victorious Jap. Han protested and tried to save our things but

마포삼열 목사는 8월 중순까지 평양에 남아 있었는데, 생명을 잃을 수도 있는 절박한 위험에 빠졌을 때 자기 자리를 담대히 지켰습니다. 평양의 한국인 예수교인들은 그 영적 교사가 몸으로 가르쳐준 신뢰의 교훈을 쉽게 잊지 않을 것입니다. 청일 전쟁이 선포되었고, 평양시는 중국군이 차지했는데, 그 중 일부는 의심할 바 없이 스코틀랜드 선교사 와일리 목사를 잔인하게 살해했던 자와 동일한 부류였습니다. 마포삼열 목사는 예수교인들이 나서서 그에게 떠나라고 할 때까지 자기 구역에 남아 있다가 서울로 돌아왔습니다.

9월 중순경 평양 전투가 벌어졌고 중국군이 완패했습니다. 이 패배로 도시로 여행할 수 있는 길이 열렸고, 10월 1일에 마포삼열 목사와 리 목사는 고(故) 홀 의사와 함께 조사 여행을 떠났습니다. 예수교인들은 도시를 떠났고, 우리의 자산은 빼앗겼으며, 난로를 제외한 마포삼열 목사의 모든 물건을 (일부 몹쓸 사람들이 부수고) 훔쳐갔음을 알았습니다. 한석진 조사는 우리가 왔다는 말을 듣고 돌아왔고, 우리는 곧바로 그가 경험한 일에 관한 이야기를 들었습니다. 처음에 우리는 그가 도망을 가서 관리하는 사람이 없어 물건들이 버려져 있었다고 생각했지만, 이 불쌍한 형제가 일본인 군인의 손에 험악한 대우를 받고 사실상 억지로 떠날 때까지 자기 자리를 용감히 지켰음을 알았습니다. 중국 군인이 평양에 있을 동안 우리 집은 조금도 건드리지 않았습니다. 중국 군인이 찾아왔을 때 그저 미국 선교사의 집이라고 말하면 중국 군인은 언제나 조용히 떠나고는 했습니다. 그러나 일본인은 그렇지 않았습니다. 그들이 도시에 들어왔을 때 약탈을 일삼았는데, 승리한 일본군이 미국 선교사의 물건이라고 해서 훔치지 말아야 할 이유가 없었기 때문입니다. 한석진은 항의하면서 우리 물건을 지키려고 애썼지만 그의 노력은 매질로 이어질 뿐이었습니다. 당시 한석진과 함께 살고 있던 한국인 역시 물건을 지키려고 하다가 총알이 그의 갓을 뚫고 지나가는 위험을 당했습니다. 그가 시골로 간 것이 왜 이상합니까? 그는 자기 아내가 파렴치한 병사들에게 매일 모욕을 당할 위험에 빠져 있음을 알고는 비로소 떠났습니다.

마포삼열 목사와 홀 의사를 알고 지냈던 한국인들이 우리가 도착했다는

his protecting only had the effect of getting him a beating. A Korean who was living with Han at the time also protested and had a bullet shot through his hat for his pains. Is it any wonder that the man went to the country? He only left when he found that his wife was daily in danger of insult by these unprincipled soldiers.

When the Koreans who were acquainted with Mr. Moffett and Dr. Hall heard that we had arrived they began to return to the city and take a look at the situation. I never saw people seem more delighted to see anyone than were some of these people to see us. Men who had no interest in the Gospel and who perhaps had only a speaking acquaintance with Mr. Moffett, seemed overjoyed to see us. The report soon spread through the country that we had arrived, and of course developed into all sorts of rumors, one of which was that ten thousand foreigners had come to Pyeng Yang to make the Japanese and Chinese stop fighting. Our arrival was timely for it gave confidence to the people and helped to quiet the minds of many who were in a most perturbed state.

While here this time we were able to purchase the property which we tried to get in the spring of '93. The property is outside the West gate on a little hill. It is far enough away to be free from the filth and bad smells of the city, yet near enough to give plenty of contact with the Koreans. From the top of the hill is a delightful view of a wide fertile valley which in the summer time is a perfect garden spot. A little stream winds along at the base of the hill and empties into the Tai Tong [river] some three or four miles below. On the property is a large tile house not very elegant, to be sure, but plenty good enough to remodel into a home for the Pyeng Yang station. For the house and ground which is large enough to make three big mission compounds we paid $399.43. This of course is only the first cost of the property. There will have to be spent several hundred dollars yet on the place to make it inhabitable.

Mr. Lee returned alone to Seoul and left Mr. Moffett and Dr. Hall

소식을 들었을 때, 도시로 돌아와 사정을 둘러보기 시작했습니다. 우리를 만난 이 사람들보다 더 반가워하는 자들을 결코 본 적이 없습니다. 복음에는 전혀 관심이 없고 마포삼열 목사와 말만 건넬 정도의 사이였던 사람들이 우리를 만나 기쁨에 겨워하는 듯했습니다. 우리가 도착했다는 소식이 곧 지방 전체에 퍼졌고, 당연히 온갖 종류의 소문이 무성하게 퍼졌는데, 그중 하나는 일만 명의 외국인이 평양에 와서 일본과 중국의 전쟁을 멈추게 했다는 것입니다. 우리는 알맞은 때에 도착했습니다. 사람들에게 자신감을 심어주고, 가장 불안한 상태에 빠져 있는 많은 자들의 마음을 안정시키는 데 도움이 되었습니다.

이 기간에 우리는 1893년에 얻으려고 했던 서문 밖 작은 언덕에 있는 부동산을 구입할 수 있었습니다. 도시의 오물과 악취로부터 벗어날 만큼 멀리 떨어졌지만, 한국인과의 만남을 자주 가질 수 있었습니다. 언덕 정상에서는 광활하고 비옥한 계곡의 매혹적인 풍경이 보이는데, 여름철에는 완벽한 화원입니다. 작은 시내가 언덕 아래를 따라 흐르고, 약 3-4마일 아래에서 대동강으로 흘러들어 갑니다. 그 부동산에는 그렇게 우아하지는 않지만 평양 선교지부를 위한 집으로 개조하기에는 더할 나위없는 큰 기와집이 있습니다. 큰 선교회 세 곳을 합쳐도 될 만큼 충분한 집과 땅을 위해 우리는 399.43달러를 지불했습니다. 물론 이것은 부동산 매입 비용에 불과합니다. 살기에 괜찮은 곳으로 만들려면 몇 백 달러가 더 들 것입니다.

리 목사가 혼자 서울로 돌아갔고, 마포삼열 목사는 떠났으며, 홀 의사는 그 도시에 있었습니다. 약 한 달 후에 그들 역시 테이트 목사와 함께 돌아왔는데, 친절하게도 테이트 목사가 식량과 돈을 가져왔습니다. 홀 의사는 그들이 떠나기 전에 병에 걸렸고, 애석하게도 서울의 집에 도착한 지 며칠 후에 세상을 떠났습니다. 저는 지금 이곳에서 남장로회 선교회의 테이트 목사에게 진심 어린 감사를 표하고 싶은데, 그는 제가 돌아갈 수 없었던 입장이었을 때 친절하게도 평양으로 여행을 갔습니다.

평양 사역의 전망이 그리 밝지는 않습니다. 일단 전쟁이 끝나 사람들이

there in the city. About a month later they too returned in company with Mr. Tate, who had kindly gone up to take supplies and money. Dr. Hall was taken sick before they left and much to our sorrow passed away a few days after reaching home. Just here I would like to express my sincere thanks to Mr. Tate, of the Southern Presbyterian Mission, who so kindly made the trip to Pyeng Yang in my place when I was unable to return.

In regard to future work in Pyeng Yang, the prospects were never so bright. Once the war is over and the people return to the city, there is going to be a grand opportunity for work among them. This trip to Pyeng Yang showed many of them that we are truly their friends and they will be more ready to give us an attentive hearing.

Since the death of our beloved friend, Dr. Hall, Pyeng Yang is without a physician. Both Mr. Moffett and I have asked the Board in recent letters to send a physician for Pyeng Yang as soon as possible. Will not the Mission join us in this plea and ask that this man be found and sent immediately?

Respectfully submitted,
by Graham Lee

도시로 돌아온다면, 사역을 위한 큰 기회가 생길 것입니다. 이번 평양 여행에서는 많은 사람에게 우리가 그들의 진정한 친구임을 보여주었으며, 그들이 우리 이야기를 더욱 경청할 것임을 알 수 있었습니다.

사랑하는 친구 홀 의사가 사망한 이후로 평양에는 의사가 없습니다. 마포삼열 목사와 저는 최근의 편지에서 평양에 의사를 되도록 빨리 보내달라고 선교부에 요청했습니다. 그런 사람이 발견되면 즉시 보내달라는 청원과 요청에 선교회도 동참해주시지 않겠습니까?

정중히 제출합니다.

그레이엄 리 올림

PHS, microfilm reel #180, Vol. eleven, Report RR

Samuel A. Moffett

Seoul, Korea

December, 1894

Report of Special Bible Committee

According to the plan adopted under the constitution which was reported and approved by the Missions last year, work has been carried on by the Board of Translators consisting of Dr. Underwood, Dr. Scranton, Mr. Appenzeller, Mr. Gale and Mr. Trollope. Last spring repeated inquiries were made as to the progress of the work and the committee was again and again urged to adopt some plan for procuring a part of the Scriptures more speedily. Communication with the Translators revealed the fact that there was no likelihood of their being able to present us with any one book inside of a year and more.

In order to meet the wishes of the missionaries and to provide for the pressing needs the Committee set on foot a plan looking towards the securing of a limited number of copies of the translations as they had been prepared by individual members of the Translating Board. At the June meeting the following action was taken: "Resolved that the Board of Official Translators be requested to allow the Permanent Executive Bible Committee to use for printing a tentative edition, the first draft of the several works they may have translated." It was also resolved to request the translators to hand over to the Committee for such use the four Gospels and Acts in time for action at the October meeting. In response to this request the Board of Translators replied—(see Minutes for June 25th): "In consideration of the request of the Executive Committee, on condition of the edition not exceeding 1000, we recommend that the Executive Committee print the individual versions submitted to the Board, such editions however to be considered as individual versions

마포삼열
한국, 서울
1894년 12월

특별 성서 위원회 보고

작년에 선교회에서 보고하여 승인을 받았던 정관에 의해 채택된 계획에 따라 사역은 언더우드 박사, 스크랜튼 의사, 아펜젤러 목사, 게일 씨, 트롤로프 목사로 구성된 번역자회에 의해 진행되고 있습니다. 지난 봄 사역의 진척과 관련해 문의가 계속 제기되었고, 본 위원회는 성경의 일부분을 더 빠르게 출판하는 계획을 채택하라고 반복해서 촉구했습니다. 번역자회와의 대화를 통해 1년이나 그 이상의 기간 내에 단 한 권이라도 출간할 가능성이 없다는 사실이 드러났습니다.

선교사들의 소망에 부응하고, 긴급한 수요에 맞춰 공급하기 위해, 위원회는 번역자회의 개인 위원이 준비해온 번역에 대한 한정된 출판 부수를 확보하려는 계획에 착수하고 있습니다. 6월 회의에서 다음과 같이 결정했습니다. "공식 성서번역자회에 요청하여 그들이 번역한 여러 책의 초고인 임시본을 상임성서실행위원회가 인쇄하도록 허가한다." 또한 10월 회의의 결의 때 번역자들이 위원회에게 사복음서와 사도행전을 사용하도록 이양해줄 것을 요청하기로 했습니다. 이 요청에 대해 성서번역자회는 다음과 같이 답장했습니다. (6월 25일 회의록 참고.) "실행위원회의 요청을 고려해서 그 판본이 1,000부를 넘지 않는다는 조건으로 우리는 실행위원회가 번역자회에 제출된 개인 역본을 출판할 것을 결정합니다. 하지만 이 판본은 번역자회의 '임시 역본'으로 간주되어서는 안 되며, 개인 역본으로 간주되어야 합니다."

상임성서실행위원회의 10월 회의 때 번역자회는 추가로 다음과 같이 보고했습니다. "어떤 공동체에서는 하ᄂᆞ님 용어를 가진 성경 판본을 제공해줄 것을 요청하고 있는데, 하ᄂᆞ님 용어에 대한 요청에 대해 우리는 다음과

and not 'the tentative edition' of the Board."

At the October meeting of the Permanent Executive Bible Committee the translators further reported as follows: "In view of petition regarding the term 하ᄂᆞ님 [Hanânim] wherein certain in the community ask that they may be provided with an edition of the Scriptures published having this term used, Moved that we recommend that the Permanent Executive Bible Committee use their discretion in the printing of the gospels and print such a number with the term 하ᄂᆞ님 as they shall see fit according to Article VIII of the constitution, asking however that they shall provide for the term 텬쥬 [Ty'ŏnju], chosen by the Board, by providing at least 500 copies with that term." With this communication, the manuscript of Matthew and Acts were submitted and the Executive Committee then authorized the printing of an edition of 1,500 copies of each, viz: 1,000 each with the term 하ᄂᆞ님 and 500 copies each with the term 텬쥬, the style as to type, paper, etc. to be the same as in the earlier edition of Mark (published by the Scotch Bible Society). A committee was appointed to put these through the press, the two editions to be put on the market at the same time.

In November the manuscripts for Mark, Luke and John were reported as ready for submission to the Committee and their publication, in the same way as with Matthew and Acts, was authorized. The translators were requested to in the same manner submit the whole New Testament for publication in the same way.

We had fully expected to be able to report that Matthew and Acts were through the press and nearly ready for distribution but their publication has been delayed so that we cannot yet report that the manuscripts are in the printers' hands. However, at a meeting of the translators held December 22nd and at a meeting of the Permanent Executive Committee held the same day, action was taken looking towards the speedy publication of Matthew and Acts according to the plan reported above. The appearance of these two books is to be followed by that of Mark,

같이 제안합니다. 상임성서실행위원회는 정관 제8조에 따라 적당하다고 여기는 대로 하ᄂᆞ님이라는 용어를 가진 복음서의 출판과 그 출판 부수를 신중히 사용하는 데 동의하지만, 최소한 번역자회가 선택한 텬쥬 용어를 사용한 500부를 공급함으로써 그 용어도 제공할 것을 요청합니다." 이 서신 교환으로 마태복음과 사도행전의 원고가 제출되었고, 실행위원회는 각 판본당 1,500부를, 즉 1,000부는 하ᄂᆞ님 용어를 사용하고, 500부는 텬쥬 용어를 사용하여 인쇄하되, 활자와 종이 등 스타일은 (스코틀랜드 성서공회에서 출판했던) 마가복음의 초기 판본과 동일하게 출판하도록 허락했습니다. 이것들을 인쇄하여, 두 판본을 동시에 시장에 출고하기 위해 소위원회를 임명했습니다.

11월에 마가복음과 누가복음, 요한복음의 원고를 위원회에 제출하고 출판할 준비가 되었다고 보고했고, 동일하게 마태복음과 사도행전도 허락을 받았습니다. 마찬가지로 번역자회는 신약 전체를 같은 방식으로 출판하도록 제출해줄 것을 요청받았습니다.

우리는 마태복음과 사도행전이 인쇄되어 배포할 준비가 거의 끝났다고 보고할 수 있기를 기대했지만 출판은 지연되었고, 그래서 원고가 인쇄공의 손에 있다고 아직은 보고할 수 없습니다. 그러나 12월 22일에 개최된 번역자회 회의와 같은 날에 개최된 상임성서실행위원회 회의 때, 앞에서 언급한 계획에 따라 마태복음과 사도행전의 신속한 출판을 기대하는 결정을 내렸습니다. 이 두 책의 겉모양은 마가복음, 누가복음, 요한복음의 것을 따르게 될 것입니다. 이 판본은 개종하지 않은 자를 대상으로 무분별하게 반포하는 용도가 아니라 선교사와 개종자의 성경 공부와 예배에 사용하기 위한 것입니다. 이것이 가장 시급히 필요한 자들에게 제공될 때, 성서번역자회는 이 역본들에 대한 작업을 다시 시작하여 일반적인 반포가 가능한 최고의 역본을 준비하기 위해 더 비판적으로, 따라서 더 천천히 진행해나갈 것입니다.

Luke and John. It is not the intention that this edition shall be used for indiscriminate distribution among the unconverted, but for use by the missionaries and converts in their Bible study and in worship. When this is provided for the most pressing needs, the Board of Translators will again take up these versions and proceed more critically and hence more slowly to prepare the best version they can for general distribution.

기사 ARTICLES

The Madison Courier December 2, 1889

Madison, Indiana

FAREWELL TESTIMONIAL

Any one present at the meeting last night at the First Presbyterian Church, looking over the large and intelligent audience gathered to express their respect and sympathy for our brother, Rev. S. A. Moffett, born and raised among us, could but have been impressed with the conviction that in this instance, at least, there was a marked exception to the general fact, that "a man is not without honor save in his own country and among his own kindred."

Rarely have we witnessed a more spontaneous and hearty expression of respect, affection, regret and sympathy than was manifested both by the presence of the audience and the words of the speakers last evening, and it must have done much to assuage the grief which the recipient and his more intimate friends must naturally feel at the long separation awaiting them. It was also a splendid endorsement by his fellow countrymen, that in deciding to leave home, friends and country, that he might, in obedience to the parting command of the Saviour, carry the Gospel to every creature, & go to one of the most difficult fields, and make it his life–work to take the "good news," & our young brother had acted wisely and well.

Another interesting feature of the service was that the opening prayer was offered by our young brother John Palmer, who, it is intimated, may follow ere long in the same path of honor and usefulness.

Very appropriate Scripture lessons were read by Rev. J. L. Aten, in his usual impressive manner, and Dr. Barnard offered an earnest prayer.

Mr. Moffett was then introduced as the preacher of the occasion, which duty he performed most acceptably. He remarked, by way of

「매디슨 쿠리어」 1889년 12월 2일
인디애나 주, 매디슨

고별 기념식

어젯밤 제일장로교회 모임에 참석했던 사람이라면 누구나 우리 가운데 태어나 성장한 형제 마포삼열 목사에 대한 존경과 동정을 표하려고 모인 많은 지적인 청중을 바라보면서, 적어도 이런 상황에서는 일반적인 사실, 즉 "사람은 자기 고향과 자기 동족 외에서는 존경을 받지 못함이 없느니라"는 말에도 분명 예외가 있다는 확신에 감동을 받지 않을 수 없었다.

보기 드물게 우리는 어제 저녁에 참석한 청중과 설교자들의 말씀을 통해 드러난 것보다 더 자발적이고 진심 어린 존경, 애정, 서운함, 동정의 표현을 목격했다. 이로 인해 그들 앞에 놓인 오랜 이별 앞에서 당사자와 친한 친구들이 당연히 느낄 수밖에 없는 슬픔은 분명 많은 위로를 받았을 것이다. 또한 고향, 친구, 고국을 떠나기로 한 결정 역시 그의 고국 동료들로부터 열렬한 지지를 받았다. 가장 힘든 선교지로 가서 모든 피조물에게 복음을 전파하고 "복음"을 책임지는 사역에 자기 평생을 헌신하라고 하신 구주의 작별 명령에 순종하여 우리의 젊은 형제가 지혜롭게 잘 행동했기 때문이다.

예배에서 또 다른 흥미로운 점은 우리의 친근한 젊은 형제 존 팔머가 개회 기도를 드렸는데, 그도 곧 동일하게 명예롭고 쓰임 받는 길을 따라갈 듯하다는 것이다.

아텐 목사가 적절한 성경 본문을 평상시처럼 인상적인 태도로 낭독했고, 버나드 박사가 진지하게 기도드렸다.

이어서 마포삼열 목사가 기념식의 설교자로 소개되었는데, 그는 기꺼이 이 의무를 수행했다. 그는 자주 던졌던 질문인 왜 고향 땅에도 일꾼이 많이 필요한데 그곳을 떠나 멀리 떨어진 이방 세계로 가기로 결심했는지를 서론으로 말했다. 자주 반복되었던 이 질문에 대답하는 것이 이 기념식에서 그

introduction, that he had been often asked the question why he had decided to leave the home field, where laborers were so much needed and go to the far off heathen world? To answer that oft repeated question would be the substance of what he should say on this occasion, and his main answer would be found in trying to yield obedience to the command of Christ as he left the world: "Go ye into all the world," & etc., and upon these words he would present the claims and encouragements to carry the Gospel to the heathen. The first was Christ's command to do this work; and second the debt we owe to foreign missions. For it is to the efforts of foreign missionaries that England, Germany, Scotland, and in fact the whole civilized world, is indebted for its present Christian civilization, for until the missionaries carried the light of the Gospel among them they were all in the darkness of heathenism. Then the condition of the heathen appealed to our sympathy and zeal to give them this great balm which Christ brought down from Heaven for the healing of the nations. These and similar ones, the speaker said, were what had decided him to go to this heathen field to do his Master's work. The words were well spoken in a calm dignified manner, and will be long remembered by many who listened and who thought that peradventure they were "last words" If so, they will prove a precious legacy to many a heart. Within the reasonable limits allowed, it is impossible to report what was said by the speakers who followed, though there was not a word spoken which was not worth printing, but space is limited and we can but briefly mention the speakers.

Mr. M. C. Garber spoke of the happy influence which the increased activity among the young people of the First Church had had among those in the Second Church, and which had culminated in our Brother Moffett giving himself to the grand and noble work in which he was to engage.

Rev. Mr. Aten expressed in earnest, eloquent words his hearty

가 말하려던 요지였는데, 핵심적인 대답은 그리스도께서 세상을 떠나실 때 주신 "땅끝까지 가라" 등의 명령에 순종하려고 할 때 찾을 수 있을 것이다. 이 설교에서 그는 이방인에게 복음을 전하려는 결의와 용기를 분명히 보여주려고 했다. 첫 번째 이유는 이 일을 하라는 그리스도의 명령이다. 그리고 두 번째는 우리가 외국 선교회에 진 빚 때문이다. 바로 외국 선교사들의 노력 덕분에 영국, 독일, 스코틀랜드, 실제적으로 문명화된 세계 전체가 현재의 기독교 문명의 혜택을 받게 되었는데, 선교사들이 복음의 빛을 가져오기 전에는 모두 우상 숭배의 어둠 속에 빠져 있었기 때문이다. 이어서 그는 이방인의 상황을 들어 우리의 동정과 열의에 호소했는데, 그리스도께서 열방의 치유를 위해 천국에서 가지고 오신 이 위대한 치료제를 그들에게 주자고 호소했다. 설교자가 언급한 이런 요점들로 인해 그는 주님의 사역을 하기 위해 저 이방인의 땅에 가려고 결심했던 것이다. 설교는 차분하고 근엄한 태도로 훌륭하게 전달되었고, "마지막 설교"라고 생각한 많은 청중에게 오랫동안 기억될 것이다. 만일 그렇다면 그 설교는 많은 이의 가슴속에 귀중한 유산으로 남을 것이다. 제한된 지면으로 인해 후속 설교자들이 말했던 것을 보고하는 일은 불가능한데, 비록 출판할 만한 가치가 없는 말이 언급된 적은 없지만 지면의 제한으로 설교자들만 간단히 언급하겠다.

가버 목사는 제일교회 청년들의 활동 증가가 제이교회 사람들에게 미친 행복한 영향력에 대해 이야기했는데, 그것은 우리 형제 마포삼열 목사가 위대하고 고귀한 사역에 헌신함으로써 절정에 이르렀다.

아텐 목사는 이 행사를 위해 진지하고 유창한 설교로 자신의 진심 어린 공감을 표현했고, 마포삼열 목사의 위대한 선교에서 자신과 교회가 진심 어린 공감과 기도로 마포삼열 형제를 따르기로 서약했다.

피셔 박사는 깊은 감사를 표현했는데, 또 한 명의 하노버 대학 졸업생이 외국 선교사의 긴 명단에 추가되었기 때문이다.

버나드 박사는 브라운 박사가 마포삼열 형제에 대해 깊은 관심을 가져달라고 제안한 것을 흔쾌히 수용했다고 말했고, 제이교회 교인들은 그를 가

sympathy with the occasion, and pledged the hearty sympathy and prayers of himself and church to follow the Brother in his grand mission.

Dr. Fisher expressed the great gratification it gave him that another was to be added to the long list of Hanover College representatives in the foreign mission field.

Dr. Barnard said he gladly accepted the proffered half interest in Brother Moffett tendered by Dr. Brown, and pledged him a warm place in the hearts and prayers of the 2nd Church people.

Dr. Graham followed in a similar train of thought, and the closing address was made by Dr. Brown, who, with evident emotion, spoke of the great satisfaction it gave him that his church was to have so able a representative in far distant Korea. In words admirably chosen he spoke the parting words, and giving Mr. Moffett his hand pledged him their united prayers, love and sympathy. The choir rendered appropriate and pleasing music.

No meeting of similar interest has ever, we believe, been held in our city.

슴에 따뜻이 품고 기도하기로 서약했다.

그레이엄 박사도 비슷한 일련의 생각을 이어갔고, 폐회사를 브라운 박사가 했는데, 그는 감동하여 자기 교회가 이처럼 아득히 먼 한국에 대표자를 가질 수 있게 되어 크게 만족한다고 이야기했다. 그는 감탄할 정도로 잘 선별한 단어로 작별 인사를 했고, 마포삼열 목사와 악수하면서 합심 기도, 사랑, 공감을 주겠다고 약속했다. 성가대는 적절하고 즐거운 음악을 연주했다.

지금까지 우리 도시에서 이 정도의 관심이 집중된 모임이 개최된 적은 없었다고 믿는다.

Samuel A. Moffett, "Evangelistic Tour in the North of Korea," *Church at Home and Abroad* 10 (October, 1891): 329–331.

Evangelistic Tour in the North of Korea

Last February, in company with Mr. Gale, of the Toronto University Y.M.C.A., I started for the north of Korea. Our purpose was to preach the gospel, study the language, country and people, and to look after the work which had already been done in Eui-ju and the Korean valleys, just across the Chinese border. In order that we might be free to stop anywhere and stay any length of time without the expense of keeping several horses and their grooms, we went on foot, putting our blankets, clothes and a lot of Chinese gospels on two pack ponies, and taking with us our native evangelist, Mr. Saw, through whom we expected to do most of our preaching. After the first two days we found the roads rough and muddy, but we were able to make 20 or 30 miles a day without much fatigue. Stopping whenever we pleased at towns and villages and spending several days, including Sundays, at the two large cities of Syong To and Ping An, we reached at last Eui-ju, the northern port, 350 miles from the capital. Along the way in many an inn we had talked with interested groups of men, many of whom were eager to purchase the Chinese gospels and En Mun catechism. Those most deeply interested asked where we lived and promised to hunt us up when they went to Seoul. In Eui-ju, on the border of China, where an evangelist has been at work for some time, we were most pleasantly surprised to find a field ripe for the harvest and the people anxious to have a missionary come and live among them. We stayed there twelve days, giving daily instruction to those who had already heard the gospel, and making known to many for the first time the news of salvation from sin. While we in our little room were giving Bible readings daily, our evangelists

마포삼열, "한국 북부에서의 전도 여행", 「국내외 교회」 10 (1891년 10월), 329-331쪽.

한국 북부에서의 전도 여행

지난 2월 나는 토론토 대학교 기독교청년회의 게일 씨와 함께 한국 북부로 출발했다. 우리의 목적은 복음을 전파하고, 한국의 언어와 나라와 사람들에 대해 배우며, 의주와 한중 국경 바로 너머에 있는 한인촌에서 이미 이루어진 사역을 살펴보는 것이었다. 말 여러 필과 마부에 대한 비용을 부담하지 않고 어디서나 자유롭게 멈추어 얼마 동안이든지 머물 수 있도록 우리는 담요, 옷, 한문 복음서를 잔뜩 넣은 보따리 2개를 조랑말에 싣고서 본토인 전도사 서 씨와 함께 걸어갔는데, 주로 그를 통해서 전도할 작정이었다. 첫 이틀 후 우리는 진흙투성이의 험한 길을 만났지만, 피곤한 기색 없이 하루에 20마일에서 30마일을 갈 수 있었다. 두 개의 대도시 송도와 평양에서의 주일을 포함하여 마을과 읍에서 내킬 때마다 멈추어 며칠씩 보낸 후, 마침내 수도에서 350마일 떨어진 북부의 항구 의주에 도착했다. 우리는 가는 도중에 많은 여관에서 관심을 보이는 사람들과 이야기를 나누었는데, 많은 사람이 한문 복음서와 언문 요리문답서를 구입하려고 했다. 깊은 관심을 가진 자들은 우리가 어디에 사는지 물어보았는데, 그들은 서울에 가게 되면 우리를 찾겠다고 약속했다. 한 전도사가 얼마 동안 사역했던 중국 국경에 있는 의주에서 우리는 추수할 때가 무르익은 들판과, 선교사가 찾아와 자신들과 함께 살기를 갈망하는 사람들을 발견하고 무척 놀랐고 기뻤다. 우리는 그곳에 12일간 머물면서 이미 복음을 들었던 자들에게 매일 가르쳤고, 처음 복음을 듣는 많은 사람에게는 죄에서 구원받는 소식을 알려주었다. 우리가 작은 방에서 매일 성경을 읽는 동안 전도사들은 방 밖에서 다른 사람들과 이야기를 나누었는데, 매일 밤 어떤 때는 1시나 2시까지 전도사들이 주변 마을에서 찾아온 자들에게 설교하는 것을 들을 수 있었다. 우리는 의주에서 2주간 머물렀고, 많

were in an outside room talking to others and we could hear them preaching every night, sometimes until 1 or 2 o'clock, to those who had come from the surrounding villages. We were in Eui-ju two Sundays and held two well-attended services, at the latter of which I administered the Lord's Supper to ten Koreans who had previously received baptism. I also received applications for baptism from five men in Eui-ju and from a class of ten in Kou Syong. These latter have been receiving instruction from an old man who had attended our winter theological class in Seoul.

We were treated with great courtesy by the officials and to the chief magistrate we sent a nicely bound copy of the Chinese New Testament, which he produced and talked of when we dined with him a few days later. Eui-ju with the surrounding cities and towns is a most promising field, greatly needing the presence of a missionary to cultivate it. From this point we crossed into China and took carts for Moukden, jolting for several days over as rough and stony a road as one can find anywhere. We do not envy the Manchuria missionaries their springless carts and rough roads. A tramp in the Korean mud is preferable to a cart ride over the rocks and stones of the roads of Manchuria.

When we reached Moukden we were most cordially welcomed by Rev. John Ross and a group of young Scotch missionaries, who made our four days' stay with them one of the most enjoyable and profitable experiences of the journey, and we came back to Korea eager to see the time when our own work there will be as far advanced as that in Manchuria. Having learned all we could from Mr. Ross concerning his efforts in the Korean valleys, we traveled directly east from Moukden until we reached the mountainous region of the extreme north of Korea, having come through one of those valleys partially settled by Koreans. Finding that these valleys are more easy of access from the Chinese side and that this region of Korea is more sparsely settled than we had been led to believe, we then deviated from our projected route. We

은 사람이 참석한 예배를 두 번 드렸는데, 두 번째 예배 때에는 이전에 세례를 받았던 한국인 10명에게 성찬식을 베풀었다. 또한 의주에서는 5명에게, 구성에서는 10명에게 세례 신청을 받기도 했다. 후자의 사람들은 서울의 겨울 신학반에 참석했던 한 노인에게 가르침을 받고 있었다.

관리들에게 정중한 대접을 받은 우리는 의주 부윤에게 장정이 잘된 한문본 신약전서 1부를 보냈는데, 며칠 후 함께 식사할 때 그는 이 책을 꺼내 여기에 대해 이야기했다. 도성과 읍들로 둘러싸인 의주는 그곳을 경작할 선교사의 존재를 절실히 필요로 하는 가장 전도유망한 땅이다. 우리는 이곳에서 중국으로 건너갔고 봉천까지 수레를 탔는데, 어디에서도 발견할 수 없는 거칠고 돌이 많은 길을 여러 날 동안 덜컹거리며 갔다. 한국의 흙길에서 하는 도보 여행이 만주의 바위와 돌투성이 길에서 수레를 타는 것보다 더 낫다.

우리가 봉천에 도착했을 때 존 로스 목사와 한 무리의 젊은 스코틀랜드인 선교사들이 우리를 정성스럽게 맞이해주었고, 나흘 동안의 체류를 가장 즐겁고 유익한 여행 경험 중의 하나로 만들어주었다. 우리는 우리의 사역이 만주처럼 크게 진전되는 때가 오기를 바라며 한국으로 돌아왔다. 우리는 한인촌에서 로스 목사의 성과와 관련하여 그로부터 최대한 많은 이야기를 들은 후 한국 최북단의 산악 지역에 도착할 때까지 봉천에서 동쪽으로 곧장 이동했는데, 한국인들이 흩어져 정착했던 계곡들 중 하나를 통과했다. 이 계곡은 중국 쪽에서 접근하는 것이 더 쉽고, 이 계곡의 한국 지역에는 우리가 믿어왔던 것보다 거주 인구가 더 희박함을 알고서 계획했던 진로를 바꿨다. 우리는 북부 국경을 따라 동부 해안으로 가려고 했지만, 그 대신 함경도의 주도인 함흥에 도착할 때까지 곧장 내려왔다. 우리는 이 지역에서 식량이 매우 부족했지만 스코틀랜드인 혈통이기에 오로지 삶은 귀리와 나물만으로 차린 식사라도 즐길 수 있음을 자축했다. 마침내 함흥에 도착하자 우리는 눈과 얼음 지역에서 꽃과 온화한 봄바람의 지역으로, 척박한 땅에서 한국의 가장 기름진 지역으로 들어왔다. 함흥은 우리가 본 한국의 모든 도시 중에서 가장 매력적인 곳으로, 논밭으로 뒤덮인 커다란 벌판이 내려다보이고 바다와 인

had intended to go along the northern frontier to the eastern coast, but, changing our plan, we came down instead until we reached Ham Heung, the capital of the North-east province. In this region we found food so scarce that we congratulated ourselves that we had Scotch blood in our veins and could relish a meal consisting of nothing but boiled oats and greens. When we reached Ham Heung we had come from the region of snow and ice into that of flowers and balmy spring breezes, and from the land of scarcity into one of the most fertile regions of Korea. Ham Heung is in appearance the most attractive city which we have seen in all Korea, situated at the foot of a mountain looking off upon a large plain covered with fields of rice and grain and reaching to the sea. It is distant only 90 miles from the eastern treaty port of Gensan, the road to which runs through a region rich in gold and fertile fields. Gensan is an important and most inviting field for missionary effort, but as yet no work has been done there. The Roman Catholics are ahead of us in occupying the important points and have just sent a priest to this port. We are hoping that the Board will soon be able to send us men enough to occupy these points, which would give us a hold upon all Korea.

From Ham Heung we took horses to Seoul, arriving here in the middle of May, having traveled 700 miles on foot, 400 in a cart and 300 on horses. In the three months' time we have not only improved considerably in our knowledge of the language, but have also sowed the gospel seed among thousands. We doubt not that some of this seed will spring up and bring forth fruit.

We met no ill-treatment and, aside from a natural suspicion of foreigners, found nothing to oppose the teaching of the gospel.

접해 있는 산기슭에 위치해 있다. 동부 개항장 원산에서 90마일 거리에 불과한데, 그곳까지의 도로는 금이 풍부한 지역과 기름진 들판을 가로질러 뻗어 있다. 원산은 선교 활동에 중요하고 가장 마음이 끌리는 곳이지만 그곳에서는 아직껏 어떤 사역도 이루어지지 않았다. 천주교는 우리보다 앞서 중요한 장소에서 사역하고 있는데, 이 항구에는 신부 한 사람만을 파견했다. 우리는 선교부에서 그곳에서 사역하기에 충분한 사람을 곧 보내주기를 소망하는데, 그러면 우리는 전 한국을 장악하게 될 것이다.

함흥에서부터는 말을 타고 서울로 왔고 5월 중순에 도착했는데, 그때까지 700마일은 걸어서, 400마일은 수레를 타고 300마일은 말을 타고 여행했다. 석 달 동안 우리는 한국어 지식을 상당히 향상시켰을 뿐만 아니라 수천 명의 사람에게 복음의 씨앗도 뿌렸다. 우리는 이 씨앗 가운데 일부가 자라서 열매 맺을 것을 의심하지 않는다.

우리는 어떤 학대도 당하지 않았고, 외국인에 대한 자연스러운 의심을 제외하고는 복음을 가르치는 것에 대한 어떤 반대도 경험하지 못했다.

Samuel A. Moffett,
"An Evangelistic Tramp through North Korea,"
***Herald and Presbyter*, Vol. LI., No. 51, January 13, 1892 (Part 1); and January 20, 1892 (Part 2).[1]**

An Evangelistic Tramp through North Korea–I

The close of the Korean New Year festivities found Mr. Gale and myself gathering together a few things preparatory to a tramp through the north of Korea. Loading our goods on two pack ponies and equipping ourselves with a pair of strong shoes and a good oak cane, we left Seoul by the west gate on February 25, and began our march on the Peking road. We took with us Mr. Saw, our Seoul evangelist, Kum Doli, my house-boy, and Mr. Gale's little fox-terrier dubbed "Nip," According to the Oriental custom of bidding farewell to journeying friends, we were accompanied some distance outside the city wall by Messrs. Gifford and Fenwick, a number of Korean friends, the boys from our school, and servants connected with the mission. One by one these returned, a few accompanying us to a high pass about a mile from the city. At the top of this pass, Mr. Youn, of our boys' school, suggested that we have prayer before separating, and in very feeling words commended us to God and asked a blessing upon our journey. Touched by this prayer, coming spontaneously from one who has been a Christian but a short time, we took our final farewell and were soon trudging along in order to reach the first town, thirteen miles off before night. After a hearty supper and prayers, we rolled ourselves up in our blankets on the warm floor and

1 From the original letter (written in May 1891 from Seoul) published in the *Herald and Presbyter*, Cincinnati, OH (a Presbyterian family newspaper published every Wednesday), found and transcribed by Dr. Sung-Deuk Oak in 2004.

마포삼열,
"한국 북부 횡단 전도 도보 여행-I",
「전령과 장로」 Vol. LI., No. 51,
1892년 1월 13일.

한국 북부 횡단 전도 도보 여행-I

한국의 설 연휴가 끝날 무렵 한국 북부 횡단 도보 여행을 위해 게일 씨와 만나 몇 가지 물건을 함께 마련했다. 우리는 조랑말 두 마리에 짐을 싣고, 튼튼한 신발을 신고 적당한 참나무 지팡이를 갖춘 후 2월 25일 서대문을 통과해 서울을 벗어났고, 북경로(北京路)를 따라 우리의 여행 행군은 시작되었다. 우리는 서울의 전도사인 서[상륜] 씨와, 내 심부름꾼인 금돌이, '닙'이라고 부르는 게일 씨의 작은 폭스테리어 개를 데리고 갔다. 여행을 떠나는 친구에게 작별을 고하는 동양 풍습에 따라 기퍼드 목사, 펜윅 목사, 몇 명의 한국인 친구, 우리 학교 학생, 선교회와 관련된 하인들이 성 밖까지 따라왔다. 한 명씩 돌아갔고, 소수의 사람들만 도시에서 약 1마일 떨어진 높은 고개까지 따라왔다. 이 고개 위에서 우리 학교 학생인 윤 군이 헤어지기 전에 기도하자고 제안했는데, 감동적인 말로 하나님께 우리를 의탁했고 여행에 대한 축복을 간구했다. 예수교인이 된 지 얼마 되지 않은 자로부터 나온 이 자발적인 기도에 감동을 받았다. 우리는 마지막 작별 인사를 나누었고, 밤이 되기 전 13마일 떨어진 첫 번째 읍에 도착하기 위해 즉시 발걸음을 내디뎠다. 정성 어린 저녁 식사와 기도 후에 우리는 따뜻한 방바닥에서 담요를 덮고 이내 잠들었다. 가벼운 마음으로 다음날 아침 도보 여행을 시작했는데, 선교회 재정, 건물, 학교 등의 필수적인 일과에서 흔히 있는 사소한 골칫거리와 성가신 일은 뒤로 하고, 석 달간의 언어 공부, 전도 사역, 사람들과의 직접적인 만남이 우리 앞에 있음을 느꼈다. 우리를 따라왔던 전도사는 보물이다. 그는 위엄 있고 인상적인 한국인 가운데 한 사람이자 진정 담대한 예수교인으로, 비록 모욕과 어

were soon asleep. We began the next morning's tramp with light hearts, feeling that we had left behind us all the petty annoyances and vexations incident to the necessary routine of mission finances, buildings, schools, etc., and that before us were three months of language study, evangelistic work and direct contact with the people. The evangelist who accompanied us is a treasure-one of the most dignified and impressive of Koreans, a true, courageous Christian commanding the greatest respect and esteem from us as we saw his skill in preaching to his own people and his courage in preaching and selling books, although he was thus subjecting himself to insult, and, for aught he knew, to severe persecution also.

Having traveled fifty miles, we reached Syong To, the capital of the former dynasty, and one of the five largest cities in the kingdom. Before reaching the city a heavy rain-storm had driven us for shelter into a small roadside inn, presided over by two very old, white-headed men, who for the first time heard the news of eternal life and salvation from sin. Their readiness to admit that they were sinners connects itself in my mind with one of the New Year customs which evidences the consciousness of sin in this people. As we were traveling we had observed along the roadside a number of straw images, and upon inquiry learned that on the 14th of the first month these images are made as representatives of individuals. In the body, hands and feet are placed pieces of money, while inside is placed a paper on which is written the name of the person, all the sins of the past year and all the evils which he wishes to escape the coming year. At nightfall, passing beggars cry out, "Chay yong Chusio" ("Please give us the straw image") and in response these images are passed out through the door. The money being extracted, the image is thrown into the field along the roadside, and with it are carried away the man's sins and all the evils which might otherwise befall him. I raise the question as to whether this may not be a remnant of Old Testament knowledge,

● 제웅[1]을 든 선교사

떤 가혹한 박해를 받더라도 사람들에게 설교할 때의 그의 기술과, 전도하고 서적을 판매할 때의 용기를 보면 우리는 그를 존경하고 찬탄하게 된다.

50마일을 이동한 후 우리는 이전 왕조의 수도였고 현 왕국에서 가장 큰 다섯 도시 중 하나인 송도에 도착했다. 도성에 도착하기 전 폭풍우를 만난 우리는 피난처를 찾아서 길가에 있는 작은 여관으로 향했는데, 나이 많은 백발노인 두 사람이 운영하고 있었다. 그들은 영생과 죄에서의 구원에 관한 소식을 처음으로 들었다. 그들이 죄인이라고 기꺼이 인정한 것은, 내 생각에, 죄의식을 보여주는 새해 풍습과 관련이 있다. 우리는 여행하는 동안 길가에서 많은 볏짚 인형을 발견했는데, 조사 결과 정월 14일에 이 인형이 개인을 대신하여 만들어졌음을 알았다. 인형의 몸과 손과 발에 돈을 넣어두는데, 그 안에는 어떤 사람의 이름과 작년에 지은 모든 죄, 올해는 벗어나기를 바라는 불길한 모든 것을 적은 종이도 들어 있다. 해 질 녘에 지나가는 거지들이 "처용 주시오"(볏짚 인형 주시오)라고 외치면, 이 인형을 문밖으로 던진다. 돈을 빼

1 역신을 쫓기 위해 음력 정월에 길이나 동구 밖에 내던져 액을 면하게 한다는 사람 모양의 볏짚 인형으로 처용이라고도 한다.

being related to the two great Jewish festivals, the Passover on the 14th of the first month, and the Day of Atonement when the scapegoat carried away the sins.

Having spent three days, including Sunday, in Syong To, part of one day spent along the road outside the city wall, selling books and talking to passers–by, we started for Ping An [Pyeng Yang], another large city, four hundred li distant [a li is about 1/3 of a mile].The roads were rough and frozen in the morning and muddy at noon, but we made twenty or thirty miles a day, stopping at towns and villages all the way, and staying a longer or shorter time according to the opportunities presented to interest people in our message.

The numerous beautiful pheasants made us regret the absence of a shotgun–a regret intensified as we moved north and saw immense flocks of wild geese and ducks, which would have gone far toward supplementing the meager fare of the village inns. We reached Ping An [Pyeng Yang] and stayed there a week, it being one of Korea's largest cities, the capital of the province, and a place which we hope to occupy as soon as possible. We had service on Sunday, and sowed the seed here and there, meeting many from neighboring towns. After the Sunday service, our evangelist proposed to the two professing Christians that they go with him to sell books on the street. Instantly came the quick reply, "An twoio" ("It won't do."), and when they failed to arouse the necessary courage, Mr. Saw went alone to one of the watch–towers on the city wall, and there quietly disposed of a few books and met several interested persons. Work here is in its first stage, and while there are a number quietly searching the truth, there is great reluctance to–in any public way–identify oneself with the foreigner who brings the truth. Our one professing Christian there is quietly at work and has brought to see us a number who are studying, some of whom profess to believe.

Leaving Ping An, we found the weather considerably colder, and

낸 제웅은 길가 들판에 버려지고, 그렇게 하지 않았더라면 그 사람에게 닥쳐올 수도 있는 죄와 불길한 모든 것은 돈과 함께 사라지게 된다. 나는 유대인의 두 가지 큰 축제인 정월 14일 유월절과, 속죄양이 죄를 가져가는 속죄일과 관련하여 이것이 구약 지식의 유물이 아닌지 궁금했다.

도성 밖 도로를 따라서 서적을 팔고 지나가는 사람들과 이야기하면서 하루 중 일부를 보냈던 송도에서 주일을 포함해 3일을 지낸 후 우리는 400리(1리는 약 1/3 마일) 떨어진 또 다른 대도시 평양을 향해 출발했다. 길은 아침에는 거칠고 얼어붙었으며, 오후에는 진흙 투성이였지만, 가는 도중 읍과 마을마다 멈추어 우리의 메시지에 관심을 보이는 사람들에게 복음을 전하면서 기회에 따라 길거나 짧은 시간을 머무르며 하루에 20마일 내지 30마일을 갔다.

수많은 아름다운 꿩을 보면서 엽총이 없는 것이 아쉬웠다. 아쉬움은 북쪽으로 가면서 수없이 많은 야생 기러기와 오리 떼를 보며 더욱 강렬해졌다. 그것들이 북쪽 멀리까지 날아와 있었기 때문에 마을 여관들의 빈약한 음식을 보충해줄 수 있었을 것이다. 우리는 평양에 도착했고, 그곳에서 1주일을 머물렀는데, 그곳은 한국에서 가장 큰 도시 중 하나로 평안도의 주도인데, 한시라도 빨리 사역에 전념하고 싶은 장소였다. 우리는 주일에 예배를 드렸고, 이웃 읍들에서 온 많은 사람을 만나면서 여기저기에 씨앗을 뿌렸다. 주일 예배 후 우리 전도사가 신앙을 고백한 예수교인 두 사람에게 자신과 함께 거리에 서적을 팔러 가자고 제안했다. 즉시 "안 되오"라는 대답이 나왔고 그들이 필요한 용기를 내는 데 실패했을 때 서 씨는 도성의 감시탑 중 하나에 혼자 가서 그곳에서 묵묵히 몇 권의 서적을 진열해놓고 관심을 보이는 여러 사람을 만났다. 여기서의 사역은 첫 단계이므로 많은 사람이 묵묵히 진리를 찾고 있는가 하면, 공중 앞에서 진리를 전해주는 외국인과 동일시되는 것을 꺼리는 자들도 있다. 신앙을 고백한 한 예수교인이 그곳에서 묵묵히 사역 중이고, 공부하고 있는 자들을 우리에게 데려왔는데 그 가운데 일부가 신앙을 고백했다.

for several weeks had frequent snow-storms. In the city of Anju, one of the prettiest cities of Korea, with its brilliant white wall and pine-clad hillside, we found an inquirer who reported a class of six under his instruction. So great were the crowds of curious sightseers from whom there was no escape, an inner room being unobtainable, that we had no privacy, and while these men wish instruction, they are not yet willing to declare themselves before their fellow–citizens. One of the greatest trials of travel in Korea is the almost absolute impossibility of attending to any business privately. If not surrounded by a crowd, the inns being public houses, you may be sure there is a listening ear at the door, or a peering eye at some hole in the paper window, and their curiosity to know not only a foreigner's but each other's business, is unlimited. With a promise to stop another time in hope of obtaining a private room, we passed on and spent the following Sunday in a small town. Here we spent the day talking to rooms full of men, while a number of women gathered in an adjoining room listened and peeped through cracks in the wall. Great interest was manifested, and they said it was the first time they had heard of Christ. There is far less suspicion and a greater readiness to listen on the part of the people of the smaller towns and villages, the people of the larger cities seeming to be in great fear of persecution or social ostracism.

On the 20th of March we reached Eui-ju, the large border city, and saw looming up before us the great high mountains of Manchuria. Here we settled down for a rest from our tramp of 350 miles, to engage in the work which we had especially come to do. Under our resident evangelist a small band of Christians had been gathered together, and during the twelve days spent here we had profitable communion with them, giving scriptural instruction both day and night to them and to numerous inquirers from other towns. Holding service on two Sundays at the latter, I administered the sacrament of the Lord's Supper to ten Koreans. Our

평양을 떠나면서 우리는 날씨가 꽤 추워졌음을 알았고, 몇 주 동안 폭설도 자주 내렸다. 눈부신 흰 성벽과 소나무로 덮인 언덕이 있는, 한국에서 가장 예쁜 도시 중 하나인 안주(安州)에서 우리는 한 구도자를 알게 되었는데, 그는 자신이 가르치고 있는 6명의 학습반을 보고했다. 호기심에 찬 구경꾼 인파가 너무 많았는데, 안방을 구할 수 없어서 사적인 공간이 전혀 없었고 그래서 그들을 피할 데가 전혀 없었다. 학습반 사람들도 지도받기를 원했지만 아직 주민들 앞에서 공표하기를 원하지는 않았다. 한국 여행에서 가장 큰 시련 중 하나는 어떤 일을 사적으로 처리하는 것이 절대적으로 불가능하다는 것이다. 만약 군중이 에워싸지 않는 주막의 숙소에 있다면, 문밖에서 듣고 있는 귀가 있거나, 아니면 창호지 창문 구멍으로 응시하고 있는 눈이 있는 것이 확실한데, 호기심은 외국인뿐만 아니라 다른 사람의 일에 대해서까지 끝이 없다. 우리는 개인적인 방을 확보하기를 바라면서 또 다른 기회에 머물겠다는 약속을 하고 지나갔고, 작은 읍에서 다음 주일까지 보냈다. 여기서 우리는 남자들로 꽉 찬 방에서 이야기를 하면서 하루를 보냈는데, 그동안 옆방에서 많은 여자들이 모여서 들었고 갈라진 벽 틈으로 엿보았다. 사람들은 큰 관심을 보였고, 그리스도에 대해 처음 들었다고 말했다. 의심할 바 없이 작은 읍과 마을 사람들은 기꺼이 들으려고 하는 반면 대도시의 사람들은 박해나 사회적 추방에 대해 큰 두려움을 느낀다.

3월 20일에 우리는 커다란 국경 도시인 의주에 도착했고, 우리 앞에 만주의 거대한 산들이 불쑥불쑥 솟아 있는 것을 보았다. 우리는 350마일의 도보 여행을 멈추고 이곳에 일단 정착했는데, 우리가 특별히 하려고 했던 사역에 종사하기 위해서였다. 거주하고 있는 우리 전도사[백홍준]의 지도하에 있는 소규모의 예수교인이 함께 모였고, 12일 동안 우리는 그들과 유익한 대화를 나누었으며, 그들과 다른 읍에서 온 구도자들에게 밤낮으로 성경을 가르치면서 보냈다. 두 번의 주일 예배를 드렸는데, 나는 두 번째 예배 때 한국인 10명에게 성찬식을 베풀었다. 이곳에서의 체류를 통해 전망이 밝은 실태를 확인했다. 신실한 신앙인임을 증언한 몇 사람이 있었고, 진리를 듣고 알고

stay here had revealed a most promising state of things, there being a few who gave every evidence of being sincere believers, and a great many who were eager to hear and know the truth. I enrolled the names of fifteen applicants for baptism, and gave them a suggested course of Bible study preparatory to another visit. Gratified with the prospect of the work in Eui-ju, and hoping that the expressed wish of many that a missionary should come and live among them may soon be realized, we prepared for the second stage of our journey. This was to carry us to the "Korean valleys" of China, to the Koreans among whom Dr. Ross and other Presbyterian missionaries of Moukden had for some years been working.

Our plan was to visit Moukden, and after gaining all the information we could from Dr. Ross, go directly east through the Korean valleys, across the north of Korea, and thence to Gensan, the eastern port, a region not yet visited, and concerning which the mission wanted information.

싫어하는 사람들이 많이 있었다. 나는 세례 신청자 15명의 이름을 등록했고, 다시 방문할 때를 준비하도록 그들을 위해 고안된 성경 공부 과정을 주었다. 의주 사역의 전망은 만족스러웠고, 선교사가 와서 거주하게 해달라는 많은 사람의 소망이 머지않아 실현되기를 바라면서, 우리는 여행의 두 번째 단계를 준비했다. 그것은 봉천의 로스 박사와 장로교 선교사들이 수년 동안 사역해온 중국의 "한인촌"에 있는 한국인에게 가는 것이었다.

우리의 계획은 봉천을 방문해서 로스 박사로부터 가능한 한 모든 정보를 얻은 후 한인촌을 가로질러 동쪽으로 직진하여 한국 북부를 횡단해서 동부의 항구이자 아직 방문하지 않은 지역이며 선교회에서 관련된 정보를 원했던 원산으로 가는 것이었다.

Samuel A. Moffett,

"An Evangelistic Tramp through North Korea,"

***Herald and Presbyter*, Vol. LI., No. 51.**

January 20, 1892.

An Evangelistic Tramp through North Korea-II

Just before starting across the Yalu River into China, my curiosity was aroused by some long cotton padded rolls of muslin which were being placed on our loads. Upon inquiry I was told they were to be placed in the Chinese carts to prevent us from breaking our heads when the jolting over the rough roads brought them into contact with the sides of the cart. From this we anticipated a rather rough ride, and it is well we did, for such rough rocky roads I never saw elsewhere than between Eui-ju and Moukden, and when two of us were wedged into a small, springless cart, we were jolted and shaken up and tossed about in a manner beyond my powers of description. As we landed on Chinese territory, the large solid brick custom-house compelled us to make the first of many unfavorable comparisons. This time it was to the disparagement of Korea's small, low, mud custom-house on the opposite bank, and this comparison holds good in respect to all the buildings public or private. A walk of three miles brought us to the first town, where our carts were awaiting us. Wedging our three Koreans into one cart, Mr. Gale and I with "Nip" occupied the other cramped quarters, and we were off for Moukden. The Chinese official viewed our passports, and politely sent a file of six soldiers and a mounted captain to accompany us. Accepting this mark of respect and attention until night, we made the acquaintance of the captain, who proved to be a Mohammedan, and after thanking him, relieved them from further service. Our next day's experience was a new

마포삼열,
"한국 북부 횡단 전도 도보 여행-II",
「전령과 장로」 Vol. LI., No. 51,
1892년 1월 20일.

한국 북부 횡단 전도 도보 여행-II

압록강을 건너 중국으로 출발하기 직전에 짐 속에 조금 길게 말아 넣은 솜이 들어간 모슬린 패드에 대해 호기심이 생겼다. 문의해보니, 거친 길에서 덜컹거릴 때 수레의 짐 면에 머리가 부딪혀 크게 다치는 일을 예방하기 위해 중국 수레에는 이런 패드를 설치해야 한다고 한다. 이때부터 우리는 상당히 거친 길을 예상했는데, 이런 예상은 적중했다. 왜냐하면 의주와 봉천 사이의 길만큼 그렇게 거친 바위 투성이의 길을 다른 곳에서는 결코 본 적이 없었기 때문이다. 우리 두 사람이 스프링이 없는 작은 수레에 비집고 들어가 앉았을 때 도무지 형언할 수 없을 정도로 덜컹거리고 흔들렸으며 울렁거렸다. 우리가 중국 영토에 당도했을 때, 크고 튼튼한 벽돌풍의 세관을 보고 한국에 대한 많은 비판적인 비교 가운데 첫 번째 비교를 하지 않을 수 없었다. 이때에는 반대편 강가에 있는 한국의 작고 낮은 진흙 집을 폄하하게 되었는데, 이 비교는 공적이거나 사적인 건물 전부에 유효했다. 3마일을 걸어가니 첫 번째 읍에 이르렀고, 그곳에서 수레가 우리를 기다리고 있었다. 우리 가운데 한국인 3명이 한 수레에 비집고 들어간 후 게일 씨와 내가 '닙'을 데리고 다른 비좁은 공간을 차지했고, 우리는 봉천으로 출발했다. 중국인 관리가 여권을 검사했고, 우리를 수행하도록 말을 탄 대위와 6명의 군인 일행을 친절히 보내주었다. 밤까지 존경과 배려 속에 우리는 대위와 아는 사이가 되었는데 그는 이슬람교도였다. 우리는 그에게 감사한 후 더 이상의 봉사는 받지 않겠다고 했다. 다음날의 경험은 새로웠고, 봉천까지가 먼 여행임을 충분히 깨닫게 해주었다. 한 사람당 삶은 달걀 5개로 아침 식사를 한 후 우리는 새벽 5시에

one, and will suffice to give you an idea of the trip as far as Moukden. After a breakfast of five poached eggs apiece, we were off by moonlight at five o'clock, and by noon had traveled twenty miles, reaching a large town full of business activity. The roads were full of carts and travelers, and the streets of the city alive with men. The stores were large, well built and well stocked, and the quick business movement of the people marked another contrast to the leisurely strolling Korean. We reached this place just in time to see a large parade of cavalry on their way to a competitive examination, but the sight of soldiers soon became an every-day affair, as the country seems to be pretty full of them. In our inn the dark clothes and quiet, respectful crowd of spectators vividly contrasted with the white-robed, noisy, curious, questioning crowd which had met us at every inn in Korea. It was also a great relief to be free from the necessity of talking, listening to and answering every sort of question, and we gladly left that to our evangelist, who spoke Chinese and acted as our interpreter. We got a fairly good dinner of rice, fish, eggs, soup, pork and cabbage, and were not surprised to find it disagreeably dirty, since at the first inn we had been told by one of the very dirtiest of Korean boys that the food was so dirty even he could not eat it. Certainly, after living twenty days on Chinese food (except while in Moukden), we were glad to get back to the cleaner, if less abundant, fare of Korea.

The afternoon took us over a rough mountain road, and just as it was getting dark and cold our cart got stuck in the mud, delaying us long enough to find the inns in the next village closed for the night. We pressed on, finding ourselves shut out at several successive villages, and began to think we should spend the night traveling up and down these rough mountains in such darkness that, although we had a Chinese lantern, we could not see our front mules. By ten o'clock, however, we had the good fortune to get into an inn, and at once wrapped ourselves up on the kang floor, too tired to eat. Here, too, we were finding cold

달빛을 따라 출발했고, 상업 활동이 활발한 큰 읍에 도착한 정오 때까지 20마일을 이동했다. 길에는 수레와 여행자로 넘쳐났고 도시의 거리에는 인파로 붐볐다. 상점은 크고 튼튼하며 상품으로 가득 찼고, 바쁜 사업 활동은 한가로이 배회하는 한국인과 뚜렷이 대조되는 또 다른 점이었다. 우리가 이곳에 도착했을 때 시합에 나가는 기병대의 긴 행렬을 보았는데, 이런 구경은 이 지방이 군인들로 들끓어서 이내 일상적인 일이 되었다. 우리가 투숙한 여관에서 만난 검은 옷을 입은 조용한 사람들은, 한국의 모든 여관에서 만났던 흰옷을 입은 시끄럽고 호기심이 강하며 질문이 많은 인파와 선명하게 비교되었다. 온갖 종류의 질문을 듣고 대답할 필요에서 자유로워서 안도했으며, 그 일도 우리는 전도사에게 맡겼는데, 그는 중국어를 말할 수 있어서 우리의 통역자로 활동했다. 우리는 밥, 생선, 달걀, 국, 돼지고기로 이루어진 좋은 저녁 식사를 먹었다. 그러나 음식이 더럽다는 것을 알고도 놀라지 않았는데, 첫 여관에서 더러운 한국인 소년이 음식이 너무 더러워서 자기도 먹을 수 없다는 이야기를 한 이후 우리가 별로 기대를 하지 않았기 때문이었다. (봉천에서의 기간을 제외하고) 중국 음식으로 20일을 생활한 후 우리는 비록 풍성하지는 않지만 더 깨끗한 한국 음식으로 돌아와서 정말 기뻤다.

오후에 우리는 거친 산길로 접어들었고, 점점 어두워지고 추워지자마자 수레가 진흙에 빠졌기 때문에, 다음 마을에 도착했을 때는 이미 마을 여관이 문을 닫은 후였다. 여러 마을에서 연달아 숙박할 처소를 찾을 수 없다는 것을 알고 길을 재촉하면서, 비록 중국산 등을 가지고 있었지만 우리는 우리 앞에 있는 노새들도 보이지 않는 그런 암흑 속에서 이 거친 산속을 오르락내리락하며 밤을 보내야 한다고 생각하기 시작했다. 그러나 10시가 되어서 우리는 운 좋게도 여관을 잡았고, 바로 캉 위에 누워서 잤는데,[1] 너무 피곤해서 먹을 수도 없었다. 게다가 여기서 우리는 추운 날씨와 많은 눈과 얼음, 4월의

1 만주의 집에서 볼 수 있는 돌로 만든 일종의 난로로서 그 위에 앉거나 잠을 잘 수 있다. 한국의 온돌방과 비슷하나 캉은 더 많은 열기를 주기 때문에 더 추운 지방에 적합하다.

weather, ice and snow being abundant, and the Manchurian winds of April gave us no special desire to experience those of mid-winter. We had seen many Chinese women along the road, and marked that their dress, sometimes quite pretty, is much more easy, warm and modest than that of Korean or Japanese women.

We reached Moukden, five hundred li from Eui-ju, in six days, and were most hospitably entertained by the missionaries of the Scotch United Presbyterian and Irish Presbyterian Churches. We stayed at the home of Dr. Young, who has charge of a large and most successful hospital, supplied with everything to make it a help in the work of the mission. It was a great pleasure to meet the group of young Scotchmen associated with Dr. Ross in his successful work, and the four days spent with them in social intercourse, discussing their plans of work, enjoying a few games of tennis and evenings of song, constitute one of the most profitable features of our journey. Their beautiful, large church, built in Chinese style, and filled every Sunday with an audience of from three to five hundred native Christians, was both a surprise and an inspiration to us.

After several full talks with Dr. Ross about his work in the "Korean Valleys," we were off, eager to get into Korea again. Traveling a day over the large, sandy plain in the center of which Moukden is situated, we entered the mountains, and for eight days wound in and around these Manchurian "Rockies," following the rivers so closely that we sometimes forded the same river twenty times a day. The winds were hot or cold, the ground was covered with grass or with ice and snow, and the roads were frozen or muddy, as we ascended and descended these peaks. The rivers were swollen, and we had a rough ride, with narrow escapes from upsetting, both on land and in water, our Koreans being upset twice, and one of the mules being carried off his feet by the current. Thus traveling, we were regaled with a bill of fare of rice, beans, corn, millet and broom-corn seed porridge, according as the inns were

만주 바람을 한겨울에 경험해보고 싶은 생각이 추호도 들지 않았다. 우리는 길에서 중국인 여성을 많이 보았는데, 그들의 옷이 상당히 예쁘고, 한국인이나 일본인 여성의 것보다 훨씬 더 편하고 따뜻하며 수수하다는 데 주목할 수 있었다.

우리는 6일 만에 의주에서 500리 떨어진 봉천에 도착했고, 스코틀랜드 연합장로교회와 아일랜드 장로교회의 선교사들에게 따뜻한 대접을 받았다. 우리는 영 의사의 집에 머물렀는데, 그는 선교회 사역에 도움이 되는 모든 것을 지원하는 가장 성공적인 큰 병원을 맡고 있었다. 성공적인 사역을 하고 있는 로스 박사와 연계된 젊은 스코틀랜드인들을 만나 굉장히 기뻤고,[2] 그들의 사역 계획을 논의하면서 몇 번의 테니스 시합과 저녁 찬양으로 교제하며 보냈던 4일은 여행에서 가장 유익한 측면이었다. 그들의 크고 아름다운 교회는 중국풍으로 건축되었고, 주일마다 300명에서 500명 가량의 본토 예수교인 참석자로 채워진다는 점이 우리를 놀라게 했고 영감을 주었다.

"한인촌"에서 이루어진 로스 박사의 사역에 대해 몇 차례 충분히 이야기를 들은 후 우리는 다시 한국으로 들어가고 싶은 마음이 강하게 일어나 출발했다. 만주 중앙에 위치하고 있는 커다란 모래벌판을 하루 만에 이동한 후 우리는 산속으로 들어갔고, 8일 동안을 이 만주의 험한 산과 그 주변을 돌아다녔는데, 너무 바싹 붙은 강 길을 따라가면서 때로는 같은 강을 하루에 20번이나 건너기도 했다. 우리가 산 정상을 오르내리는 동안 바람은 덥거나 추웠고, 땅은 풀이나 얼음과 눈으로 덮여 있었으며, 길은 얼어붙거나 진흙 투성이였다. 강물이 불어 있어서 땅 위나 물속에서나 넘어지는 것을 피하기 어려운 곤란을 겪었는데, 한국인은 두 번이나 넘어졌고, 노새 한 마리는 급류에 다리가 빠져 떠내려갔다. 이렇게 여행하는 동안 우리는 여관에서 제공한 밥, 콩, 옥수수, 조, 수수죽의 음식으로 원기를 회복했다. 그러나 우리는 또 다른 점에서 더 나은 대접도 받았는데, 웅장한 산 위에서 만난 아름다운 경치

---

2 마포삼열은 스코틀랜드계였다.

able to provide. However, we fared better in another respect, and feasted our sense of the beautiful on the grand mountain scenery and the valleys threaded with the clearest of sparkling streams. We shall not forget some of those scenes, viewed through sunshine, rain and snow-storm.

Our cart drivers also added to our entertainment early one morning by stopping to engage in a fight with two pedestrians. The big clubs which they carry were used so freely that we began to think our journey would be interrupted by the loss of a driver or two, but our Koreans came to the rescue and ended the fracas.

In Tong Wha Syen, the largest place on the way, we remained a day, and here began to meet some of the Koreans who had come over in order to have more freedom to reap the results of their industry than they have in their own misgoverned land. We heard of numbers of them off in mountain nooks, and also heard of Dr. Ross' colporteur who has distributed Gospels amongst them. Here, too, our Korean evangelist became a foreign missionary, and as we saw him preaching to a large crowd of Chinese, gathered about him in the inn, we thought of the prediction which many have made, viz: that Korea will become a great factor in the evangelization of China. Approaching the border land our road lay through a dense, tangled forest of pines, spruces and other soft woods, and at the end of fifteen miles we were brought to a halt, at the foot of a high mountain, beyond which there was only a foot-path. Taking leave of our carters, who were jolly fellows, we prepared for the last ten miles to the Yalu. Unable to procure but two coolies, there was nothing to do but to pile our loads on our own backs and trudge off over mountains and through the valleys with regular glaciers six and eight feet thick under foot and a heavy snow-storm overhead. Nightfall brought us to a Korean hut, and right glad we were to get out of the filth and smoke of Chinese inns, and to once more get a clean meal. The next morning we entered the immense pine lumber camp at the junction of

와 맑은 개울이 여울지며 힘차게 흐르는 계곡이 우리에게 감흥을 주었다. 햇빛과 비와 폭설 속에서 보았던 풍경 가운데 일부는 잊지 못할 것이다.

어느 이른 아침에 우리 수레꾼들이 싸우고 있는 도보 여행자 두 사람을 말리는 광경도 우리의 여흥을 더해주었다. 그들이 휴대한 큰 곤봉을 마구 휘둘러서 우리는 한두 명의 수레꾼을 잃게 되어 여행이 방해받을 것이라고 생각하기 시작했지만, 한국인들이 구조하러 왔고 싸움을 끝냈다.

우리는 가는 도중에 가장 큰 장소인 통화(通化)현에서 하루를 머물렀고, 악한 정부가 있는 땅보다 노력의 결과를 거두는 자유를 더 많이 가지기 위해 이국으로 넘어온 일부 한국인을 여기서 만나기 시작했다. 우리는 그들 중 일부가 산속의 피난처에 있음을 들었고, 그들 가운데 복음서를 배포한 로스 박사의 권서에 대해서도 들었다. 더욱이 여기서 우리 전도사도 외국인 선교사가 되었는데, 그가 여관에서 주변으로 모여든 큰 중국인 무리에게 전도하는 것을 보았을 때, 우리는 많은 사람이 했던 예언, 즉 한국이 중국 복음화에 중요한 요소가 되리라는 말을 생각했다. 국경 지대가 가까워지면서 소나무와 전나무와 다른 침엽수로 된 울창한 숲속으로 길이 나 있었고, 15마일이 다 되어 갈 때쯤 우리는 걸어서만 지나갈 수 있는 높은 산 밑에 멈추어 섰다. 유쾌한 동료였던 짐수레꾼들이 떠난 후 우리는 압록강까지 남은 10마일을 준비했다. 짐꾼 2명만 구할 수 있었기 때문에 짐을 등에 짊어지고 터벅터벅 걸어서 산을 넘어야 했는데, 머리 위에는 폭설이 몰아치고 발아래는 보통 6-8피트(1.8-2.4미터) 두께의 얼음이 덮인 계곡을 지나가는 방법 외에는 다른 도리가 없었다. 해 질 녘에 우리는 한국인 오두막에 이르렀고, 중국 여관의 오물과 담배 연기에서 벗어나서 정말 기뻤으며, 전처럼 깨끗한 음식을 먹었다. 다음날 아침 우리는 얼어붙은 개울과 압록강의 합류점에 있는 거대한 소나무 제재소에 들어섰다. 직경이 3-4피트(0.9-1.2미터)나 되는 수천 그루의 크고 좋은 통나무와 거친 벌목꾼이 지금도 생생하게 기억난다. 그들은 우리가 배로 강을 건너는 것을 방해하면서 우리의 호조를 보고 비웃었는데, 자신들이 법과 상관없는 지역에 살고 있다고 말했다. 그러나 좋은 유머로

our glacial stream with the Yalu. The thousands of fine, large logs three and four feet in diameter were a sight to remember, as were also the hard lumbermen, who laughed at our passport, saying they were beyond the region of law when they refused to row us across the river. However, good humor won the day, and we were safely landed on Korean soil ready for our march across the North.

After five days spent in the mountains of Korea, preaching as we went, we changed the course of our trip. Finding not only that the roads across the North were impassable, but also that the region is sparsely settled and that the Korean settlers in China are accessible only by foot journeys to and from the mountain nooks, we struck off south, through the center of Korea, for Ham Heung, the capital of the province.

The tramp through this region is an experience worth having, after you are safely through it. The region is rich in timber, gold and iron, but, under misgovernment the people have no incentive to develop it and are extremely poor. We rightly named this region "Starvation Camp," since for many days we got practically nothing to eat but boiled millet or oats, and soup made of greens, with an occasional egg or small fish. This was the region of difficulties and for transporting our loads we made use of every conceivable method, using men, horses, cows, sleds and carts. However, when we did emerge from this cold and barren region, it was by crossing a very high mountain, on the other side of which we found ourselves in a region of plenty, sunshine and spring flowers. We had entered the large, fertile country in which the province capital is situated, and we were surprised to find it the most beautiful region of Korea. The city of Ham Heung is a large, well-built city, ten miles from the sea and ninety miles from Gensan, the eastern treaty port. Surrounded by a large stretch of grain and rice fields, extending along the sea coast some distance south of Gensan, with gold fields to the north, it is the capital of a rich and prosperous province. A day's rest and refreshment here

그들의 마음을 얻었고, 우리는 한국 땅에 안전하게 당도하여 북부를 횡단할 준비를 했다.

우리는 가는 데마다 설교하면서 한국의 산속에서 5일을 보낸 후 여행 경로를 바꾸었다. 북부를 횡단하는 길은 지나갈 수 없었을 뿐만 아니라 그 지역에는 사람도 거의 살지 않았다. 중국 땅의 한국인 이주자는 산속 피난처에 살고 그곳은 오직 도보 여행으로만 접근할 수 있음을 알고 나서 우리는 함경도의 주도인 함흥을 향해 한국의 중앙을 가로질러 남쪽으로 내려갔다.

이 지역을 가로지르는 도보 여행은 그것을 안전하게 끝마친 후에는 값진 경험이 된다. 이 지역에는 목재, 금, 철이 풍부하지만, 폭정 아래에서 사람들이 이를 개발할 의욕을 상실하여 극빈했다. 당연히 우리는 이 지역을 "기아 캠프"라고 이름 붙였는데, 많은 날 동안 실제로 삶은 조나 귀리, 나물국, 이따금 달걀이나 작은 물고기 외에는 먹을 것이 없었다. 이곳은 어려움이 많은 지역이었고, 우리는 짐을 나르기 위해 생각할 수 있는 모든 방법, 즉 사람, 말, 소, 썰매, 수레를 동원했다. 그러나 높은 산을 넘어 이 춥고 메마른 지역을 벗어났을 때, 우리는 반대편에 햇살과 봄꽃이 풍성한 지역이 있음을 발견했다. 도의 주도가 위치한 크고 비옥한 지대에 들어섰고, 그곳이 한국에서 가장 아름다운 지역임을 알고 놀랐다. 함흥시는 크고 견고하게 지은 도성으로 바다로부터는 10마일, 동부의 개항장인 원산으로부터는 90마일 떨어져 있다. 길게 뻗은 밭과 논으로 둘러싸여 있고, 해안가를 따라 남쪽으로는 멀리 원산까지 이르며, 북쪽에는 금광 지대가 있는 부유하고 풍요로운 도시다. 우리는 이곳에서 하루의 휴식과 회복을 온전히 즐겼다. 700-800마일의 도보 여행은 만족스러웠다. 서울로 돌아가기 위해 말을 계약했다. 원산에서 주일을 보내면서 우리는 일본인 이주민과 빠르게 성장하는 한국인 마을을 목격했다. 어떤 선교회가 이 전도유망한 현장에서 머지않아 사역을 하고, 천주교에 맡기지 않을 것이라는 간절한 소망을 가지고, 우리는 서울의 친구와 고향에서 온 편지가 보고 싶어서 말을 탔다. 원산 주변의 비옥한 지역은 널리 뻗은 불모의 산악 지대가 있어 서울 지역과 분리되어 있다. 우리는 조금 서둘러 이

were thoroughly enjoyed, and satisfied with our tramp of seven or eight hundred miles, we engaged horses for the return to Seoul. Spending Sunday in Gensan, we viewed the Japanese settlement and the rapidly growing Korean town. With an earnest wish that some mission will soon occupy this promising field, and not leave it to the Roman Catholics, we mounted our horses, eager to see friends in Seoul and letters from home. The fertile region around Gensan is separated from that around Seoul by a wide stretch of barren, mountainous country. We traversed this rather hurriedly, reaching Seoul on Saturday, May 16, glad to get back to what is now our home, and satisfied that our long tramp had been a most profitable one and believing that the word preached will prove not to have been in vain.

곳을 가로질렀고, 5월 16일 토요일에 서울에 도착했다. 우리는 이제 우리의 고향인 서울로 돌아와 기뻤으며, 오랜 도보 여행이 유익한 여행이었기에 만족스러웠고, 전했던 말씀이 헛되지 않을 줄 믿는다.

Korean Repository 1 (January, 1892): 35.

To the Editor of the *Korean Repository*.

While the question of the Chinese Opium Traffic is calling forth special discussion and petitions in England may I ask you to give space for a few words on the subject in behalf of the Korean people. A visit to the Northern city of Euiju on the Chinese border, reveals the fact that the Opium habit is rapidly making its way among this people and that unless steps are taken to prevent its increase it bids fair to become as great a curse to the Koreans as it has become to the Chinese. In Euiju I was told by Koreans that the vice is established with many and is fast becoming a habit with hundreds, it having been introduced by the Chinese merchants trading there.

In connection with the inn where I stopped was a flourishing Opium-smoking trade, and since my return to Seoul, upon inquiry I am told that there are joints in Seoul and Chemulpo. These are said to be operated by Chinese but patronized by Koreans also.

The vice is growing most amongst the upper classes and those who have some money. A people already given to every sensual indulgence, but with this added, what little strength of character they have will be utterly destroyed. As friends of Korea and her people let us add our voices to the plea for a prohibition of this traffic.

Very sincerely,

S. A. Moffett

마포삼열, 「코리안 리포지터리」 1 (1892년 1월), 35쪽.

「코리안 리포지터리」 편집자에게,

중국의 아편 판매에 대한 문제가 영국에서 특별한 토론과 청원을 요청하고 있는데, 제가 한국 사람을 위해 그 주제에 관해 몇 마디 할 수 있도록 허락해 주기를 바랍니다. 중국 국경에 있는 북부 도시 의주를 방문한 것을 통해 아편 중독이 사람들 사이에 급속히 퍼지고 있고, 만약 그 확대를 방지할 조치를 강구하지 않는다면 중국인만큼 한국인에게도 큰 재앙이 될 가능성이 높다는 사실을 알게 되었습니다. 의주에서 많은 사람이 마약을 만성적으로 사용하고, 수백 명이 빠르게 중독되고 있는데, 저는 이런 현상이 그곳에서 거래하는 중국 상인에 의해 소개되었기 때문이라고 한국인에게 들었습니다.

제가 묵었던 여관에서 아편 매매가 성행하고 있었고, 서울에 돌아온 후 조사해본 결과 서울과 제물포에 아편굴이 있다고 합니다. 중국인이 이를 경영할 뿐만 아니라 한국인들도 애용하고 있습니다.

마약은 대부분 상류 계층과 돈을 어느 정도 가진 자들 가운데서 증가하고 있습니다. 이미 모든 육체적 탐닉에 빠진 사람들에게 이것이 더해지면 인격적 힘이 없는 그들은 완전히 파괴될 것입니다. 한국과 한국인의 친구로서 마약 매매 금지 청원에 우리의 목소리를 더해야겠습니다.

마포삼열 올림

Madison Weekly Courier March 2, 1892
Madison, Indiana

In Memoriam - S. S. Moffett[1]

The spirit of Samuel S[human] Moffett, Madison's oldest dry goods merchant, at one fifteen o'clock this afternoon passed beyond the shadowy line that divides all living from the great beyond, and all that remains of our venerable and honored townsman is a pleasant memory. Mr. Moffett was a native of Maryland, having been born at Hagerstown on the 25th of May, 1823. He came to this city in the year 1847, and for forty-five years was engaged in the dry goods business here, first being associated with his brother Thomas, afterwards conducting the trade alone, and latterly with his sons under the firm name of S.S. Moffett & Sons. Throughout his long, useful and successful career in this city he has ever borne a spotless character, and in his death, which resulted from paralysis of the brain, the community loses one of its worthiest members, an upright Christian gentleman, whose place cannot be filled. He leaves a widow, one daughter, and five grown sons, who are overwhelmed in the presence of this great grief; yet they are assured of general sympathy in their bereavement, and mourn not as those who have no hope. The deceased was a member and office bearer of the First Presbyterian Church, constant in attendance on all its means of grace, and in this respect, as in others, his example might be imitated with profit by many who are yet alive.

1 Mr. Moffett died on February 25, 1892.

「매디슨 위클리 쿠리어」, 1892년 3월 2일
인디애나 주, 매디슨

부고-사무엘 슈만 마페트를 추모하며[1]

매디슨에서 가장 나이 많은 포목상 사무엘 슈만 마페트의 영혼이 오늘 오후 1시 15분에 저 세상과 살아 있는 모든 것을 갈라놓는 어두운 길 너머로 지나갔고, 덕망 있고 명예로운 시민이 남긴 모든 것은 즐거운 추억이 되었다. 마페트 씨는 메릴랜드 주 출신으로 1823년 5월 25일에 헤이거즈타운에서 태어났다. 그는 1847년에 이 도시로 왔고, 45년 동안 이곳에서 포목업에 종사했는데, 처음에는 형 토머스와 동업을 했고, 후에는 혼자 영업을 했으며, 최근에는 상호명 마페트와 아들들(Moffett & Sons) 아래에서 자신의 아들들과 함께 일했다. 이 도시에서 보낸 길고 유익하며 성공적인 생애 동안 그는 줄곧 흠 없는 성격을 가지고 있었다. 뇌경색이 원인인 그의 죽음으로 지역 사회는 가장 훌륭한 구성원 중 한 사람인 정직한 예수교인 신사를 잃었고, 그의 자리는 채워질 수 없다. 그는 부인과 딸 한 명, 장성한 아들 다섯을 남겨두고 떠나갔는데, 유족은 현재 큰 슬픔에 잠겨 있다. 하지만 이들은 사별에 대한 일반적인 조의만 하고 희망이 전혀 없는 자처럼 애도하지는 않는다. 고인은 제일장로교회의 교인이자 직원으로서 모든 은혜의 수단[예배]에 지속적으로 참여했다. 다른 점과 마찬가지로 이 점에서도 그의 모범은 아직 생존해 있는 많은 사람에게 유익한 본보기가 될 것이다.

---

1 마포삼열 부친의 부고 기사다.

Missionary Review of the World (April, 1892): 299.

Rev. Samuel A. Moffett of Seoul, Korea, says in his letter of December 29, 1891:

"Will you kindly call the attention of those interested in the suppression of the opium traffic to the fact that Korea furnishes another argument for its suppression.

The class of Koreans who can afford to use opium are already weakened by every kind of sensual indulgence; and now it appears that this worst of all vicious habits is to gain a hold upon them.

I recently spent several weeks in the city of Eui Ju, on the Chinese border, and found that already this habit has gained an entrance, and is rapidly spreading. I learn, also, that in the capital and in the port of Chemulpo, the Chinese have established joints, which are patronized by Koreans, while the number who secretly use it is reported as increasing.

With almost every other of Satan's devices to meet, we missionaries pray that this traffic may be stopped before it becomes one of the hindrances to the progress of the Gospel in Korea. Please add the voice of helpless Korea to those raised in favor of the suppression of the opium traffic."

마포삼열, "국제부", 「세계 선교 평론」 (1892년 4월), 299쪽.

1891년 12월 29일 한국 서울에서 쓴 편지에서 마포삼열 목사가 말한다.

"아편 판매의 억제에 관심을 가진 분들께서, 한국에서도 아편 판매를 억제해야 한다는 사실에 주의를 환기해 주시기를 부탁합니다.

아편을 사용할 여유가 있는 한국인 계층은 이미 모든 종류의 육체적 탐닉으로 인하여 허약해져 있습니다. 그리고 현재 타락한 모든 중독 중에 가장 나쁜 이 마약이 그들을 사로잡으려고 합니다.

저는 최근 몇 주 동안 의주와 중국 국경에서 보냈고, 이 중독이 들어와 빠르게 퍼지고 있음을 발견했습니다. 또한 저는 수도와 제물포항에서 중국인이 아편굴을 만들었고, 한국인이 그것을 애용한다는 것도 알았는데, 그동안 몰래 이용하는 자의 수가 증가하고 있다고 보고되었습니다.

사탄의 다른 계략들 모두와 직면하여 우리 선교사들은 아편 판매가 한국에서 복음 진보에 장애가 되기 전에 그것을 멈추게 해달라고 기도합니다. 부디 아편 판매의 억제를 위해 일어선 분들에게 절망적인 한국의 목소리를 전해주기 바랍니다."

Samuel A. Moffett, "Our Korean Evangelists,"
***Church at Home and Abroad* (August, 1892): 142–144.**

Our Korean Evangelists

Nearly twenty years ago one of the smaller officials of Eui Ju, in the northwestern part of Korea, near the Manchurian border, while on visit to Moukden, made the acquaintance of Rev. John Ross of the Scotch United Presbyterian Mission in Manchuria. On his return to Eui Ju he took with him some Chinese Gospels and a tallow candle which had taken his fancy. It is a little remarkable that a tallow candle should have been the means of the first entrance of Protestant Christianity into the "Hermit Kingdom," but nevertheless such was the fact. Through his interest in this candle the son of that official, a young man of perhaps twenty-three years, was led to examine the books which accompanied it. Soon he and a group of his friends were studying the Gospels, and continued their study for two or three years. Finally he went with three others to Moukden to see the missionaries about this new doctrine. After spending a few days with Rev. Mr. McIntyre, these four young men were baptized by him and sent back to Korea, the first baptized Christians of that land–except the Romanists. This man was Paik Hong Chyoun (in the accompanying picture, the one sitting at the left). He began to sell books in Eui Ju, bringing them from Moukden. Upon two occasions his books were seized at the Custom House and he was thrown into prison. The first time, he was beaten. The second time, he was threatened with death, but he coolly replied, "All right, it will make no difference to me." The official then demanded money, but Paik replied, "I have no money." He was again told that he would be put to death, but he merely replied, "Very well, you have that power." Finally, after several months' imprisonment, he was again beaten and then set free. Since that time he

마포삼열, “우리의 한국인 전도사들”, 「국내외 교회」(1892년 8월), 142-144쪽.

우리의 한국인 전도사들

거의 20년 전 만주의 국경 근처인 한국 북서부 지방에 있는 의주의 말단 관리 한 명이 봉천을 방문했는데, 만주의 스코틀랜드 연합장로회 선교회의 존 로스 목사와 아는 사이가 되었다. 의주로 돌아갈 때 그는 몇 권의 한문 복음서와 자신이 좋아하는 수지 양초를 가지고 갔다. 수지 양초가 개신교가 “은자의 왕국”으로 들어가는 첫 수단이 된 것은 약간 의외여서 주목을 받지만, 이는 사실이었다. 이 양초가 23살 정도의 청년이었던 어떤 관리의 아들의 관심을 끌었고, 그는 그것과 함께 가져온 서적도 검토했다. 이어서 그와 그 친구들이 복음서를 공부했고, 그들의 공부는 이삼 년 동안 계속되었다. 결국 그는 친구 3명과 함께 이 새로운 교리를 선교사에게 알아보려고 봉천으로 갔다. 매킨타이어 목사와 며칠을 보낸 후 이 4명의 젊은이는 그에게 세례를 받고 한국으로 돌아왔는데, 천주교 신자를 제외하면 그 땅에서 처음으로 세례받은 예수교인이었다.[1] 이 남자가 바로 백홍준(白鴻俊)이었다. 그는 의주에서 서적을 팔기 시작했는데, 서적은 봉천에서 가져왔다. 서적은 두 차례나 세관에 압류를 당했고 그는 투옥되었다. 첫 번째 투옥 때 그는 곤장을 맞았다. 두 번째 투옥 중에는 사형의 협박을 받았지만, 그는 침착하게 대답했다. “괜찮습니다, 상관없습니다.” 그러자 관리는 돈을 요구했고, 백은 대답했다. “저는 돈이 없습니다.” 다시 그는 죽이겠다는 말을 들었지만 그저 대답했다. “맞습니다, 당신은 그런 힘을 갖고 있습니다.” 결국 몇 달간 옥살이를 한 후 그는 다시 곤장을 맞고 석방되었다. 그때 이후 그는 복음을 증언하면서 의주의 상인들 사이를 오갔다. 그는 모두에게 ‘백 사도’라고 알려져 있다. 지난 몇 년 동안

---

1 이들은 봉천이 아닌 당시 만주의 개항장 우장(영구)으로 가서 매킨타이어 목사를 만났고, 1879년에 각각 네 차례에 걸쳐 우장장로교회에서 별도로 세례를 받았다.

has been going in and out among the merchants of Eui Ju, witnessing for the gospel. He is known to all as "Paik the disciple." For the last few years he has attended our theological class in Seoul and is now in charge of our property and work in Eui Ju. Paik is not a highly cultured man and is lacking somewhat in the more refined manners and sensitiveness of our Seoul evangelist, but is rather a hearty, rough, good-natured, companionable fellow. His depth of feeling was manifested in his broken voice and tearful eyes as he led in prayer at the last celebration of the Lord's Supper. He has been faithful in family worship, and it was my privilege last fall to baptize his wife, who was the first Korean woman outside of Seoul to receive baptism.

Our Seoul evangelist, Saw Syang Youn, (in the picture, the one in the centre) first heard of the gospel through Paik. He commands our heartiest admiration and respect. Left an orphan when he had finished but the first two books in his study of the Chinese characters, he began the struggle for a living as a travelling merchant between Korea and China. In his spare moments he continued his studies and has industriously pursued them until, today, he reads the characters with ease and commands the respect of scholars. On one of his journeys into China he became seriously sick and sought the missionary physician in Moukden. While under treatment he was frequently visited by Mr. McIntyre, who asked him to read the gospel. He steadfastly refused to do so, until he was at last dismissed by the physician, cured. Being then told that there was no charge for the medicine and treatment, but that they would be glad to have him read that book, he became ashamed of his former refusal, took the book and began to read it. At first he was not interested, but, as he read on, the Spirit of God opened his eyes and he saw his need of a Saviour. He again visited Moukden and was baptized by Mr. Ross. This was twelve years ago. A year after that he removed to Seoul where he began quietly to distribute Christian books. Three years later he

그는 서울에서 열린 신학반에 참석했고, 지금은 의주에서 우리의 자산과 사역을 맡아보고 있다. 백은 교양이 많은 사람이 아니어서 서울의 전도사가 가진 세련된 예절과 세심함이 다소 부족하지만, 원기왕성하고 거칠고 순박하고 다정한 사람이다. 그의 감정의 깊이는 성찬식 마지막 순서에 그가 기도를 인도하는 동안 울먹이는 목소리와 눈물이 가득한 눈에서 드러났다. 그는 가정 예배를 성실히 드려왔고, 지난 가을 내가 그의 아내에게 세례를 주는 명예를 얻었는데, 그녀는 서울 밖에서 세례를 받은 최초의 한국 여성이었다.

서울의 전도사 서상륜(徐相崙)은 백홍준을 통해 처음으로 복음을 들었다. 그는 진심 어린 칭찬과 존경을 받는다. 그는 서당 한문 공부에서 첫 책 두 권을 겨우 끝마쳤을 때 고아가 되었고, 한국과 중국 사이를 오가는 상인이 되어 생계를 위해 악전고투하기 시작했다. 그는 틈나는 대로 공부를 계속했는데, 한문을 쉽게 읽을 때까지 부지런히 공부해서 오늘날 식자 대우를 받는다. 중국 여행 중 한번은 큰 병에 걸렸고, 봉천[2]에 있는 의료 선교사를 찾아갔다. 치료받는 동안 매킨타이어 씨가 그를 자주 방문했고, 그에게 복음서를 읽어보라고 권면했다. 마침내 의사가 그를 퇴원시켰을 때, 치료가 곧 끝날 때까지 그는 이를 단호히 거절했다. 약과 치료는 무료이지만 그가 그 책을 읽어주면 좋겠다는 말을 듣고 나서, 그는 지금까지 거절한 것이 부끄러웠고 책을 집어서 읽기 시작했다. 처음에는 전혀 흥미가 없었지만, 그가 읽는 동안 하나님의 영이 그의 눈을 뜨게 하셨고, 그는 자신에게 구세주가 필요함을 알게 되었다. 그는 봉천을 다시 방문했고, 로스 목사에게 세례를 받았다. 이것이 12년 전 일이었다.[3] 1년 후 그는 서울로 이사했고 서울에서 묵묵히 기독교 서적을 반포하기 시작했다. 3년 후 그는 자기 동생과 함께 황해도의 농촌으로 이사했는데, 동생[서경조]은 현재 원산에서 펜윅 목사의 조사로 있다. 그는 4년간 더 농촌과 서울 사이를 오가며 여행했고, 이 여행 중에 언더우드 목사를

2 이것도 우장이다.

3 1881년 4월에 봉천에서 세례를 받고 10월에 영국 성서공회 권서로 파송을 받아 의주로 왔으며 1882년 1월부터 서울에서 전도했다.

moved to a farm in Hwang Hai To with his brother, who is now Mr. Fenwick's helper in Gensan. For four years more he journeyed back and forth between his farm and Seoul and upon one of these journeys found Mr. Underwood, who had arrived in Seoul from our own Presbyterian Church. Four years ago he again moved his family to Seoul and ever since has been our chief helper in all work. Naturally cheerful, with a bright sparkle in his eye, his conviction of the truth of the gospel and his concern for the condition of his people have made him grave, sober and intensely in earnest. He is so refined and polite as well as dignified that his personality impresses one at a glance. A gentleman from New York visiting Seoul, upon being introduced to Mr. Saw immediately exclaimed, "Why, he is a fine–looking man!" As a preacher Mr. Saw is earnest and pointed as well as Scriptural, while as a man his whole character and demeanor are a power for good.

The third and youngest of our group is Choi Myeng O, who lives in Hwang Hai To, and first heard of the Gospel through Mr. Saw during one of the latter's journeys between Seoul and his farm. He and Saw's brother were among the first of those baptized by Mr. Underwood. He is by far the best scholar of the three, being well versed in the Chinese classics. He is also an earnest student of the Scriptures, and being very apt to teach proves a most valuable assistant as a travelling companion when groups of inquirers or of uninstructed Christians are to be met. For two years he labored as a colporteur of the British and Foreign Bible Society, at a time when to do so was to be abused and scorned. For the last two years he has been under our direction, looking after our work on the west coast or traveling with one of the foreigners.

These three men have qualities which will make them a great power if only they receive the baptism of the Holy Spirit. We ask that they may be made the subject of special prayer during the month which the church has appointed for united study and prayer in behalf of Korea.

알게 되었는데, 언더우드 목사는 우리 장로교회 출신으로 서울에 와 있었다. 4년 전 그는 다시 가족과 함께 서울로 이사했고, 그 이후로 모든 사역에서 수석 조사가 되었다. 천성적인 쾌활함, 광채가 나는 눈, 복음의 진리에 대한 확신, 사람에 대한 배려를 가진 그는 의젓하고 침착하며 열정적인 사람이다. 그는 위엄 있고 세련되고 공손해서 그의 성품은 한눈에 깊은 인상을 준다. 서울을 방문한 한 뉴욕 신사에게 서 씨를 소개하자마자 즉시 감탄이 터져 나왔다. "정말 멋진 분입니다!" 설교자로서 서 씨가 성경적일 뿐만 아니라 진지하고 예리하다면, 남자로서 그의 전 인격과 처신은 선한 능력이다.

세 번째이자 우리 무리 가운데 가장 젊은 최명오(崔明悟)는 황해도에 살고 있는데, 서 씨가 서울과 농촌 사이를 오갈 때 서 씨를 통해 복음을 처음으로 들었다. 그와 서 씨의 동생은 언더우드 목사에게 최초로 세례를 받은 자에 속했다.[4] 그는 이 3명 중에서 가장 뛰어난 학자로 한학에 정통했다. 또한 그는 성경을 진지하게 공부하는 학생으로, 쉽게 가르쳐서 구도자나 교육을 받지 못한 예수교인을 만나게 될 때면 길동무로는 가장 뛰어난 조력자임을 증명한다. 2년 동안 그는 영국 성서공회의 권서로 일했는데, 그 일을 할 당시 욕설과 멸시를 받았다. 최근 2년 동안 그는 우리의 지도 아래 있으면서 서해안에서 우리의 사역을 돌보거나 외국인 중 한 사람과 여행을 했다.

이 세 사람은 성령 세례만 받는다면 큰 권능을 가질 자질을 가지고 있다. 우리는 미국 교회가 한국을 위해 연합해서 공부하고 기도하기로 지정한 한 달 동안 그들을 위해 특별히 기도해줄 것을 부탁한다.

---

4 1887년 1월 황해도 소래에서 3명의 신자(서경조, 최명오, 정공빈)가 서울의 언더우드를 찾아와서 예수를 믿는 것으로 인해 교수형을 당해도 좋다는 고백을 하고 세례를 받겠다고 요청했다. 알렌 의사는 정부 관리로서 반대했다. 그러나 언더우드 목사는 선교 역사를 볼 때 정부가 선교를 금지하더라도 길이 열리면 불법이라도 우선 은밀히 일해야 한다고 주장하고 다음과 같이 정리했다. "중국에서 모리슨은 위험을 무릅쓰고 1814년 첫 개종자에게 세례를 주었는데, 1858년에 가서야 선교의 자유가 조약 문구에 삽입되었다. 일본도 선교가 먼저 이루어지고 그 후에 선교의 자유가 주어졌다. 한국도 동일한 과정을 밟을 것이다. 우리는 사람의 법보다 하나님의 법을 따라야 한다"(H. G. Underwood to F. F. Ellinwood, January 22, 1887). 세례식은 1887년 1월 23일 주일에 언더우드의 집에서 거행되었는데, 헐버트가 만일을 위해 문을 지키고 망을 보았다. 미국의 전형적인 행동주의 선교사 언더우드 목사의 적극 전도론이 알렌 의사의 신중론을 이기면서 한국 초기 선교는 공격적인 전도 정책으로 나아갔고 정부가 이를 묵인하면서 한국 교회는 급성장할 수 있었다.

The Church At Home and Abroad **(August, 1892): 149-150.**

Seoul, Korea

November, 1891

[Dear Friends:]

Feeling the necessity of having some one look after the very promising work in the North, I made arrangements to leave Seoul the last of September.

Taking with me one of our country evangelists we reached Ping An in about ten days, selling books on the way and preaching wherever we stopped for meals. At one village we found an old man of over sixty who had gotten hold of one of Mr. Underwood's tracts, and who met us in the road eagerly desiring to know more. We stopped and had a good talk with him.

In Ping An work is being quietly done by our one member there, but there is great reluctance to identifying themselves with a foreigner. While here I was delighted to meet a man who brought good news from a point in the extreme North among the mountains. Several years ago he met Mr. Underwood here, and obtained books from him. He was again here on a visit to his parents and came to me applying for baptism for himself and six others whom he is teaching in far off Sam Syon. Giving him a course of study for the instruction of the class and after several talks and prayers with him, I promised him I would do all I could to have some one sent to his province to occupy the Eastern treaty port, Gensan, from which his home would be most easily reached. On the return trip we spent three days here, giving instruction to a few and enrolling four applicants for baptism, the first evidence that the wedge which has entered here is being driven in. In An Ju for the second time I was prevented from seeing a number of men reported to be studying

마포삼열, 「국내외 교회」(1892년 8월), 149-150쪽.
한국, 서울
1891년 11월

친구들에게,

북부에서 전도유망한 사역을 돌볼 누군가의 필요성을 느끼면서 나는 9월 하순에 서울을 떠날 준비를 했다.

우리 지역의 전도사 한 명과 함께 나는 약 10일 후 평양에 도착했는데, 가는 도중에 서적을 팔았고 식사하려고 머물렀던 곳마다 전도했다. 한 마을에서 우리는 언더우드 목사의 소책자 한 권을 가지고 있는 60세가 넘은 노인을 발견했는데, 그는 더 알기를 간절히 바라면서 길에서 우리와 만났다. 우리는 멈춰 서서 그와 유익한 대화를 나누었다.

평양 사역은 그곳에 있는 우리의 한 교인에 의해 묵묵히 이루어지고 있지만, 사람들은 외국인과 연결되는 것을 매우 꺼린다. 이곳에 있는 동안 나는 최북단 산악 지역에서 좋은 소식을 가져온 한 사람을 만나 기뻤다. 몇 년 전 그는 이곳에서 언더우드 목사를 만났고, 그에게 서적을 얻었다. 그는 부모를 방문하기 위해 이곳에 다시 왔고, 멀리 떨어진 삼선에서 그가 가르치고 있는 6명과 자신의 세례를 부탁하러 나를 찾아왔다. 그에게 학습 교육에 관한 지침을 주면서 그와 함께 몇 번의 대화와 기도를 한 후 나는 그에게 내가 할 수 있는 모든 것을 강구하여 그 도에 진출할 수 있도록 동부의 개항장 원산에서 사역할 누군가를 보내겠다고 약속했는데, 원산이 그의 집에 접근하기가 가장 쉬운 곳이었기 때문이다. 우리는 여행에서 돌아오는 길에 원산에서 3일을 보내면서 몇 명을 가르쳤고, 세례 신청자로 4명이 등록했는데, 이곳에 들어가기 위한 쐐기를 박은 첫 증거다. 안주에서는 벌써 두 번째 성경을 공부하고 있다고 보고된 여러 사람을 만나는 일이 방해받았다. 호기심 많은 한국인 인파 속에서 빈방을 잡는 일은 불가능했고, 그 사람들은 기독교에 대한

the Scriptures. It was impossible to get a room free from the crowd of curious Koreans and the men have not yet the courage to acknowledge their interest in Christianity before their fellow citizens. Their leader will try to obtain a private room for me another time and I hope we shall soon see some here who will count it a privilege to suffer reproach for Christ's sake.

From Ping An to Eui Ju we found many eager listeners. It is to almost all of them a strange, new story and at first only excites curiosity and wonder but the harvest time will come along this road even as it is beginning to come in Eui Ju.

This time I stayed in Eui Ju nearly a month and was busy from morning till night meeting all classes of people who came from every motive imaginable. Some came to see the foreigner, some came out of curiosity to know why I had come, others to inquire if I would give them a living if they studied the Bible, others came out of curiosity to see the man who report said had bought a house there, others came out of a real desire to be instructed in the truth. It was my privilege to baptize three men who had applied last spring and who gave every evidence of a sincere desire to serve Christ, even if called upon to suffer persecution as some here have already had to do. As yet persecution takes the form of reproach from one's family or friends, submitting to be thought a "fool" or a man with no sense of shame or of respect for one's parents if he refuses to sacrifice to his ancestors. One of the Christians here who this spring refused to sacrifice at his father's tomb showed me a scar on his forehead which he received from his aunt who knocked him senseless with an ink stone.

Most encouraging reports were brought to me of the influence of the gospel among the women. Many of the Christians have been teaching their wives and seven women were reported as believers, while others have given up all sacrifice toward worship of evil spirits and devils.

관심을 동료 주민 앞에서 인정하기에는 아직 용기가 없었다. 그들의 지도자는 다음 기회에 나를 위한 개인 방을 얻기 위해 노력할 것이다. 나는 그리스도를 위해 비난받는 일을 특권이라고 생각할 누군가를 여기서 곧 만나기를 희망한다.

평양에서 의주까지 우리는 열심히 경청하는 사람을 많이 발견했다. 거의 모두에게 낯설고, 새로운 이야기고, 처음에는 호기심과 궁금증만 불러일으켰지만, 추수할 때가 의주에서 시작되고 있듯이 이 [평양-의주] 길을 따라서 올 것이다.

이번에 나는 의주에서 거의 한 달간 머물렀고, 아침부터 저녁까지 상상할 수 있는 모든 동기 때문에 찾아온 모든 계층의 사람들을 만나느라 바빴다. 일부는 외국인을 만나러 왔고, 일부는 내가 왜 왔는지 알려고 하는 호기심 때문에 왔으며, 어떤 자는 성경을 공부하면 내가 그에게 생활비를 줄 것인지 물어보려고, 어떤 자는 그곳에서 집을 샀다고 밝힌 사람을 만나려는 호기심 때문에 왔으며, 어떤 자는 진리의 가르침을 진실로 받기 원해서 찾아왔다. 작년 봄에 신청한 세 사람에게 세례를 베푼 일은 내 특권이었다. 그들은 이곳에서 어떤 이들이 이미 그랬던 것처럼 박해를 받도록 부르심을 받았음에도 그리스도를 섬기는 진심 어린 열망이 있다는 모든 증거를 보여주었다. 아직까지 박해는 가족이나 친구들에게 비난을 받는 형태를 취하고 있어서 "바보"로 간주되거나, 혹은 조상 제사를 거부할 경우 부모에 대한 존경이나 수치심이 없는 사람으로 여겨진다. 여기 예수교인 가운데 올봄에 부친 묘지에서 제사드리는 일을 거부했던 한 명이 이마의 흉터를 내게 보여주었는데, 그의 숙모가 벼루로 그를 때려 기절시켰을 때 생긴 것이었다.

내가 받은 보고 가운데 가장 고무적인 것은 여성들 가운데 영향을 미치고 있는 복음에 대한 내용이었다. 많은 예수교인 남자가 자기 아내를 가르쳤고, 여성 신자 7명이 보고되었으며, 다른 이들은 귀신과 악마 숭배를 위한 모든 제사를 그만두었다. 어느 날 밤 나는 남편들이 지켜보는 가운데 여성 2명에게 세례를 주었는데, 이 도에서 처음으로 신자로 등록된 여성들이었다. 그

One night in the presence of their husbands I baptized two women, the first in this province to be enrolled as believers. One was the wife of our evangelist who was one of the first Koreans baptized by Mr. McIntyre in Moukden fifteen years ago.

We returned from Eui Ju by another route in order to reach a mountain village in the magistracy of Kou Syeng, where there were a number who applied for baptism last spring. Here we were most pleasantly surprised to find that an old man and his son who attended the Theological class last winter, had been so faithfully spreading the gospel news that there were nearly 20 men in various villages desirous of being baptized. I met a number of them for examination and found they had been diligently searching the Scriptures and that the old man had faithfully instructed them. Desirous that they should be enlightened on a few subjects before being baptized, I advanced some to the second class, enrolled others for the first time and promised them a visit in the spring. Here also two women, relations of the old man, were reported as having given up the worship of evil spirits and as being believers in Christ Jesus. With glad hearts we pursued the return journey taking with us the old man's son for this winter's Theological class in Seoul. More than ever desirous that we may send some one to occupy this province where we have nearly half our enrolled membership and more applicants for baptism than in any other province, we returned to Seoul in time to thoroughly enjoy Thanksgiving Day.

중 한 명은 15년 전 봉천에서 매킨타이어 목사에게 세례를 받았던 최초의 한국인 중 한 사람인 우리 전도사[백홍준]의 아내였다.

우리는 구성현의 산골 마을에 가려고 또 다른 길을 통해 의주에서 돌아왔는데, 그곳에는 작년 봄에 세례를 신청했던 여러 사람이 있었다. 이곳에서 우리는 작년 겨울 신학반에 참석했던 노인과 그 아들[김관근]이 충실하게 복음의 소식을 전파하여 여러 마을에서 세례 받기를 원하는 자가 거의 20명이나 있음을 알고 놀라며 기뻐했다. 나는 문답을 위해서 몇 명을 만났는데, 그들이 성경을 열심히 공부하고, 그 노인이 그들을 성실하게 지도해왔음을 알았다. 그들이 세례 전에 몇 가지 주제에 대해 교육받도록 일부는 두 번째 학급으로 진급시켰고, 다른 이들은 첫 학급으로 등록시켰으며, 봄에 방문하겠다고 약속했다. 또한 이곳에서 노인의 친척인 여성 2명도 귀신 숭배를 그만두고 예수 그리스도의 신자가 되었음을 보고받았다. 기쁜 마음으로 우리는 서울에서 열릴 올겨울 신학반(神學班)을 위해 노인의 아들과 함께 귀경길을 재촉했다. 전체 등록교인의 거의 절반이 있고 다른 어느 도보다 더 많은 세례 신청자가 있는 이 도에 진출할 누군가를 파견하고 싶은 갈망을 어느 때보다 간절하게 지닌 채, 우리는 추수 감사절을 온전히 누리기 위해 시간에 맞춰 서울로 돌아왔다.

Samuel A. Moffett,

"A New Mission Station at Pyeng Yang, Korea,"

***Church at Home and Abroad* (August, 1893): 107–108.**

A New Mission Station at Pyeng Yang, Korea

The accompanying picture was taken just as Messrs. Lee and Swallen and myself were leaving Seoul under appointment of the annual meeting of the Mission "to open and occupy Pyeng Yang" It is expected that this city will be the first in the interior of Korea to be opened as a station. It is the largest city of the North, the capital Of the Province, and next to Seoul probably the largest and most important city in the kingdom. It is situated 180 miles to the northwest of Seoul, and has a population of 100,000. The Ta Tong river flows just in front of the city wall and thence to the sea, some 50 miles or more away.

TONING DOWN A FOREIGNER

The city was first visited by Mr. Underwood, five or six years ago, and within the last two years I have been there six times distributing books, preaching the Gospel, and making the sight of a foreigner on the streets a more familiar and commonplace incident to the people.

THE START FOR PYENG YANG

In the month of March we three left for Pyeng Yang, hoping to make arrangements whereby we could comfortably spend three months or more at a time, for a year or so, until we had won our way with the officials and people, so that no objection would be raised to our permanent residence there. A stay of ten days enabled us to select property suited to our purposes and well located for our work, as it was on the main road from the North and West, a short distance outside the city wall.

마포삼열,
"한국 평양에 새로운 선교지부",
「국내외 교회」(1893년 8월), 107-108쪽.

한국 평양에 새로운 선교지부

첨부한 사진(724-725쪽)은 "평양을 개방하고 점유하라"는 선교회 연례 회의의 임명에 따라 서울을 떠나는 리 목사, 스왈른 목사, 나를 찍은 것이다. 이 도시가 한국 내륙에서 처음으로 선교지부로 개방될 것을 기대한다. 평양은 북쪽에서 가장 큰 도시이자 그 도의 중심 도시이며, 이 나라에서 서울 다음으로 크고 중요한 도시일 것이다. 서울에서 북서쪽으로 180마일 거리에 위치해 있고, 인구는 10만 명이다. 도성 바로 앞으로 흐르는 대동강이 약 50마일 이상 떨어진 바다까지 이른다.

외국인에게 부드러워짐

5, 6년 전에 언더우드 목사가 이 도시를 처음으로 방문했고, 나는 최근 2년 동안 그곳을 여섯 차례 방문하면서 서적을 반포하고 복음을 전했다. 내 덕분에 거리에서 외국인을 보는 일이 더 친근하고 일상적인 사건이 되었다.

평양으로 출발

3월에 우리 3명이 평양으로 떠났는데, 우리는 준비를 갖춰 한 번에 석 달에서 그 이상 편안히 지낼 수 있기를 희망했다. 우리가 그곳에서 영구 거처를 마련하는 데 반대가 제기되지 않도록 관리들과 사람들의 마음을 얻으려면 1년 정도가 걸릴 것이다. 10일간의 체류 기간 동안 우리는 목적에 부합하고 사역에 적합한 위치에 있는 부동산을 선정할 수 있었는데, 그 부동산이 도성 밖에서 가까운 거리에 있는 북쪽과 서쪽으로 연결되는 간선 도로에 있었기 때문이다.

UNEXPECTED DIFFICULTIES

As we have no right to purchase property in the interior, our Korean helper, Mr. Han, bought this in his own name. We were arranging for its occupation, believing that all was clear sailing ahead of us, since the week before our Methodist brethren, who are also planning to enter this city, had enabled their native helper to buy two houses inside the city. However, the rumor soon gained currency that the foreigners had bought property, and first came an order from the Governor to the Methodist evangelist that his property should be returned to its former owners, and several clays afterwards, when it was discovered that Mr. Han was connected with us, came the same order with reference to his purchase. The former owners of the property were thrown into prison until the transactions were reversed, and although I represented to the official that these men had violated no Korean law, I soon found that the official's will is law, so far as Koreans are concerned, and that a native has no rights which the official is bound to respect–not even the right to buy or sell property. Consequently we could do nothing, and our helpers were compelled to return the property.

AN UNFRIENDLY GOVERNOR

The opposition of the Governor most probably arose from two causes: first, the interference of a petty official, one of his personal attendants, who was enraged because the Methodist helper refused to buy his house at a high price; and second, the fact that the Governor is a rabid Confucianist, ready to prevent us from getting even a clean and respectable place to stay in while in the city. The people were most friendly, quite ready to listen to the preaching of the Gospel, and I talked with many inquirers. However, they stand in great fear of the officials, and, realizing that we could not secure an abiding place at that time, Mr. Lee and I started for Eui Ju, Mr. Swallen having left a few days before

예상치 못한 난관

우리는 내륙에서 부동산을 매입할 권리가 없기 때문에 한국인 조사 한 씨가 자기 명의로 부동산을 구입했다. 우리가 거주할 준비를 하면서 모든 일이 순조롭게 풀리고 있다고 믿고 있을 때, 이 도시에 들어갈 계획을 세우고 있었던 감리회 형제들 역시 1주일 전에 본토인 조사를 통해 도성 안에 집 두 채를 살 수 있었다. 그러나 외국인이 부동산을 매입했다는 소문이 금방 퍼져 나갔고, 관찰사는 감리회 전도사에게 부동산을 전 주인에게 돌려주라고 명령했으며, 며칠 후 한 씨가 우리와 관련되어 있다는 것이 발각되었을 때 그의 거래에 대해서도 동일한 명령이 내려졌다. 이전 주인들은 거래가 번복될 때까지 투옥되었다. 나는 관리에게 이 사람들이 한국 법을 조금도 어기지 않았다고 주장했다. 그러나 곧 나는 한국인에 관한 한, 관리의 의지가 법이고, 본토인에게는 관리가 고려해야 할 권리가 전혀 없음을 알게 되었다. 심지어 그들에게는 부동산을 사거나 팔 권리조차 없었다. 결과적으로 우리는 아무것도 할 수 없었고, 우리 조사들은 어쩔 수 없이 부동산을 돌려주어야 했다.

비우호적인 관찰사

관찰사의 반대는 두 가지 원인에서 비롯되었다. 첫째, 하급 관리의 간섭 때문인데, 관찰사의 개인 비서는 감리회 조사가 자기 집을 비싼 가격에 사는 것을 거절했기 때문에 몹시 화가 났다. 둘째, 관찰사는 우리가 도시에서 지내는 동안 깨끗하고 훌륭한 장소를 얻는 것조차 방해하는 열렬한 유교주의자였다. 일반인들은 우호적이고 복음 전도를 들을 준비가 완벽하게 되어 있었고 나는 많은 구도자와 대화를 나누었다. 그러나 그들은 관리를 크게 두려워했다. 우리가 거처를 확보할 수 없음을 깨달은 후 리 목사와 나는 의주를 향해 출발했고, 스왈른 목사는 황해도를 통해 서울로 가는 여행을 떠나기 전에 며칠 더 남아 있었다. 우리의 전도사가 1년 전에 우리를 위해 집을 확보했던 의주에서 얼마 동안 머물기를 기대했지만, 길에서 리 목사가 이질로 심하게 앓게 되었다. 우리는 즉시 계획을 바꾸어 동해안의 원산으로 떠났는데, 그

for a trip through Whang Hai Province on his way to Seoul. We were expecting to stay some time in Eui Ju, where our Evangelist secured property for our use a year ago, but on the road Mr. Lee was taken severely sick with dysentery. We at once changed our plans and left for Gensan, on the east coast, where Mr. and Mrs. Gale and a physician were ready to take charge of Mr. Lee. The latter recovered nicely, and decided to stay in Gensan until fall. I left for Seoul to prepare for another visit to Pyeng Yang, hoping that a second attempt will meet with better success. We can, at least, stay some time in an inn, dirty and uncomfortable as they are, and a few more such visits, we feel sure, will enable us to get a place to stay where our health will not be endangered by the filth which always surrounds the inns.

THE DELAY ONLY TEMPORARY

We are scattered for the present–one in Seoul, one in Gensan and one soon to be in Pyeng Yang–so that as yet we are a new station only in name, but, with the prayers of the Church and the guidance of the Lord, we are confident of becoming a new station in fact. We are eagerly looking for the arrival of our promised physician, greatly desiring his presence and assistance in opening the interior of Korea.

곳에서 게일 부부와 의사가 리 목사를 기꺼이 돌봐주었다. 리 목사는 완전히 회복되었고, 가을까지 원산에 머물기로 결정했다. 나는 다시 평양 방문을 준비하기 위해 서울로 떠나면서, 두 번째 시도가 더 나은 성공으로 이어지기를 희망했다. 적어도 우리는 때로 그처럼 더럽고 불편한 여관에 머물 수 있다. 우리는 이런 방문을 몇 번 더 하면 항상 여관을 에워싸고 있는 오물로 인해 건강을 해치지 않는 거처를 구할 수 있을 것이라고 확신한다.

단순한 일시적인 지연

우리는 현재 흩어져 있어서—서울에 한 명, 원산에 한 명, 그리고 머지않아 평양에 있게 될 한 명—아직 이름뿐인 새로운 선교지부지만, 교회의 기도와 하나님의 보호로 실제적인 새로운 선교지부가 될 것을 확신한다. 우리는 약속된 의사가 도착하기를 간절히 기다리며, 한국 내륙을 개방하는 데 그의 존재와 도움을 절실히 바란다.

●
스왈른, 리, 마포삼열 목사의 평양 전도 여행 출발 장면, 1893년 [MOF]
Swallen, Graham Lee, S. A. Moffett leaving from Seoul to P'yŏngyang

Samuel A. Moffett, "A Korean's Conversion," *Church at Home and Abroad* (October, 1893): 339.

A Korean's Conversion

A very clear case of Conversion was that of a recent applicant for baptism before the church session at Seoul, Korea. It was that of a man who had for a year been employed as gateman by one of the missionaries, but who for some time had been engaged in other work. While in the employ of the missionary he was instructed at daily morning prayers and was given books to read. He also attended the Sunday services and continued to do so after he left our employ. A short time ago he appeared before the session and was asked by his former employer, "How long have you known Jesus?" "Three months," was the reply. "Three months–why, you have surely known Him longer than that." "Oh!" said he, "I have known of Him for more than two years, but I have known Him only three months." Afterward he spoke of the many months in which he failed to understand what all the teaching about Jesus meant. Said he, "it was only when the Spirit shined into my heart that light flashed upon the truths which I have been learning."

From that time forth he has been most earnest in telling to others the story of Jesus, but he always impresses upon them the necessity of receiving the Holy Spirit in order to have any understanding of the meaning at all.

마포삼열, "한 한국인의 개종",
「국내외 교회」(1893년 10월), 339쪽.

한 한국인의 개종

확실한 개종의 한 사례는 최근 한국 서울에서 교회 당회 앞에 세례를 신청한 사람이다. 바로 한 선교사가 1년 동안 문지기로 고용한 남자의 개종인데, 그는 얼마 동안 다른 일에 종사했다. 선교사에게 고용되어 있는 동안 그는 매일 아침 기도 때마다 지도를 받았고 책을 읽었다. 주일 예배에 참석했으며 사직한 후에도 이를 계속했다. 얼마 전에 당회 앞에 그가 나타났는데, 이전 고용주가 물어보았다. "얼마 동안이나 예수님을 알았습니까?" 그는 "3개월입니다"라고 대답했다. "왜, 3개월입니까? 분명 당신은 그보다 더 오래 그분을 알고 있었습니다." 그가 대답했다. "오! 저는 2년 넘게 예수님에 대해 알고는 있었지만 제가 그분을 진짜 안 지는 3개월뿐입니다." 이어서 그는 예수에 대한 모든 가르침이 의미하는 바를 이해하지 못했던 여러 달에 대해 이야기했다. 그는 말했다. "성령께서 제 마음을 비추었던 바로 그때 그 빛이 제가 배운 진리를 조명해주었습니다."

그날 이후로 그는 다른 사람들에게 열심히 예수의 이야기를 한다. 그는 언제나 모든 의미를 이해하기 위해서는 성령을 받을 필요가 있다고 그들에게 강조한다.

Samuel A. Moffett, "Life at a Korean Outpost," *Church at Home and Abroad* (May, 1894): 373–374.

Life at a Korean Outpost

Raving been released by the Mission front my duties in Seoul that I might give my entire attention to the opening of this new northern outpost, I came here in November as a missionary nomad, until the way opens for me to secure a permanent residence. My present quarters area single room in the house purchased by our helper, and I am busy all day long in gaining friends, following up impressions made by former visits, and preaching the Gospel as I have opportunity.

BESIEGED IN A SARANG

My room answers the purpose of reception-room, study, dining-room, and bedroom, and is what the Koreans call at "sarang," which means that it is a place open to any one and every one at all times of day or night. Privacy is impossible, and there has been such a run of visitors from early morning until midnight that I could hardly find time to rest or eat. I do break away, however, at times in order to get some fresh air and exercise, and on these walks I have been able to talk to many and to distribute some tracts, and so make my presence more widely known.

GROUPS OF INQUIRERS

I have been invited to several houses for conversation with groups of inquirers, and have been to some of the surrounding villages for the same purpose. Our tracts are being widely read throughout all this region, and many are discussing the Gospel story. Many, no doubt, are hindered from accepting the truth by fear of persecution and ridicule. They look, however, upon the entrance of the Gospel as a promise of

마포삼열, "한국 개척 선교지부의 생활",
「국내외 교회」(1894년 5월), 373-374쪽.

한국 개척 선교지부의 생활

선교회는 내가 모든 관심을 이 새로운 북부 선교지부의 개설에 기울이도록 서울의 의무를 덜어주었다. 따라서 나는 11월에 이곳[평양]에 올 수 있었으며 영구적인 거처를 확보할 길이 열릴 때를 모색하고 있다. 현재 우리 조사가 구입한 집에 있는 내 방은 단칸방이다. 나는 친구를 사귀고, 과거 심방 때 받은 인상을 바탕으로 후속 조치를 취하며, 기회가 생길 때마다 복음을 전하면서 하루 종일 바쁘게 지낸다.

사랑에 몰려든 사람들

응접실, 서재, 식당 겸 침실로 쓰는 내 방은 한국인들이 "사랑"이라고 부르는 방으로, 밤낮으로 사람을 가리지 않고 모두에게 개방된 장소라는 뜻이다. 사생활은 불가능하고, 내가 쉬거나 먹을 시간을 찾는 것도 어려울 정도로 이른 아침부터 한밤중까지 손님이 줄을 잇는다. 나는 바람을 쐬고 운동하기 위해 이따금 일을 중단하고 산책을 하는데 이때 많은 사람과 이야기를 나누고 소책자를 반포함으로써 내 존재를 더 널리 알린다.

구도자의 무리

나는 구도자들의 무리와 대화하기 위해 여러 집에 초대를 받았고, 같은 목적으로 일부 주변 마을에서도 초대를 받았다. 우리의 소책자는 이 지역 전체에서 널리 읽히고 있고, 많은 사람이 복음 이야기를 토론하고 있다. 의심할 바 없이 많은 사람이 박해와 조롱의 두려움 때문에 방해를 받아 진리를 받아들이지 못한다. 그러나 그들은 복음을 수용하는 것을 더 좋은 시절에 대한 약속으로 여기며, 마음으로 우리가 성공하기를 소망한다. 나는 참된 하나님께

better times, and in their hearts wish us all success. I hear of many who are secretly praying to the true God. The mass of the people, however, are suspicious and even bitter.

THE PERILS OF CHURCH GOING

Our helper, Mr. Han, established a Sunday service in the spring of 1893, which resulted in a class of catechumens gathered in the fall, and, as the winter goes on, the number of attendants is increasing. Those who venture to attend our services have to bear much contemptuous treatment, and are exposed to much annoyance in the way of petty persecution. They are roundly abused for being unfilial, since it is known that Christians give up ancestral worship, and they are warned that they are likely to lose their heads, as was the case with the Romanists some thirty years ago. Most of them, however, have stood firm.

A HEROIC CONFLICT WITH TEMPTATION

One man, with whom I have the deepest sympathy, is having a hard struggle. He is an innkeeper and also a merchant, but has been a great drunkard and gambler. He is well known throughout the entire region, and has a respectable position among the Koreans. He accepted Christianity boldly, and thus became a marked man. He was the victim of practical jokes, ridicule and abuse. He took this all good naturedly and held on, but has had a hard battle with his temptations to drink. His former friends conspire to secure his fall, and beset him continually with temptation, insisting that he must drink with them, according to Korean custom, and accusing him of being false to his friends in refusing. He has often fled to my room to escape from yielding to their importunities, and has sought strength here in prayer. Ile has sometimes fallen, much to his own sorrow and my grief, but the Lord is helping him, and victory is sure. The change in him is so great that his wife and brother, although

몰래 기도하는 자들이 많이 있다고 들었다. 그러나 대다수 사람들은 의심하고 심지어 우리를 역겨워한다.

교회를 가는 것의 위험

우리 조사 한 씨는 1893년 봄에 주일 예배를 정착시켰고, 그 결과 가을에는 한 학급의 학습 교인을 모았으며, 겨울이 지나면서 참석자 수는 증가하고 있다. 위험을 무릅쓰고 예배에 참석하는 자는 경멸적인 대우를 참아야만 하고, 가혹한 박해로 인하여 많은 괴로움도 당한다. 예수교인이 조상 제사를 드리지 않는다고 알려진 후로는 불효자로 철저히 매도당하고, 30여 년 전 천주교 신자들처럼 교수형에 처해질 것이라는 경고를 받는다. 그러나 대부분이 굳건히 견디고 있다.

유혹과의 영웅적인 투쟁

내가 아주 측은히 여기는 한 남자가 있는데, 그는 힘겨운 투쟁을 하고 있다. 그는 여관 주인이자 상인이지만 술고래에 노름꾼이었다. 그는 이 지역 전체에서 잘 알려진 인물로, 한국인 가운데 존경받을 만한 위치에 있다. 그는 과감히 기독교를 받아들였고, 그래서 주목받는 사람이 되었다. 그는 짓궂은 농담, 조롱, 욕설의 희생양이 되었다. 그는 좋은 성격으로 모든 것을 받아들였고 견뎠지만 음주의 유혹과는 힘겨운 싸움을 했다. 과거의 친구들은 그의 타락을 부추기고, 계속해서 유혹에 빠뜨리기 위해 계략을 꾸몄는데, 자신들과 술을 마셔야 한다고 주장하고, 한국인의 관습을 따라야 하며, 거절은 친구를 배신하는 일이라고 비난했다. 그는 그 끈질긴 요구에 넘어가지 않으려고 자주 내 방으로 도망쳐왔고, 기도하면서 힘을 구했다. 그는 때로는 넘어졌고 그래서 본인도 슬퍼했고 나도 애통해했다. 그러나 하나님께서 그를 돕고 계시므로 승리는 확실하다. 그가 전혀 다른 사람으로 변했기 때문에 그의 아내와 동생은 비록 그를 "미쳤다"고 말하고 예수교인이 되었다고 놀리지만, 그의 개과천선을 반기며 우리가 그의 악행을 버리도록 인도함으로써 큰 은혜

they call him "crazy," and ridicule him for becoming a Christian, yet rejoice in his reformation, and look upon us as having done them the greatest favor in leading him to forsake his evil ways. His conversion has been talked about far and near, so that the Gospel has been brought to the attention of many who would otherwise have been indifferent

THE FIRST SHEAVES OF THE HARVEST

On Sunday, January 7, we had a joyful communion service. Eight men from our class of catechumens, having given good evidence of conversion, were publicly baptized and partook of the Lord's Supper. It was a happy day to my native helper and myself, for we have been longing and praying for conversions, and for some signs of the Spirit's work in the hearts of Koreans. Our Sabbath services are regularly attended by a little group of over a dozen, and so a beginning has been made in this city, which is said to be the most wicked in Korea. Two of these communicants are about forty years of age. The others are young men under thirty. They are a praying band, and are earnest students of God's Word.

"FOR I HAVE MANY PEOPLE IN THIS CITY"[1]

I feel more than over encouraged, and am longing for the time when Mr. Lee and Dr. Irvin can join me. I fear that it is not yet advisable for them to attempt a permanent residence here, as the coming of so many might arouse open opposition. My own course is clear, and I am free to give all my time to this province, alternating between this city and our northern outstation, Eui Ju. I shall remain here as long as my passport allows and my health holds out. I may be driven elsewhere for rest and recuperation, as summer comes on, as my cramped quarters in a malarious district, with poor fare, may prove too much of a tax upon my

1 Acts 18:10.

를 베풀어주었다고 생각한다. 그의 개종은 원근 각지에서 화젯거리가 되었고, 그렇지 않았더라면 복음에 무관심했을 많은 사람이 복음에 관심을 보이고 있다.

첫 수확물

1월 7일 주일에 우리는 기쁜 성찬식을 거행했다. 학습 교인 학급에서 8명이 개종의 훌륭한 증거를 제시했기 때문에 공개적으로 세례를 받고 성찬식에 참여했다. 본토인 조사와 내게는 행복한 날이었는데, 우리가 개종과 함께 한국인의 마음속에서 일하시는 성령의 사역의 표징을 간절히 바라며 기도하고 있었기 때문이다. 안식일 예배에는 정기적으로 12명 이상의 적은 무리가 참석하고 있고 그렇게 한국에서 가장 사악하다고 말하는 이 도시에서 시작이 이루어졌다. 성찬을 받은 사람 가운데 2명은 약 40세고, 나머지는 30세 이하의 청년이다. 그들은 기도하는 무리이며 하나님의 말씀을 열심히 공부하는 학생이다.

"이 성중에 내 백성이 많음이라."[1]

나는 크게 고무되었으며, 리 목사와 어빈 의사가 나와 함께 일할 때를 간절히 바라고 있다. 그들의 영구적인 거처를 마련하는 일은 아직 권할 단계가 아니다. 수많은 사람의 공개적인 반대를 야기할지도 모르기 때문이다. 내 자신의 진로는 분명하다. 이 도에서 내 모든 시간을 자유롭게 보내면서 이 도시와 북부 지회인 의주 사이를 왕래할 수 있다. 나는 호조[여권]가 허락하고 건강이 지속되는 한 이곳에 남아 있을 것이다. 나는 여름이 다가오면 휴식과 휴양을 위해 다른 곳으로 갈 수도 있는데, 빈약한 음식과 말라리아가 발생하는 구역에 있는 내 비좁은 방에서 내 힘으로 버틸 수 있을지 모르기 때문이다. 하지만 나는 오랫동안 사람들과의 직접적인 접촉, 곧 그들 가운데 살면

1 고린도에서 "밤에 주께서 환상 가운데 바울에게 말씀하시되 두려워하지 말며 침묵하지 말고 말하라 내가 너와 함께 있으매 어떤 사람도 너를 대적하여 해롭게 할 자가 없을 것이니 이는 이 성중에 내 백성이 많음이라 하시더라 일 년 육 개월을 머물며 그들 가운데서 하나님의 말씀을 가르치니라"(행 18:9-11).

strength. I have long wished, however, for this direct contact with the people, living among them, meeting them every day and all day, entering into their lives, and having them enter into mine, although, I confess, that sometimes this is not easy to endure. My opportunities for personal work are abundant, and I am sowing the seed for a harvest of souls which is sure to come, and of which we have already the first fruits. I shall visit Eui Ju in February. I hope the death of our evangelist Paik has not demoralized that little band. As soon as Dr. Irvin can establish himself here we shall expect to have a hospital of some kind, even if it is only a single room at first. If we can secure Government permission to establish a hospital, this will give us indirectly the right of residence. Will not the Board and our Church stand by us in these plans for pushing our work?

서, 매일 하루 종일 그들과 만나 그들의 삶 속으로 들어가고 그들이 내 삶으로 들어오는 일을 소망해왔다. 고백하지만 때로 이 일은 견디기 힘들다. 개인적인 사역의 기회는 풍성하고, 틀림없이 추수할 영혼의 수확을 위해 나는 씨앗을 뿌리고 있으며, 우리는 이미 첫 열매를 얻었다. 나는 2월에 의주를 방문하려고 한다. 나는 전도사 백[홍준]의 죽음이 신앙의 연륜이 짧은 그 무리의 사기를 꺾지 않기를 바란다. 어빈 의사가 이곳에 정착하는 대로 비록 처음에는 단칸방에 불구하더라도 일종의 병원을 개설하고자 한다. 만약 우리가 병원 설립에 대한 정부의 허가를 확보할 수 있다면, 이 일이 우리에게 간접적인 거주권을 줄 것이다. 선교부와 본국 교회는 이런 사역을 추진할 계획을 가진 우리를 지지해주지 않겠는가?

가계도 Family Trees

MOFFETT FAMILY TREE

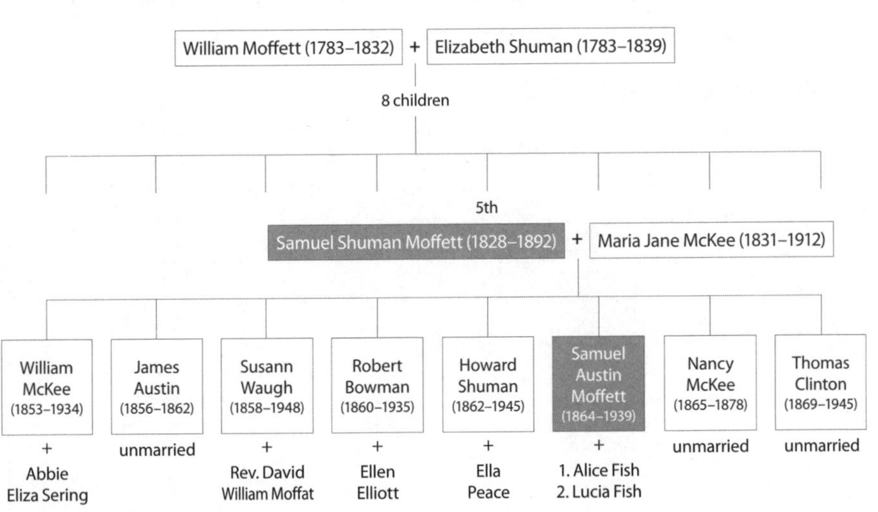
William Moffett (1783–1832)
+
Elizabeth Shuman (1783–1839)
8 children
5th
Samuel Shuman Moffett (1828–1892)
+
Maria Jane McKee (1831–1912)
William McKee (1853–1934)
+
Abbie Eliza Sering
James Austin (1856–1862)
unmarried
Susann Waugh (1858–1948)
+
Rev. David William Moffat
Robert Bowman (1860–1935)
+
Ellen Elliott
Howard Shuman (1862–1945)
+
Ella Peace
Samuel Austin Moffett (1864–1939)
+
1. Alice Fish
2. Lucia Fish
Nancy McKee (1865–1878)
unmarried
Thomas Clinton (1869–1945)
unmarried

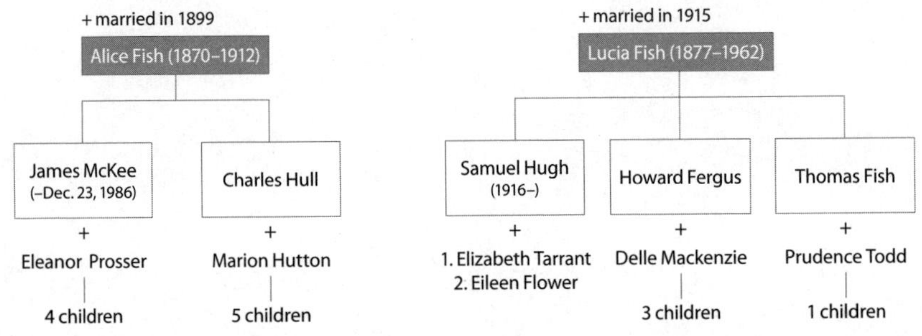
+ married in 1899
Alice Fish (1870–1912)
James McKee (–Dec. 23, 1986)
+
Eleanor Prosser
4 children
Charles Hull
+
Marion Hutton
5 children
+ married in 1915
Lucia Fish (1877–1962)
Samuel Hugh (1916–)
+
1. Elizabeth Tarrant
2. Eileen Flower
Howard Fergus
+
Delle Mackenzie
3 children
Thomas Fish
+
Prudence Todd
1 children

FISH FAMILY TREE

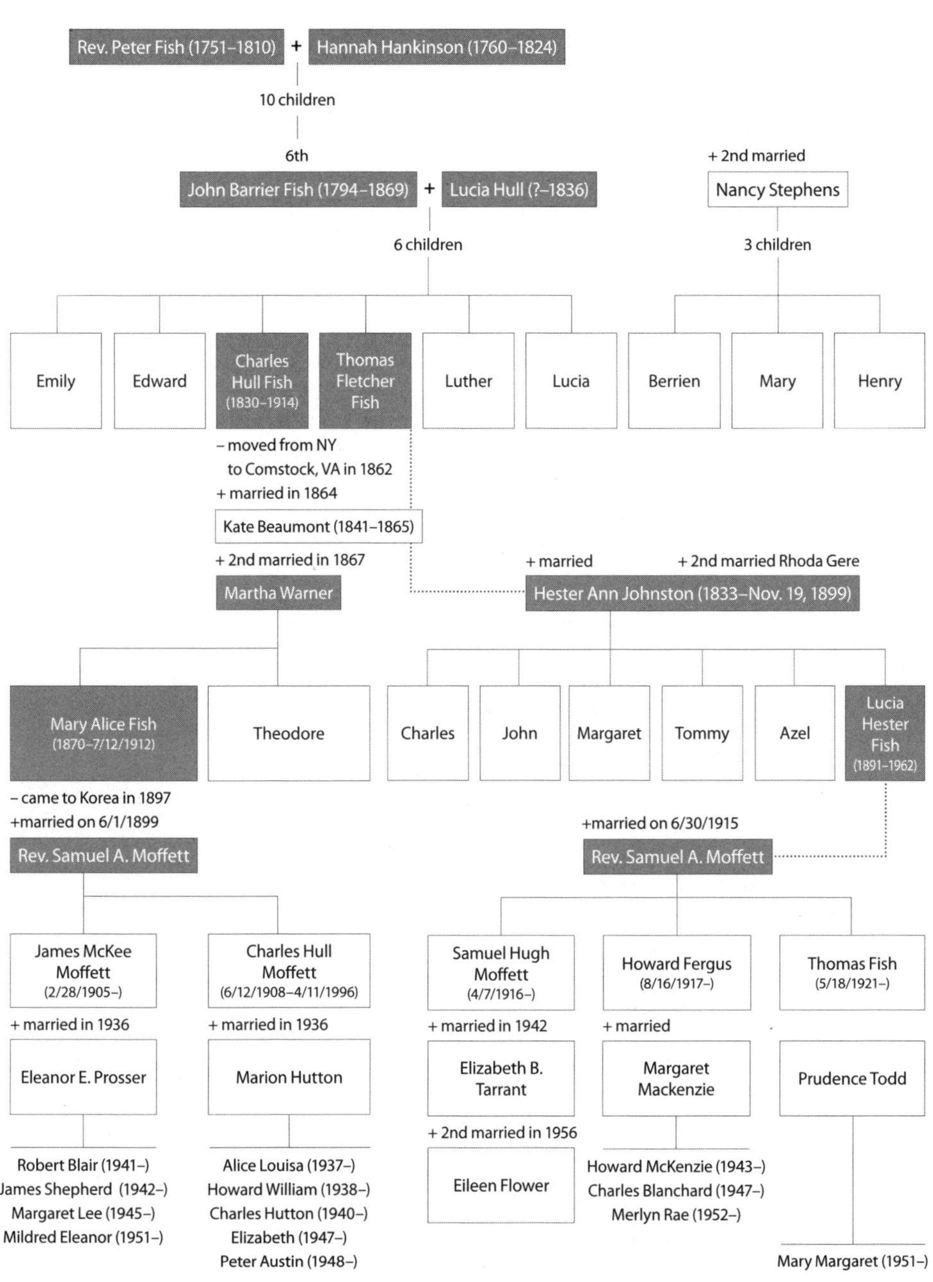

Rev. Peter Fish (1751–1810) + Hannah Hankinson (1760–1824)
10 children
6th
John Barrier Fish (1794–1869) + Lucia Hull (?–1836)
+ 2nd married
Nancy Stephens
6 children
3 children
Emily
Edward
Charles Hull Fish (1830–1914)
Thomas Fletcher Fish
Luther
Lucia
Berrien
Mary
Henry
– moved from NY to Comstock, VA in 1862
+ married in 1864
Kate Beaumont (1841–1865)
+ 2nd married in 1867
Martha Warner
+ married
+ 2nd married Rhoda Gere
Hester Ann Johnston (1833–Nov. 19, 1899)
Mary Alice Fish (1870–7/12/1912)
Theodore
Charles
John
Margaret
Tommy
Azel
Lucia Hester Fish (1891–1962)
– came to Korea in 1897
+married on 6/1/1899
Rev. Samuel A. Moffett
+married on 6/30/1915
Rev. Samuel A. Moffett
James McKee Moffett (2/28/1905–)
Charles Hull Moffett (6/12/1908–4/11/1996)
Samuel Hugh Moffett (4/7/1916–)
Howard Fergus (8/16/1917–)
Thomas Fish (5/18/1921–)
+ married in 1936
Eleanor E. Prosser
+ married in 1936
Marion Hutton
+ married in 1942
Elizabeth B. Tarrant
+ 2nd married in 1956
Eileen Flower
+ married
Margaret Mackenzie
Prudence Todd
Robert Blair (1941–)
James Shepherd (1942–)
Margaret Lee (1945–)
Mildred Eleanor (1951–)
Alice Louisa (1937–)
Howard William (1938–)
Charles Hutton (1940–)
Elizabeth (1947–)
Peter Austin (1948–)
Howard McKenzie (1943–)
Charles Blanchard (1947–)
Merlyn Rae (1952–)
Mary Margaret (1951–)

연대표 Chronology • 1852-1894

Aug. 12, 1852	Samuel Shuman Moffett and Maria Jane McKee (parents of S. A. Moffett) married
Jan. 25, 1864	Samuel Austin Moffett born in Madison, Indiana, 4th son and 6th surviving child of his parents
Oct. 1, 1864	Samuel A. Moffett baptized at the Madison, Indiana First Presbyterian Church
April 8, 1870	Birth of Mary Alice Fish, 1st wife of S.A.M.
March 1, 1873	Death of S. A. M.'s 18-year-old sister, Nancy McKee while a student at Glendale female college
Dec. 23, 1877	Birth of S. A. M.'s second wife, Lucia Hester Fish (1st cousin of Alice)
June 12, 1884	Graduated tied for top honors from Hanover College, BS in Chemistry
Nov. 19, 1884	Death of Hester Ann Johnston Fish, mother of S. A. M.'s 2nd wife, Lucia Hester Fish
June 1885	Master of Science, Hanover College
1886-1887	At the visit to McCormick Seminary of Robert Wilder and John Forman, sometime during the academic year of 1886/87, Moffett, Baird, and Gifford signed the Student Volunteer pledge to become foreign missionaries
April 1888	Graduated from McCormick Seminary, then visits his family in Madison, IN
May 8, 1888	Ordained in Madison Indiana as minister, Presbyterian Church, USA together with classmate and later missionary colleague, William M. Baird
June, 1888	Visits Philadelphia & Hagerstown, Maryland, part of the time with his brother, Tom and his father, Samuel Shuman Moffett, who grew up in Hagerstown
Oct. 2, 1888	Officiated at the wedding of his brother, Howard Shuman, to Ella N. Peace
1888-1889	Served one year as Stated Supply of Presbyterian churches of Appleton and Montrose, Missouri
March 26, 1889	Applied to Foreign Mission Board, Presbyterian Church, as missionary candidate
April 15, 1889	Appointed by Foreign Mission Board of the Presbyterian Church as a missionary
Sept. 9, 1889	Assigned by the Presbyterian Foreign Mission Board to Korea
Oct. 30, 1889	Applies for a passport. A Madison friend, Charles Alling, signs application as a witness.
Nov. 2, 1889	Passport issued by the U.S.A. Department of State
Dec. 1, 1889	Preached farewell sermon in his home church, the First Presbyterian Church, Madison, Indiana, to a large evening audience gathered to bid him farewell and pledge their support and prayers for his pioneer missionary calling
Dec. 16, 1889	Sailed for Korea with a two-week stop in Japan en route
Jan. 3, 1890	Arrived at port of Yokohama, Japan, met by Henry Loomis, Prince Pak Yŏnghyo and Song Sun-yong (Dr. Underwood's language teacher)
Jan. 25, 1890	Arrived in Korea on his26th birthday to join a small band of pioneer Presbyterian missionaries already on the field
March 1890	Assumes responsibility for orphanage founded by Horace G. Underwood and with permission begins to make it into a partially self-supporting boys' school

1852년 8월 12일	마포삼열의 부모인 사무엘 슈만 마페트와 마리아 제인 맥키 결혼
1864년 1월 25일	미국 인디애나 주 매디슨에서 출생. 5남 2녀 중 4남으로 태어남
1864년 10월 1일	마포삼열 매디슨 제일장로교회에서 유아 세례 받음
1870년 4월 8일	마포삼열의 첫 아내인 메리 앨리스 피시 출생
1873년 3월 1일	마포삼열의 누나 낸시 클렌데일 여자대학 재학 중 18세로 사망
1877년 12월 23일	마포삼열의 두 번째 아내인 루시아 헤스터 피시(메리 앨리스 피시의 사촌) 출생
1884년 6월 12일	마포삼열 하노버 대학 최우등 졸업(화학 학사)
1884년 11월 19일	루시아 피시의 어머니(헤스터 앤 존스튼 피시) 사망
1885년 6월	마포삼열 하노버 대학 석사 졸업(과학 석사)
1885년 9월	맥코믹 신학교(일리노이 주 시카고) 입학
1886-1887년	로버트 와일더와 존 포먼이 맥코믹 신학교 방문했을 때 마포삼열, 베어드, 기퍼드 등은 학생자원운동에 선교사로 지원
1888년 4월	맥코믹 신학교 졸업 후 고향 매디슨 방문
1888년 5월 8일	베어드와 함께 미국 북장로회 목사로 안수(매디슨에서)
1888년 6월	펜실베이니아의 필라델피아와 아버지의 고향인 메릴랜드 주 헤이거즈타운 방문. 일부 시간은 동생 토머스와 아버지와 함께 보냄
1888년 10월 2일	형 하워드 슈만과 엘라 피스의 결혼식 주례
1888-1889년	미주리 애플턴과 몬드로즈의 장로교회들의 임시 설교 목사로 봉사
1889년 3월 26일	미국 북장로회 해외선교부에 선교사로 지원
1889년 4월 15일	미국 북장로회 해외선교부에 선교사로 임명
1889년 9월 9일	해외선교부가 한국에 임명
1889년 10월 30일	여권 신청. 매디슨의 친구 찰스 앨링이 증인으로 서명
1889년 11월 2일	미국 국무성 여권 발급
1889년 12월 1일	고향 교회인 매디슨 제일장로교회에서 고별 설교. 많은 교인 참석하여 한국 개척 선교를 위한 지원과 기도를 서원함
1889년 12월 16일	샌프란시스코에서 한국을 향해 출발
1890년 1월 3일	일본 요코하마 항 도착. 헨리 루미스 목사(미국 성서공회 총무), 박영효, 송순용(언더우드 목사의 어학 교사) 등 만남
1890년 1월 25일	서울 도착 (26세 생일)
1890년 3월	언더우드 고아원 책임. 부분적으로 자급하는 남학교로 전환 시작
1890년 5-6월	헤론 의사의 질병으로 선교회 임시 서기
1890년 5월 22일	메리 앨리스 피시 캘리포니아 산타로사 신학교 졸업

May-June 1890	Interim Secretary of Presbyterian Mission due to Dr. Heron's illness
May 22,1890	Mary Alice Fish graduated from Santa Rosa Seminary, California Program of the Commencement Exercises included an essay, In His Name, by Miss Alice Fish, one of three graduates. Commencement was held in the Presbyterian Church
June 1890	S. A. M. elected chairman of the Presbyterian Mission, U.S.A. at the Annual Meeting which adopted the Nevius method for mission work as presented by Dr. John Nevius, a Presbyterian missionary in China, who met with them
Aug. 29, 1890	First trip of exploration to the northern part of Korea with Henry G. Appenzeller and Homer B. Hulbert. Length of trip about six weeks and 500 miles. Moffett stayed two weeks alone in P'yŏngyang. Carried Korean traveler's passport
Jan. 27, 1891	Beginning of several days of Presbyterian Annual Meeting in Seoul
Feb. 25, 1891	Second trip to the north. Moffett, James Gale & Sŏ Sangnyun begin 3-month walking tour through north Korea into Moukden, Manchuria in plan for opening new stations, preaching and language learning, covering a circuit of 800 miles Traveled mostly on foot with 2 horses to carry blankets, etc. Back before May 21st.
Sept. 1891	Third trip to the north. Baptized three men in Ŭiju and also the first two women believers in P'yŏng'an province. Purchased a house in Ŭiju
Feb. 25, 1892	Death of father, Samuel Shuman Moffett, in Madison, Indiana of a stroke. Dr. Brown, pastor of The First Presbyterian Church of Madison, officiated at his funeral a few days later
March 30, 1892	Marriage of his sister, Susann Waugh Moffett to Rev. David William Moffat in the family home in Madison, Indiana. Rev. W. R. Brown, D.D., officiated
May 6, 1892	Fourth trip to northern provinces with Dr. Hugh M. Brown, M.D., spending about four months in Ŭiju and surrounding villages. Dr. Brown had to leave and return to Seoul very soon. Moffett had a summer theological class of 12 men from 8 towns and villages who were with him in Ŭiju for 15 days. Paek Hongjun was with him. The final two weeks of his stay in Ŭiju, Dr. Vinton was with him and treated over 400 patients. Moffett spent the last two weeks of this fourth trip in Chefoo and Tengchow, China
Dec. 27, 1892	Goes with W. Reynolds to visit provinces south of Seoul
March 6, 1893	Moffett leaves with Swallen and Graham Lee for P'yŏngyang with Helpers Sŏ Sangnyun and Han Sŏkchin. His fifth trip to the north. Swallen soon left. Moffett bought property in the names of the native Helpers. But because of disturbances the deeds had to be returned. Lee and Moffett stayed only about three weeks before being driven out
April 1893	Still in charge of Boys' School in Seoul
May 15, 1893	Moves to P'yŏngyang. His sixth trip to the north. Sunday worship services held since Spring. Helper Han Sŏkchin had bought a small house on Moffett's behalf, although he stayed in an inn during this trip. No other foreigner with Moffett this time. Moffett will stay there for most of the fall and winter, but not through the summer. Moffett preached to about 20 people in Mr. Han's house on the last Sunday. Returned to Seoul about June 10th
Mid-July 1893	Spends summer in Pusan with the Bairds—studying, preparing tracts, preaching & helping Baird in evangelistic work
Sept. 1893	Back to P'yŏngyang. Class of catechumens gathered and publicly received into membership. Attendance at worship increasing but attendees subject to scorn & ridicule.
Oct. 1893	Elected chairman of the Mission for the second time
Nov. 11, 1893	Returned to P'yŏngyang after Annual Mission Meeting in Seoul. Mr. & Mrs. F. S. Miller take charge of Boys' School in Seoul. Moffett spent his first Christmas in P.Y.

1890년 6월	북장로회 한국 선교회 연례 회의에서 회장 선임. 네비우스 정책 채택
1890년 8월 29일	제1차 전도 여행 출발, 아펜젤러와 헐버트 동행. 평양 2주 체류. 500마일 여행
1891년 1월 27일	북장로회 한국 선교회 연례 회의 개최
1891년 2월 25일	제2차 전도 여행, 게일과 서상륜 동행. 3개월간 평양, 의주, 만주의 심양, 통화, 함흥, 원산 방문. 심양에서 로스 목사 만나 선교 방법 배움
1891년 5월 18일	800마일의 장거리 도보 여행을 마치고 서울에 돌아옴
1891년 9월	제3차 전도 여행. 의주에서 집 구입. 의주에서 3명의 남자와 2명의 여자에게 세례 줌
1892년 2월 25일	마포삼열의 아버지 사무엘 슈만 마페트 사망. 인디애나 매디슨 제일장로교회 목사인 브라운 박사가 장례식 인도
1892년 3월 30일	마포삼열의 누나 수산이 고향 교회에서 데이비드 모파트 목사와 결혼
1892년 5월 6일	제4차 전도 여행 출발, 휴 브라운 의사 동행. 평양 거쳐 의주에서 4개월간 지내면서 12명 신자로 여름 사경회 15일 운영. 백홍준 조사 협조. 의주에서 보낸 마지막 2주 동안 빈튼 의사가 와서 도움
1892년 8-9월	2주 동안 중국 우장, 지푸, 등주를 방문하고 서울로 돌아옴
1892년 12월 27일	제5차 전도 여행. 레이놀즈와 함께 공주 방문
1893년 3월 6일	제6차 전도 여행. 스왈른, 리, 서상륜, 한석진과 함께 평양행(5차 방문). 서상륜과 한석진의 이름으로 주택 구입했으나 문제 발생해 반환. 리와 마포삼열은 3주 만에 돌아옴
1893년 4월	서울 남학교 책임 계속
1893년 5월 15일	제7차 전도 여행 (6차 북한 여행). 혼자 평양으로 가서 주일 예배 인도. 한석진은 집 매입. 마포삼열은 여관에서 지냄. 6월 10일경 서울로 돌아옴
1893년 7월 중순	제8차 전도 여행. 부산 베어드 집에서 여름을 보내면서 공부, 소책자 준비, 베어드의 전도 사업 조력
1893년 9월	제9차 전도 여행(7차 북한 여행). 평양에서 학습반 조직. 주일 예배 참석자 증가
1893년 10월	한국 선교회 연례 회의에서 회장으로 두 번째 선임. 남학교는 밀러 목사가 맡고 마포삼열은 평양만 맡게 됨
1893년 11월 11일	제10차 전도 여행(8차 북한 여행). 평양으로 감. 홀 의사 만남. 한석진과 함께 처음으로 평양에서 성탄절 보냄
1894년 1월 7일	평양 최초의 세례식(8명)과 성찬식. 장대현교회 전신인 대동문 널다리교회 설립(1907년까지 담임). 2명은 학습 교인으로 받음
1894년 2월 24일	의주에서 세례 신청자 여러 명 지도. 기독교식 결혼식(김관근과 백홍준의 딸)
1894년 3월 16일	의주에서 12명 참석한 사경회에서 15일간 누가복음 공부
1894년 4월 14일	평양으로 돌아옴
1894년 5월	서울에서 며칠간 보냄. 평양 예수교인 박해 사건 발생. 김창식과 한석진 등 투옥되고 사형 협박. 마포삼열 매켄지와 함께 평양 도착. 평양 시장 관아 앞 세 차례 돌에 맞음
1894년 7월 30일	청일 전쟁 중 평양에 남아 양 떼 돌봄. 서울에 보낸 편지 중간에서 강도에게 빼앗김
1894년 8월 중순	서울에 돌아옴
1894년 10월 1일	평양에 다시 돌아감. 리 목사, 홀 의사와 함께 평양 전투 후 상황 조사. 집이 심하게 망가져 홀 의사 집에서 지냄. 이전에 구입했다 반환한 자산 다시 매입
1894년 10월 중순	자산 다시 강제 몰수. 리 목사만 서울로 돌아감. 테이트 목사 평양 방문, 마포삼열과 홀 의사에게 물자와 돈 지원
1894년 11월 중순	홀 의사 이질 감염. 마포삼열과 테이트는 홀 의사 데리고 제물포 거쳐 서울에 옴

	with helper Han's family. Met Dr. William Hall
Jan. 7, 1894	Eight men publicly baptized & partook the Lord's Supper in P'yŏngyang. Two others received into catechumen class. "There is a Church started in Pyengyang"
1893-1907	Pastor Central Presbyterian Church, P'yŏngyang (first called East Gate Church, then after move to new location called Changdaehyŏn Church)
Feb. 24, 1894	In Ŭiju. Several applicants for baptism. Held a Christian wedding
March 16, 1894	Took 12 men in Ŭiju through a 15-day study of Gospel of Luke
April 14, 1894	Returned to P'yŏngyang
May 1894	Spent a few days in Seoul. While there, Dr. Hall's assistant Kim Ch'angsik and Han Sŏkchin were arrested in P'yŏngyang, beaten, imprisoned and threatened with death. Moffett returns to P'yŏngyang with William J. McKenzie. Hall's house stoned and Moffett and Mackenzie stoned three times in front of mayor's office by underlings with the sympathy of officials
July 30, 1894	Moffett still in P'yŏngyang during Sino-Japanese War. Life in danger but stays with flock. Letters to Seoul fell into hands of robbers Mid-Aug. 1894 Returns to Seoul
Oct. 1, 1894	Back again to P'yŏngyang with Graham Lee & Dr. Wm. Hall to investigate post-battle damage and refugee situation in P'yŏngyang. Stayed in Hall's home. His own home badly damaged. Re-purchased the P'yŏngyang mission property outside the wall which had been secured before but forcibly confiscated. Mid-October, Mr. Lee returns alone to Seoul. Mr. Tate, of the Southern Presbyterian Mission, volunteers to take supplies and money to Moffett and Hall in P'yŏngyang.
Mid-Nov. 1894	Moffett, with Mr. Tate, accompanied seriously-ill William Hall to Seoul. Hall died on Nov. 24th
Mid-Jan. 1895	Returns to P'yŏngyang with Graham Lee

1894년 11월 24일	홀 의사 사망. 양화진에 장사함
1894년 12월 5일	평양 여행 호조 발급 받음
1895년 1월 중순	리 목사와 평양에 돌아옴

색인 Index

한글 색인

ㄱ

가드너 51, 167, 171, 245, 255, 503, 509, 543
가드너 부인 171
감리(교)회 39, 45, 47, 51, 83, 97n.3, 129, 143, 159, 163, 165, 179, 181, 199, 229, 245, 253, 279, 285, 287, 289, 301n.5, 303, 335, 337, 341, 343, 359n.2, 361, 365, 381, 387, 389, 392, 423n.1, 427n.3, 475, 503n.3, 533, 547, 569, 623, 721
개척 21, 23, 53, 94, 106, 137, 165, 181n.7, 182, 229, 237, 243n.1, 253, 281, 321, 349, 359, 379, 381n.1, 391, 393, 417n.2, 465, 477, 479n.2, 729, 739
개항장(조약 항구) 37, 47, 49, 53, 117, 139, 161, 209n.1, 219, 245, 283, 285, 301, 349, 545, 561, 677, 697, 707n.1, 713
게일 139, 155, 159, 163n.2, 169n.5, 171, 175, 177, 179, 181, 189, 191, 197, 199, 203, 205, 207, 209, 213, 215n.6, 217, 223, 227, 229, 231, 233, 237-241, 251, 253, 255, 257, 259n.1, 261, 263-264, 277, 279, 281, 283, 321, 354, 357, 363, 365, 367, 379, 389, 441, 515n.1, 557n.3, 559, 591n.1, 593, 597, 599, 609, 649, 659, 673, 679, 689, 723, 741
고아원(정동고아원) 113, 115, 135, 167, 179, 183, 189, 191, 195, 197, 203, 205n.1, 223, 268, 315n.2, 593, 739
곤당골(승동) 229n.1, 263, 273, 321, 335, 337, 345, 371, 373, 403, 613
공의회 459, 461n.1, 525, 587, 595
공주(公州) 350, 587n.5, 741
관찰사 381, 383, 385, 387, 393, 407, 507, 509, 519, 521, 523, 535, 541, 569, 575, 611, 645, 651, 721
교육 사역 99, 165
구성(龜城) 367
국경 39, 177, 197, 211, 213, 217, 283, 673, 675, 685, 695, 701, 705, 707
권서 37, 47, 49, 113, 115, 117, 139, 159, 163, 175, 182, 209n.1, 211, 643, 695, 709n.3, 711
기도회 81, 453, 459, 475, 481
기독교청년회 673
기퍼드 106, 109, 113, 149, 151, 167, 170-171, 189, 205, 207, 221, 233, 240-241, 251, 264, 268, 273, 289, 323, 329, 339, 345, 347, 354, 373, 403, 405n.1, 441, 449, 453, 459, 469, 479, 481, 483n.3, 487, 489, 501, 515, 517, 519, 521, 523, 525, 527, 529, 541, 543, 559, 563, 567, 597, 599, 609, 613, 619, 679, 739
기퍼드 부인 221, 268, 289, 339, 354, 373, 441, 519, 527, 559, 563, 597, 619
길선주 15
김관근 367, 489, 645, 717, 741
김창식 301n.5, 381n.2, 392, 741

ㄴ

남장로(교)회 234, 283, 291, 333, 337, 347, 525, 595, 611, 655
남학교 109, 191, 197, 203, 207, 229, 233, 247, 268, 319, 341, 361, 403, 411, 563, 593, 601, 603, 615, 643, 645, 739, 741
널다리골 예배당(널다리장로교회) 473n.1, 481n.1
네비우스 17, 39, 47, 115, 177, 182, 205, 237, 483, 593, 741
네비우스-로스 방법 39, 177n.4, 182, 237
노블 381, 383, 392
누가복음 493, 645, 661, 741
뉴욕 13, 45, 63, 69, 81, 83, 97, 111, 121, 125, 146,

151, 223n.1, 227, 305, 375, 392, 399, 417, 421, 457, 491, 493, 711

ㄷ

대동강 15, 37, 173, 473n.1, 719
대동문(大同門) 503, 641, 741
데이비스 115, 245, 593
도시샤 106, 109
도티 106, 109, 135, 171, 221, 240-241, 247, 289, 321, 354, 361, 405, 491, 559, 563, 597
동학 395, 397, 407, 479, 535, 583, 585, 613

ㄹ

레이놀즈 243n.1, 349-350, 741
로스 37, 39, 47, 49, 139, 163, 177n.4, 182, 197, 209, 211, 213-214, 217, 237, 297, 329, 331, 367, 459, 479, 483, 515, 649, 675, 687, 693, 695, 707, 709, 741
리 333, 349, 351n.3, 357, 361, 365, 367, 392-393, 395, 417, 429, 457, 475, 489, 491, 493, 497, 539, 547n.1, 563, 571, 573, 575, 623, 629, 635, 639, 651, 653, 655, 719, 721, 723, 733, 741, 743

ㅁ

마가복음 45, 129n.2, 493n.1, 661
마태복음 603, 629, 661
마페트, 사무엘 슈만 63-64, 65nn.4,6, 703, 739, 741
만주 37, 39, 41, 43, 47, 54, 163, 182, 209n.1, 237, 240, 249, 283, 479, 649, 675, 691, 693, 707, 741
말라리아 475, 535, 543, 555, 575, 733
매디슨, 인디애나 주 23, 58, 63n.1, 67, 121, 537n.2, 539, 553, 667, 703, 739, 741
매켄지 315n.3, 479, 483, 491, 523, 533, 583, 585, 587, 651, 741
맥코믹 신학교 27, 76, 77, 79n.1, 106, 243n.1, 264, 739
맥킨타이어 209
메이지 학원 109
무디 121, 264, 392, 399n.1
무어 123, 195n.1, 333, 345, 354, 403, 405, 417n.1, 559, 607, 611, 613
미첼 97, 103, 431
밀러 106, 171, 195n.1, 268, 333, 345, 354, 403, 405, 411, 449, 483, 485, 505, 523, 563, 615, 619, 621, 741

ㅂ

박람회 557
박영효 47, 106, 739
박해 137n.2, 293, 301n.5, 392, 471, 503n.2, 511, 533, 541, 557n.3, 569, 637, 641, 643, 651, 681, 685, 715, 729, 731, 741
배재학당 229, 381n.1
백홍준 39, 113n.2, 209n.1, 211, 217, 237, 238, 367, 477n.2, 489, 601, 629, 645, 649, 685, 707, 709, 741
베어드 5, 27, 77, 117, 155, 167, 169, 171, 177, 187, 189, 195n.3, 197, 207, 233, 240, 241, 247, 255, 264, 289, 299n.4, 349, 350, 354, 357, 361, 405n.1, 417, 429, 439, 449, 497, 501, 559, 595, 597, 599, 609, 611, 739, 741
복음서 47, 49, 209n.1, 295, 297, 471, 659, 661, 673, 695, 707, 709
복음주의 94
본토인 공의회 459, 525
봉천(奉天, 심양) 37, 54, 163, 209, 213, 217, 236, 237, 249, 283, 479, 483, 649, 675, 687, 689, 691, 693, 707, 709, 717
부산(釜山) 37, 47, 49, 99n.5, 106, 137, 139, 149, 155, 159, 165, 169, 175, 177, 181, 195n.3, 197, 199, 207, 227, 231, 233, 245, 247, 255, 264, 289, 290, 301, 349, 350, 363, 397, 413, 417, 419, 445, 460, 499, 501, 537, 561, 609, 611, 625, 741
북감리(교)회 45, 51, 97n.3, 129, 181n.7, 245, 289, 392, 503n.3
북장로(교)회 23, 45, 51, 94, 97nn.1,2,3, 99nn.4,5, 113n.2, 146, 149, 169n.5, 171, 181n.7, 182, 189n.1, 195n.3, 241, 257n.1, 264, 290, 351n.3, 354, 355, 409, 417n.2, 623, 739, 741

불교인(승려) 103, 583
브라운 169n.5, 233, 245, 251, 255, 281, 289, 293, 299n.4, 354, 405n.1, 417, 499, 501, 609, 611, 669, 671, 741
빅토리아 장로교회 115, 289
빈튼 169n.5, 221, 229, 231, 233, 240, 241, 245, 251, 253, 268, 273, 291, 297, 299n.4, 305, 319, 337, 345, 371, 373, 401, 405n.1, 429, 449, 451, 455, 479, 491, 499, 501, 537, 547, 561, 591n.1, 597, 599, 619

ㅅ

사경회 182, 297, 329n.3, 339n.2, 347, 491, 631, 643, 741
사도행전 263, 367n.5, 659, 661
사랑방 271, 281, 287, 613, 629, 635
상주(尙州) 609
서경조 209n.1, 264, 329n.2, 367n.3, 399n.1, 583, 587, 609, 709, 711n.4
서상륜 39, 113n.2, 175n.1, 209n.1, 211, 217n.1, 237, 238, 273, 339, 347, 363, 367n.3, 381, 383, 392, 393, 399n.2, 451n.2, 485, 491, 525, 531, 601, 623, 631, 649, 679, 709, 741
서울 17, 35, 37, 39, 41, 45, 47, 49, 51, 53, 54, 71n.4, 94, 97, 99n.5, 101, 106, 109, 111, 113n.1, 117, 129, 131, 137, 139, 143, 147, 149, 155, 159, 161, 163, 165, 167, 169, 170, 173, 175, 177, 179, 181n.7, 182, 185, 187, 189, 195, 197, 199, 203, 207, 209, 211, 213, 217, 223, 227, 229, 231, 233, 235-238, 240, 243, 245, 247, 251, 253, 255, 257, 261, 264, 271, 273, 277, 279, 281, 283, 285, 289, 290, 293, 297, 299n.4, 302, 319, 321, 323, 325, 327, 335, 339, 343, 345, 350, 354, 357, 361, 365, 367, 371, 381, 383, 387, 392, 393, 395, 399n.3, 401, 403, 407, 409, 411, 417, 418, 419, 421, 423, 431, 443, 447, 453, 455, 459, 460, 469, 471, 477, 479nn.1,2, 481, 483, 491, 501, 503, 505, 507, 509, 511, 519, 521, 523, 525, 529, 533, 535, 537, 541, 543, 547, 549, 553, 555, 557, 559, 561, 563, 567, 569, 575, 579, 583, 587, 591, 595, 597, 601, 603, 609, 611, 615, 623, 633, 635, 639, 643, 649, 651, 653, 655, 659, 673, 675, 677, 679, 697, 699, 701, 705, 709, 711, 713, 717, 719, 721, 723, 727, 729, 739, 741
성경 번역 209n.1, 253, 485, 517
성교서회 433, 441, 525
성서공회 37, 39n.3, 45, 133, 209n.1, 433, 435, 479n.1, 649, 661, 709n.3, 711, 739
성서번역자회 515, 517, 519, 659, 661
「세계 선교 평론」 491, 637, 705
소래(松川) 39n.3, 49, 53, 175n.3, 264, 367n.3, 399n.1, 479n.2, 491, 583, 711n.4
송도(松都) 106, 159, 165, 175, 197, 283, 673, 681, 683
송순용 106, 113n.1, 739
스왈른 195n.1, 333, 345, 354, 365, 367, 373, 381, 383, 392, 393, 405n.1, 611, 613, 623, 651, 719, 721, 725, 741
스코틀랜드 개혁장로교회 315n.2
스코틀랜드 연합장로교회 37, 649, 693, 707
스크랜튼 129n.1, 181n.7, 189, 485, 489, 503, 515, 659
스트롱 333, 345, 354, 361, 405n.1, 559
승동 229n.1, 335, 337n.1, 403
신약전서 41, 43, 211, 583, 649, 675
신학반 167, 182, 211, 235, 293, 339, 347, 453, 459, 603, 643, 675, 709, 717
실(공사) 503, 525, 545, 637, 651
심양 54, 217n.1, 237, 741
심양교회 237

ㅇ

아버클 345, 354, 405n.1
아일랜드 장로교회 693
아펜젤러 45, 47, 51, 53, 159, 185, 279, 281n.1, 367n.3, 515n.1, 591n.1, 659, 741
안악(安岳) 173, 184, 185
안주(安州) 163, 283, 685, 713
알렌 49, 51, 115n.3, 135, 137, 139, 141, 145, 146, 149, 151, 153, 167, 171, 181n.7, 187, 223, 225, 245, 271, 273, 323, 477, 525, 591, 711n.4
압록강 39, 43, 217n.2, 367n.4, 535n.1, 689, 695
앨리스 5, 11, 13, 69, 71n.3, 74, 75, 79n.1, 311,

313, 315, 317, 739
양전백 211n.5
양화진 146, 392, 743
어빈 401n.4, 447, 475, 477, 485, 501, 537, 547, 561, 733, 735
언더우드 23, 27, 47, 51, 53, 97, 106, 109, 111, 113, 115, 131, 133, 135, 137, 149, 151, 167, 169, 171, 182, 183, 189, 195, 203, 205, 207, 211, 219, 223, 229, 231, 243, 245, 247, 251, 253, 261, 264, 268, 271, 273, 279, 281, 283, 287, 290, 291, 299, 321, 323, 329, 341, 345, 354, 367nn.3,4, 373, 397, 399nn.2,3, 403, 405n.1, 417n.1, 423, 425, 427, 431, 437n.3, 441, 451, 457, 479, 487, 489, 491n.2, 497, 501, 509, 515, 517n.2, 523, 565, 591n.1, 593, 611, 613, 649, 659, 709, 711, 713, 719, 739
언더우드 부인 53, 101, 183, 189n.1, 229, 354, 399n.3, 427n.3, 613, 649
에비슨 290, 299n.4, 354, 355, 401, 405n.1, 417, 499, 501, 537, 609, 611
엘러즈 171, 591n.2
엘린우드 94, 97, 103, 106, 107, 109, 111, 129, 131, 143, 155, 159, 173, 182, 187, 189, 195, 203, 207, 209, 217, 223, 227, 243, 251, 257, 271, 277, 289, 293, 305, 309, 319, 335, 343, 357, 371, 375, 377, 379, 395, 399, 401, 403, 407, 413, 423, 427n.3, 431, 443, 457, 471, 481, 489, 493, 497, 533, 541, 547, 559, 569
연동 106, 359n.2, 405, 547
예수교학당(경신학교) 205, 268, 473
외무아문 467, 505, 507
요코하마 39, 43, 45, 47, 49, 106, 109, 113n.1, 739
요한복음 603, 661
용어 문제 457, 515, 517
우장(牛藏, 영구) 209, 283, 302, 319, 479n.1, 707n.1, 709n.2, 741
웨스트민스터 요리문답 137, 264
육영공원 97n.3, 99
의료 선교(사업·사역) 11, 113, 115n.3, 155, 221, 231, 253, 261, 279, 281, 299, 333, 337, 343, 371, 373, 379, 392, 499, 561, 709
의주(義州) 39n.3, 41, 49, 53, 175, 177, 191, 197, 199, 207, 209, 211, 213, 215n.6, 217, 227, 229, 235, 236, 237, 240, 245, 247, 251, 275, 277, 281, 283, 287, 289, 293, 295, 297, 299, 301, 302, 307, 319, 321, 327, 367, 383, 385, 387, 393, 395, 409, 413, 417n.2, 459, 460, 465, 469, 475, 477, 479, 481, 483, 485, 487, 489, 493, 497, 505, 529, 535, 539, 567, 601, 623, 625, 627, 629, 631, 637, 639, 643, 645, 647, 649, 651, 673, 675, 685, 687, 689, 693, 701, 705, 707, 709, 715, 717, 721, 733, 735, 741
이질 129, 387, 575, 721, 741
이창직 163n.2, 239
이화학당 359n.2
임오군란 37, 43, 117n.4

ㅈ

장로(교)회 6, 17, 21, 23, 25, 27, 29, 39, 47, 51, 54, 71, 94, 97nn.1,2,3, 99nn.4,5, 106, 113n.2, 125, 146, 167, 169n.5, 171, 181n.7, 182, 189n.1, 241, 243, 264, 290, 291, 315n.3, 333, 337, 347, 351n.3, 354, 355, 367n.4, 409, 417n.2, 427, 431, 453, 461n.1, 465, 479n.2, 503n.4, 525, 595, 603, 611, 623, 655, 707, 739, 741
장연(長淵) 163, 165, 173, 175n.3, 185, 285, 367n.3, 479, 483, 583
전도부인 561
전도 여행 182, 184, 185, 233, 236, 237, 238, 245, 271, 302, 350, 393, 418, 419, 460, 673, 725, 741
정공빈 367n.3, 711n.4
정동 231, 240, 263, 335, 359, 403, 559n.1, 561, 563
정동교회당(새문안교회) 325n.2, 403
정동여학당(정신여학교) 106
정부 병원 187, 197, 231, 233, 253, 337, 371, 591, 599
정신학당 359
제물포 37, 45, 49, 97, 99n.5, 106, 137, 149, 264, 290, 302, 449, 464, 465, 479n.1, 505, 535n.1, 579, 701, 705, 741
제일교회 6, 7, 9, 29, 669
제중원 51, 115n.3, 146, 149, 151, 231, 233, 299n.4, 333, 337, 355, 401n.5, 591n.1

조사 35, 37, 87, 97, 99, 101, 113, 159, 175n.1, 187, 199, 209n.1, 211n.1, 215n.6, 217, 238, 239, 281, 287, 297n.2, 339n.2, 359, 367, 379, 381, 383, 385, 387, 392, 407, 409, 441, 464, 465, 471, 473, 477n.2, 483nn.2,3, 489n.1, 493, 495, 503, 505, 507, 525, 533, 539, 541, 553, 577, 607, 609, 613, 623, 635, 643, 645, 647, 651, 653, 681, 701, 709, 711, 721, 729, 731, 733, 741
조약 37, 53, 115n.3, 137n.2, 187, 245, 283, 285, 301, 383, 385, 505, 507, 509, 511, 561, 711n.4
조폐국 83, 507
주일학교 83, 93, 281, 321, 341, 413, 613, 629
지침서 91, 149, 415, 425, 427, 437, 439, 441, 597
지푸(芝罘) 35, 37, 49, 54, 189, 293n.1, 302, 319, 489, 741
진료소 197, 253, 255, 337, 361, 371, 393, 403, 537, 563, 591, 611, 613

ㅊ

천주교 35, 45, 83, 137, 161, 175, 219, 473, 677, 697, 707, 731
천주[텬쥬] 514, 516, 517, 519, 660, 661
철도 173, 184, 185
청일 전쟁 392, 464, 535n.1, 541, 585n.1. 653
초등학교 205, 207, 227, 233, 253, 261, 273, 279, 281, 337, 467, 479n.2, 605, 607, 617
최명오 175n.1, 211n.2, 238, 367, 711
최치량 473n.1

ㅋ

칼뱅주의 245

ㅌ

타운센드 505, 507
테일러 41n.6, 77, 83, 85n.4, 264, 527
토착 교회 47, 94, 177n.4, 182, 299n.4
통화(通化) 695, 741
트롤로프 659

ㅍ

펜윅 399, 401, 587, 679, 709
평양(平壤) 5, 13, 15, 27, 35, 43, 49, 53, 101, 106, 117, 137n.2, 139, 159, 161, 169, 173, 175, 177, 184, 185, 195n.3, 197, 199, 209, 213, 236, 237, 245, 275, 277, 283, 287, 299, 301, 302, 303, 30, 315n.2, 333, 339, 343, 349, 359, 363, 365, 367, 373, 379, 381, 387, 392, 393, 395, 403, 407, 409, 411, 418, 419, 441, 443, 445, 447, 449, 453, 459, 460, 464, 465, 467, 469, 471, 473n.1, 479, 481, 483, 487, 489, 491, 493, 495, 497, 501, 503, 507, 511n.5, 515, 521, 523, 525, 529, 533, 535, 537, 539, 541, 543, 545, 547, 549, 553, 555, 557, 561, 563, 567, 569, 571, 577, 579, 585, 587, 601, 611, 613, 623, 625, 627, 629, 631, 635, 637, 639, 641, 643, 645, 647, 649, 651, 653, 655, 657, 673, 683, 685, 713, 715, 719, 723, 725, 729, 741, 743
평양 사태(평양 예수교인 박해 사건) 137n.2, 301n.5, 392, 515, 541, 563

ㅎ

하디 155, 177, 199, 233, 289, 591
한석진 215n.6, 392, 393, 453, 459, 465, 467, 479, 491, 495, 503, 569, 571, 577, 623, 625, 627, 641, 651, 653, 741
한성 54, 231n.5, 273
한인촌 43, 209n.1, 217, 297n.2, 479, 487, 651, 673, 687, 693
함흥(咸興) 219, 236, 675, 677, 697, 741
해주(海州) 54, 163, 165, 175, 185, 459, 585
허드 63n.3, 273, 417n.2
헤론 45, 51, 97n.1, 101, 113, 115n.1, 129, 131, 133, 143, 146, 147, 155, 167, 179, 181n.7, 229n.3, 241, 257n.1, 259, 323, 427n.3, 591
헤론 부인 115, 129, 131, 133, 143, 147, 167, 171, 179, 181n.7, 221, 225, 229, 240, 241, 253, 281, 405n.1
헤이든 106, 115, 135, 171, 405n.1, 599
호조(護照) 53, 467, 475, 567, 695, 733, 743
호주 선교회 247, 595

호튼 171, 189n.1, 405n.1
홀 301n.5, 343, 379, 392, 395, 453, 459, 464, 485, 503, 533, 543, 567, 579, 583, 639, 651, 741

영문 색인

A

Acts 262, 658, 660, 732n.1
Allen, Francis M. 171
Anak 172, 185
Anju(An Tjyou) 162, 684
Appenzeller, Henry G. 42, 44, 50, 158, 185, 278, 658, 740
Arbuckle, Victoria C. 344, 354, 355
Australian missionary 592, 594
Avison, Oliver R. 290, 354, 355, 400, 401n.1, 416, 418, 498, 500, 536, 608, 610

B

Baird 28, 77, 116, 154, 166, 176, 186, 188, 196, 206, 226, 232, 240, 241, 246, 254, 288, 348, 350, 354, 355, 356, 360, 416, 428, 438, 448, 496, 498, 558, 594, 596, 598, 608, 610, 738, 740
Bible translation 42, 482
Board of Translators 514, 516, 658, 662
Board's Manual 414, 424, 426, 438
Border 38, 78, 196, 208, 210, 282, 672, 684, 694, 700, 704, 706
Boys' School 108, 190, 194, 196, 202, 206, 228, 232, 246, 268, 318, 338, 340, 360, 374, 402, 410, 562, 592, 602, 614, 642, 678, 738, 740
Brown, Hugh 169n.5, 232, 244, 250, 254, 280, 288, 292, 354, 355, 416, 417n.2, 498, 608, 610, 670, 740
Buddhist 100, 239, 582

C

Calvinistic 244, 262
Chefoo 34, 36, 48, 188, 292, 302, 318, 488, 740
Chemulpo 36, 42, 46, 48, 96, 136, 148, 302, 448, 464, 465, 504, 578, 700, 704
Choi Myeng O(Ch'oe Myng'o) 710
Chun Ju 514, 516
Chyang Yen 162, 164, 172, 478, 482
Chyel Do 172

D

Davies, J. Henry 114, 242, 592
Doshisha Academy, Kyoto 108
Doty, Susan A. 106, 108, 134, 171, 220, 240, 241, 246, 288, 320, 354, 355, 360, 488, 558, 562, 596, 598

E

East Gate 502, 640, 650, 742
Educational work 96, 164, 196, 244
Ellinwood, Frank F. 43n.7, 94, 96, 100, 108, 110, 128, 130, 142, 154, 158, 172, 186, 188, 194, 202, 206, 208, 216, 222, 226, 242, 250, 256, 259n.1, 264, 270, 276, 288, 290, 292, 304, 308, 318, 334, 342, 356, 370, 374, 376, 378, 394, 398, 399, 400, 401n.5, 402, 406, 412, 422, 425n.2, 427n.3, 430, 442, 456, 470, 480, 488, 492, 496, 532, 540, 546, 558, 568, 591n.2, 711n.4
Eui Ju(Ŭiju) 48, 50, 52, 196, 198, 206, 208, 212, 216, 226, 228, 232, 236, 242, 246, 250, 274, 276, 280, 282, 286, 288, 292, 294, 298, 300, 302, 306, 318, 320, 326, 364, 380, 382, 384, 394, 408, 412, 458, 460, 465, 468, 474, 476, 478, 480, 482, 486, 488, 492, 496, 504, 528, 534, 536, 566, 600, 622, 624, 626, 628, 630, 632, 636, 638, 644, 646, 648, 650, 672, 674, 684, 686, 688, 692, 700, 704, 706, 708, 714, 716, 720, 722, 732, 734, 740, 742

F

Fenwick, Malcolm C. 398, 399n.1, 584, 678, 710
First Presbyterian Church 58, 64, 467, 666, 702, 738, 740
Fish, Alice M. 10, 12, 68, 69n.1, 74, 75, 78n.1, 171, 310, 312, 314, 316, 736-738, 740
Fish, Lucia H. 10, 68n.3, 70n.4, 71n.3, 72, 74, 75, 90, 92, 736-738
Foreign Office 142, 467, 504, 506
Fusan(Pusan) 36, 46, 48, 136, 138, 148, 154, 158, 162, 164, 166, 174, 176, 180, 196, 206, 226, 230, 232, 242, 244, 246, 254, 288, 300, 348, 350, 362, 396, 412, 416, 446, 467, 498, 500, 536, 560, 608, 610, 626, 740

G

Gale, James S. 136, 138, 156, 158, 171, 174, 176, 178, 180, 188, 190, 196, 198, 202, 204, 206, 208, 210, 212, 215n.6, 222, 226, 228, 230, 232, 237, 239-241, 250, 252, 254, 256, 260, 262, 276, 278, 280, 320, 354-356, 360, 362, 364, 378, 388, 440, 558, 592, 596, 598, 608, 648, 658, 672, 678, 688, 692, 722, 740
Gardner, Sarah 50, 171, 254
Gardner, William 50, 166, 171, 244, 502
Gensan(Wŏnsan) 36, 196, 198, 218, 242, 244, 250, 276, 278, 280, 282, 284, 300, 320, 362, 364, 378, 384, 386, 388, 393, 394, 440, 556, 608, 650, 676, 686, 696, 698, 710, 712, 722
Gifford, Daniel L. 50, 106, 108, 112, 146, 148, 152, 164, 166, 170, 171, 188, 204, 206, 218, 240, 241, 250, 268, 272, 280, 322, 328, 338, 344, 354, 355, 402, 448, 452, 458, 468, 478, 480, 486, 488, 500, 514, 516, 520, 522, 524, 528, 540, 542, 566, 592, 608, 612, 738
Gifford, Mary H. 171, 220, 240, 288, 338, 344, 354, 355, 372, 440, 454, 458, 460, 482, 518, 558, 562, 596, 598, 618, 678
Girls' School 106, 108, 132, 134, 142, 272, 288, 332, 336, 344, 358, 360, 402, 546, 558, 562
Government Hospital 130, 196, 230, 232, 252, 336, 370, 590, 598
Governor 160, 380, 382, 386, 393, 406, 506, 508, 518, 520, 522, 534, 540, 568, 574, 610, 636, 644, 650, 720

H

Hai Tjyou 162, 164, 174
Hall, William J. 342, 378, 380, 382, 386, 392, 393, 452, 458, 464, 502, 508, 522, 532, 542, 562, 566, 570, 572, 574, 578, 582, 640, 650, 652, 654, 656, 742
Ham Heung 218, 676, 696
Han Sŏkchin 393, 452, 465, 478, 568, 622, 634, 740, 742
Hardie, Robert A. 154, 155, 162, 174, 176, 198, 232, 288, 590, 591n.2
Heard, Augustine 272
Heron, Hattie G. 114, 128, 130, 132, 142, 146, 147, 166, 171, 178, 220, 222, 228, 240, 241, 252, 280, 740
Heron, John W. 42, 48, 98, 112, 128, 130, 136, 142, 144, 146-148, 154, 166, 170, 171, 178, 258, 260, 322, 328, 590, 592, 740
Hoang Ju(Hwang Ju) 282, 570
Hong Chongdae 467
Hwang Hai To 710

I

Irish Presbyterian Churches 692
Irvin, Charles. H. 446, 474, 476, 482, 498, 500, 536, 546, 560, 732, 734

J

Jesuits 136
Jesus doctrine 472, 626, 634, 640
John 602, 660, 662

K

Kim Kwan Keun(Helper Kim) 364, 488, 644
Kongju 350
Kon Tang Kol 336, 370, 402

Kou Syeng 364, 480, 622, 630, 716

L

Lee, Graham 195n.1, 342, 348, 378, 388, 394, 428, 456, 514, 546, 550, 648, 656, 670, 725, 740, 742
Lower School 206, 226, 228, 232, 252, 260, 272, 278, 280, 336
Luke 492, 644, 660, 662, 742

M

Madison, Indiana 22, 58, 64, 66, 120, 538, 666, 702, 738, 740
Malaria 474, 534, 542, 554, 574
Manchuria 36, 38, 40, 46, 237, 248, 282, 478, 648, 674, 684, 706, 740
Manchurian 237, 692, 706
Mark 42, 660
Matthew 602, 628, 660
McCormick Theological Seminary 28, 76, 77, 738
McIntyre, John 36, 648, 706, 708, 716
McKenzie, William J. 478, 479n.2, 482, 490, 522, 582, 586, 650, 742
Meiji Gakuin, Tokyo 108
Methodist Church 50, 55
Miller, Frederick S. 106, 171, 195n.1, 268, 332, 344, 354, 355, 402, 410, 448, 482, 504, 520n.1, 522, 614, 618, 740
Missionary Review of the World 94, 490, 491n.2, 636, 704
Mission trip 236, 302, 350, 393, 418, 460
Mitchell, Arthur 96, 97n.1, 100, 430
Moffett, Samuel S. 8, 10, 18, 20, 22, 24, 26, 28, 30, 32, 34, 40, 43n.7, 55, 58, 59, 62, 63, 64, 66, 70n.4, 76, 77, 78, 86, 94, 95, 108, 110, 116, 128, 130, 142, 146, 152, 154, 158, 168, 170, 171, 172, 178, 186, 188, 194, 198, 202, 206, 208, 212, 216, 220, 222, 226, 234, 240, 242, 246, 250, 254, 256, 262, 270, 274, 276, 286, 288, 290, 292, 300, 318, 332, 334, 340, 356, 366, 370, 372, 394, 402, 406, 410, 412, 418, 420, 422, 442, 448, 452, 454, 458, 464, 468, 470, 476, 478, 480, 484, 486, 488, 490, 492, 494, 496, 500, 502, 512, 514, 520, 522, 524, 526, 528, 532, 538, 540, 544, 552, 556, 558, 562, 566, 568, 576, 578, 580, 582, 590, 602, 606, 614, 620, 622, 632, 634, 646, 658, 672, 678, 688, 702, 704, 706, 718, 726, 728, 736, 737, 738, 740
Moody, Dwight L. 120, 264
Moore, Samuel F. 195, 354, 355, 401
Moukden 162, 208, 212, 216, 248, 282, 478, 482, 650, 674, 686, 688, 690, 692, 706, 708, 716, 740

N

Native Council 458, 524
Native women helpers 558
Nevius-Ross Method 38, 237, 740
Nevius, John 16, 182, 740
New Chwang 282, 318
New Testament 14, 210, 248, 456, 632, 648, 660, 674
New York 12, 42, 44, 55, 62, 68, 82, 94, 96, 110, 120, 124, 150, 190, 226, 304, 315, 372, 374, 398, 420, 456, 488, 710
Noble, William A. 380, 381n.1, 382

O

Orphanage 112, 134, 136, 164, 178, 188, 190, 194, 196, 202, 222, 590, 592, 738

P

Paek Hong-Cyoun(Paek Hongjun) 36, 238, 648, 740, 748
Passport 50, 467, 474, 554, 566, 570, 688, 696, 732, 738, 740
Persecution 34, 292, 470, 510, 532, 540, 636, 640, 642, 650, 680, 684, 714, 728, 730
Pioneer work 252, 320
Prayer meeting 80, 452, 458, 474, 480
Presbyterian Church 16, 40, 42, 48, 54, 55, 58,

64, 86, 148, 237, 332, 430, 467, 666, 692, 702, 710, 738, 740, 742
Pusan → Fusan을 보라.
Pyeng An To 600, 622, 632
Pyeng Yang(Hpyeng Yang, Ping An, P'yŏngyang) 14, 48, 116, 138, 158, 160, 166, 172, 174, 176, 185, 196, 198, 199n.4, 237, 276, 282, 286, 298, 300, 304, 306, 332, 338, 342, 348, 358, 362, 364, 366, 372, 378, 380, 384, 386, 388, 394, 402, 406, 410, 418, 442, 446, 448, 425, 458, 464, 468, 470, 478, 480, 482, 486, 488, 490, 492, 496, 500, 502, 506, 514, 520, 522, 524, 528, 532, 536, 540, 542, 544, 546, 548, 552, 554, 556, 560, 562, 566, 568, 570, 576, 600, 610, 612, 622, 626, 628, 632, 634, 636, 638, 640, 642, 644, 646, 648, 650, 652, 654, 656, 672, 682, 712, 714, 718, 722, 725, 740, 742
Pyeng Yang affairs(P. Y. affairs) 560, 562

R

Received into the church(come into the Church) 294, 578, 606, 626
Reynolds, William 243n.1, 348, 350, 740
Roman Catholics 160, 174, 218, 676, 698

S

Sabbath 280, 314, 474, 556, 628, 630, 640, 732
Sang Ju 608
Sarang 270, 280, 286, 470, 600, 612, 630, 634, 728
Saw Kyung Cho(Saw Kiung-Jo) 582, 584, 586
Saw S(y)ang Youn(Saw Sang-nyun) 648, 708
Scotch United Presbyterian 648, 692, 706
Scranton, William B. 44, 50, 188, 482, 488, 502, 514, 658
Seoul 16, 34, 36, 38, 39n.3, 44, 46, 48, 50, 54, 94, 96, 98, 106, 108, 110, 116, 128, 130, 136, 138, 142, 146, 148, 154, 158, 160, 162, 164, 166, 168, 170, 172, 174, 176, 178, 185, 186, 188, 194, 196, 198, 202, 206, 208, 210, 212, 215, 216, 222, 226, 228, 230, 232, 236, 242, 244, 250, 252, 254, 256, 260, 268, 270, 272, 276, 278, 280, 282, 284, 288, 292, 296, 302, 318, 320, 322, 324, 326, 334, 338, 342, 344, 350, 354, 355, 356, 360, 364, 370, 380, 382, 386, 393, 394, 398, 402, 406, 408, 410, 416, 418, 420, 422, 430, 442, 452, 454, 458, 460, 467, 468, 470, 476, 480, 482, 490, 500, 502, 504, 506, 508, 510, 518, 520, 522, 524, 528, 532, 534, 536, 540, 542, 546, 548, 552, 554, 556, 558, 560, 562, 566, 568, 574, 578, 582, 590, 594, 596, 600, 602, 608, 610, 614, 622, 624, 632, 634, 638, 642, 648, 650, 652, 654, 658, 672, 674, 676, 678, 698, 700, 704, 708, 710, 712, 716, 718, 722, 725, 726, 728, 740, 742
Sill, John M. B. 502, 503n.1, 524, 544, 636, 650
Silver shoes(sycee) 482, 520, 521
Sino-Japanese War(Japan-China War) 464, 742
Southern Presbyterian Missionary 594, 656, 742
Strong, Ellen 332, 344, 354, 355, 360, 558
Sunday school 66, 80, 82, 320, 340, 412, 612, 628
Swallen, William L. 195n.1, 332, 344, 354, 355, 364, 366, 372, 380, 382, 393, 610, 612, 622, 650, 718, 720, 725, 740
Syong To 158, 162, 164, 174, 282, 672, 680, 682

T

Ta Tong River(Taedong) 14, 36, 160, 172, 718
Taylor, J. Hudson 77, 82, 264, 526
Term question(matter of the terms) 456, 514, 516, 524
Theological class 164, 234, 292, 338, 344, 602, 674, 708, 716, 740
Tong Hak 406, 584, 612
Tong Wha 694
Townsend, William D. 504, 506
Tract Society 440, 448, 524
Training class 452, 458, 490, 644
Treaty 36, 50, 186, 218, 300, 382, 384, 504, 506, 508, 510, 624

Treaty port 50, 218, 244, 282, 284, 300, 467, 560, 676, 696, 712
Trollope 658

U

Ŭiju 48, 50, 52, 236, 302, 460, 465, 700, 740, 742
Underwood, Horace G. 22, 42, 48, 96, 97, 152, 153, 171, 354, 355, 430, 610, 738
Underwood, John T. 96
Underwood, Lillias H. 48, 52, 171, 259, 399

V

Victoria Presbyterian Church 114, 288
Vinton, Charles H. 169, 220, 228, 230, 232, 240, 241, 244, 250, 252, 268, 272, 290, 296, 304, 318, 344, 355, 370, 372, 398, 428, 448, 450, 454, 478, 488, 498, 500, 536, 546, 560, 596, 598, 618, 740

W

Westminster Catechism 134
Whang Hai Do 162, 174, 610, 612
Women's work 288, 332, 358, 370, 372, 484, 492
Women's Work for Woman 484, 492
World's Fair 556

Y

Yalu River 38, 688
YMCA 55, 94, 139, 155, 169, 264, 591
Yokohama 36, 40, 44, 48, 108, 738

마포삼열 자료집 1, 2

출간에 도움을 준 분들

강신표 · 가야교회2청년부 · 곽은이 · 권성웅 · 권영준 · 권종렬 · 김경진 · 김관범 · 김규환

김대영 · 김명수 · 김미경 · 김민석 · 김범수 · 김보경 · 김선배 · 김선희 · 김승원 · 김영범

김윤덕 · 김의종 · 김인주 · 김재신 · 김정근 · 김정은 · 김준환 · 김지희 · 김찬성 · 김찬호

김총은 · 김평화 · 김한식 · 김현정 · 김혜경 · 나경조 · 나성한 · 나은주 · 나필성 · 남명호

노상완 · 노제현 · 라철수 · 류정열 · 문기용 · 박광혁 · 박금호 · 박다니엘 · 박대영 · 박상갑

박용태 · 박원택 · 박종태 · 박종흔 · 박준우 · 박혜영 · 박환규 · 박회규 · 방영민 · 봉만형

새문안교회사료관 · 서영민 · 서원택 · 서자선 · 서정선 · 석찬권 · 손진영 · 송윤주 · 신기욱

신범용 · 신희영 · 안성권 · 안식 · 안주관 · 안한영 · 안희성 · 양기만 · 양성득 · 양재출

영세교회교육부 · 오명재 · 오창효 · 우영호 · 유영성 · 유진호 · 윤미향 · 윤병국 · 윤상원

윤성근 · 이건 · 이경우 · 이금이 · 이대영 · 이동민 · 이민성 · 이병헌 · 이봉재 · 이상호 · 이성철

이수빈 · 이영숙 · 이영월 · 이우윤 · 이원혁 · 이장호 · 이재근 · 이정민 · 이종실 · 이철규

이태환 · 이한나 · 이현래 · 이현식 · 이현희 · 이혜천 · 이화정 · 임교신 · 임명신

임성빈(장로회신학대학교 총장) · 임성희 · 임종표 · 임홍일 · 장동학 · 장종택 · 장현주

장혜영 · 전성은 · 전영호 · 정성자 · 정요한 · 정현욱 · 정현자 · 정현진 · 제은형 · 조영균

조영수 · 조예은 · 조정희 · 조하은 · 진소영 · 진정주 · 진지영 · 차정호 · 최광일 · 최영호

최은주 · 한국누가회 · 한성구 · 한호수 · 허성식 · 허임복 · 홍만화 · 황혜경 · Jinsoo Kim

Namsook Han

마포삼열 자료집 제1권

1쇄발행_ 2017년 2월 2일

책임편역_ 옥성득
펴낸이_ 김요한
펴낸곳_ 새물결플러스
편 집_ 왕희광 · 정인철 · 최율리 · 박규준 · 노재현 · 한바울 · 유진 · 신준호
신안나 · 정혜인 · 김태윤
디자인_ 서린나 · 송미현 · 이지훈 · 이재희 · 김민영
마케팅_ 이승용 · 임성배 · 박성민
총 무_ 김명화 · 최혜영
영 상_ 최정호 · 조용석 · 곽상원
아카데미_ 유영성 · 최경환 · 이윤범

홈페이지 www.hwpbooks.com
이메일 hwpbooks@hwpbooks.com
출판등록 2008년 8월 21일 제2008-24호
주소 (우) 07214 서울특별시 영등포구 양평로 11, 4층(당산동5가)
전화 02) 2652-3161
팩스 02) 2652-3191

ISBN 979-11-86409-94-7 94230 (제1권)
ISBN 979-11-86409-93-0 94230 (세트)

책값은 뒤표지에 있습니다.

이 도서의 국립중앙도서관 출판시도서목록(CIP)은 서지정보유통지원시스템 홈페이지(http://seoji.nl.go.kr)와 국가자료공동목록시스템(http://www.nl.go.kr/kolisnet)에서 이용하실 수 있습니다(CIP제어번호: CIP2017001199).